ΜΥΑΛΑ ΠΟΥ ΚΙΝΔΥΝΕΥΟΥΝ

Γιατί τα παιδιά μας δεν σκέφτονται πια;
Τι μπορούμε να κάνουμε;

Jane M. Healy, PhD.

Translated and co-authored (Part VI) by

Yiannis Laouris, MD, PhD.

ΠΕΡΙΕΧΟΜΕΝΑ

ΕΙΣΑΓΩΓΗ ΣΥΓΓΡΑΦΕΑ

Ήταν πριν δέκα χρόνια, ένα ζοφερό, υγρό απόγευμα του Μάη όταν παραπάτησα στο κατώφλι του ταχυδρομείου, με μάτια θολά από την κούραση, για να ταχυδρομήσω την τελική μορφή του βιβλίου μου με τίτλο "Μυαλά που Κινδυνεύουν". Θυμάμαι έντονα να σκέφτομαι ότι "είναι πιθανό να μην το διαβάσει ποτέ κανείς", αλλά τουλάχιστον θα έχει φύγει το βάρος από πάνω μου.

Όπως αποδείχτηκε, πολλοί ήταν αυτοί που μοιράζονταν τις ανησυχίες μου. Το βιβλίο άγγιξε αμέσως το κοινό όχι μόνο στις Ηνωμένες Πολιτείες αλλά και στο εξωτερικό[1].

Άρχισα να λαμβάνω μηνύματα από δασκάλους που ξεκινούσαν κάπως έτσι "Ώστε δεν είμαι τρελός! Το να διδάσκεις πλέον τα παιδιά γίνεται όντως όλο και πιο δύσκολο. . . ." και από γονείς λόγια όπως "Ευχαριστούμε που μας ενθαρρύνετε να περιορίσουμε την Τηλεόραση στο σπίτι μας και να περνάμε περισσότερο χρόνο με τα παιδιά μας". Καθώς είμαι εκ φύσεως ανασφαλής ως συγγραφέας, ευγνωμονώ όλους αυτούς που ξόδεψαν το χρόνο τους για να μου πουν ότι οι ιδέες μου τους βοήθησαν. Ακριβώς πριν ένα μήνα, σε κάποιο σεμινάριο, μου έδωσαν το παρακάτω σημείωμα, ένα από τα πολλά που έχω λάβει και που με κάνουν να αισθάνομαι ότι η προσπάθεια μου αξίζει τον κόπο.

Πριν πέντε χρόνια το βιβλίο σας μου έσωσε την καριέρα. Ήμουν έτοιμος να παραιτήσω τη διδασκαλία, αλλά το βιβλίο με ενέπνευσε να ξανασκεφτώ τι έκανα στην τάξη μου. Σταμάτησα να κατηγορώ τους μαθητές μου και δοκίμασα νέους τρόπους για να τους προσεγγίσω. Τώρα απολαμβάνω τη δουλειά μου περισσότερο από ποτέ. Σκέφτομαι μάλιστα να επιστρέψω στο πανεπιστήμιο σε κάποιο μεταπτυχιακό πρόγραμμα και να ασχοληθώ με τον εγκέφαλο και τη μάθηση.

---

[1] Σήμερα το βιβλίο έχει μεταφραστεί σε περισσότερες από δέκα γλώσσες και κυκλοφορτήσει σε δεκάδες χώρες.

Τι άλλο θα μπορούσα να ζητήσω;

Αφού μου δίνεται λοιπόν η ευκαιρία να το σχολιάσω άλλη μια φορά, είμαι ανακουφισμένη που το περιεχόμενο του βιβλίου "Μυαλά που Κινδυνεύουν" έχει περάσει το τεστ του χρόνου. Έχει προφανώς καταφέρει να ερεθίσει το ενδιαφέρον για έρευνα και ειδικότερα έρευνα όσον αφορά τις σχέσεις μεταξύ της νευροεπιστήμης και της εκπαίδευσης. Παρόλα αυτά φοβάμαι ότι δεν έχουμε κάνει πρόοδο στον έλεγχο του ηλεκτρονικού δηλητηρίου και στο εκπαιδευτικό περιβάλλον για τα παιδιά.

Όταν παρουσίασα για πρώτη φορά την υπόθεση ότι οι εγκέφαλοι των παιδιών μπορεί να επηρεαστούν φοβερά από το σύγχρονο πολιτισμό με αποτέλεσμα να μην προσαρμόζονται πλέον με την παραδοσιακή αντίληψη της έννοιας "σχολείο" παρουσιάστηκα ίσως ως αρκετά ριζοσπαστική. Στα χρόνια όμως που μεσολάβησαν η έννοια της πλαστικότητας των εγκεφαλικών κυττάρων (δηλαδή η διαδικασία κατά την οποία ο εγκέφαλος διαμορφώνει τις αντιδράσεις ανάλογα με τα διάφορα ερεθίσματα που δέχεται από το περιβάλλον του) έχει καταστεί μείζων θέμα στον επιστημονικό τύπο. Έχει ακόμη προκαλέσει τον ίδιο το Λευκό Οίκο στη διοργάνωση ενός συνεδρίου. Μέσα σε αυτά τα δεδομένα, η πιο κάτω τοποθέτηση ίσως και να μην είναι και τόσο παρατραβηγμένη: Τα παιδιά βομβαρδίζονται από οπτικά ερεθίσματα γρήγορων ταχυτήτων (Τηλεόραση, βίντεο, παιχνίδια υπολογιστών) σε βάρος της πρόσωπο-με-πρόσωπο σχέσης με ενήλικες, της ανάπτυξης της γλώσσας, της ενασχόλησης με επίλυση προβλημάτων, του δημιουργικού παιχνιδιού, και της διατήρησης της προσοχής σε κάποιο θέμα για παρατεταμένα χρονικά διαστήματα. Αυτό τα καθιστά απροετοίμαστα για ακαδημαϊκή μάθηση. Τα αφήνει αρκετά πίσω στην ανάπτυξη και τα μετατρέπει, καθώς περνούν τα χρόνια, σε παιδιά χωρίς "κίνητρα". Η παρούσα εκπαιδευτική κατάσταση επικυρώνει αυτή την υπόθεση πολύ περισσότερο από ότι τα επιχειρήματα μου σε αυτό το βιβλίο. Απλώς ρωτήστε οποιονδήποτε δάσκαλο οποιουδήποτε επιπέδου. Επιπλέον, όταν προειδοποιούσα για την "ανεπαρκή εκτέλεση[2]" στο κεφάλαιο 9,

---

[2] Ο όρος που χρησιμοποιήθηκε στο βιβλίο ήταν starving disorder.

14

δεν ήξερα ότι η κατηγορία της διαταραγμένης μάθησης/συμπεριφοράς σύντομα θα αποκτούσε επιστημονικό όρο για να την περιγράψει: "Διαταραχή Εκτελεστικής Λειτουργίας[3]".

Είναι σήμερα κοινώς αποδεκτό ότι η νευροπλαστικότητα αφορά συναισθηματικά/κινησιακά καθώς επίσης και γνωστικά κυκλώματα. Αυτό θα μπορούσε συνεπώς να σημαίνει ότι η συμπεριφορά των παιδιών όσον αφορά κίνητρα και διαθέσεις προς τη μάθηση δεν έρχονται μαζί ως ένα πακέτο. Αντιθέτως διαμορφώνονται στον εγκέφαλο ανάλογα με τις εμπειρίες τους. Σαφώς, αν ένα παιδί αποθαρρύνεται, αποτυγχάνει ή είναι θύμα συναισθηματικής κακομεταχείρησης από γονείς ή δασκάλους, μπορεί να αναπτυχθούν νευροφυσιολογικές "συνδέσεις" ή νευρο-χημικές αλλαγές που προκαλούν αρνητικά πρότυπα αντίδρασης τα οποία είναι δύσκολο να αντιμετωπιστούν. Όταν βρεθεί σε μια περίπλοκη κατάσταση μάθησης, ένα τέτοιο παιδί θέτει τον εγκέφαλο σε απάθεια, αρνητική αντίδραση και δυνητικά σε αποτυχία. Όσοι από εμάς έχουν δουλέψει με νέους μπορούν εύκολα να το πιστοποιήσουν, όπως επίσης και ότι ακόμα και τα πιο "αργόστροφα" παιδιά έχουν δυνατότητες. Απλά χρειάζεται χρόνος και σκληρή δουλειά για να "επαναπρογραμματιστούν" τέτοιες μη-λειτουργικές συνδέσεις στον εγκέφαλο!

Η επιστήμη επαληθεύει συνεχώς την ύπαρξη κρίσιμων ή/και ευαίσθητων περιόδων (ή ακόμα κυμάτων από φάσεις) κατά την ανάπτυξη του εγκεφάλου. Φάσεις ανάπτυξης μπορεί να εμφανιστούν και κατά την ενήλικη περίοδο. Και επιτέλους! Όντως συνεχίζει ο εγκέφαλος να βελτιώνει τη διανοητική του δραστηριότητα ακόμη και σε προχωρημένη ηλικία; Η σοβαρή διανοητική εξασθένιση είναι δυνατόν να αποφευχθεί σε υγιείς ενήλικες. Αυτοί που διατηρούν το μυαλό τους ενεργό μπορεί να φανούν πιο ανθεκτικοί στις επιπτώσεις νευρολογικών

---

[3] Στην αγγλική, executive function disorder.

ασθενειών (π.χ. Αν έχεις τη νόσο Αλτζχάϊμερ μπορεί να μην προχωρήσει τόσο ραγδαία).

Αιώνιες Απορίες

Μαθαίνω για τα προβλήματα που απασχολούν τους ειδικούς σε αυτά τα θέματα στη φάση της συζήτησης που γίνεται στο τέλος μια διαλέξης η ενός σεμιναρίου. Μια από τις μεγαλύτερες απορίες γονιών και δασκάλων εξακολουθεί να είναι η αξιοπερίεργη "επιδημία" της Ελλειμματικής Προσοχής ή αλλιώς *Διαταραχής Ελλειμματικής Προσοχής με ή χωρίς Υπερκινητικότητα* [4]. Η διάγνωση Ελλειμματικής Προσοχής παρουσιάζει εκτοξευτική τάση, και σε μεγάλο αριθμό παιδιών έχουν χορηγηθεί συνταγές διεγερτικών φαρμάκων. Έχω βρεθεί σε σχολεία όπου οι δάσκαλοι μου ομολόγησαν ότι σχεδόν στο 50 τις εκατό των μαθητών τους είχε χορηγηθεί το διεγερτικό φάρμακο Ριταλίν! Ξέρω ότι οι άνθρωποι που χρησιμοποιούν τη φράση "Στα έλεγα εγώ" είναι αρκετά απεχθείς, αλλά πρέπει να ομολογήσω ότι από τότε που ξεκίνησα να γράφω το βιβλίο, ερευνητές έχουν επιβεβαιώσει το συσχετισμό ανάμεσα στις εκτελεστικές λειτουργίες (executive systems) και τον προμετωπικό φλοιό (pre-frontal) και τις συνδέσεις του στο κέντρο (sub-cortical) του εγκεφάλου.

Ακόμη και αν (όσο παράξενο κιαν φαίνεται) αναμένουμε μια οριστική έρευνα για να κατανοήσουμε τη σχέση μέσων μαζικής επικοινωνίας και εγκεφάλου, εγώ εξακολουθώ να πιστεύω ότι η εμφάνιση της νέας εκπληκτικής "ασθένειας" των παιδιών είναι αποτέλεσμα αρκετών παραγόντων: κληρονομικότητας, βρεφικών και μετέπειτα εγκεφαλικών "βλαβών" (είτε από τραυματισμό είτε από τοξικές ουσίες), ηλεκτρονικών εικονικών κόσμων που "ανεβάζουν" επικίνδυνα τον παρορμητισμό και τα οποία στα πλαίσια μιας ορθολογιστικής γνωστικής ψυχολογίας μπορούν να χαρακτηριστούν το ελάχιστον ως παράφρονα, η έλλειψη σωστών προτύπων και ορίων που να διδάσκουν στα παιδιά τον αυτοέλεγχο, η διάβρωση της γλώσσας, και τέλος μέσα

---

4 Στην Αγγλική ADHD: Attention Deficit Hyperactivity Syndrom or ADD: Attention Deficit Syndrom

επικοινωνίας που παροτρύνουν τα παιδιά να μην σκέφτονται και να μην σέβονται τίποτα. Ζητάμε πολλά από τους δασκάλους όταν τους ζητάμε να διορθώσουν το πολιτιστικό ολίσθημα των μεγάλων σχολικών τάξεων παιδιών των οποίων οι εγκέφαλοι έχουν προσβληθεί εκ γενετής από ακαδημαϊκή αναισθησία;

Σε αυτή τη λίστα, πρέπει να προσθέσω και το περιβάλλον του σχολείου, που θέτει υπέρμετρες απαιτήσεις για συγκέντρωση και ακαδημαϊκή απόδοση σε απροετοίμαστους εγκεφάλους. Ένα περιβάλλον που προσπαθεί να στριμώξει τα γεμάτα δημιουργικότητα και γεμάτα ζωή παιδιά μέσα σε ανιαρά πνευματικά κουτιά. Σκεφτείτε ακόμη κάποιες πρόσφατες ανοησίες όπως τον περιορισμό του παιχνιδιού και την διακοπή ενεργητικών δραστηριοτήτων ώστε τα παιδιά να έχουν στη διάθεση τους περισσότερο χρόνο για τα θρανία τους!

Χιλιάδες σελίδες έχουν γραφτεί όσον αφορά αποτελεσματικές μεθόδους προσέγγισης του προβλήματος ελλειμματικής προσοχής. Ανάμεσα σε διάφορες άλλες επιλογές, συγκαταλέγεται και η Συμπεριφορική Συμβουλευτική[5] με στόχο την υποβοήθηση δασκάλων, γονιών και παιδιού να δομήσουν με τέτοιο τρόπο το περιβάλλον ούτως ώστε να επιτυγχάνεται η αντιμετώπιση του προβλήματος- με ή χωρίς παράλληλη φαρμακευτική αγωγή. Αλλά αυτή η διαδικασία απαιτεί από τους ενήλικες χρόνο και υπομονή, κάτι που πολλοί ενήλικες δεν έχουν. Σε πολλούς νέους, διεγερτικά φάρμακα όπως το Ritalin, το Cylert ή το Dexedrine ανοίγουν το δρόμο για νέες συμπεριφορές. Αλλά η μακροχρόνια χορήγηση παραμένει αμφιβόλου αποτελέσματος. "Ακόμη κι αν τα παιδιά ηρεμούν, συγκεντρώνονται καλύτερα και συμπεριφέρονται λιγότερο διασπαστικά όταν υπόκεινται σε αγωγή με κάποιο διεγερτικό", όπως αναφέρεται στην Επιστολή του Χάρβαρντ Πνευματική Υγεία 1995, "δεν υπάρχει ούτε μία απόδειξη ότι η σχολική τους

---

[5] Στην Αγγλική behavioural counseling

επίδοση βελτιώνεται διαχρονικά ή ότι επηρεάζεται η τελική απόδοση κατά την ενηλικίωση".

Φυσικά, είναι άμεσα αναγκαίο να ξεκινήσουν ειδικές έρευνες σχετικά με τις επιδράσεις αυτών των φαρμάκων μετά από μακροχρόνια χρήση.

Άλλη μια ερώτηση που έχω εδώ και καιρό είναι κατά πόσον η αδυναμία στον εγκέφαλο η οποία αποκαθιστάται με τη χορήγηση κάποιου κατάλληλου διεγερτικού είναι δυνατόν να επανεμφανιστεί σε ένα από τα κατοπινά στάδια ανάπτυξης του. Μακάρι να είχα μια ολοκληρωμένη και ικανοποιητική απάντηση σ' αυτό το ερώτημα. Η προσωπική μου εμπειρία δηλώνει ότι, δεδομένης της μακράς αναπτυξιακής τροχιάς του εγκεφάλου, δεν θα έπρεπε να επαναπαυόμαστε ποτέ.

Καθώς ωριμάζει, μαθαίνει και αναπτύσσει νέα εγκεφαλικά δίκτυα, και συνεπώς νέους τύπους μαθησιακών δυνατοτήτων, είναι πολύ πιθανόν ικανότητες που δεν υπήρχαν πριν να προκύψουν μέσα από τα νέα δίκτυα ή να μπορούν να επιτευχθούν με διαφορετικούς τρόπους (π.χ. εκπαίδευση στην ορθογραφία με τη βοήθεια του χάρακα αντί της οπτικής μνήμης).

Επιπλέον, αν βοηθήσεις τους νέους (ή ενήλικες) να αναπτύξουν την αυτοπεποίθησή τους, τη θετική συναισθηματική[6] αντίδραση, και την ενδογενής παρακίνηση (intrinsic motivation)[6], είναι πολύ πιθανό να δεις καταπληκτικά αποτελέσματα, εφόσον τα συναισθηματικά κέντρα του εγκεφάλου είναι πολύ στενά συνδεδεμένα με αρχέγονα κυκλώματα προετοιμασίας του εγκεφάλου για μάθηση (priming circuits for learning).

Από την άλλη μεριά, διάφοροι τύποι στέρησης ή ζημιάς είναι δυστυχώς δύσκολο να αποκατασταθούν –σκεφτείτε για παράδειγμα τις χρόνιες επιδράσεις περιγεννητικών απωλειών που σχετίζονται άμεσα με τη χρόνια παιδική εγκεφαλίτιδα. Μια ισχυρή συναισθηματική απώλεια ή κακομεταχείριση σε κρίσιμες και πρώιμες περιόδους είναι δυνατόν να αλλοιώσει αρνητικά τις χημικές συνάψεις στον εγκέφαλο έτσι ώστε το άτομο να

---

[6] Στην Αγγλική intrinsic motivation

18

αποκτήσει μόνιμα προδιάθεση κατάθλιψης ή βίας. Ελλείψει ικανοποιητικής έρευνας, εγώ λέω, "να το κυνηγήσουμε, να τα δοκιμάσουμε όλα, και να εμπιστευτούμε τις δυνάμεις αποκατάστασης του εγκεφάλου. Νέες μέθοδοι παρεμβάσεων εμφανίζονται συνεχώς που αφορούν τα σωματικά και τα πνευματικά προβλήματα, αλλά ας μην ξεχνάμε ότι είναι πολύ ευκολότερο και λιγότερο ακριβό να γίνει σωστά από την πρώτη φορά! (Παρακαλώ δείτε το κεφάλαιο 12 για μια πληρέστερη συζήτηση.)

Ένα άλλο ζήτημα που εξετάζεται σε αυτό το βιβλίο είναι η διγλωσσία (bilingualism), η οποία παραμένει ένα καυτό θέμα. Όπως θα διαβάσετε παρακάτω, οι δίγλωσσοι ή πολύγλωσσοι εγκέφαλοι φαίνεται να καταλήγουν με περισσότερα νευρωνικά πεδία (neural turf) και τις ισχυρότερες γλώσσο/γνωστικές ικανότητες, όταν αναπτύσσουν τη δεύτερη γλώσσα (ες) σε ένα φυσικό και υποστηρικτικό περιβάλλον (εφόσον δεν έχουν κάποια γλωσσική μαθησιακή δυσκολία). Εν πάση περιπτώσει, αυτός είναι άλλος ένας τομέας που χρειάζεται πολύ καλύτερη και αντικειμενικότερη έρευνα. Στις Ηνωμένες Πολιτείες, τουλάχιστον, αυτός ο τομέας είναι τόσο φορτωμένος με πολιτικο/οικονομικές επιρροές (π.χ., κυβερνητική χρηματοδότηση για διάφορους τύπους προγραμμάτων), που οι περισσότερες μελέτες καταλήγουν να είναι τόσο αρνητικά ελεγχόμενες, που είναι δύσκολο να εμπιστευτεί κανείς αυτά που διαβάζει. Πιστεύω ότι μπορούμε με βεβαιότητα να δηλώσουμε ότι η φωνολογία (phonology - "προφορά") μιας γλώσσας διανύει μια ευαίσθητη περίοδο κατά την νηπιακή ηλικία. Συνεπως, ο καλύτερος τρόπος να διδαχτεί κανείς μια δεύτερη γλώσσα είναι σε ένα δίγλωσσο, πλούσιο σε γλωσσικό υλικό σπίτι, και η διδασκαλία πρέπει γενικά να αρχίσει από τον προφορικό και όχι από το γραπτό επίπεδο. Πέρα από αυτό δεν βρίσκω ότι η έρευνες του εγκεφάλου μπορούν να μας προσφέρουν σήμερα κάποια καλύτερη συνταγή.

Οι "αναγνωστικές διαμάχες" ξεκινούσαν την ίδια εποχή που τα "Μυαλά που Κινδυνεύουν" πρώτο-δημοσιεύθηκαν. Θα επιθυμούσα λοιπόν να εκμεταλλευτώ αυτήν την ευκαιρία για να διαχωρίσω τη θέση μου στο ζήτημα "Φωνημική μέθοδος" ή "Ολιστική μέθοδος γλωσσικής διδασκαλίας [7]". (Πρακτικές λεπτομέρειες αυτού του ζητήματος αναφέρονται λεπτομερώς στο βιβλίο μου *Το Αναπτυσσόμενο Μυαλό του Παιδιού Σας[8]*.) Επιτρέψτε μου να επισημάνω σε αυτό το σημείο ότι το φιάσκο που δημιουργήθηκε γύρω από τη φράση ολιστική μέθοδος γλωσσικής διδασκαλίας της γλώσσας δημιούργησε πολλά προβλήματα γιατί αγνόησε ένα σημαντικό παράγοντα της γλώσσας: την ανάγκη διδασκαλίας της 'αμεσης σχέσης ήχων και συμβόλων ["φωνητική"] και των κανόνων της ορθογραφίας. Εν τούτοις, η πραγματικά ολιστική μέθοδος έχει πολλά να μας διδάξει όπως για παράδειγμα ότι η κατανόηση του νοήματος και η ανάδειξη του περιεχομένου, η ενεργός συμμετοχή με ερωτήσεις αλλά και με το γράψιμο εκ μέρους των μαθητών, αποτελούν αναπόσπαστο μέρος της διαδικασίας. Φυσικά η ανάγνωση προϋποθέτει ανάπτυξη κάποιων δεξιοτήτων. Την ίδια στιγμή όμως δεν μπορούμε να επικεντρωνόμαστε μόνο στις δεξιότητες. Η ανάγνωση πρέπει να αποτελεί μια ευχαρίστηση, να δελεάζει την σκέψη, και να ερεθίζει την φαντασία.

Οι γονείς σχεδόν πάντα ανησυχούν για το πότε και το πώς πρέπει να μάθουν στο παιδί τους να διαβάζει. Όταν ένα παιδί είναι έτοιμο και ενδιαφερθεί, και επίσης έχει αναπτύξει τις απαραίτητες γλωσσικές και γνωστικές ικανότητες, η προσέγγισή μας θα πρέπει να είναι ελαστική. Επίσης, θα πρέπει να αξιοποιούμε κάθε διαθέσιμη τεχνική ανάλογα με τις ανάγκες του συγκεκριμένου ατόμου. Δυστυχώς τεστς που έχουν δοθεί σε δασκάλους δημοτικής εκπαίδευσης αποκαλύπτουν μια ανησυχητική εκ μέρους τους έλλειψη γνώσης όσον αφορά κανόνες της γραπτής γλώσσας, φωνολογικά θέματα, τη διάγνωση μαθησιακών δυσκολιών, καθώς επίσης και τον τρόπο με τον οποίο μπορούν να διδάξουν συστηματικά ένα παιδί να διαβάζει. Συνεπώς, αν θέλουμε να στηρίξουμε τις δυνατότητες

---

[7] Phonics vs whole language refers to the dispute as to whether it is better to start teaching using single sounds or whole words.

[8] Your child's growing mind. Book written by Jane M. Healy.

των παιδιών στην ανάγνωση, η σωστή εκπαίδευση των δασκάλων θα ήταν μια πολύ καλή αρχή.

Έκθεση Προόδου

Ακόμη κι αν η αναγνώριση για το ρόλο του εγκεφάλου στη μάθηση έχει κάνει γιγαντιαία άλματα μπροστά και ο διάλογος μεταξύ νευρο-επιστημόνων και εκπαιδευτικών έχει ήδη ξεκινήσει, ιδιαίτερη προσοχή είναι απαραίτητη όσον αφορά την εφαρμογή ερευνητικών ευρημάτων μέσα στις τάξεις. Οι δάσκαλοι μερικές φορές μου υποβάλλουν ερωτήσεις όπως, "τι συνιστούν οι έρευνες για τον εγκέφαλο όσον αφορά το πρόγραμμα σπουδών των μαθητών της όγδοης τάξης στις κοινωνικές μελέτες;" Οπωσδήποτε αρκετές χρήσιμες (και κοινής λογικής) αρχές μπορούν με σιγουριά να προκύψουν από την έρευνα. Για παράδειγμα, όσο περισσότερο απασχολούνται οι μαθητές σας με ένα θέμα, και όσο περισσότερους τρόπους χρησιμοποιούν για να το επεξεργαστούν, τόσο καλύτερα θα το κατανοήσουν, θα το απομνημονεύσουν, και θα το εφαρμόσουν; Ή ότι δεν έχουν πλήρως ανεπτυγμένους μετωπικούς λοβούς όλοι οι μαθητές της ογδόης τάξης, και συνεπώς οι πρακτικές (hands-on) εμπειρίες θα τους βοηθήσουν περισσότερο. Όπως και να έχει όμως θα ήταν λάθος να χρησιμοποιούμε την περιορισμένη γνώση μας γύρω από τις νευρο-επιστήμες για να αναπτύξουμε "φόρμουλες" διδασκαλίας ή για να υποστηρίξουμε οποιοδήποτε είδος δογματικής παιδαγωγικής.

Τώρα πια πολλοί γονείς έχουν αντιληφθεί την ανάγκη να περιορίσουν την Τηλεόραση. Επιπλέον, προγράμματα όπως *The Sesame Street*, καταβάλλουν σοβαρές προσπάθειες να βελτιώσουν το περιεχόμενο τους και να συμπεριλάβουν και τους γονείς ως κοινό τηλεθέασης (αν και η κριτική που αναπτύσσεται στο Κεφάλαιο 11 ισχύει). Αφ' ετέρου, γινόμαστε μάρτυρες των τρομακτικών προσπαθειών της αγοράς να προωθήσει τον εθισμό στα ηλεκτρονικά μέσα και που έχει ως στόχο όλο και μικρότερες ηλικίες, προωθώντας αποκαλούμενα "εκπαιδευτικά" προγράμματα τα οποία απευθύνονται ακόμα και σε νηπία. Δεδομένου ότι αυτές οι ηλικίες αντιπροσωπεύουν μια ιδιαίτερα κρίσιμη περίοδο καθώς θα τεθούν (ή όχι) τα οριστικά θεμέλια για τις συναισθηματικές, κοινωνικές, προσωπικές, και γλωσσικές δεξιότητες, η εμπορευματοποιημένη επίθεση στους εγκεφάλους των και μικρών παιδιών ακόμα και νηπίων προμηνύει μακροπρόθεσμα προβληματικές συνέπειες.

Ένα μεγάλο μέρος του χρόνου που αφιέρωναν κάποτε τα παιδιά στην τηλεθέαση καταλαμβάνεται πλέον από τη χρήση υπολογιστών. Ερευνώ τις θετικές και τις αρνητικές πτυχές στο βιβλίο μου "Αποτυχία να Συνδεθείς[9]". Ποιες επιπτώσεις έχουν οι υπολογιστές στα μυαλά των παιδιών μας. Και τι μπορούμε να κάνουμε για αυτό. Έχω την ανάγκη να αναφέρω σε αυτό το σημείο ότι σε όλο το βιβλίο, υπάρχει άφθονο το κακό μαζί με το καλό. Γονείς και οι δάσκαλοι πρέπει να ενημερωθούν πλήρως προτού εκθέσουν τους εγκεφάλους των παιδιών τους (ιδιαίτερα πριν από τα επτά τους χρόνια) στο σύγχρονο λογισμικό ή στη χρήση του Διαδικτύου, και πρέπει να είναι σε ετοιμότητα ως ενεργά μέλη της Κυβερνο-ζωής των παιδιών τους.

Κοιτάζοντας Μπροστά

Πολλές ενδιαφέρουσες τάσεις προκύπτουν από τη σύγχρονη έρευνα. Ειδικότερα, η ανάπτυξη νέων μεθόδων μελέτης του εγκεφάλου [10] "εν ώρα δράσης" ανοίγει νέες προοπτικές. Θα μπορέσουμε ίσως να διευκολύνουμε μια πιο αποτελεσματική μάθηση αλλά και να καταλάβουμε γιατί τα πράγματα πηγαίνουν μερικές φορές στραβά. Για παράδειγμα, οι επιστήμονες έχουν χαρτογραφήσει τις περιοχές του εγκεφάλου που ασχολούνται με τη γλωσσική αναγνώριση, την κατανόηση, και την έκφραση, καθώς και την ανάγνωση. Στο μέλλον, τα πρώιμα τεστ που θα δίνονται θα μπορούν ίσως να καθορίσουν όχι μόνο ποια παιδιά

---

[9] Το βιβλίο Failure to Connect επίσης κυκλοφορεί στα Ελληνικά από το Future Worlds Press.

[10] Π.χ., ποζιτρονική ανίχνευση του εγκεφάλου –PET scan, λειτουργική ανίχνευση μαγνητικής αντήχησης –fMRI

διατρέχουν κίνδυνο να παρουσιάσουν προβλήματα γλώσσας ή ανάγνωσης, αλλά και ποια εκπαιδευτική μέθοδος θα είναι καλύτερη για κάθε παιδί[11].

Τέτοιες τεχνικές συμπληρώνουν τη βασική έρευνα για τα νευροχημικά στοιχεία (νευροδιαβιβαστές, στεροειδή, και πεπτίδια), τα οποία λειτουργούν στο επίπεδο των συνάψεων ώστε να διαμορφώνουν τις νοητικές μας ικανότητες (τόσο γνωστικές όσο και συναισθηματικές). Οι ανιχνεύσεις (scan) εγκεφάλου μπορούν να προσδιορίσουν πόσο καλά λειτουργεί το νευρικό μας σύστημα. Όταν κάποιες περιοχές του εγκεφάλου παρουσιάζουν χαμηλή δραστηριότητα, αυτό μπορεί να σημαίνει ότι τα απαραίτητα νευροχημικά στοιχεία δεν είναι διαθέσιμα ή ότι δεν χρησιμοποιούνται σωστά. Για παράδειγμα, οι επιστήμονες έχουν επισημάνει μια λεγόμενη "βιολογική υπογραφή" για τη διαταραχή Ελλημματικής Προσοχής (ADD: attention deficit disorder). Οι επιπτώσεις τέτοιων ευρημάτων είναι πολυδιάστατες. Θα ήταν επιθυμητό να μπορούσαμε να κάναμε μια σίγουρη διάγνωση αυτού του πολύπλοκου προβλήματος, αλλά πρέπει να είμαστε επιφυλακτικοί σε όλες τις αντιδικίες ότι "η βιολογία είναι πεπρωμένο" και δεν υπάρχει τίποτα που μπορούμε να κάνουμε για αυτό. Το τελικό αποτέλεσμα μιας υπεραπλουστευμένης σκέψης σαν αυτή μπορεί να οδηγήσει, παραδείγματος χάριν, στην εξέταση όλων των νηπίων αμέσως μετά τη γέννηση τους με συνεπακόλουθο την απόρριψη ή το οριστικό "μαρκάρισμα" εκείνων που θα παρουσιάσουν σημάδια πιθανών διαταραχών. Εξάλλου διαφορές (ή ανεπάρκειες) στη λειτουργία του εγκεφάλου, ακόμη και στο χημικό επίπεδο, μπορούν να αποκτηθούν και μετά τη γέννηση όπως επίσης και να κληρονομηθούν. Αξίζει να

---

[11] Παράδειγμα αποτελεί το τεστ MAPS Mental atrributes Profiling System που αναπτύχθηκε από την ερευνητική ομάδα των Δρ. Γιάννη Λαούρη και Παντελή Μακρή στο Ινστιτούτο Νευροεπιστήμης και Τεχνολογίας μεταξύ 1994-1998.

αναφέρουμε ότι υπάρχουν πολλές ενδείξεις ότι ένα θετικό περιβάλλον και μια εξατομικευμένη διδασκαλία μπορούν να βελτιώσουν ακόμη και να "εξαφανίσουν" γενετική προδιάθεση ή ελλείψεις.

Το μέγεθος του κύμματος που έχει προκαλέσει η έρευνα για τη χημεία του εγκεφάλου, απεικονίζεται στον πολλαπλασιασμό των ψυχοτροπικών φαρμάκων (π.χ., αντικαταθλιπτικά για εκείνους που πάσχουν από κατάθλιψη και φάρμακα για τη σχιζοφρένια). Αναμφίβολα για το προσεχές μέλλον αυτοί οι τομείς έρευνας θα αποτελούν ίσως τις σημαντικότερες ειδήσεις από τον κόσμο της επιστήμης του εγκεφάλου. Ίσως και να απαντηθούν μερικές πολύ σημαντικές ερωτήσεις. Πόσο "πλαστικό" είναι στην πραγματικότητα τελικά το νευροχημικό σύστημα; Πολλοί γνωρίζουν ότι η φυσική άσκηση μπορεί να βελτιώσει τη διάθεση. Ακόμη και ένα απλό χαμόγελο μπορεί να επηρεάσει θετικά τους νευροδιαβιβαστές μας. Από την άλλη μεριά αν μεγαλώνετε σε ένα ανασφαλές ή καταπιεστικό περιβάλλον, είναι πιθανόν ο εγκέφαλος σας σε καταστάσεις αγχωτικές και ιδιαίτερου στρες να εμφανίσει υπερβολικές τάσεις αντίδρασης. Τι συμβαίνει όμως μακροπρόθεσμα στο νευροχημικό σύστημα των νέων που εκτίθονται με τις ώρες στα ηλεκτρονικά μέσα επικοινωνίας που εξαπλώνονται ραγδαία και στην βία που προβάλλουν τα βιντεο παιχνίδια; Επίσης, ποια θα είναι τα νευροχημικά αποτελέσματα της παρατεταμένης έκθεσης στους καταπιεστικούς ή ανίκανους φροντιστές, ή στα ανθρώπινα υποκατάστατα (Τηλεόραση, υπολογιστές) που δεν μπορούν να αντιδράσουν με προσωπικούς ή συναισθηματικούς τρόπους υποστήριξης απέναντι στα μικρά παιδιά; Ενδιαφέρουσες ερωτήσεις.

Η αναγνώριση των στενών χημικών σχέσεων μεταξύ εγκεφάλου, σώματος, και συναισθημάτων προμηνύει την ανάγκη επαναπροσδιορισμού της παραδοσιακής εκπαιδευτικής πρακτικής. Η ιδιαίτερη έμφαση που δίναμε μέχρι τώρα στην γνωσιολογική πτυχή του εγκεφάλου πρέπει να επανεξεταστεί λαμβάνοντας υπόψη τα νέα δεδομένα. Ο ανθρώπινος εγκέφαλος είναι κάτι περισσότερο από μια μηχανή σκέψης. Ακόμη και το ανοσοποιητικό σύστημα συνδέεται με τη διαδικασία σκέψης του εγκεφάλου. Είναι σίγουρο ότι αν προσπαθήσει κάποιος να διδάξει το κεφάλι αγνοώντας το σώμα και τα συναισθήματα θα έρθει αντιμέτωπος με την αποτυχία. Δυστυχώς δεν μπορούμε να ισχυριστούμε ότι ένα θετικό κλίμα συναισθημάτων είναι το είδος της κατάστασης που επικρατεί όταν οι μαθητές συγκεντρώνουν την ενέργεια τους σε οποιαδήποτε εργασία κι αν κάνουν. Οι μαθητές πρέπει να νιώθουν ασφαλείς από τους φυσικούς κινδύνους και τον εμπαιγμό. Εξίσου όμως χρειάζονται τη συναισθηματική πρόκληση για να ενασχοληθούν με σοβαρά θέματα. Θα πρέπει να ακούγεται η άποψη τους, και να επαινούνται για τα επιτεύγματα τους. Αν μπορούσαμε να οργανώσουμε ένα τέτοιο περιβάλλον, πολλά από τα "εκπαιδευτικά προβλήματά" πιθανόν να εξαλείφονταν.

Θα δούμε επίσης μια αναζωπύρωση της συνειδητοποίησης για τη στενή σχέση της ανάπτυξης του εγκεφάλου και του νευρο-κινητικού σύστηματος των παιδιών, μέσα στο πλαίσιο της μανίας μας να καταστήσουμε τα παιδιά εξυπνότερα. Μπορεί ακόμη και να αποδείξουμε ότι η ενασχόληση των παιδιών στις παιδικές χαρές ή η εξερεύνηση μέσα από ομαδικά παιχνίδια συμβάλλει περισσότερο στην ανάπτυξη της νοημοσύνης από την επίλυση δύο ακόμη σελίδων αριθμητικών ασκήσεων! Επίσης, δεδομένου ότι οι ερευνητές αρχίζουν να τεκμηριώνουν τις νευρολογικές εισφορές της μουσικής, των εικαστικών τεχνών, του χορού, της υποκριτικής, και άλλων καλαίσθητων και δημιουργικών δραστηριοτήτων, όλοι αυτοί που συστήνουν ή επιτρέπουν την αφαίρεση όλων αυτών των "συμπληρωμάτων" από τη σχολική ύλη θα φανούν ακόμα πιο ανόητοι από ότι ήδη δείχνουν.

Κλείνοντας, θα έστρεφα την προσοχή σε αναγκαίους επαναπροσδιορισμούς της έννοιας της νοημοσύνης που ενισχύουν μια πιο ολιστική άποψη για τον ανθρώπινο εγκέφαλο. Η κλασσική ακαδημαϊκή επιτυχία απέχει πολύ από τη δημιουργία μιας επιτυχημένης προσωπικότητας. Ο αυτοέλεγχος, το κίνητρο, η επίλυση καθημερινών προβλημάτων, η αυτογνωσία, ο διαλογισμός, και άλλες ιδιότητες του πνεύματος είναι τα στοιχεία που μετρούν πραγματικά. Και σύμφωνα με τους σύγχρονους δασκάλους, οι ιδιότητες αυτές υπόκεινται στον ίδιο κίνδυνο όσο και οι επίσημες εκπαιδευτικές τέχνες σε ένα κόσμο όπου τα παιδιά υποβάλλονται σε συνεχή βομβαρδισμό μέσω των τηλεοπτικών μέσων.

Σε αυτό το βιβλίο προσπαθώ να αναπτύξω πολυσύνθετες επιχειρηματολογίες με απλά λόγια. Συστήνω να μείνετε συντονισμένοι, να παρακολουθείτε τη σύγχρονη έρευνα και να μην ξεχνάτε ότι έχουμε ακόμα πολλά να μάθουμε.

Αν ήταν να κάνω μια σύντομη λίστα με έρευνες που θα επιθυμούσα να δω, θα κατέγραφα μερικές μελέτες σχετικά με τις επιπτώσεις που έχουν οι ηλεκτρονικές νταντάδες (Τηλεόραση, λογισμικό υπολογιστών) στους εγκεφάλους των παιδιών μας. Η λήψη αποφάσεων για την αναδιάρθρωση της εκπαίδευσης θα ήταν ίσως ευκολότερη αν με τη βοήθεια γενετικών σημειωτών (markers) κατανοούσαμε καλύτερα ποιοι τύποι μάθησης γίνονται πιο δεκτικοί σε ποιές κρίσιμες ή ευαίσθητες περιόδους στα στάδια ανάπτυξης του εγκεφάλου. Θα μπορούσαμε ίσως να χρησιμοποιήσουμε ειδικά φάρμακα για την ανάπτυξη των ικανοτήτων και την υποκίνηση της προσοχής, ή ακόμα και για την νοητική απεικόνιση και τη δημιουργικότητα. Πολλοί εκπαιδευτικοί και γονείς αναρωτιούνται για τη διαδικασία ωρίμανσης αφού αυτή καταγράφεται και από την ανάπτυξη της μυελίνης γύρω από τους νευρώνες. Μήπως μπορεί η διανοητική ωρίμανση να ενισχυθεί με κάποιον τρόπο; Άλλοι διερωτούνται ποιες νάναι άραγε οι μακροπρόθεσμες επιπτώσεις όταν τα παιδιά χάνουν την ευκαιρία να βιώσουν ανάλογες εμπειρίες σε περιόδους ευαίσθητες για την ανάπτυξη.

Θα συνεχίσει να προκαλεί ενδιαφέρον το ερώτημα κατά πόσο τα ηλεκτρονικά περιβάλλοντα μπορούν να συμβάλλουν στην επέκταση ή τη συρρίκνωση των ικανοτήτων του εγκεφάλου. Αναρωτιέμαι πώς θα συνεχίσει να εξελίσσεται το ανθρώπινο μυαλό και κατά πόσο θα παραμείνει ηγεμόνας σε έναν κόσμο που ολοένα και περισσότερο δεν εξαρτάται από ανθρώπους αλλά από όντα που ζουν στον Κυβερνοχώρο; Αναμφίβολα η πρόοδος προς ένα βιώσιμο μέλλον θα εξαρτηθεί πολύ από τις ανθρώπινες αξίες και τα ερεθίσματα στα οποία υποβάλουμε τα παιδιά μας σήμερα. Μακροπρόθεσμα, μια κοινωνία αποχτά τους ηγέτες αλλά και τους νέους που της αξίζουν[12]. Λαμβάνοντας υπόψην το φυσικό θάρρος των παιδιών μας, και τη σωστή καθοδήγηση από γονείς και δασκάλους οι οποίοι φροντίζουν να ξοδέψουν αρκετό απαραίτητο χρόνο και ενέργεια, πιστεύω ότι αν αγωνιστούμε έχουμε ακόμα μια ευκαιρία.

Vail, Colorado
January 1999

---

[12] Είναι άξιο ειρωνείας ότι η δήλωση αυτή ισχύει και από την ανάποδη πλευρά: μια ζοφερή πραγματικότητα στον αιώνα μας.

ΠΑΡΑΤΗΡΗΣΕΙΣ ΣΥΝΤΑΚΤΗ

Το 2000 συνάντησα για πρώτη φορά την Δρ. Jane Healy σε ένα εκπαιδευτικό συνέδριο στις ΗΠΑ. Σε μια εκπληκτικά ενδιαφέρουσα παρουσίαση ανάλυσε τις προκλήσεις που αντιμετωπίζουμε με την εμφάνιση της τεχνολογίας των υπολογιστών στις ζωές των παιδιών μας. Εκείνο το χρόνο είχαμε ξεπεράσει (στην Κύπρο μόνο) τις 15,000 παιδιά και τους 10,000 ενήλικες οι οποίοι επωφελήθηκαν από την εκπαιδευτική προσέγγιση που η ομάδα μου είχε αναπτύξει από το 1991 για την αλυσίδα σχολών πληροφορικής Cyber-kids[13]. Εκατόν ογδόντα έξι εκπαιδευτικοί συνεργάζοντουσαν ενεργά στις ερευνητικές μας δραστηριότητες. Το πείραμα μας να *επανακαθορίσουμε τα εργαλεία, τις μεθόδους και το σκοπό της εκπαίδευσης υπό το φως των εκάστοτε κοινωνικών αλλαγών* [14] είχε ουσιαστικά ολοκληρωθεί. Η παρουσίαση της Δρ. Healy και τα βιβλία της τα οποία διάβασα στη συνέχεια αποτύπωναν με ένα μοναδικό τρόπο τις εμπειρίες, τα προβλήματα, τα πειράματα, τα συμπεράσματα, τους προβληματισμούς και τις προκλήσεις που η ομάδα μου είχε αναπτύξει ως αποτέλεσμα των δέκα χρόνων ενασχόλησης με το θέμα αυτό. Η απόφαση μου να μεταφράσω και να διαδώσω τις σκέψεις αυτές στο Ελληνικό κοινό ήταν άμεση. Εν τούτοις, οι πολλές ασχολίες και τα άγχη της ζωής μας οδήγησαν να υπογράψουμε τη συμφωνία το 2004 και να ολοκληρωθεί η εργασία το 2008. Εν τω μεταξύ, η τεχνολογία έχει προχωρήσει. Η ομάδα μου ασχολείται σήμερα με έρευνα στον κυβερνοχώρο, τις αντιλήψεις των γονιών για τους κινδύνους, τρόπους ασφαλούς πλοήγησης[15] κλπ.

Παρόλο που η πρώτη έκδοση αυτού του βιβλίου δημοσιεύτηκε πριν σχεδόν 20 χρόνια, οι προβληματισμοί και τα διλήμματα

---

[13] www.cyber-kids.net

[14] Στην Αγγλική, Our vision is to re-define the tools, methods and purpose of education in light of relevant social change.

[15] https://futureworlds.eu/wiki/Cyberethics:_Cyprus_Safer_Internet_Center

παραμένουν το ίδιο επίκαιρα. Πολλά έχουν φυσικά αλλάξει. Απλά σήμερα δεν μιλάμε για υπολογιστές αλλά για διαδίκτυο. Το χάσμα γενεών δεν είναι πλέον μεταξύ αυτών που ξέρουν να "μπαίνουν" στον υπολογιστή, να γράφουν εργασίες χρησιμοποιώντας επεξεργαστή κειμένου, να σχεδιάζουν, να αναπτύσσουν προγράμματα και κινούμενα σχέδια ή να παίζουν βίντεο παιχνίδια τύπου λαβυρίνθου, Πακ Μαν, ή Space Invadors και αυτών που δεν καταλαβαίνουν περι ου ο λόγος. Το χάσμα έχει μετατεθεί σε άλλη διάσταση. Σήμερα η δική μας γενιά μπορεί να στείλει ένα ηλεκτρονικό μήνυμα, να συγγράψει ένα κείμενο, να χρησιμοποιήσει μια μηχανή αναζήτησης όπως το Google για να βρει και να αγοράσει ένα βιβλίο. Μας είναι όμως ακατανόητο πως τα παιδιά μας μπορούν να έχουν τάχατες εκατοντάδες φίλους σε πολλαπλά δίκτυα κοινωνικής δικτύωσης, να δημιουργούν σπίτια και εργοστάσια και να συντηρούν φάρμες σε εικονικά περιβάλλοντα όπως το Facebook το SecondLife™ και το Simcity™. Πανικοβαλλόμαστε όταν περνούν δεκάδες ώρες σκοτώνοντας εικονικούς στρατιώτες σε παιχνίδια απαράμυλλης βίας όπως το World of Warcraft™. Μας είναι αδιανόητο πως μπορούν να συνομιλούν με δέκα πρόσωπα την ίδια στιγμή. Ακόμα πιο παράξενο φαντάζει όταν μιλούν με το ίδιο πρόσωπο από διαφορετικά κανάλια όπως πχ. το Email, αλλά και στο MSN™, το Skype™, το message box του Facebook, ή ακόμα ζωντανά μέσα από το chat του Facebook™.

Τα υπο-σημειώματα έχουν προστεθεί από το συντάκτη.

Δρ. Γιάννης Λαούρης
2008

ΑΝΤΙ ΠΡΟΛΟΓΟΥ

Πολλά άτομα τα οποία σέβομαι πάρα πολύ με συμβούλεψαν να μην γράψω αυτό το βιβλίο. "Δεν μπορείς να το αποδείξεις, ακόμα κι αν είναι αλήθεια," μου είπε ο πρώτος νευροψυχολόγος που κάλεσα. "Γιατί δεν γράφεις για κάτι άλλο;" "Άστο καλύτερα. Έχουν ήδη ειπωθεί πάρα πολλά και από πολλούς για τον εγκέφαλο". "Το κοινό δεν είναι έτοιμο να ακούσει για τέτοια πράγματα," με προειδοποίησε κάποιος άλλος.

"Μην δώσεις στον καθέναν κι άλλες δικαιολογίες να κατηγορήσει τα παιδιά," με παρακάλεσε ένας σκεπτόμενος εκπαιδευτικός . "'Ήδη οι δάσκαλοι το έχουν κάνει αρκετά!"

Το συζήτησα ανοιχτά. Θα μπορούσα να εξηγήσω στους μη επιστήμονες ότι η αλλαγή τρόπου ζωής μπορεί να επηρεάσει τους εγκεφάλους των παιδιών με διακριτικούς αλλά επικίνδυνους τρόπους; Θα μπορούσα να γράψω ένα βιβλίο που να λέει την αλήθεια χωρίς να ακούγομαι σαν ένας δύστροπος ακαδημαϊκός μεσήλικας; Είναι σωστό να τραβάω το σχοινί με μια επιστημονική τοποθέτηση την οποία η σημερινή έρευνα-τεχνολογία δεν μπορεί καν να εξετάσει, πολύ λιγότερο να αποδεχτεί;

Στα πρόθυρα εγκατάλειψης της ιδέας μου, πραγματοποίησα κι' άλλες συνεντεύξεις, τα αποσπάσματα των οποίων συμπεριλαμβάνονται στα κεφάλαια που ακολουθούν. Αυτοί οι επιστήμονες είχαν μια εντελώς διαφορετική απάντηση. Όταν τους είπα τι περίπου θέλω να γράψω ενθουσιάστηκαν υπερβολικά. Και εκτός αυτού, με έκαναν να καταλάβω ότι οι ιδέες μου δεν ήταν και τόσο εξεζητημένες τελικά. Μερικοί με παρότρυναν να βιαστώ και να ξεκινήσω αμέσως. "Αυτά τα πράγματα πρέπει να ειπωθούν, και όσο πιο σύντομα γίνει τόσο το καλύτερο," επέμεινε κάποιος.

Επίσης, καθοδήγησαν την περιέργειά μου και μου προκάλεσαν νέα ερωτήματα. Η διαδικασία της αναζήτησης των απαντήσεων, είναι δύσκολη. Με έχει οδηγήσει σε γραφεία, κλινικές, σχολεία, και συνέδρια στις Ηνωμένες Πολιτείες, τον Καναδά, και την

Ευρώπη. Έχω αποκομίσει αρκετές σκληρές αλλά και αποκαλυπτικές εμπειρίες. Παράλληλα όμως έχω βιώσει στιγμές αναζωογονητικές και γεμάτες αισιοδοξία. Ελπίζω και ο αναγνώστης να μπορέσει να δει τα αρνητικά από μια σωστή προοπτική και να αισθανθεί τις υπόσχεσεις καθώς επίσης και τις υποχρεώσεις που συνεπάγονται.

Μια από τις πιο καθησυχαστικές πτυχές αυτής της αναζήτησης ήταν η ποιότητα των ανθρώπων που συνάντησα. Άνθρωποι οι οποίοι ανησυχούν πραγματικά για την πνευματική ανάπτυξη των παιδιών και των εφήβων. Ειδικότερα θα επιθυμούσα να αναγνωρίσω την ευγνωμοσύνη μου στους ευγενικούς επιστήμονες. Τους πολυάσχολους αυτούς που ασχολούνται με την έρευνα για τον τρόπο με τον οποίο ο εγκέφαλος αναπτύσσεται και μαθαίνει. Αλλά όχι τόσο πολυάσχολους για να απαντήσουν στα τηλεφωνήματα, να κανονίσουν συνεντεύξεις, να εξηγήσουν σε κάποιο σαν εμένα σύνθετες ιδέες, και να προσφέρουν χρήσιμες προτάσεις σχετικά με το χειρόγραφο. Τα ονόματά τους αναφέρονται, μαζί με αποστάγματα της σοφίας τους, στα πιο κάτω κεφάλαια. Επίσης ευχαριστώ αρκετούς διευθυντές σχολείων, δασκάλους που ενδιαφέρθηκαν να γράψουν, να τηλεφωνήσουν, να με καλωσορίσουν στις τάξεις τους, και να συζητήσουν σοβαρά για τις ανησυχίες τους, ενώ συγχρόνως διαβίβαζαν την αφοσίωσή τους, στους μαθητές και την τέχνη της σωστής διδασκαλίας. Προ πάντων, είμαι ευγνώμων στους μαθητές, τους δικούς μου και όλους τους άλλους, που μου επιβεβαιώνουν συνεχώς ότι αξίζουν πραγματικά τις προσπάθειες που κάνουμε.

Φυσικά, πρέπει να αναγνωρίσω πως οτιδήποτε έχω κάνει είναι το προϊόν μιας κοινής προσπάθειας: η Angela Miller και η Carole Lalli με βοήθησαν να απογειώσω αυτό το βιβλίο, και τα γραμματειακά ταλέντα της Jane Piszczor το έχουν κρατήσει ψηλά.

Είμαι ιδιαίτερα υποχρεωμένη στον Bob Bender για την παρουσία του σε μια πολύ κρίσιμη στιγμή που με βοήθησε με την τόσο αναγκαία υποστήριξη και κατεύθυνση. Επίσης, ευχαριστώ ειλικρινά, τους φίλους μου, και τους συναδέλφους μου που αφιέρωσαν χρόνο από τις ζωές τους για να διαβάσουν και να

4

προτείνουν δημιουργικά σχόλια στο χειρόγραφο. Πάνω από όλους, τη μητέρα μου και τους τέσσερις θαυμάσιους άντρες της ζωής μου που έχουν δώσει σοφές συμβουλές και ένα χώροπλαίσιο απαραίτητο για την ιδιοσυγκρασία ενός συγγραφέα που συχνά αποσπάται η προσοχή του. Ιδιαίτερα ευχαριστώ το σύζυγό μου, Tom, για την ικανότητα του να βλέπει τη "μεγάλη εικόνα", η οποία με ανάγκαζε να επικεντρώνομαι σε αυτά που πραγματικά προσπαθούσα να πω.

ΜΕΡΟΣ ΠΡΩΤΟ

ΕΓΚΕΦΑΛΟΙ ΠΟΥ ΑΛΛΑΖΟΥΝ

Κεφάλαιο 1

Οι "εγκέφαλοι των παιδιών πρέπει να είναι διαφορετικοί... "

"Οι εγκέφαλοι των παιδιών πρέπει να είναι διαφορετικοί αυτές τις μέρες," παρατήρησα μισογελώντας αργά ένα απόγευμα καθώς βαθμολογούσα τα τεστς των μαθητών μου στην αίθουσα της σχολής.

"Εάν δεν πίστευα ότι είναι αδύνατον, θα συμφωνούσα μαζί σας," ανταπάντησε ένας συνάδελφος που είχε περάσει μια ιδιαίτερα απογοητευτική ημέρα με τις τάξεις του στο μάθημα των Αγγλικών. "Αυτά τα παιδιά είναι τόσο έξυπνα, αλλά μερικές φορές με κάνουν να πιστεύω ότι τα μυαλά τους είναι πολύ διαφορετικά από αυτά που εγώ δίδασκα κάποτε. Αναγκάστηκα να αλλάξω τη μέθοδο διδασκαλίας μου αρκετές φορές τον τελευταίο καιρό, αλλά και πάλιν αναρωτιέμαι κατα πόσο μαθαίνουν καλύτερα. Βέβαια ένας ανθρώπινος εγκέφαλος είναι ένας ανθρώπινος εγκέφαλος όπως και να έχει. Δεν αλλάζει πολύ από γενιά σε γενιά –έτσι δεν είναι;"

"Μεταβαλλόμενοι εγκέφαλοι;" μουρμούρισε ένας δάσκαλος των μαθηματικών φορώντας το παλτό του. "Ίσως έτσι να εξηγείται."

Μεταβαλλόμενοι εγκέφαλοι. Η ιδέα συνέχισε να επανέρχεται στο μυαλό μου κατά τη διάρκεια της διδασκαλίας, αλληλο-επιδρώντας με μαθητές από διαφορετικές τάξεις. Άρχισα να παρατηρώ προσεκτικότερα, και πράγματι αυτοί οι νεαροί μου φάνηκαν διαφορετικοί από εκείνους τους οποίους διδάσκαμε κάποτε (ακόμα κι αν ο μέσος όρος του Δείκτη Νοημοσύνης στο σχολείο μας είχε παραμείνει σταθερός σε σύγκριση με άλλα σχολεία). Οι σημερινοί μαθητές φαίνεται να ενεργούν διαφορετικά και να συζητούν για άλλα θέματα, όπως είναι φυσικό, αλλά καθημερινά διαπιστώνω ότι οι αλλαγές ίσως είναι πολύ βαθύτερες από αυτό που φαίνεται εκ πρώτης όψεως. Η αλλαγή αφορά τον τρόπο με τον οποίο απορροφούν και επεξεργάζονται τις πληροφορίες. Παρά το γεγονός ότι είναι πάντα ευδιάθετοι, διασκεδάζεις όταν είσαι μαζί τους, έχουν τρομερό ένστικτο και συχνά είναι εκπληκτικά ενημερωμένοι, φαίνεται να δυσκολεύονται να διδαχτούν και να προσαρμοστούν με τη σωστή έκφραση, και προφορικώς και γραπτώς. Πολλοί μάλιστα παραδέχτηκαν ότι δεν διαβάζουν αρκετά –μερικές φορές ούτε την απαιτούμενη εργασία για το σπίτι. Επίσης, παλεύουν με (ή αποφεύγουν) τις γραπτές εργασίες, ενώ οι δάσκαλοι αγωνιούν για τα αποτελέσματα. Όταν ο δάσκαλος δίνει οδηγίες, οι περισσότεροι τις ξεχνούν σχεδόν αμέσως ακόμη και αν τις επαναλάβει αρκετές φορές. Κοιτάζουν γύρω γύρω, άσκοπα και κινούνται νευρικά.

Πάντα έτσι ήταν τα παιδιά; Άρχισα να ακούω τους μεγαλύτερους δασκάλους, όχι τους πικρόχολους ή αυτούς που παραπονιούνται για όλα, αλλά αυτούς που εργάζονται επειδή αγαπούν την δουλειά τους και απολαμβάνουν πραγματικά να βρίσκονται κοντά στους νέους. Επισκέφτηκα πολλά σχολεία των προαστίων και του κέντρου της πόλης, και σε όλα άκουσα παρόμοια σχόλια:

Όντως, κάθε χρόνο μου φαίνεται ότι "μετριάζω" το υλικό όλο και περισσότερο. Χρησιμοποιώ βιβλία για απρόθυμους αναγνώστες αντί να απαιτώ να διαβάσουν τους κλασικούς συγγραφείς που χρησιμοποιούσα σε αντίστοιχα μαθήματα του γυμνασίου παλαιότερα. Χρησιμοποιώ ως μέθοδο αξιολόγησης την έρευνα-βιβλιοθήκης αντί να τους αναθέτω εργασίες εξαμήνου. Είμαι αναγκασμένη να διδάσκω από την αρχή την κλίση των ρημάτων και το συντακτικό των προτάσεων παρόλο που οι περισσότεροι από αυτούς εξακολουθούν να μην τα καταλαβαίνουν. Η προσοχή τους στην παράδοση είναι αδύνατον να ξεπεράσει τα δεκαπέντε λεπτά. Χρησιμοποιώ περισσότερο οπτικοακουστικά μέσα.
Κάποτε μπορούσα να διδάξω το Scarlet Letter στους νέους μου. Τώρα αντιμετωπίζουν μια τέτοια ανάγνωση ως αγγαρεία και έχουν μεγάλο πρόβλημα να παρακολουθήσουν την πλοκή.

Αισθάνομαι ότι τα παιδιά είναι με το ένα πόδι έξω από την πόρτα σε οτιδήποτε κι αν κάνουν. Αποσπώνται απίστευτα εύκολα. Πιστεύω ότι η αλλαγή τα τελευταία πέντε χρόνια είναι πολύ εμφανής.

Πριν δέκα χρόνια έδινα τα βασικά ενός πειράματος στους μαθητές και αυτοί ήταν σε θέση να το κατανοήσουν. Τώρα πρέπει να τους εξηγώ βήμα προς βήμα όλες τις δραστηριότητες. Δεν διδάσκω πλέον πολλή Φυσική λόγω του απογοητευτικού τους επιπέδου.

Όντως, έχω τροποποιήσει τις μεθόδους που διδάσκω λόγω της παρατεταμένης έλλειψης προσοχής και υπομονής των μαθητών. Χρησιμοποιώ σπάνια τη μέθοδο της διάλεξης, όπου οι μαθητές κρατούν σημειώσεις. Χρησιμοποιώ τετράδια ασκήσεων, έτοιμα φύλλα εργασίας και τεστς επειδή είναι πιο προσιτά.

Διδάσκω βιολογία και επιδιώκω οι μαθητές μου να ασχολούνται με την πρακτική εξάσκηση ώστε να γνωρίζουν καλύτερα το υλικό. Καθώς αρνούνται να διαβάσουν από το βιβλίο, πρέπει να επινοώ τεχνικές για να τους πείσω να το διαβάσουν.

Ήλπιζα ότι κάποιος θα το παρατηρούσε! Ανησυχώ για αυτό, εδώ και καιρό. Οι δυνατότητες των παιδιών είναι πλέον διαφορετικές – Με τους ταλαντούχος μαθητές της έκτης τάξης χρειάζεται να προσπαθήσω περισσότερο από όσο με τους μέτριους μαθητές της πέμπτης τάξης της δεκαετίας του 65-'66. Παραπονιούνται συνεχώς για το φόρτο εργασίας.

Είναι τρομακτικό! Όταν άρχισα να διδάσκω εδώ [σε ένα "όχι μεγάλης διάρκειας" ιδιωτικό σχολείο] το 1965, χρησιμοποιούσα το Evangeline στην εβδόμη τάξη. Φανταστείτε, Evangeline! Και τα παιδιά το αγαπούσαν και το καταλάβαιναν. Τώρα δεν υπάρχει κανένας τρόπος να το διδάξω στα σημερινά παιδιά του ίδιου επιπέδου.

Πραγματικά τρομαχτικό. Συνεχώς σιγουρευόμουν ότι τρύπωνα σε ένα σημαντικό φαινόμενο με βαθιές επιπτώσεις, όχι μόνο στη διδασκαλία και την εκμάθηση, αλλά και στο μέλλον της κοινωνίας μας. Πιο τρομακτικό από όλα ήταν η αυξημένη απόκλιση στις δυνατότητες των παιδιών και στο τι πίστευαν οι δάσκαλοι ότι είναι ικανά να κάνουν. Οι δάσκαλοι των σύγχρονων παιδιών, ισχυρίζονται ότι παρατηρούν εντονότερες αλλαγές κάθε χρόνο, και μας προειδοποιούν ότι δεν έχουμε δει τίποτα ακόμα!

Μεταβαλλόμενοι εγκέφαλοι; Θα μπορούσε να συμβαίνει πραγματικά; Καθώς επισκέφτηκα και τις σχολικές τάξεις και τα συνέδρια των επιστημόνων, όπου οι ειδήμονες της νευρολογίας συζητούσαν αναστατωμένοι μια νέα έρευνα που αφορούσε την ύπουλη δύναμη του περιβάλλοντος στη διαμόρφωση των αναπτυσσόμενων εγκεφάλων, άρχισα να συνειδητοποιώ ότι μπορεί και να συμβαίνει.

"Βέβαια, η εμπειρία και τα διαφορετικά είδη εκμάθησης, μεταβάλουν τους εγκεφάλους των παιδιών" επεσήμαιναν επανειλημμένως. Εφόσον οι εμπειρίες των παιδιών αλλάζουν σημαντικά, το ίδιο μπορεί να συμβεί και στους εγκεφάλους τους. Ένα ποσοστό της φυσικής δομής του εγκεφάλου οφείλεται στον τρόπο με τον οποίο χρησιμοποιείται.

"Αλλά," όλοι πρόσθεταν, "δεν υπάρχει κανένας τρόπος να μετρηθούν οι λεπτές νευρολογικές διαφορές μεταξύ των προηγούμενων γενεών με της σύγχρονης. Δεν είναι δυνατόν να αποδειχθούν τέτοιες αλλαγές αφού ούτε η τεχνολογία δεν τις έχει μετρήσει ακόμα."

Δεν έχουμε καμία τρανή "απόδειξη," παρά μόνο πολλά μικρά αποδεικτικά στοιχεία. Ανέπτυξα ένα ερωτηματολόγιο ζητώντας ανέκδοτες πληροφορίες σχετικές με τις γνωσιολογικές αλλαγές που παρατηρήθηκαν στους μαθητές. Το παρουσίασα σε εθνικές συνεδριάσεις και διασκέψεις, σε πεπειραμένους δασκάλους και σε σχολεία στα οποία ο δημογραφικός πληθυσμός είχε παραμείνει σχετικά σταθερός. Αποκρίθηκαν περίπου τριακόσιοι δάσκαλοι, ενώ έμεινα κατάπληκτος από την ομοφωνία της απάντησης. Όντως, η διάρκεια προσοχής των παιδιών είναι καταφανώς πιο σύντομη. Όντως, η ανάγνωση, το γράψιμο, και οι προφορικές γλωσσικές δεξιότητες φαίνονται εξασθενημένες (ακόμη και στις "καλύτερες" γειτονιές). Όντως, ανεξάρτητα από το πόσο "έξυπνοι" φαίνονται οι μαθητές είναι λιγότερο ικανοί να καταπιαστούν με δύσκολα προβλήματα στα μαθηματικά, την φυσική, και σε άλλα θέματα. Όντως, οι δάσκαλοι αισθάνονται απογοητευμένοι και θα επιθυμούσαν να κάνουν καλύτερη δουλειά. Όλα αυτά συνετέλεσαν στον μακρύ δρόμο μέχρι "την απόδειξη," αλλά τον βρήκα προκλητικό -και γαργαλιστικό.

Εν τω μεταξύ, τα εξώφυλλα των εφημερίδων κραύγαζαν καθημερινά για τα χαμηλά αποτελέσματα των τεστ. Οι Διεθνείς αξιολογήσεις σύγκριναν την απόδοση των μαθηματικών και της φυσικής ανάμεσα σε μαθητές ηλικίας δεκατριών ετών από δώδεκα διαφορετικές χώρες, και βρήκαν τους Αμερικανούς μαθητές στο "κατώτατο επίπεδο" ιδιαίτερα στην κατανόηση ιδεών και πολύπλοκων ερμηνειών. Οι αναλυτές του Συμβουλίου Αποφοίτησης των μαθητών του Δημοτικού έκριναν όσον αφορά την Εφηβική Ανάπτυξη ότι τα αποτελέσματα των τεστ αντιπροσωπεύουν στο ελάχιστο την πραγματική έκταση του προβλήματος, εφόσον οι μετρήσεις είναι ανεπαρκείς σε ότι έχει να κάνει με το σκεπτικό και τις δυνατότητες που θα χρειαστεί η σημερινή νεολαία στην αγορά εργασίας. Και αναρωτιούνται "αν οι νέοι του έθνους μας θα είναι σε θέση να λειτουργήσουν ως μια γερή βάση της Αμερικής ώστε να ανταγωνιστεί στην παγκόσμια οικονομία;"

Τα ενημερωτικά δελτία ειδήσεων κάλυψαν ένα ρεπορτάζ καταλήγοντας στο συμπέρασμα ότι οι περισσότεροι δεκαεπτάχρονοι Αμερικανοί είναι ανεπαρκώς προετοιμασμένοι να χειριστούν εργασίες που απαιτούν τεχνικές δεξιότητες και ότι μόνο το 7% θα μπορούσε να χειριστεί προβλήματα κολλεγιακού επιπέδου όπως για παράδειγμα Φυσικής. Αυτό που θα επακολουθούσε θα ήταν ένας ψυχρός Μάρτιος για το έθνος με μια μέτρια πορεία. Ένα άρθρο του περιοδικού Fortune παραλλήλισε την "κρίση" στην εκπαίδευση με την επίθεση στο Pearl Harbor. Στο ίδιο άρθρο αναφερόταν ότι "Σε μια εποχή υψηλής τεχνολογίας όπου όλα τα έθνη ανταγωνίζονται με γνώμονα την δύναμη του εγκεφάλου, τα αμερικανικά σχολεία παράγουν έναν στρατό αμόρφωτων." Μια έρευνα έδειξε ότι το 68% γνωστών επιχειρήσεων επιβαρύνονται από την εκπαιδευτική ανεπάρκεια των υπαλλήλων τους, το 36% προσέφερε ήδη ενισχυτικά μαθήματα βασικής εκπαίδευσης, και ένα άλλο 28% εξομολογήθηκε ότι σκοπεύει να κάνει το ίδιο.

Το περιοδικό Wall Street, σε μια σπέσιαλ έκδοση για τα προβλήματα της εκπαίδευσης, τεκμηριώνει την αύξηση των ανίκανων πτυχιούχων του γυμνασίου, σύμφωνα με δήλωση διευθυντικών στελεχών που αντιμετώπισαν πρόβλημα στην επιλογή πρόσληψης εργαζομένων ακόμη και για τις πιο χαμηλές θέσεις. "Προσλαμβάνω σχεδόν όποιον αναπνέει," ομολογεί ένας διευθυντής τράπεζας του οποίου οι νέοι ταμίες είναι ανίκανοι να προσθέσουν και να αφαιρέσουν ακόμη και για τις πιο απλές πράξεις. Μια διαφημιστική εταιρία στο Σικάγο παραδέχτηκε ότι μόνο ένας υποψήφιος στους δέκα ανταποκρίνεται στο κατώτατο επίπεδο βασικής εκπαίδευσης για την εργασία του υπάλληλου ταχυδρομείου. Στατιστικές δείχνουν ότι 80% των υποψηφίων που έχουν εξεταστεί αποτυγχάνουν στο τεστ των Αγγλικών της εβδόμης τάξης και στα Μαθηματικά της πέμπτης. Παρατηρητές σχολίασαν, ότι τα σχολεία δεν κάνουν σωστά την δουλειά τους.

Τα ανεπαρκή σχολεία αποτελούν πρόβλημα σε μια χώρα όπου, ούτε οι δάσκαλοι ούτε η ίδια η εκπαίδευση τυγχάνουν αρκετού σεβασμού. Επιπλέον, οι χαμηλού επιπέδου πτυχιούχοι θα αποτελέσουν τους χαμηλού επιπέδου δασκάλους. Αλλά το πρόβλημα είναι μόνο αυτό; Οι γνώσεις μας για το πώς να διδάξουμε έχουν βελτιωθεί πραγματικά κατά τη διάρκεια των τελευταίων είκοσι ετών. Ασχολούμαι με τα τμήματα πανεπιστημιακής εκπαίδευσης από τη δεκαετία του '50. Στην διάρκεια όλης αυτής της περιόδου η επαγγελματική κατάρτιση έχει αναβαθμιστεί αρκετά. Η προσεκτική έρευνα για τον τρόπο με τον οποίο τα παιδιά μαθαίνουν, έχει ανοίξει το δρόμο για τη διάδοση αποδοτικότερων μεθόδων εκμάθησης και εκπαιδευτικού υλικού, καθώς επίσης και την καλύτερη κατανόηση από τους μαθητές που αντιμετωπίζουν πρόβλημα με τους παραδοσιακούς τρόπους εκμάθησης. Είναι δύσκολο κανείς να πιστέψει ότι η πλειοψηφία των δασκάλων έχει χειροτερέψει τόσο ξαφνικά. Σε όλα τα σχολεία που έχω επισκεφθεί έχω βρει αρκετούς αφιερωμένους επαγγελματίες. Ισχυρίζονται ότι οι μέχρι τώρα αποδεδειγμένες καλές μέθοδοι δεν λειτουργούν πια. Γιατί; Επειδή τα παιδιά έχουν γίνει λιγότερο ευφυή; Θα μπορούσαν οι αλλαγές των διανοητικών δυνατοτήτων να απεικονίσουν τις ελλοχεύουσες αλλαγές στην ανάπτυξη του εγκεφάλου όσο και η κακή διαπαιδαγώγηση;

ΤΙ ΣΥΜΒΑΙΝΕΙ ΜΕ ΤΑ ΑΠΟΤΕΛΕΣΜΑΤΑ ΤΩΝ ΤΕΣΤ;

Σε ένα ιδιωτικό σχολείο στο Μανχάταν, ένας πανεπιστημιακός σύμβουλος παραπονιέται, "Εξετάστε αυτά τα αποτελέσματα του τεστ SAT! Πως είναι δυνατόν αυτά τα παιδιά να μπουν στα πανεπιστήμια που επιθυμούν οι γονείς τους;" Κι ενώ αυτός ο σύμβουλος έχει κάθε λόγο για να ανησυχεί, μπορεί να ανακουφιστεί από το γεγονός ότι οι μαθητές του δεν είναι οι μόνοι που αντιμετωπίζουν αυτό το πρόβλημα.

Είναι πολύ λίγα τα τεστ που έχουν παραμείνει ίδια στις Ηνωμένες Πολιτείες ώστε να μπορούν να μας παρέχουν μια συνοπτική εικόνα των δυνατοτήτων των νέων των προηγούμενων δεκαετίες. Οι οργανώσεις που διεξάγουν τις αξιόπιστες και αναγνωρισμένες μετρήσεις είναι το College Board, το οποίο δημοσιεύει το Scholastic Aplitute Test (SAT) και αφορά μαθητές που σκοπεύουν να κάνουν αίτηση σε κάποιο πανεπιστήμιο, το παρόμοιο American College Testing program (ACT), και την Εθνική Αξιολόγηση της Εκπαιδευτικής Προόδου (National Assessement of Educational progress), η οποία εξετάζει την σχολική επίδοση των μαθητών με τα αντιπροσωπευτικά επίπεδα βαθμολογίας. Και μόνο τις επικεφαλίδες να ξεκινήσει να διαβάσει κανείς, καταλαβαίνει πόσο δραστικά έχουν μειωθεί τα αποτελέσματα, ιδιαίτερα στους τομείς ανώτερων επιπέδων δεξιοτήτων (higher-level verbal skills) και δεξιοτήτων συλλογισμού (reasoning skills).

Ακόμη κι αν το SAT έχει επικριθεί για ορισμένες αποτυχίες, συμπεριλαμβανομένες και διάφορες στατιστικές αποκλίσεις, έχει αποδειχθεί ως μια πηγή έγκυρων αποδεικτικών στοιχείων επί μακρά σειρά ετών. Θεωρητικά ένα τεστ δυνατοτήτων είναι προτιμότερο από ότι οι πραγματικές και ουσιαστικές γνώσεις. Ουσιαστικά όμως το τεστ βασίζεται κυρίως στην πρακτική καθώς και στην γνώση λεξιλογίου, στην ευχέρεια ανάγνωσης, και στα μαθήματα μαθηματικών. Όσο οι μαθητές είναι ακόμα στο γυμνάσιο, είναι δύσκολο να διακρίνουμε αν οι ενέργειες τους προέρχονται από την σχολική εκμάθηση ή από τις φυσικές τους ικανότητες. Κατά συνέπεια τα αποτελέσματά του τεστ απεικονίζουν και τη βασική νοημοσύνη και την πρακτική.

Στις αρχές του 1964, υπολογίζεται ότι ο μέσος όρος αποτελεσμάτων της γραμματικής και των μαθηματικών του τεστ SAT μειωνόταν σταθερά μέχρι τα μέσα της δεκαετίας του '80, ώσπου ισοπεδώθηκε τελείως και τελικώς δοκίμασε μια πολύ μικρή άνοδο. Στη συνέχεια, τα αποτελέσματα των μαθηματικών παρέμειναν σταθερά ενώ της γραμματικής είχαν αρχίσει να πέφτουν βαθμιαία. Γενικά, η πτώση της γραμματικής είναι αρκετά μεγαλύτερη, 47 βαθμούς μέχρι το 1988 (από 475 έως 428) σε αντίθεση με 22 για τα μαθηματικά (498 σε 476).

Οι απώλειες αυτού του μεγέθους δικαιολογημένα προκάλεσαν ανησυχία, και πολλοί λόγοι προτάθηκαν για αυτήν την προφανή διάβρωση της εθνικής διανοητικής ικανότητας. Είναι γεγονός ότι ένα σύνολο μαθητών χαμηλού επιπέδου, εκ των οποίων οι περισσότεροι "υστερούν" μορφωτικά, και δίνουν το τεστ, δικαιολογεί εν μέρει την πτώση των αποτελεσμάτων. Πρόσφατα, τα αποτελέσματα των μειονοτήτων είναι τα μόνα που παρουσιάζουν κάποια βελτίωση, ιδιαίτερα με τους έγχρωμους μαθητές να πετυχαίνουν εντυπωσιακή αύξηση. Επιπλέον, τα αμέσως προηγούμενα χρόνια αυξήθηκε το ενδιαφέρον για "μαθήματα προετοιμασίας", που αφορούν το περιεχόμενο του τεστ και τις "παγίδες" που ενδέχεται να υπάρξουν, από κάποιον αρκετά πετυχημένο "προπονητή". Το σύνολο αυτών των προνομιούχων, που μπορεί να πληρώσει τα μαθήματα προετοιμασίας, λογικά θα πρέπει να έχει ανεβάσει τον πήχη των αποτελεσμάτων. Είναι πολύ πιθανό ότι χωρίς την προσφορά τους, η γενική πτώση θα ήταν ακόμα μεγαλύτερη;

Για όλους τους μαθητές, η αυξημένη ώρα τηλεθέασης και ο ελάχιστος χρόνος διαβάσματος έχουν αποδειχτεί ως αρνητικές επιρροές στην προφορική τους εξέταση. Η ευθύνη αυτών των παραγόντων, όπως θα δούμε στα επόμενα κεφάλαια, είναι πολύ μεγαλύτερη από όσο θέλουν κάποιοι να παραδεχτούν. Τα σχολεία έχουν κατηγορηθεί για την μείωση των εργασιών στο σπίτι, την πτώση των εκπαιδευτικού επιπέδου, και τη χρήση μέσων διαπαιδαγώγησης που δεν κινούν το ενδιαφέρον.

Φυσικά, οι δάσκαλοι παραπονιούνται ότι έχουν εξωθηθεί σε αυτά τα μέσα λόγω της έλλειψης ικανοτήτων των μαθητών που καλούνται να διδάξουν. Εν ολίγοις, κανένας δεν συμφωνεί πραγματικά με τους λόγους αλλά όλοι συμφωνούν ότι η κατάσταση είναι σοβαρή. Η μεγαλύτερη ανησυχία είναι η υποψία ότι η "αφρόκρεμα" των μαθητών, η μελλοντική ομάδα των πιθανών ηγετών μας, επηρεάζεται σοβαρά.

"ΟΙ ΚΑΛΥΤΕΡΟΙ ΚΑΙ ΟΙ ΕΞΥΠΝΟΤΕΡΟΙ"

Για να ερευνήσω αυτή την πιθανότητα ήρθα σε επαφή με την Εκπαιδευτική Εξεταστική Υπηρεσία, η οποία δημοσιεύει αποτελέσματα Αποφοίτων με Ρεκόρ στις Εξετάσεις. Τα τεστ αυτά λαμβάνονται με πρωτοβουλία μαθητών οι οποίοι στοχεύουν σε κάποια υποτροφία. Αμέσως κατάλαβα ότι είναι δύσκολο να εξαχθεί οποιοδήποτε ισχυρό αποδεικτικό στοιχείο σχετικά με τη βαθμολογία αυτών των τεστ για διάφορους λόγους, τους οποίους θα εξηγήσω εν συντομία. Εντούτοις ψάχνοντας στα αρχεία των τελευταίων δεκαπέντε ετών, βρήκα μερικές ενδιαφέρουσες ενδείξεις ότι το ενδιαφέρον και η δυνατότητα στους βασικούς λεξιλογικούς τομείς των σπουδών εμφάνιζαν τρομακτική μείωση.

Τα GRE περιλαμβάνουν τεστ αξιολόγησης ικανοτήτων λεξιλογίου, αριθμητικής και αναλυτικής ικανότητας καθώς επίσης και τεστ με θέμα διάφορες επιστήμες όπως την ιστορία, την αγγλική λογοτεχνία, την ψυχολογία, τα μαθηματικά, κλπ. Τα συγκεκριμένα τεστ είναι προαιρετικά, αφού τα απαιτούν μόνο κάποια τμήματα και μερικές σχολές. Τα αποτελέσματα των GRE πρέπει να ερμηνευθούν με επιφύλαξη αν λάβουμε υπόψη μας τις γενικές τάσεις. Τα βελτιωμένα αποτελέσματα στα σκορς ίσως να αντιπροσωπεύουν τον αριθμό των ευφυέστερων μαθητών οι οποίοι επιλέγουν να κάνουν αίτηση σε κάποιο σχολείο που προσφέρει υποτροφία, ή και το αντίστροφο. Τα "φροντιστηριακά" μαθήματα δε, μπορούν κάλλιστα να επισκιάσουν τις μειωμένες δυνατότητες των υποψηφίων των GRE.

Ο αριθμός των μαθητών που δεν έχουν μητρική γλώσσα την αγγλική έχει επηρεάσει αναμφισβήτητα τα αποτελέσματα λεξιλογίου στις γενικές εξετάσεις νοημοσύνης, εφόσον όλοι οι υποψήφιοι είναι υποχρεωμένοι να τα δώσουν. Το ποσοστό των εξεταζομένων που δεν είναι Αμερικανοί πολίτες έχει αυξηθεί κατά 16% από το 1975. Δεδομένου ότι ένα μεγάλο ποσοστό αυτών των μαθητών θα ακολουθήσουν τον κλάδο των μαθηματικών και της φυσικής, είναι αναμενόμενο τα αποτελέσματα αυτών των δύο μαθημάτων να βελτιωθούν. Μεταξύ 1972 και 1987, υπολογίζεται ότι ο μέσος όρος των αποτελεσμάτων της μαθηματικής ανάλυσης ανήλθε από 512 μονάδες στις 550, ενώ αύξηση παρουσίασαν και τα αποτελέσματα της γραμματικής ανάλυσης. Την ίδια περίοδο, τα λεξιλογικά αποτελέσματα μειώθηκαν από 497μονάδες στις 477.

Αυτή η γενική πτώση των λεξιλογικών δυνατοτήτων δεν οφείλεται αποκλειστικά στους αλλοδαπούς υποψηφίους, εφόσον η ίδια τάση παρουσιάζεται και σε τεστ με θέματα που επιλέγονται από μαθητές που σκοπεύουν να μελετήσουν έναν συγκεκριμένο τομέα - και στον οποίο θεωρούνται άξιοι ανταγωνισμού. Μεταξύ 1972 και 1987, ο μέσος όρος των αποτελεσμάτων των μαθητών που επέλεξαν την αγγλική λογοτεχνία (και οι οποίοι είναι στην πλειοψηφία τους αγγλόφωνης προέλευσης ή και ειδικευμένοι φοιτητές) μειώθηκαν από 545 σε 526, καθώς κι εκείνοι που έδωσαν εξετάσεις στις ξένες γλώσσες, όπως Γαλλικά, Γερμανικά και Ισπανικά έτειναν επίσης να μειώνονται προς τα κάτω. Ο αριθμός μαθητών που έδινε εξετάσεις στη γλώσσα και τους λογοτεχνικούς τομείς μειώθηκε ορμητικά, ενώ το 1985 έδωσαν εξετάσεις αγγλικής λογοτεχνίας μόνο οι μισοί από τους μαθητές που είχαν συμμετάσχει το 1972, το ποσοστό συμμετεχόντων στις εξετάσεις Γαλλικής γλώσσας μειώθηκε περίπου κατά ένα πέμπτο. Οι ίδιες πτωτικές τάσεις ήταν εμφανείς και σε άλλους τομείς σχετικούς με λεξιλογικές ικανότητες: τα αποτελέσματα της Ιστορίας, των Πολιτικών επιστημών και της Κοινωνιολογίας έπεσαν κατακόρυφα, το ίδιο και ο αριθμός των εξεταζομένων σ' αυτά τα τεστ. Το 1972, 1.354 σπουδαστές έδωσαν τεστ στην Φιλοσοφία, ενώ το 1984 συμμετείχαν μόνο 252 άτομα με αποτέλεσμα να διακοπεί το τεστ.

Το γεγονός των προφανών πτώσεων στους λεξιλογικούς τομείς- ακόμη και εκείνων που τα αγγλικά είναι η μητρική τους γλώσσα και έχουν κλίση στην λογοτεχνία - έχει προβληματίσει πολλούς μελετητές που θεωρούν ότι μια κοινωνία χρειάζεται σωστούς φιλοσόφους, καλούς πολιτικούς, και συγγραφείς με φαντασία καθώς επίσης σημαντικά και λαμπρά μυαλά στην τεχνολογία. Σε απόλυτη αντίθεση, τις ίδιες χρονολογίες σημειώθηκε μεγάλη αύξηση στα αποτελέσματα του τομέα της εφαρμοσμένης μηχανικής, των μαθηματικών, της ψυχολογίας, και των οικονομικών. Για παράδειγμα το 1987 ο αριθμός των εξεταζομένων στο τεστ εφαρμοσμένης μηχανικής ήταν πολύ μεγαλύτερος από ότι το 1972, και ο μέσος όρος αποτελεσμάτων ανήλθε από 593 μονάδες στις 623. Το ποσοστό των πολιτών που έχουν συμμετάσχει στα τεστ του τεχνολογικού τομέα και κάποια στιγμή θα φύγει από τις Ηνωμένες Πολιτείες, εφόσον λάβει την ανώτερη εκπαίδευση, είναι άγνωστο.

Επιτρέψτε μου να σκεφτώ για πολύ λίγο τι προκύπτει από αυτές τις αλλαγές. Για λόγους που ελπίζω ότι θα γίνουν σαφείς σε αυτό το βιβλίο παρακάτω και διαδοχικά, ο προφορικός - αναλυτικός συλλογισμός (αυτό που απαιτείται για την ευφράδεια, σωστή ανάγνωση, τη γραπτή και προφορική γλωσσική έκφραση) εξαρτάται περισσότερο από τις διαφοροποιημένες χρήσεις του εγκεφάλου παρά τις αναπτυγμένες ικανότητες που εξαρτώνται από περιορισμένες προφορικές ικανότητες, "ταυτόσημες" με τις διανοητικές επεξεργασίες (π.χ., η εφαρμοσμένη μηχανική, και μερικές θεωρίες προχωρημένων μαθηματικών). Καμία σαφής δήλωση, δεν εκπίπτει από αυτό το ανώμαλο σενάριο, πόσο μάλλον κάποιο συμπέρασμα. Βέβαια κάποιος μπορεί να μπει στον πειρασμό να συλλογιστεί ότι, όποιος κι αν είναι ο λόγος, εμείς παρατηρούμε κάποιο είδος μεταβολής των δυνατοτήτων- ή τουλάχιστον του ενδιαφέροντος -μεταξύ των μελλοντικών εκπαιδευτικών ηγετών μας.

... ΚΑΙ ΠΑΛΙ ΠΙΣΩ ΣΤΙΣ ΤΑΦΡΟΥΣ

Όπως είναι φυσικό, κάποιοι από τους μαθητές μας καταφέρνουν να αποφοιτήσουν από το σχολείο. Η πτώση των ικανοτήτων στα μαθηματικά και στη φυσική όπως και στις προφορικές δεξιότητες είναι λόγοι εθνικού συναγερμού για την πλειοψηφία των νέων αμερικανών. Τα πρόσφατα αποτελέσματα της Εθνικής Αξιολόγησης Εκπαιδευτικής Προόδου (NAEP: National Assessment of Eductional Progress) παρουσίασαν ιδιαίτερες ελλείψεις στις ικανότητες πολύπλοκων συλλογισμών, καθώς επίσης και στην κατανόηση εξειδικευμένου κειμένου, στα μαθηματικά και στη φυσική. Μετά από αυτήν την ταραχή σχετικά με την εξυγίανση της εκπαίδευσης, οι νεώτεροι σπουδαστές, φαίνεται να βελτιώνονται ελαφρώς στα αποτελέσματα των τεστ. Βέβαια "η μεγαλύτερη πρόοδος σημειώθηκε στον τομέα των χαμηλών δεξιοτήτων." Σύμφωνα με τα συμπεράσματα NAEP τα αποτελέσματα των μαθηματικών, είναι ιδιαίτερα απογοητευτικά γιατί τα προβλήματα που είναι υποχρεωμένοι να λύσουν οι μαθητές, αυτά που απαιτούν παραπάνω από ένα βήματα, οπότε και μεγαλύτερη προσοχή. Παραδείγματος χάριν, μόνο το 44% των απόφοιτων γυμνασίου θα μπορούσε να υπολογίσει τα ρέστα που θα έπαιρνε από $3,00 για δύο παραγγελίες από έναν κατάλογο εστιατορίου.

Παρόμοιες ανεπάρκειες του ορθού συλλογισμού, βρίσκονται και αλλού. Κατά συνέπεια, σύμφωνα με τον Αλμπέρτο Σάνκερ (Albert Shanker), πρόεδρο της αμερικανικής ομοσπονδίας δασκάλων (Amertican Federation of Teachers), μόνο το 20% των δεκαεπτάχρονων θα μπορούσε να συντάξει ένα οργανωμένο βιογραφικό σημείωμα, μόνο το 4% θα μπορούσε να κατανοήσει ένα πρόγραμμα δρομολογίων λεωφορείου, και μόνο το 12% θα μπορούσε να τοποθετήσει έξι απλά κλάσματα κατά σειρά μεγέθους. Ο Δρ Σάνκερ συνεχίζει να παραπονιέται ότι μόνο το 20 με 25% των μαθητών είναι ικανό να μάθει αποτελεσματικά αξιοποιώντας τις παραδοσιακές μεθόδους διδασκαλίας.

Ιδιαίτερα ενοχλητικό είναι το γεγονός ότι, ακόμη και με την εξαίρεση του ποσοστού των αλλοδαπών μαθητών που διδάσκονται μαθηματικά, οι μεγαλύτεροι και καλύτεροι μαθητές είναι αρκετά πίσω από τους αντίστοιχους μαθητές των προηγούμενων δεκαετιών. Η διάβρωση των δυνατοτήτων των "καλύτερων" μαθητών άρχισε να παρουσιάζεται στα αποτελέσματα NAEP την δεκαετία του '70. Μια παρόμοια τάση παρουσιάσθηκε το 1977 όταν ένα γνωστό τεστ βασικών δεξιοτήτων για μαθητές με καλούς βαθμούς, αναθεωρήθηκε. Τα εθνικά αποτελέσματα ενός αντιπροσωπευτικού δείγματος 40.000 μαθητών της τετάρτης και της ογδόης συγκρίθηκαν με εκείνα των αντίστοιχων μαθητών του 1970. Ο "μέσος όρος" των μαθητών της τετάρτης του 1977 ήταν ελαφρώς χειρότερος σε όλους τους τομείς από αυτούς του 1970, και η "ικανότητα χρήσης της γλώσσας", ακόμη και μεταξύ των καλύτερων μαθητών, είχε μειωθεί σημαντικά. Ο μέσος όρος των μαθητών της ογδόης του 1977 ήταν πίσω κατά ένα εξάμηνο από εκείνους του 1970 και στις χρήσεις γλωσσικών εννοιών, ενώ στα μαθηματικά, οι "προχωρημένοι" μαθητές της ογδόης παρουσίασαν τη μεγαλύτερη μείωση από όλους. Δηλαδή, τα αποτελέσματα χειροτέρευσαν σε όλα τα θέματα, με μεγαλύτερη πτώση στη ικανότητα χρήσης της γλώσσας. Όπως θα φανεί αργότερα, τα αποτελέσματα αυτών των παγκόσμιων τάσεων έχουν αρχίσει να παρουσιάζονται ακόμη και στα ιδιαιτέρως επιλεγμένα κολέγια, δεδομένου ότι οι καθηγητές αναγκάζονται να μειώσουν τις εργασίες ανάγνωσης και γραφής καθώς επίσης και τις προσδοκίες για αναλυτικό συλλογισμό. Παρά τη σοβαρή προσπάθεια των γυμνασίων και των λυκείων να δώσουν βάρος στην ύλη των μαθημάτων, δεν σημειώθηκε καμία ουσιαστική βελτίωση στον τομέα των υψηλών δεξιοτήτων για τους μαθητές κάθε επιπέδου.

Η Έκθεση Α, πιο κάτω, για την σύγχρονη εκπαιδευτική κρίση αποτειπώνει τις δυνατότητες ανάγνωσης των παιδιών. Παρόλο που η πτώση συγκεκριμένων ικανοτήτων έχει δημιουργήσει μια έντονη διαμάχη μεταξύ εκπαιδευτικών και εργοδοτών, η πλειοψηφία δεν γνωρίζει τη διάσταση του προβλήματος ούτε ότι η παραποίηση των διαδικασιών των τεστ απλώς καλύπτει τις πραγματικές διαστάσεις του.

ΈΚΘΕΣΗ Α: Η ΚΡΙΣΗ ΣΤΗΝ ΑΝΑΓΝΩΣΗ

Μερικοί από τους μαθητές μου θα αποφοιτήσουν από το Γυμνάσιο έχοντας χαμηλότερο επίπεδο ανάγνωσης από αυτούς που αποφοίτησαν από το Γυμνάσιο των 7-9 τάξεων το 1970,

- Δάσκαλος Αγγλικών, σχολείο προαστίων, Βιρτζίνια

Οι μαθητές μου; Δεν διαβάζουν. Ο ίδιος ο πολιτισμός δεν διαβάζει. Δεν χρησιμοποιούν τη γλώσσα πέρα από τις καθημερινές εκφράσεις και αυτό γιατί ο πολιτισμός μας αδιαφορεί επικίνδυνα για την σπουδαιότητα της σωστής χρήσης της γλώσσας. Οι ελπίδες μου για δημιουργία νέων αναγνωστών είναι ανύπαρκτες αν δεν μπορέσουμε να δημιουργήσουμε αναγνώστες στο γενικότερο κοινωνικό σύνολο. Ήμουν ικανός να διδάξω την ιστορία δύο πόλεων σε μια όγδοη τάξη καλού επιπέδου, τώρα πια ακόμη και με τους μαθητές της ένατης τάξης το προσεγγίζουμε επιφυλακτικά. Όταν το διαβάζουν μόνοι τους, χάνουν την ροή και μεγάλο μέρος του νοήματος - ιδιαίτερα τις περίπλοκες ιδέες. Η σύνταξη είναι ακριβώς όπως μια ξένη γλώσσα σε τους.

- Δάσκαλος Αγγλικών, αυτόνομο σχολείο, Οχάιο

ΠΡΟΣ ΜΙΑ ΑΝΑΡΘΡΗ ΚΑΙ ΑΝΑΛΦΑΒΗΤΗ ΚΟΙΝΩΝΙΑ;

Η τρέχουσα κατάσταση της βασικής εκπαίδευσης στις Ηνωμένες Πολιτείες χειροτερεύει ραγδαία, σε αντίθεση με την τεχνολογία των βίντεο και των υπολογιστών που ενισχύονται ολοένα και περισσότερο, με αποτέλεσμα η ίδια η ανάγνωση ως πράξη να θεωρηθεί απαρχαιομένη. Το ανησυχητικό γεγονός του αναλφαβητισμού στις Ηνωμένες Πολιτείες έχει κοινοποιηθεί, αφυπνίζοντας το κοινό μπροστά στο γεγονός ότι 23 εκατομμύρια άτομα του εργατικού δυναμικού της Αμερικής στερούνται των ικανοτήτων ανάγνωσης και σύνταξης οι οποίες είναι απαραίτητα προσόντα για την ανταγωνιστική αγορά εργασίας. Η αυξανόμενη πτώση του ενδιαφέροντος και της ικανότητας για ανάγνωση, δεν έγινε άμεσα αντιληπτή ή αποδεκτή ανάμεσα στους λειτουργικά εγγράμματους. Αυτοί που μπορούν να διαβάσουν (ή τουλάχιστον να προφέρουν τις λέξεις), δεν το αποδέχονται.

22

Περίπου το 90% των νέων είναι ικανό να διαβάσει το απλό υλικό. Βέβαια η πλειοψηφία αντιμετωπίζει δυσκολία στην κατανόηση κειμένων μεγαλύτερου επιπέδου των τάξεων του δημοτικού, στο να συμπεραίνει πράγματα πέρα των απλών γεγονότων, στην κατανόηση των απόψεων του συγγραφέα και την επιχειρηματολογία του, στην ικανότητα χρήσης γεγονότων για να υποστηρίξει δικά του επιχειρήματα. Εκτός από την πτώση σε όλα αυτά τα θέματα, πτώση διακρίνουμε και στις ικανότητες και στο ενδιαφέρον των σπουδαστών για ανάγνωση, παρά τις εθνικές και τοπικές πρωτοβουλίες για την βελτίωση τους. Σε πρόσφατη έκθεση του NAEP διαπιστώνουμε ότι μόνο το 5% των αποφοίτων γυμνασίου θα μπορούσε να αποδώσει ικανοποιητικά στην ύλη που χρησιμοποιώταν παραδοσιακά στο κολέγιο.

Η κατάσταση μπορεί να χειροτερέψει. Πολλοί μελλοντικοί δάσκαλοι αντιπαθούν και αποφεύγουν το διάβασμα όποτε μπορούν. Δύο καθηγητές του πανεπιστημίου Κεντ πραγματοποίησαν μια μελέτη πάνω στο μάθημα της παιδικής λογοτεχνίας και επεσήμαναν εκπληκτικές αλλαγές στις διαθέσεις των μελλοντικών δασκάλων. "Πολλοί σπουδαστές ξεκινούν τα μαθήματα με αρνητική διάθεση απέναντι στο διάβασμα. Πιο συγκεκριμένα όμως, αποφεύγουν διάφορους τύπους λογοτεχνίας που αποτελούν το κύριο περιεχόμενο των μαθημάτων μας" (δηλ., "καλά" βιβλία για τα παιδιά και τους εφήβους). Περισσότερο από το ένα τέταρτο αυτών των μελλοντικών δασκάλων παραδέχτηκε ότι "ταλαιπωρείται αιώνια με το έντυπο υλικό" και πολλοί αναγνώρισαν ότι κατάφεραν να περάσουν τα μαθήματα των αγγλικών με "σύντομες σημειώσεις ή επιπόλαιο διάβασμα που τους εφοδίαζε μόνο με τις απαραίτητες πληροφορίες ώστε να περάσουν τα τεστ ή για να προετοιμάσουν τις εκθέσεις τους."

Δυστυχώς πολλοί από εμάς που εκπαιδεύουν δασκάλους μπορούν να επιβεβαιώσουν ότι αυτή η παρατήρηση δεν είναι μεμονωμένη.

Αυτοί οι νέοι είναι ο καθρέφτης της κοινωνίας στην οποία ζουν και στην οποία θα διδάξουν στην επόμενη γενιά όχι μόνο τις δεξιότητες ανάγνωσης και συλλογισμού, τις οποίες οι ίδιοι έχουν παρακάμψει τόσο εύκολα, αλλά και στην οποία θα εμφυσήσουν και τις δικές τους στάσεις απέναντι στο διάβασμα. Οι Αμερικανοί, στο σύνολο τους, δεν είναι ιδιαίτερα γοητευμένοι με τον γραπτό λόγο. Παρόλο που οι πωλήσεις των παιδικών βιβλίων από εύπορους γονείς, που θέλουν να δώσουν (ίσως κυριολεκτικά) στο παιδί τους κάθε εκπαιδευτικό πλεονέκτημα, αυξάνονται, κανένας δεν είναι πραγματικά βέβαιος για το ποιος - αν υπάρχει κανείς - διαβάζει πραγματικά τα βιβλία. Παρά τα αναμφισβήτητα στοιχεία ότι τα παιδιά που διαβάζουν σωστά, προέρχονται από σπίτια όπου η ανάγνωση είναι ένα ιδιαίτερο κομμάτι της καθημερινότητας, οι περισσότεροι γονείς δεν διαβάζουν. Το ογδόντα τοις εκατό των βιβλίων σε αυτήν την χώρα διαβάζεται μόνο από το 10% των ανθρώπων.

Σύμφωνα με την Δρ Bernice Cullinan του πανεπιστημίου της Νέας Υόρκης το ποσοστό των αναγνωστών στις Ηνωμένες Πολιτείες συνεχώς μειώνεται σε αναγνώστες ηλικίας κάτω των είκοσι ένα ετών με σταθερή και σημαντική πορεία. Σε μια μεγάλη ομάδα "φυσιολογικών" μαθητών της ογδόης που ρωτήθηκε για τον μέσο-όρο του χρόνου που ξοδεύουν για το διάβασμα έξω από το σχολείο:

50% διαβάζει τέσσερα λεπτά ημερησίως ή λιγότερο
30% διαβάζει δύο λεπτά ημερησίως ή λιγότερο
10% δεν διαβάζουν τίποτα

Η ίδια ομάδα παιδιών παρακολουθεί κατά μέσο όρο 130 λεπτά Τηλεόραση την ημέρα. Η Δρ Cullinan μας υπενθυμίζει ότι τα παιδιά γίνονται καλοί, οξυδερκείς και αναλυτικοί αναγνώστες μόνο με πολύ διάβασμα, και ότι η κοινωνία μας γίνεται ολοένα και πιο αμόρφωτη. "Ένα ακαλλιέργητο άτομο είναι αυτό που ξέρει πώς να διαβάσει αλλά που δεν επιλέγει να διαβάσει. Τέτοια άτομα απλώς ρίχνουν μια ματιά στους τίτλους των εφημερίδων και αρπάζουν κυριολεκτικά το πρόγραμμα της Τηλεόρασης. Δεν διαβάζουν βιβλία για ευχαρίστηση, ούτε ενημερώνονται διαβάζοντας. Το ακαλλιέργητο άτομο δεν είναι καλύτερο από ένα αναλφάβητο, από κάποιον δηλαδή που δεν μπορεί να διαβάσει καθόλου, χάνει τα μεγάλα μυθιστορήματα του παρελθόντος και του παρόντος καθώς επίσης και τις αναλύσεις που γράφονται για τα πολιτικά ζητήματα. Τα περισσότερα ακαλλιέργητα άτομα παρακολουθούν τις ειδήσεις στην Τηλεόραση για να ενημερωθούν, αλλά ολόκληρο το πρόγραμμα ενός δελτίου ειδήσεων θα γέμιζε μονάχα δύο στήλες των New York Times με αποτέλεσμα να αγγίζει επιφανειακά τις ειδήσεις."

Το σοβαρό αναγνωστικό κοινό της χώρας γερνάει, και δεν παρουσιάζει κανένα σημάδι ανανέωσης ή ανάπτυξης, επιβεβαιώνει ο συντάκτης Jack Shoemaker στον προϊστάμενο της North Point Press. "Πιστεύω ότι αν εξετάσουμε μερικά μεγάλα ανεξάρτητα βιβλιοπωλεία θα επιβεβαιώσουν την αίσθησή που έχω ότι δεν υπάρχει σημαντικό κοινό εφήβων ή ατόμων γύρω στα είκοσι. Αυτά τα [βιβλιοπωλεία] υποστηρίζονται κυρίως από άτομα ηλικίας τριάντα έως πενήντα ετών, " παρατήρησε πρόσφατα.

Το ίδιο συμβαίνει και σε άλλες χώρες, με λιγότερο δραματικές τάσεις. Η Ιαπωνική εκδοτική βιομηχανία παρουσιάζει μια σταθερή πτώση στις πωλήσεις βιβλίων παρά το γεγονός ότι οι Ιάπωνες είναι αχόρταγοι αναγνώστες. Οι κριτικοί λογοτεχνικών έργων της χώρας παραπονιούνται ότι οι νέοι δεν ενδιαφέρονται τόσο για τη λογοτεχνία όσο οι προηγούμενες γενιές.

Παρά τα παρόμοια παράπονα που έχουν κι άλλες χώρες, οι εκδότες των Ηνωμένων Πολιτειών έχουν ιδιαίτερο λόγο να ανησυχούν που οι αναγνώστες είναι ένα είδος απειλούμενο υπό εξαφάνιση. Οι πωλήσεις βιβλίων των ΗΠΑ κατέχουν την εικοστή τέταρτη θέση παγκοσμίως ενώ ο αριθμός πωλήσεων εφημερίδων παρουσιάζει σημαντική απώλεια αναγνωστικού κοινού. Πενήντα τέσσερις καθημερινές εφημερίδες έχουν σβήσει από το 1979, και οι φυλλάδες που πωλούνται ανά χίλιους κατοίκους είναι μόνο οι μισές από αυτές που πωλούνται στην Ιαπωνία. Παρατηρούμε αύξηση στα εικονογραφημένα και τεχνικά-προσανατολισμένα περιοδικά (π.χ., ικανότητα, διακόσμηση, μοτοσικλέτες, υπολογιστές, κλπ.) τα οποία αντικαθιστούν τις εφημερίδες.

Το πρόβλημα δεν προκύπτει μόνο από την αδιαφορία για ανάγνωση αλλά και από τον αυξημένο αριθμό σπουδαστών με φτωχές ικανότητες ανάγνωσης. Όλως περιέργως, πολλοί από αυτούς τους αναγνώστες δεν αναγνωρίζουν ότι έχουν πρόβλημα. Μια έρευνα αποκάλυψε ότι από τους 443 σπουδαστές που μπήκαν σε ένα κοινοτικό κολέγιο μόνο οι 80 αναγνώρισαν ότι χρειάστηκαν υποστήριξη στην ανάγνωση παρόλο που το τρομακτικό ποσοστό του 50% διάβαζε από το επίπεδο της ένατης τάξης! Ακόμη και μεταξύ των 221 αποτυχόντων – του επιπέδου της τρίτης - όγδοης τάξης, οι 178 πίστευαν ότι είχαν πάει πολύ καλά. Αυτή η τόσο χαρακτηριστική στατιστική υπαινίσσεται την σημαντική ανεπάρκεια στις προσδοκίες των προηγούμενων σχολείων τους. Επιπλέον, αυτό απεικονίζεται στην αξία που δίνουν οι μαθητές στην ανάγνωση ή στη δυνατότητά τους να πάρουν την ευθύνη και να εξετάσουν τις εσωτερικές διανοητικές διαδικασίες τους.

ΤΟ ΠΡΑΚΤΙΚΟ ΜΥΑΛΟ

Γιατί δεν θέλουν - ή δεν μπορούν - να διαβάζουν οι περισσότεροι νέοι; Μια από τις πιο κοινές απαντήσεις αυτής της γενιάς είναι ότι τα βιβλία είναι "πάρα πολύ δύσκολα" ή "βαρετά." Πολλοί έχουν πρόβλημα με τη συγκέντρωση και τη συνεχή προσπάθεια που απαιτείται για ανάγνωση. Εξετάζοντας την αντίληψη και τη λογική ενός ατόμου που παλεύει να κατανοήσει την άποψη κάποιου συγγραφέα, και τον αγώνα να ακολουθήσει την πλοκή, συμπεραίνουμε ότι είναι ιδιαίτερα δύσκολο για την νοημοσύνη των σημερινών νέων.

Εκτός από τις στατιστικές υπάρχουν και οι ανεπίσημες μαρτυρίες που εξηγούν την σημερινή κατάσταση. Ακόμη και κάποιοι ειδικευόμενοι φοιτητές Αγγλικών βρίσκουν τώρα πια την πεζογραφία πολύ βαρετή. Η Κριστίν Εντυ βοηθός ειδήσεων στην Ουάσινγκτον και ειδικευόμενη λογοτεχνίας στο πανεπιστήμιο Τζορτζ Ουάσινγκτον, δήλωσε πρόσφατα σχετικά σε μια δημοσκόπηση που αποκαλύπτει ότι μόνο οι μισοί από τους καλούς μαθητές της τάξης της είχαν μπει στον κόπο να ολοκληρώσουν σαν εργασία το μυθιστόρημα, Όλοι οι άντρες του Βασιλιά, μια εμπορική επιτυχία που είχε αγαπηθεί από τις προηγούμενες γενιές σπουδαστών. "Βαριούνται!" "Πολύ δύσκολο για να το παρακολουθήσουν." Ένας άλλος μαθητής σχολίασε ότι το υπέροχο βιβλίο, Η χώρα με τα μυτερά Έλατα της Σάρα Ορνε Τζουετ, "εξελισσόταν τόσο αργά που νόμιζες ότι γράφτηκε από κάποιο άτομο με ειδικές ανάγκες."

Για να μπορέσει ένα μυαλό να διαβάζει σωστά θα πρέπει να εκπαιδευτεί στην χρήση της γλώσσας, την λογική, και να επιμένει στην επίλυση των προβλημάτων. Οι μαθητές μπορεί να μάθουν να εκφράζουν τις λέξεις, αλλά αν δεν κατέχουν την βαθύτερη έννοια, συμμετέχουν σε μια ψεύτικη και μη ικανοποιητική άσκηση. Έχουμε καταφέρει να διδάξουμε σε μαθητές μικρών τάξεων να "διαβάζουν τις λέξεις", με τρομερές προσπάθειες. Εντούτοις, όταν πρέπει να αρχίσουν οι μαθητές να συνδέουν τις λέξεις με τη γλωσσική έννοια και να ασχοληθούν με την προχωρημένη γραμματική, το λεξιλόγιο, και τις συνεχείς διανοητικές απαιτήσεις ενός πραγματικού κειμένου, τότε τα αποτελέσματα των τεστ πέφτουν κατακόρυφα.

ΔΥΝΑΤΟΤΗΤΕΣ ΑΝΑΓΝΩΣΗΣ

Τα πράγματα είναι χειρότερα από ότι έχουμε αντιληφθεί.

Στις αρχές τις δεκαετίας του '70, διαβάζοντας τα αποτελέσματα των τεστ στα Αμερικανικά σχολεία, αντιλαμβανόσουν μια τέτοια καθοδική πορεία που καθιστούσε απαραίτητες τις σοβαρές πρωτοβουλίες που προωθήθηκαν για να βελτιώσουν την εκπαίδευση. Οι δάσκαλοι και οι καθηγητές ανέπτυξαν νέα στοιχεία βασισμένα στην έρευνα για το πώς θα μάθουν τα παιδιά να διαβάζουν. Η σωστή κατάρτιση των δασκάλων έγινε ανάγκη σε πολλά σχολεία, και η διδασκαλία της "φωνητικής" (συστηματική εκφώνηση των λέξεων) ενισχύθηκε. Αυτό που ακολούθησε ήταν μια μικρή άνοδος στα αποτελέσματα των τεστ ανάγνωσης.

Όπως επισημαίνει ο Φρεντ Μ. Χέεσινγκερ, οι νέοι μαθητές προφέρουν τις λέξεις καλύτερα, αλλά στην πραγματικότητα τις καταλαβαίνουν λιγότερο. Τα παιδιά δεν κατανοούν, δεν θυμούνται, και δεν εφαρμόζουν αυτό που διαβάζουν. Όπως και άλλες πρόσφατες αξιολογήσεις έτσι και η έκθεση ΝΑΕΡ ανακάλυψε το 1986 ότι τα σχετικά προβλήματα των μαθητών στην ανάγνωση και την έκφραση των ιδεών γραπτώς προέρχεται κυρίως από τη δυσκολία που αντιμετωπίζουν στο προφορικό συλλογισμό.

"Η διδασκαλία ανάγνωσης πρέπει να αναδομηθεί σε όλα τα επίπεδα ώστε να εξασφαλίσει ότι οι μαθητές μαθαίνουν αποτελεσματικότερα να σκέφτονται αυτό που έχουν διαβάσει," δηλώνει η έκθεση, η οποία παρουσίασε μια δραστική και "περίπλοκη" πτώση στην ικανότητα ανάγνωσης μεταξύ ηλικιών εννέα και δεκαεπτά ετών και ας την καθυστέρησαν για πέντε μήνες ώστε οι ερευνητές να κατανοήσουν τις στατιστικές και να επανεξετάσουν τα τεστ. Ακόμη και μετά από αυτό δεν μπορούσαν να εξηγήσουν την πτώση. Οι υπάλληλοι του ΝΑΕΡ είχαν προγραμματίσει να δημοσιεύσουν μια έρευνα που παρουσίαζε τις τάσεις των ικανοτήτων ανάγνωσης των μαθητών από το 1971, αλλά αυτά τα σχέδια ακυρώθηκαν επειδή κανένας δεν θέλησε να πιστέψει τα αποτελέσματα.

ΓΙΑΤΙ ΔΕΝ ΠΡΕΠΕΙ ΝΑ ΕΜΠΙΣΤΕΥΟΜΑΣΤΕ ΤΑ ΤΕΣΤ;

Αυτή η παταγώδης αποτυχία απλώς επεξηγεί τι έχουν αντιληφθεί ήδη οι εκπαιδευτικοί ψυχολόγοι για το πως δηλαδή τα περίεργα γεγονότα καλύπτονται στο όνομα του "τεστ". Τα αποτελέσματα των τεστ, στην πραγματικότητα, μπορεί να είναι αρκετά παραπλανητικά όσον αφορά στις εκτιμήσεις τους. Ίσως τα αποτελέσματα του ΝΑΕΡ να ήταν στην πραγματικότητα ακριβή και είναι πιθανώς να δημιούργησαν έκπληξη αφού κάποια άλλα τεστ ανάγνωσης - είτε το πιστεύετε είτε όχι - έκαναν τις δυνατότητες των μαθητών να φαίνονται αρκετά μεγαλύτερες από ότι είναι στην πραγματικότητα! Παρακάτω αναγράφονται μερικοί λόγοι για τους οποίους θα πρέπει να δεχόμαστε με ιδιαίτερη επιφύλαξη τα συγκεκριμένα αποτελέσματα.

1. Τι είναι το Διάβασμα;

Πώς καθορίζετε την λέξη "ανάγνωση"; Στο πρώτο μου βιβλίο περιγράφω μια ασυνήθιστη ομάδα παιδιών, τα αποκαλούμενα Υπερλεκτικά, τα οποία έχουν διδαχτεί ανάγνωση από την ηλικία των δύο ετών και συνεχίζουν να διαβάζουν με πάθος οποιοδήποτε έντυπο υλικό πέσει στα χέρια τους. Ένα τέτοιο πεντάχρονο αγόρι που εξέτασα έφερε τους Ταιμς της Νέας Υόρκης στο γραφείο μου και άρχισε να τους διαβάζει μεγαλόφωνος με έναν άψογο ειρμό. Όπως ήταν αναμενόμενο, σημείωσε επιτυχία στο τεστ επιπέδου μεγαλύτερων τάξεων του γυμνασίου, αξιολογήθηκε για τις δυνατότητες που είχε στην ανάγνωση και την προφορά των λέξεων τις οποίες συναντούσε για πρώτη φορά! Με τέτοια αποτελέσματα, αυτό το παιδί θα έπρεπε να αποτελεί έναν χαρισματικό αναγνώστη, σωστά; Λάθος. Δυστυχώς, δεν μπορούσε να συλλάβει το νόημα μιας απλής ιστορίας της πρώτης τάξης. Μπορούσε να προσφωνήσει λέξεις χωρίς όμως να καταλαβαίνει πολλές από αυτές, το δυσάρεστο αυτό γεγονός, θλίβει και εμένα και πολλούς άλλους.

Η ικανότητα "να προσφωνεί αυτό που βλέπει" δεν αποτελεί την ανάγνωση, αλλά πολλοί άνθρωποι, συμπεριλαμβανομένων, καλοπροαίρετα πάντα, και των γονέων, πιστεύουν ότι είναι. Τα τεστ που δείχνουν αύξηση στα αποτελέσματα μικρών παιδιών αφορούν απλά στην δεξιότητα ανάγνωσης λέξεων "κατώτερου επιπέδου" παραμερίζοντας την πραγματική ουσία του προβλήματος; Πόσο καλά καταλαβαίνουν αυτό που έχουν διαβάσει; Είναι σε θέση να σκεφτούν - να συζητήσουν και να γράψουν για αυτό;

2. Πως εξετάζουμε την ικανότητα ανάγνωσης;

Όταν εξετάζουμε τις ικανότητες ανάγνωσης των παιδιών, είναι σχετικά εύκολο να επισημάνουμε τις "φωνητικές" και όποιες άλλες αναγνωστικές δεξιότητες υπάρχουν, χρειάζεται όμως περισσότερος χρόνος για να ανακαλύψουμε πόσο καλά έχουν καταλάβει το κείμενο. Επειδή είναι χρονοβόρο να γίνει μια λεπτομερής εξέταση με κάθε παιδί ξεχωριστά, τα περισσότερα τεστ που χρησιμοποιούνται σε μεγάλες ομάδες παιδιών είναι φτιαγμένα με ένα πρότυπο και διορθώνονται από μηχανές. Αυτά τα τεστ βέβαια δεν μπορούν να αποδώσουν το επίπεδο κατανόησης αφού ο μαθητής δεν υποχρεώνεται να διατυπώσει (προφορικά ή γραπτά) τίποτα, μόνο να επιλέξει ανάμεσα σε ένα σύνολο απαντήσεων "κυκλώνοντας" την σωστή. Τέτοιου είδους ερωτήσεις, πολλαπλής επιλογής κερδίζουν καλές κριτικές επειδή τείνουν να επικεντρωθούν σε βασικές ερωτήσεις "κατώτερου-επιπέδου". Μερικές φορές δεν χρειάζεται καν να διαβάσουν την ερώτηση για να απαντήσουν σωστά:

Τι χρώμα ήταν το βαγόνι του John;
πράσινο
μαύρο
κόκκινο

Η Λίντα Ντάρλινγ Χάμοντ, διευθύντρια εκπαίδευσης της RAND είπε: "Εξετάζει τη γενιά της Τηλεόρασης - επιφανειακά και παθητικά," και σχολίασε, "Δεν ρωτάμε αν οι μαθητές μπορούν να συνδέσουν πληροφορίες, να λύσουν προβλήματα, ή να σκεφτούν ανεξάρτητα. Μετράμε αυτά που μπορούν να αναγνωρίσουν. Βέβαια αυτό είναι πολύ διαφορετικό από αυτό που επακολουθεί στην πραγματικότητα σε μια κοινωνία γεμάτη πληροφορίες. Κανένας εργαζόμενος δεν βρήκε απλώς έναν πίνακα ελέγχου επάνω στο γραφείο του."

Ακόμη και οι αδύνατοι αναγνώστες μπορούν να απαντήσουν σε ερωτήσεις του τύπου "μικρά κόκκινα βαγόνια", αλλά όταν αρχίζουν να μεγαλώνουν, η γλώσσα, τα κείμενα, και οι ερωτήσεις, αντιμετωπίζουν σοβαρές δυσκολίες. Ένας αποτελεσματικός τρόπος να εξεταστεί η αντίληψη ενός αναγνώστη είναι να του ζητηθεί "να περιγράψει τα γεγονότα," να αποδώσει την περίληψη ή το νόημα του κειμένου. Πολλοί είναι οι μαθητές σήμερα που δυσκολεύονται με τέτοια ερωτήματα, πιθανόν επειδή δεν τους έχει ζητηθεί ποτέ να συνθέσουν ή να μιλήσουν για κείμενα κατ' αυτό τον τρόπο, αυτό

30

που τους απασχολούσε ήταν να συμπληρώνουν τους κύκλους στις πολλαπλές επιλογές των τεστ.

3. "Παραποιημένα" Τεστ

Οι περισσότεροι είναι απληροφόρητοι για το γεγονός ότι έχει υπάρξει σημαντική "παραποίηση" των τεστ ανάγνωσης από τη δεκαετία του '60. Είναι ένα συγκλονιστικό γεγονός. Εξετάζοντας τα φτωχά αποτελέσματά τους, ότι τα παιδιά μας δίνουν εξετάσεις δραστικά απλούστερες από εκείνες μόλις δύο δεκαετιών προηγουμένως. Τα στοιχεία αποδεικνύουν ότι οι δημιουργοί των τεστ κάνουν τα παιδιά να φαίνονται καλύτερα από ότι είναι στην πραγματικότητα μεταβάλλοντας το βαθμό δυσκολίας της ανάγνωσης και των ερωτήσεων που υποβάλλονται.

Όταν συζητάω για τα τεστ, σκέφτομαι τα μέσα της δεκαετίας του 70, όταν ήμουν Διευθύντρια ενός σχολείου πρωτοβάθμιας εκπαίδευσης και αλλάξαμε το παλιό τεστ με ένα ολοκαίνουριο, εκσυγχρονισμένο και εθνικά εγκεκριμένο τεστ δυνατοτήτων. Τα αποτελέσματα αυξήθηκαν ως δια μαγείας καθώς η νέα μορφή του τεστ ήταν πολύ πιο εύκολη από την προηγούμενη. Πολύ απλά χρησιμοποιώντας τη νέα μορφή, αυξήσαμε σημαντικά τα αποτελέσματα χωρίς να διδάξουμε τίποτα! Εκείνη τη χρονιά πολλοί εκπαιδευτικοί συμμετείχαν σε συνέδρια λέγοντας ο ένας στον άλλον "εάν θέλετε το σχολείο σας να φανεί πραγματικά καλό, αλλάξτε το παλιό τεστ με το νέο τεστ της Χ Εταιρίας."

Τι θαυμάσια ανακάλυψη! Εφόσον τα αποτελέσματα συνεχίζουν να μειώνονται-γιατί δεν αλλάζετε τα τεστ.

Οι δυνατότητες ανάγνωσης των σύγχρονων παιδιών δεν μπορούν εύκολα να συγκριθούν με εκείνα των προηγούμενων δεκαετιών επειδή τα περισσότερα τεστ αλλάζουν κάθε οκτώ ή δέκα χρόνια. Το 1978, ένας καθηγητής του κολεγίου της Μινεσότα έδωσε στους σπουδαστές του το ίδιο ακριβώς τεστ ανάγνωσης που είχε χρησιμοποιήσει το 1928. Τα αποτελέσματά των μαθητών του ήταν παρόμοια με εκείνα των μαθητών του γυμνασίου πενήντα χρόνια πριν. Τέτοιες συγκρίσεις δεν είναι δυνατόν να ισχύουν απόλυτα, για πολλούς λόγους, αλλά και λόγω των διαφορών στο καθημερινό-λεξιλόγιο και την χρήση διαφορετικών φράσεων από τη μια γενιά στην άλλη. Παρόλα αυτά, υπάρχει κάθε ένδειξη ότι οι δυνατότητες ανάγνωσης έχουν υποστεί μεγαλύτερη πτώση δεδομένου ότι έκανε αυτήν την έρευνα το 1978. Παράλληλα, βλέπουμε όλο και περισσότερες αναθεωρήσεις στα σημαντικότερα τεστ. Αυτές οι συχνές αλλαγές απεικονίζουν μια μεγαλύτερη ανάγκη για διόρθωση;

Το 1987, ο Δρ. Τζέημς Κένελ που αποκάλυψε δημοσίως τις μετατροπές των τεστ, κατηγόρησε σε μια καυστική του έκθεση ότι ο βαθμός δυσκολίας του τεστ κατανόησης κειμένου του ευρέως γνωστού Τεστ Ικανοτήτων της Καλιφόρνια για την δεύτερη και τρίτη τάξη ήταν ένα ολόκληρο επίπεδο κατώτερο από αυτό του 1977, που υποτίθεται ήταν το ίδιο τεστ. Στην ίδια έκθεση αναφέρεται το εξίσου δημοφιλές Τεστ Ικανοτήτων του Στάνφορντ, το οποίο "παρουσίασε μεγάλη πτώση στην δυσκολία επεξήγησης κειμένου μεταξύ 1972 και 1982." Παρά τις θορυβώδεις διαμαρτυρίες του εξεταστικού ιδρύματος, η αλήθεια των συμπερασμάτων Κάνελ επιβεβαιώθηκε στη συνέχεια από μια ομοσπονδιακά υποστηριγμένη ανάλυση.

Τελικά αυτοί που φταίνε στην πραγματικότητα είναι οι παραγωγοί των τεστ; "Οι κανόνες," εξ ορισμού, ποικίλλουν σύμφωνα με τις δυνατότητες της ομάδας των παιδιών που χρησιμοποιείται για να αναπτύξουν την βαθμολογία σε οποιοδήποτε τεστ, όταν οι δυνατότητες γενικά μειώνονται, τότε θα μειωθεί και το επίπεδο των τεστ. Εάν οι μαθητές τις έκτης στη δεκαετία του '80 φαίνονται πιο αδύναμοι αναγνώστες από τους μαθητές της ίδιας τάξης στη δεκαετία του '60, το τεστ της δεκαετίας του '80 θα πρέπει να είναι ευκολότερο προκειμένου να διεξαχθεί μια "ομαλή κατανομή" των αποτελεσμάτων, εφόσον ο μέσος όρος των αποτελεσμάτων είναι στα ακραία υψηλά ή χαμηλά όρια.

Επιπλέον, επειδή αυτοί που διαχειρίζονται τα τεστ τείνουν να αποφεύγουν αυτά που δείχνουν τα παιδιά τους ηλίθια (και τους ίδιους αναρμόδιους). Από την άλλη φυσικά οι εκδότες πιέζονται να παράγουν τεστ που θα δείχνουν τα παιδιά έξυπνα. Φαίνεται να κάνουν αυτό ακριβώς που ο Κάνελ ισχυριζόταν. Όταν σύγκρινα τις μορφές ενός τυπικού και ευρείας χρήσης τεστ ανάγνωσης του 1964, του 1972, και του 1982, συγκλονίστηκα όταν διαπίστωσα τις διαφορές. Κάθε διαδοχική έκδοση ήταν τόσο ευκολότερη από την προηγούμενη που ήταν δύσκολο να πιστέψω ότι δόθηκε σε παιδιά του ίδιου επιπέδου. Το παράδειγμα 1 παρουσιάζει συγκρίσιμα στοιχεία (η τελευταία σελίδα) από τις μορφές του τεστ του 1964 και του 1982 για τους μαθητές της τετάρτης τάξης. Δεν χρειάζεσαι μεταπτυχιακό στην ανάγνωση για να παρατηρήσεις την αυξανόμενη απλοποίηση του περιεχομένου, του επιπέδου του λεξιλογίου, το μήκος των προτάσεων, κλπ. Αυτό το τεστ τυχαία διαφημίζεται ως "πρότυπο αξιολόγησης για τα υπόλοιπα τεστ ικανοτήτων."

Το πιο τρομακτικό από όλα είναι ένα νέο τεστ "προηγμένης" μορφής, που σχεδιάζεται για τους μαθητές της ένατης τάξης και που δημοσιεύτηκε το 1988 (σχήμα 2), το οποίο απαιτεί τέτοιες σύνθετες ικανότητες όπως απαιτεί ένας κατάλογος fast food. Αυτό το τεστ είναι αυταπόδεικτα ευκολότερο από αυτό που οι μαθητές τις τετάρτης του 1964 αναμενόταν να διαβάσουν.

Η διαφήμιση του εκδότη του τελευταίου τεστ ως "Σύγχρονο Τεστ Σπουδών" αποτελεί μια ασυναίσθητη ειρωνεία; Προσωπικά, το βρίσκω απίστευτο ότι αυτό καλείται τεστ "ανάγνωσης", όμως είναι ένα από τα σημαντικότερα όργανα από τα οποία "η ικανότητα" αξιολογείται.

4. Οι δάσκαλοι και οι αρμόδιοι μπορούν επίσης να "κλέψουν"

Όταν πιέζονται τα πράγματα για καλύτερα αποτελέσματα, οι αρμόδιοι μπορεί να εκθέσουν τα ψευδώς αυξημένα αποτελέσματα για να κάνουν τα σχολεία ή τις περιοχές τους να φανούν καλύτερες. Η μελέτη του Κάνελ αποκάλυψε ότι τα αποτελέσματα και των πενήντα πολιτειών ήταν πάνω από τον εθνικό μέσο όρο αν και κανένας δεν γνωρίζει πως πραγματοποιήθηκε αυτό το πρωτοφανές θαύμα. Επιρρεπείς στην πίεση είναι και οι δάσκαλοι. Όταν η αξιολόγηση κάποιου - ίσως και η εργασία του - διακυβεύονται, και ο πιο υπεύθυνος δάσκαλος να ήταν, θα μπορούσε να περιπέσει σε μια αποπλανητική εφαρμογή της αποκαλούμενης "διδασκαλίας του τεστ." Όταν το ίδιο τεστ χρησιμοποιείται για παραπάνω από ένα χρόνο και οι δάσκαλοι εξοικειώνονται με τις ερωτήσεις, τείνουν, ίσως και ασυναίσθητα, να στρέψουν την προσοχή των παιδιών σε στοιχεία που θα τους βοηθήσουν αργότερα ("θυμηθείτε αυτήν την λέξη - γιατί μπορεί να την δείτε... πάλι") να διαπρέψουν στατιστικά.

Υπάρχουν κι άλλοι έξυπνοι και μικροί τρόποι να επηρεάσουν τα αποτελέσματα του τεστ. Μια ομάδα δασκάλων του δημοτικού από το Μίσιγκαν μου είπαν πως δίνουν πάντα, αργά το απόγευμα της προηγουμένης, την προεξέταση (το Σεπτέμβριο) και λένε στα παιδιά ότι μπορούν να βγουν στην παιδική χαρά μόλις τελειώσουν. Για το "μετά" τεστ (από του οποίου τα "κέρδη" της διδασκαλίας, κρίνονται στο τέλος του έτους), το πρώτο πράγμα που κάνουν είναι να δίνουν χυμό πορτοκάλι και ένα υγιεινό σνακ στους μαθητές. Όταν το ζάχαρι (και ο εγκέφαλος) βρίσκονται σε υψηλά επίπεδα, μοιράζουν το κανονικό τεστ και ενθαρρύνουν την τάξη, να χρησιμοποιήσει όλο τον χρόνο που τους απομένει για να ελέγξουν τις απαντήσεις.

ΓΙΑΤΙ ΔΕΝ ΠΡΕΠΕΙ ΝΑ ΕΜΠΙΣΤΕΥΟΜΑΣΤΕ ΤΑ ΣΧΟΛΙΚΑ ΒΙΒΛΙΑ

"Ο Johnny είναι μόνο στην τρίτη τάξη, αλλά ανήκει ήδη στους αναγνώστες της τετάρτης τάξης" απαντά χαρούμενα πολύ ευχαριστημένη μητέρα. Δυστυχώς, αυτό το κατόρθωμα δεν θα πρέπει να την κάνει να πιστεύει ότι ο Johnny είναι παραπάνω από έναν μέτριο αναγνώστη, δεδομένου ότι πολλά σχολικά βιβλία έχουν υποβληθεί "σε αλλαγές". Για κάποιο διάστημα, οι εκδότες δεχόντουσαν πίεση να καταστήσουν τα κείμενα περισσότερο "αναγνώσιμα," δηλαδή με πιο σύντομες προτάσεις, λιγότερο σύνθετο λεξιλόγιο, και περισσότερες εικόνες. Τα βιβλία των δημοτικών σχολείων ("για βασικούς αναγνώστες") περιέχουν περισσότερες σύντομες και αφύσικες προτάσεις και μια δύσχρηστη πεζογραφία που μετά βίας θα μπορούσε να κάνουν τους μαθητές προσφιλείς τις αξίες της καλής γλώσσας και λογοτεχνίας.

Η ποιότητα διακινδυνεύεται και από τα επιφανειακά πρότυπα ανάγνωσης "επάρκεια." Σύμφωνα με μια έκθεση του 1988 του Συμβουλίου Βασικής Εκπαίδευσης, "Οι Συντάκτες αναδιοργανώνουν τα βασικά μαθήματα ανάγνωσης γύρω από το περιεχόμενο και εκσυγχρονίζουν τα καθιερωμένα τεστ. "Το αποτέλεσμα; "Ένα λεπτό ρεύμα μιας απότομης πεζογραφίας να στριφογυρίζει ανάμεσα σε έναν υπερβολικό αριθμό εικόνων, τετράγωνα πλαίσια, και σχεδιαγράμματα."

Τα βιβλία του γυμνασίου (φυσική, ιστορία, κλπ.) έχουν γίνει πιο εύχρηστα σε απάντηση καταγγελιών από τους δασκάλους ότι οι μαθητές δεν μπορούν να κατανοήσουν βιβλία με τα παραδοσιακά επίπεδα πολυπλοκότητας. Λαμβάνοντας υπόψη την διάσταση της πεζογραφίας "που μολύνει" τα τρέχοντα κείμενα της ιστορίας, ο Jack Valenti θρηνεί την ένδοξη ιστορία, "θα αποτύγχαναν όλοι στο αρχικό τεστ: Αν ήταν αναγνώσιμο, ευχάριστο και απομνημονεύσιμο;"
Σε μια καυστική κριτική που δημοσίευσε ο Arthur Woodward του πανεπιστημίου Ρότσεστερ, στην Education Week, έδειχνε να βάζει στο στόχαστρο τους εκδότες σχολικών βιβλίων πιέζοντας τους να μειώσουν το οπτικό υλικό που αποδυναμώνει δραστικά τα κείμενα. Σε πολλές περιπτώσεις, γράφει, "η ενημέρωση παίζει δευτερεύοντα ρόλο ενώ πρωταρχικό έχουν τα σχέδια, τα οποία μοιάζουν με εκείνα ενός εικονογραφημένου λευκλώματος σαλονιού." Κατακρίνει το μεγάλο μέρος των σελίδων που αφιερώνονται στις εικονογραφήσεις οι οποίες συχνά δεν είναι καν σχετικές με το έντυπο υλικό και "την δυσκολία που αντιμετωπίζουν οι εκδότες στον χειρισμό των δεδομένων θεμάτων με ικανοποιητικό περιεχόμενο."
Όπως μας εξηγεί και η Δρ Diana Paul του πανεπιστημίου της Μασαχουσέτης και του Χάρβαρντ, ακόμη και τα κείμενα του κολεγίου υπέστησαν αλλαγές καθώς έγιναν πιο

"ομογενοποιημένα," λιγότερο εκπαιδευτικά, μεγαλύτερα, ευκολότερα, και επιφανειακά πιο λαμπερά. Αυτές οι αλλαγές επήλθαν, τουλάχιστον εν μέρει, επειδή οι "μεγάλος αριθμός σπουδαστών διάβαζε σε τέτοιο επίπεδο που ήταν δύσκολο για τους ίδιους να αντιμετωπίσουν τις δυσκολίες των παραδοσιακών κολεγιακών βιβλίων".

Συνολικά, η κατάσταση της ανάγνωσης επισημαίνει τις βασικές αλλαγές, όχι μόνο στα επίπεδα ικανότητας, αλλά και στον τρόπο που οι σύγχρονοι σπουδαστές, προσεγγίζουν σκέφτονται και μαθαίνουν. Θα μπορούσε ποτέ η ανάγνωση να αποτελεί, ένα περιττό λείψανο κάποιου περασμένου πολιτισμού; Θα μπορούσαν τα παιδιά ή η κοινωνία να προσαρμοστούν ενδεχομένως πιο εύκολα στις νέες συνήθειες; Αν και θα εξετάσουμε αυτές τις ιδέες στο τελευταίο κεφάλαιο του βιβλίου, οι περισσότεροι εκπαιδευτικοί βλέπουν τις τάσεις απομάκρυνσης από τη βασική εκπαίδευση ως υπερβολικά αρνητικές. Όχι μόνο θέτουν τους σπουδαστές σε άμεση σύγκρουση με τους καθορισμένους στόχους και τις μεθόδους εκπαίδευσης, αλλά τους καθιστούν και λιγότερο ανταγωνίσιμους στην πραγματική αγορά εργασίας η οποία αποτελεί μια κοινωνία επεξεργασίας πληροφοριών και οι λεξιλογικές απαιτήσεις και οι δεξιότητες στην επίλυση προβλημάτων είναι υψηλές.

Επιπλέον, η επέκταση των διανοητικών και ανθρώπινων προοπτικών που επιτυγχάνεται με την ανάγνωση είναι πιθανό να αποτελεί ιδιαίτερη δέσμευση για μια γενιά που προορίζεται να ζήσει - και να ηγηθεί - σε έναν τεχνολογικό πολιτισμό. Θέλουμε δημιουργούς πολιτικής που είναι ανενόχλητοι από τις βαρύνουσες πραγματικότητες της ιστορίας επειδή δεν έχουν διαβάσει - ή αναλογιστεί - ποτέ για αυτές; Ή επιχειρηματίες ηγέτες οι οποίοι ποτέ δεν άκουσαν για τους μικροαστούς κομφορμιστές; Ή ψηφοφόρους που δεν έχουν κρυφοκοιτάξει ποτέ πέρα από τη μικρή οπτική γωνία της σκέψης τους;

ΜΑ ΤΑ ΠΑΙΔΙΑ ΘΑ ΕΠΡΕΠΕ ΝΑ ΦΑΙΝΟΝΤΑΙ ΕΞΥΠΝΟΤΕΡΑ!

Είναι λογικό, κάποιος να αναμένει ότι οι σημαντικές αλλαγές στον εγκέφαλο από γενιά σε γενιά θα παρουσιάζονται στα τεστ του δείκτη ευφυΐας. Τα σημερινά παιδιά παίρνουν χαμηλή βαθμολογία στο τεστ; Όχι! Οι μαθητές σήμερα - τουλάχιστον οι νέοι - πραγματικά εμφανίζονται να σημειώνουν καλύτερα αποτελέσματα από τα παιδιά των προηγούμενων γενιών.

Για να βγάλω κάποιο νόημα από αυτήν την προφανή αντίφαση, ανέτρεξα σε κάμποσες μελέτες που έχουν ερευνήσει τις τάσεις στα αποτελέσματα του Δείκτη ευφυΐας από γενιά σε γενιά. Σύγκρινα επίσης τα αποτελέσματα του προφορικού μέρους του τεστ (που απαιτεί, ανεπτυγμένο λεξιλόγιο, ακούσματα, ευφράδεια λόγου, και ικανότητες συλλογισμού) με τα άλλα μέρη του τεστ (που περιέχουν στοιχεία όπως, οπτικούς γρίφους, λαβύρινθους, που μιμούνται κατασκευές κτιρίων, κ.λπ.). Όπως είναι αναμενόμενο, δεν υπάρχουν εύκολες απαντήσεις, αλλά οι μελέτες των τελευταίων δεκαετιών υποδηλώνουν ότι οι προφορικές ικανότητες έχουν αρχίσει τελευταία να μειώνονται σε σχέση με τις άλλες. Αυτό το φαινόμενο, που έχει εκπλήξει τους ερευνητές, αρχίζει να εμφανίζεται σε διάφορες ευρωπαϊκές χώρες, αλλά οι Ηνωμένες Πολιτείες είναι σίγουρα αυτές που ανοίγουν το δρόμο. Εάν αυτές οι αλλαγές αποδίδονται σε κάποια ανεπάρκεια του τεστ η αν εκφράζουν κάποια σημαντική αλλαγή πορείας δεν έχει συμφωνηθεί ακόμα.

Στην πραγματικότητα, οι περισσότεροι ερευνητές έχουν καταλήξει ότι εξετάζοντας απλώς τον "δείκτη ευφυΐας" των ανθρώπων δεν είναι ο καλύτερος τρόπος για να συγκριθούν οι πνευματικές ικανότητες των γενεών διαδοχικά. Καταρχήν, κανένας δεν μπορεί να είναι απόλυτα βέβαιος για το ποιος τύπος τεστ ο οποίος είναι πιθανό να μην είναι καν "ευφυΐας" μπορεί να αξιολογήσει σωστά. Επιπλέον, θα πρέπει να συμφωνήσουν με την πραγματική έννοια της "ευφυΐας" και οι "ειδικοί".

Σύμφωνα με τα συνολικά αποτελέσματα (προφορικά και μη) του Wechsler Scales, του πιο διαδεδομένου τεστ στις Ηνωμένες Πολιτείες και σε διάφορες άλλες χώρες, τα παιδιά εμφανίζονται να είναι όλο και πιο έξυπνα. Στην πραγματικότητα, σε αντίθεση με τα τεστ ανάγνωσης, κάθε νέα έκδοση του IQ τεστ είναι ελαφρώς δυσκολότερη αφού τα αποτελέσματα έχουν αυξηθεί με το πέρασμα του χρόνου. Τα άτομα που ασχολούνται επαγγελματικά με αυτού του είδους τις εξετάσεις αναμένουν ότι κατά μέσον όρο, κάθε γενιά θα τα καταφέρνει καλύτερα, στους ίδιους τύπους δοκιμασιών, από ότι οι γονείς τους. Αυτό βέβαια μπορεί απλά να απεικονίζει το γεγονός ότι ο αριθμός αυτών που σπουδάζουν περισσότερα χρόνια αυξάνεται συνεχώς. Ανεξάρτητα από το πόσο σκληρά προσπαθούν οι δημιουργοί των τεστ, είναι σχεδόν αδύνατο να εξεταστεί η "ευφυΐα" χωρίς την συμπερίληψη των παραγόντων που βελτιώνονται από τη συμμετοχή στο σχολείο - και φυσικά και την εκλέπτυνση του τεστ. Επιπλέον, δεδομένου ότι πολλοί γονείς συνεχίζουν το σχολείο, είναι πολλά τα παιδιά που βρίσκονται γύρω από ανθρώπους που σκέφτονται και μιλούν" στην κουλτούρα των τεστ" έτσι μπορούν να φανούν "εξυπνότερα" ακόμα κι αν δεν είναι στην πραγματικότητα. Ακόμη, καθώς περισσότεροι άνθρωποι συνεχίζουν τις σπουδές τους, τα αποτελέσματά τους συνεχίζουν να αυξάνονται ακόμη και στα '20 τους, έτσι ώστε οι πρόσφατες αναθεωρήσεις του τεστ διακρίνουν τους ενηλίκους να γίνονται γρηγορότερα "εξυπνότεροι" από τους εφήβους.

Επιπλέον, η βελτίωση της διατροφής και της προγενέθλιας φροντίδας τείνουν, όπως είναι φυσικό, να αυξήσουν τον μέσο όρο αποτελεσμάτων οποιουδήποτε πληθυσμού. Από τη δεκαετία του '30, όταν τα τεστ πνευματικών ικανοτήτων άρχισαν να χρησιμοποιούνται ευρέως, ο μέσος όρος αποτελεσμάτων - στις Ηνωμένες Πολιτείες αυξανόταν σταθερά, με εξαίρεση τα παιδιά που γεννήθηκαν κατά την κρίσιμη περίοδο του Β΄ παγκόσμιου πολέμου και την γενιά μετά τον πόλεμο. Η τελευταία πτώση συνδέεται αναμφίβολα με ένα άλλο στατιστικό γεγονός: οι πολυάριθμες οικογένειες συγκεντρώνουν τον χαμηλότερο μέσο όρο αποτελεσμάτων στο τεστ IQ. Αντιθέτως, όταν οι οικογένειες ήταν μικρότερες, τα αποτελέσματα IQ είχαν αυξηθεί με κανονικούς ρυθμούς, πιθανώς επειδή οι γονείς που ασχολούνται παραδοσιακά περισσότερο με το κάθε παιδί ξεχωριστά λιγόστεψαν.

Δεδομένου ότι το βιοτικό επίπεδο έχει αυξηθεί σε όλες τις χώρες του κόσμου, έτσι και τα αποτελέσματα του τεστ IQ, τα αποτελέσματα στις Ηνωμένες Πολιτείες τώρα είναι ισοπεδωτικά σε σύγκριση με εκείνα των άλλων χωρών. Ο Δρ James R. Flynn του πανεπιστημίου Otago στο Dunedin, Νέα Ζηλανδία, αντιπαρέβαλε πρόσφατα όλες τις διαθέσιμες πληροφορίες για τις τάσεις του IQ κατά τη διάρκεια του χρόνου. Στη μελέτη του, η μεγαλύτερη μελέτη μέχρι σήμερα, χρησιμοποιεί στοιχεία από δεκατέσσερα ανεπτυγμένα κράτη, τα όποια παρουσίασαν "σημαντική αύξηση του Δείκτη Νοημοσύνης."

Βλέποντας αυτά τα αποτελέσματα λαμβάνοντας υπόψη την πραγματικότητα ο Δρ Flynn έγινε δύσπιστος. Υπάρχουν σήμερα εξυπνότερα άτομα από αυτά που συναντούσαμε στους δρόμους σε προηγούμενες εποχές; "Μια γενιά με σημαντική αύξηση του Δείκτη Νοημοσύνης πρέπει να ξεπεράσει ριζικά τους προγόνους της [αν αυτές οι αλλαγές είναι όντως πραγματικές] η Ολλανδία θα έπρεπε να είχε πάνω από 300.000 ανθρώπους που να θεωρούνται ως μεγαλοφυΐες; Το αποτέλεσμα είναι μια πάρα πολύ μεγάλη πολιτιστική αναγέννηση για να αγνοηθεί, " υπονόησε με ενοχλημένο ύφος.

Ακόμα, ο Flynn επισήμανε, μια σημαντική έρευνα στην Ευρώπη "η οποία δεν περιείχε ούτε μια απλή αναφορά σε κάποια δραματική αύξηση μεγαλοφυϊών ή μαθηματικών και επιστημονικών ανακαλύψεων; Κανείς δεν έχει προσέξει την ανωτερότητα της σημερινής γενιάς των μαθητών; Όσο για τις εφευρέσεις, ο αριθμός διπλωμάτων ευρεσιτεχνίας που χορηγούνται έχει συρρικνωθεί."

Εν τω μεταξύ, συγκρίνοντας τα αποτελέσματα του τεστ Νοημοσύνης με αυτά από άλλα τεστ το λιγότερο που μπορούμε να πούμε είναι ότι μπερδευόμαστε. Ενώ τα Αμερικανικά IQs συνεχίζουν μια μέτρια ανοδική πορεία, τα αποτελέσματα στο Σχολικό Τεστ Ικανοτήτων (SAT), έχουν πάρει την κατιούσα. Ο Δρ Flynn, σχολιάζει ότι "χάρη στην αύξηση στα [τεστ Νοημοσύνης], φαίνεται ότι όσοι μπαίνουν στα αμερικανικά γυμνάσια γίνονται ολοένα και ευφυέστεροι αλλά αφήνουν το γυμνάσιο με χειρότερες ακαδημαϊκές δεξιότητες. Εκτός κι αν κάποια άλλα γνωρίσματα, όπως το κίνητρο, η μελέτη, και η αυτοπειθαρχία μειώνονται σε τέτοιο βαθμό, πώς αλλιώς θα γινόταν ευφυέστεροι με τόσο μειωμένη εκπαίδευση;"

Ο ίδιος ο Flynn καταλήγει στο συμπέρασμα ότι στην πραγματικότητα τα τεστ IQ δεν μετρούν καθόλου τη νοημοσύνη παρά έναν εξειδικευμένο τύπο επίλυσης προβλημάτων ο οποίος είναι δυνατόν να μην μεταφέρεται πολύ καλά έξω από το πρόβλημα του τεστ. Παρεμπιπτόντως μόνο οι περιβαλλοντικοί παράγοντες είναι σχετικοί με την πραγματική νοημοσύνη και αυτοί να είναι υπαίτιοι πραγματικά για την αύξηση των αποτελεσμάτων. Όσο κι αν μετρούν τα τεστ, οι Ηνωμένες Πολιτείες πέφτουν γρηγορότερα από τα άλλα έθνη και στα προφορικά και στα άλλα μέρη. "Το συμπέρασμα που βγαίνει από στοιχεία μέσα από όλο τον τεχνολογικά αναπτυγμένο κόσμο είναι ότι οι αυξήσεις των Ηνωμένων Πολιτειών είναι χειρότερες από τον μέσο όρο, και τα νέα στοιχεία παραμερίζουν κάθε αμφιβολία για λάθος μέτρηση."

Ας επιστρέψουμε για μια στιγμή στον αυθόρμητο συλλογισμό του Δρ Flynn που αφορά στη μείωση των "μη πνευματικών ικανοτήτων," οι οποίες ίσως να αξίζουν περισσότερη έμφαση από αυτήν που έδωσε. Στα επόμενα κεφάλαια θα ερευνήσουμε την υποτιμημένη σημασία τους καθώς επίσης και την διακυβευμένη κατάσταση τους. Πρέπει επίσης να γίνει προφανές ότι τα τμήματα του εγκεφάλου που αποθηκεύουν τις πληροφορίες και που παράγουν τα υψηλά αποτελέσματα των τεστ του Δείκτη Νοημοσύνης είναι στην ουσία διαφορετικά συστήματα από εκείνα που επιτρέπουν στους ανθρώπους να οργανώσουν, να προγραμματίσουν, να παρακολουθήσουν, να εκφραστούν ακριβώς, και να χρησιμοποιήσουν τα γεγονότα που έχουν απορροφήσει. Αυτά λοιπόν τα τμήματα, τα οποία τα τεστ δεν μπορούν να καταμετρήσουν, αποτελούν μια ακόμα σημαντική πηγή "ευφυΐας"- και συντελούν στην διακινδύνευση των σύγχρονων παιδιών.

Όπως θα δούμε στο επόμενο κεφάλαιο, η ικανότητα του εγκεφάλου των παιδιών μπορεί να αυξηθεί πραγματικά από την καλή διατροφή, την συναναστροφή με ενήλικους, τους ερεθισμούς ζωηρών δραστηριοτήτων, τα παιχνίδια, τα βιβλία, και τα σπορ. Η Τηλεόραση είναι μια πηγή πληροφοριών που επιτρέπει στους νέους να φανούν καλοί στα τεστ του Δείκτη Νοημοσύνης κυρίως κατά τη διάρκεια των πρώτων ετών της ζωής τους. Η χρήση υπολογιστών μπορεί, επιφανειακά, να κάνει τα παιδιά να φαίνονται "εξυπνότερα," όμως υπάρχουν μερικοί τρόποι χρήσης των υπολογιστών που μπορεί να καταστρέψουν ολοσχερώς τις ικανότητες του συλλογισμού. Αυτό είναι μόνο η αρχή, αν κανένας δεν υποδείξει στους νέους πώς να χρησιμοποιήσουν τους εγκεφάλους τους για να σκεφτούν, τα "φαινομενικά" πλεονεκτήματα σύντομα θα χαθούν .

ΜΕΤΑΒΟΛΗ ΤΡΟΠΟΥ ΖΩΗΣ ΚΑΙ ΠΝΕΥΜΑΤΟΣ

Ενώ η κοινωνία κατηγορεί τους εκπαιδευτικούς για τις ακαδημαϊκές πτώσεις, οι εκπαιδευτικοί όλων των επιπέδων με τη σειρά τους, παραπονιούνται ότι η κοινωνία τους στέλνει παιδιά που είναι απροετοίμαστα να μάθουν. Σχεδόν όλοι παραδέχονται ότι οι νεαροί σε "μειονεκτική" θέση χρειάζονται ιδιαίτερη εκπαιδευτική προσοχή, είναι λίγοι όμως αυτοί που συνειδητοποιούν ότι οι αλλαγές του σύγχρονου τρόπου ζωής έχουν επιπτώσεις ακόμη και στα "ευνοημένα" παιδιά.

ΟΙ ΥΠΟΨΙΕΣ ΑΠΟΚΤΟΥΝ ΦΩΝΗ

Η σκεπτόμενη αναλύτρια της τρέχουσας κατάστασης και δραστήρια νηπιαγωγός σε μια "χαρακτηριστικά" μικρή πόλη, Δρ Shirley O'Rourke, έχει στην τάξη της παιδιά από όλες τις κοινωνικοοικονομικές τάξεις. Την ρώτησα εάν είχε παρατηρήσει πρόσφατα οποιαδήποτε σημαντική τάση στις δυνατότητες εκμάθησης των σπουδαστών της.

"Βέβαια" αποκρίθηκε αμέσως. "Είναι έξυπνα παιδιά. Σε αυτήν την ηλικία μπορούν να σημειώσουν φανταστική πρόοδο, αλλά στις μέρες μας θα πρέπει να εργαστούμε σκληρότερα. Και δεν είναι τα παιδιά μου πάντα από υψηλά κοινωνικο-οικονομικά στρώματα της πόλης, που τα πάνε καλά, "πρόσθεσε γρήγορα. "Αυτό είναι το δέκατο έτος της θητείας μου, και έχω αντιληφθεί, τα τελευταία εφτά ή οκτώ χρόνια, ότι τα παιδιά όλων των στρωμάτων έρχονται με λιγότερες κοινωνικές δεξιότητες, μειωμένη ευφράδεια λόγου, δυνατότητας να ακούσουν και μικρότερη κινητικότητα. Έχω τις θεωρίες μου επάνω σ' αυτό, φυσικά η μεγαλύτερη αιτία είναι - η Τηλεόραση εφόσον οι γονείς είναι τόσο απασχοληµένοι.

Οι "κοινωνικές τους δεξιότητές, η ικανότητα να συµπεριφερθούν κατάλληλα, είναι πολύ απότοµα. Όταν ξεκίνησα ως δασκάλα, οι πρώτες αντιδράσεις των παιδιών ήταν µέσω της συνοµιλίας, τώρα προτού να ανακαλύψουν ακόµη αν κάποιος τους χτύπησε τυχαία, είναι αµέσως, µε την γροθιά έτοιµη - κορίτσια και αγόρια το ίδιο.

"Η προσοχή τους είναι πολύ χειρότερη. Όταν θέλω να µε ακούσουν λέω πάντα "µε συγχωρείτε" έπειτα θα πρέπει να τους εξηγήσω τι σηµαίνει το "µε συγχωρείτε", ότι είναι η σειρά µου να µιλήσω και ότι είναι η σειρά τους να ακούσουν. Κάποτε τα παιδιά ήξεραν ότι σε µια συζήτηση ο καθένας είχε την σειρά του. Δεν νοµίζω ότι το κατανοούν αυτό σήµερα. Όλοι µιλάνε συγχρόνως.

"Πριν χρόνια, τα παιδιά έκαναν περισσότερη εξάσκηση, οι γονείς έπαιρναν θέση, δεν τους µιλούσαν απλώς, συζητούσαν µαζί τους, τους διάβαζαν. Όταν τα παιδιά θα αθλούνταν, οι γονείς θα παρακολουθούσαν απ' έξω, διασκεδάζοντας. Αλλά σήµερα, η έννοια της εξάσκησης έχει αλλάξει, αυτό που µερικοί ενήλικοι αποκαλούν πια "εξάσκηση" είναι να αγοράσουν κάποιο βιβλίο ή τετράδιο.

"Δεν µπορώ να κατηγορήσω το γεγονός ότι οι γονείς εργάζονται, επειδή έχω δει γονείς που και εργάζονται και φέρονται άριστα µε τα παιδιά τους από πρακτική άποψη. Δεν ξέρω αν φταίει ότι οι άλλοι είναι πάρα πολύ απασχοληµένοι και δεν συνειδητοποιούν πόσο σηµαντική είναι η πρακτική εξάσκηση. Χωρίς αυτή, δεν υπάρχουν έννοιες, και χωρίς έννοιες δεν υπάρχει αδιάσπαστη προσοχή, αφού δεν θα καταλαβαίνουν για τι πράγµα µιλούν οι γύρω τους."

Η Δρ Ο'Ρουρκ παρόλα αυτά παραµένει αισιόδοξη, για την κάλυψη πολλών κενών.

"Έχω µερικά παιδιά µε τα πιο θλιβερά υπόβαθρα και δεν θα πιστέψω κανέναν που ισχυρίζεται ότι ένα παιδί πρέπει να έχει όλη την ειδική βοήθεια, όταν το µόνο που χρειάζεται πραγµατικά είναι να το συµµετέχει ενεργά, να του επιτρέπουν να µιλήσει, να συναναστρέφεται µε άλλα άτοµα, και να χρησιµοποιεί την λογοτεχνία ώστε να αναπτύξει την ελλείπουσα γλώσσα."

Σε ένα επόμενο κεφάλαιο θα ρίξουμε μια ματιά σε μερικές προσεγγίσεις διδασκαλίας που επιβεβαιώνουν την αισιοδοξία της Δρ Ο'Ρουρκ. Σαφώς, οι νέες ιδέες και η ενέργεια απαιτούνται σε κάθε επίπεδο. Σε ένα γνωστό αυτόνομο σχολείο, ένας άλλος ειδήμων, παλαίμαχος, που δεκαπέντε χρόνια δίδασκε την ίδια τάξη την τρίτη- σχολίασε:

Η "διάρκεια της προσοχής τους έχει μειωθεί. Είναι πολύ μικρή και αποσυντονίζονται κοιτώντας έξω όλη την ώρα. Μερικές φορές ξεφεύγουν και από την αρχή του μαθήματος ή της συζήτησης. Ένα εκπληκτικό πράγμα - πολλοί από αυτούς αποσπούνται κοιτάζοντας έξω ερευνητικά, όπως κι εγώ! Αυτό το συνδέω με την Τηλεόραση, αλλά δεν μπορεί να φταίει εξ ολοκλήρου αυτό, εφόσον κάποιοι που παρακολουθούν προγράμματα που αξίζουν τον κόπο είναι πολύ περίπλοκα για τις γνώσεις τους.

"Δεν μ' αρέσει πραγματικά να μιλώ γενικευμένα, αφού κάποια παιδιά είναι πολύ καλά, αλλά τα περισσότερα έχουν πρόβλημα να συνδέσουν αυτά που μαθαίνουν. Φαίνεται ότι οι προσωπικές τους εμπειρίες είναι τόσο ανεπαρκής που έχουν τόσο μεγάλο πρόβλημα που δεν μπορούν να ξεχωρίσουν ένα πραγματικό κτύπημα από αυτό που βλέπουν στην Τηλεόραση. Αλλά όπως γνωρίζετε, υπάρχουν και οι εξαιρέσεις. Είχα ένα παιδί πέρυσι του οποίου ο Δείκτης Νοημοσύνης ήταν πολύ χαμηλότερος από των υπόλοιπων παιδιών στην τάξη, αλλά τα πήγαινε πραγματικά καλά. Οι γονείς του ήταν τόσο καλοί - διάβαζαν μαζί του πολύ, βιβλία ουσιαστικού περιεχομένου, του μιλούσαν και συζητούσαν μαζί του. Κάναμε ένα μάθημα για τους Εσκιμώους, και το παιδί μαζί με τον πατέρα του πήγε στη βιβλιοθήκη και διάλεξαν δύο βιβλία τα οποία κάθισαν στο σπίτι τα διάβασαν και έπειτα τα συζήτησαν. Αυτό το παιδί ήταν τώρα τόσο ενημερωμένο για το συγκεκριμένο θέμα που συμμετείχε πραγματικά με μερικές μεγάλες ιδέες.

"Έπειτα υπάρχουν πολλά παιδιά με υψηλότερο Δείκτη Νοημοσύνης των οποίων η απόδοση είναι πολύ κακή - βέβαια δεν ξέρουμε κατά πόσο αυτό μπορεί να αποτελεί μια μαθησιακή δυσκολία, αλλά καμιά φορά σκέφτομαι ότι το περιβάλλον από το οποίο προέρχονται μπορεί να καταστήσει αυτά τα προβλήματα χειρότερα μέσω μιας υποθετικής παραμέλησης του εμπλουτισμού. Μπορούμε να πούμε ότι χειροτερεύουν αυτό που έχουν αντί να το βελτιώνουν."

Ο Δρ Άρθουρ Κόστα, πρόεδρος της Ένωσης Επίβλεψης και Ανάπτυξης Προγράμματος Σπουδών, ανέφερε σε μια συνέντευξη του, πως και ο ίδιος θεωρεί ότι έχουν υπάρξει εκτεταμένες αλλαγές στους μαθητές που απαιτούν κάποια σοβαρή εκπαιδευτική επανεξέταση.

"Αυτό φυσικά, δεν αφορά όλα τα παιδιά, αλλά το χειρότερο είναι ότι σκέφτονται στιγμιαία, δεν βασίζουν την προσοχή τους σε προηγούμενες γνώσεις. Άλλο ένα είναι η έλλειψη επιμονής - παραιτούνται εύκολα ("δεν θέλω να κάνω αυτό, δεν θέλω να σκεφτώ η σκέψη είναι δύσκολο πράγμα"). Άλλο μείον είναι ο αυθορμητισμός τους: παίρνουν το πρώτο πράγμα που τους έρχεται στο μυαλό, κρίνουν άμεσα, αντιμιλούν απότομα. Φαίνονται ανίκανα να συλλάβουν τις έννοιες και να τις χρησιμοποιήσουν έξω και να συζητήσουν ο ένας με τον άλλον, είναι τόσο πωρωμένοι με την άποψή τους που δεν μπαίνουν καν στον κόπο να μάθουν τι σκέφτονται οι άλλοι. Επίσης πάσχουν από έλλειψη δεινότητας, περιέργειας ("Ποιος νοιάζεται; Είναι βαρετό! Τι βλακεία!"). Δεν θέλω να κάνω τον έξυπνο, αλλά πιστεύω ότι πολλά παιδιά έρχονται στο σχολείο και στερούνται κινήτρων και πειθαρχίας, είναι ανοργάνωτα και δεν δένουν με το περιβάλλον. Αυτές οι σκέψεις θα γίνουν πολύ προφανείς στο μέλλον. "

Μια δασκάλα από το Οχάιο, ένα προάστιο μεσαίων τάξεων, που διδάσκει στο Γιαρ Ροσμαρί Γκούλικ, έδωσε συνέντευξη για την πρώτη τάξη, πιστεύει ότι οι ανεπαρκείς συνήθειες διδασκαλίας γίνονται όλο και πιο ανθεκτικές στις αλλαγές. "Τα παιδιά σήμερα είναι δύσκολο να διδαχτούν. Νομίζουν ότι η εκμάθηση είναι "παιχνιδάκι" και δεν έχουν υπομονή. Όλα είναι στιγμιαία. Η μεγαλύτερή μου ανησυχία είναι ότι δεν μπορούν να σκεφτούν εν μέσω των προβλημάτων. Όταν τα παραλαμβάνω σε ηλικία έξι ετών είναι σχεδόν πολύ αργά!"

Μια επίσκεψη στην τάξη της κας Γκουλικ σύντομα μας απέδειξε ότι δεν το χρησιμοποίησε ως αιτία για να παραιτηθεί. "Πρέπει να τους εκπαιδεύσω να μιλάνε, να ακούνε, να προσέχουν - ακόμη και πώς να σκέφτονται όταν αντιμετωπίζουν προβλήματα. Θέλει αρκετό χρόνο, αλλά αξίζει τον κόπο!"

ΠΟΙΟΙ ΝΟΙΑΖΟΝΤΑΙ ΤΟΥΣ ΕΓΚΕΦΑΛΟΥΣ ΤΩΝ ΠΑΙΔΙΩΝ;

Στα παρακάτω κεφάλαια θα ρίξουμε μια καλύτερη ματιά στους παράγοντες που εμπλέκονται στο σενάριο που περιγράφουν οι εκπαιδευτικοί. Η σύγχρονη εξέλιξη έχει τη δυνατότητα να βάλει τους εγκεφάλους των παιδιών σε κίνδυνο. Ο προφανέστερος είναι ο αυξημένος σωματικός κίνδυνος που διατρέχουν από το τοξικό περιβάλλον, αλλά οι κίνδυνοι του εγκεφάλου πολλές φορές είναι κρυμμένοι σε μερικές ασχολίες από τον ελεύθερο χρόνο της κοινωνίας μας - ακατάλληλες εκπαιδευτικές μέθοδοι που εφαρμόζονται για να διαμορφώσουν τις μειονεκτικές δεξιότητες, και η μεταβαλλόμενη στάση των ενηλίκων απέναντι στις ανάγκες των παιδιών. Τα πάντα μπορούν να επηρεάσουν τα νέα μυαλά με ύπουλους τρόπους αλλά εξίσου σημαντικούς.

Όλοι θέλουμε τα παιδιά μας να είναι εξυπνότερα, αλλά υπάρχει κάποιος πρόθυμος να αναλάβει την ευθύνη; Μέχρι το 1995 περισσότερο από τα τρία τέταρτα των παιδιών σχολικής ηλικίας και τα δύο τρίτα της προσχολικής είχαν μητέρες στο εργατικό δυναμικό. Και φυσικά η ποιότητα της υποκατάστατης φροντίδας είναι πολλές φορές ανεπαρκής. Υπολογίζεται ότι το 15% των παιδιών μικρής ηλικίας και το 45% των παιδιών λίγο μεγαλύτερης επιστρέφουν σε ένα σπίτι εν απουσία των γονέων ή κάποιου άλλου ενηλίκου. Κι ενώ οι γυναίκες επιστρέφουν στον εργασιακό χώρο, τα κοινοτικά πρακτορεία που πάντα υποστηρίζονταν από εθελοντική υποστήριξη δεν είναι πλέον διαθέσιμα να επεκτείνουν τα κοινωνικά προγράμματα, τις αθλητικές δραστηριότητες, έρευνες, και άλλες δραστηριότητες που αφορούσαν τα παιδιά που στερούνται από εμπλουτισμό στο σπίτι. Όσο για τις προσχολικές ηλικίες, οι γυναίκες που είναι διαθέσιμες για να φροντίσουν τα παιδιά άλλων, έχουν λιγοστέψει, και οι προσωρινές λύσεις φύλαξης των παιδιών συναντώνται εν αφθονία. Από την άλλη δεν υπάρχουν πολλοί πατεράδες που να έχουν εύκαμπτες συνθήκες εργασίας ώστε να καλύψουν αυτά τα κενά, και η σωστή ολοήμερη φροντίδα είναι ακριβή και δύσκολη για να βρεθεί.

"Επειδή η κοινωνία ακόμα δεν υποστηρίζει ολόψυχα τις εργαζόμενες μητέρες, έχουμε κάνει ελάχιστα ως κράτος για να παρέχουμε ευνοϊκότερα υποκατάστατα προσοχής για τα μικρά παιδιά. Είναι τρομακτικό να αφήνεις ένα μικρό παιδί σε κάτι λιγότερο από την καλύτερη φροντίδα, και όμως το 50% των γονέων δεν έχουν την κατάλληλη φροντίδα διαθέσιμη για τα παιδιά τους, "υπογραμμίζει ο Δρ Τ. Μπάρι Μπραζελτον.

Η Δρ Σουσαν Λουντινγκτον-Χοε, μια αυθεντία στην ανάπτυξη νηπίων στην Καλιφόρνια, ανησυχεί ιδιαίτερα για τα αποτελέσματα του ακατάλληλου περιβάλλοντος που συντελεί στην πρόωρη ανάπτυξη του εγκεφάλου. Πιστεύει ότι η διάβρωση της ποιότητας των διαπροσωπικών σχέσεων μπορεί να έχει μεγάλης ακτίνας αποτελέσματα για τους νεαρούς.

"Είναι πραγματικά ειρωνικό, για τον τρόπο που διαφωτιζόμαστε ως προς τη σημασία των αντιδράσεων του εγκεφάλου, κατά τη διάρκεια του πρώτου έτους ανάπτυξής του, έχουμε λιγότερες αντιδράσεις! Οι μητέρες ψάχνουν διαφορετικούς τρόπους ασχολίας με τα μωρά τους, και λαμβάνοντας υπόψη την απομάκρυνση τους από αυτά, τα μωρά δεν παίρνουν την απαραίτητη πρόκληση που χρειάζονται. Επισκέφθηκα μερικά κέντρα περίθαλψης νηπίων, και είναι τόσο λυπημένα. Λίγο πιο κάτω από εκεί που μένω έχουν οκτώ με είκοσι μωρά, όλα κάτω από την ηλικία του ενός έτους. Περπάτησα μέσα και δεν υπήρχε απολύτως τίποτα - το εννοώ, καμία ζωγραφιά, κανένα παιχνίδι, τίποτα. Τα μωρά απλά καθόντουσαν ακριβώς εκεί σε κουβέρτες και στο πάτωμα που είναι καλυμμένο με τάπητα - αυτό το κέντρο παιδικής ηλικίας είναι εξουσιοδοτημένο, και συνιστώμενο από την πολιτεία της Καλιφόρνια. Υπήρχαν τρεις φροντιστές: δύο ισπανόφωνοι και μια Ιρανή, κανένας από αυτούς δεν μίλαγε Αγγλικά, αλλά όλα τα μωρά ήταν αγγλόφωνα. Τα παιδιά κάτω από τέτοιες συνθήκες δεν αναπτύσσουν όσο καλύτερα γίνεται τον εγκέφαλο τους, δεν εκτίθενται στις δραστηριότητες που καθιερώνουν ή αναπτύσσουν τις γνωστικές ικανότητες."

Οι ανησυχίες των ειδικών δεν τελειώνουν στις μικρές ηλικίες. Οι συνεχείς αλλαγές στη εξέλιξη της γλώσσας, στις προσωπικές συνήθειες, και στις δυνατότητες επίλυσης προβλημάτων μπορεί να επιφέρουν λειτουργικές αλλαγές στις σχέσεις μεταξύ ενήλικων-παιδιών ακόμη και στην εφηβεία.

Ο Δρ Ντι Κολτερ, δάσκαλος στο Κολοράντο και λέκτορας στην ανάπτυξη και την διδασκαλία του εγκεφάλου, ανησυχούν για μια φαινομενική επιδημία της προσοχής και των μαθησιακών προβλημάτων των παλαιότερων παιδιών. Όπως σχολίασε, "η Τηλεόραση είναι ο εύκολος αποδιοπομπαίος τράγος για όλα τα κακά που συμβαίνουν. Αλλά δεν ξέρω εάν είναι η καθ' εαυτού Τηλεόραση ή κάποιο σημάδι ότι η οικογένεια έχει περιορισμένο ρεπερτόριο επιλογών - και δεν μιλώ μόνο για τα παιδιά του γκέτο. Ίσως η Τηλεόραση να είναι το μοναδικό μέρος που μπορούν τα παιδιά να προσηλωθούν επειδή δεν υπάρχει κανένας για να τους δείξει πώς να χρησιμοποιήσουν τα χρώματα, να κατασκευάσουν με πηλό, να παίξουν ένα μουσικός όργανο, δεν έχουν κανένας άλλο να ασχοληθεί με την ανατροφή τους, κανέναν για να τους διαβάσει ιστορίες, δεν υπάρχει φύση να περπατήσουν έξω, δεν έχουν κατοικίδιο ζώο για να φροντίσουν. Παρατηρούμε την απουσία όλων αυτών των πραγμάτων στις ζωές τόσων πολλών παιδιών. Που η Τηλεόραση μετατρέπεται αυτόματα σε μια παρενέργεια."

ΚΟΙΤΑΖΟΝΤΑΣ ΜΠΡΟΣΤΑ

Ο σκοπός αυτού του βιβλίου δεν είναι να επικριθούν ούτε οι γονείς ούτε οι δάσκαλοι. Και οι δύο ομάδες αισθάνονται ανίσχυρες αντιμετωπίζοντας τις σύγχρονες πιέσεις, και οι περισσότεροι κάνουν το καλύτερό που μπορούν. Παλεύουν μια δύσκολη μάχη, εντούτοις. Πολλοί γονείς κατανοούν πάρα πολύ καλά, ότι μόνο οι παλαιοί τύποι οικογενειακής δομής και ανατροφής των παιδιών δεν ισχύουν πάντα. Και ενώ οι περισσότεροι εκπαιδευτικοί - πολλοί από τους οποίους είναι και γονείς- θα επιθυμούσαν να βοηθήσουν, αν καταλάβαιναν τι είναι αυτό που απαιτείται. Μόνο όταν και οι δύο ομάδες συνειδητοποιήσουν αυτό που συμβαίνει πραγματικά στα παιδιά σήμερα, θα μπορέσουμε να σταματήσουμε να κατηγορεί ο ένας τον άλλον και να επικεντρωθούμε στις λύσεις του προβλήματος. Δεν έχει κανένα νόημα να κατηγορούμε τα παιδιά, αν και αυτό είναι ένα μέσο που εκμεταλλεύονται συχνά οι απογοητευμένοι ενήλικες. Είναι γνωστό, ότι οι ενήλικες κάθε εποχής θρηνούν για την αναξιότητα της επερχόμενης γενιάς. Οι πολιτιστικές αλλαγές είναι αναπόφευκτες, και καθώς οι νεολαία ωριμάζει, αντιμετωπίζει νέες προκλήσεις, το χάσμα των γενεών γίνεται πιο προφανές με το πέρασμα του χρόνου όπως είναι φυσικό. Μακροπρόθεσμα τα πράγματα καταλήγουν να λειτουργούν κανονικά (αν και ένας κυνικός θα μπορούσε να παρατηρήσει ότι συχνά αναφέρονται σχόλια για την ευτέλεια της νεολαίας η οποία προκάλεσε την παρακμή του πολιτισμού). Είναι σημαντικό να σημειώσουμε, ότι στο όχημα της βαθμιαίας αλλαγής, οι γονείς και οι δάσκαλοι αποτελούν τον κινητήριο τροχό ακόμη και αν παραπονιούνται για το θόρυβο στο πίσω-κάθισμα. Από μια τέτοια θέση ελέγχου συνεχίζουν να καθοδηγούν τις πνευματικές συνήθειες των νέων στις κατευθύνσεις που έκριναν οι ίδιοι κατάλληλες.

Στις μέρες μας, οι τεχνολογικές και κοινωνικές αλλαγές έχουν ξεπεράσει κάθε όριο ταχύτητας, σπρώχνοντας μας σε έναν αβέβαιο κόσμο - από βίντεο, και υπολογιστές σ' ένα "παγκόσμιο χωριό." Σε αυτή την πολυτάραχη και δραστήρια "εποχή της πληροφορίας," πολλοί ενήλικοι αισθάνονται ότι χάνουν τον έλεγχο και ότι γνωρίζουν λιγότερα από τα παιδιά τους. Αντίθετα από τους δικούς τους γονείς, δεν είναι καθόλου πρόθυμοι να επιβληθούν στα παιδιά τους. Αυτοί οι νέοι, που φαίνεται να διατάζουν τα νέα μηχανήματα- καθώς επίσης και τις παραδόσεις της κρεβατοκάμαρας και τα εμπορικά καταστήματα - αντιμετωπίζονται πολλές φορές σαν να έχουν περισσότερη φρόνηση από ότι έχουν πραγματικά. Οι γονείς, συντετριμμένοι, απαρνούνται αυτόν το δημοφιλή πολιτισμό που συντελεί κατά ένα μεγάλο ποσοστό στη διαμόρφωση των πνευματικών συνηθειών των παιδιών τους.

Έχουμε αποτύχει να παραδεχτούμε, ότι εάν μια κοινωνία αναμένει η νεολαία της να κατέχει ακαδημαϊκές ικανότητες και πνευματικό περιεχόμενο, θα πρέπει να βοηθήσουν οι ενήλικοι προετοιμάζοντας τα μυαλά των παιδιών αναλόγως. Ο σκοπός αυτού του βιβλίου είναι να στραφεί η προσοχή στις ανάγκες του εγκεφάλου και στους νευρικούς κανόνες της παιδικής και της εφηβικής ηλικίας. Πολλά από αυτά παραβιάζονται στις μέρες μας. Το τι θα κάνουμε με, για και στα αναπτυσσόμενα μυαλά των παιδιών μας θα διαμορφώσει όχι μόνο τους εγκεφάλους τους αλλά και τα πνευματικά "πρότυπα" που θα αντιπροσωπεύσουν το πολιτιστικό μας μέλλον.

Η αρχική διατριβή αυτού του βιβλίου είναι ότι εκτρέφουμε μια γενιά "διαφορετικών εγκεφάλων" και ότι οι ακαδημαϊκές ικανότητες πολλών σπουδαστών υποχωρούν - σε κάθε κοινωνικο-οικονομικό επίπεδο - απεικονίζουν τις λεπτές αλλά σημαντικές αλλαγές στις ανατομικές τους βάσεις για εκμάθηση. Αυτές οι θεμελιώδεις αλλαγές υποβάλλουν τα παιδιά σε άμεση σύγκρουση με τα παραδοσιακά ακαδημαϊκά πρότυπα και τις μεθόδους από τις οποίες διδάσκονται συνήθως. Ιδιαίτερο κίνδυνο διατρέχουν οι δυνατότητες για την εκμάθηση που είναι σχετικές με την γλώσσα (π.χ., ανάγνωση, γράψιμο, αναλυτικός συλλογισμός, προφορική έκφραση), τη συνεχή προσοχή, και την ικανότητα επίλυσης προβλημάτων. Τα κεφάλαια που θα ακολουθήσουν, θα προσπαθήσουν να αποδείξουν πώς και γιατί αυτές οι αλλαγές εμφανίζονται, τι πρέπει να γίνει, και τελικά, τι μπορούν να σημαίνουν για το μέλλον. Πως μπορούν συγκεκριμένα, οι γονείς και οι δάσκαλοι να βοηθήσουν τα παιδιά να αποκτήσουν τις δεξιότητες που θα απαιτηθούν στις νέες τεχνολογικές εποχές;

Κεφάλαιο 2

Η ΠΛΑΣΤΙΚΟΤΗΤΑ ΤΩΝ ΝΕΥΡΩΝ -
Το Δίκοπο μαχαίρι της φύσης

Στη μεγάλη αίθουσα των συνεδριάσεων επικρατεί ησυχία, χαμηλός φωτισμός και στην οθόνη εμφανίζεται ένα διάγραμμα με στατιστικές. Αυτόματα αναλογίζομαι, ότι δεν έχω ξαναδεί ποτέ, μια τόσο μεγάλη ομάδα εκπαιδευτικών - τόσο ήσυχη.

Η Δρ Marian Diamond κρατά θριαμβευτικά το δείκτη με λέιζερ εξηγώντας: "Σήμερα θα σας παρουσιάσω τις επιδράσεις των διαφορετικών περιβαλλόντων στον εγκέφαλο των ζώων", συνεχίζει: "Μελετάμε αυτό το θέμα για παραπάνω από τριάντα χρόνια, οπότε ελπίζω να με συγχωρήσετε εάν προχωρώ κάπως γρήγορα." Το ακροατήριο καγχάζει επαινετικά και βυθίζεται με προσοχή, συνεπαρμένο καθώς η Δρ. Diamond δείχνει "Εδώ, έχουμε συνοψισμένα τα στοιχεία που συγκρίνουν το μέγεθος και το βάρος των εγκεφάλων των ποντικιών που εκτρέφονται σε στερημένα κλουβιά, δηλαδή αυτών που έζησαν σε "στερημένο" περιβάλλον και εδώ" —κάνει παύση εντυπωσιασμένη —".... αυτών που έζησαν σε εμπλουτισμένα κλουβιά.

Παρατηρούμε το γεγονός ότι στο εμπλουτισμένο περιβάλλον, βλέπουμε τους εγκεφάλους να είναι μεγαλύτεροι και βαρύτεροι, με αυξημένη δενδριτική διακλάδωση. Αυτό σημαίνει ότι τα κύτταρα των νεύρων μπορούν να επικοινωνήσουν καλύτερα το ένα με το άλλο. Στα εμπλουτισμένα περιβάλλοντα έχουμε ενισχυμένα κύτταρα επειδή και οι νευρώνες με τη σειρά τους είναι μεγαλύτεροι. Εκτός από αυτό, έχουμε και την αύξηση των διαστάσεων του συνδέσμου μεταξύ των κυττάρων —τη σύναψη. Αυτές είναι ιδιαίτερα σημαντικές επιδράσεις από πολλές απόψεις. Αποδεικνύεται πόσο δυναμικό είναι το νευρικό σύστημα και συγχρόνως πόσο ευαίσθητο απέναντι στους εσωτερικούς και εξωτερικούς παράγοντες".

Αυτό το διεθνές ακροατήριο έχει συγκεντρωθεί για να ακούσει διάφορους ομιλητές να περιγράφουν νέες αρχές για την εκπαίδευση, αλλά η Δρ. Diamond είναι σαφώς η επίτιμη καλεσμένη. Ως καθηγήτρια νευροανατομίας στο πανεπιστήμιο Barkeley της Καλιφόρνιας, έχει κυριολεκτικά ανοίξει τα μάτια — και τα μυαλά —των επιστημόνων με τις καινοτομικές της έρευνες. ¨Έρευνες που αφορούν την ικανότητα των περιβαλλοντικών παραγόντων να επηρεάζουν ανατομικά τις διαστάσεις των αναπτυσσόμενων εγκεφάλων. Στο βιβλίο της ¨Εμπλουτισμένη Κληρονομικότητα" (Enrichinhg Heredity) περιγράφει πειράματα, τα οποία επεξεργαζόμαστε στο παρακάτω κεφάλαιο. Αφορούν ποντίκια σε ένα "εμπλουτισμένο" περιβάλλον, που ενδιαφέρονται ενεργά και που προκαλούνται συχνά από νέες εμπειρίες εκμάθησης, αναπτύσσουν μεγαλύτερους και βαρύτερους εγκεφάλους και επίσης παρουσιάζουν αυξημένη ικανότητα να τρέχουν σε λαβύρινθους που είναι η καλύτερη εξέταση της νοημοσύνης ενός ποντικού. Επιπλέον, μία σειρά πρόσφατων πειραμάτων, έχει αποδείξει για πρώτη φορά ότι οι επιδράσεις οποιασδήποτε προσωπικής συμμετοχής σε κάθε νέα εκμάθηση φαίνεται να είναι πολύ ισχυρές με αποτέλεσμα τα ποντίκια οποιασδήποτε ηλικίας να μπορούν να αναπτύξουν νέους εγκεφαλικούς συνδέσμους, εφόσον βέβαια ακολουθήσουν εντατικά τις νέες προκλήσεις. "Ναι," ολοκληρώνει, με στόμφο, "εάν εργαστούμε αρκετά σκληρά μπορούμε να αλλάξουμε ακόμη και τους πολύ μεγάλους εγκεφάλους."

Αμέσως κατακλύζεται με ερωτήσεις. Υπάρχουν όμως και κάποιες βασικές δυνατότητες εκμάθησης τις οποίες το περιβάλλον δεν μπορεί να αλλάξει. Τι γίνεται με την κληρονομικότητα; "Η κληρονομικότητα διαδραματίζει έναν ιδιαίτερα σημαντικό ρόλο υπό την μορφή αυτών των διαφορετικών [συμπεριφοριστικών] ρεπερτορίων, "παραδέχεται", αλλά τώρα έχουμε τη σαφή ένδειξη ότι το περιβάλλον μπορεί να επηρεάσει τη διαμόρφωση της δομής του εγκεφάλου και, στη συνέχεια, τη συμπεριφορά εκμάθησης. Είναι η περιοχή του εγκεφάλου που υποκινείται και που αυξάνεται."

Η αίθουσα συνεδριάσεων αντηχεί με ένα υπόκωφο ρεύμα της απάντησης. Ο διευθυντής ενός δημοτικού σχολείου που κάθεται δίπλα μου ψιθυρίζει, "Εάν αυτό ισχύει και για τους ανθρώπινους εγκεφάλους, σκεφτείτε τις συνέπειες για τους δασκάλους —και τους γονείς!"

Ανυπομονώ να μιλήσω με την Δρ Diamond, και μια ώρα αργότερα, όταν τελικά απελευθερώνεται από ένα σμήνος εξεταστών, βρίσκω την ευκαιρία.

Αυτή η παγκοσμίως γνωστή επιστήμων αποδεικνύεται ένα προσιτό και σκεπτόμενο άτομο —και σύντομα γίνεται εμφανές ότι παίρνει τις θεωρίες της πολύ σοβαρά. Η συνομιλία μας πραγματοποιείται, παίρνοντας σβάρνα κάτι ξύλα εκεί κοντά, με τον ίδιο ενθουσιασμό με τον οποίο πλησιάζει και τις νέες ιδέες καθώς επίσης και τις νέες αθλητικές προκλήσεις. Μόλις επέστρεψε από το πρώτο της ταξίδι με κάγιακ και είναι έτοιμη να αρχίσει μια διδασκαλία διάρκειας έξι εβδομάδων στην Αφρική.

Παρόλο που η Δρ Diamond είναι πεπεισμένη ότι η παρακίνηση είναι καλή για τον άνθρωπο όπως και για τους εγκεφάλους των ποντικών, είμαι περίεργη, με πόση βεβαιότητα μπορούμε να εφαρμόσουμε αυτή την έρευνά της στα παιδιά. Θέτω τα ερωτήματα μου για τις επιπτώσεις του σύγχρονου πολιτισμού στους εγκεφάλους των παιδιών. Οι Νευροανατομολόγοι θεωρούν τους εγκεφάλους των παιδιών, ίδιους με εκείνους των ποντικών; Είναι δυνατόν να αλλάξουν από το περιβάλλον τους;

"Σε όλους εμάς του κλάδου, δεν υπάρχει απολύτως καμία αμφιβολία ότι η μόρφωση αλλάζει τον εγκέφαλο, και δεν έχω την παραμικρή αμφιβολία ότι οι εγκέφαλοι των παιδιών μπορούν να αλλάξουν, απαντά." "Με κάθε καινούρια πληροφορία, τα νευρικά κύτταρα που εισέρχονται στον εγκέφαλο μεταφέρονται και διανέμονται στις δενδριτικές διακλαδώσεις. Εφ' όσον τα ερεθίσματα εισέλθουν σε μια συγκεκριμένη περιοχή, η διακλάδωση επιμηκύνεται. Όταν τα ερεθίσματα χάνονται οι διακλαδώσεις μένουν σταθερές. Ο σχηματισμός της διακλάδωσης είναι αυτό που μας διαφοροποιεί από τους άλλους. Ο φλοιός του εγκεφάλου αλλάζει συνέχεια —εγώ το αποκαλώ τον "χορό των νευρώνων." Αυτό ισχύει και στους εγκεφάλους των γατιών, των σκυλιών, των αρουραίων, των πιθήκων και του ανθρώπου."

Πολλά παρόμοια πειράματα έχουν πείσει άλλους επιστήμονες για την δυνατότητα αλλαγής   που την αποκαλούν — πλαστικότητα —του εγκεφάλου. Αν και είναι προφανώς αδύνατο να πραγματοποιηθούν παρόμοιες μελέτες και για τους ανθρώπους, οι ερευνητές συμφωνούν σχετικά με την ισχύ των αρχών που προκύπτουν από τα ζωικά πειράματα καθώς επίσης και με το γεγονός ότι οι ανθρώπινοι εγκέφαλοι είναι πιθανώς οι πιο πλαστικοί από όλους. Ένας άλλος εμπειρογνώμονας του τομέα, ο Δρ Victor H. Denenberg σχολίασε πρόσφατα, "Θα μπορούσε κάποιος να περιμένει πιο ισχυρά και επιδέξια αποτελέσματα στον άνθρωπο, του οποίου ο εγκέφαλος είναι υπερβολικά πιο περίπλοκος από του αρουραίου, και που ζει σε ένα πιο σύνθετο κοινωνικό και περιβαλλοντικό περιβάλλον."

Με την πραγματικότητα της πλαστικότητας του εγκεφάλου να γίνεται αποδεκτή και στους επιστημονικούς κύκλους, οι εκπαιδευτικοί που παρευρίσκονταν στην παρουσίαση της Δρ Diamond πήραν ακόμα μια νέα ιδέα.

"Υποθέτω ότι είναι προφανές, ποτέ δεν πίστεψα πραγματικά πως ότι έκανα στην τάξη θα επηρέαζε μορφολογικά το μέγεθος και το σχήμα του εγκεφάλου των σπουδαστών μου" σχολίασε ένας δάσκαλος. "Θέτει την παρουσία των δασκάλων —ή των γονέων, για το συγκεκριμένο θέμα —σε τελείως διαφορετική μοίρα."

Πράγματι. Προκειμένου να ερμηνευθεί οποιαδήποτε έρευνα υπεύθυνα, είναι απαραίτητο να γίνει πρώτα κατανοητή. Αν και οι ίδιοι οι επιστήμονες υποστηρίζουν ότι δεν έχουν καμία τελική απάντηση, σε αυτό το κεφάλαιο θα συνοψιστούν οι πληροφορίες σχετικά με το περιβάλλον και το πως σμιλεύει τον αναπτυσσόμενο εγκέφαλο και πριν και μετά τη γέννηση. Ας αρχίσουμε, μπερδεύοντας σύντομα τους εαυτούς μας σε μια πολύ παλαιά, αλλά θεμελιώδη, διαμάχη.

Ο ΕΓΚΕΦΑΛΟΣ ΠΡΟΣΑΡΜΟΖΕΤΑΙ

"Όταν τα κλαδιά λυγίζουν, το δέντρο γέρνει." Η κοινή λογική υποστηρίζει ότι οι οργανισμοί κατά την διάρκεια της ανάπτυξής τους είναι ιδιαίτερα προσαρμόσιμοι στις εξωτερικές συνθήκες, αλλά ενώ για τον Alexander Pope αυτό είναι τόσο προφανές, έχει υποβάλει τους ψυχολόγους σε σκληρή διαμάχη για πολλά χρόνια. Κατά πόσο η διανοητική ικανότητα επηρεάζεται από το περιβάλλον και κατά πόσο από την κληρονομικότητα; Εν τέλει, ανεξάρτητα από το πόσο τα κλαδιά θα γείρουν, το δέντρο θα συνεχίσει να αναπτύσσει ακόμα το φλοιό του, τα φύλλα του, και ένα ενεργό σύστημα ρίζας. Οι ψυχολόγοι έχουν προσπαθήσει να επιλύσουν αυτό το ζήτημα με μελέτες, συγκρίνοντας αδέλφια και δίδυμα αδέλφια. Στην εποχή που ζούμε, η κληρονομικότητα και το περιβάλλον έχουν ένα ποσοστό 50 (40% ή 60%) της ευθύνης. Όπως έχουν αντιληφθεί οι γονείς των υπερκινητικών παιδιών, η ανατομική τους συμπεριφορά αντιστέκεται σε αριθμητικές φόρμουλες —και το ίδιο κάνει και η διανοητική συμπεριφορά τους: η εκμάθηση. Ο γνωστός συσχετισμός "nature-nurture" είναι αρκετά περίπλοκος. Παραδείγματος χάριν, σε μια περίπτωση που εξετάζεται σε ένα από τα επόμενα κεφάλαια, μια μαθησιακή δυσκολία που υπάρχει στο ιστορικό μιας οικογένειας μπορεί να προκύψει από αλλαγές που θα γίνουν στον εγκέφαλο του παιδιού πριν από τη γέννηση. Τα κύτταρα στον εμβρυϊκό εγκέφαλο επαναπροσδιορίζονται από τις χημικές ουσίες που παράγονται λόγω μιας κληρονομικής αντίδρασης του αυτοανοσοποιητικού συστήματος της μητέρας (μην ανησυχείτε, και οι επιστήμονες είναι το ίδιο μπερδεμένοι) —που το παιδί μπορεί να κληρονομήσει. Θα λέγατε ότι αυτή η δυσλειτουργία προκαλείται από την κληρονομικότητα ή από το προγενέθλιο περιβάλλον;

Σε ένα άλλο αμφισβητούμενο παράδειγμα, τα παιδιά από χαμηλότερες κοινωνικοοικονομικές τάξεις τείνουν να σημειώσουν κάτω του μετρίου στο καθιερωμένο IQ τεστ. Αυτό οφείλεται στο φτωχό περιβάλλον που καταπιέζει τη νοημοσύνη τους, ή επειδή δεν έμαθαν ποτέ καλά τις δεξιότητες των τεστ ή επειδή, όπως μερικοί πιστεύουν, παγιδεύτηκαν στις χαμηλότερες κοινωνικοοικονομικές ομάδες εξαιτίας των οικογενειών με αμφίβολες πνευματικές δυνατότητες. Σε ένα άλλο κεφάλαιο, όπου εξετάζουμε τα αποτελέσματα των προσπαθειών να αλλάξει η νοημοσύνη αυτών των παιδιών, θα παρατηρήσουμε πόσο δύσκολοι είναι αυτοί οι παράγοντες.

Η έρευνα του εγκεφάλου δίνει τώρα σε όλα αυτά τα παλαιά ζητήματα μια νέα πιο ενδιαφέρουσα διάσταση εστιάζοντας στην Κληρονομικότητα εναντίον του Περιβάλλοντος και στην Κληρονομικότητα μαζί με το Περιβάλλον. Μέχρι σήμερα, λίγα ήταν γνωστά για τον "εγκέφαλο" με αποτέλεσμα οι περισσότεροι θεωρητικοί να παραβλέπουν κάθε προσπάθεια να εξηγήσουν την νοημοσύνη (καταλήγοντας σε κάποιες αφελείς θεωρίες). Τώρα αναγνωρίζουμε ότι η βασική γενετική αρχιτεκτονική των εγκεφάλων μας αποτελεί τον πυρήνα όλης της εκμάθησης και ένα μεγάλο μέρος της συναισθηματικής μας συμπεριφοράς. Όταν αυτά τα κληρονομημένα πρότυπα σχετιστούν με το περιβάλλον του παιδιού, η πλαστικότητα εγγυάται έναν απεριόριστο αριθμό ενδιαφερουσών παραλλαγών. Το τελικό σχέδιο καθορίζεται από τον τρόπο που κάθε άτομο χρησιμοποιεί αυτόν τον μοναδικό εγκέφαλο.

Η ΣΥΜΠΕΡΙΦΟΡΑ ΑΛΛΑΖΕΙ ΤΟΝ ΕΓΚΕΦΑΛΟ ΚΑΙ Ο ΕΓΚΕΦΑΛΟΣ ΑΛΛΑΖΕΙ ΤΗΝ ΣΥΜΠΕΡΙΦΟΡΑ

"Πραγματικά το εννοείτε ότι με τον τρόπο που χρησιμοποιούν τα παιδιά τον εγκέφαλό τους προκαλούνται ανατομικές αλλαγές;" Με αφορμή την έρευνα που έκανα για αυτό το βιβλίο, άκουσα αυτήν την ερώτηση σχεδόν από όλους —εκτός βέβαια από τους επιστήμονες της νευρολογίας. Η απάντησή τους είναι αρκετά διφορούμενη, οι περισσότεροι από αυτούς έχουν την εξής ατάκα: "Λοιπόν, κάτι καινούριο;"

Οι συγκεκριμένοι επιστήμονες ήδη γνωρίζουν αυτή την ασυνήθιστη εμπειρία —πως ενεργούν τα παιδιά κάθε μέρα, τους τρόπους με τους οποίους σκέφτονται και ανταποκρίνονται στο περιβάλλον, τι μαθαίνουν και ποια ερεθίσματα κινούν την προσοχή τους —διαμορφώνοντας τους εγκεφάλους τους. Όχι μόνο αλλάζει ο τρόπος χρήσης του εγκεφάλου (λειτουργική αλλαγή), αλλά προκαλεί και ανατομικές μεταβολές(δομική αλλαγή) στις συνδέσεις των νευρικών συστημάτων.

"Θα ήταν παρακινδυνευμένο να λέγαμε ότι εάν καταφέρναμε να αλλάξουμε τις ενέργειες του εγκεφάλου ενός παιδιού θα άλλαζε και η ανατομία του εγκεφάλου;" Ρώτησα το Δρ Kenneth A. Livinghton του ιδρύματος Σαλκ στο Σαν Ντιέγκο της Καλιφόρνια.

"Αυτό ακριβώς ισχύει," απάντησε. "Η δομή και η λειτουργία είναι ενιαίες. Ξέρουμε ότι το περιβάλλον διαμορφώνει τον εγκέφαλο και αυτό το έχουν καταδείξει όλα τα είδη των πειραμάτων. Υπάρχουν μερικές μελέτες που γίνονται αυτήν την περίοδο που παρουσιάζουν βαθιές διαφορές στη δομή του εγκεφάλου ανάλογα με αυτά που λαμβάνει από τις αισθήσεις."

Θα επιστρέψουμε αργότερα σε αυτές και σε άλλες μελέτες, αλλά πριν προχωρήσουμε περισσότερο με τις λεπτομέρειες, θα πρέπει να επαληθεύσουμε τον τρόπο με τον οποίο ο εγκέφαλος αναπτύσσεται πριν και μετά από τη γέννηση, εστιάζοντας σε όλη αυτή την ιδέα της δυνατότητας αλλαγής του. Μια καλή αρχή είναι η εξέταση της πιο βασικής σύνθεσης του εγκεφάλου —τα κύτταρα και τις συνδέσεις τους —γιατί εκεί μέσα βρίσκεται το μυστικό της νευρικής πλαστικότητας.

ΔΙΚΤΥΟ ΝΕΥΡΩΝΩΝ

Κάθε εγκέφαλος αποτελείται από δύο τύπους κυττάρων: τα νευρικά κύτταρα, που αποκαλούνται νευρώνες, και τα νευρογλοιακά. Οι νευρώνες, που απαριθμούνται σε δισεκατομμύρια, φθάνουν στον κόσμο έτοιμοι και περιμένουν να ενωθούν δημιουργώντας εύκαμπτα δίκτυα ώστε να μεταδώσουν πληροφορίες ανάμεσα στα μέρη του εγκεφάλου. Μετά τη γέννηση δεν προστίθενται επιπλέον εγκεφαλικοί φλοιώδεις νευρώνες, αλλά αν σκεφτούμε ότι κάθε ένα από αυτά τα νευρικά κύτταρα είναι σε θέση να επικοινωνήσει με χιλιάδες άλλους νευρώνες, οι δυνατότητες της νευρικής δικτύωσης είναι στην πραγματικότητα ασύλληπτες. Τα γύρω νευρογλοιακά κύτταρα παρέχουν την υπηρεσία τροφοδοσίας του νευρικού συστήματος, το οποίο με τη σειρά του υποστηρίζει και τρέφει τους νευρώνες στο δύσκολο έργο τους να ενώνουν και να διατηρούν τις συνδέσεις της σκέψης.

Εάν εκτείνετε τα χέρια σας μπροστά με τα δάχτυλα ανοιχτά, θα μπορέσετε να πάρετε μια ιδέα για την μορφή του μέσου νευρώνα. Η παλάμη σας αντιπροσωπεύει την μορφή των κυττάρων, με τον κεντρικό τους πυρήνα, ενώ τα δάχτυλά σας αντιπροσωπεύουν τους δενδρίτες. Αυτές οι μικροσκοπικές προβολές επεκτείνονται με σχηματισμούς δέντρων για να λειτουργήσουν ως συστήματα λήψης των μηνυμάτων από άλλους νευρώνες και να τα αναμεταδώσουν στα κύτταρα. Επιπλέον αν παρατηρήσετε την παλάμη σας, θα προσέξετε μια ένωση να εκτείνεται στο κάτω μέρος του βραχίονά σας, η οποία αντιπροσωπεύει την νηματοειδή προέκταση του κυττάρου (νευρίτη), ή το παραγωγικό τμήμα του συστήματος. Όταν το μήνυμα φτάσει στο τέλος του νευρίτη, πρέπει να υπερπηδήσει ένα μικρό χάσμα που ονομάζεται σύναψη, προτού ενωθεί με τους δενδρίτες κάποιου άλλου γειτονικού νευρώνα. Αυτό το αρχέτυπο νοερό άλμα διευκολύνεται από χημικές ουσίες αποκαλούμενες νευροδιαβιβαστές ή νευροδιαμορφωτές. Επαναλαμβάνεται άπειρες φορές καθώς αυτή η απέραντη παράταξη δύναμης δρομολογείται για την επιχείρηση της καθημερινής διανοητικής δραστηριότητας. Η δύναμη και η αποδοτικότητα των συνοπτικών συνδέσεων καθορίζουν την ταχύτητα και τη δύναμη με τις οποίες ο εγκέφαλός σας λειτουργεί. Οι σημαντικότερες ειδήσεις για τις συνάψεις είναι ότι διαμορφώνονται, ενισχύονται, και διατηρούνται από την αλληλεπίδραση με την εμπειρία.

ΚΑΙΝΟΥΡΙΕΣ ΕΜΠΕΙΡΙΕΣ ΣΥΝΕΠΑΓΟΝΤΑΙ ΚΑΙΝΟΥΡΙΕΣ ΣΥΝΔΕΣΕΙΣ

Ο Δρ Richard M. Lerner, καθηγητής της Παιδικής και της Εφηβικής Ανάπτυξης στο Κρατικό Πανεπιστήμιο της Πενσυλβανίας, και συγγραφέας του βιβλίου με τίτλο "Η Φύση της Ανθρώπινης Πλαστικότητας" επισημαίνει ότι είναι απίθανο να υπάρξει αναπτυσσόμενος, μεταβαλλόμενος και επηρεαζόμενος οργανισμός χωρίς ο εγκέφαλός του να είναι σε θέση να αλλάζει δομικά από αυτά που συναντά στο περιβάλλον. Στην συγκεκριμένη περίπτωση όταν λέμε δομική αλλαγή, δεν εννοούμε τους νέους νευρώνες, αλλά την δημιουργία νέων κατασκευών, όπως οδικά συστήματα, μεταξύ αυτών που ήδη υπάρχουν. Καθώς η δομή των δενδριτών και οι συνάψεις του αλλάζουν ως απάντηση στην εμπειρία, οι νέες διαβάσεις που διαμορφώνονται επιτρέπουν στο παιδί να ακολουθήσει διαφορετικές λειτουργίες με αποτέλεσμα να επιδίδεται σε νέες δεξιότητες. Επίσης αυξάνεται και η ευελιξία του εγκεφάλου, εφόσον οι νέες διαβάσεις παρέχουν εναλλακτικές διαδρομές με τον ίδιο προορισμό. Κατά τη διάρκεια της συζήτησής μας ο Δρ Lerner χρησιμοποίησε ένα ανάλογο παράδειγμα, ένα οδικό σύστημα σε μια αναπτυσσόμενη πόλη. Αρχικά μπορεί να υπάρχει μόνο ένας δρόμος μέσα στην πόλη δεδομένου όμως ότι διαμορφώνονται εναλλακτικές διαδρομές ο οδηγός έχει περισσότερες επιλογές για το πώς να φτάσει στον προορισμό του. Οι δομικές αλλαγές του εγκεφάλου παρομοιάζονται με την κατασκευή ενός νέου δρόμου, ενώ οι λειτουργικές αλλαγές με την διαδικασία επιλογής του καταλληλότερου δρόμου που θα πάρει ο οδηγός για να φτάσει στον προορισμό του. Τα συστήματα αλληλοεπηρεάζονται, δεδομένου ότι οι δρόμοι κατασκευάζονται ως λύση στις απαιτήσεις συγκεκριμένων λειτουργιών.

Ρώτησα τον Δρ Lerner εάν υπάρχει πιθανότητα οι εγκέφαλοι των παιδιών σήμερα να κατασκευάζουν ελαφρώς διαφορετικά οδικά συστήματα από εκείνα των παιδιών πριν είκοσι έτη. Παραδέχτηκε ότι εφόσον προσελκύονται σε διαφορετικούς τύπους ερεθισμάτων, και η δομή και η λειτουργία θα μπορούσαν να αλλάξουν. "Ναι, παίρνοντας μια μεγάλη ομάδα παιδιών και εκθέτοντάς την σε διαφορετικές εμπειρίες είναι πιθανό να κατευθυνθούν σε μια συγκεκριμένη πορεία." Βιάστηκε όμως να προσθέσει καθότι συντηρητικός ότι, "Οποιαδήποτε συμπεράσματα αυτού του είδους απαιτούν αρκετά αποδεικτικά στοιχεία".

Οι επιστήμονες διστάζουν να προβούν σε οριστικές δηλώσεις για αυτό το θέμα αφού ακόμη δεν είχαν την διαθέσιμη τεχνολογία για να συλλέξουν τα στοιχεία από μεγάλες ομάδες "φυσιολογικών" παιδιών. Ακόμη και με τις νέες αυτοματοποιημένες τεχνικές εγκεφαλικής απεικόνισης, παραμένει δύσκολο να διασαφηνιστούν οι λεπτές αλλαγές στο επίπεδο του νευρώνα.

Εξάλλου, τα περισσότερα χρήματα για έρευνες έχουν χορηγηθεί στο μείζον ζήτημα της σοβαρής ανικανότητας, έτσι τα περισσότερα διαθέσιμα στοιχεία προέρχονται από νεαρούς των οποίων ο εγκέφαλος έχει τραυματιστεί από κάποια ασθένεια ή κάποιο ατύχημα. Αυτοί παρέχουν τα δραματικά στοιχεία για την πλαστικότητα. Ένα φαινόμενο συχνό είναι ότι τα παιδιά κατέχουν δεξιότητες ακόμα κι όταν σημαντικοί νευρώνες απουσιάζουν ή είναι κατεστραμμένοι. Για παράδειγμα, τα πολύ μικρά παιδιά με σοβαρό τραυματισμό στους γλωσσικούς τομείς του εγκεφάλου μπορούν να αναπτύξουν εντυπωσιακά καλές δυνατότητες να μιλήσουν, να κατανοήσουν την γλώσσα, να διαβάσουν και να γράψουν. Αυτοί οι εγκέφαλοι είναι σε θέση να αναπτύξουν νέες δομικές συνδέσεις για να παρακάμψουν τις τραυματισμένες περιοχές και επίσης για να αναδιοργανωθούν λειτουργικά με την χρήση εναλλακτικών, ακέραιων περιοχών. Με την βοήθεια της αντικατάστασης, η τελική απόδοση είναι συνήθως κάπως εξασθενισμένη, αλλά οι νέοι εγκέφαλοι είναι εκπληκτικά εύκαμπτοι.

Τι συμβαίνει όμως με τους μεσήλικες; Ενώ οι σύγχρονες δεξιότητες είναι πράγματι δυσκολότερες για τις παλαιές συνάψεις, οι μελέτες που έγιναν σε θύματα καρδιακής προσβολής αποδεικνύουν ότι με αρκετή προσπάθεια ο ανθρώπινος εγκέφαλος μπορεί να ανακατασκευαστεί ως ένα ορισμένο βαθμό σε οποιαδήποτε ηλικία. Η τελευταία έρευνα επιβεβαιώνει αυτήν την αρχή και για τους υγιείς εγκεφάλους. Η αλήθεια είναι ότι όσο γράφω αυτό το βιβλίο και όσο εσείς θα το διαβάζετε, οι εγκέφαλοί μας θα αλλάζουν από στιγμή σε στιγμή. Ακόμη και η πράξη της γραφής και της ανάγνωσης είναι ικανές να αλλάξουν, ανεπαίσθητα, τον τρόπο με τον οποίο συνδέονται κάποια κύτταρα. Αυτήν την ιδέα την βρίσκω αρκετά συναρπαστική, και τολμώ να πω ότι συγχύζομαι στην σκέψη ότι είναι πιθανό ο εγκέφαλός μου να αλλάζει ακόμη και αυτή τη στιγμή!

Πάντως είναι δυσκολότερο, να αναδιοργανωθεί ένας εγκέφαλος από ότι να οργανωθεί εξ αρχής. Αυτό που ισχυρίζονται οι επιστήμονες είναι ότι "Η οργάνωση εμποδίζει την αναδιοργάνωση". Είναι πιο εφικτό να διαχωρίζουμε τις νευρωνικές διαδρομές για συγκεκριμένους τρόπους εκμάθησης, όταν οι συνάψεις των ειδικών ικανοτήτων είναι ακόμα εύπλαστες, δηλαδή πριν "ενδυναμώσουν" με ορισμένους τύπους απαντήσεων.

ΆΚΑΜΠΤΕΣ ΣΥΝΔΕΣΕΙΣ ΚΑΙ ΑΝΟΙΚΤΑ ΚΥΚΛΩΜΑΤΑ

Για τους εγκεφάλους των ζώων αυτό είναι εύκολο. Κατέχουν πολλές βασικές συνήθειες όπως της επιβίωσης, της διατροφής, της ασφάλειας, της αναπαραγωγής και της φροντίδας για τα μικρά τους, με τα προγραμματισμένα νευρικά συστήματα που εκτελούν την εργασία χωρίς να ερωτηθούν. Καθώς αυτοί οι πρωτόγονοι εγκέφαλοι είναι σαφώς σε θέση να μάθουν, τα περισσότερα από τα κύτταρα τους είναι δεσμευμένα σε άκαμπτα δίκτυα που καθορίζονται γενετικά να λειτουργούν με ελάχιστη ευελιξία.

Οι ανθρώπινοι εγκέφαλοι εξαρτώνται κι αυτοί από τα ίδια άκαμπτα συστήματα συνδέσεων, αλλά έχουμε τις μεγαλύτερες περιοχές του ιστού αδέσμευτες ώστε να μπορεί να προσαρμοστεί στις απαιτήσεις ενός ιδιαίτερου περιβάλλοντος. Ο ανθρώπινος εγκέφαλος έτσι κι αλλιώς προσαρμόζεται εύκολα στους ρυθμούς μιας σύνθετης κοινωνίας. Το είδος μας έχει καλύτερες πιθανότητες επιβίωσης με τον ελαστικά κατασκευασμένο διανοητικό εξοπλισμό έτοιμο για τις προκλήσεις ενός συνεχώς μεταβαλλόμενου κόσμου. Κατά συνέπεια, ο ανθρώπινος εγκέφαλος και ο πολιτισμός που παράγουν συνδυάζονται. Δεδομένου ότι ο πολιτισμός ενεργεί για να τροποποιήσει τους εγκεφάλους μας, αυτοί, με την σειρά τους, ενεργούν για να τροποποιηθεί ο πολιτισμός,

Οι ερευνητές μας έχουν διαφωνήσει αρκετά σχετικά με το ποιες μαθησιακές ικανότητες είναι άκαμπτα συνδεμένες και ποιες είναι δεκτικές στην εμπειρία. Μια από τις αυθεντίες, για την πρόωρη ανάπτυξη του εγκεφάλου, ο Δρ William T. Greenough του πανεπιστημίου του Ιλλινόις, ανακάλυψε πρόσφατα έναν νέο τρόπο προσέγγισης αυτού του προβλήματος. Σύμφωνα με την εξήγησή του, μερικά συστήματα, που αποκαλεί εν αναμονή εμπειρίας (experience expectant), σχεδιάζονται ειδικά για να ενεργοποιούνται εύκολα ανάλογα με το είδος των περιβαλλοντικών πληροφοριών που το μέλος μιας ομάδας συνήθως αναμένει να αντιμετωπίσει. Για παράδειγμα, τα περισσότερα ανθρώπινα νήπια, έχουν ικανοποιητικές οπτικές, ακουστικές, και χειροπιαστές εμπειρίες ώστε να ενεργοποιηθούν τα κυκλώματα της όρασης, της ακοής, και της αφής. Αυτά τα κύτταρα εγκεφάλου απαιτούν την κατάλληλη εμπειρία στον κατάλληλο χρόνο, αλλά ακόμη και μια σύντομη περίοδος μέτριας πληροφόρησης αναγκάζει τις συνδέσεις να διαμορφωθούν.

Κάποιες από τις πτυχές των πιο σύνθετων δεξιοτήτων, όπως της γλώσσας, φαίνεται να χτίζονται σε αυτό το "εν αναμονή σύστημα" εμπειρίας. Ο εγκέφαλος "αναμένει" να υποκινηθεί από ένα σύνολο ήχων και μερικών βασικών γραμματικών κανόνων (π.χ., τα μικρά παιδιά πιάνουν γρήγορα την ιδέα ότι τα ρήματα προηγούνται των αντικειμένων - "θέλω το μπισκότο"), έτσι αυτές οι δυνατότητες μαθαίνονται εύκολα από τα παιδιά που έχουν ακόμη και την ελάχιστη γλωσσική εμπειρία στα πρώτα έτη. Ωστόσο οι νευρώνες της εν αναμονή εμπειρίας μπορεί να παρεμποδιστούν. Παρακάτω θα εξετάσουμε τι συμβαίνει στα παιδιά που στερούνται ακόμη και την βασική αισθητηριακή εμπειρία.

Τα ανοικτά κυκλώματα που εξηγούν κάποιες ανθρώπινες δυνατότητες εκμάθησης, αναπτύσσονται από τις διασυνδέσεις που ο Greenough αποκαλεί εν αναμή εμπειρίας. Αυτά τα συστήματα είναι μοναδικά για την εμπειρία κάθε ατόμου και ερμηνεύουν το γεγονός ότι όλοι έχουμε αρκετά διαφορετικούς εγκεφάλους! Παραδείγματος χάριν, μαθαίνοντας για το φυσικό περιβάλλον κάποιου, χρησιμοποιώντας ένα ιδιαίτερο λεξιλόγιο, ή προσπαθώντας να περάσει την άλγεβρα σημαίνει ότι ο εγκέφαλος πρέπει να λάβει αρκετή υποκίνηση για να ξεδιπλώσει τα μοναδικά συστήματα συνδέσεών του μεταξύ των κυττάρων. Δεδομένου ότι τόσα πολλά παιδιά αυτές τις μέρες φαίνονται να στερούνται την υψηλότερου επιπέδου γλωσσική ανάπτυξη, κατάλαβα ότι η έρευνα του Greenough ίσως να μας διαφώτιζε. Τον ρώτησα εάν είναι δυνατόν η γλώσσα να αναπτυχθεί, αυτόματα από την παραμικρή περιβαλλοντική έκθεση (εν αναμονή εμπειρία), ή εάν οι υψηλότερες γλωσσικές ικανότητες εξαρτώνται περισσότερο από έναν συγκεκριμένο αριθμό και ειδικούς τρόπους εισαγωγής πληροφοριών στο σύστημα (βασισμένη στην εμπειρία). "Η άποψη μου είναι ότι η γλωσσική ανάπτυξη είναι σε μεγάλο βαθμό βασισμένη στην εμπειρία," μας απάντησε, "και επομένως θα έχει να κάνει με τον τρόπο που ένα παιδί μεγαλώνει. Θεωρητικά, τα παιδιά που μεγάλωσαν με την λήψη πολλών εισαγόμενων πληροφοριών από την Τηλεόραση, διαφέρουν από τα παιδιά που μεγάλωσαν με την εισαγωγή πληροφοριών από έναν μεμονωμένο ομιλητή."

"Εάν λαμβάνουν διαφορετικούς τύπους γλωσσικών πληροφοριών, θα μπορούσαν οι γλωσσικές περιοχές των εγκεφάλων τους να διαφοροποιηθούν ελαφρώς από αυτούς πριν είκοσι χρόνια;" τον ρώτησα.

"Πιστεύω ότι μπορείτε να βγάλετε κάποιο συμπέρασμα για αυτό, παρόλο που η δική μας εργασία δεν μπορεί να εκφράσει κάτι άμεσα. Αυτό που ξέρουμε είναι ότι ο εγκέφαλος πολύ επιλεκτικά μπορεί να ανταποκριθεί σε μια ιδιαίτερη εμπειρία του. Αν ένα ζώο, παραδείγματος χάριν, μαθαίνει μια κινητική ενέργεια, θα δείτε πολύ εκλεκτικές αλλαγές στις περιοχές του εγκεφάλου που εξουσιάζουν αυτό τον στόχο έτσι ώστε δεν γεννάται θέμα αμφισβήτησης ότι αυτές οι αλλαγές είναι ιδιαίτερα συγκεκριμένες για τα γεγονότα που τους παράγουν. Είναι βεβαίως αρκετά αντιληπτό ότι μια σημαντική διαφορά στον τρόπο με τον οποίο τα παιδιά μεγάλωσαν θα οδηγούσε σε σημαντική διαφορά στην οργάνωση του εγκεφάλου για την επεξεργασία πληροφοριών. Εντούτοις τα διαθέσιμα στοιχεία είναι εντυπωσιακά λίγα" πρόσθεσε.

"Είναι πιθανό ότι ο ρυθμός της σύγχρονης ζωής μας και εφόσον τα παιδιά υποκινούνται συνεχώς από εξωτερικούς παράγοντες να μην βρίσκουν χρόνο να καθίσουν, να σκεφτούν, να αναλογιστούν, και να αναρωτηθούν —θα μπορούσε αυτό να επιφέρει κάποια ανατομική διαφορά στους εγκεφάλους τους;" τόλμησα να ρωτήσω.

"Νομίζω ότι είναι μια λογική υπόθεση," αποκρίθηκε ο Δρ Greenough σκεπτικά.

Σε ένα από τα επόμενα κεφάλαια θα εξετάσουμε την έρευνα που ρίχνει ιδιαίτερο φως σε μερικές από τις λεπτές γλωσσικές ανεπάρκειες που παρουσιάζονται σε πολλούς από την σύγχρονη γενιά. Προς το παρόν, ας ανακεφαλαιώσουμε την έρευνα μας για το πως ο εγκέφαλος μαθαίνει να σκέφτεται —και τι συμβαίνει όταν δεν μπορεί να σκεφτεί. Ενώ προσωπικά πιστεύω ότι οι περισσότερες από τις ανησυχητικές αλλαγές που εμφανίζονται στις μέρες μας στους εγκεφάλους των παιδιών προκαλούνται από τα είδη των διανοητικών περιβαλλόντων, κάποια φάρμακα και κάποιες χημικές ουσίες στις οποίες τα παιδιά εκτίθενται όταν είναι ακόμη έμβρυα μπορούν επίσης να αυξήσουν το φαινόμενο των μαθησιακών δυσκολιών.

ΤΟ ΔΙΚΟΠΟ ΞΙΦΟΣ

Η ίδια η ευελιξία των συστημάτων που στηρίζονται στην εμπειρία για τη διαμόρφωση τους, ή ακόμα και για την επιβίωσή τους, κάνει την πλαστικότητα ένα δίκοπο ξίφος. Από την μια πλευρά έχουμε την αισιόδοξη άποψη, ότι οι εγκέφαλοι σχεδιάζονται για να χειρίζονται το καλύτερο δυνατόν τις καταστάσεις στις οποίες βρίσκονται. Σε κάθε περίοδο της ζωής μας κατέχουμε έναν ενεργό ρόλο στη διαμόρφωση των εγκεφάλων μας σύμφωνα με αυτό που επιλέγουμε να παρατηρήσουμε και να αποκριθούμε. Από την άλλη μεριά όπως και να το κάνουμε υπάρχουν διάφορα σοβαρά ζητήματα. Αυτό που συμβαίνει όταν σημαντικός αριθμός κυττάρων είναι χαλασμένος κατά τη διάρκεια της διαδικασίας ανάπτυξης με αποτέλεσμα να μην μπορούν να αποκριθούν αποτελεσματικά;

Τι γίνεται όταν η "σωστή" υποκίνηση δεν είναι διαθέσιμη; Είναι δυνατό ο εγκέφαλος να εστιάσει υπερβολικά σε ένα σύνολο ερεθισμάτων και να παραμεληθούν τα άλλα; Προκειμένου να εξεταστούν αυτές οι σύνθετες ερωτήσεις, πρέπει πρώτα να κάνουμε μια επισκόπηση της προγενέθλιας διαδικασίας η οποία είναι αυτή που τοποθετεί τους νευρώνες στη θέση τους. Κατόπιν θα συνεχίσουμε με την εξέταση των προβληματικών πηγών του συστήματος.

Κατά την κατασκευή του εμβρυϊκού εγκεφάλου: Οι νευρώνες αγωνίζονται να επιζήσουν.
Οι περισσότεροι άνθρωποι αγνοούν ότι η φύση προίκισε τον εγκέφαλο μας με άπειρα κύτταρα, αυτή η προφανής σπατάλη είναι η διαβεβαίωση του προσαρμόσιμου διανοητικού εξοπλισμού μας. Στους εννέα μήνες της κυήσεως, ο εμβρυϊκός εγκέφαλος μετατρέπεται πολύ γρήγορα από μια μικρή συστάδα κυττάρων σε ένα ολοκληρωμένο όργανο που περιέχει πάρα πολλούς νευρώνες. Μέχρι την τέταρτη εβδομάδα της κυοφορίας έχει αρχίσει να διαχωρίζεται σε περιοχές. Οι νευρώνες και τα νευρογλοιακά κύτταρα παράγονται με γρήγορο ρυθμό και έπειτα, προς έκπληξη των ειδικών της ανατομίας των νεύρων, κατορθώνουν με κάποιο τρόπο "να μεταναστεύσουν" στις περιοχές για τις οποίες σχεδιάστηκαν.
Τα πρώτα διαμορφώνουν τις περιοχές των πιο βασικών λειτουργιών όπως οι φυσικές κινήσεις, οι αντανακλαστικές αντιδράσεις, και η ισορροπία. Αργότερα δημιουργούνται οι σταθμοί αναμετάδοσης για τα αισθητήρια ερεθίσματα και ένας ειδικός εξοπλισμός που ενισχύει τη μνήμη και τη συγκίνηση. Αυτές οι δυνατότητες είναι κυρίως "άκαμπτες διασυνδέσεις" μέσα στα συστήματα, ενισχύοντας τον νέο φλοιό, του οποίου η επιφάνεια καλύπτει τον υπόλοιπο εγκέφαλο με ένα λεπτό στρώμα σαν γκρίζο πάγο (φαιά ουσία).
Δεν παρατηρείται καμία αύξηση του εξωτερικού τμήματος, ωστόσο, ο φλοιός του εγκεφάλου είναι το κέντρο ελέγχου για την επεξεργασία των πληροφοριών :

1. Την λήψη των αισθητήριων ερεθισμάτων.
2. Την οργάνωση τους με σημαντικά παραδείγματα έτσι ώστε να μπορούμε να κατανοούμε τον κόσμο.
3. Την σύνδεση των παραδειγμάτων για την κατανόηση δυσκολονόητων τρόπων εκμάθησης και σκέψης.

Αυτές οι τελευταίες ανεπτυγμένες "περιοχές συνένωσης," που είναι κρίσιμες για τον προγραμματισμό, το συλλογισμό, και την έκφραση των ιδεών με την χρήση της γλώσσας, είναι οι πιο εύπλαστες από όλες, αφού η ανάπτυξή τους εξαρτάται από τον τρόπο που χρησιμοποιούν τα παιδιά τον εγκέφαλό τους στα διαφορετικά στάδια ανάπτυξης.

Προς έκπληξη όλων μας, αυτές οι δυνατότητες προκύπτουν από τον σκληρό αγώνα του εγκέφαλου να "κλαδέψει" κυριολεκτικά και να καταστρέψει τους παραπανίσιους νευρώνες του. Επειδή οι διαθέσιμες περιοχές για τις συνδέσεις είναι περιορισμένες, το ποσοστό θνησιμότητας για τους νευρώνες είναι μεγάλο. Ακόμη και πριν από τη γέννηση το 40-60% καταστρέφεται κατά σειρά, επειδή δεν μπορεί να βρει μια μόνιμη έδρα. Κατά τη διάρκεια της κύησης, κάθε κύτταρο που μεταναστεύει στο εγκεφαλικό φλοιό προσπαθεί να βρει ένα προσχεδιασμένο σημείο σε κάποια από τις έξι στοιβάδες. Ωστόσο τα καταφέρνουν όλοι να φθάσουν. Τα πρώτα κύτταρα τακτοποιούνται στην πρώτη, ή αλλιώς την εσωτερική στοιβάδα, ενώ τα κύτταρα που θα καθυστερήσουν να φτάσουν πρέπει κυριολεκτικά να αναρριχηθούν ανάμεσα και πάνω από τα ήδη συσσωρευμένα έως ότου τελικά διαμορφωθούν και οι έξι στοιβάδες. Οι τελικές στοιβάδες είναι αυτές που μας δίνουν τη δυνατότητα ανώτερων-εντολών, των τελευταία ανεπτυγμένων διανοητικών δυνατοτήτων, αλλά αυτά τα κύτταρα κάνουν την δυσκολότερη εργασία για να βρουν τον κατάλληλο σταθμό στη ζωή τους.

"Έτσι, αυτό που θα σκεφτούμε αμέσως είναι ότι κατά μία έννοια όλοι μπορούμε να θεωρήσουμε τον εγκέφαλο μας χαλασμένο," παρατηρεί ενοχλημένη η Δρ Jane Bernstein. Απλά κάποιοι από μας στιγματίζονται, ενώ κάποιοι άλλοι όχι. Καθώς μιλάμε, παρατηρώ ότι ένας τοίχος του γραφείου της στο Νοσοκομείο Παίδων της Βοστόνης καλύπτεται με ζωγραφιές από τα παιδιά που βλέπει κάθε μέρα. Μια κλινική νευροψυχολόγος που ασχολείται με παιδιά με ειδικές ανάγκες, προσπαθεί να κατανοήσει τη συμπεριφορά τους —προτού την διαμορφώσει— από την άποψη της δομής και της λειτουργίας του εγκεφάλου. Είναι πεπεισμένη ότι η συμπεριφορά διαμορφώνει τον εγκέφαλο, αλλά και ότι οι εμπειρίες της ζωής διαμορφώνουν τον εγκέφαλο καθώς αναπτύσσεται, μέσω μιας διαδικασίας που καθορίζει "τον ανταγωνισμό των συνδέσεων." Αυτός ο μηχανισμός ξεκινά πριν από τη γέννηση εξαιτίας της υπερπαραγωγής νευρώνων από την φύση.

Ο "θάνατος των κυττάρων φαίνεται να είναι μια φυσική συνέπεια του ανταγωνισμού για τις συνδέσεις: τα κύτταρα που δεν συνδέονται χάνονται. Το ιδανικό θα ήταν αυτή η διαδικασία να οδηγούσε πάντα σε μια αποδοτική δομή, αλλά δυστυχώς μπορεί να συμβεί και το αντίθετο. Θα μπορούσε κάποιες φορές η προγενέθλια καταστροφή να οδηγήσει σε ανωμαλία του τρόπου σύνδεσης ενός πρόωρα ανεπτυγμένου τμήματος; Αν οι συνδέσεις καλυφθούν από πρόωρα αφιχθέντα κύτταρα ενώ θα έπρεπε να καλυφθούν με αυτά των πιο πρόσφατων αφίξεων, τα τελευταία κύτταρα δεν θα βρούνε ανταπόκριση με αποτέλεσμα να χαθούν. Είναι σημαντικό να καταλάβουμε ότι η πρόωρη ανάπτυξη μετά την γέννηση μπορεί να φαίνεται φυσιολογική αρχικά, (έχουν γίνει οι βασικές συνδέσεις) αργότερα όμως είναι πιθανό να εξελιχθεί διαφορετικά όλο το σκηνικό. Οι δεξιότητες ανώτερων-εντολών σκέψης που θα έπρεπε να ωριμάζουν καθώς αναπτύσσονται δεν έχουν καμία βάση!"

Τι συμβαίνει, αργότερα, στις δυνατότητες εκμάθησης αυτού του εγκεφάλου; Γιατί η φύση δημιούργησε ένα τέτοιο επικίνδυνο σύστημα για τις διανοητικές συνδέσεις;

"Πιστεύω ότι αυτή η διαδικασία ανταγωνιστικής συνδετικότητας είναι η βάση για την μοναδικότητά μας ως άτομα. Η πιθανή έκβαση αυτής της διαδικασίας είναι ότι καθιστά τον εγκέφαλο μας ικανό να αντιδράσει σε κοινές δεξιότητες αλλά να διαφοροποιείται σε μεμονωμένες περιπτώσεις," εξηγεί η Δρ Bernstein.

Δεν συμφωνούν όλοι με την ορολογία της Δρ Bernstein. "Προσωπικά μισώ τον όρο 'κατεστραμμένος εγκέφαλος'!" υποστηρίζει η Marian Diamond. "Ο κάθε ένας έχει διαφορετικό είδος εγκεφάλου, οι συνδέσεις μας είναι διαφορετικές, έτσι ώστε να κατέχουμε διαφορετικά είδη δυνατοτήτων. Αφήστε στους νέους το περιθώριο της αμφιβολίας.... έχουμε διαφορετικούς εγκεφάλους που αναπτύσσονται και αυτό είναι μια θετική υποδήλωση, όχι αρνητική!"

Όπως και να έχει τα λόγια βοηθούν τον άνθρωπο να συνειδητοποιήσει ότι δεν μαθαίνουν όλα τα παιδιά με τον ίδιο τρόπο, και είναι σαφές αφού το περιβάλλον διαδραματίζει σημαντικό ρόλο σε αυτές τις διαφορές. Αργότερα, θα επιστρέψουμε σε κάποιες από τις απόψεις της Δρ Bernstein σχετικά με το πώς εξελίσσονται" οι νευρικές λειτουργίες για τα σημερινά παιδιά. Σε αυτό το σημείο, πρέπει να τελειώσουμε με την ανασκόπηση μας στην προγενέθλια ζωή εξετάζοντας μερικούς ειδικούς παράγοντες που μπορεί να επηρεάσουν τους τρόπους της συνδετικότητας —θετικά ή αρνητικά. Γενικά εμπίπτουν δύο κατηγορίες: εκείνοι που εισέρχονται από έξω, και εκείνοι που παράγονται στο περιβάλλον της ίδιας της μήτρας.

Ο ΕΠΙΡΡΕΠΗΣ ΕΜΒΡΥΪΚΟΣ ΕΓΚΕΦΑΛΟΣ:
ΓΕΝΝΗΤΙΚΕΣ ΑΤΕΛΕΙΕΣ ΤΟΥ ΜΥΑΛΟΥ

Ο εγκέφαλος είναι πάντα πιο εύπλαστος σε περιόδους γρήγορης ανάπτυξης. Ο εμβρυϊκός εγκέφαλος είναι ιδιαίτερα επιρρεπής, όχι μόνο εξαιτίας του αυξημένου ποσοστού μεταβολής του, αλλά και εξαιτίας της υπανάπτυκτης ικανότητας του να αποτοξινώσει τις επιβλαβείς ουσίες. Λίγα χρόνια πριν, οι μαιευτήρες επιβεβαίωναν ένθερμα τους επισκέπτες τους ότι ο πλακούντας είναι ένα αποτελεσματικό προστατευτικό φίλτρο για τα τοξικά υλικά, αλλά έκαναν λάθος, αφού οι επιπτώσεις της θαλιδομίδης (καταπραϋντικής ουσίας) αποδείχθηκαν εν τέλει. Τώρα πια γνωρίζουμε ότι πολλές τοξίνες είναι σε θέση να διαπεράσουν τον πλακούντα. Λόγω της ραγδαίας δημιουργίας και συγκέντρωσης των κυττάρων του, ο εμβρυϊκός εγκέφαλος είναι ένας φυσικός στόχος, και τα συστήματα που αυξάνονται γρηγορότερα κινδυνεύουν περισσότερο, κατά την διάρκεια της έκθεσης τους σε κάποιον κίνδυνο.

Ακόμη και το τοξικό υλικό που δεν διαπερνά τον πλακούντα, όπως τα κατάλοιπα των τσιγάρων, μπορεί να συσσωρευτεί στον πλακούντα και να αναστατώσει τη θρεπτική εισαγωγή του βρέφους. Πολλοί μελλοντικοί πατέρες είναι απληροφόρητοι ότι είναι ικανοί να βλάψουν τα αγέννητα παιδιά τους. Εάν έχουν εκτεθεί σε τοξικές ουσίες, το μολυσμένο σπερματικό υγρό τους μπορεί να εκθέσει το έμβρυο σε κίνδυνο, κατά τη διάρκεια της σεξουαλικής επαφής ή να προκαλέσει γεννητικές ατέλειες αν οι τοξίνες έχουν βλάψει τη γενετική σύνθεση του σπέρματος.

Λόγω του ευαίσθητου προγραμματισμού του πολλαπλασιασμού και της μετανάστευσης των κυττάρων, είναι πιθανό να επέλθουν κάποιες επιπτώσεις από την έκθεση σε διαφορετικούς χρόνους. Κάποιες είναι προφανέστερες από κάποιες άλλες. Συνήθως αυτές οι επιπτώσεις οδηγούν στην αυτόματη αποβολή κατά τη διάρκεια των πρώτων ημερών της εγκυμοσύνης, για την οποία η μητέρα έχει πιθανώς άγνοια. Από τη πρώτη ως την όγδοη εβδομάδα της κύησης, που τα κύτταρα αρχίζουν να κινούνται προς τους καθορισμένους στόχους τους, είναι πιθανό να επέλθει ο εμβρυϊκός θάνατος ή κάποια σημαντική ανωμαλία. Μετά από τις οκτώ εβδομάδες, όταν οι νευρώνες έχουν αρχίσει να τακτοποιούνται στη θέση τους, η τοξική έκθεση μπορεί να οδηγήσει σε ελαφρές αναδιοργανώσεις τις θέσεις τους ή τις δυνατότητες τους να επικοινωνήσουν. Αυτές οι φαινομενικά δευτερεύουσες δομικές και λειτουργικές ανωμαλίες έχουν αφυπνίσει την αυξανόμενη ανησυχία μιας ομάδας επιστημόνων του νέου τομέα "τερατολογική συμπεριφορά": δηλαδή η μελέτη των επιπτώσεων των τοξικών ουσιών στον αναπτυσσόμενο εγκέφαλο. Αυτοί οι ερευνητές είναι πεπεισμένοι για το ενδεχόμενο ότι το διάλυμα τερατογένεσης, ή οι τοξίνες, μπορούν να προκαλέσουν ελαφριά αλλά διαβρωτική δυσκολία της εκμάθησης και της συμπεριφοράς —προβλήματα δηλαδή που ακόμη και μετά από χρόνια, στιγματίζουν κάποια παιδιά με την ετικέτα των "ατόμων με ειδικές ανάγκες."

"Όντως, είναι ένα σοβαρό πρόβλημα. Υπάρχουν σαφή συνδετικά στοιχεία μεταξύ των ουσιών που βρίσκονται στο περιβάλλον και στην μετέπειτα ανάπτυξη των δυσκολιών εκμάθησης και συμπεριφοράς, "λέει η Δρ Brenda Eskenazi του τμήματος, Παιδική και Μητρική Υγεία και του τμήματος Παιδικής Επιδημιολογίας στο πανεπιστήμιο Μπέρκλεϋ της Καλιφόρνια. "Μπορούμε να τις ονομάσουμε "ελαττώματα εκ γενετής". Τα επακόλουθα στον εγκέφαλο είναι τόσο διακριτικά που δεν είναι εύκολο να διακριθούν σε καθημερινά τεστ αξιολόγησης και μπορεί να χρειαστούν χρόνια για να αναγνωριστεί το πρόβλημα."

Τέτοιου είδους προβλήματα διαχωρίζονται σε τρεις σημαντικές κατηγορίες: στην κινητική αδεξιότητα ή/και στην δυσκολία αντίληψης, στα προβλήματα προσοχής ή στην ανικανότητα κάποιων συγκεκριμένων τύπων σχολικής διδασκαλίας όπως η ανάγνωση και τα μαθηματικά. Όπως η Δρ Bernstein επεσήμανε, μερικές φορές είναι ακατανόητο πώς η προγενέθλια έκθεση μπορεί να εμφανιστεί κατά την διάρκεια των χρόνων στο σχολείο, η πρόωρη καταστροφή των συστημάτων ανώτερων εντολών μπορεί να μην γίνει προφανής έως ότου αυτά τα ιδιαίτερα συστήματα καλούνται να λειτουργήσουν, για παράδειγμα στην κατανόηση ανάγνωσης ή στα μαθηματικά ή στον συλλογισμό. Η τοξική έκθεση, ακόμη και μετά την γέννηση, μπορεί να προκαλέσει ελαφριές μορφές βλάβης, της οποίας η αιτιότητα είναι δύσκολο να προσδιοριστεί.

ΕΠΙΚΙΝΔΥΝΕΣ ΟΥΣΙΕΣ ΓΙΑ ΤΟΝ ΕΜΒΡΥΪΚΟ ΕΓΚΕΦΑΛΟ

Ποιες είναι οι επικίνδυνες ουσίες; Αν και είναι πολλές αυτές που πιθανολογούνται, τα οριστικά αποτελέσματα αρκετών δοκιμών, είναι λίγα και με μεγάλη απόκλιση το ένα με το άλλο. Εδώ είναι μια περίληψη του τρέχοντος τομέα:

Μόλυβδος: Σαφώς ενοχοποιητική στη διανοητική καθυστέρηση, η έκθεση σε μόλυβδο και πριν και μετά τη γέννηση έχει παρουσιάσει χαμηλότερο Δείκτη Νοημοσύνης ακόμη και στα ενδεχομένως ταλαντούχα παιδιά καθώς επίσης και την πρόκληση προβλημάτων με την προσοχή και την ακαδημαϊκή εκμάθηση. Η πηγή αυτού του προβλήματος ίσως είναι ακόμη μη αναγνωρίσιμη. Ο Δρ Herbert L. Nidleman του πανεπιστημίου του Πίτσμπουργκ της Ιατρικής Σχολής, είναι πεπεισμένος ότι πολλά παιδιά που αντιμετωπίζουν πραγματικά δυσκολίες εκμάθησης και συμπεριφοράς στην τάξη, φαίνονται "καλά" όταν εξετάζονται στο γραφείο κάποιου γιατρού. Υπολογίζει ότι τουλάχιστον 650.000 παιδιά στην Αμερική μπορούν να προσβληθούν. Οι αρχές σε όλο τον κόσμο αρχίζουν να μοιράζονται αυτή την ανησυχία.

Άλλα μέταλλα: Ο μεθυλικός υδράργυρος, το αρσενικό, ο άργιλος, και το κάδμιο έχουν ενοχοποιηθεί, ιδιαίτερα όταν συνδυάζονται με άλλες τοξίνες ή με το μόλυβδο κατά την έκθεση.

Τα PCBs, τα PBBs, οι διαλύτες, τα φυτοφάρμακα, και μερικά άλλα χημικά λιπάσματα: περιέχουν όλα συστατικά που μπορούν να επιφέρουν επιπτώσεις στο κεντρικό νευρικό σύστημα. Η παρουσία αυτών των ουσιών σε πολλούς χώρους εργασίας έχει οδηγήσει σε νέα μέτρα προφύλαξης και σε κανονισμούς που αφορούν την έκθεση των ατόμων σε ηλικία τεκνοποίησης.

Ψυχαγωγικά φάρμακα: Το οινόπνευμα μπορεί να προκαλέσει σοβαρές ανωμαλίες και στη διανοητική και στην φυσιολογική ανάπτυξη ή μπορεί να επιδεινώσει τα αποτελέσματα άλλων τοξινών. Το επίπεδο επιδεκτικότητας φαίνεται να ποικίλλει ευρέως μεταξύ των ατόμων, και δεν μπορούμε να καθορίσουμε ποια ποσότητα είναι, ασφαλής για οποιοδήποτε άτομο. Τα ναρκωτικά που είναι γνωστά για τις τοξικές επιπτώσεις στον αναπτυσσόμενο εγκέφαλο είναι η ηρωίνη, η μεθαδόνη, και η κωδεΐνη. Οι περισσότερες έρευνες για τη μαριχουάνα είναι ξεπερασμένες και ελαφρώς ελεγμένες, οι νέες μελέτες προτείνουν υπερβολική προσοχή και από τις μέλλουσες μητέρες και από τους υποψήφιους πατέρες. Παρόμοια, πολλές αρχές προειδοποιούν ότι η αυξημένη χρήση κοκαΐνης από έγκυες γυναίκες θα πλημμυρίσει σύντομα τα σχολεία με παιδιά που έχουν κοινωνικά προβλήματα, και που αντιμετωπίζουν δυσκολία στην προσοχή και την εκμάθηση. Εν γένει, τα φάρμακα που λαμβάνονται κατά τη διάρκεια της εγκυμοσύνης παράγουν ένα ουσιαστικό υποσύνολο πληθυσμού παιδιών που ξεκινούν με σημαντική νευρολογική εξασθένιση. Αυτή τη στιγμή, υπολογίζεται ότι τουλάχιστον ένα στα εννέα μωρά που έχουν γεννηθεί στις Ηνωμένες Πολιτείες έχουν προσβληθεί. Και φανταστείτε ότι αυτά τα παιδιά δεν έχουν συμπεριληφθεί ακόμα στα ήδη μειωμένα αποτελέσματα του τεστ μας!

Φάρμακα συνταγής: Οι ενδεχόμενοι γονείς θα πρέπει να συζητήσουν την πιθανή τεκνοποίηση με έναν καλά πληροφορημένο παθολόγο που μπορεί να τους συμβουλέψει για τις τρέχουσες πληροφορίες σχετικά με το φάρμακο το οποίο μπορεί να παίρνουν.

Φάρμακα που δεν απαιτούν συνταγή: Οι εμπειρογνώμονες συμβουλεύουν την αποφυγή τους κατά τη διάρκεια της εγκυμοσύνης,

Όταν άρχισα να ερευνώ αυτό το θέμα για ένα άρθρο που είχα αναλάβει να γράψω, έπιασα τον εαυτό μου να φοβάται από αυτά που διάβασα και άκουσα από τους εμπειρογνώμονες του κλάδου. Όπου κι αν κοίταζα, έβλεπα (ή να εισπνέουν, ή να λαμβάνουν) ουσίες που ήταν υπό έρευνα. Πώς θα μπορούσαμε ποτέ ο σύζυγός μου και εγώ να καταφέρουμε, αναρωτήθηκα, να αποκτήσουμε τρία υγιή, φυσιολογικά παιδιά; Καθυστέρησα να γράψω αυτό το άρθρο, επειδή φοβήθηκα την αναστάτωση των μελλοντικών γονέων, όμως πείστηκα ότι αυτές οι πληροφορίες πρέπει να διαδοθούν. Τέλος, κάλεσα για μια ακόμη φορά την Δρ Eskenazi, η οποία είχε αναφέρει ότι περίμενε το πρώτο της παιδί. Την ρώτησα πώς συμφιλίωσε την εγκυμοσύνη της με την εκτενή γνώση της για τους κινδύνους στον αναπτυσσόμενο εγκέφαλο του παιδιού της.

"Πρέπει να χρησιμοποιούμε την κοινή λογική," απάντησε. "Παρόλο που γνωρίζω όλα αυτά, δεν αντιδρώ με υστερία. Διατηρώ απλώς τις λογικές προφυλάξεις. Διαβάζω τις ετικέτες και αποφεύγω τις συνθήκες που με εκθέτουν σε τοξίνες. Θα συμβούλευα όλες τις γυναίκες αρχικά να οργανώσουν το περιβάλλον τους και το τρόπο ζωής τους πριν κυοφορήσουν, και στη συνέχεια να είναι προσεκτικές και να χαλαρώνουν όσο το δυνατόν περισσότερο"

Αυτές είναι καλές συμβουλές, αλλά πως βοηθά η κοινωνία μας τις γυναίκες "να χρησιμοποιήσουν την κοινή λογική" ή και να τις ενημερώσει ξεκάθαρα για τα σχετικά ζητήματα; Πού είναι η έρευνα που θα διασαφηνίσει τις διαστάσεις αυτού του παγκόσμιου προβλήματος; Σε όλα τα σεμινάρια δασκάλων που παρευρίσκομαι αυτές τις μέρες, με ρώτησαν, "Πιστεύετε ότι τα ναρκωτικά ή τα φάρμακα που λαμβάνονται από τους γονείς μπορεί να σχετίζονται με την εμφάνιση των προβλημάτων προσοχής που βλέπουμε τώρα στα σχολεία;" Αν και είμαι πεπεισμένη ότι υπάρχουν κι άλλες δυνάμεις που παίζουν ρόλο στα προβλήματα προσοχής των παιδιών, είμαι υποχρεωμένη να απαντήσω, "Ναι, σύμφωνα με την έρευνα, είναι βεβαίως ένας παράγοντας."

Μια ομάδα δασκάλων της Καλιφόρνια, που ανησύχησε από τις δημοσιεύσεις των εφημερίδων για τις νευροτοξικές επιδράσεις του ραντίσματος των καλλιεργειών, θέλησε να μάθει πως συνδέεται με τον αυξημένο αριθμό μαθησιακών δυσκολιών που έχουν διαγνωστεί στην περιοχή τους. Δεν είναι οι μόνοι που επιθυμούν θετικές απαντήσεις σε τέτοιου είδους ερωτήσεις. Στην πρόσφατη κατάθεση ενώπιον μιας υποεπιτροπής της Συγκλήτου, η Audrey McMahon της Ένωσης παιδιών με Μαθησιακές Δυσκολίες απευθύνθηκε στην αυξημένη έρευνα για αυτό το παγκόσμιο πρόβλημα, η απειλή του οποίου, τονίζει, δεν τελειώνει με την γέννηση του παιδιού. Οι εγκέφαλοι των μικρών παιδιών παραμένουν ιδιαίτερα ευαίσθητοι. Οι μολυσματικοί παράγοντες προέρχονται από πολλαπλές πηγές, όπως η ατμοσφαιρική ρύπανση, το καυσαέριο των αυτοκινήτων, τα τρόφιμα που έχουν ψεκαστεί με φυτοφάρμακα, ο ρουχισμός που φορούν οι ενήλικες σε έναν μολυσμένο εργασιακό χώρο και ακόμη από το μητρικό γάλα που έχει απορροφήσει τις τοξίνες που αποθηκεύονται στο λίπος του σώματος της μητέρας. Κατά τη διάρκεια των συνεντεύξεών μου, ένας γιατρός στη Γερμανία μου είπε ότι ο ίδιος και πολλοί άλλοι παθολόγοι συμβουλεύουν τις γυναίκες που ζουν κοντά στον ποταμό του Ρήνου, ο οποίος έχει μολυνθεί βαριά με φυτοφάρμακα και βιομηχανικά υπολείμματα, να μην θηλάζουν τα μωρά τους για περισσότερο από μερικές εβδομάδες.

ΈΜΒΡΥΟ ΜΕ ΆΓΧΟΣ

Οι τοξίνες δεν είναι οι μόνες επιδράσεις από τις οποίες μπορεί να αλλάξει ο εμβρυϊκός εγκέφαλος. Η ασθένεια ή ίσως και κάποιο ατύχημα της μητέρας θέτουν τους προφανείς κινδύνους. Πρόσφατα ενημερωθήκαμε για την αξία της διατροφής και του θετικού συναισθηματικού κόσμου. Είναι ενθαρρυντικό να γνωρίζει κανείς ότι αυτές οι δύο μεταβλητές δίνουν στους γονείς κάποιο έλεγχο κατά τη διάρκεια της προγενέθλιας ζωής του μωρού τους. Μια λογική, ισορροπημένη διατροφή που περιέχει τις λογικές ποσότητες πρωτεΐνης κατά τη διάρκεια της εγκυμοσύνης είναι ένας ισχυρός προστατευτικός παράγοντας ενάντια σε άλλους κινδύνους. Αφ' ετέρου, ο εμβρυϊκός εγκέφαλος επηρεάζεται από τον υποσιτισμό, ενώ οι αδύνατες γυναίκες τείνουν να γεννήσουν παιδιά χαμηλού βάρους, τα οποία στατιστικώς είναι πιο επιρρεπή στον κίνδυνο των μαθησιακών προβλημάτων.

Στους γρήγορους ρυθμούς της σύγχρονης κοινωνίας, το θέμα του μητρικού άγχους είναι ένα ζήτημα που απαιτεί καλύτερη έρευνα. Οι μελέτες των ζώων έχουν δείξει ότι η πίεση κατά τη διάρκεια της εγκυμοσύνης μπορεί να ταράξει τα χημικά συστήματα μετάδοσης στον εγκέφαλο του εμβρύου, ενδεχομένως επειδή οι εκκρίσεις ορμονών που συνδέονται με τη πίεση διαπερνούν τον πλακούντα. Μια πρόσφατη μελέτη ποντικιών από το Ισραήλ κατέδειξε ότι η "τυχαία" πίεση κατά τη διάρκεια της εγκυμοσύνης (δηλ., το ζώο που κυοφορούσε εκτέθηκε στο δυνατό θόρυβο ή φως που αναβοσβήνει με ένα απρόβλεπτο πρόγραμμα) όχι μόνο προκάλεσε την αύξηση φόβου και την υπερβολική αντίδραση και άγχους στο έμβρυο, αλλά παρήγαγε επίσης χημικές αλλαγές στον εγκέφαλο με συνέπεια τις μόνιμες αλλαγές στη σχέση μέγεθος και μορφή των δύο ημισφαιρίων του εμβρυακού εγκεφάλου (λειτουργεί ανάλογα για τις "διαφορετικές μορφές εκμάθησης";).

Οι δημοσιευμένες εκθέσεις από διάφορες αυθεντίες προτείνουν ότι η συνεχής πίεση κατά τη διάρκεια των πρώτων μηνών της εγκυμοσύνης μπορεί να είναι ένας παράγοντας που συμβάλει στην ανάπτυξη της υπερδραστηριότητας των παιδιών, αλλά η επαγγελματική βιβλιογραφία δεν προσφέρει κάποιες οριστικές οδηγίες. Οι μέλλουσες μητέρες ενθαρρύνονται να αποφύγουν την παρατεταμένη και υπερβολική πίεση όταν μπορούν —αν και οι διαθέσιμοι ορισμοί που απαρτίζουν την έννοια της πίεσης, ή του "υπερβολικού" για κάθε γυναίκα, είναι απογοητευτικά ασαφείς.

ΤΟ ΕΥΚΑΜΠΤΟ ΜΥΑΛΟ: ΥΠΕΡΝΙΚΗΣΗ ΤΗΣ ΠΡΟΓΕΝΕΘΛΙΑΣ ΒΛΑΒΗΣ

Προτού προχωρήσουμε στην εξέταση του τρόπου ανάπτυξης του εγκεφάλου μετά τη γέννηση, επιτρέψτε μου να κάνω μια παρέμβαση καθησυχασμού. Η ιδέα ότι οι εγκέφαλοι μπορεί να αλλάζουν με αυτόν τον τρόπο είναι λιγότερο τρομακτική αν σκεφτούμε το γεγονός ότι ο κάθε "εγκέφαλος είναι διαφορετικός" κατά μια έννοια. Πολλά παιδιά φαίνεται να βγαίνουν ανέγγιχτα από το δύσκολο προ - και μεταγεννητικό τους περιβάλλον, ενώ κάποια άλλα καταλήγουν σε "άτομα με ειδικές ανάγκες."

Υπάρχουν αναμφίβολα διάφοροι λόγοι για αυτές τις διαφορετικές εκβάσεις.

Κατ' αρχάς, το περιβάλλον συνεχίζει να τροποποιεί τον εγκέφαλο αρκετό διάστημα μετά τη γέννηση, έτσι οι επιδράσεις του μπορούν ενεργά να εξισορροπήσουν τα προγενέθλια προβλήματα. Επιπλέον, μερικά παιδιά φαίνεται να είναι γενετικά πιο προσαρμόσιμα από κάποια άλλα. Το σωστό προγενέθλιο διατροφικό και συναισθηματικό περιβάλλον παρέχει επιπρόσθετη ασφάλεια. Τέλος, δεδομένης της σπουδαίας δομικής και λειτουργικής πλαστικότητας του νέου εγκεφάλου, μπορεί να ορίσει κάποιους τύπους εκμάθησης με ποικίλους τρόπους, στηριζόμενος όχι μόνο στις έμφυτες προδιαθέσεις αλλά και την παρουσία του υλικού.

Οι περισσότερες σχολικές γνώσεις απαιτούν από τον εγκέφαλο πολλά σύνολα συνδέσεων και όχι κάποια μεμονωμένη τοποθεσία, ώστε κατ' αυτό τον τρόπο κάποιοι τύποι προγενέθλιας "καταστροφής" να παρακαμφθούν από τις μετέπειτα εμπειρικές γνώσεις. Παραδείγματος χάριν, οι νεαροί που μαθαίνουν να διαβάζουν είτε απλώς εκφωνώντας τις λέξεις ("b-a-t") είτε εικάζοντας την σημασία τους από τη γενική μορφή τους ("Stop"), χρησιμοποιούν διαφορετικά συστήματα νευρώνων σε κάθε περίπτωση. Αργότερα, όταν θα χρειαστεί να προχωρήσουν διαβάζοντας πιο γρήγορα και κατανοώντας πιο σύνθετο υλικό, θα συνδεθούν με συστήματα υψηλότερου επιπέδου. Κατά συνέπεια, η ειδικευμένη ανάγνωση λέγεται ότι είναι "υποβοηθούμενη" από πολλούς διαφορετικούς συνδυασμούς εγκεφαλικών κυττάρων με διαφορετικές τοποθεσίες. Κάποιοι συνδυασμοί είναι προφανώς κρισιμότεροι από κάποιους άλλους (όπως για παράδειγμα αυτοί που συνδυάζουν τους ήχους με τα γράμματα), αλλά μπορούν να καλύψουν τομείς με ανεπάρκεια. Ακόμη και χωρίς "τρύπες" στον εγκέφαλο, οι περισσότεροι από μας πρέπει να μάθουμε να αντισταθμίζουμε ορισμένα σύνολα συνδέσεων τα οποία δεν εφάπτονται αρκετά εύκολα όσο κάποια άλλα! Εάν αναλογιστείτε τις πιθανές ρυθμίσεις και τις επανατοποθετήσεις των δισεκατομμυρίων (ή εκατοντάδων δισεκατομμυρίων) νευρικών κυττάρων, μπορείτε να πάρετε μια ιδέα των ποικίλων τρόπων με τους οποίους ένα σύστημα μπορεί να διασκευαστεί.

Δεδομένης αυτής της ευελιξίας, και συνδυάζοντας την προσπάθεια για επιτυχία με την υποστήριξη ενός ενθαρρυντικού περιβάλλοντος, όταν μια βλάβη συμβεί σε αρκετά μικρή ηλικία είναι δυνατόν να επιτευχθούν θαυματουργικά αποτελέσματα. Μια από τις πιο αξιοπρόσεκτες ιστορίες που άκουσα πρόσφατα ήταν από την Δρ Isabelle Rapin του Κολεγίου Ιατρικής Albert Einstein στη Νέα Υόρκη. Ένας από τους ασθενής της, ένα κορίτσι που είχε γεννηθεί κυριολεκτικά με μια "τρύπα" στον εγκέφαλό της —μια μεγάλη ατέλεια στο πίσω δεξί τεταρτημόριο του εγκεφαλικής της φλοιού. Εξετάζοντας μια προηγούμενη αξονική τομογραφία του εγκεφάλου (CT) αυτού του παιδιού, παρουσιάστηκαν αρκετές παραποιήσεις σε όλα τα σημεία εκτός από τη μεγάλη "κενή" περιοχή, προβληματίστηκα θεωρώντας ότι δεν θα μπορούσε να λειτουργήσει ποτέ κανονικά. Κι όμως, παρόλο που είχε μερικά οπτικά προβλήματα, αργή κινητική ανάπτυξη, και δυσκολία να τα καταφέρει με τα μαθηματικά, ο προφορικός Δείκτης

Νοημοσύνης την βοήθησε να προκριθεί στην ανώτερη κλίμακα ενώ ήταν μόνο εννιά χρονών. Όταν μου είπε η Δρ Rapin για αυτήν την περίπτωση, το κορίτσι ήταν ήδη μια αρκετά καλή φοιτήτρια σε ένα γνωστό Αριστοκρατικό Κολέγιο.

Μερικοί πολύ συγκεκριμένοι τύποι βλάβης ή απώλειας είναι πιθανό να έχουν επιπτώσεις στις βασικές δυνατότητες "άκαμπτων-συνδέσεων", όπως οι αισθητήριες διακρίσεις (π.χ., διακρίνοντας τα οπτικά χαρακτηριστικά γνωρίσματα όπως τις κάθετες ή οριζόντιες γραμμές, ξεχωρίζοντας ορισμένα είδη ήχων) επειδή είναι "εντοπισμένες" σε πολύ συγκεκριμένα κύτταρα του εγκεφάλου. Οι περιοχές που ελέγχουν την προσοχή και κάποιες "εκτελεστικές λειτουργίες" που θα φανούν σημαντικές στην μετέπειτα ζωή (και στα επόμενα κεφάλαια αυτού του βιβλίου) μπορούν επίσης να επηρεασθούν από την πρόωρη βλάβη ή την απώλεια. Πολλές ανώτερου επιπέδου δεξιότητες, μπορούν να προσεγγιστούν με διαφορετικούς τρόπους καθώς και να αναπτυχθούν μέσω ευμετάβλητων πορειών.

Στο σημαντικό βιβλίο του ο Δρ Howard Gardner, Πλαίσια του Μυαλού (Frames of Mind), έχει δηλώσει ότι οι διαφορετικοί τύποι νοημοσύνης απαιτούν αξιοποίηση πολλών διαφορετικών περιοχών του εγκεφάλου. Ένα άτομο μπορεί να είναι ιδιαίτερα ταλαντούχο και να έχει μια θαυμάσια γλωσσολογική μνήμη (γλωσσική), αλλά να είναι κάκιστος στη μουσική ή τις διαπροσωπικές σχέσεις. Δεν μπορούμε να σχηματίσουμε μια ξεκάθαρη άποψη για καμία από αυτές τις συστάδες στον εγκέφαλο, όμως οι διαφορετικές δυνατότητες μέσα σε κάθε μια φαίνονται να λειτουργούν από κοινού. Οι συγκεκριμένες δεξιότητες της κάθε συστάδας αναπτύσσονται σε διαφορετικά στάδια της ανάπτυξης του εγκεφάλου κατά τη διάρκεια της παιδικής και της εφηβικής ηλικίας .

Επειδή η οργάνωση του εγκεφάλου μετά τη γέννηση επηρεάζεται υπερβολικά από τον τρόπο που χρησιμοποιείται, το σπίτι και το σχολικό περιβάλλον μπορούν να κάνουν πολλά για να βοηθήσουν τα παιδιά με ενδεχόμενες ειδικές μαθησιακές ανάγκες να μάθουν επιτυχέστερα. Παραδείγματος χάριν, όπως έχω περιγράψει στο προηγούμενο βιβλίο μου, η επαφή του παιδιού με την άρτια γλώσσα, ένα θετικό περιβάλλον, και οι κατάλληλες μέθοδοι καθοδήγησης εκμάθησης, μπορούν να καθορίσουν τα πραγματικά μαθησιακά προβλήματα. Επιπλέον, η δυνατότητα των τεχνικών διδασκαλίας για την αναδιοργάνωση των νέων εγκεφάλων είναι ένα νέο καυτό θέμα στον κόσμο εκπαίδευσης. Θα δούμε σε ένα από τα επόμενα κεφάλαια έναν ερευνητή να ισχυρίζεται ότι ο ρόλος του εγκεφάλου των μαθητών με ειδικές ανάγκες στην ανάγνωση με διαφορετικές μεθόδους διδασκαλίας είναι σημαντικός.

Κι ενώ η πραγματική επίδραση των επικίνδυνων ουσιών στον εγκέφαλο παραμένει ακαθόριστη, οι περισσότερες από τις ακαδημαϊκά επιβλαβείς αλλαγές που παρατηρούνται στα σημερινά παιδιά είναι πιθανώς μια λειτουργία των διανοητικών περιβαλλόντων μετά από τη γέννηση. Ευτυχώς, οι γονείς και οι δάσκαλοι μπορούν ενεργά να κάνουν κάτι για αυτές τις επιρροές. Αλλά θα πρέπει να προχωρήσουν σοφά.

Ο ΕΜΒΡΥΪΚΟΣ ΕΓΚΕΦΑΛΟΣ ΕΦΑΡΜΟΣΜΕΝΗ ΜΗΧΑΝΙΚΗ

Μερικοί άνθρωποι βιάζονται πραγματικά να ξεκινήσουν την μόρφωση των παιδιών τους. Μια ιδιαίτερα δημοφιλής προσπάθεια "υποκίνησης" των εγκεφάλων με τεχνητά μέσα όταν ακόμη βρίσκονται στη μήτρα, έχει ανησυχήσει πολλούς επιστήμονες.

"Πολλά τρελά, και παράξενα πράγματα συμβαίνουν στις Ηνωμένες Πολιτείες," μας ενημερώνει η Δρ Sousan Loudinghton Hoe, καθηγήτρια της υγείας των παιδιών και μητέρας του Πανεπιστημίου του Λος Άντζελες και συντάκτης του συγγραφέας του βιβλίου "Πώς να Αποκτήσετε ένα Εξυπνότερο Μωρό". "Στις μέρες μας υπάρχουν πάνω από δεκατέσσερα προγράμματα για την εμβρυϊκή εκμάθηση! Οι εγκυμονούσες φορούν κάτι ζώνες με στερεοφωνικά ακουστικά προσπαθώντας να υποκινήσουν τον εγκέφαλο του μωρού τους. Μερικοί κρατούν ακόμη και μια κάρτα με κάποιο γράμμα, για παράδειγμα, ένα "α" στην κοιλιά της Μαμάς κρατώντας ένα φακό ενώ συγχρόνως λένε "α, α, α," ώστε το παιδί να γεννηθεί γνωρίζοντας το αλφάβητο. Επιτρέψτε μου να σας πω, ότι δεν συγχωρώ καμία τέτοια μέθοδο."

Κατά τη διάρκεια μιας φυσιολογικής εγκυμοσύνης, το έμβρυο λαμβάνει αρκετή υποκίνηση από την μητέρα του και την ίδια του την κίνηση, από τον ήχο της φωνής και τους κτύπους της καρδιάς της, και ακόμη από την γεύση και τη μυρωδιά του αμνιακού υγρού. Παρόλο που και οι επιστήμονες —και οι μητέρες— επιβεβαιώνουν ότι ένα έμβρυο μπορεί να αποκριθεί σε κάποια εξωτερικά γεγονότα, ειδικότερα σε ήχους, η οργανωμένη "εκμάθηση" των εμβρυϊκών εγκεφάλων έχουν μια μάλλον αδύναμη βάση στην έρευνα.

Οι μελέτες έχουν καταδείξει ότι τα μικρά ζώα αποκτούν τις προτιμήσεις τους στις γεύσεις και στις οσμές όταν ακόμη βρίσκονται στην μήτρα. Ένας άξιος ερευνητής ισχυρίζεται ότι τα ανθρώπινα βρέφη, όταν ακόμη είναι στην μήτρα, μαθαίνουν να προτιμούν τις φωνές των μητέρων τους και "να διδαχθούν" χάρη σε διάφορες γνωστές ιστορίες που η μέλλουσα μητέρα τους έχει διαβάσει. Η έρευνα της Δρ Loudinghton Hoe υποδηλώνει ότι ένα έμβρυο μπορεί να ξεχωρίσει τις φωνές των γονέων του αμέσως μετά από τη γέννηση.

Αναφορές όπως αυτή έχουν προκαλέσει μια έξαρση των εμπορικών προϊόντων με τα οποία οι γονείς υποτίθεται ότι μπορούν να δημιουργήσουν αυτοσχέδιους εγκεφάλους στα μωρά τους. Υπάρχει ακόμη και ένα "Πανεπιστήμιο για Βρέφη" για όσους δεν μπορούν να περιμένουν την εκπαίδευση των κολεγίων.

"Για το όνομα του θεού," αναφωνεί η Δρ Loudinghton Hoe, "η φύση έχει δημιουργήσει τέλεια το περιβάλλον γιατί πρέπει να το καταστρέφουμε;"

Οι περισσότεροι αρμόδιοι ερευνητές συμφωνούν ότι δεν ξέρουμε ακόμα αρκετά για να μπορέσουμε να κάνουμε οτιδήποτε που θα διακινδυνεύσει τις φυσικές διαδικασίες της διανοητικής ανάπτυξης. Η προσπάθεια της "μηχανικής" εκμάθησης των παιδιών σε οποιαδήποτε ηλικία μπορεί να έχει καταστρεπτικές συναισθηματικές και νευρολογικές συνέπειες.

Η εξελικτική ιστορία του είδους μας, μας έχει εξοπλίσει με μια νευρική αρχιτεκτονική που προγραμματίζεται εκ των πρότερων με μια ισχυρή ανάγκη να προσαρμοστεί. Όταν ένας εμβρυϊκός εγκέφαλος φροντίζεται και εν συνεχεία προστατεύεται μετά από το αναπτυξιακό χρονοδιάγραμμά του, θα φανεί στο τέλος των εννέα μηνών έτοιμος να αναλάβει την πρόκληση της αυτόσχηματοποίησης του γύρω από τις απαιτήσεις ενός ανυπόμονου —και συνεχώς μεταβαλλόμενου— κόσμου. Θα αρχίσουμε τώρα να εξετάζουμε αυτήν την διαδικασία.

Κεφάλαιο 3

Εύπλαστα μυαλά: Το περιβάλλον διαμορφώνει την Νοημοσύνη

Κατά τη γέννηση, ο μέσος όρος του βάρους του εγκεφάλου ενός νεογέννητου είναι μόλις 330 γραμμάρια, δηλαδή το ¼ από το βάρος του εγκεφάλου ενός ενήλικα. Σε ηλικία δύο ετών, το βάρος του θα τριπλασιαστεί και στην ηλικία των επτά θα ζυγίζει 1.250 γραμμάριά, αντιπροσωπεύοντας έτσι το 90% του βάρους ενός ενήλικα. Εν τω μεταξύ, χάνει νευρώνες καθώς ο εσωτερικός ανταγωνισμός εντείνεται και οι ομάδες των κυττάρων εδραιώνονται στα πιο αποδοτικά συστήματα. Ποια είναι η διαδικασία αυτής της ανάπτυξης; Σε αυτήν την ερώτηση έχουν δοθεί μερικές χρήσιμες και συγχρόνως προκλητικές απαντήσεις με βάση τις έρευνες που έχουν γίνει σε ζώα και σε ανθρώπους.

Ο ΝΕΟΣ ΠΛΑΣΤΙΚΟΣ ΕΓΚΕΦΑΛΟΣ

Καθώς οι ζωικοί και οι ανθρώπινοι εγκέφαλοι αναπτύσσονται, τρεις είναι οι παράγοντες που συμβάλλουν στο μέγεθος και στην αποδοτικότητά τους. Ο πρώτος, καθώς οι δενδρίτες αναπτύσσουν πολλές καινούριες διακλαδώσεις όσο πλησιάζουν στην λήψη μηνυμάτων και στην δημιουργία συνάψεων αυξάνεται το βάρος τους. Ο δεύτερος, αυξάνονται σε αριθμό τα ενισχυτικά νευρογλοιακά κύτταρα.

Και οι δύο αυτές εξελίξεις εμφανίζονται να απαντούν άμεσα στους τύπους υποκίνησης που αποστέλλονται από το περιβάλλον.

Επιπλέον, οι νευρίτες (νευρικοί άξονες) ή τα μέρη παραγωγής των νευρώνων, βαθμιαία αναπτύσσουν ένα επίστρωμα από κέρινη ουσία, αποκαλούμενο μυελίνη. Αυτό το επίστρωμα μονώνει την σύνδεση και διευκολύνει τη γρήγορη και διαυγή μετάδοση. Κατά την γέννηση μόνο τα βασικά συστήματα έχουν καλυφθεί με Μυελίνη, όπως για παράδειγμα αυτά που απαιτούνται για τον θηλασμό. Η Μυελίνη συνεχίζει να αναπτύσσεται αργά καθόλη την διάρκεια της παιδικής και εφηβικής ηλικίας με μια βαθμιαία πρόοδο από τα χαμηλότερα στα υψηλότερα συστήματα. Η αύξησή της αποδεικνύει τη δυνατότητα να χρησιμοποιηθούν σταδιακά υψηλότερου επιπέδου διανοητικές ικανότητες. Η διαδικασία της επίστρωσης μυελίνης στους ανθρώπινους εγκεφάλους δεν ολοκληρώνεται πριν τα 20 ίσως και παραπάνω. Ενώ οι μελέτες σε ζώα έχουν δείξει ότι το σύνολο της μυελίνης απεικονίζει τα επίπεδα υποκίνησης, οι επιστήμονες πιστεύουν ότι την εντολή ανάπτυξής του εγκεφάλου την πραγματοποιούν κυρίως ειδικά γενετικά προγράμματα.

Ενώ το σύστημα, γενικά, ανταποκρίνεται εντυπωσιακά στην υποκίνηση από το περιβάλλον, το πρόγραμμα της επίστρωσης μυελίνης φαίνεται να βάζει μερικά όρια γύρω από τις "κατάλληλες" μορφές εκμάθησης σε οποιαδήποτε ηλικία. Προτού εξετάσουμε τις συναρπαστικές επιδράσεις του περιβάλλοντος στην ανάπτυξη των εγκεφάλων, πρέπει να κάνουμε μια παρένθεση για να συζητήσουμε μερικούς πιθανούς κινδύνους προσπαθώντας να "προωθήσουμε" την ανάπτυξη της νοημοσύνης ή να υποβοηθήσουμε την εκμάθηση. Στην πραγματικότητα κάποιες από τις ελλείψεις στις δεξιότητες των σημερινών μαθητών, μπορεί να προκύπτουν από τις λανθασμένες ακαδημαϊκές απαιτήσεις — είτε στο περιεχόμενο είτε στον τρόπο παρουσίασης.

ΜΑΘΗΣΗ ΥΠΟ ΠΙΕΣΗ ΚΑΙ ΛΕΙΤΟΥΡΓΙΚΕΣ ΑΝΑΚΑΤΑΤΑΞΕΙΣ

Η ίδια νοοτροπία που προσπαθεί μηχανικά να υποκινήσει τους εγκεφάλους των νηπίων προσπαθεί επίσης να προωθήσει την εκμάθηση στους μαθητές σαν το ξεχείλισμα στα λουκάνικα. Για παράδειγμα, κάποιοι γονείς έχουν αρχίσει να αμφισβητούν την ποιότητα των σχολείων, όταν δεν ξεκινούν επίσημα τα μαθήματα ανάγνωσης και τις ασκήσεις όταν ακόμη τα παιδιά τους βρίσκονται στον παιδικό σταθμό. Επιπλέον, πολλά σχολεία διοργανώνουν για τα μεγαλύτερα παιδιά μαθήματα ανάγνωσης και μαθήματα με εξειδικευμένα μαθηματικά που αρχικά εντυπωσιάζουν τους μαθητές, αλλά οι περισσότεροι μαθητές κατά την τριβή τους με αυτά πείθονται ότι η ανάγνωση ή τα μαθηματικά είναι δύσκολες και βαρετές δραστηριότητες. Αυτό θα το αποκαλούσα "καλλωπισμό του προγράμματος σπουδών" επειδή ακούγεται εντυπωσιακό, αφού δυστυχώς η εκμάθηση τις περισσότερες φορές είναι επιφανειακή.

Τα πεδία του εγκεφάλου δεν λειτουργούν αποτελεσματικά, προτού καλυφθούν με μυελίνη. Για αυτόν τον λόγο, όταν προσπαθούμε "να κάνουμε" τα παιδιά να αποκτήσουν ακαδημαϊκές δεξιότητες για τις οποίες δεν έχουν την απαραίτητη ωρίμανση μπορεί να οδηγηθούν σε λανθασμένους τρόπους εκμάθησης. Όπως έχουμε δει, η σπουδαιότητα της λειτουργικής πλαστικότητας είναι πως οποιοδήποτε είδος εκμάθησης — ανάγνωση, μαθηματικά, ορθογραφία, γραφή, κ.λπ. — μπορεί να τελειοποιηθεί με κάποιο σύστημα από όλα αυτά που υπάρχουν. Φυσικά, αυτό που θέλουμε είναι τα παιδιά να συνδέσουν κάθε κομμάτι εκμάθησης με το καλύτερο σύστημα για αυτή την συγκεκριμένη εργασία. Αν το κατάλληλο σύστημα δεν είναι ακόμα διαθέσιμο ή υπολειτουργεί, ο καταναγκασμός μπορεί να δημιουργήσει τέτοια λειτουργική οργάνωση κατά την οποία τα λιγότερο προσαρμοσμένα ή τα "υποδεέστερα" συστήματα αναλαμβάνουν να κάνουν αυτά την εργασία.

Για παράδειγμα, σκέφτομαι ότι πολλά από τα παιδιά που βλέπουμε στη δεύτερη και τρίτη τάξη να πιάνουν το μολύβι με τους πιο περίεργους τρόπους, ζουλάνε τα δάχτυλά τους γύρω από αυτό με αποτέλεσμα να καθιστούν το σχηματισμό των γραμμάτων δύσκολο και να κουράζουν τα χέρια τους γρήγορα. Κάποια χρησιμοποιούν τη βάση των δάχτυλών τους αντί τις άκρες για να καθοδηγήσουν το μολύβι έτσι ώστε η διαδικασία της γραφής να μοιάζει με πάλη παρά μια λεπτή κινητική δραστηριότητα, κάποια άλλα το σφίγγουν στις γροθιές τους όπως ένα όπλο. Κάθε δάσκαλος θα ισχυριζόταν ότι η προσπάθεια να διορθωθούν τέτοιες "συνήθειες" όπως οι παραπάνω είναι μια δύσκολη — και συνήθως μια ανεπιτυχής — μάχη. Ο λόγος, όπως φαίνεται είναι ότι ένα ισχυρό δίκτυο συναπτικών συνδέσεων έχει διαμορφωθεί ήδη γύρω από αυτές τις απροσάρμοστες συνήθειες, που τις καθιστούν αυτόματες και δύσκολες να αλλάξουν επειδή έχουν χτιστεί ήδη στο σύστημα. Πόσο καλύτερα θα ήταν αν δεν είχαμε βιαστεί να τα διδάξουμε τόσο γρήγορα!

Η νευροκινητική ανάπτυξη προχωρά βαθμιαία από τη "μεγάλη κίνηση", τις γενικές μετακινήσεις, στους μικρότερους μυς, αυτούς που απέχουν από τον κορμό του σώματος (π.χ., από την παλάμη στις άκρες των δάχτυλων). Είναι εύκολο να καταλάβει κανείς ότι σε αυτά τα παιδιά δόθηκαν τα μολύβια και ενθαρρύνθηκαν να γράψουν — χωρίς ικανοποιητική βοήθεια σχετικά με την κατάλληλη τεχνική — προτού οι κατάλληλες κινητικές περιοχές να είναι "έτοιμες". Κατά συνέπεια άσκησαν και κατέστησαν αυτήν την εκμάθηση αυτόματη στις περιοχές του εγκεφάλου που ήταν διαθέσιμες εκείνη την στιγμή — για κακή τους τύχη.

Μπορούν οι αλλαγές των κινητικών τρόπων να προκαλέσουν πραγματικά αλλαγές στον εγκέφαλο; Σε αρκετές προκλητικές μελέτες, πίθηκοι των οποίων τα δάχτυλα ήταν ακρωτηριασμένα παρουσίασαν αλλαγές στην δομή του εγκεφάλου καθώς μάθαιναν να χρησιμοποιούν διαφορετικούς χειρωνακτικούς τρόπους. Λεπτότερες αλλά εξίσου εντυπωσιακές αλλαγές εμφανίστηκαν από την επαναλαμβανόμενη χρήση που έκαναν πίθηκοι με ένα δάχτυλο, οι σχετικές περιοχές του εγκεφάλου ανέπτυξαν μεγαλύτερα σύνολα συνδέσεων.

Αυτό το είδος της μελέτης είναι σαφώς αδύνατο να εκπροσωπήσει το ανθρώπινο είδος, και παρά τις μακροχρόνιες έρευνες, απέχουμε αρκετά από το ποιοι συνδυασμοί κυττάρων επιφέρουν την ανώτερου επιπέδου εκμάθηση. Ο τρόπος που ένα παιδί μαθαίνει να κρατά το μολύβι, αναμφίβολα φαίνεται όλο και περισσότερο ασήμαντος στην εποχή των ηλεκτρονικών επεξεργαστών λέξεων (βλ. το κεφάλαιο 15), αλλά και εδώ ισχύουν οι ίδιες αρχές για την νευρική ετοιμότητα στις υψηλότερου επιπέδου δεξιότητες, δεδομένου ότι κι αυτή η διαδικασία βασίζεται στην εμπειρία. Για παράδειγμα, το είδος συλλογισμού που απαιτείται για την κατανόηση των (όχι μόνο που απομνημονεύει) μαθηματικών υψηλότερου επιπέδου. Ίσως μερικοί αναγνώστες αυτού του βιβλίου μοιράστηκαν μια κοινή εμπειρία όταν έπρεπε να αντιμετωπίσουν την άλγεβρα: οι περισσότεροι από εμάς απόδωσαν ικανοποιητικά μέχρι το σημείο όπου δύο αεροπλάνα από το Σικάγο ανταγωνίζονταν το ένα με το άλλο κάθε ημέρα μέσα στην τάξη. Όταν δεν ήταν αεροπλάνα, ήταν τρένα ή άνθρωποι που σκάβουν φρεάτια ή άλλες καταστάσεις που δεν φαίνονταν από καμιά άποψη σχετικά με τις γραφικές παραστάσεις και τις εξισώσεις του Χ, του Υ, και του Ζ. Προσωπικά, διαπίστωσα ότι όσο προσπαθούσα τόσο πιο πολύ μπερδευόμουν, ώσπου σύντομα κατάλαβα ότι αυτό που μάθαινα ήταν περισσότερο σύγχυση παρά άλγεβρα. Επιπλέον, άρχισα να πιστεύω ότι ήμουν αρκετά χαζή. Μήπως είχα αναπτύξει αυτό που ο Herman Eipstein αποκάλεσε "αρνητικά νευρικά δίκτυα"(ανθεκτικά στοιχεία κυκλώματος) απέναντι σ' αυτό το αξιόλογο θέμα.

Με την πρώτη ευκαιρία αποχώρησα από την τάξη των μαθηματικών, από τότε έχω μιλήσει και με άλλους ενηλίκους που μου εξομολογήθηκαν ότι, μετά από μια παρόμοια εμπειρία απέφευγαν κι εκείνοι τα μαθηματικά μέχρι που αναγκάστηκαν να ακολουθήσουν αυτό το μάθημα για να αποφοιτήσουν. Τότε και αφού ο εγκέφαλός τους είχε ωριμάσει κατάλαβαν ότι συμπαθούσαν πραγματικά αυτό το είδος του συλλογισμού, παρόλο που ακόμα μπερδευόντουσαν με τα αεροπλάνα που συναντιούνται πέρα από το Σικάγο! Συχνά αναρωτιέμαι πόσα παιδιά πιστεύουν ότι είναι "χαζά" σε οποιοδήποτε μάθημα, όταν η αλήθεια είναι ότι απλώς βρέθηκαν αντιμέτωπα με την εκμάθηση πιο νωρίς από ότι έπρεπε με ακατάλληλη ανάπτυξη από αυτήν που χρειάζονταν για να διδαχθούν σωστά. Κατά συνέπεια έχασαν την ευκαιρία να μάθουν με έναν πιο κατάλληλο, υποκινητικό και ικανοποιητικό τρόπο.

Σε αυτό το προσωπικό παράδειγμα, είναι πολύ πιθανό ότι ο απαραίτητος νευρικός εξοπλισμός για την διδασκαλία της άλγεβρας με αυτόν τον ιδιαίτερο τρόπο να μην είναι διαθέσιμος στον πρόωρο-εφηβικό μου εγκέφαλό. Οι περιοχές που λαμβάνουν την τελευταία δόση της Μυελίνης είναι αρμόδιες για το χειρισμό ιδιαίτερα αφηρημένων εννοιών όπως τα σύμβολα (Χ, Υ, ζ γραφικές παραστάσεις) που αντιπροσωπεύουν άλλα σύμβολα (αριθμητικές σχέσεις) που αντιπροσωπεύουν τα πραγματικά αντικείμενα (αεροπλάνα, τρένα, φρεάτια). Τέτοιου είδους εκμάθηση εξαρτάται κυρίως από την εμπειρία. Με αυτόν τον τρόπο υπάρχουν πολλές πιθανές νευρικές διαδρομές από τις οποίες μπορεί να πραγματοποιηθεί. Η προσπάθεια να σχηματιστεί με το ζόρι η υψηλότερου επιπέδου εκμάθηση στους ανώριμους εγκεφάλους μπορεί να τους αναγκάσει να λειτουργήσουν με τα χαμηλότερα συστήματα ώστε να εξασθενίσουν την εν λόγω ικανότητα.

Δεδομένου ότι το αναπτυξιακό πρόγραμμα κάθε παιδιού μπορεί να διαφέρει για κάθε τύπο εκμάθησης (π.χ., μερικοί τα πάνε καλύτερα στα μαθηματικά από ότι στα αγγλικά και αντίστροφα), οφείλεται στην θεωρεία της πλαστικότητας που κάνει την διδασκαλία έναν πραγματικά προκλητικό στόχο.

Θα έλεγα ότι ένα μεγάλο μέρος της σχολικής αποτυχίας σήμερα προκύπτει από τις ακαδημαϊκές προσδοκίες για τις οποίες οι εγκέφαλοι των σπουδαστών δεν είναι προετοιμασμένοι, αλλά αντίθετα ισοπεδώνονται από αυτές. Οι ελλείψεις σε όλα τα μαθήματα από τη γραμματική ως τη γεωγραφία μπορούν να προκληθούν από τις παρακάμψεις των οδηγιών που θα μπορούσαν να βοηθήσουν τα παιδιά να κατανοήσουν εννοιολογικά το θέμα.

Ο εγκέφαλος αναπτύσσεται καλύτερα όταν προκαλείται. Τα πολύ υψηλά πρότυπα στην εκμάθηση των παιδιών είναι σημαντικά. Εντούτοις, το πρόγραμμα σπουδών πρέπει να εξεταστεί σχετικά με το ποια είναι η κατάλληλη πρόκληση για τον εγκέφαλο. Η αναδιοργάνωση των συνάψεων είναι δυσκολότερη από το να γίνει η οργάνωση εξ αρχής πιο αργά και με υπομονή!

Οι δάσκαλοι και οι γονείς μπορούν να προετοιμάσουν τους εγκεφάλους των παιδιών για τη σύνθετη εκμάθηση, αλλά κανένας δεν ξέρει ακόμα (ίσως και ποτέ) πώς "να κάνει" την ωρίμανση να συμβεί. Μέχρι στιγμής, δεν γνωρίζουμε πώς να αυξήσουμε την Μυελίνη στον ανθρώπινο εγκέφαλο. Αυτό που ξέρουμε είναι ότι το φτωχό περιβάλλον και η ανεπαρκής εισαγωγή της πρωτεΐνης μπορούν να σταματήσουν την ανάπτυξή του. Η σχετικά σταθερή πορεία της επίστρωσης της Μυελίνης στις διαφορετικές περιοχές εγκεφάλου μπορεί να παρέχει μια πραγματική βιολογική βάση για "την ετοιμότητα" σε ορισμένους τύπους εκμάθησης. Ακόμα κι αν το θέλαμε, δεν υπάρχει καμία συνταγή ωρίμανσης του εγκεφάλου — κάτι για το οποίο πολλοί γονείς ανησυχούν.

Πριν από λίγο καιρό, έδινα μια διάλεξη σε ένα εύπορο προάστιο. Εκεί ο πατέρας ενός έφηβου αγοριού δεν κατάφερε να κρατηθεί και εξομολογήθηκε θλιμμένα: "Ο γιος μου είναι δεκατεσσάρων ετών και έχει χαρακτηριστεί από τους δασκάλους του "ανώριμος και καθυστερημένος βλάκας", όταν ακόμη ήταν στον παιδικό σταθμό. "Μπορώ να αγοράσω από κάπου την Μυελίνη;" Το ακροατήριο γέλασε, το ίδιο και εγώ. Πολλοί από εμάς έχουν δώσει μάχη για αυτήν την συγκεκριμένη παγίδα, αλλά η ωρίμανση δεν αγοράζεται τόσο εύκολα. Αυτό που παρουσιάζεται στον αναπτυσσόμενο εγκέφαλο μπορεί πράγματι να το εμπλουτίσει από πολλές απόψεις, αλλά οι καλές προθέσεις των ενηλίκων που προσπαθούν πάρα πολύ σκληρά να επηρεάσουν τη διαδικασία μπορούν εύκολα να αποτύχουν.

ΕΞΕΤΑΖΟΝΤΑΣ ΤΟΝ "ΕΜΠΛΟΥΤΙΣΜΕΝΟ ΕΓΚΕΦΑΛΟ": ΤΙ ΛΕΙΤΟΥΡΓΕΙ;

Πως μπορούμε να υποκινήσουμε τους αναπτυσσόμενους εγκεφάλους καταλληλότερα; Και με ποιο τρόπο μπορούμε να τους βελτιώσουμε; Προσπαθώντας να πάρουμε μια απάντηση σε αυτές τις δύσκολες ερωτήσεις, θα χρησιμοποιήσουμε για μια ακόμη φορά τα πειράματα με τα ποντίκια, όπου, σαν επισκέπτες, θα παρατηρήσουμε τις αποικίες των ποντικών που ζουν σε πολύ διαφορετικούς τύπους κλουβιών. Παρόλο που παίρνουν τις ίδιες ποσότητες τροφίμων και νερού, κάποια απολαμβάνουν το "εμπλουτισμένο" περιβάλλον (EC: Enriched Condition) ενώ κάποια άλλα ζουν είτε σε ένα φυσιολογικό είτε σε ένα "φτωχό" (IC: Impoverish Condition) περιβάλλον σε σχέση με τις απαιτήσεις της διανοητικής ανάπτυξης. Τα ποντίκια που ζουν σε "εμπλουτισμένο" περιβάλλον έχουν μεγαλύτερα κλουβιά και περισσότερους συντρόφους, αλλά το σημαντικότερο, περιβάλλονται από παιχνίδια, όπως ρόδες και μπάλες, τις οποίες με μεγάλη δραστηριότητα ερευνούν, σπρώχνουν και αναρριχώνται. Αυτές οι μεταβλητές, η συντροφικότητα και η ενεργή συμμετοχή με τα παιχνίδια, διαφοροποιούνται ανάλογα με τις "εμπλουτισμένες" ή"φτωχές" συνθήκες. Σύμφωνα με τη Δρ Diamond, αυτές οι περιβαλλοντικές αλλαγές είναι ικανές να αλλάξουν το μέγεθος του φλοιού μέχρι και 11%.

Άλλοι ερευνητές έχουν θεωρητικολογήσει ότι οι περιοχές που ωριμάζουν γρηγορότερα κατά την διάρκεια της υποκίνησης είναι αυτές με την μεγαλύτερη αύξηση. Κατά συνέπεια, σε έναν σύνθετο ανθρώπινο εγκέφαλο, ο ίδιος τύπος υποκίνησης μπορεί να επηρεάσει διαφορετικές δεξιότητες, ανάλογα με το στάδιο της ανάπτυξης του εγκεφάλου.

Τι συμβαίνει στα κύτταρα των "εμπλουτισμένων" εγκεφάλων; Ο Δρ Mark Rosenzweig και ο Δρ Michael Rener, που ξεκίνησαν την εργασία τους στο εργαστήριο της Δρ Diamond, περιγράφουν αρκετά επακόλουθα "μέσα σε αυτά και την αλλαγή του μεικτού βάρους του εγκεφάλου, το βάρος και το πάχος του εγκεφαλικού φλοιού, τις μικροσκοπικές αλλαγές στην πυκνότητα των κυττάρων, τα συγκριτικά ποσοστά των διαφορετικών τύπων κυττάρων, και τις αλλαγές στη δομή των ανθρώπινων νευρώνων."

Όλως περιέργως, ο Rosenzweig έχει διαπιστώσει ότι τα ποντίκια στις φτωχές συνθήκες (IC) κερδίζουν περισσότερο σωματικό βάρος από τα αντίστοιχα στις εμπλουτισμένες συνθήκες (EC). Βέβαια οι εγκέφαλοί τους είναι ελλιπείς από πολλές απόψεις, δύο εκ των οποίων είναι ιδιαίτερα σημαντικές. Όπως η Marian Diamond έχει παρουσιάσει, η πρώτη είναι ότι στους εμπλουτισμένους εγκεφάλους υπάρχουν πολλά περισσότερα ενισχυτικά νευρογλοιακά κύτταρα η δεύτερη ότι οι νευρώνες έχουν περισσότερες σπονδυλικές στήλες δενδριτών και συνεπώς περισσότερες συνάψεις.

Σε ένα άλλο εργαστήριο ο Δρ William Greenough, που εξετάζει τις διαφορές μεταξύ των εμπλουτισμένων και στερημένων ποντικών, βρήκε τέτοιες διαφορές στις συνάψεις που έφταναν το 20-25% σε κάποιες από τις περιοχές του φλοιού. Αυτή η ανακάλυψη, λέει, "μας οδήγησε να σκεφτούμε τα αντίστοιχα αποτελέσματα στον ανθρώπινο εγκέφαλο, στην περίπτωση που όλοι οι νευρώνες του ήταν εξίσου πλαστικοί. Οι 2.000 διαφορετικές συνάψεις ανά νευρώνα στον ποντικό, θα μεταφραζόταν σε πολλά τρισεκατομμύρια συνάψεις στους 100 - 200 δισεκατομμύρια νευρώνες του ανθρώπινου εγκεφάλου!" Αν και, όπως θα δούμε σύντομα, απλώς και μόνο η ύπαρξη συνάψεων δεν σημαίνει απαραίτητα μεγαλύτερη "ευφυΐα", αυτή η δυνατότητα αλλαγής είναι πράγματι εντυπωσιακή.

Η κρίσιμη ερώτηση φυσικά, είναι αν αυτές οι αλλαγές στους εγκεφάλους επηρεάζουν την εκμάθηση; Ναι, την επηρεάζουν, μας απάντησαν ο Rosenzweig και ο Rener, ιδιαίτερα στις υψηλότερου επιπέδου δεξιότητες. "Σε θέματα επίλυσης προβλημάτων," αναφέρουν "όσο πιο σύνθετο το πρόβλημα, τόσο μεγαλύτερη η πιθανότητα να γίνουν αισθητές οι διαφορές των δύο διαφορετικών συνθηκών (IC) και (EC). Σε αυτές τις δοκιμές, η αρχική εμφάνιση της περιβαλλοντικά προκληθείσας ανατομικής πλαστικότητας βρίσκεται σε εκείνες τις περιοχές του εγκεφάλου που συνδέονται με τις πιο σύνθετες (και πιθανώς υψηλότερου επιπέδου) γνωστικές λειτουργίες, [ειδικά] στις υψηλότερου επιπέδου δεξιότητες επίλυσης προβλημάτων." Επιπλέον, ακόμη και όταν δεν εξετάζεται, η συμπεριφορά των εμπλουτισμένων ποντικών, φαίνονται να είναι πιο ενεργητικοί και πιο οργανωτικοί όταν ερευνούν νέες καταστάσεις. Φαίνεται να συλλέγουν πολλές και διαφορετικές πληροφορίες κατά τη διάρκεια της εξερεύνησης ως αποτέλεσμα της ζωηρής τους περιέργειάς.

Ως δασκάλα, όταν διαβάζω μελέτες όπως αυτή σκέφτομαι κλασικά μερικούς από τους μαθητές μου. Όπως και να έχει πρέπει να είμαστε προσεκτικοί, στην εφαρμογή τέτοιων ερευνών στην ανθρώπινη εκμάθηση. Κατ' αρχάς, εφόσον τα γεγονότα για την ανάπτυξη των νευρικών συστημάτων μπορούν να διαστρεβλωθούν από το ένα σύνολο νευρώνων και νευρογλοιακών κυττάρων στο άλλο, δεν είναι δυνατόν να παραλληλίσουμε την ζωική με την ανθρώπινη συμπεριφορά όσον αφορά τις σύνθετες καταστάσεις εκμάθησης. Δεύτερον, παρόλο που αυτά τα περιβάλλοντα διέφεραν σαφώς το ένα από το άλλο, κανένα από αυτά δεν κατάφερε να προσεγγίσει το φυσικό περιβάλλον των ποντικιών. Είναι σπάνιο να βρεθεί ένας άνθρωπος σε μια κατάσταση τόσο "φτωχή" όσο τα κλουβιά των αρουραίων IC, αν και σε ένα επόμενο κεφάλαιο θα περιγράψω τις επιπτώσεις που θεωρούνται συγκρίσιμες σε ένα παιδί. Ακόμη και το "εμπλουτισμένο" περιβάλλον είναι λιγότερο παρακινητικό από το περιβάλλον της φύσης, στο οποίο τα ποντίκια εκτίθενται συνεχώς στις πραγματικές προκλήσεις της διαβίωσης σε ένα ελεύθερο περιβάλλον, ψάχνοντας τροφή, υπερασπίζοντας τον εαυτό τους, και τριγυρνώντας με ελεύθερη βούληση. Τα ζώα που μεγαλώνουν έξω "στην άγρια φύση"! στο εργαστήριο της Δρ Diamond τείνουν να έχουν τους μεγαλύτερους και βαρύτερους φλοιούς από εκείνους των ζώων που μεγαλώνουν στα κλουβιά.

Οι βασικές αρχές της πλαστικότητας έχουν αποδειχθεί σταθερές σε αυτά τα είδη των ζώων όπως τα ποντίκια, τα τρωκτικά, τους σκίουρους, τα σκυλιά, τις γάτες και τα θηλαστικά (π.χ., πίθηκοι, ιαπωνικές μαϊμούδες τύπου Macaca). Τι θα μπορούσε να μας φανεί χρήσιμο για την καταλληλότερη υποκίνηση των παιδιών από όλες αυτές τις έρευνες με τα ζώα; Πολλές μελέτες υποστηρίζουν την ιδέα ότι ο εγκέφαλος και τα όργανα που συνεπάγονται με αυτόν τείνουν να έλκονται στους τύπους υποκίνησης που χρειάζονται στα διαφορετικά στάδια της ανάπτυξης του. Η πιο σοφή πορεία είναι να ενθαρρύνουμε τα παιδιά να κάνουν τις επιλογές τους από μια ποιοτική ποικιλία διαθέσιμων προκλήσεων, και περιβαλλοντικών και διανοητικών.

ΠΟΙΑΝΟΥ Ο ΕΓΚΕΦΑΛΟΣ ΑΝΑΠΤΥΣΣΕΤΑΙ ΣΗΜΕΡΑ;

Ένα άλλο μάθημα από την έρευνα των ζώων είναι η σημασία της ενεργής συμμετοχής και του ενδιαφέροντος από την μεριά του ζώου. Παραδείγματος χάριν η Δρ Diamond και αρκετοί άλλοι έχουν διαπιστώσει ότι για να εμπλουτίζουν συνεχώς τους εγκεφάλους των ποντικών, θα πρέπει να αλλάζουν συχνά τα παιχνίδια ώστε να διατηρούν την περιέργεια και το ενδιαφέρον τους. Σε ένα άλλο πείραμα, το οποίο απλά ανάγκαζε τα ποντίκια να αναρριχώνται πάνω από έναν σωρό με παιχνίδια για να κερδίσουν το φαγητό τους πετύχαμε αύξηση στις οπτικές περιοχές του εγκεφαλικού φλοιού κατά 7%.

Ο Greenough συμφωνεί και όπως ο ίδιος λέει "Φαίνεται ότι η ενεργή αλληλεπίδραση με το περιβάλλον είναι απαραίτητη για να εξωτερικεύσει το ζώο τις κατάλληλες πληροφορίες. Παρέχοντας απλώς την οπτική εμπειρία ενός περίπλοκου περιβάλλοντος στα ανίκανα ζώα να αλληλεπιδράσουν, δεν παρατηρείται κάποια σημαντική αλλαγή στην συμπεριφορά. "Υπέρ του τελευταίου σημείου, τα ζώα έχουν τοποθετηθεί μέσα στο εμπλουτισμένο κλουβί όντας σε μικρότερα κλουβιά, έτσι μπορούν να παρατηρούν το παιχνίδι των αδελφών τους, χωρίς να μπορούν εκείνα να συμμετέχουν. Οι εγκέφαλοι των παρατηρητών καταλήγουν ελάχιστα διαφορετικοί από εκείνους των ζώων στα ενδεή κλουβιά.

Καθώς εμείς οι καλοπροαίρετοι, γονείς και δάσκαλοι, καταλήγουμε μερικές φορές να ρίχνουμε την ευθύνη της εκμάθησης και της προσπάθειας "να γεμίσουμε" παρά να διευθετήσουμε τα πράγματα έτσι ώστε η περιέργεια των νεαρών να προωθήσει την διαδικασία. Από τότε που διάβασα αυτήν την έρευνα, αναρωτιέμαι κάθε φορά που αγωνίζομαι να "αναγκάσω" έναν μαθητή να μάθει κάτι, αν ο εγκέφαλος του βρίσκεται σε ανάπτυξη;

Βοηθάει πάντα όταν σκέφτεσαι: Ποιος ενδιαφέρεται; Ποιος είναι περίεργος; Ποιος υποβάλλει τις ερωτήσεις; Τα παιδιά χρειάζονται την υποκίνηση και τις διανοητικές προκλήσεις, αλλά θα πρέπει επίσης να συμμετέχουν ενεργά στην εκμάθησή τους, να μην απαντούν παθητικά την στιγμή που ένας άλλος εγκέφαλος — του δασκάλου ή του γονέα τους — αναπτύσσει με κόπο νέες συνάψεις για χάρη τους!

Οποιαδήποτε δραστηριότητα που δεσμεύει το ενδιαφέρον και τη φαντασία ενός μαθητή, που προκαλεί την επιθυμία να αναζητήσει μια απάντηση, ή να συλλογιστεί μια ερώτηση, ή να δημιουργήσει μια απόκριση, είναι πιθανό να αποτελέσει καλή τροφή για τον εγκέφαλο. Ιδιαίτερα σε μια εποχή που χρειαζόμαστε "εμπλουτισμένα" μυαλά για να αντιμετωπίσουμε τα πολυσύνθετα προβλήματα, δεν πρέπει να ενθαρρύνουμε, ή ακόμα και να συγχωρούμε, την υπερβολική παθητική παρατηρητικότητα ή απορρόφηση στους αναπτυσσόμενους εγκεφάλους. Δεν συμβαίνει, μόνο μπροστά στην Τηλεόραση, αλλά και σε πολλά ημερήσια κέντρα φύλαξης νηπίων, σχολεία, εξωσχολικές δραστηριότητες, ίσως και στα σπίτια. Πόσο μπορεί να συμβάλλει αυτή η παθητικότητα των μαθητευομένων στην επιβράδυνση των ακαδημαϊκών δεξιοτήτων ; Πολύ!

Στη μόνη ανθρώπινη μελέτη "εμπλουτισμού" που έχει κάνει η Δρ Diamond σύγκρινε τμήματα από τον εγκέφαλο του Albert Einstein με τα αντίστοιχα τμήματα από έναν μέσο άντρα. Βρήκε την ίδια κυτταρική αύξηση που είχε δει σε εμπλουτισμένο αρουραίο. Σε μια συγκεκριμένη περιοχή που έκανε τις ενώσεις υψηλότερου επιπέδου μεταξύ των αισθητηρίων συστημάτων, ήταν πραγματικά η δεύτερη φορά που είδε τόσο πολλά νευρογλοιακά κύτταρα! Σκέπτεται ότι αυτή η ασυνήθιστη αφθονία θα μπορούσε να έχει προκύψει όχι μόνο από την κληρονομημένη δυνατότητα, αλλά και από την κατ' ασυνήθιστο τρόπο ενεργό χρήση εκείνων των συγκεκριμένων ομάδων κυττάρων.

ΚΡΙΣΙΜΕΣ ΠΕΡΙΟΔΟΙ ΓΙΑ ΤΗΝ ΕΚΜΑΘΗΣΗ

Τι συμβαίνει όταν η "σωστή" υποκίνηση δεν είναι διαθέσιμη ενώ ο εγκέφαλος είναι; Υπάρχουν συγκεκριμένοι χρόνοι που ο εγκέφαλος είναι δεκτικότερος σε ορισμένα είδη εμπειρίας; Πότε, αν ποτέ, είναι πάρα πολύ αργά για να μάθουμε συγκεκριμένες δεξιότητες; Μερικές από τη πρωτοποριακές έρευνες για τη νευρική πλαστικότητα δείχνουν ότι υπάρχουν "κρίσιμες," "ευαίσθητες," ή "ιδανικές" περίοδοι για κάποιους τύπους διανοητικών αναπτύξεων. Αλλά εάν το σωστό ερέθισμα δεν είναι διαθέσιμο. .. πολύ κακό.

"Στην ανάπτυξη είναι πια ευρέως γνωστό ότι υπάρχουν ορισμένοι χρόνοι που ένας οργανισμός είναι έτοιμος να χειριστεί ορισμένα ερεθίσματα," δηλώνει η Δρ Jane Holmes Bernstein. "Και όταν δεν εμφανίζονται εκείνα τα ερεθίσματα στον κρίσιμο χρόνο, είναι πιθανό η σύνθεση του εγκεφάλου που θα μεσολαβούσε να μην λειτουργήσει και να καταστραφεί."

Και τα ζωικά και τα ανθρώπινα αποδεικτικά στοιχεία υποστηρίζουν αυτό το πραγματικό φαινόμενο χρησιμοποίησε το ή ξέχασε το. Προκειμένου να γίνουν κατανοητές οι επιπτώσεις του, πρέπει πρώτα να ερευνήσουμε πιο βαθιά στον τρόπο με τον οποίο ο εγκέφαλος ακονίζεται για να γίνει ένα αποδοτικό σύστημα επεξεργασίας.

ΣΥΝΑΠΤΙΚΟ ΚΛΑΔΕΜΑ: ΤΙ ΑΠΟΚΟΠΤΕΤΑΙ ΚΑΙ ΤΙ ΔΙΑΤΗΡΕΙΤΑΙ;

Δεδομένου ότι ένα νήπιο έρχεται στον κόσμο με περισσότερους νευρώνες από όσους θα χρειαστεί σε όλη του τη ζωή, ο εγκέφαλος ξεκινά από μια αρκετά αποδιοργανωμένη κατάσταση. Οι νευρώνες των μωρών που έχουν επιβιώσει από τον προγενέθλιο μαραθώνιο για να φθάσουν στις περιοχές των συνάψεων, προσπαθούν να φτάσουν σε άλλους νευρώνες αναπτύσσοντας νέους δενδρίτες. Το συμπλήρωμα του εγκεφάλου με συνάψεις θα διαρκέσει πολλά χρόνια — ίσως και μια ολόκληρη ζωή — ώστε να διαμορφωθεί και να γίνει ισχυρός μέσα από την επαναλαμβανόμενη χρήση. Ιδιαίτερα κατά τη διάρκεια των πρώτων ετών, θα ενισχυθούν και θα επιζήσουν οι νευρώνες που θα χρησιμοποιήσει περισσότερο. Ένας σημαντικός στόχος κατά τη διάρκεια της παιδικής ηλικίας είναι να καλλιεργηθεί αυτή η μάζα των δυνατοτήτων σε δίκτυα συνδέσεων που θα είναι χρήσιμα και θα λειτουργούν αυτόματα για τις διανοητικές δεξιότητες που το κάθε παιδί ξεχωριστά ενθαρρύνεται να αναπτύξει.

Μπορείτε να σκεφτείτε το νεογέννητο εγκέφαλο ως μια μεγάλη μάζα από άργιλο η οποία έχει διαμορφωθεί με ένα τραχύ επίστρωμα. Μέσα εκεί, το περιβάλλον ενεργεί ως λαξευτής. Οι τύποι υποκινήσεων που εισάγονται στον εγκέφαλο καθορίζουν σε μεγάλο βαθμό ποια υλικά θα παραμείνουν και ποια θα απομακρυνθούν από τον επίπεδο επεξεργασίας. Κατά τη διάρκεια των ευαίσθητων περιόδων, ορισμένες περιοχές της μάζας θερμαίνονται προσωρινά και μαλακώνουν, γίνονται κατά συνέπεια πιο υπαγόμενες στο λαξευτήρι του περιβαλλοντικού γλύπτη.

Αυτή η διαδικασία προχωρά αυτόματα ως επί το πλείστον. Δεδομένου ότι το παιδί δεν μπορεί να επεξεργαστεί όλα τα διαθέσιμα ερεθίσματα, επιλέγει αυτό που είναι πιο ενδιαφέρον ή σχετικό με την προσωπικότητα του, δημιουργώντας κατά αυτό τον τρόπο συνδέσεις στα σχετικά συστήματα του εγκεφάλου. Ο κύριος στόχος των ενηλίκων είναι να καταστήσουν μια ποικιλία στα διαθέσιμα κίνητρα , εξετάζοντας συγχρόνως προσεκτικά τις επιλογές των παιδιά τους. Οι εγκέφαλοι των νεαρών που ξοδεύουν αρκετό χρόνο μπροστά από ένα σύστημα Τηλεόρασης, μπορούν για παράδειγμα να αναπτυχθούν διαφορετικά από εκείνους που ακολουθούν τις φυσικές, διαπροσωπικές, και γνωστικές προκλήσεις του ενεργού παιχνιδιού. Τα παιδιά με τον άφθονο χρόνο για "χάσιμο" μπορούν να ενθαρρυνθούν και να αναζητήσουν δραστηριότητες που είναι κατάλληλες για το στάδιο ενός ξεχωριστού αναπτυσσόμενου εγκεφάλου. Οι νεαροί που είναι εσπευσμένοι από μια δραστηριότητα σε μια άλλη μπορούν να πάρουν αρκετές αισθητήριες πληροφορίες αλλά να εξαπατηθούν από την χρονοβόρα διαδικασία της διαμόρφωσης ώστε να μην μπορέσουν να καταλάβουν και να οργανώσουν την εμπειρία ουσιαστικά.

Η περικοπή πολλών συνάψεων είναι απαραίτητη για να κρατήσουμε το μυαλό του παιδιού μακριά από "την σύγχυση." Κάποια στιγμή ο νευροατομιστής Δρ Arnold Scheibel παρομοίασε τον ανώριμο εγκέφαλο σαν ένα μεγάλο δέντρο που μαζεύονται πολλά μικρά πουλιά, όλα σιγοτραγουδούν συγχρόνως έτσι ώστε κανένα μεμονωμένο τραγούδι δεν μπορεί να ακουστεί καθαρά. Δεδομένου ότι ο εγκέφαλος ωριμάζει, αποβάλλοντας βαθμιαία μερικές συνδέσεις και διατηρώντας κάποιες άλλες, το δέντρο παραμένει με λιγότερα αλλά μεγαλύτερα πουλιά, τα πιο ισχυρά, και τα τραγούδια ακούγονται πλέον καθαρά.

Παρόλο που φαίνεται λογικό να θεωρούμε ότι όσο περισσότεροι είναι οι νευρώνες τόσο το καλύτερο, δεν ευσταθεί. Η σημασία

94

της περικοπής καταδεικνύεται από τις μελέτες που παρουσιάζουν ότι κάποια διανοητικώς καθυστερημένα παιδιά έχουν λιγότερες συνοπτικές συνδέσεις από όσες θα έπρεπε κανονικά, ενώ άλλα έχουν περισσότερες. Οι ερευνητές σκέπτονται ότι η καθυστέρηση μπορεί να συνδεθεί με την ανεπάρκεια αυτών των επιβαρημένων εγκεφάλων, αν και δυστυχώς ακόμα δεν ξέρουν τι μπορούν να κάνουν για αυτό.

ΣΤΟΙΧΕΙΑ ΓΙΑ ΤΙΣ ΚΡΙΣΙΜΕΣ ΠΕΡΙΟΔΟΥΣ: ΖΩΙΚΗ ΕΡΕΥΝΑ

Οι βασικοί κανόνες για την πλαστικότητα θολώνουν συχνά τα όρια μεταξύ της αποδοτικότητας και της εξασθένισης. Τα αποδεικτικά στοιχεία των ζωικών και ανθρώπινων ερευνών δείχνουν ότι μερικές φορές οι μηχανισμοί περικοπής του εγκεφάλου προχωρούν πολύ μακριά. Πως θα ήταν ο κόσμος εάν μπορούσαμε να τα δούμε όλα — εκτός από τις κάθετες γραμμές; Θα είχαμε πιθανώς μεγάλο πρόβλημα να περάσουμε μέσα από μια πόρτα, και θα ήταν δύσκολο να αποφύγουμε τα δέντρα και τους τηλεφωνικούς θαλάμους. Αυτό συνέβη σε μερικά γατάκια που κρατήθηκαν σε ένα ασυνήθιστο περιβάλλον κατά τη διάρκεια μιας μικρής χρονικής περιόδου όταν οι συγκεκριμένες ομάδες κυττάρων αποκαλούμενων "κάθετοι ανιχνευτές χαρακτηριστικών γνωρισμάτων" στον οπτικό φλοιό ήταν υπό ωρίμανση. Κατά τη διάρκεια αυτής της περιόδου, τα γατάκια δεν είδαν ποτέ τις κάθετες γραμμές. Παρά τη γερή δόση οπτικής υποκίνησης και της κατά τα άλλα κανονικής όρασης που είχαν αργότερα, δεν έμαθαν ποτέ να τις βλέπουν. Η πιο πρόσφατη εξέταση των εγκεφάλων τους έδειξε ότι οι νευρώνες με σκοπό να κάνουν αυτήν την εργασία απέτυχαν απλά να αναπτυχθούν επειδή δεν έλαβαν καμία υποκίνηση κατά τη διάρκεια της κρίσιμης περιόδου ανάπτυξής τους. Πολλά διαφορετικά πειράματα έχουν πραγματοποιηθεί με τα γατάκια φορώντας τα ειδικά σχεδιασμένα προστατευτικά δίοπτρα ή καλύπτρες ματιών. Το αποτέλεσμα όλων ήταν ότι ο εκλεκτικός περιορισμός ορισμένων τύπων υποκινήσεως μπορούσε δομικά να αλλάξει τον εγκέφαλό τους. Φυσικά, επηρεάζεται και η λειτουργία. Δύο γεγονότα βρίσκω ιδιαίτερα ενδιαφέροντα:

—Το αυστηρό οπτικό αποτέλεσμα στέρησης όχι μόνο άλλαξε τους νευρώνες στον οπτικό φλοιό, αλλά και ανάγκασε τον ακουστικό φλοιό (ακοής) να αναπτυχθεί πλήρως.

—Οι δομικές αλλαγές που εμφανίζονται κατά τη διάρκεια των κρίσιμων περιόδων οδηγούν στις αλλαγές συμπεριφοράς αργότερα όταν οι "αλλαγμένοι εγκέφαλοί τους" προκαλούν τα ζώα να δώσουν προσοχή και να ανταποκριθούν αλλιώς στις διαφορετικές πτυχές των ζωικών μελετών στο περιβάλλον. Παρόμοιες μελέτες, συμπεριλαμβανομένων τέτοιων ειδών όπως τα πουλιά, γρύλοι, και χρυσόψαρα, έχει καταδείξει πολλούς τύπους ευαίσθητων περιόδων.

Η σεξουαλική συμπεριφορά των πιθήκων παρατηρήθηκε ότι εξασθενεί αν τους απομονώσουν κατά τη διάρκεια της παιδικής τους ηλικίας, μια περίοδο ιδανική για την ανάπτυξη του φυσιολογικών σεξουαλικών αντιδράσεων. Αν η μητέρα γάτα δεν φέρει το ζωντανό θήραμα στη φωλιά έγκαιρα, τα γατάκια της δεν θα αναπτύξουν ποτέ τη δυνατότητα να γίνουν ικανοί κυνηγοί. Σε κάθε μια από αυτές τις περιπτώσεις, ορισμένα μέρη του νευρικού συστήματος δεν αναπτύχθηκαν κανονικά, και η υποκίνηση πριν ή μετά από την κρίσιμη περίοδο δεν έχει τα ίδια αποτελέσματα.

Ένα ενδιαφέρον πείραμα δείχνει ότι τα ζώα "θα εργαστούν" για την υποκίνησή τους όταν εμφανιστεί η κρίσιμη περίοδος. Κάποια γατάκια εκτράφηκαν σε ένα σκοτεινό δωμάτιο που περιείχε έναν μοχλό τον οποίο αν τον τραβούσαν θα μπορούσαν να δουν μια φωτεινή εικόνα με σκοπό να υποκινήσει ορισμένα σύνολα οπτικών "ανιχνευτών χαρακτηριστικών γνωρισμάτων." Πριν από την κρίσιμη περίοδο σε ηλικία περίπου οκτώ εβδομάδων, πάτησαν συμπτωματικά τον μοχλό αλλά παρουσίασαν περιορισμένο ενδιαφέρον για τη συγκεκριμένη εικόνα, αν και τα μάτια τους είχαν ήδη ανοίξει. Ξαφνικά, μεταξύ των οκτώ και εννέα εβδομάδων, τα σχετικά κύτταρα "ωρίμασαν" και η επίδραση του μοχλού αυξήθηκε δραματικά. Αυτό που μπορούμε να υποθέσουμε είναι ότι ο αριθμός δενδριτών και συνάψεων σε εκείνα τα συγκεκριμένα κύτταρα των εγκεφάλων τους αυξήθηκαν γρήγορα.

"ΕΥΠΑΘΕΙΣ" ΠΕΡΙΟΔΟΙ ΓΙΑ ΤΟΥΣ ΑΝΘΡΩΠΙΝΟΥΣ ΕΓΚΕΦΑΛΟΥΣ

Οι ανθρώπινοι εγκέφαλοι έχουν περισσότερες ευκαιρίες να αναπτυχθούν αφού χρειάζονται και πολύ περισσότερο χρόνο από ότι τα ζώα. Οι όροι "ευπαθείς" ή "βέλτιστες" περίοδοι χρησιμοποιούνται ευρέως. Οι μελέτες μέχρι σήμερα έχουν προσδιορίσει τις ευπαθείς περιόδους για δύο γενικούς τύπους δυνατοτήτων: τις βασικές αισθητήριες δεξιότητες και τις υψηλότερου επιπέδου, συγκεκριμένα κάποιες πτυχές της γλώσσας.

ΕΝΕΡΓΟΠΟΙΗΣΗ ΤΩΝ ΒΑΣΙΚΩΝ ΣΥΣΤΗΜΑΤΩΝ

Ακόμα και όταν τα αυτιά και τα μάτια ενός παιδιού είναι άθικτα, είναι πολύ πιθανό η οπτική και η ακουστική επεξεργασία να εξασθενίσει όταν τα κύτταρα του εγκεφάλου που λαμβάνουν τα σήματα από αυτά τα όργανα να αποτύχουν να ενεργοποιηθούν κατά τη διάρκεια του συγκεκριμένου χρόνου της ανάπτυξης. Ένα γνωστό παράδειγμα προβλήματος είναι το αποκαλούμενο τεμπέλικο μάτι ή αμβλυωπία. Με αυτήν την δυσλειτουργία, το παιδί αποτυγχάνει να αναπτύξει την διοπτρική ικανότητα, δηλαδή την ικανότητα να χρησιμοποιεί και τα δύο μάτια μαζί αποτελεσματικά, επειδή το ένα μάτι τείνει να περιπλανιέται, αφήνοντας στο άλλο όλη την λειτουργία.

Επειδή τα κύτταρα του εγκεφάλου που αναμένουν να λαμβάνουν οπτικά σήματα από το μάτι με την αμβλυωπία δεν παίρνουν την κατάλληλη δόση υποκίνησής, ως αποτέλεσμα απενεργοποιούνται. Οι γιατροί έχουν μάθει ότι αυτό το πρόβλημα για να διορθωθεί πρέπει να αντιμετωπιστεί πριν από την ηλικία των πέντε ετών, επειδή η ευαίσθητη περίοδος αυτής της συγκεκριμένης ικανότητας είναι πιθανό να λήξει εκείνη την περίοδο. Η θεραπεία, λογικά, εκτελείται περιοδικά, καλύπτοντας το καλό μάτι και αναγκάζοντας όλα τα κύτταρα του συστήματος να κάνουν την εργασία τους, να αναπτύξουν τις συνάψεις τους, και να επιζήσουν. Η ίδια αρχή εξηγεί γιατί οι καταρράκτες στα μάτια των νηπίων πρέπει να αφαιρούνται πριν από την ηλικία των έξι μηνών ώστε να αποφύγουν τη μόνιμη οπτική εξασθένιση.

Επίσης, σε ένα βασικό αισθητηριακό επίπεδο, η ικανότητα να διακρίνουμε λεπτές διαφορές μεταξύ των ήχων μιας γλώσσας πρέπει κι αυτή προφανώς να αναπτυχθεί κατά τη διάρκεια των πρώτων χρόνων. Μια μαθήτρια της όγδοης τάξης που συνάντησα πρόσφατα δεν μπορούσε να "ακούσει" τις διαφορές μεταξύ ορισμένων σύντομων ήχων των συμφώνων και αντιμετώπιζε το ίδιο πρόβλημα και στην προφορά και στην γραφή τους. Οι συμμαθητές της σκέφτηκαν ότι οι αντικαταστάσεις της, όπως "πχιαλίδι" αντί "ψαλίδι" ήταν "χαριτωμένες," αλλά οι δάσκαλοι της δεν διασκέδαζαν το ίδιο από τα ορθογραφικά της λάθη. Βέβαια, ανακάλυψα ότι το κορίτσι, όπως και πολλοί άλλοι μαθητές με προβλήματα ορθογραφίας και ανάγνωσης, έπασχαν από πρόωρες μολύνσεις αυτιών που οδήγησαν στη σποραδική απώλεια ακοής κατά τη διάρκεια των προσχολικών ετών. Συσχετίζοντας αυτό το γεγονός με τα πιο πρόσφατα μαθησιακά προβλήματα, οι εμπειρογνώμονες συστήνουν στους γονείς να προσέχουν τα παιδιά ιδιαίτερα σε ότι έχει να κάνει με την παρεμπόδιση της ακοής και να παρέχουν άμεσα την ιατρική βοήθεια σε τέτοιου είδους προβλήματα προτού τα κύτταρα του ακουστικού φλοιού εξασθενίσουν μόνιμα, από την έλλειψη εξάσκησης τους.

Επίσης τα κυκλώματα για τους ήχους διαφορετικών γλωσσών πρέπει να υποκινηθούν κατά τη διάρκεια μιας "κρίσιμης περιόδου". Η Δρ Jennifer Bouchwald της Ιατρικής Σχολής του UCLA ενδιαφέρεται για το αν "το ακουστικό, δηλαδή το γλωσσικό περιβάλλον, επηρεάζει τις αναπτυξιακές διαφορές στον εγκέφαλο κατά τη διάρκεια της ανάπτυξης του." Μελετά τις διαφορές στους εγγενείς ιάπωνες ομιλητές και στους αμερικανικούς ομιλητές μετρώντας ένα ειδικό τύπο ηλεκτρικού κύματος, που καλείται P300, μέσα στους εγκεφάλους τους.

Η έρευνά της μας εξηγεί για ποιο λόγο οι ενήλικοι που μαθαίνουν να μιλούν μια ξένη γλώσσα με διαφορετικά ηχητικά στοιχεία από την μητρική τους σπάνια αποκτούν μια άψογη προφορά. Ο λόγος δεν είναι ο φωνητικός μηχανισμός τους αλλά οι εγκεφάλοι τους. Παρόλο που μπορούν να σκεφτούν αυτό που ακούνε ή να μιμηθούν τους ήχους ακριβώς, στην πραγματικότητα έχουν χάσει τη δυνατότητα να κατανοούν τα ηχητικά στοιχεία που δεν ήταν παρόντα στο περιβάλλον κατά τη διάρκεια της παιδικής τους ηλικίας. Οι διακριτικοί τονισμοί των Ευρωπαίων, των Μέσων Ανατολικών, και των Ασιατών ομιλητών της αγγλικής γλώσσας, αποκαλύπτουν συχνά την εθνική τους προέλευσή, επαληθεύουν τη δύναμη των πρόωρων περιβαλλόντων να δημιουργούν μόνιμες διαφορές σε κάποιους τύπους ανθρώπινων ικανοτήτων. Αυτό είναι αρκετό να δικαιολογήσει τη διδασκαλία των ιαπωνικών στα νήπια — άλλη μια τρέχουσα μανία στους κύκλους αυτών που υποστηρίζουν την μηχανική στα παιδιά; Σε μια πρόσφατη διάσκεψη ο Δρ Nico Spinelli αποκρίθηκε με μια ενδιαφέρουσα παρατήρηση. "Πιστεύω ότι όταν κάποιος είναι δίγλωσσος σπαταλά τον εγκέφαλο του. Κατά την άποψή μου, ένα καλύτερο πρότυπο για τα παιδιά , θα ήταν να μαθαίνουν να προφέρουν τέλεια πενήντα ή κάμποσες λέξεις από διάφορες γλώσσες π.χ. γερμανικά, γαλλικά, ιαπωνικά, και ισπανικά. Αργότερα, μια ή περισσότερες από αυτές τις γλώσσες θα μπορούσαν να τις μάθουν ευκολότερα και χωρίς ιδιαίτερη προφορά, επειδή ο εγκέφαλος τους θα είχε πυροδοτηθεί για αυτό το σκοπό." Πριν βιαστούν οι γονείς να προμηθεύσουν τα παιδιά τους με λεξικά μιας ξένης γλώσσας, θα επιθυμούσα να επαναλάβω το γεγονός ότι οποιαδήποτε εκμάθηση που θα "επιδιωχθεί" σε ένα παιδί μπορεί να καταλήξει περισσότερο σε βλάβη παρά σε κάτι καλό — για πολλούς λόγους. Επιπλέον, υπάρχουν αποδείξεις ότι οι λανθασμένοι τρόποι εκμάθησης της ξένης γλώσσας μπορεί να περιπλέξουν τις συνδέσεις των παιδιών την μητρική τους γλώσσα. Η προσοχή είναι απαραίτητη.

Φαίνεται λογικό ότι οι γερά-συνδεμένες (hard wired) αισθητήριες ικανότητες έχουν κι αυτές ευαίσθητες περιόδους ανάπτυξης. Αλλά τι γίνεται με τον τύπο της συνειρμική περιοχής του εγκεφάλου (associative area) του συλλογισμού που απαιτεί την ολοκλήρωση πολλών διαφορετικών — και μερικές φορές ευρέως χωρισμένων — νευρικών συστημάτων; Μερικές μελέτες που έχουν πραγματοποιηθεί, προτείνουν ότι για να αναπτύξει ένα παιδί δραστήριες και ευφυείς απαντήσεις, χρειάζεται συγκεκριμένους τύπους αντιδράσεων κατά την διάρκεια της ανάπτυξης του. Παραδείγματος χάριν, διαφορετικές μελέτες έδειξαν ότι στα φυσιολογικά παιδιά, η άμεση κιναισθητική (μυϊκή) υποκίνηση (π.χ., οι γονείς κινούν τους ώμους ή τα πόδια του παιδιού) έχει υψηλότερα αποτελέσματα τους πρώτους έξι μήνες, η μητρική παρότρυνση ("κοίτα το λαγό," "κοίτα τους πυροσβέστες") αποδίδει ορισμένες φορές περισσότερο από κάποιες άλλες, και τέλος οι μητρικές χειρονομίες έχουν συνδεθεί θετικά με την κατανόηση σε μωρά δεκαεννέα μηνών αλλά όχι παραπάνω. Στο επόμενο κεφάλαιο θα εξετάσουμε άλλους τρόπους με τους οποίους οι δεξιότητες "υψηλότερων εντολών" όπως η γλώσσα και η προσοχή μπορούν να επηρεαστούν από την εμπειρία κατά τη διάρκεια συγκεκριμένων χρόνων της ανάπτυξης.

ΝΕΥΡΙΚΟΣ ΔΑΡΒΙΝΙΣΜΟΣ ΣΤΟΝ ΑΝΤΑΓΩΝΙΣΤΙΚΟ ΕΓΚΕΦΑΛΟ

Πιθανώς η ραδιούργα ιδέα που προκύπτει από όλη αυτή την έρευνα είναι ότι οι εγκέφαλοι διαμορφώνονται και διατηρούνται μέσα από τον εσωτερικό ανταγωνισμό που γίνεται. Το δημιουργικό δράμα της ατελείωτης μάχης των νευρώνων, πρώτα για την επιβίωση και αργότερα για τη συνδετική ισχύ, δεν είναι ακόμα γνωστό στους περισσότερους ανθρώπους έξω από τα ερευνητικά εργαστήρια. Ακόμη και πολλοί από εκείνους που βρίσκονται μέσα σε αυτά δυσκολεύονται να κατανοήσουν τις επιπτώσεις μιας νέας σημαντικής θεωρίας που προτείνονται από τον βραβευμένο με βραβείο Νόμπελ Δρ Gerald Edelman του πανεπιστημίου Ροκφέλερ. Στο βιβλίο του, Νευρικός Δαρβινισμός, περιγράφει λεπτομερώς τι μπορεί να θεωρηθεί ως απόλυτο αποδεικτικό στοιχείο για τη δύναμη του περιβάλλοντος στη διαμόρφωση του εγκεφάλου. Στην θεωρία του και με το "Δαρβίνο III" ένας υπολογιστής μπορεί να αναδιαμορφώσει μερικές πτυχές της ανθρώπινης λειτουργίας του εγκεφάλου με εκπληκτικά αληθοφανείς τρόπους, ο Edelman εφαρμόζει τους νόμους της φυσικής επιλογής των νευρώνων στον ανθρώπινο εγκέφαλο — και διαπιστώνει ότι λειτουργούν. Αναγνωρίζει αρχικά, όπως έχουμε ήδη δει, ότι υπάρχουν γενικά πρότυπα της δομής του εγκεφάλου που τροποποιούνται από τα γενετικά και τα εμβρυακά ιστορικά δεδομένα. Επιπλέον προτείνει μια ομάδα "δευτερευόντων ρεπερτορίων," διαμορφωμένα μόνο από ερεθίσματα στα οποία ένας εγκέφαλος ανταποκρίνεται κατά τη διάρκεια της ζωής του. Σε αυτό το συνεχώς μεταβαλλόμενο σύστημα, οι ομάδες των νευρώνων είναι αναγκασμένες να ανταγωνίζονται σταθερά η μια με την άλλη για "να συλλάβουν" περισσότερα κύτταρα για την ομάδα τους. Οι ομάδες που κινούνται περισσότερο πετυχαίνουν ισχυρότερες συνάψεις, τις προσθέτουν στα δίκτυά τους, και επιζούν, "επιλέγονται" επειδή είναι πιθανό να χρησιμοποιηθούν στη μελλοντική συμπεριφορά.

Εφ' όσον επιτυγχάνεται η σημαντική ενεργοποίηση, η ομάδα μπορεί να συνεχίσει να ενισχύει "την κατοχή της" στα κύτταρα. Αλλά συχνό φαινόμενο είναι ότι κάποιες άλλες ομάδες ανταγωνίζονται για τα ίδια κύτταρα, και οποιαδήποτε αποδυνάμωση των συνδέσεων λόγω μειωμένης δράσης βάζει την ομάδα σε κίνδυνο είτε με την απώλεια μερικών κυττάρων είτε, στην ακραία περίπτωση, με την διαίρεση και την υπερνίκηση.

Τελικά μέσω μιας διαδικασίας που περιγράφεται ως "επάνοδος της σηματοδότησης" (reentrant signaling), οι ομάδες κυττάρων συνδέονται σε ένα συντονισμένο σύστημα και μπορούν επικοινωνήσουν μεσα σ' αυτό. Αυτά τα συστήματα επικοινωνούν από πίσω προς τα μπρος, οθώντας και ενισχύοντας με τον τρόπο αυτό την περαιτέρω ανάπτυξή τους. Κατά συνέπεια οι εγκεφαλοί μας εξελίσσονται, χωριστά και συλλογικά, σύμφωνα με αυτό που είναι χρήσιμο και προσαρμοστικό για το ιδιαίτερο περιβάλλον που βρισκόμαστε.

ΔΕΣΜΕΥΣΗ ΤΩΝ ΑΝΑΠΤΥΣΣΟΜΕΝΩΝ ΝΕΥΡΩΝΩΝ ... ΝΑ ΚΑΝΟΥΝ ΤΙ;

Το ενδιαφέρον της Δρ Jane Holmes Bernstein για τις ιδέες του Edelman είναι εμφανές. "Φαίνεται," λέει, "ότι τα εισερχόμενα ερεθίσματα αγωνίζονται πραγματικά για να γίνουν αντιληπτά από τον εγκέφαλο. Όταν έχεις στο μυαλό σου την ιδέα του ανταγωνισμού των ερεθισμάτων του συστήματος, εάν αυτά τα ερεθίσματα δεν βρίσκονται εκεί την κατάλληλη στιγμή, τότε τα κύτταρα δεν ενεργοποιούνται. Το επόμενο σύνολο ερεθισμάτων που θα εμφανιστεί, και έρχεται για να ανταγωνιστεί με μανία για τις φλοιώδεις συνδέσεις, είναι πιθανό να συνάψει πρώτο σχέση μέσα στα κύτταρα. "Αλλά αυτό δεν σημαίνει ότι είμαστε ανίσχυρα θύματα των ερεθισμάτων που έπονται.

Καθόλου, πιστεύει η Δρ. Bernestein, "Δεν είναι απλά θέμα των ερεθισμάτων που βρίσκονται εκεί, πρέπει να κάνεις και κάτι για αυτό." Περιγράφει ένα διάσημο πείραμα στο οποίο δύο όμοια-δίδυμα γατάκια κλείστηκαν σε ένα περιστρεφόμενο μεγάλο κουτί που χρωματίστηκε με μαύρες και άσπρες κάθετες λωρίδες — η μόνη οπτική υποκίνησή τους κατά τη διάρκεια της κρίσιμης περιόδου οπτικής ανάπτυξης. Κατόπιν, το ένα γατάκι τοποθετήθηκε σε ένα μικρό καλάθι ισορροπώντας στην άκρη μιας δοκού ισορροπίας. Το άλλο γατάκι ήταν σε ένα δεύτερο καλάθι που ισορροπούσε αντίστοιχα στο άλλο άκρο της δοκού, τα πόδια του όμως προεξείχαν από το καλάθι. Καθώς κινήθηκε κυκλικά, η δοκός περιστράφηκε και ο αδελφός του κινήθηκε χωρίς συγκεκριμένη πορεία. Και τα δύο γατάκια, φυσικά, είχαν την ίδια οπτική υποκίνηση από τις κάθετες λωρίδες. Αργότερα, ανακαλύφθηκε ότι τα οπτικά αισθητήρια κύτταρα των εγκεφάλων τους είχαν αναπτυχθεί διαφορετικά, παρόλο που είχαν ακριβώς την ίδια οπτική εμπειρία. "Μόνο το γατάκι που είχε τα πόδια του στο πάτωμα, ήξερε που βρίσκεται, συνειδητοποιώντας τη θέση του στο πάτωμα σε σχέση με τις γραμμές, ανέπτυξε αυτές τις συνδέσεις!" υπογραμμίζει η Δρ Bernstein. "Η εμπειρία διαμορφώνει τον εγκέφαλο, αλλά θα πρέπει να έρθει σε επαφή με την εμπειρία." Το φυσικό παιχνίδι είναι ένας από τους κύριους τρόπους με τους οποίους τα παιδιά έρχονται σε επαφή με την εμπειρία, επισημαίνει η Δρ Bernstein. "Το χαρακτηριστικότερο πράγμα για τον άνθρωπο είναι ότι ψάχνουμε προβλήματα για να τα λύσουμε — ή με άλλα λόγια, να παίξουμε. Κυρίως, ανησυχούμε για τα σημαντικά συναισθηματικά ζητήματα των νεαρών που είναι ανίκανοι να λύσουν τα προβλήματα τους."

Προτού φύγω από το γραφείο της Δρ Bernstein αποφάσισα να γίνω πιο πρακτική. Εάν ο εγκέφαλος αντιδρά στις περιβαλλοντικές διαφορές όπως στο παράδειγμα με το γατάκι , τι επιπτώσεις θα έχει το σύγχρονο περιβάλλον — όπου σχεδόν όλα τα παιδιά ξοδεύουν περισσότερο χρόνο παρακολουθώντας μια οθόνη αντί να βρίσκονται με τα πόδια τους στο έδαφος — στις διανοητικές ικανότητες; Ποιες ικανότητες θα μπορούσαν να κερδίσουν και ποιες να χάσουν;

"Λοιπόν," απάντησε, "δεν υπάρχει καθ' αυτό πρόβλημα ούτε με την Τηλεόραση ούτε με τους υπολογιστές.

Εντούτοις, μπορεί να τίθεται κάποιο θέμα αν τα παιδιά είναι δραστήρια ή παθητικά στην διάρκεια της ενασχόλησής τους με αυτά τα μηχανήματα. Η εκπομπή, Sesame Street για παράδειγμα, έχει προσφέρει αρκετές πληροφορίες στα παιδιά που ειδάλλως δεν θα είχαν, αλλά αυτό μπορεί να έχει και το αντίτιμό του. Ακούω ότι πολλοί δάσκαλοι παραπονιούνται ότι τα παιδιά στον παιδικό σταθμό και την πρώτη τάξη δεν ξέρουν πώς να ακούουν ενεργά! Έχουν συνηθίσει τις σύντομες ηχητικές πληροφορίες οι οποίες διαρκώς αλλάζουν. Είναι αναγκασμένα να κάνουν κάτι με αυτό που λαμβάνουν.

"Οι θεατές του Sesame Street διατρέχουν πραγματικά μεγάλο κίνδυνο γιατί δεν κατανοούν ότι η γλώσσα σημαίνει επικοινωνία, μία αμφίδρομη αντίδραση μεταξύ των ανθρώπων. Δεν συμμετέχουν προσωπικά στην χρήση της γλώσσας ώστε να σκεφτούν και να λύσουν τα προβλήματα τους. Τα παιδιά τα οποία έχουν συμμετάσχει σε συζητήσεις και έχουν ακούσει και ιστορίες είναι πραγματικά σε πλεονεκτική θέση. Έχουν μάθει να ακούνε και να δίνουν προσοχή — και να διασκεδάζουν κάνοντας το. Αυτές οι βασικές δυνατότητες είναι κρίσιμες για ένα νέο που πρόκειται να ωφεληθεί από την εκπαίδευση στην τάξη! "Τι γίνεται με τα τηλεοπτικά παιχνίδια; "Σε ένα πολύ δημοφιλές παιχνίδι, παραδείγματος χάριν, τα παιδιά πρέπει να μάθουν να ανταποκρίνονται σε πολύ σύνθετες ιδέες. Ενθαρρύνονται συστηματικά να αναλύουν μια οπτική παράσταση. Αλλά γιατί να μην υποβληθούν αυτά τα παιδιά σε πραγματικές συνθήκες επίλυσης προβλημάτων; Αυτό δεν θα ήταν ενθαρρυντικό. Δεν τους δίνουμε την πλήρη έκταση των ευκαιριών και είναι σχεδόν βέβαιο ότι η πρακτική σε τέτοιο βαθμό κάποιας μεμονωμένης ικανότητας, θα δεσμεύσει πάρα πολλά κύτταρα του εγκεφάλου και θα απομείνουν πολύ λίγα διαθέσιμα για άλλα πράγματα.

"Οι δάσκαλοι ανησυχούν για τον χρόνο που τα παιδιά, ακόμη και τα πολύ μικρά, ξοδεύουν στις μέρες μας στα στερεοφωνικά ακουστικά, ακούγοντας μουσική αντί να συζητούν, να διαβάζουν ή να συμμετέχουν σε μια συνομιλία. Τι πιστεύετε ότι κάνει αυτό στους εγκεφάλους τους;" Ρώτησα τη Δρ Bernstein. "Δεν θέλω να το σκέφτομαι." Κύλησε τα μάτια της. Φαίνεται ότι εμείς οι δάσκαλοι δεν κάνουμε την εργασία μας σωστά , "συμπλήρωσα εγώ. "Πόσο μπορεί το σχολείο να αλλάξει τους εγκεφάλους;"

Η Δρ Bernstein δεν δίστασε. "Πολύ!" απάντησε με έμφαση.

ΕΝ ΣΥΝΤΟΜΙΑ: ΑΝΑΠΤΥΞΗ ΤΩΝ ΕΓΚΕΦΑΛΩΝ

Τα γονίδια είναι αυτά που καθορίζουν τη διανοητική ικανότητα, αλλά ο τρόπος με τον οποίο τα παιδιά χρησιμοποιούν τους εγκεφάλους τους καθορίζει τον τρόπο που η νοημοσύνη τους εκφράζεται. Η εμπειρία με την οποία ένα παιδί επιλέγει να αντιδράσει καθορίζει τη συναπτική δομή κάθε εγκεφάλου, καθώς επίσης και τον τρόπο που λειτουργεί κάτω από τους διαφορετικούς τύπους εκμάθησης. Όταν τα παιδιά αλλάξουν τον τρόπο που χρησιμοποιούν τους εγκεφάλους τους, τότε οι συνάψεις τους ρυθμίζονται εκ νέου αναλόγως. Όσο το περισσότερο χρησιμοποιούν ένα συγκεκριμένο τρόπο απάντησης, τόσο λιγότερο εύκαμπτες εμφανίζονται να είναι.

Η φύση μας παρέχει ένα πρόγραμμα για τη νευρική ωρίμανση, και όλο και περισσότερο σύνθετοι τρόποι προκύπτουν από τον εσωτερικό ανταγωνισμό για τις συνδέσεις σε κάθε νέα φάση διανοητικής ανάπτυξης. Εάν ένα παιδί είναι κολλημένο σε μια δραστηριότητα για αρκετές ώρες ημερησίως, οι συνδέσεις για εκείνη την συγκεκριμένη δραστηριότητα θα ενισχυθούν, αλλά κάτι άλλο πρόκειται να μειωθεί. Επιπλέον, αν ορισμένα είδη δεξιοτήτων παραμείνουν αχρησιμοποίητα από την στιγμή που θα εμφανιστούν στο αναπτυξιακό στάδιο του εγκεφάλου, τα νευρικά θεμέλια μπορούν να αποσυρθούν στο παρασκήνιο της δυνατότητας.

Η σοβαρή στέρηση μπορεί να έχει δραματικά αποτελέσματα στο νέο, εύκαμπτο μυαλό. Λιγότερο ακραίες παραλλαγές της εμπειρίας συνεπάγονται λιγότερο προβλέψιμες συνέπειες. Η αξία της υπερβολικής υποκίνησης για την ενίσχυση της ανάπτυξης είναι μη αποδεδειγμένη και επικίνδυνη. Η εξωτερική πίεση με σκοπό να παραγάγει την εκμάθηση ή τη νοημοσύνη παραβιάζει το θεμελιώδη κανόνα:

Ένας υγιής εγκέφαλος υποκινείται από την ενεργή αντίδραση ανάλογα με το τι βρίσκει προκλητικό και ενδιαφέρων στο περιβάλλον του. Το περιβάλλον που παρέχουμε στα παιδιά, τα ερεθίσματα με τα οποία τα ενθαρρύνουμε να αντιδράσουν, και οι τρόποι που τους καταδεικνύουμε για τις χρήσεις του ανθρώπινου μυαλού —είναι τα μέσα που κατέχουμε για την διαμόρφωση και των εγκεφάλων τους και του πολιτιστικού μας μέλλοντός.

ΜΕΡΟΣ ΔΕΥΤΕΡΟ

Η ΓΛΩΣΣΑ, Η ΣΥΓΚΕΧΥΜΕΝΗ ΣΚΕΨΗ,

ΚΑΙ Η ΕΞΑΣΘΕΝΙΣΗ ΤΟΥ ΑΡΙΣΤΕΡΟΥ ΗΜΙΣΦΑΙΡΙΟΥ

Κεφάλαιο 4

Ποιοι Μαθαίνουν στα Παιδιά να μιλάνε;

Η γλώσσα δεν είναι απλώς τους τρόπος έκφρασης είναι και η πηγή του συλλογισμού. Όταν τα παιδιά μαθαίνουν την γλώσσα αποκτούν τη δυνατότητα να οργανώσουν εκ νέου την αντίληψή τους, τη μνήμη τους, είναι ικανά να κατανοούν τους πιο σύνθετες μορφές αντικειμένων του έξω κόσμου, να συναγάγουν συμπεράσματα από τους παρατηρήσεις τους, να συμπεραίνουν αφαιρετικά και να σκέφτονται.

—ALEXANDER LURIA

Η γλώσσα δεν είναι το ένδυμα αλλά η ενσάρκωση των σκέψεών μας.

—WILLIAM WORDSWORTH

Η γλώσσα είναι το ισχυρότερο εργαλείο μας για την οργάνωση των εμπειριών μας και για την συγκρότηση των κοινωνικών πραγματικοτήτων μας.

—JEROME BRUNER

Παρακολουθώντας Τηλεόραση, ξεστομίζουμε τις μισές σκέψεις στο κενό —αυτό είναι το αρχικό γλωσσικό επίπεδο κατάρτισης για τους περισσότερους από τους μαθητές μου. Το γεγονός αυτό δεν εξυπηρετεί επαρκώς το στόχο για την σωστή λεκτική επικοινωνία εφόσον δεν υπάρχει καμία σημαντική αντίδραση. Στην τάξη μου έχω, μια γενιά νεαρών τους οποίους το περιβάλλον τους ενθαρρύνει να μένουν γλωσσικά παθητικοί. Νιώθω την ανάγκη να επισημάνω τις απαιτήσεις της πραγματικής προφορικής επικοινωνίας, στο διαπροσωπικό επίπεδό.

—A. JANE HAMILTON

Η γλώσσα διαμορφώνει τον πολιτισμό, διαμορφώνει την σκέψη — και τέλος η γλώσσα διαμορφώνει και τον εγκέφαλο. Η προφορική ψυχρολουσία στην οποία μια κοινωνία βυθίζει τα παιδιά της, είναι αυτή που θα τακτοποιήσει τις συνάψεις τους και τα μυαλά τους, θα τα βοηθήσει να μάθουν να σκεφτούν, να διαλογιστούν και να αποκριθούν σωστά στον περιβάλλον. Σε πολύ μικρή ηλικία ο εγκέφαλος λειτουργεί αρπακτικά σε ότι αφορά τη γλωσσική υποκίνηση, αλλά όσο πλησιάζει την ηλικία της εφηβείας γίνεται πιο ανθεκτικός στις αλλαγές. Η αυστηρή στέρηση της γλώσσας κατά τη διάρκεια των πρώτων ετών εγγυάται μόνιμες νευρικές μεταβολές με καταφανείς επιπτώσεις στην ομιλία και στην κατανόηση. Οι ηπιότερες μορφές γλωσσικής στέρησης δεν παρουσιάζουν τόσο δραματικά αποτελέσματα, αλλά μπορούν να έχουν επιπτώσεις οι δεξιότητες της συνοπτικής σκέψης, του προγραμματισμού και της αυτοπειθαρχίας, του ελέγχου της προσοχής, του ανώτερου επιπέδου αναλύσεις και η επίλυση προβλημάτων — κάτι που έχει γίνει σοβαρό ζήτημα στα αμερικανικά σχολεία.

Οι εγκέφαλοι των σημερινών παιδιών κτίζονται με γλωσσικά πρότυπα που ανταγωνίζονται τις αξίες και τους στόχους της βασικής εκπαίδευσης. Η κύρια αιτία, που εισβάλλει τώρα σε όλα τα επίπεδα του κοινωνικοοικονομικού φάσματος, είναι η μειωμένη και η χαμηλού επιπέδου επαφή των παιδιών με τις κατάλληλες μορφές της ουσιαστικής γλώσσας που θα τους επιτρέψει να συνομιλήσουν με άλλους, να εκφραστούν γραπτώς και να σκεφτούν. Τα αποτελέσματα είναι αναπόφευκτα: η παρακμή της βασικής εκπαίδευσης, οι χαμηλοί βαθμοί στα τεστ, η λανθασμένη ή αλλοιωμένη προφορική έκφραση, ασαφής γραπτή έκφραση από τους μαθητές του δημοτικού σχολείου ως τις τάξεις των ανερχόμενων επαγγελματιών. Οι ιδιωτικές εταιρίες συνεχίζουν να οργανώνουν εκπαιδευτικά σεμινάρια για τους νέους διοικητικούς υπαλλήλους τους, τα πανεπιστήμια αναβαθμίζουν τα βασικά τους προσόντα, η δευτεροβάθμια εκπαίδευση θέτει πιο προσιτά πρότυπα, και στα δημοτικά σχολεία προστίθεται η κατηγορία: "τάξεις με μαθησιακές δυσκολίες". Εν τω μεταξύ οι γραφειοκράτες και οι αρμόδιοι για το πλάνο της εκπαίδευσης αγνοούν τον πυρήνα του προβλήματος, διαμορφώνοντας έτσι ένα πρόγραμμα σπουδών και μεθόδους διδασκαλίας στα μέτρα των προηγούμενων γενεών. Οι μεγαλύτερες δόσεις του "σκέφτομαι και γράφω" είναι τα όπλα που επιλέχθηκαν ώστε να αποφευχθεί η απόσπαση της προσοχής, η πτώση στην κατανόηση της ανάγνωσης και ο επιφανειακός συλλογισμός γύρω από το ακαδημαϊκό φάσμα. Βέβαια αυτό που κάνει τις παλαιές μεθόδους να μην είναι αποτελεσματικές είναι το γεγονός ότι οι νέοι εγκέφαλοι δεν έχουν διαμορφωθεί κατάλληλα για να χρησιμοποιήσουν τη γλώσσα ως κύριο εργαλείο ώστε να αναλύσουν την σκέψη. Εάν θέλουμε οι αναπτυσσόμενοι εγκέφαλοι να χτίσουν σωστές βάσεις για τους παραδοσιακούς τρόπους της ακαδημαϊκής τελειότητας, θα έρθουμε αντιμέτωποι με τις συνήθειες του πολιτισμού μας που αλλάζουν την ποιότητα και την ποσότητα της συνομιλίας, διαπροσωπικής και γραπτής, των παιδιών μας.

Τα παιδιά βυθίζονται σε αυτό που κάποιοι γλωσσολόγοι αποκαλούν "στοιχειώδης" γλώσσα και δεν θα πρέπει να τα επικρίνουμε αν αποτυγχάνουν στην απόκτηση γλωσσικής κουλτούρας.

Ένα μεγάλο μέρος της ευθύνης έχει αναμφισβήτητα η Τηλεόραση, η οποία είναι μόνο ένα από τα συμπτώματα του προβλήματος. Κανένας δεν γνωρίζει τα μακροπρόθεσμα αποτελέσματα των στερεοφωνικών ακουστικών αντί της συνομιλίας, των ηλεκτρονικών παιχνιδιών ή της εξάσκησης αντί του ενεργού ομαδικού παιχνιδιού, των βιντεοταινιών αντί των βιβλίων. Πώς γίνεται τα παιδιά που γεννιούνται και αμέσως βομβαρδίζονται με θόρυβο, με φρενιτιώδη προγράμματα, και την επιπόλαιη φροντίδα ενός αγχωτικού ενήλικου κόσμου, να μάθουν να αναλύουν, να απεικονίζουν και να συλλογίζονται; Πώς θα μπορέσουν να χρησιμοποιήσουν τις εσωτερικές φωνές για να σχηματίσουν τις προσωπικές τους πραγματικότητες, να ακονίσουν και να επεκτείνουν τον οπτικό τους συλλογισμό; Αυτές οι ιδιότητες ενσωματώνονται στους εγκεφάλους από τις εμπειρίες που μια κοινωνία επιλέγει για τα παιδιά της. Τι επιλέγουμε για τα δικά μας;

ΓΛΩΩΣΑ, ΠΟΛΙΤΙΣΜΟΣ, ΕΓΚΕΦΑΛΟΣ: ΤΟ ΕΡΓΟ ΤΕΧΝΗΣ ΚΑΙ Ο ΑΡΧΙΤΕΚΤΟΝΑΣ

Σύμφωνα με πολλούς ανθρωπολόγους, η κοινωνία, η γλώσσα, ο εγκέφαλος, και το ανθρώπινο πνεύμα συμβάδιζαν με εξελικτική πορεία από τους προϊστορικούς χρόνους. Η γλώσσα, στην πραγματικότητα, είναι και το έργο τέχνης και ο αρχιτέκτονας των ανθρώπινων πνευματικών συνηθειών μας. Η ανάπτυξη της ομιλίας ήταν όπως φαίνεται αναπόφευκτη αφού ο ανθρώπινος εγκέφαλος και ο φωνητικός μηχανισμός είναι μοναδικά φτιαγμένοι για αυτή την λειτουργία. Προέκυψε μετά από τις πρώτες λέξεις, ίσως ως λαρυγγικό μέσο για κάποιον πρωτόγονο που θέλησε να προσκαλέσει τον σύντροφό του να πιάσει τα εργαλεία, οι άνθρωποι ανακάλυψαν ότι η συζήτηση θα μπορούσε να είναι χρήσιμη. Κάποιες αυθεντίες αναφέρουν ότι αναπτύσσοντας διάφορες χρήσεις για τη γλώσσα η ανθρώπινη εξέλιξη προχώρησε με μεγάλα βήματα. Στη συνέχεια, καθώς η γλώσσα χρησιμοποιήθηκε, οι βασικές δομές του εγκεφάλου πιθανά να αυξήθηκαν στο μέγεθος και να εξειδικεύτηκαν.

Επίσης η εφεύρεση της γραφής άλλαξε το συλλογισμό. Πολλοί μελετητές θεωρούν ότι η ακρίβεια που απαιτείται για να εκφράσουμε τη σκέψη με λέξεις σε ένα χαρτί, καλλιεργεί τις διανοητικές ικανότητες, την λογική σκέψη, και την δυνατότητα ενός πολιτισμού να κατανοεί τις πολύπλοκες έννοιες. Ο συγγραφέας Neil Postman, του βιβλίου με τίτλο "Διασκεδάζοντας μέχρι θανάτου", υποστηρίζει ότι η αντικατάσταση της γραπτής λέξης με το άμεσο, εικονογραφημένο υλικό μπορεί να καταστρέψει την κοινωνική δυνατότητά να εκφραζόμαστε έξυπνα. "Σε έναν πολιτισμό που εξουσιάζεται από το γραπτό υλικό," επισημαίνει, "η καθομιλουμένη τείνει να χαρακτηριστεί από την τακτική ρύθμιση των γεγονότων και των ιδεών." Δεν είναι τυχαίο που χρονικά ο λόγος και η γραφή συμπορεύονται. Τώρα πια όμως το μεγαλύτερο μέρος του περιεχομένου του καθημερινού λόγου έχει μετατραπεί επικίνδυνα "σε ανοησίες". Είναι πολύ πιθανό ότι η αγόρευση του Gettysburg θα φαινόταν κατά ένα μεγάλο μέρος δυσνόητη σε ένα ακροατήριο του 1985, με την προϋπόθεση βέβαια ότι κι ο Πρόεδρος θα κατάφερνε να συντάξει τόσο μεγάλες, σύνθετες προτάσεις!

Αυτές οι "επικίνδυνες ανοησίες" είναι η εισαγωγή μεγάλου μέρους από την νεολαία στις διανοητικές συνήθειες και αξίες της ενήλικης κοινωνίας. Από κάποιους μάλιστα θεωρείται το αρχικό τους γλωσσικό πρότυπό. Με αυτόν τον τρόπο τα παιδιά βρίσκουν ένα παράθυρο στο συλλογισμό των ενηλίκων. "Η γλώσσα εκφράζει αυτό που οι άνθρωποι σκέφτονται για τους ίδιους και το πεπρωμένο τους," ισχυρίζεται ο αρθρογράφος George Annie Geyer αλλά δυστυχώς "η τηλεοπτική αποτρόπαια γραμματική έχει αμαυρώσει την ομορφιά της Αγγλικής γλώσσας. "

ΠΟΙΟΣ ΔΙΔΑΣΚΕΙ ΤΗ ΓΛΩΣΣΑ ΣΤΑ ΠΑΙΔΙΑ;

Παρόλο που η γλωσσική ποιότητα της Τηλεόρασης αναβαθμίστηκε, η μονολεκτική φύση των συζητήσεων των τηλεοπτικών μέσων την καθιστά έναν κακό σύμβουλο. Η σωστή γλώσσα, η οποία καθίσταται πιθανή από τις συνάψεις, κερδίζεται μόνο μέσω του διαλόγου: τα παιδιά θα πρέπει να συζητούν καθώς επίσης και να ακούνε. Πρέπει να παίζουν με τις λέξεις και να σκέφτονται καθώς τις χρησιμοποιούν. Πρέπει να εξασκηθούν μιλώντας για προβλήματα, να μάθουν να ελέγχουν και να οργανώνουν τη συμπεριφορά τους. Πρέπει να ανταποκριθούν στις νέες λέξεις και τις ιστορίες και να χτίσουν προσωπικά μια ευρεία βάση σημασιολογικών εννοιών. Έχουν ανάγκη από την προσωπική ενήλικη καθοδήγηση για να τους παρασχεθούν τα σωστά παραδείγματα γραμματικής (όχι για να φανούν "ευφυείς") αλλά επειδή η σειρά των λέξεων ή η σύνταξη, είναι ο τρόπος με τον οποίο θα μάθουν να αναλύουν τις ιδέες και να σκέφτονται για τις δυσνόητες έννοιες. πρέπει να ακούσουν και να χρησιμοποιήσουν τις μικρές μονάδες της γλώσσας, οι οποίες για παράδειγμα θα καθορίσουν τις λεπτές διαφορές μεταξύ αυτού που συνέβη εχθές και αυτού που θα συμβεί αύριο, μεταξύ των ενεργειών και των πραγμάτων, μεταξύ της υπόνοιας και τον διασαφηνισμένων πνευματικών διαδικασιών. Η ορθή συνομιλία εκλείπει στα σύγχρονα σπίτια. Ξέρουμε ότι τα περισσότερα παιδιά δεν διαβάζουν, αλλά όπως θα δούμε, και στα σχολεία καταρτίζονται ελάχιστα σε ότι αφορά την συνομιλία. Επιπλέον, η σχολική εμπειρία της συνομιλίας μπορεί να έρθει πάρα πολύ αργά ή να είναι λανθασμένου τύπου. Οι παραδοσιακοί τρόποι γλωσσικής εξοικείωσης έχουν παραχωρήσει ένα μεγάλο μέρος της νευρικής τους περιουσίας στην Τηλεόραση και στον ανερχόμενο πολιτισμό.

Οι φυσιολογικοί ανθρώπινοι εγκέφαλοι θα κατασκευάσουν τα βασικά στοιχεία μιας γλώσσας χωρίς να χρειαστούν πολλά δεδομένα: κατηγορίες λεξικών εννοιών, ήχοι, βασική γραμματική. Τα κωφά παιδιά ανακαλύπτουν τα βασικά σύμβολα και τη γραμματική μιας πρωτόγονης γλώσσας με σύμβολα, παρόλο που δεν έχουν διδαχτεί να γράφουν. Ο εγκέφαλος δίνει εντολή να μαθευτεί η μορφή μιας γλώσσας η οποία αργότερα, θα καθορίσει σε ορισμένο βαθμό, τη μορφή του εγκεφάλου. Εάν οι κωφοί συνεχίσουν να χρησιμοποιούν κάποια οπτική γλώσσα, οι εγκέφαλοί τους θα διαφοροποιηθούν σημαντικά από εκείνους των παιδιών με ακοή.

Για τα παιδιά που μεγαλώνουν σε ένα φυσιολογικό γλωσσικό περιβάλλον, η ελάχιστη έκθεση κατά τη διάρκεια της συγκεκριμένης περιόδου που ο εγκέφαλος είναι "επιρρεπής" σε κάθε τύπο ανάπτυξης, εξασφαλίζει την ανάπτυξη βασικών συστημάτων "αναμενόμενης εμπειρίας". Η εκλέπτυνση της γλώσσας, δηλαδή η πιο σύνθετη γραμματική, το λεξιλόγιο, και η κοινωνική χρήση, δεν επιτυγχάνονται τόσο εύκολα. Εξαρτώνται από την ποιότητα και την ποσότητα των αντιδράσεων και στα προσχολικά χρόνια και κατά την διάρκεια της πρωτοβάθμιας εκπαίδευσης. Τα πιο σύνθετα νευρικά συστήματα, που συνεργάζονται για τον συνοψισμό του γλωσσικού και οπτικού συλλογισμού, αναπτύσσονται μόνο εφόσον τα κίνητρα της ανάγνωσης, της γραφής και του προφορικού συλλογισμού συνεχίσουν και στην εφηβική ηλικία. Η αποτυχία να υποκινηθούν αυτά τα συστήματα, που είναι υπεύθυνα για τα μεγαλύτερα επιτεύγματα της ανθρωπότητας, απειλεί όχι μόνο το προσωπικό αλλά πολιτιστικό μέλλον.

ΟΙΚΟΓΕΝΕΙΕΣ,ΣΧΟΛΕΙΑ, ΚΑΙ ΑΝΑΠΤΥΣΣΟΜΕΝΟΙ ΕΓΚΕΦΑΛΟΙ: ΤΟ ΙΔΑΝΙΚΟ ΑΝΤΙΜΕΤΩΠΙΖΕΙ ΤΗΝ ΠΡΑΓΜΑΤΙΚΟΤΗΤΑ

Η ΓΛΩΣΣΑ ΠΟΥ ΜΙΛΑΝΕ ΤΑ ΠΑΙΔΙΑ ΣΤΟ ΣΠΙΤΙ ΤΑ ΒΟΗΘΑ ΝΑ ΔΗΜΙΟΥΡΓΗΣΟΥΝ "ΠΙΘΑΝΟΥΣ ΚΟΣΜΟΥΣ".

Το άτομο που διδάσκει στο παιδί σας να μιλάει, του διδάσκει επίσης και τον τρόπο να σκέφτεται. Οι ιδέες, οι αξίες, και οι προτεραιότητες ενός πολιτισμού εκρέουν από την γλώσσα που επικρατεί από γενιά σε γενιά.

Η διδασκαλία της ομιλίας στα παιδιά, δεν τα βοηθάει απλώς να οργανώνουν τις λέξεις σε μια πρόταση αλλά και να τα ίδια τα μυαλά τους, μας συμβουλεύει ο Δρ Jerome Bruner. Ο Bruner αισθάνεται ότι οι τύποι συμβολικών συστημάτων που διδάσκουμε στα παιδιά τους ανοίγουν νέους "πιθανούς κόσμους". Ο ίδιος ισχυρίζεται ότι ο τρόπος που μιλάμε για τον κόσμο και σκεφτόμαστε για αυτόν, επιβάλλει μια άποψη και δημιουργεί και μια κοινωνική πραγματικότητα. Τα έθνη διαφέρουν σε μεγάλο ποσοστό λόγω των διαφορετικών συμβολικών συστημάτων. "Ακριβώς όπως ο μικρός Γάλλος γίνεται καταναλωτής και χρήστης των γαλλικών τρόπων έτσι οι μικροί Αμερικάνοι έρχονται να απεικονίσουν τους τρόπους με τους οποίους η γνώση αποκτιέται και απεικονίζεται στην Αμερική."

Όλα ξεκινούν από την προφορική συμπεριφορά στο σπίτι. Ένα απλό παράδειγμα, όταν ένας φίλος του παιδιού σας άρπαξε το αγαπημένο του παιχνίδι, οι λέξεις που εσείς θα χρησιμοποιήσετε και αυτές που θα διδάξετε το παιδί να χρησιμοποιήσει θα θέσουν τους μόνιμους τρόπους της αντίδρασης και της συμπεριφοράς: "Πήγαινε ρίξτου μια στον πισινό! Δεν αφήνουμε τους ανθρώπους ατιμώρητους για τέτοια πράγματα" (Η κοινωνία είναι βίαιη, και πρέπει να προετοιμαστείτε σωματικά να υπερασπίσετε τον εαυτό σας απέναντι σε οποιονδήποτε που παραβιάζει το έδαφός σας. Δεν σταματάει να μιλάει ή να εξηγεί, και συνεχίζει.)

"Κάτσε να φωνάξω τη μητέρα του John και να το κανονίσω αυτό το πρόβλημα." (Ο κόσμος μπορεί να ρυθμιστεί από πρόσωπα με εξουσία. Οι λέξεις χρησιμοποιούνται για την επίλυση των προβλημάτων, αλλά είναι καλύτερο να περιμένετε κάποιον άλλο που ξέρει περισσότερα από σας για να εκτελέσει την πράξη.) "Πάμε στο σπίτι του John και θα του πεις γιατί είσαι αναστατωμένος. Με το να τον χτυπήσεις δεν πρόκειται να κερδίσεις τίποτα." (Οι άνθρωποι είναι φτιαγμένοι για να αναλάβουν την ευθύνη των προβλημάτων τους. Η προφορική διαπραγμάτευση είναι ο αποδεκτός τρόπος.) "Παρακαλώ κάντε ησυχία το πρόγραμμα που παρακολουθώ σχεδόν τελειώνει... " (τα τηλεοπτικά προβλήματα είναι σημαντικότερα από τα πραγματικά. Οι λέξεις δεν φαίνεται να χρησιμεύουν, καλύτερα δοκιμάστε έναν άλλο τρόπο για επιστήσετε την προσοχή.)

Δεν έχουν όλα τα παιδιά γονείς ή φροντιστές που τους υποδεικνύουν αποτελεσματικά πώς να χρησιμοποιήσουν τις λέξεις σωστά, αυτό το γεγονός επηρεάζει έντονα τους πιθανούς "κόσμους των παιδιών" όταν φτάσουν στο σχολείο. Ο Δρ Gordon Wells, του Ιδρύματος Μελετών Εκπαίδευσης του Οντάριο, έχει μελετήσει τις παραλλαγές των τύπων γλωσσικής κατάρτισης που παίρνουν τα παιδιά από το σπίτι και παρατηρεί, "Όλα αυτά που συμβαίνουν στην καθημερινή ζωή ενός παιδιού, αποτελούν μια ισχυρή αίτια για το επίπεδο της ομιλίας, και διευκολύνουν την προσοχή, την ερμηνεία, και την αξιολόγηση, βέβαια οι γονείς χρησιμοποιούν διαφορετικά αυτές τις ευκαιρίες. Σε μερικά σπίτια, τα γεγονότα είναι δεδομένα, ο καθένας αντιλαμβάνεται τα σύντομα σχόλια του ίδιου βαθμού, ενώ σε άλλα σπίτια υπάρχει μια πολύ μεγαλύτερη επιλεκτικότητα, εφόσον μερικά γεγονότα συζητούνται λεπτομερώς και οι συνδέσεις που γίνονται αφορούν ένα ευρύτερο πλαίσιο συμβάντων."

Η Δρ Bambi Schieffelin του τμήματος Ανθρωπολογίας στο πανεπιστήμιο της Νέας Υόρκης θεωρεί ότι οι κοινωνικές καθώς επίσης και οι συλλογιστικές δεξιότητες αναπτύσσονται από τη γλωσσική εμπειρία των παιδιών, "Πιστεύω ότι η γλώσσα είναι αυτό που δημιουργεί τις απόψεις κάποιου για όλο το κόσμου." υπογραμμίζει. "Υποστηρίζω κατηγορηματικά ότι το σημαντικότερο είναι η δομή της γλώσσας –η γλώσσα μπορεί να δημιουργήσει τα πάντα καθώς επίσης και να διδάξει τρόπους σκέψεις.

Η ΣΗΜΑΣΙΑ ΤΗΣ ΟΜΙΛΙΑΣ

Η Δρ Schieffelin ανησυχεί ότι οι καθημερινές συζητήσεις στο σχολείο και στο σπίτι δεν επαρκούν. Ο υπερβολικός αριθμός των μικρών παιδιών που ξοδεύει τον χρόνο του στις ασχολίες των παιδικών σταθμών ή των σχολείων, πρέπει να δώσουμε ιδιαίτερη προσοχή στην ανάγκη τους να συνομιλήσουν και μεταξύ τους και με τους ενηλίκους, επιμένει. "Απλώς πιστεύω ότι τα παιδιά που μιλούν και που έχουν μια ευρεία γλωσσική εμπειρία, σε κάθε είδος περιβάλλοντος είναι κρίσιμα. Τα παιδιά πρέπει να μιλήσουν, πρέπει συνεχώς να ενθαρρύνονται να μιλάνε και θα πρέπει και οι μεγαλύτεροι να συμμετέχουν σε αυτό, να τα καθοδηγούν, να τα βοηθούν να αναπτύξουν και να επεκτείνουν τις δυνατότητές τους."

Πολλοί γονείς σήμερα, προσπαθούν σκληρά να παρέχουν το επιμελώς "παρακινητικό" περιβάλλον για τα παιδιά τους, αλλά ακόμη και τα παιχνίδια σχεδιαστών δεν αντικαθιστούν μια καλής ποιότητας συνομιλία. Εξετάζοντας ειδικά τη συμπεριφορά των μητέρων, σε μια ενδεικτική μελέτη, οι ερευνητές διαπίστωσαν ότι "η συχνή, αποκριτική γλωσσική αντίδραση μητέρας-παιδιού" ήταν ο κρισιμότερος παράγοντας στην αύξηση των διανοητικών ικανοτήτων, μαζί με το "γενικό βαθμό μητρικής υποκίνησης," δηλ., πόσο καλά φρόντισε η μητέρα για το παιδί.

Η πρόωρη εμπειρία ενός παιδιού με τη γλώσσα έχει ισχυρά και μακροπρόθεσμα αποτελέσματα στα σχολικά επιτεύγματα. Μελέτες οικογενειών με παιδιά με το σύνδρομο Down δείχνουν ότι η αμφίδρομη σχέση γονέα-παιδιού με τη γλώσσα μπορεί να βελτιώσει τις μελλοντικές σχολικές δυνατότητες ακόμη και των παιδιών που αντιμετωπίζονται σαν "καθυστερημένα". Εξασφαλίζοντας με τους γονείς τα παιχνίδια γλωσσικού-εμπλουτιστικά "παιχνίδια-μαθήματα" ξεκινώντας στην ηλικία των τριάντα μηνών, οι ερευνητές διαπίστωσαν μέσα από μια μελέτη ότι τα οφέλη που ακολούθησαν στην κατανόηση της ανάγνωσης των νεαρών διήρκεσαν για τουλάχιστον δέκα χρόνια.

Η Δρ Catherin Snow του πανεπιστημίου του Χάρβαρντ διεξήγαγε μια μεγάλη μελέτη για να ανακαλύψει ποια από τα χαρακτηριστικά της οικογενειακής ζωής συνδέονται ιδιαίτερα με τη γλωσσική ανάπτυξη και — κατ' επέκταση — με τη σχολική επιτυχία. Μερικές γλωσσικές δεξιότητες, επισημαίνει, είναι πολυτιμότερες από κάποιες άλλες κατά την σχολική περίοδο. Παραδείγματος χάριν, τα παιδιά που μπορούν να βρουν τους πρωτότυπους ορισμούς των λέξεων (όπως "τι σημαίνει γάιδαρος;") συνήθως επιτυγχάνουν στα κλασικά τεστ ικανοτήτων. Αλλά η δυνατότητα τους να μιμηθούν την συμπεριφορά ενός παρουσιαστή που παίρνει συνέντευξη για τέσσερα λεπτά δεν παρουσίασε καμία στην επιτυχία των τεστ.

Η ποιότητα συνομιλίας μεταξύ των ενηλίκων και των παιδιών είναι εξαιρετικά σημαντική, λέει η Δρ Snow. Σε αυτές τις πολύτιμες στιγμές της ώρας του φαγητού, οι γονείς που αφιερώνουν χρόνο να συζητήσουν τα θέματα στοχαστικά, να μιλήσουν για γεγονότα και ιδέες, βοηθούν τα παιδιά τους να σκέφτονται πολύ περισσότερο από εκείνους που εστιάζουν περισσότερο στο φαγητό ή τις περιστάσεις εκείνης της χρονικής στιγμής. Εξιστορώντας συνεχώς ιστορίες, και αναλύοντας τους χαρακτήρες, τα γεγονότα, και τις ιδέες, βοηθούν τα παιδιά να μάθουν να σκέφτονται προσεκτικά και να δίνουν καλές εξηγήσεις.

Η ΣΗΜΑΣΙΑ ΤΩΝ ΛΕΞΕΩΝ ΧΩΡΙΣ ΕΙΚΟΝΕΣ

Οποιαδήποτε δραστηριότητα βοηθά τα παιδιά να χρησιμοποιούν τους εγκεφάλους τους για να ξεχωρίσουν "το εδώ και το τώρα," να ξεφύγουν από τις εικόνες και να χρησιμοποιήσουν λέξεις για να εκφράσουν τις ιδέες του μυαλού τους, επίσης τους βοηθά να αναπτύξουν την δυνατότητα των αφηρημένων σκέψεων (π.χ. "Ας μαντέψουμε τι θα δούμε πηγαίνοντας στο πάρκο το απόγευμα," "αναρωτιέμαι τι θα σημαίνει η απόφαση του προπονητή σας για την επόμενη χρονιά για την ομάδα σας."). Πολλοί εμπειρογνώμονες θεωρούν ότι αυτό το είδος της μη ενσωματωμένης σκέψης "ενισχύεται από αναλυτικές συζητήσεις για τις ιστορίες που έχουν διαβαστεί. Οι οικογένειες με το χρόνο και την υπομονή να μιλήσουν με στοχαστικό τρόπο στα παιδιά τους, για αυτά που διαβάζουν, τους δίνουν ένα μεγάλο πλεονέκτημα στο σχολείο. Τέτοιου είδους δραστηριότητες είναι μια δύσκολη πράξη κυρίως όταν οι γονείς είναι πιεσμένοι ή κουράζονται. Ποιος έχει την ενέργεια μετά από μια ημέρα γεμάτη διαφωνίες;

Εντούτοις, εάν οι γονείς περιμένουν τα παιδιά τους να είναι καλοί μαθητές, θα έπρεπε να είχαν προετοιμαστεί καλύτερα και να καταβάλουν μια προσπάθεια. Εάν είναι πάρα πολύ κουρασμένοι για να μιλήσουν, μπορούν τουλάχιστον να διαβάσουν δυνατά από τα βιβλία που απορροφούν το ενδιαφέρον και την προσοχή των παιδιών τους. Σε μια μεγάλη μελέτη της Μεγάλης Βρετανίας ακολουθώντας την πορεία των παιδιών από τον παιδικό σταθμό ως το δημοτικό σχολείο ο Δρ Wells και οι συνάδελφοί του διαπίστωσαν ότι η ισχυρότερη πρόβλεψη για επιτυχία στο σχολίο ήταν το χρονικό διάστημα που αφορούσε το απλό άκουσμα ενδιαφέροντων ιστοριών. Ο Wells θεωρεί ότι τέτοιες εμπειρίες διδάσκουν το παιδί αρχικά για τον τρόπο που οι ιστορίες (και αργότερα, ότι άλλο διαβάζουν) είναι δομημένες, καθώς επίσης και τους τύπους της γλώσσας που μπορεί να εμφανιστούν σε ένα γραπτό κείμενο. Ακόμα σημαντικότερο, είναι πως η κατανόηση των λέξεων είναι κύρια πηγή του νοήματος. Επειδή όταν οι λέξεις δεν συνάπτονται με τις εικόνες, το παιδί πρέπει να εξοικειωθεί με τη συμβολική ικανότητα της γλώσσας — την δύναμη να εκφράζει μια εμπειρία ανεξάρτητα από δεν σχετίζεται με το εδώ και τώρα.

Οι Εμπειρίες που συνδέονται με εικόνες, ακόμα και όταν αυτό σημαίνει ότι νέες λέξεις ανακαλύπτονται σε κάποιο εικονογραφημένο βιβλίο, δεν είναι τόσο πολύτιμες, λέει ο Wells επειδή το παιδί πρέπει να μάθει "πιο σύντομα, και όχι καθυστερημένα να προχωρήσει πέρα από την ονομασία των πραγμάτων που βλέπει. Συμπεραίνει:

> Για αυτό η εξάσκηση με τις ιστορίες είναι η ιδανική προετοιμασία... "βαθμιαία, θα τα οδηγήσει στη δυνατότητα τους να απεικονίζουν τις εμπειρίες τους, και συνεπώς, να ανακαλύπτουν τη δύναμη της γλώσσας, και μέσα από τη συμβολικής της ικανότητας να δημιουργούν και να εξερευνούν εναλλακτικούς πιθανούς κόσμους με εσωτερική συνοχή και μέσα από την προσωπική τους και λογική. *Έτσι οι ιστορίες μπορούν να οδηγήσουν στην φανταστική, υποθετική άποψη που απαιτείται για ένα ευρύ φάσμα πνευματικών δραστηριοτήτων και για την επίλυση όλων των ειδών των προβλημάτων.* .. [η έμφασης προστέθηκε από τη συγγραφέα].

Τι συμβαίνει πραγματικά στα σύγχρονα σπίτια; Οι δάσκαλοι των μικρών παιδιών ανησυχούν που τα παιδιά δεν διαβάζουν αρκετά στο σπίτι. Πολλοί χρεώνουν αυτό το γεγονός στην πρωτόγνωρη για τα παιδιά επαφή με τις βασικές αφηγήσεις της λογοτεχνίας μας: λαϊκές ιστορίες και παραμύθια, "κλασικές" ιστορίες παιδιών, ακόμη και στιχάκια του παιδικού σταθμού. Ελλείψεις παρουσιάζουν ιδιαίτερα τα παιδιά της μέσης και ανώτερης κοινωνικής τάξης που προέρχονται από "τύπους οικογενειών" όπου αυτές οι ιστορίες αποτελούν, μια από τις δουλειές που πρέπει να γίνουν. Ο βιβλιοθηκάριος σε ένα προαστιακό σχολείο είπε, "είναι απίστευτο ότι έρχονται στον παιδικό σταθμό και την πρώτη τάξη και δεν έχουν καμία εμπειρία με παιδικά ποιηματάκια. Κάποτε ήταν όλα εξοικειωμένα με αυτά και τα περισσότερα μπορούσαν να απαγγείλουν μαζί με σου, τώρα είναι σπάνιο να βρεθεί κάποιο εξοικειωμένο. Είναι ένα είδος "πολιτιστικού αναλφαβητισμού" για τα πεντάχρονα;"

Γιατί είναι τα ποιηματάκια των βρεφικών σταθμών τόσο σημαντικά; Όχι μόνο διατηρούν την προσοχή των παιδιών ακούγοντας τη γλώσσα, αλλά διδάσκουν και πολύτιμες δεξιότητες. "Είναι τα στιχάκια και ο ρυθμός" εξηγεί, "ο τρόπος που η γλώσσα συνδυάζεται τόσο ευχάριστα. Τα στιχάκια είναι τα σημαντικότερα για την ανάγνωση νωρίς — και για τα μαθηματικά. Συνδυάζοντας στιχάκια, μαθαίνοντας ότι όλα στον κόσμο συνδυάζονται — είναι πολύ σημαντικό για τα μικρά."

"Πρέπει να ξεκινήσω από την αρχή με τα περισσότερα από αυτά τα παιδιά," παραπονιέται μια νηπιαγωγός σε ένα άλλο σχολείο. "Υποτίθεται ότι πρέπει να διδάξω τις ομοιοκατάληκτες λέξεις στο πρόγραμμα προετοιμασίας ανάγνωσης, αλλά τα μισά από αυτά τα παιδιά δεν ξέρουν καν τι σημαίνει στίχος. Και πολλά φαίνεται να μην κατέχουν την έμφυτη αίσθηση του ρυθμού."

Οι ειδικοί της ανάγνωσης, μας λένε ότι η δυνατότητα των παιδιών να διακρίνουν και να δημιουργούν ομοιοκαταληξίες, καθώς επίσης και η αίσθηση τους για το ρυθμό, συσχετίζεται με την πρώιμη δυνατότητα ανάγνωσης. Ένα παιδί που έχει αφομοιώσει επανειλημμένως — ακουστικά και όχι οπτικά — τέτοιες κοινές λέξεις όπως "γυαλί, χαλί, βιολί" ή "πήρα, μπύρα, χήρα" καθώς επίσης και την μελωδία της γλώσσας τους είναι στατιστικά ευκολότερο να μάθουν να διαβάζουν.

ΠΡΟΠΟΝΗΤΕΣ ΤΗΣ ΓΛΩΣΣΑΣ

Ευτυχώς τα παιδιά απολαμβάνουν άμεση γλωσσική προπόνηση στις ζωές τους από τη στιγμή που θα γεννηθούν. Στις αλληλεπιδράσεις του γονέα και του νηπίου κτίζονται οι βάσεις για τις δεξιότητες της επικοινωνίας και δεν αφορούν μόνο τον προφορικό λόγο. Μερικοί γονείς εσφαλμένα θεωρούν ότι το πρώτο έτος δεν είναι σημαντικό για τη γλωσσική υποκίνηση αφού κατά τη διάρκεια των πρώτων μηνών κατασκευάζονται οι βασικές συνάψεις του γλωσσικού συστήματος, με "απλά" μέσα όπως τα παιχνίδια χωρίς λόγια (π.χ. τα παλαμάκια, το κούκου ή το τσα!) μεταξύ του νηπίου και της νταντάς. Και το παιχνίδι, ακόμη και χωρίς λέξεις, είναι ένα σημαντικό πρώτο μάθημα. Κατά τη διάρκεια των πρώτων μηνών ο εγκέφαλος αποστηθίζει στο μόνιμο ρεπερτόριο των ήχων του, την ομιλία και το άκουσμα της χροιάς της γλώσσας της μητέρας του. Οι γονείς γνωρίζουν έμφυτα για το πώς να ενεργήσουν ως "γλωσσικοί προπονητές" όσο οι δυνατότητες του παιδιού αναπτύσσονται. Οι μελέτες δείχνουν ότι οι μητέρες ενστικτωδώς, διαμορφώνουν και επεκτείνουν τη γλώσσα του παιδιού τους προσαρμόζοντας τις απαντήσεις τους ακριβώς στην αναπτυξιακή ανάγκη κάθε παιδιού. Φαίνεται να ξέρουν ακριβώς πώς να καλλιεργήσουν τη γλώσσα των νεαρών, διαμορφώνοντας την ομιλία τους ένα βαθμό παραπάνω από το τρέχον επίπεδο του παιδιού. Με το να εκθέτουμε απλώς τα παιδιά στο άκουσμα της ενήλικης γλώσσας δεν σημαίνει ότι αυτόματα θα την "μάθουν", αφού οι νεαροί δεν μπορούν να επαναλάβουν τους λεκτικούς τρόπους που είναι πιο περίπλοκοι από εκείνους που χρησιμοποιούν ήδη (άλλος ένας λόγος, που η πολύ Τηλεόραση — ακόμη και οι εκπομπές όπως το Sesame Street — είναι ένα φιάσκο ως γλώσσα πρότυπο).

Μια τρέχουσα καυτή ερώτηση, είναι αν αντί για την μητέρα μπορεί να κάνει την ίδια δουλειά και κάποιος άλλος ενήλικας. Ο μικρός αριθμός των διαθέσιμων μελετών προτείνει ότι ο πατέρας, επίσης, είναι αρκετά ικανός στην προσαρμογή της γλώσσας ενός παιδιού. Διαφορετικοί ενήλικοι καθώς επίσης και τα μεγαλύτερα παιδιά μπορούν να είναι αποτελεσματικά, αλλά μόνο εάν έχουν την ικανότητα να χρησιμοποιήσουν ένα πιο σύνθετο λεξιλόγιο και γραμματική και μόνο εφόσον τα μικρά είναι έτοιμα. Όταν οι γονείς προσλαμβάνουν κάποιο οικονόμο με διαφορετικά γλωσσικά στοιχεία από τα δικά τους, δεν πρέπει να εκπλήσσονται εάν η πνευματική ανάπτυξη του παιδιού τους επηρεάζεται.

Επιπλέον η ύπαρξη ενός γονέα μπορεί να παρέχει ένα ειδικό πλεονέκτημα. Μια πρόσφατη μελέτη σύγκρινε την συμπεριφορά των παιδιών που μεγάλωναν με ενήλικες που ήταν γονείς, με την συμπεριφορά των παιδιών που φροντίζονταν από καλοπροαίρετους ενήλικους αλλά δεν ήταν γονείς. Όπως φάνηκε οι πρώτοι έκαναν πολύ καλύτερη δουλειά με την καθοδήγηση της γλώσσας των παιδιών, ακόμα κι αν τα παιδιά δεν ήταν δικά τους. Ίσως το μυστικό να βρίσκεται στο ότι είχαν αρκετά στενή επαφή με το αναπτυσσόμενο μυαλό ώστε μπόρεσαν να κατανοήσουν αυτό που συμβαίνει μέσα σε αυτό. Η ανάπτυξη των εγκεφαλικών συστημάτων πέρα από τα βασικά επίπεδα της γλώσσας, εξαρτάται από τη ύπαρξη της κατάλληλης υποκίνησης την κατάλληλη στιγμή. Αν προσέξουμε, ένα μικρό παιδί την ώρα που ενοχλεί έναν ενήλικα μέχρι να πάρει το συγκεκριμένο είδος απάντησης, συνειδητοποιούμε ότι τα παιδιά θα προσπαθήσουν να εκμαιεύσουν το σωστό είδος συνομιλίας εφόσον οι ενήλικοι ενδιαφέρονται και είναι διαθέσιμοι. Αυτό το ιδανικό σενάριο εκλείπει όλο και περισσότερο, ακόμη και στα σπίτια όπου οι γονείς προσδοκούν να δουν το παιδί τους πάνω από σε μια στοίβα εκπαιδευτικού υλικού. Αυτή τη στιγμή, η πλειοψηφία των νεογέννητων μωρών στις Ηνωμένες Πολιτείες δέχεται φροντίδα από ιδρύματα ημερήσιας πλήρης απασχόλησης από το πρώτο έτος, συνήθως από την ηλικία δύο ή τριών μηνών, για να μπορούν οι μητέρες να επιστρέψουν στην δουλειά. Οι αμερικανικοί παιδικοί σταθμοί ξοδεύουν πολύ χρόνο σε τηλεοπτικά προγράμματα — παραμερίζοντας έτσι την προσωπική εξοικείωση και την κουβέντα της οποίας το περιεχόμενο θα προσαρμοζόταν ανάλογα με τις αναπτυξιακές ανάγκες κάθε παιδιού. Δεν γνωρίζουμε πόσα παιδιά υποχρεώνονται να μην μιλούν από τους κουρασμένους νηπιαγωγούς, από τους γονείς που πιέζονται από το χρόνο, ή από τις νταντάδες που έχουν πολύ φτωχό επίπεδο αγγλικών και το πιο πιθανό είναι να παρακολουθούν σαπουνόπερες.

Τα σχολεία είναι υπεύθυνα για αυτή τη δουλειά; Δυστυχώς η απάντηση είναι ένα ηχηρό ΟΧΙ. Σε πολλά κέντρα φύλαξης και μέσα στις τάξεις, οι δάσκαλοι συναντούν πάρα πολλά παιδιά που στερούνται του ενδιαφέροντος ή των δεξιοτήτων για να συμμετέχουν στο μάθημα. Η παραμέληση της προφορικής συμπεριφοράς κατά τη διάρκεια της πιο ευαίσθητης περιόδου του εγκεφάλου για την απόκτηση της γλώσσας είναι ένα σοβαρό ζήτημα, αλλά πολλά αποκαλούμενα "αξιόπιστα" προγράμματα αγνοούν την σημαντικότητα της διαλογικής συζήτησης. Σε μια σχετική μελέτη στις Ηνωμένες Πολιτείες, οι ερευνητές παρατήρησαν τις καθημερινές αντιδράσεις των παιδιών και των δασκάλων σε δύο κέντρα παιδικής μέριμνας που θεωρούνται καλά. Βρήκαν ότι:

Τα παιδιά που ξόδεψαν το μεγαλύτερο μέρος του χρόνου τους σε δραστηριότητες μεγάλων-ομάδων, που κατευθύνονταν από τους δασκάλους, η γλωσσική τους συμπεριφορά ήταν συγκαταβατική δηλαδή άκουγαν και ακολουθούσαν οδηγίες. Παρόλο που οι δάσκαλοι παρείχαν επαρκή προφορικά γλωσσικά πρότυπα, δεν ενθάρρυναν την ενεργή ακρόαση ή την περιέργεια για τη γλώσσα και συνεπώς το λεξιλόγιο ή οι ιδέες των παιδιών δεν αναπτύχθηκαν.

Σε άλλες εγκαταστάσεις η κατάσταση είναι ακόμα χειρότερη. Οι βασικές ανησυχίες περιστρέφονται γύρω από τις σωματικές ανάγκες και την ασφάλεια, ενώ η προφορική επικοινία με τους δασκάλους είναι περιορισμένη. Σε κάποια κέντρα τα παιδιά παρακολουθούν βίντεο για το μεγαλύτερο μέρος της ημέρας.

Για τα μεγαλύτερα παιδιά, επίσης, τα σχολεία παραμελούν τους συγκεκριμένους τρόπους ώστε να διορθωθούν τα κενά της γλωσσικής ανάπτυξης προτού να είναι πάρα πολύ αργά. "Πρέπει να τους μάθουμε την αλφαβήτα και όλα τα άλλα θέματα που παραλείπονται στο σπίτι — από την σεξουαλική διαπαιδαγώγηση μέχρι το πώς να αναρριχηθούν στα δέντρα. Μην μου πείτε ότι πρέπει να τους διδάξουμε ακόμη και πώς να μιλάνε" παραπονιέται ένας υπεύθυνος σχολείων.

Ρώτησα τη Δρ Schieffelin, η οποία έχει συγκρίνει τη γλωσσική ανάπτυξη σε αρκετούς πολιτισμούς με αυτόν στις Ηνωμένες Πολιτείες εάν "ως κοινωνία έχουμε παραμελήσει τη γλωσσική ανάπτυξη των παιδιών μας".

"Έτσι φαίνεται," απάντησε. "Αλλά δεν θέλω να κατηγορήσω τους κηδεμόνες. Πολλές μητέρες είναι αναγκασμένες να εργαστούν. Το πρόβλημα είναι ότι πρέπει να υπάρξει κάποια θεσμική υποστήριξη, κάποιος πρέπει να βοηθήσει, να μην συμβεί".

Η Δρ Schieffelin θεωρεί ότι πρέπει να ρυθμίσουμε εκ νέου τις κοινωνικές μας προτεραιότητες. Λέει ότι τα σχολεία και τα κέντρα φύλαξης πρέπει να ενθαρρύνουν τα παιδιά να μιλάνε με τους ομοίους τους καθώς επίσης και με ενηλίκους. Αλλά οι τάξεις είναι πολυπληθείς. Με ποιο τρόπο, ρωτάει, μπορούν οι δάσκαλοι να ενθαρρύνουν τη γλωσσική δραστηριότητα όταν πρέπει πρώτα να ελέγξουν τον υπερβολικά μεγάλο αριθμό των παιδιών — διατηρώντας την ησυχία;

"Πρέπει να εξετάσουμε αυτήν την φιλοσοφία της σιωπής; γιατί θεωρούμε ότι με τη σιωπή διατηρούμε τον έλεγχο ενώ συζητώντας θεωρούμε ότι τα παιδία φεύγουν εκτός ελέγχου; Τα παιδιά δεν μπορούν να είναι παθητικοί μαθητές!

Πραγματικά πιστεύω ότι τα παιδιά χρειάζονται την ευκαιρία να πειραματιστούν, να μιλήσουν ο ένας στον άλλο, όχι πάντα σύμφωνα με τους τρόπους που θεωρούν ως κατάλληλους οι ενήλικοι (παιχνίδια λέξεων, ήχων και υποκριτικής). Δυστυχώς όμως, οι δάσκαλοι έχουν τόσα πολλά παιδιά μέσα στην τάξη που δεν μπορούν να ανεχτούν καν το βαθμό του θορύβου."

Η παθητική "ακρόαση" δεν χτίζει τη γλώσσα αλλά ούτε επιτυγχάνει τα ιδιαίτερα επιτεύγματα των ακουσμάτων. Τα παιδιά μας σήμερα ξοδεύουν πολύ χρόνο "ακούγοντας" (την Τηλεόραση ή το δάσκαλο), αλλά θα έπρεπε να ακούνε καλύτερα, πιο προσεκτικά. Το ουσιαστικό άκουσμα είναι μια ενεργή διανοητική διαδικασία που εξυπηρετεί την κατανόηση και τη μνήμη. Τάξεις όπου τα παιδιά "ακούνε" παθητικά τους δασκάλους να μιλάνε αποτελούν έναν επικίνδυνο αναχρονισμό. Οι μελέτες για τις τάξεις της πρωτοβάθμιας και δευτεροβάθμιας εκπαίδευσης, έδειξαν ότι το 80% των συζητήσεων βασίζεται στη "συζήτηση των δασκάλων," ακόμη και στα δημοτικά σχολεία, υποστηρίζει με ανησυχία η Δρ Schieffelin. Μετά από πολλές επισκέψεις μου σε διάφορα σχολεία για τις ανάγκες της μελέτης της χρήσης της γλώσσας μέσα στις τάξεις, προβληματίστηκα ανακαλύπτοντας ότι χρησιμοποιούνταν μόνο αποσπασματικές φράσεις ή σύντομες απαντήσεις στις ερωτήσεις των δασκάλων. Ένα μεγάλο μέρος της "συζήτησης" ήταν ένας μονόλογος, αφού ο δάσκαλος παρουσίαζε το μάθημα, έδινε τις οδηγίες, ή υπέβαλε τις κατάλληλες ερωτήσεις που απαιτούσαν μονολεκτικές απαντήσεις. Μέσα στις τάξεις δεν παρατήρησα έντονα την ενθάρρυνση των παιδιών να διατυπώσουν πλήρεις προτάσεις, να επεκταθούν στις απαντήσεις, ή να χρησιμοποιήσουν πιο σύνθετη γραμματική. Ακόμη πιο σπάνια τα παιδιά ενθαρρύνονταν να συζητήσουν το ένα με το άλλο, να υποβάλουν μεταξύ τους ερωτήσεις — ή να υποβάλουν ερωτήσεις γενικώς!

Τα παιδιά με ανεπαρκείς γλωσσικές δεξιότητες αντιμετωπίζουν δυσκολία στην αναζήτηση πληροφοριών ή στην ανάλυση προβλημάτων επειδή δεν μπορούν να διατυπώσουν σωστά τις ερωτήσεις. Δημιουργούν την εντύπωση της γενικής σύγχυσης ("δεν καταλαβαίνω"), αλλά στερούνται των λεκτικών εργαλείων για να αναλύσουν το πρόβλημα, συχνά παραμένουν σιωπηλά επειδή δεν μπορούν να εκφράσουν την περιέργειά τους με λέξεις. Η εκμάθησή τους υστερεί αντίστοιχα, σε πιο ειδικευμένα μαθήματα όπως τα μαθηματικά και τη φυσική, όπου η σωστή διατύπωση της ερώτησης είναι συχνά σημαντικότερη από την σωστή απάντηση. Προκειμένου να αναλύσουν τα προβλήματα και να αξιολογήσουν τις εναλλακτικές λύσεις, τα παιδιά χρειάζονται δραστική εξάσκηση στην υποβολή ερωτήσεων και στην προσπάθεια να τις απαντήσουν. Αυτές οι εκτεταμένες "συζητήσεις των δασκάλων" παρεμποδίζουν τέτοιους υψηλόβαθμους συλλογισμούς, επειδή αποτρέπουν τα παιδιά να σκεφτούν από μόνα τους! Παρατηρώντας τα Βρετανικά σχολεία της πρωτοβάθμιας εκπαίδευσης, ο γλωσσολόγος Gordon Wells συγκλονίστηκε:

από την μακρηγορία των δασκάλων, που το μεγαλύτερο μέρος είναι ερωτήσεις και οι απαντήσεις αυτών των ερωτήσεων πολλές φορές είναι άγνωστες ακόμα και στους ίδιους. Ακόμα και όταν η ερώτηση φαίνεται να προκαλεί ποικίλες απαντήσεις, τις περισσότερες φορές μόνο μία απάντηση είναι πραγματικά αποδεκτή από τον δάσκαλο, και δεν είναι περίεργο που τα παιδιά παρατηρούν το πρόσωπο του δασκάλου προσπαθώντας να υποθέσουν τι βρίσκεται στο μυαλό του, εκφράζοντας αυτές τις λέξεις.

Σε προηγούμενες εποχές, όπου το εξωσχολικό περιβάλλον των παιδιών παρείχε πλουσιότερη γλωσσική εμπειρία, τα σχολεία, περίμεναν και όντως συνέβαινε, ότι τα περισσότερα παιδιά θα έφθαναν στο δημοτικό ή στο γυμνάσιο με επαρκείς προφορικές δεξιότητες, κατάλληλες για τους εκπαιδευτικούς σκοπούς τους.

Στις μέρες μας, ένας υπέρογκος αριθμός εκπαιδευτικών περιοδικών συμβουλεύει τους δασκάλους να μην υποθέτουν δεξιότητες όπως ικανότητα ενεργούς ακρόασης, προφορική έκφραση, προφορική έρευνα, και ανάλυση. Τα παιδιά που προέρχονται από σπίτια όπου τα αγγλικά δεν είναι η βασική γλώσσα χρίζουν ιδιαίτερης γλωσσικής προσοχής, ειδικές τεχνικές διδασκαλίας, και ειδική συμπεριφορά. Βέβαια όλοι οι μαθητές χρειάζονται ένα γλωσσικό περιβάλλον ενεργό στο διάλογο. Η πραγματικότητα των τελευταίων δέκα ετών, εντούτοις, μας δίνει τις σωστότερες συμβουλές, και πολλές, εάν όχι οι περισσότερες τάξεις έχουν πάρα πολλά παιδιά και ανεπαρκή υποστήριξη. Επιπλέον, αρκετά σχολεία έχουν τόσο άκαμπτες "επιδιώξεις" που ακόμη και οι καλοπροαίρετοι δάσκαλοι μπορεί να αναγκαστούν να προωθήσουν την παιδαγωγική σε βάρος της περιέργειας.

Ως κοινωνία, ουσιαστικά προωυούμε τη διανοητική μετριότητα όταν παραμελούμε την ποιότητα της γλωσσικής εμπειρίας της νεολαίας μας. Η γλωσσική παθητικότητα για μεγάλο αριθμό παιδιών, κάθε ηλικίας, είναι μια συνταγή για τον περιορισμό, όχι μόνο της προσωπικής τους ανάπτυξης αλλά και της πολιτιστικής δομής της σκέψης τους.

ΤΙ ΣΥΜΒΑΙΝΕΙ ΜΕ ΤΗ ΓΛΩΣΣΑ ΤΩΝ ΠΑΙΔΙΩΝ;

Οι δάσκαλοι είναι σήμερα γενικώς μπερδεμένοι, αποθαρρυμένοι, και προσβεβλημένοι, με τη μείωση των δυνατοτήτων των μαθητών που η μητρική τους γλώσσα είναι τα Αγγλικά, να χρησιμοποιήσουν τη γλώσσα με συνοχή και αναλυτικά. Πολλοί δεν γνωρίζουν ότι αυτό το πρόβλημα συντελεί στη "συγκεχυμένη σκέψη." Στις επισκέψεις που έκανα σε αίθουσες διδασκαλίας, εντόπισα πολλούς λόγους που προκαλούν ανησυχία.

"Ε, είναι σαν... Ξέρετε τώρα... "

Σε μία προαστιακή όγδοη τάξη, οι μαθητές κάθονται στα θρανία τους διαβάζοντας σιωπηλά ένα βιβλίο. Ο δάσκαλός τους κρατά κι εκείνος ένα βιβλίο από το οποίο τους διαβάζει ερωτήσεις για την ιστορία. Αφού τα παιδιά τελείσουν, κοιτούν με προσμονή.

"Ποιος μπορεί να μου πει το πρόβλημα της Rebecca και πώς προσπάθησε να το λύσει;" ρωτά ο δάσκαλος. Ένας χαμός από σηκωμένα χέρια. "Εντάξει, Hank, προσπάθησε να μας πεις."

"Λοιπόν, ήταν πως ο φίλος της ο San ήταν ε —ξέρετε—ε —εκεί, παγιδευμένος—ε —κάτω από ένα δέντρο, ξέρετε, ένα που έπεσε κάτω, και η Rebecca προσπάθησε να χρησιμοποιήσει ένα πράγμα που —ξέρετε —ένα κλαδί. Τα χέρια κινούνται, ο Hank προσπαθεί να εξηγήσει κάνοντας παντομίμα.

"Λοστός;" Προτείνει ο δάσκαλος.

"Ναι, με το λοστό έβγαλε το δέντρο από πάνω του."

"Εντάξει Hank. Susan, εσύ θα μας εξηγήσεις πόσο καλά λειτούργησε το σχέδιο της Rebecca;";

"Δεν είμαι βέβαιη," επιχειρεί η Susan. "Νομίζω ότι το έχασα μετά από το σημείο που η Rebecca φώναξε. Όπως ποιοι ήταν οι άλλοι άνθρωποι που ήρθαν; Δεν μπορούσα να καταλάβω εάν αυτό ήταν πριν ή αφότου έτρεξε στην πόλη."

Αργότερα, στην αίθουσα καθηγητών, ο δάσκαλος ζητάει βοήθεια. "Πώς μπορώ να διδάξω αυτά τα παιδιά να εκφραστούν καλύτερα; Μιλούν πολύ αλλά έχουν πρόβλημα, να εκφράσουν τις ιδέες τους καθαρά. Νομίζω ότι έχει επιπτώσεις σε αυτά που καταλαβαίνουν. Κάποτε μπορούσαμε να χρησιμοποιήσουμε δυσκολότερα βιβλία στην πέμπτη τάξη, αλλά τώρα παρόλο που μπορούν "να διαβάσουν" όλες τις λέξεις, δεν μπορούν να τις συνδέσουν σωστά. Και πρέπει να δείτε τα γραπτά τους!" κλείνει τα μάτια του. "Κι όμως με πολλές έννοιες αυτά τα παιδιά είναι πραγματικά έξυπνα. Πιστεύετε ότι πρέπει τους διδάσκω με διαφορετικό τρόπο;"

Πρόσφατα παρατήρησα μια ένατη τάξη παιδιών ενός ιδιωτικού σχολείου καθώς συζητούσαν για το βιβλίο 'Η Φάρμα με τα Ζώα'. Οι σπουδαστές ενδιαφέρθηκαν ζωηρά, καθώς επίσης είχαν σαφώς μερικές σημαντικές ιδέες που θέλησαν να εκφράσουν, και πολλοί έκαναν μια θαυμάσια εργασία για αυτό. Αλλά κάποιες στιγμές ήταν δραματικό να ακούς άλλους να προσπαθούν. Ένα

απόσπασμα που σημείωσα από το διάλογο ενός κοριτσιού που προσπαθεί να περιγράψει τη συμπεριφορά ενός τύραννου:
"Ξέρετε πώς είναι. .. , "άρχισε. Κατόπιν, εγκαταλείποντας τον συγκεκριμένο ειρμό σκέψης, άρχισε πάλι, "όταν προσπάθησε... εσείς ξέρετε" — σθεναρά — "αυτός το έκανε."
Καθώς η συνομιλία προχωρούσε, η δασκάλα προσπάθησε να υποβάλει τους μαθητές της σε μια διαδικασία σύγκρισης των θεμάτων του βιβλίου με τα ζητήματα της κοινωνίας τους. Έθεσε το ερώτημα τι θα έπρεπε να κάνουν οι άνθρωποι εάν κάποιος αρχίζει να συμπεριφέρεται σαν τύραννος.
"Α, ναι," φώναξε έναν μαθητής. "Αυτό έπαιζε στο Magnum εχθές το βράδυ".
"Δεν θα μπορούσαμε να τους πούμε. .. , "προσφέρθηκε εθελοντικά ένας άλλος," ξέχασα πως το λένε — δεν θα μπορούσαμε να τους πούμε ακριβώς ότι πρέπει να φύγουν;"
Δεν επιθυμώ να υπονοήσω ότι αυτά τα αποσπάσματα χαρακτηρίζουν όλες τις συζητήσεις της τάξης ή ότι πολλοί, μαθητές δεν σκέφτονται καθαρά και δεν εκφράζονται σωστά. Είναι προφανές, δεν μπορούμε να περιμένουμε τέλεια αποτελέσματα από δεκάχρονα και δεκατετράχρονα. Οι ανησυχίες μου, και οι ανησυχίες πολλών έμπειρων δασκάλων που μου έχουν γράψει και μου έχουν μιλήσει, είναι κεντροθετημένα στην υποψία ότι όλο και περισσότεροι μαθητές είναι ανίκανοι να χρησιμοποιήσουν τη γλώσσα — προφορικώς ή γραπτώς — με τους ακριβής τύπους που εύλογα θα αναμένονταν σε οποιαδήποτε ηλικία ή "επίπεδο δυνατοτήτων." Αυτή η εξέλιξη συνοδεύεται από μια συντριπτική τάση μειωμένων ακουστικών δεξιοτήτων.

ΠΟΙΑ ΕΙΝΑΙ Η ΑΠΟΨΗ ΤΩΝ ΔΑΣΚΑΛΩΝ

Οι μαθητές πάντα έχριζαν βοήθειας στην κατανόηση και στην έκφραση — ειδάλλως δεν θα ήταν μαθητές. Και μερικοί δάσκαλοι παραπονιούνται συνεχώς. Όπως και να έχει ένας μεγάλος αριθμός δασκάλων θεωρεί ότι οι μειωμένες προφορικές ικανότητες είναι υπεύθυνες που οι μαθητές δεν μπορούν να φτάσουν τα επίπεδα συζητήσεων, ανάγνωσης και γραπτών, που κάποτε θεωρούνταν δεδομένα για τους αντίστοιχους μαθητές. Οι δάσκαλοι εκφράζουν επανειλημμένα τις ανησυχίες τους για τις παρακάτω ενδείξεις:

- Μειωμένες ακουστικές ικανότητες: ανικανότητα να διατηρήσουν την προσοχή τους, να κατανοήσουν και να αποστηθίσουν το υλικό που διδάσκεται προφορικά.
- Μειωμένη δυνατότητα να συνδέσουν τα γεγονότα και τις ιδέες με συνεπή, τακτική μορφή προφορικά και γραπτά.
- Τάση να επικοινωνούν με χειρονομίες αντί με τις λέξεις.
- Μειωμένες γνώσεις λεξιλογίου από τις τάξεις της τετάρτης.
- Πολλαπλασιασμός "των συμπληρωματικών" αντί των ουσιαστικών λέξεων ("ξέρετε, όπως, το πράγμα, καλά, όπως το πράγμα που έκανε για τους δικούς του, ξέρετε,.....")
- Δυσκολίες στην αντίληψη των ηχητικών διαφορών μεταξύ των λεξικών ήχων και στο συντακτικό. Αυτό φαίνεται από την δυσκολία που αντιμετωπίζουν να προφέρουν και να διαβάσουν τις "μεγάλες" λέξεις και στην ορθογραφία.
- Η δυσαρθρία της ανάγνωσης σε δυσκολότερα κείμενα.
- Πρόβλημα στην κατανόηση μακρύτερων προτάσεων, ενιαίων προτάσεων και της πιο εξειδικευμένης γραμματική ς σε μεγαλύτερες τάξεις.
- Δυσκολία να μετατρέψουν τον καθημερινό λόγο σε γραπτή μορφή.

Όπως ήταν αναμενόμενο, οι ανησυχίες διαφέρουν ανάλογα με τα επίπεδα της τάξης. Τα παιδιά της προσχολικής ηλικίας αναφέρεται να έχουν μεγαλύτερο πρόβλημα ακόμα και στην ακρόαση ιστοριών ή σύντομων συζητήσεων, από ότι τα παιδιά των προηγούμενων δεκαετιών. Όμως συχνά θεωρούνται ότι έχουν πιο αναπτυγμένα λεξιλόγια ("ειδικά σε θέματα όπως: κλινικοί όροι που αφορούν το σεξ, την αναπαραγωγή, και τις ασθένειες," δυσανασχετεί ένας δάσκαλος) και ένα ευρύτερο φάσμα γενικών πληροφοριών. Πολλά μικρά παιδιά φαίνονται "προχωρημένα" επειδή έχουν υιοθετήσει έναν σοφιστικέ τύπο από την Τηλεόραση.

Στις πρώτες τάξεις, οι περισσότερες γλωσσικές απαιτήσεις μπορούν να τύχουν χειρισμού από τα βασικά συστήματα του εγκεφάλου, τα οποία συνήθως αναπτύσσονται ακόμα και με οποιοδήποτε ποσό φυσιολογικής εισαγωγής πληροφοριών. Κατά συνέπεια, παρόλο που αναφέρονται πάντα τα προβλήματα προσοχής, τα γλωσσικά προβλήματα δεν μπορούν να προσδιοριστούν ακριβώς μέχρι την τέταρτη περίπου τάξη, όπου οι υψηλότερου επιπέδου νοητικές λειτουργίες — αυτές που εξαρτώνται από την εμπλουτισμένη εμπειρία — καλούνται να λειτουργήσουν. Σε αυτό το σημείο, η νευρική κληρονομιά του σύγχρονου πολιτισμού δημιουργεί μία δυσμορφία μεταξύ των γλωσσικών δυνατοτήτων των μαθητών και των σχολικών προσδοκιών.

Τα προβλήματα γλωσσικής κατανόησης και χρήσης γίνονται όλο και περισσότερο εμφανή καθώς τα παιδιά προχωρούν στις τάξεις που απαιτούν υψηλότερου επιπέδου δεξιότητες σκέψης και οργάνωσης, την κατανόηση δυσκολότερων βιβλίων και την μεγαλύτερη ποσότητα παραγωγής γραπτών. Τα αποτελέσματα των τεστ ανάγνωσης αρχίζουν να πέφτουν κατακόρυφα.

Καθώς οι σπουδαστές προχωρούν στη δευτεροβάθμια εκπαίδευση, οι δάσκαλοι εκφράζουν εντονότερα την ανησυχία για τις ακουστικές δεξιότητες, τις γνώσεις λεξιλογίου, την κατανόηση κειμένου και τη δυνατότητα να χρησιμοποιούν τη γλώσσα για να εκφράσουν τις ιδέες αποτελεσματικά. Το επίπεδο του λεξιλογίου της τετάρτης τάξεις αγγίζει την μετριότητα μόνο όταν οι μαθητές διαβάζουν περισσότερο οικειοθελώς. Πολλά σχολεία προσπαθούν να θεραπεύσουν το πρόβλημα αναγκάζοντας τα παιδιά να απομνημονεύσουν μεγάλες λίστες λέξεων, αλλά οι μαθητές ξεχνούν γρήγορα τις λέξεις που διαβάζουν, που ακούγονται σπάνια, ή που χρησιμοποιούνται σε μια φυσιολογική συνομιλία. Τα προβλήματα κατανόησης προκύπτουν αντιμετωπίζοντας τις δυσκολότερες επιλογές κειμένων, αφού τα παιδιά βρίσκονται να κολυμπάνε σε μια θάλασσα περίπλοκων κειμένων (π.χ., δοκίμια, ποίηση, λογοτεχνία με τις σύνθετη πλοκή, παιχνίδια) πραγματικά πολύ δύσκολα.

Στο γυμνάσιο, οι γλωσσικές δυσκολίες συνεχίζουν να παρουσιάζονται σε πιο λεπτά ζητήματα όπως: στον προγραμματισμό, στην διαδοχικότητα, και στην οργάνωση των ιδεών, στην ταξινόμηση και στην κατανόηση λεπτών διαφορών μεταξύ των εννοιών, στον συλλογισμό για το αίτιο και την επίδραση (εάν Α, έπειτα β, επειδή Χ, έπειτα Υ) στην κατανόηση του συσχετισμού των ιδεών, στην αντίληψη των μαθηματικών και της φυσικής, στην έκφραση ιδεών με ακρίβεια και αμεσότητα, στην διατύπωση της εσωτερικής τους σκέψης, ακόμη και στον τρόπο της συμπεριφοράς τους.

Αρκετοί καθηγητές πανεπιστημίου μου ανέφεραν πρόσφατα, ότι δεν μπορούν να πιστέψουν το γεγονός ότι οι μαθητές δυσκολεύονται στις μέρες μας με την ανάλυση της σκέψης. Παραδείγματος χάριν, ένας γνωστός καθηγητής ψυχολογίας σε κάποιο πανεπιστήμιο της Florida είπε, "Εκπλήσσομαι συνεχώς με τον αριθμό των μαθητών που δεν μπορούν να συνδέσουν τις ιδέες και δεν μπορούν να τις τακτοποιήσουν λογικά την μία μετά την άλλη. Στις τάξεις μου έχω και ενήλικους μαθητές και νεώτερους προπτυχιακούς φοιτητές και με τους νεώτερους έχω μεγαλύτερο πρόβλημα. Πραγματικά πιστεύω ότι οφείλεται στις φτωχές προφορικές τους ικανότητες. Εάν δεν χειρίζεσαι σωστά την γλώσσα, δεν έχεις κανένα εργαλείο για να σκεφτείς. Δεν έχεις διαμορφώσει τις κατάλληλες γραμματικές ικανότητες για να συνδυάσεις προφορικά τις ιδέες. Η γλώσσα αλλάζει τον τρόπο που ο εγκέφαλός οργανώνει τις ταξινομήσεις με τις οποίες λειτουργεί. Σε αυτούς τους σπουδαστές το σύνολο της διαδικασίας της σκέψης απλώς απουσιάζει, ενώ λείπουν και οι σύνδεσμοι μεταξύ των ιδεών που παρέχει η γλώσσα."

Η μεγάλη γκάμα χρήσεων της γλώσσας ως εργαλείο, είναι ένα φυσικό τμήμα της ανθρώπινης κατάστασης. Θα υπάρχουν πάντα σπουδαστές (έξυπνοι και ταλαντούχοι) των οποίων οι εγκέφαλοι δεν θα δυσκολεύονται με τις αναλυτικές και λογικές χρήσεις της γλώσσας. Οι ικανότητες των παιδιών, όσον αφορά στην εκμάθηση των γλωσσών, διαφέρουν γενετικά και είναι σαφώς παράλογο να αναμένονται τα ίδια αποτελέσματα δυνατοτήτων από τον καθένα. Ακούω επανειλημμένως ότι η ανησυχία δεν έγκειται στο ότι οι σπουδαστές είναι βραδύγλωσσοι, αλλά στο γεγονός ότι ο αριθμός αυτών των μαθητών συνεχώς αυξάνεται. Αυτές οι παρατηρήσεις αντιπροσωπεύουν το ραγδαίο αυτό φαινόμενο σε κάθε κοινωνικοοικονομικό επίπεδο, με μερικές από τις πιο δραματικές αλλαγές στις γλωσσικές δυνατότητες των παιδιών, όπως αναφέρεται από τους δασκάλους στα εκλεκτικότερα ιδιωτικά σχολεία της χώρας.

ΑΠΟΨΕΙΣ ΑΠΟ ΤΟ ΕΞΩΤΕΡΙΚΟ

Το πρόβλημα παρουσιάζεται μόνο στις Ηνωμένες Πολιτείες; Προφανώς όχι, αν και κατά το φαινόμενο είναι πολύ χειρότερο εδώ. Μια νηπιαγωγός από το Coventry της Αγγλίας, είπε, "Νομίζαμε ότι δεν θα συνέβαινε ποτέ στην Αγγλία, αλλά συνέβη κι εδώ. Οι γλωσσικές δεξιότητες των παιδιών υποφέρουν μαζί με τη δυνατότητά τους να σταθούν και να σκεφτούν. Η ταχύτητα της ζωής, αυτά που παίρνουν από την Τηλεόραση — διαβρώνει αυτά τα αγαπητά, Βρετανικά χαρακτηριστικά, στέκομαι, παρατηρώ και διαλογίζομαι."

"Αρχίζει — αυτό που προσπαθούσαμε να αποφύγουμε εδώ και πολλά χρόνια" είπε δυσαρεστημένα ένας σύμβουλος του Δουβλίνου Montessori. "Τα παιδιά δεν μιλούν σωστά επειδή οι λέξεις που ακούνε δεν προφέρονται αργά. Στην Τηλεόραση οι λέξεις προφέρονται πάρα πολύ γρήγορα. Η ορθογραφία μειώνεται επειδή δεν ακούνε τους ήχους. Εάν ακούσετε την ομιλία δύο εφήβων, μπορεί να καταλάβει ο ένας τον άλλον αλλά δεν μπορούμε να τους καταλάβουμε. Είναι σαν να μιλούν απλοποιημένα την αγγλική γλώσσα — μια πιο σύντομη έκδοση των πραγματικών λέξεων. Οι δάσκαλοι είναι υποχρεωμένοι να προχωρούν πολύ πιο σιγά από όσο πριν. Έχουμε να κάνουμε με έναν διαφορετικό τύπο παιδιών, τα παιδιά που δεν έχουν το ίδιο πλούσιο γλωσσικό περιβάλλον όπως αυτά που προέρχονται από οικογένεια με έναν ή δύο ενηλίκους."

Ένας καθηγητής κολεγίου από το Λονδίνο, είπε "αυτό είναι πολύ τρομακτικό. Το βλέπω στους σπουδαστές του κολεγίου. Δεν φαίνονται να είναι σε θέση να μεταφέρουν τις σκέψεις τους στο χαρτί. Δεν συνηθίζαμε να αντιμετωπίζουμε τέτοιου είδους συμπτώματα, και φαίνεται ότι χειροτερεύει."

Οι εκπαιδευτικοί στη Γαλλία διακατέχονται από παρόμοιες ανησυχίες. Ο διευθυντής ενός κολεγίου στη νοτιοδυτική Γαλλία λέει για τους σπουδαστές του, "οι ακουστικές τους ικανότητές τους έχουν μειωθεί. Η σωστή χρήση της γλώσσας έχει μειωθεί. Δεν καταλαβαίνουν τις λεπτές διαφορές της γλώσσας. Γράφουν και συλλαβίζουν πολύ άσχημα, και η γραμματική τους είναι φρικτή — "διαθέτουν περιορισμένα λεξιλόγια και αντί να συζητούν, ουσιαστικά κουτσομπολεύουν. Χρειάζονται πέντε ή έξι προτάσεις για να πουν τι εννοούν. Την έλλειψη προσοχής και έκφρασης μπορεί να τη συναντήσουμε ακόμη και στους καλύτερους σπουδαστές. Συνιστώ στους δασκάλους να δεχτούν αυτά τα παιδιά ακριβώς όπως είναι με τις αποσπάσεις (μουσικές, τηλεοπτικές) που η κοινωνία έχει θέσει."

Ενώ ολοκληρώναμε τη συνέντευξή μας, ο γάλλος οικοδεσπότης μου συμπλήρωσε, "έχω μια κόρη που θεωρείται καλή μαθήτρια αυτή τη στιγμή, αλλά είκοσι χρόνια πριν — δεν θα φαινόταν και τόσο καλή."

Η ΚΛΗΡΟΝΟΜΙΑ ΤΗΣ "MCLANGUAGE"

Οι παρατηρητές έχουν την τάση να κατηγορούν τα σχολεία για την έλλειψη κατάρτισης στο λεπτό ζήτημα της γλώσσας και της γραμματικής. Ο αρθρογράφος Brian Dunning από το Λονδίνο, σε ένα πρόσφατο άρθρο με τίτλο "Υπάρχει κάποιος που να μιλά αγγλικά εδώ;" επέκρινε μια νέα γενιά στη Μεγάλη Βρετανία "που έχει την τάση να χρησιμοποιεί σύντομες λέξεις με κάτι παραπάνω από μια συλλαβή," και τους σπουδαστές που, όταν παρουσιάζεται ένα ουσιαστικό ή ένα ρήμα, "θα εξαφανιστούν όπως τα κουνέλια που έρχονται αντιμέτωπα με τον Φιλόσοφο Wittgenstein."

Δυστυχώς, όταν έρχονται τα παιδιά στο σχολείο με ανεπαρκείς βάσεις στις δεξιότητες της γλώσσας και του υψηλότερου επιπέδου συλλογισμού, τα σχολεία δεν μπορούν "να θεραπεύσουν" το πρόβλημα απλά με την μετάδοση μιας μαγικής γραμματικής ή το συλλαβισμό του βιβλίου! Ένας εθνικά αξιοσημείωτος ειδήμων στην εκπαίδευση έχει κάποια ισχυρή διαίσθηση για τις πραγματικές αιτίες του τρέχοντος προβλήματος.

"Θα αποκαλούσα την τάση της ομιλίας των σημερινών παιδιών McLanguage" δηλώνει η Priscilla Vail, η συγγραφέας του βιβλίου Σαφή και Ζωηρή γραφή και του βιβλίου Έξυπνα παιδιά με σχολικά προβλήματα. "Είναι τα γλωσσικά φαστφουντάδικα που προκάλεσαν την κάμψη, τις χειρονομίες, και την σύμπτυξη." Οι διαβουλεύσεις της Vail για τα μαθησιακά προβλήματα των έξυπνων παιδιών, στα δημόσια και στα ιδιωτικά σχολεία την έχουν πείσει ότι οι κοινωνικές αλλαγές συντρίβουν τα σχολεία με τόσους μαθητές που προκύπτουν να χρειάζονται θεραπευτική γλωσσική κατάρτιση. Οι περισσότερες μαθησιακές δυσκολίες υπόκεινται στα γλωσσικά προβλήματα, όμως ο μεγάλος αριθμός νέων επιτρέπει τον "γλωσσολογικό υποσιτισμό," λέει. Το πιο βασικό πρόβλημα είναι ότι δεν μαθαίνουν να ακούνε αναλυτικά.

"Για ένα πράγμα," εξηγεί η Vail, "τα παιδιά δεν μπορούν να συλλαβίσουν επειδή δεν έχουν μάθει να διαχωρίζουν τους ήχους και να τους τακτοποιούν — η ελλιπής ακουστική εμπειρία τα καθιστά απροετοίμαστα για να αφουγκραστούν τις λεπτές διαφορές στους ήχους ή στις έννοιες."

Ο σωστός συλλαβισμός, όπως είναι φυσικό, προέρχεται από την οπτική τριβή με το γραπτό λόγο (δηλ., πολύ διάβασμα). Η έρευνα δείχνει ότι ένας σημαντικός παράγοντας που συμβάλλει στην ελλιπή ανάγνωση και στην ελλιπή ορθογραφία, δεν είναι η έλλειψη οπτικής ικανότητας, αλλά μάλλον οι φτωχές δυνατότητες ακούσματος που είναι πολύ κρίσιμες. Μια ενδεικτική μελέτη που σύγκρινε τους καλούς με τους αδύνατους αναγνώστες έδειξε ότι οι διαφορές της αποκαλούμενης ικανότητας "φωνολογική συνειδητοποίηση" αφορούσαν ιδιαίτερα τη δυνατότητα ανάγνωσης και στα παιδιά του δημοτικού αλλά και στους ενηλίκους. Η "φωνολογική συνειδητοποίηση" είναι η δυνατότητα της ακοής των ήχων των λέξεων αλλά και της ανάλυσης του συντακτικού τους. Παραδείγματος χάριν, ζητάνε από το παιδί να πει: "χαμόγελο χωρίς το χ", μετακινήστε τα διαφορετικά - χρωματισμένα τετράγωνα για να παρουσιάσετε τη σειρά των ήχων στις λέξεις (π.χ., b-a-t, t-a-b), ακούστε μια λέξη και πείτε εάν είναι μεγάλη όπως "bicycle" ή σύντομη όπως "bike". Οι δυνατοί αναγνώστες (και καλοί ορθογράφοι, επίσης) είναι πολύ καλύτεροι σε αυτόν τον τύπο ακρόασης από ότι είναι οι αδύνατοι αναγνώστες, ακόμη και όταν και οι δύο ομάδες έχουν ίδια αποτελέσματα στον Δείκτη Νοημοσύνης. Επειδή οι συγκεκριμένες δεξιότητες πραγματοποιούνται σε ένα ειδικό μέρος του αριστερού ημισφαιρίου του εγκεφάλου των περισσότερων ανθρώπων, κάποιοι ερευνητές πιστεύουν ότι αυτό το σύμπλεγμα των δεξιοτήτων συσχετίζεται με τις κληρονομικές διαφορές στη δομή εγκεφάλου, αλλά οι μελέτες έχουν δείξει ότι η πρόωρη έκθεση και πρακτική συμβάλουν στον τρόπο που αυτές οι περιοχές αναπτύσσονται. Τα σημερινά παιδιά εκτίθενται σε πολλά ηχητικά ερεθίσματα, αλλά αυτό ακριβώς είναι που ανησυχεί την Vail. "Ανησυχώ ιδιαίτερα για τα παιδιά που προσαρμόζονται στα Pop μουσικά ακούσματα," λέει. "Οι εγκέφαλοί τους εκπαιδεύονται να ακούνε επιπόλαια τους στίχους τραγουδιών που περιορίζονται σε επαναλαμβανόμενες συλλαβές ή σύντομες φράσεις που μετά βίας θυμίζουν αγγλικά. Ο ρυθμός υπερκαλύπτει τη μελωδία, και δεν υπάρχει καμία αρχή, καμία μέση, και κανένα τέλος. Αυτό είναι ένα μη παραγωγικό έδαφος κατάρτισης για την κατανόηση της γλώσσας!"

Με αρκετά ενδιαφέροντα τρόπο, τα μέρη του εγκεφάλου που ανταποκρίνονται σε αυτό το είδος της μουσικής απορρόφησης είναι στο δεξί ημισφαίριο, αντίθετα από τις περιοχές που εξυπηρετούν την "φωνολογική συνειδητοποίηση." Όταν βλέπουμε τα μικρά παιδιά να γεμίζουν τα μυαλά τους μέσα από στερεοφωνικά ακουστικά, θα έπρεπε να αναρωτηθούμε ποιες συνάψεις ενισχύονται — και με ποιο κόστος;

Η Vail συμφωνεί στο ότι τα παιδιά αποτυγχάνουν να αναπτύξουν τις δεξιότητες που θα χρειαστούν στο σχολείο επειδή η συζήτηση στα σπίτια τους είναι περιορισμένη. Μια έμπειρη εργαζόμενη μητέρα τεσσάρων παιδιών, τώρα πια και γιαγιά, συμμερίζεται τους αγανακτισμένους ενηλίκους, αλλά συγχρόνως ανησυχεί και για τα παιδιά τους. "Όταν είσαι κουρασμένη, το τελευταίο πράγμα που θέλεις να κάνεις είναι έχεις μια μακριά συνομιλία με κάποιο που δεν είναι στο επίπεδό σου", αναστενάζει. "Πολλά παιδιά σήμερα, ακόμη και στα "καλύτερα" σπίτια, δεν ακούνε ποτέ τις εμπλουτισμένα, διαμορφωμένες προτάσεις. Και όταν οι γονείς μιλούν με τα παιδιά τους, χρησιμοποιούν σύντομες προτάσεις και πολλές χειρονομίες. Αυτοί οι γονείς μπορούν να έχουν ανεπτυγμένες γλωσσικές δεξιότητες, αλλά αυτή είναι η κουλτούρα της άμεσης ικανοποίησης. Εμείς επιθυμούμε τις άμεσες πληροφορίες μέσω των ματιών καθώς επίσης και των αυτιών, αλλά η ακαδημαϊκή διδασκαλία απαιτεί τη προσεκτική διαμεσολάβηση της γλώσσας και την επιβράδυνση της σκέψης μέσω του τυπωμένου υλικού. Αυτό που δίνουμε στα παιδιά μας, όταν τα μεγαλώνουμε χωρίς τα πρότυπα μιας βραδύνουσας, στοχαστικής γλώσσας είναι η αίσθηση του ανταγωνισμού, και έπειτα απαιτούμε να ακούνε το δάσκαλο και να καταλαβαίνουν τι διαβάζουν."

ΤΙ ΣΥΝΕΒΗ ΜΕ ΤΙΣ ΑΦΗΓΗΣΕΙΣ ΤΩΝ ΠΑΡΑΜΥΘΙΩΝ;

Πολλά παιδιά σήμερα υστερούν επίσης σε μια πλούσια "προφορική παράδοση," της αγγλικής ή κάποιας άλλης γλώσσας, με την οποία μπορούν να ενισχύσουν το λόγο ή να σταθούν σε έναν πολιτισμό όπου η γραπτή έκφραση δεν χρησιμοποιείται γενικώς για να μεταδώσει τις ιδέες. Παρόλο που η γραφή — και το είδος ομιλίας και σκέψης που μας δίνουν ως σύνολο — προωθεί την ανάπτυξη του σχολικού τρόπου συλλογισμό, τις τέχνες, ηη προφορική ιστορία, και η συνομιλία έχουν ιδιαίτερη θέση στην ανάπτυξη της έκφρασης της σκέψης, της μνήμης, και της προσοχής. Θα δούμε στα επόμενα κεφάλαια τι μπορεί να επιφέρει στους σημερινούς σπουδαστές η απουσία μιας καλής εμπειρίας ακρόασης, όχι μόνο στην διάρκεια της προσοχής, αλλά και στην κατανόηση κειμένων. Προς το παρόν, ας ερευνήσουμε μερικούς συγκεκριμένους τρόπους με τους οποίους οι διαφορετικοί τρόποι χρήσης της γλώσσας μπορούν να έχουν επιπτώσεις στον τρόπο σκέψης — και στον εγκέφαλο — τους οποίους τα παιδιά κουβαλούν μαζί τους στο σχολείο.

ΚΕΦΑΛΑΙΟ 5

Καταρρέουσα σύνταξη, πρόχειρη σημασιολογία και θολή σκέψη

Εάν στη γλώσσα σας δεν υπήρχαν οι λέξεις κόκκινο, ρόδινο, και κοραλλί, θα λειτουργούσε το μυαλό σας με τον ίδιο τρόπο όπως τώρα όταν κοιτάτε ένα γεράνι; Με πόση ακρίβεια μπορείτε να συγκρίνετε τη δημοκρατία, τον κομμουνισμό, και το σοσιαλισμό χωρίς την χρησιμοποίηση των λέξεων; Χωρίς γλώσσα, πώς θα προγραμματίζατε και θα ανακοινώνατε τις λεπτομέρειες για ένα πάρτι που θα γίνει τρεις μήνες μετά;

Κανένας δεν αρνείται ότι ο τρόπος που χρησιμοποιούν τη γλώσσα οι άνθρωποι συνδέεται στενά με τον τρόπο που σκέφτονται. Αλλά ένα παλιό ζήτημα είναι σε τι βαθμό διαμορφώνει η γλώσσα την σκέψη και αντίστροφα.

ΓΛΩΣΣΑ ΚΑΙ ΣΥΛΛΟΓΙΣΜΟΣ

Κάνουν οι διαφορετικές γλώσσες τους ανθρώπους να σκέφτονται διαφορετικά;

Ένα ζήτημα που εκκρεμεί είναι αν οι άνθρωποι που μιλούν διαφορετική γλώσσα σκέφτονται και αντιλαμβάνονται τα πράγματα διαφορετικά. Μερικοί ερευνητές έχουν δηλώσει ότι οι ομιλητές μιας γλώσσας που περιλαμβάνει στο λεξιλόγιό της μερικές χρωματικές ονομασίες (που αντιστοιχούν, ίσως, στους χρωματικούς τόνους του φωτός και του σκοταδιού) θα αντιλαμβάνονται μόνο τα χρώματα για τα οποία έχουν αντίστοιχη λέξη.

Είναι δύσκολο να κατανοήσουμε ότι τα γεράνια για παράδειγμα για αυτούς θα φαίνονται αρκετά διαφορετικά. Σύμφωνα με αυτήν την ιδέα, οι Εσκιμώοι που έχουν αρκετές διαφορετικές λέξεις για τους διαφορετικούς τύπους χιονιού είναι λογικό να σκέπτονται ακριβέστερα για το χιόνι από τα μέλη άλλων πολιτισμών με λιγότερους όρους — και ενδεχομένως, λιγότερους χρωματικούς τόνους για την σημασία αυτής της λέξης.

Η ακρίβεια της σημασιολογικής έννοιας ισχύει για τα ρήματα, τα επίθετα, και τα επιρρήματα καθώς επίσης και τα ουσιαστικά (π.χ. .. Ποια είναι η διαφορά μεταξύ εκσφενδονίστε και πετάξτε, ή μεταξύ έξοχος και όμορφος;). Οι γλωσσικοί χρήστες που έχουν αυτούς τους τύπους διακρίσεων διαθέσιμους μπορούν να σκεφτούν με πιο αναλυτικές μορφές σκέψης από εκείνους των οποίων το λεξικό είναι περιορισμένο σε ποιο γενικές λέξεις (π.χ., ρίξτε, ή ωραίος).

Ο κύριος κίνδυνος αυτής της ιδέας είναι ότι καθιστά ορισμένους τύπους γλωσσών — και σκέψεων που τις συνοδεύουν — "καλύτερους" ή ανώτερους από κάποιους άλλους. Πολλοί γλωσσολόγοι θεωρούν πλέον "σωστό" συλλογισμό αυτόν που λειτουργεί καλύτερα για τις ανάγκες του πολιτισμού στον οποίο πραγματοποιείται, και αντίστοιχα ως καλύτερη γλωσσική κατάρτιση αυτή που προετοιμάζει τους εγκεφάλους των παιδιών για συγκεκριμένους τύπους σκέψεων που εκτιμούνται και που απαιτούνται από την κοινωνία τους. Ένα παιδί μέσα σε μια κοινωνία συμμετέχει κυρίως σε συναντήσεις φαγητού, στο κυνήγι ή στα ταξίδια. Παραδείγματος χάριν, υπάρχει περίπτωση να μην του ζητηθεί ποτέ να γράψει μια αναλυτική έκθεση ή μια ερευνητική εργασία. Το παιδί που μεγαλώνει σε έναν πολιτισμό με τεχνουργούς, όπου η αισθητική ομορφιά έχει αρχική σημασία, μπορεί να μην ενθαρρυνθεί ποτέ να σκεφτεί αλγεβρικά επομένως δεν θα χρειαστεί να μάθει τη "γλώσσα" των αλγεβρικών εξισώσεων.

Στο δυτικό πολιτισμό μας, που όπως ισχυριζόμαστε εκτιμούμε τον αφαιρετικό, αναλυτικό συλλογισμό, τα παιδιά είναι επόμενο να προετοιμάζονται για να σκεφτούν αναλόγως. Αυτές οι υψηλότερου επιπέδου ικανότητες δεν χτίζονται αυτόματα στον εγκέφαλο. Προέρχονται μόνο από συγκεκριμένα είδη γλωσσών και εκπαιδευτικών εμπειριών που σπρώχνουν τις συνάψεις στα πρότυπα που εμείς κρίνουμε ως "ευφυέστερα."

Πολλοί επιστήμονες έχουν πιθανολογήσει για το πώς η γλώσσα επηρεάζει συγκεκριμένα τη νοημοσύνη. Ο Alexander Louria, διάσημος νευροψυχολόγος ενθουσιασμένος από τις λειτουργίες του αναπτυσσόμενου εγκεφάλου, επιμένει ότι η γλώσσα χτίζει με φυσικό τρόπο τα ανώτερα συλλογιστικά κέντρα του εγκεφάλου. Υποστήριξε ότι, χωρίς γλώσσα, οι άνθρωποι δεν θα είχαν αναπτύξει τη θεωρητική, κατηγορηματική σκέψη.

Η γλώσσα, με την εξέλιξη της ιστορίας της ανθρωπότητας, έγινε το αποφασιστικό όργανο που βοήθησε τους ανθρώπους να ξεπεράσουν τα όρια της εμπειρίας μέσω των αισθήσεων, να ορίσουν τα σύμβολα, και να διασαφηνίσουν πολλές γενικότητες. Όταν ένα παιδί κατονομάζει κάτι, προφέροντας, για παράδειγμα "αυτό είναι μια μηχανή ατμού," αρχίζει να καταλαβαίνει ότι ο ατμός διαδραματίζει έναν ρόλο στην κίνηση της μηχανής. Κατανοώντας τις λέξεις και χρησιμοποιώντας τις, το παιδί αναλύει και συνθέτει τα φαινόμενα του εξωτερικού κόσμου, χρησιμοποιώντας όχι μόνο την προσωπική του εμπειρία αλλά και την εμπειρία ολόκληρου του ανθρώπινου είδους. Ταξινομεί τα αντικείμενα, αρχίζει να τα αντιλαμβάνεται διαφορετικά με αποτέλεσμα να τα θυμάται και διαφορετικά

Ο David Premack του τμήματος ψυχολογίας στο πανεπιστήμιο της Πενσυλβανίας, αναρωτιέται εάν η γλώσσα θα μπορούσε να αλλάξει την ικανότητα συλλογισμού των ζώων, ο ίδιος δίδαξε στους χιμπατζήδες ένα είδος γλώσσας για να διαπιστώσει αν θα βελτίωνε τα αποτελέσματά τους στα τεστ νοημοσύνης-που σχετίζονταν με τις λεκτικές έννοιες. Παρόλο που οι χιμπατζήδες δεν μπόρεσαν να μιλήσουν, ο Premack τους δίδαξε να επικοινωνούν χρησιμοποιώντας πλαστικά τσιπ που συμβόλιζαν λέξεις με απλές γραμματικές έννοιες (π.χ., "να δώσουν την μπανάνα στη Suzy."). Έπειτα επαναξιολόγησε την ικανότητα τους να σκεφτούν με συγκεκριμένους τρόπους και εξέτασε και τις αντίστοιχες ικανότητες των παιδιών. Θα πρέπει να είμαστε όλοι ευτυχείς που ανακαλύψαμε ότι ούτε και εκπαιδευμένοι οι πίθηκοι δεν είναι έτοιμοι να αναλάβουν τον κόσμο, δεδομένου ότι ο Premack απέδειξε πως τα παιδιά, ακόμη και πριν εκπαιδευτούν στη γλώσσα, σκέφτονται πιο γλαφυρά από τους χιμπατζήδες. Όπως και να έχει, αυτά τα πειράματα παρουσίασαν με σαφήνεια ότι τα γλωσσικά σύμβολα άλλαξαν τις δυνατότητες των Χιμπατζήδων στο λόγο. Διδάσκοντάς τους απλώς, τις έννοιες των λέξεων "ίδιο" και "διαφορετικό" για πρώτη φορά κατάφεραν να δουν την διαφορά μεταξύ των κατηγοριών των αντικειμένων και να περάσουν τα περισσότερα τεστ.

Η γλώσσα δεν είναι, φυσικά, ο μόνος δρόμος για τη σκέψη. Οι χιμπατζήδες — και οι άνθρωποι — μπορούν να σκεφτούν χωρίς να εκφραστούν προφορικά. Κάθε ζωντανό νοήμων ων, χρησιμοποιεί τα οπτικά προϊόντα της φαντασίας του και τα μη προφορικά σύμβολα για να ερμηνεύσει και να θυμηθεί την εμπειρία. Οι ζωγράφοι, οι γλύπτες, και οι αρχιτέκτονες δεν στηρίζονται αποκλειστικά στη γλώσσα για να αναπτύξουν τις καλλιτεχνικές τους ιδέες. Επιπλέον, η ανάγκη για εξειδικευμένο μαθηματικό συλλογισμό απαιτεί επιπλέον συστήματα του εγκεφάλου, εκτός από εκείνα που χρησιμοποιούνται για την επεξεργασία της γλώσσας, παρόλο που ένας αρχάριος πρέπει να κατέχει τη βασική γλώσσα της πρόσθεσης, της αφαίρεσης, του πολλαπλασιασμού, και της διαίρεσης.

Παρά την προφανή ιδιαίτερη σημασία των μη λεκτικών μορφών νοημοσύνης, μέχρι τώρα δεν έχει βρεθεί κανένα υποκατάστατο της γλώσσας, που να συνεργάζεται με τον οπτικό συλλογισμό, ώστε να ακονίσει την ακρίβεια της έκφρασης και της ανάλυσης. Στα σχολεία στα οποία αφήνουμε τους νέους για τόσες πολλές ώρες από τη ζωή τους, ο γραπτός λόγος αποτελεί την περιουσία του κόσμου. Επιτρέποντας στα παιδιά να εισέλθουν με φτωχούς γλωσσικούς πόρους διατρέχουν διανοητικό κίνδυνο και επιπλέον δημιουργούνται επικίνδυνες τάσεις για την εκπαίδευση.

ΣΥΝΤΑΞΗ: Η ΓΡΑΜΜΑΤΙΚΗ ΤΩΝ ΣΥΣΧΕΤΙΣΜΩΝ

Η γραμματική είναι ένας από τους κύριους τρόπους με τους οποίους ο άνθρωπος θα σκεφτεί λογικά για τους συσχετισμούς. Όταν μιλώ για τη γραμματική ή "την σύνταξη," δεν μιλώ για τους κανόνες που μάθαμε στο σχολείο, αλλά για όλα αυτά που ανακαλύψαμε μόνοι μας, πριν από την ηλικία των δύο ετών. Βάζοντας το ρήμα πριν από το αντικείμενο ("πάρτε το μπισκότο") και αντικαθιστώντας το -ο με -α για τον πληθυντικό είναι κάποια από τα απλά παραδείγματα.

Αυτή η ικανότητα να δημιουργούμε κανόνες, για τους οποίους ο ανθρώπινος εγκέφαλος είναι ενήμερος είναι πιθανόν ο λόγος που οι βασικές συντακτικές δυνατότητες θεωρούνται "αναμενόμενες εμπειρίες". Δεν γεννιόμαστε με τους κανόνες των ουσιαστικών και των ρημάτων εμφυτευμένες στις συνάψεις μας, όμως γεννιόμαστε με την ικανότητα να αντιλαμβανόμαστε τις κατηγορίες και να εφαρμόζουμε αρχές που μας επιτρέπουν να γενικεύουμε σε ότι αφορά όμοιους τύπους εμπειριών. Όταν ένα μικρό παιδί φοβάται το σκυλί παραδείγματος χάριν, μπορεί να αρχίσει να θεωρεί όλα τα σκυλιά "κακά" έως ότου διευρύνει το σύστημα των κανόνων του ώστε να συμπεριλαμβάνει τις έννοιες φιλικό και μη φιλικό. Όταν διαπιστώσει ότι η αντικατάσταση του ο με το α (για τα ουδέτερα) μας δίνει πληθυντικό, θα εφαρμόσει αυτόν τον κανόνα σε όλες τις λέξεις (κι ας μην είναι σωστός), έως ότου διευρύνει το συγκεκριμένο σύστημα.

Ο βασικός οδηγός αυτού του μηχανισμού που πηγάζει από τον κόσμο, είναι αυτός που έχει κρατήσει αναμφίβολα το είδός μας ζωντανό.

Η εκμάθηση τέτοιων κανόνων απαιτεί αρκετή προσωπική εμπειρία προτού οι γενικές θεωρίες πάρουν υποκειμενικό χαρακτήρα. Κατά συνέπεια, τα παιδιά που δεν είναι συχνά εκτεθειμένα στην ευκρινή γλώσσα "δεν θα μπορέσουν ποτέ να πετύχουν την κατανόηση αυτού του είδους ομιλίας, ούτε το λεξιλόγιό της ούτε τους γραμματικούς κανόνες της. Τα παιδιά που δεν κατέχουν "ενδόμυχα" τον ήχο μιας πιο σύνθετης γλώσσας έχουν ιδιαίτερο πρόβλημα στην κατανόηση λεπτών διαφορών στη σημασία σύντομων λέξεων (αν, ή, θα, ίσως) και καταλήξεων ("σκέφτομαι " "σκεφτόμουν"). Η σειρά των λέξεων σε μια πρόταση προσδίδει πολλές εννοιολογικές σχέσεις που παίζουν πολύ σημαντικό ρόλο στον σαφή συλλογισμό, στην ανάγνωση, και στο γράψιμο, μετά τις πρώτες τάξεις.

Ο πατέρας της τάισε το σκυλί της μπισκότα.
Ο πατέρας της την τάισε με τα μπισκότα του σκύλου.

Οι σπουδαστές που δεν είναι εξοικειωμένοι με την επεξεργασία λεπτών διαφορών που αφορούν την σειρά των λέξεων, μπερδεύονται είτε όταν ακούνε είτε όταν διαβάζουν προτάσεις όπως οι προηγούμενες. Άλλο ένα συχνό πρόβλημα είναι η γραμματική, του χρονικού αποτελέσματος, της αιτίας και της ενέργειας:

Προτού να φάει ο Τζον το μεσημεριανό του, έπαιξε μπάλα.
Επειδή το τελευταίο τραίνο είχε φύγει, έμεινε όλη τη νύχτα.

Επίσης άλλη μια σύγχυση προκαλούν οι συγκεχυμένες πληροφορίες, που απέχουν από την κοινή δομή.
Για να κατανοηθούν οι γραμματικοί χρόνοι, απαιτούνται και συντακτικές ικανότητες.
"Αυτά τα λεπτά σημεία της γλώσσας μεταφέρουν το άτομα πέρα από το πραγματικό όριο του οπτικού κόσμου," λέει η Priscilla Vail. "Χωρίς τη γλώσσα, περιοριζόμαστε στον οπτικό μας ορίζοντά. Η γλώσσα επιτρέπει στα παιδιά να κινηθούν πέρα από αυτούς τους κρυμμένους μηχανισμούς της αιτίας και της ενέργειας. Αν οι γονείς επιθυμούν τα παιδιά τους να τα πάνε καλά στο σχολείο ή να πάνε σε ένα καλό κολέγιο, πρέπει να δώσουν σημασία στη γλώσσα. Ένα πλούσιο λεξιλόγιο είναι η βάση, αλλά η δυνατότητα να περιγράψουμε, να συγκρίνουμε, και να ταξινομήσουμε με τη γλώσσα είναι αυτό που μας οδηγεί να σκεφτούμε ανάλογα — αυτό είναι το υψηλότερο επίπεδο, και αυτό είναι που εξετάζεται στα SAT τεστ!"

ΠΩΣ ΧΕΙΡΙΖΕΤΑΙ Ο ΕΓΚΕΦΑΛΟΣ ΤΗ ΓΡΑΜΜΑΤΙΚΗ

Σε σχέση με αυτό που συμβαίνει στους εγκεφάλους των παιδιών, είναι σημαντικό να γίνει αντιληπτό ότι οι μεθοδικές, γραμματικές και συντακτικές λεπτομέρειες μιας γλώσσας, οι ήχοι της, και πιθανώς οι λεπτές διαφορές στις έννοιες των λέξεων, υποκινούνται από το αριστερό ημισφαίριο του εγκεφαλικού φλοιού στους περισσότερους δεξιόχειρες ανθρώπους. Γενικότερα η κατανόηση των εννοιών, των χειρονομιών, και της ερμηνείας των λέξεων της οπτικής επαφής (π.χ., εκφράσεις του προσώπου) υποκινούνται κυρίως για τους περισσότερους από μας από το λιγότερο αναλυτικό δεξί ημισφαίριο. Στην πρόταση "το σκυλί κυνηγήθηκε από τη γάτα," τα σημασιολογικά συστήματα του δεξιού ημισφαιρίου θα συνδέσουν τις λέξεις (π.χ., γάτα, σκυλί, και κυνηγήθηκε) με νοερές εικόνες ή/και με τα δίκτυα προηγούμενων ενώσεων. Προκειμένου να γίνουν κατανοητές οι λεπτομέρειες των γεγονότων (π.χ. ποιος κυνηγήθηκε; ο χρόνος αφορά το τώρα, το χθες, ή το αύριο;) πρέπει να χρησιμοποιήσουμε το αριστερό ημισφαίριο. Σήμερα όταν ακούω συνομιλίες νεαρών μαθητών, αναρωτιέμαι αν τα δύο ημισφαίρια αποκτούν την απαραίτητη άσκηση!

Η προφορική ευφράδεια, από μόνη της, δεν επιφέρει την πλήρη ανάπτυξη των γλωσσικών συστημάτων του αριστερού ημισφαιρίου. Μερικές φορές η φαινομενική πρόωρη ανάπτυξη του λεξιλογίου και ο ψευδοσοφιστικισμός ξεγελά τους ενηλίκους που θεωρούν ότι ένα παιδί που φλυαρεί έχει καλή γλωσσική ανάπτυξη. Όχι αληθινή όμως! Μερικά από τα δυσκολότερα μαθησιακά προβλήματα που εμφανίζονται είναι αυτά των παιδιών που μιλούν συνέχεια αλλά δυσκολεύονται να φτάσουν στην ουσία του νοήματος. Ναι μεν, έχουν ένα μεγάλο σύνολο γενικών συνδέσεων, αλλά έχουν και μεγάλο πρόβλημα να τις συνθέσουν και να βάλουν τις λεπτομέρειες με σειρά. Οι λέξεις τους γυρίζουν γύρω από τις σκέψεις τους όπως οι Ινδιάνοι γύρω από ένα τραίνο, αλλά ποτέ δεν φτάνουν στην επίθεση. Πολλές φορές, επειδή αυτοί οι μαθητές έχουν πρόβλημα να καταλάβουν και οι ίδιοι αυτό που σκέφτονται, δεν ξέρουν καν ποιο είναι το νόημα — ή η ερώτησή τους. Τα υποκατάστατα της λεκτικής, "Ξέρετε..." και διανοητικής ακρίβειας, αφήνουν στον ακροατή να συμπληρώσει τα κενά. Αυτό το πρόβλημα έχει κατανεμηθεί κλινικά ως μορφή "γλωσσικής μαθησιακής δυσκολίας," αλλά φαίνεται να είναι όλο και περισσότερο εμφανές μεταξύ των "φυσιολογικών" μαθητών του σύγχρονου περιβάλλοντος της "Γλώσσας των McDonald ".

Δεδομένου ότι από καιρό έχει αναγνωριστεί ότι τα προβλήματα της λεκτικής ακρίβειας μπορούν να προκύψουν από ελλείψεις στο αριστερό ημισφαίριο, οι γλωσσικοί θεράποντες ανησυχούν για το ποσοστό παραμέλησης των γλωσσικών περιοχών του αριστερού ημισφαιρίου, από την συντριπτική παρουσία της Τηλεόρασης και του βίντεο. Στο επόμενο κεφάλαιο και στην συζήτηση για την Τηλεόρασή, θα εξετάσουμε αυστηρότερα αυτήν την δυνατότητα.

Η απουσία του συντακτικού οδηγεί στη συγκεχυμένη σκέψη. Η δυσκολία της χρήσης της γραμματικής στον συσχετισμό των ιδεών μπορεί να είναι υπαίτια για πολλά από τα προβλήματα του συλλογισμού, της φυσικής, και των μαθηματικών, τα οποία γίνονται όλο και πιο εμφανή στα λύκεια μας. Οι περισσότερες δυσλειτουργίες του συλλογισμού δεν αποκαλύπτονται ώσπου οι μαθητές αναγκαστούν να διατυπώσουν τις ιδέες τους με αρκετά σαφή τρόπο και προφορικά και γραπτά. Κατά την διάρκεια των επισκέψεων μου μέσα στις τάξεις, παρατήρησα τους μαθητές "να διεξάγουν" τις συζητήσεις με σύντομες, επιφανειακές απαντήσεις ή πολλές λέξεις συνοδευόμενες από χειρονομίες ("ξέρετε"......και ο δάσκαλος ξέρει, έτσι το παιδί ξεμπλέκει εύκολα). Ο δάσκαλος είναι συνήθως απληροφόρητος ότι η τάξη ανταποκρίνεται περισσότερο στην συζήτηση και όχι στην ανάλυση.

Κάθε φορά που αναθέτει μια γραπτή εργασία , εμφανίζονται τα προβλήματα.

"Αυτά τα παιδιά δεν μπορούν να σκεφτούν!" παραπονιέται ο δάσκαλος.

ΤΑ ΓΡΑΠΤΑ: ΤΟ ΤΕΛΙΚΟ ΧΤΥΠΗΜΑ

Τα γραπτά είναι μια δοκιμασία της γλώσσας καθώς αποτελεί το μέσο έκφρασης της σκέψης. Ένα ανησυχητικό ποσοστό από τους μαθητές με πρωτιά στην γλωσσική παραγωγή παρουσιάζει πτώση. "Πολύ λίγοι από τους μαθητές μας μπορούν να γράψουν καλά," δηλώνει, ο διευθυντής διοίκησης της εθνικής αξιολόγησης εκπαιδευτικής προόδου (SAT) Archie E. Lapointe. "Οι περισσότεροι μαθητές, και η πλειοψηφία και η μειοψηφία ομοίως, είναι ανίκανοι να γράψουν επαρκώς, εκτός αν πρόκειται για απαντήσεις απλούστατων θεμάτων."

Το καλά αιτιολογημένο και καλά οργανωμένο γραπτό προκύπτει, μόνο από ένα μυαλό που έχει εκπαιδευτεί να χρησιμοποιεί τις λέξεις αναλυτικά. Όσο καλές, δημιουργικές και αξιόλογες κι αν είναι οι ιδέες ενός μαθητή, η λειτουργικότητα τους περιορίζεται από την καθημερινή γλώσσα.

Αυτό που αποθαρρύνει τους δασκάλους περισσότερο είναι η ποιότητα των γραπτών και η δυνατότητά των μαθητών να ακούνε καλά. Γιατί το γράψιμο είναι το πιο δύσκολο κομμάτι των γλωσσικών εργασιών; Καταρχήν, απαιτεί μια δυνατή βάση προφορικών ικανοτήτων. Οι μαθητές που δεν έχουν μάθει να συντάσσουν τις λέξεις με νόημα όταν μιλούν, δεν πρόκειται να καταφέρουν να τις αποτυπώσουν ούτε στο χαρτί. Δεύτερον, η σωστή γραπτή γλώσσα είναι αρκετά διαφορετική από εκείνη "των σημειώσεων". Η συνειδητοποίηση του ήχου της επέρχεται μόνο από το εκτενές άκουσμα ή με την ανάγνωση της ποιοτικής πεζογραφίας και της ποίησης. Επιπλέον, η διατύπωση μιας ιδέας στο χαρτί απαιτεί από αυτόν που γράφει να αποφεύγει το "εδώ" και το "τώρα", τις χειρονομίες και " τα ξέρετε...." Γιατί πολύ απλά δεν λειτουργούν μέσα στο κείμενο.

Το γράψιμο μας επιτρέπει να δώσουμε στις ιδέες μας ζωή, βέβαια αυτή η δύσκολη προσέγγιση απαιτεί τη χρήση μιας πιο σύνθετης σύνταξης για να συνδεθούν οι ιδέες. Διαφορετικά έχουμε την πεζογραφία "του Dick και της Jane". Η δυσκολότερη πτυχή του σωστού γραπτού, είναι ότι απαιτείται η οργάνωση της σκέψης.

Μια δασκάλα που προσπαθούσε να βοηθήσει τα δευτεράκια της να μάθουν να γράφουν με ευφράδεια μου ζήτησε συμβουλές για μια κατά τα άλλα καλή μαθήτρια που είχε φοβερό πρόβλημα στο να φτιάξει ακόμη και μια απλή ιστορία. Ο γραφικός της χαρακτήρας ήταν καλός, θα μπορούσε να αντιγράψει αρκετά εύκολα οτιδήποτε, και όταν απαντούσε τις ερωτήσεις της δασκάλας χρησιμοποιούσε την κατάλληλη γλώσσα για την ηλικία της. Παρόλα αυτά όταν προσπάθησε να γράψει κάτι, φάνηκε ότι και το χαρτί και αυτή παρέμειναν εξίσου κενά.

Αποφασίσαμε ότι η δασκάλα θα ενεργούσε ως "γραμματέας" και θα ζητούσε από το μικρό κορίτσι να της πει μια απλή ιστορία. Εδώ είναι ένα δείγμα από το πρώτο αφήγημα του παιδιού:

Και έπειτα ήταν. .. ο Νταν. .. ήταν. .. Ο Ντάννυ αναρωτιόταν τι σκεφτόταν η Τάνια. "Γιατί αναρωτιόταν .. Η Τάνια, ε χαμογελούσε. .. σκεφτόταν ίσως και... ο Ντάννυ σκεφτόταν τι. .. αναρωτιόταν τι σκεφτόταν η Τάνια.

Δεν υπάρχει αμφιβολία ότι αυτό το παιδί δεν μπορεί να διατυπώσει τις ιδέες της στο χαρτί εφόσον δεν έχει μάθει ακόμα να τις τακτοποιεί στο μυαλό της.

Με τους μαθητές της δευτέρας που παρουσιάζουν τέτοιες δυσκολίες, θα εργαστούμε για να τις διορθώσουμε. Στις μέρες μας, οι καθηγητές πανεπιστημίου παραπονιούνται ότι είναι αναγκασμένοι να διδάξουν εξαρχής τις δεξιότητες του συντακτικού και του συλλογισμού που κάποτε θεωρούνταν δεδομένες. Ένας καθηγητής του Χάρβαρντ πρόσφατα άρχισε να στέλνει ευχαριστήριες επιστολές στα λύκεια από τα οποία είχαν έρθει μαθητές που έγραφαν με σαφήνεια και με ευφυΐα.

"Δεδομένου ότι επεσήμανα τραχύτητα στον πεζό λόγο των μαθητών, έμεινα πολύ ευχαριστημένος με τα σπάνια αποτελέσματα όπως αυτά της Δεσποινίς Χ" έγραψε σε μια επιστολή. Αργότερα, σε μια τηλεφωνική συνέντευξη, εξήγησε, "Πιστεύω ότι υπάρχει μια καθοριστική πτώση στην ποιότητα των γραπτών των μαθητών. Γενικότερα επικρατεί μία σύγχυση, ουσιαστικά είναι η ανακρίβεια της γλώσσας που εκτείνεται στην ασάφεια της σκέψης. Αρχίζουν να χάνουν την έννοια των λέξεων π.χ. το καλύτερα, που αντί αυτού σκέφτονται το καλό και το καλύτερο, ή ψηλό αντί ψηλότερο. Αυτό που μου κινεί περισσότερο το ενδιαφέρον είναι ότι οι περισσότεροι μαθητές μου δεν μπορούν να γράψουν αυτό που εννοούν. Ξοδεύω πολύ χρόνο μαζί τους για τα γραπτά τους — πολύ περισσότερο απ' όσο πιστεύω ότι θα έπρεπε σε ένα κολέγιο όπως αυτό. Απλά δεν μπορούν να κάνουν πολλά από τα πράγματα που θεωρούνταν βασικά πριν δεκαπέντε χρόνια που πρωτοήρθα εδώ."

Η ΓΡΑΜΜΑΤΙΚΗ ΤΩΝ ΜΑΘΗΜΑΤΙΚΩΝ

Οι περισσότεροι άνθρωποι, ακόμα και οι δάσκαλοι μαθηματικών, δεν γνωρίζουν ότι τα προβλήματα με τη γλώσσα μπορούν να προκαλέσουν δυσκολίες και στο μαθηματικό συλλογισμό. Τα γραμματικά εργαλεία που διασαφηνίζουν τις σχέσεις μεταξύ της ανάγνωσης και της γραφής, λειτουργούν το ίδιο και στα μαθηματικά. Επιπλέον οι μελέτες που αφορούν παιδιά με ιδιαίτερη κλίση στα μαθηματικά παρουσιάζουν αντίστοιχα υψηλές λεκτικές ικανότητες. Από την άλλη πλευρά, είναι πιθανό ακόμη και τα έξυπνα παιδιά με προβλήματα ακοής, να αντιμετωπίζουν δυσκολία με τα μαθηματικά, εξαίρόντας τους υπολογισμούς, ενδεχομένως επειδή δεν είχαν εμπειρίες με την απαραίτητη ακριβής, διαδοχική χρήση της γλώσσας.
Μερικές σημαντικές λέξεις στα πρώτα στάδια των μαθηματικών είναι αυτές που προσδιορίζουν την κατεύθυνση την οποία ακολουθούν οι αριθμοί και η σκέψη: (π.χ., πριν από, μετά από, πάνω, κάτω από, μακριά), που δηλώνουν αιτιολογία (π.χ., αν, τότε, επειδή) ή ενέργεια (π.χ., προσθέστε, πολλαπλασιάστε). Οι όροι δανείζομαι από, χωρίζουμε σε ή πολλαπλασιάζουμε με είναι μόνο μερικά παραδείγματα που συχνά μπερδεύουν τα παιδιά που έχουν πρόβλημα να συνδέσουν το νόημα της πρότασης με τα σύμβολα που βλέπουν. Εξειδικευμένα μαθηματικά όπως η άλγεβρα απαιτούν ιδιαίτερες ικανότητες στον λογικό και συμπερασματικό συλλογισμό που ο οποίος πολλές φορές εκτυλίσσεται μέσα από ένα τύπο συντακτικού.
"Δίνοντας προσοχή στις λέξεις μπορεί να βοηθήσει τους μαθητές να χειριστούν τους αριθμούς," δηλώνει η Joan Countryman, μια

διεθνούς φήμης δασκάλα μαθηματικών, η οποία ασχολείται με το βιβλίο "Γράψτε για να μάθετε μαθηματικά". Είχε διαπιστώσει ότι όταν έβαζε στους μαθητές της προβλήματα τους βοηθούσε να αναπτύξουν τον απαραίτητο συλλογισμό για να μπορέσουν να τα αντιμετωπίσουν με πολλές καλές λύσεις.

Κάποιοι δάσκαλοι επινόησαν αυτή την ιδέα επάνω στην απόγνωσή τους. Ένας δάσκαλος Άλγεβρας από το Τενεσίι ο οποίος περιγράφει την σύγχρονη σοδειά των μαθητών ως "φρικτούς λύτες προβλημάτων" προτείνει "Εκεί που πιστεύω ότι βρίσκεται το πρόβλημα είναι στην έλλειψη κατανόησης της αγγλικής. Πρέπει να προχωράω βήμα προς βήμα σε κάθε πρόβλημα να υπογραμμίζω το θέμα, το ρήμα, να εξηγώ ότι ψάχνουμε για το ρήμα κτλ. Αν είχαμε για παράδειγμα μια φράση όπως "Ο John χρειάστηκε δύο ώρες παραπάνω για την ίδια απόσταση" θα πρέπει να κατανοήσουν την γλώσσα προτού συλλάβουν την εικόνα στο μυαλό τους για το τι συμβαίνει. Μέχρι τότε, δεν υπάρχει τρόπος να καταλάβουν πραγματικά τι είδους εξίσωση χρειάζεται."

Στο βιβλίο της Twice as less, η Eleanor Wilson Orr περιγράφει την δική της άποψη για τους τρόπους με τους οποίους η χρήση των προθέσεων, των συνδέσμων και των αναφορικών αντωνυμιών μπορεί να επηρεάσει την σκέψη των μαθητών σχετικά με τις ποσοτικές σχέσεις. Δουλεύοντας με μαθητές που δεν μιλούσαν τα καθιερωμένα Αγγλικά πείστηκε ότι τα "προβλήματα συλλογισμού" ήταν στην ουσία αποτέλεσμα των διαφορών στην χρήση της γλώσσας.

Ένας μαθητής που παρακολουθούσε το μάθημα της χημείας είπε ότι όγκος του αερίου ήταν κατά μισή φορά παραπάνω από ότι ήταν πριν. Όταν τον ρώτησα αν εννοούσε ότι ο όγκος θα αυξανόταν, απάντησε "όχι, μειώθηκε". Όταν του εξήγησα ότι παραπάνω σημαίνει μεγαλύτερο, δείχνοντας την έννοια της αύξησης με τα χέρια μου απάντησε ότι εννοούσε δύο φορές και με τα χέρια του έδειξε μείωση. Όταν του είπα ότι " δυο φορές σημαίνει μεγαλύτερο" .....απάντησε "Μάλλον εννοούσα μισή φορά παρακάτω. Πάντα μπερδεύομαι".

Ξεκινώντας τα μαθήματα μαθηματικών και φυσικής, τα οποία ξεκινούν με βασικές λέξεις για την κατανόηση, η κυρία Orr βοηθάει τους μαθητές να βελτιώσουν τις γνώσεις τους χρησιμοποιώντας "την δύναμη της γλώσσας ως μέσο για να σκεφτούν πέρα από αυτό που βλέπουν."

Σύμφωνα με δύο ερευνητές από την Καλιφόρνια, οι διαφορετικοί τρόποι εκμάθησης αναφοράς στους αριθμούς μπορεί να συντελεί στα ανόμοια επιτεύγματα των Γιαπωνέζων και των Αμερικάνων παιδιών.

Σε μια νέα πρωτοποριακή μελέτη απέδειξαν ότι οι διαφορές στη γλώσσα βοηθούσαν τα Γιαπωνεζάκια να κατανοήσουν ευκολότερα την "τιμή των ψηφίων" την βάση δηλαδή σε μια μαθηματική εξίσωση, κάτι για το οποίο με τα Αμερικανάκια, οι δάσκαλοι θα προσπαθούσαν πολύ περισσότερο. Ο λόγος της διαφοράς είναι ότι πολλές Ασιατικές γλώσσες έχουν προφορικές λέξεις για τους αριθμούς που περιγράφουν συστηματικά τη γραπτή τους σχέση με το δέκα. Για παράδειγμα, στα Ιαπωνικά το 11 το 12 το 20 προφέρονται σαν "δέκα-ένα" "δέκα-δύο" "δύο-δέκα", λιγότερο πολύπλοκο για ένα παιδί από τους όρους "έντεκα", "δώδεκα" και "είκοσι". Πολλοί νεαροί Αμερικάνοι έχουν πρόβλημα να ξεχωρίσουν το "seventeen" από το "seventy". Τα Γιαπωνεζάκια μπορούν να τα κατανοήσουν ευκολότερα αφού το 17 λέγεται "δέκα-επτά" και το 70 "επτά-δέκα".

Μελετώντας 48 μαθητές της πρώτης τάξης σε ανώτερα επιτεύγματα και στις δύο χώρες, οι ίδιοι ερευνητές απέδειξαν τις δραματικές διαφορές στις δυνατότητες να συμβολίσουν τους αριθμούς ανάλογα με την αξία των ψηφίων, δίνοντας στους Ιάπωνες το προβάδισμα στους πιο περίπλοκους υπολογισμούς και συλλογισμούς. Ενώ οι Αμερικάνοι δάσκαλοι αγωνίζονται σκληρά να διδάξουν την αξία των ψηφίων της πρόσθεσης και της αφαίρεσης στα παιδιά της δεύτερης τάξης, οι Γιαπωνέζοι μαθητές της ίδιας τάξης τα κατέχουν καλά και προχωρούν και σε πολλαπλασιασμούς. Επιπλέον μελέτες για το πώς διαμορφώνει η γλώσσα τον μαθηματικό συλλογισμό μπορεί να παρουσιάσουν επιπλέον αποκλίσεις, αφού η ένδειξη μιας μεμονωμένης μεταβολής δεν αντιπροσωπεύει όλες τις διαφορές.

ΓΙΑΤΙ ΤΑ ΠΑΙΔΙΑ ΔΕΝ ΜΑΘΑΙΝΟΥΝ ΓΡΑΜΜΑΤΙΚΗ;

Η λύση σε όλα αυτά τα προβλήματα φαίνεται να είναι απλή. Τα σχολεία πρέπει να διδάξουν "γραμματική". Όταν προσπαθούν να διδάξουν "γραμματική" όπως την αποκαλούν στις μέρες μας, το κάνουν κολλώντας ετικέτες (π.χ., "επίρρημα," "πρόταση") και κανόνες ("τα επιρρήματα τροποποιούν τα ρήματα, τα επίθετα, και άλλα επιρρήματα") σε ένα σύστημα που πρέπει να εγκατασταθεί στον εγκέφαλο με έναν τελείως διαφορετικό τρόπο. Χωρίς τις βάσεις, "οι κανόνες της γραμματικής" είναι δύσκολο να μπουν στους εγκεφάλους, κάποιες φορές αδύνατο. Προφανώς, κάποια στοιχειώδη γραμματική αποκτιέται από την Τηλεόραση. Τα παιδιά μπορεί να αποκτήσουν ένα στοιχειώδες λεξιλόγιο, αλλά σε κανένα από αυτά δεν έχει αποδειχτεί ότι δέχεται και ανάλογα συντακτικά πρότυπα. Μελέτες σε παιδιά προσχολικής ηλικίας, τα οποία παρακολουθούσαν την εκπομπή Sesame Street, έδειξαν ότι αναγνώριζαν περισσότερες λέξεις, από τα παιδιά που δεν είχαν δει το πρόγραμμα (τα τεστ απλώς τους ζητούσαν να δείξουν τις εικόνες που αντιπροσωπεύουν τις λέξεις, χωρίς να πουν τίποτα), δυστυχώς όμως κανένα συντακτικό κέρδος δεν σημειώθηκε. Σε μια άλλη μελέτη, οι πειραματιστές, παρουσίασαν σε παιδιά Ολλανδούς γερμανικά προγράμματα σε μια προσπάθεια να τους μάθουν τα γερμανικά. Δεν έμαθαν.

Πολλές ενδιαφέρουσες μελέτες έδειξαν ότι η Τηλεόραση είναι ένα εξίσου φτωχό γλωσσικό μέσο για τα παιδιά με φυσιολογικά ακούσματα που ανατράφηκαν από κωφούς γονείς. Ένα παράδειγμα, δύο φυσιολογικά αδέλφια μεγάλωσαν στο σπίτι μόνο από την κωφή μητέρα τους, σύντομα πρώτα ο ένας και μετά ο άλλος γράφτηκαν στο νηπιαγωγείο. Όταν τα παιδιά εξετάστηκαν για πρώτη φορά σε ηλικία πέντε και δύο ετών αντίστοιχα, η μόνη γλωσσική εμπειρία που είχαν προερχόταν από την Τηλεόραση και από τη συνοπτική έκθεση στο σχολείο. Η γλώσσα του πρώτου, κυρίως η γραμματική του, ήταν περίεργη ενώ ο νεώτερος αδελφός του δεν είχε αναπτύξει τίποτα από τα δύο. Ευτυχώς, και τα δύο παιδιά βρίσκονταν ακόμα στην ευαίσθητη περίοδο γλωσσικής ανάπτυξης, με αποτέλεσμα η πρόοδός τους να ήταν γρήγορη, από την στιγμή που άρχισαν να συναναστρέφονται με άλλους ομιλητές. Οι ερευνητές που σχολιάζουν αυτήν την περίπτωση επισημαίνουν ότι, πέρα από το βασικό επίπεδο, ο γραμματικός λόγος (και η κατανόησή του) φαίνονται να είναι οι πιο τρωτές πτυχές της γλωσσικής απόκτησης απέναντι στη στέρηση καθώς επίσης ότι τα παιδιά πρέπει να χρησιμοποιούν τη γλώσσα με την επαφή ώστε να ανακαλύπτουν τους κανόνες της. "Όλες αυτές οι διεπιδραστικές πτυχές της επικοινωνίας λείπουν όταν η γλώσσα προέρχεται από μια έμμεση πηγή. Επιπλέον η έμμεση πηγή που χρησιμοποιεί απλούστερη γλώσσα από αυτή των ενηλίκων (παραδείγματος χάριν, τηλεοπτικά προγράμματα για τα παιδιά) αποτελεί μια φτωχή πηγή για τη γλωσσική απόκτηση".

Οι μελέτες για τις μητέρες που μιλούν φυσιολογικά στα παιδιά τους επιβεβαιώνουν τη σημασία της άμεσης προσωπικής εμπειρίας για αυτές τις λεπτές εκφάνσεις της γλώσσας. Παρόλο που οι νεαροί αποκτούν ένα καλό βασικό λεξιλόγιο άσχετα από το λεκτικό ύφος των μητέρων τους, παραλείπουν τις υψηλότερου επιπέδου γραμματικές ικανότητες όταν οι μητέρες τους αποτυγχάνουν να τις χρησιμοποιήσουν. Δεν έχει σημασία ποια γλώσσα μιλιέται, αρκεί ο εγκέφαλος να μάθει να επεξεργάζεται σωστά κάποιο ανεπτυγμένο σύστημα γραμματικής.

Μερικές ενδιαφέρουσες μελέτες, αφορούν κωφάλαλα άτομα που έμαθαν την αμερικανική νοηματική γλώσσα (ASL), η οποία περιείχε ένα πλήρες σύνολο γραμματικών κανόνων παρόμοιο με εκείνο της προφορικής Αγγλικής γλώσσας, απέδειξαν ότι υπάρχουν ιδιαίτερες πτυχές στο πρόγραμμα ανάπτυξης για την γνώση της σύνθετης σύνταξης και για τις μικρές λέξεις και τις καταλήξεις που κρύβουν οι λεπτές έννοιες (π.χ., οι διαφορές μεταξύ της φράσης "ένας δάσκαλος είναι στο δωμάτιο." και "ο δάσκαλος είναι στο δωμάτιο."). Η Δρ Elisa Newport εξέτασε μερικούς κωφούς ενηλίκους σε διαφορετικές χρονικές στιγμές της ζωής τους, οι οποίοι είχαν εξοικειωθεί με την ASL: κατά την γέννηση τους, μεταξύ τεσσάρων και έξι ετών, ή μετά από την ηλικία των ένδεκα. Από τότε που ανακάλυψε σημαντικές διαφορές στις ικανότητες κάποιων θεμάτων ανάλογα με την χρονική στιγμή της έκθεσής τους στην ASL, πίστεψε ακράδαντα στις ευαίσθητες περιόδους ανάπτυξης του συντακτικού (παρόλο που αυτά τα άτομα προέρχονταν από παρόμοια σχολεία και όμοιο περιβάλλον. Αποδείχθηκε ότι μετά την ηλικία των ένδεκα, οι εγκέφαλοί τους είχαν χάσει τη δυνατότητα να διαχειριστούν σύνθετες μορφές σύνταξης. Έκαναν τους ίδιους τύπους λαθών που εμφανίζονται και στο γράψιμο των σημερινών παιδιών στα σχολεία.

Είναι σαφές ότι για να προετοιμαστούν κατάλληλα τα παιδιά στην ανάγνωση, την γραφή, την ομιλία και την ακουστική, θα πρέπει να γνωρίσουν πιο εξειδικευμένη γλώσσα κατά τη διάρκεια της παιδικής τους ηλικίας. Αλλά ας δούμε σύντομα πως έχει η τρέχουσα κατάσταση:

- Τα φορτωμένα προγράμματα ή οι αδιάφοροι φροντιστές κατατροπώνουν την προφορική ανάγνωση και την συνομιλία. Ένα μεγάλο μέρος της "ομιλίας" που πραγματοποιείται, ακόμη και στις οικογένειες, που ενδιαφέρονται, περιστρέφεται γύρω από στιγμιαίες εκφράσεις (π.χ., "πάρε το καπέλο και τα γάντια σου." "Πότε τελειώνεις την βάρδια σου απόψε;" "Κάνε την εργασία σου, ή, όχι Τηλεόραση.").

- Η ποιότητα των γλωσσικών προτύπων στα τηλεοπτικά μέσα ποικίλει ιδιαίτερα. Ακόμα κι αν το παιδί επιλέγει προγράμματα με πιο σύνθετη γλώσσα, είναι πιθανό να μην αποβεί αποδοτικό όταν δεν παρευρίσκεται ένας ενήλικας για να επιβεβαιώσει την προφορική αντίδραση.

- Τα περισσότερα παιδιά του δημοτικού διαβάζουν βιβλία που περιέχουν αδύνατο ή μέτριο συντακτικό.

- Ο χρόνος και το κίνητρο για την ανάγνωση σφετερίζονται όλο και περισσότερο από την Τηλεόραση και άλλες δραστηριότητες που δεν απαιτούν γραπτό λόγο, όπως η πρακτική στους υπολογιστές, ή οι εργασίες για το σπίτι.

Έτσι είναι απόλυτα λογικό να απαιτείται από έναν δάσκαλο αγγλικών να καλύψει όλα τα κενά — και επιπλέον να είναι σωστός στη διδασκαλία της λογοτεχνίας, της έκθεσης, της ορθογραφίας, της τέχνης της διάλεξης, της ποίησης, της κατανόησης κειμένου, κ.λπ.; Όταν τα παιδιά φτάνουν στη μέση του γυμνασίου, υποθέτουμε ότι είναι ικανά να υποβάλουν σωστές ερωτήσεις και να γράψουν ένα συνεπές (από άποψη γραμματικής) δοκίμιο, δυστυχώς τα περισσότερα από αυτά δεν μπορούν. Θεωρούμε δεδομένο ότι μπορούν να κατανοήσουν τα βιβλία που συμπεριλαμβάνονται στο πρόγραμμα σπουδών, των οποίων η σύνταξη ηχεί σαν μια ξένη γλώσσα στα αυτιά των μαθητών!

Ο Tom δεν μπορούσε να ξεφύγει από αυτό. Κάθε αναφορά στη δολοφονία προκαλούσε ένα ρίγος στην καρδιά του, η ενοχλημένη του συνείδηση και οι φόβοι του σχεδόν τον έπεισαν ότι αυτά τα σημάδια ερχόντουσαν στα αυτιά του σαν "κεραίες", δεν καταλάβαινε πώς θα μπορούσε να τον υποψιαστεί ο οποιοσδήποτε χωρίς να γνωρίζει για τον φόνο, αλλά και πάλι δεν θα μπορούσε να νιώθει άνετα συζητώντας για αυτό.

—Tom Sawyer

Εκτός και αν ένα τέτοιο είδος λογοτεχνίας διδαχθεί προσεκτικά από ειδικευμένους δασκάλους που ξέρουν πώς να παρουσιάσουν το κείμενο ζωντανά και που θα είναι σε θέση να βοηθήσουν τους μαθητές με το άγνωστο λεξιλόγιο, την γραμματική, και την φωνή, μπορώ να σας πω τι δεν κάνουν πολλά παιδιά — απλά δεν διαβάζουν. Αντί αυτού, συνεχίζουν να χρησιμοποιούν — και να εμφυτεύουν στα μυαλά τους μια "πρωτόγονη" γλώσσα όπως μερικοί γλωσσολόγοι περιγράφουν. Ακριβώς εδώ βρίσκεται μια από τις σημαντικότερες πηγές έντασης μεταξύ των σπουδαστών και του προγράμματος σπουδών.

"ΠΕΡΙΟΡΙΣΜΕΝΟΙ ΚΩΔΙΚΕΣ" ΚΑΙ Η ΑΠΩΛΕΙΑ ΤΗΣ ΑΝΑΛΥΤΙΚΗΣ ΤΟΠΟΘΕΤΗΣΗΣ

Οι γλωσσολόγοι διαφωνούν σχετικά με το αν ο όρος "πρωτόγονη" γλώσσα είναι δίκαιος ή ακριβής αλλά συμφωνούν στο ότι οι γλώσσες διαφέρουν στην πολυπλοκότητα. Ελέγξτε αυτή την πρόταση την οποία οι περισσότεροι ενήλικοι ομιλητές αγγλικών μπορούν εύκολα να καταλάβουν:

The woman who lives next door brought the flowers that are on the table.

 (Η γυναίκα που μένει δίπλα έφερε τα λουλούδια που είναι πάνω στον τραπέζι.)

Σε μερικές γλώσσες, όλες αυτές οι σκέψεις δεν μπορούν να μπουν σε μια πρόταση επειδή δεν διαθέτουν τα νοητικά εργαλεία για να ταξινομήσουν τις πληροφορίες ιεραρχικά. Οι ομιλητές μιας τέτοιας γλώσσας περιορίζονται στις απλούστερες προτάσεις:

A woman brought the flowers.

They are on the table.

She lives next door.

(Μια γυναίκα έφερε τα λουλούδια.)

(Είναι στο τραπέζι.)

(Μένει δίπλα.)

Παρακάτω βρίσκεται άλλο ένα παράδειγμα που συγκρίνει την σχέση αιτίας-αποτελέσματος:

Η συνεδρίαση δεν ήταν παραγωγική. Ο πρόεδρος ήταν απογοητευμένος. Ο πρόεδρος όρισε μια νέα επιτροπή.

με την παρακάτω εκδοχή:

Επειδή η συνεδρίαση δεν ήταν παραγωγική, ο απογοητευμένος πρόεδρος όρισε μια νέα επιτροπή.

Στο πρώτο παράδειγμα, η απουσία της σύνθετης σύνταξης μας εξαναγκάζει να συμπεράνουμε γιατί ο πρόεδρος άλλαξε την επιτροπή και επίσης την χρονική ακολουθία των γεγονότων. Οι μορφές της γλώσσας που περιέχουν αυτούς τους σύνθετους γραμματικούς μηχανισμούς ονομάζονται περίπλοκοι κώδικες. Αυτές που αναπτύσσουν τις ιδέες χωρίς τέτοιες σύνθετες γραμματικές δομές ονομάζονται αναλυτικοί γλωσσικοί κώδικες και είναι αυτοί που αντιμετωπίζονται ως "πρωτόγονοι." Είναι πιο χρήσιμοι όταν μπορεί να δει ένας ομιλητής τις χειρονομίες του άλλου ενώ ήδη γνωρίζει τις λεπτομέρειες του μηνύματος. "Οι εκφράσεις που χρησιμοποιούνται από πολλούς λαούς σε πρωτόγονο επίπεδο μπορούν να γίνουν κατανοητές μόνο εάν η συγκεκριμένη κατάσταση είναι γνωστή και εάν οι χειρονομίες τους παρακολουθούνται," λέει ο Louria. Το απλό, οπτικό περιεχόμενο πολλών τηλεοπτικών προγραμμάτων παρέχει επαρκώς αυτόν τον τύπο συζήτησης.

Σύμφωνα με το Δρ Paul Kay του τμήματος ανθρωπολογίας του πανεπιστημίου UCLA, οι περίπλοκοι κώδικες μπορούν να διακριθούν από τις μακρύτερες προτάσεις, το πλουσιότερο και πιο σαφές λεξιλόγιό. Έχουν περισσότερες εκφράσεις για τις λογικές συνδέσεις (π.χ., επομένως, άρα, επιπλέον, επειδή, εάν, από τότε, εντούτοις). Οι περιορισμένοι κώδικες, αφ' ετέρου, είναι πιο άμεσοι, και απαιτούν από τον ακροατή να συμπληρώσει τα κενά του ομιλητή (π.χ., να τοποθετούν λέξεις όπως το "ξέρετε" αντικαθιστώντας την πραγματική λέξη).

Και οι δύο τύποι ομιλιών χρησιμεύουν στην καθημερινή ζωή. Εάν έπρεπε να κάνετε μια διάλεξη σε ένα γειτονικό πανεπιστήμιο, θα έπρεπε να χρησιμοποιήσετε περίπλοκους κώδικες, αλλά εάν θα θέλατε να εκφράσετε την αγάπη σας στο σύζυγό σας, ίσως να μην ήταν και πολύ κατάλληλοι. Το ζητούμενο είναι να είσαι σε θέση να "αλλάζεις-κώδικες" και να χρησιμοποιείς το καλύτερο είδος σύνταξης για την προκείμενη κατάσταση .

Οι πολύπλοκοι και οι περιορισμένοι κώδικες διαφέρουν στη χρήση δύο λεξικών τύπων: τις ουσιώδεις λέξεις και τις λειτουργικές λέξεις. Οι ουσιώδεις λέξεις είναι η περιγραφική μας παλέτα για τα ρήματα, τα ουσιαστικά, και τα επίθετα που αναφέρονται σε συγκεκριμένα πράγματα, ενέργειες, ή ιδιότητες (π.χ., σπίτι, όμορφος, τρέχει). Ονομάζονται επίσης "ανοικτής κατηγορίας" επειδή συνεχώς προσθέτουμε νέες λέξεις σε αυτές τις κατηγορίες. Το νέο γαστρονομικό λεξικό μας (π.χ., πίτα, σούσι, πέστο) ή μερικές παλαιές εκφράσεις όπως (π.χ., μαστίγιο για άμαξες) είναι παραδείγματα των μεταβαλλόμενων λέξεων ανοικτής κατηγορίας. Τέτοιου είδους λέξεις χρησιμοποιούνται και στους δύο τύπους κωδικών και διακινούνται αρχικά από το δεξί ημισφαίριο.

Αφ' ετέρου, οι λειτουργικές λέξεις χρησιμοποιούνται περισσότερο στους περίπλοκους κώδικες. Είναι πιο δυσνόητοι επειδή δεν αντιπροσωπεύουν χειροπιαστά πράγματα. Αυτές οι "μικρές" λέξεις, καταλήξεις και προθέματα λέξεων, κλίσεις, προθέσεις, βοηθητικά ρήματα, κ.λπ. (π.χ., εάν, αλλά, έτσι,) αναπτύσσονται πολύ αργότερα στην ομιλία ενός παιδιού. Και αποκαλούνται "κλειστή κατηγορία," αφού η χρήση τους αλλάζει μόνο αργά με το πέρασμα του χρόνου. Οι λειτουργικές λέξεις απαιτούν τη χρήση του πιο αναλυτικού ημισφαιρίου, του αριστερού.

Η χρήση αυτών των διαφορετικών λεξικών τύπων επιτρέπει τους διαφορετικούς βαθμούς πολυπλοκότητας στη γλώσσα. Προτάσεις που περιέχουν κυρίως ουσιώδεις λέξεις

Children like to run.

Children like prizes.

(Τα παιδιά επιθυμούν να τρέξουν.)

(Τα παιδιά συμπαθούν τα βραβεία.)

είναι οι τύποι που αποκαλούνται "περιορισμένοι," ή "πρωτόγονοι." Η προσθήκη κάποιων λειτουργικών λέξεων επιτρέπει μια πιο πολύπλοκη έκφραση όπως:

Μερικά από τα παιδιά σε αυτήν την ομάδα πιθανόν να επιθυμούσαν να τρέξουν εάν προσφέραμε ένα βραβείο.

158

Τα κυκλώματα του εγκεφάλου δεν αναπτύσσονται αυτόματα ώστε να χρησιμοποιήσουν τη γλώσσα αναλυτικά και να ξεφύγουν από τους περιορισμένους κώδικες (π.χ. "εάν έχετε ξοδέψει ήδη το χαρτζιλίκι σας σε μια βιντεοκασέτα, μπορεί να μην είστε σε θέση να πάτε αύριο στον κινηματογράφο"). Ένας γλωσσολόγος που κατέγραψε τις συνομιλίες των μητέρων με τα παιδιά τους που ήταν σε προσχολική ηλικία και καταμέτρησε την γλωσσική ανάπτυξη των παιδιών, διαπίστωσε ότι αν οι μητέρες δεν χρησιμοποιούσαν τις λειτουργικές λέξεις, τα παιδιά τους δεν θα τις επέλεγαν.

Οι γλώσσες βρίσκονται πάντα στο στάδιο της αλλαγής. Κατά παράδοση, τα ουσιαστικά και τα ρήματα της ανοικτής κατηγορίας είναι αυτά που αλλάζουν πάρα πολύ γρήγορα. Μεταξύ των νέων, φαίνεται ότι η κλειστή κατηγορία και οι συντακτικοί δείκτες γρήγορα αχρηστεύονται. Αυτές οι διαφορές είναι πιθανό να αντιπροσωπεύουν την αιτία πολλών από τις πτώσεις που παρατηρούνται, όχι μόνο στην ακαδημαϊκή επίδοση, αλλά και στον παραδοσιακό, επίσημο συλλογισμό.

ΠΟΙΟΣ ΕΙΝΑΙ "ΣΤΟΙΧΕΙΩΔΗΣ";

Οι λέξεις "στοιχειώδης γλώσσα" είναι κάπως βεβαρυμένες επειδή υπονοούν κάποιο είδος πολιτιστικής κρίσης. Οι ερευνητές που προσπάθησαν πριν από αρκετά έτη, να εφαρμόσουν αυτήν την έννοια σε κάποιες ομάδες παιδιών, το μόνο που κατάφεραν ήταν να βγάλουν λάθος συμπέρασμα, δηλαδή ότι τα παιδιά της εργατικής τάξης κοινωνικοποιούνται για να χρησιμοποιήσουν μόνο τις στοιχειώδης μορφές γλώσσας, με συνέπεια να δυσκολεύονται με την πολύπλοκη ομιλία και να καταδικάζονται οριστικά σε σχολική αποτυχία. Η επόμενη έρευνα τροποποιεί καταλυτικά αυτήν την υπερ απλούστευμένη εξήγηση. Είναι αλήθεια ότι οι οικογένειες με χαμηλό εκπαιδευτικό υπόβαθρο είναι πιθανότερο να χρησιμοποιήσουν ακατάλληλη γλώσσα για το σχολικό περιβάλλον," και ότι τα παιδιά από σπίτια "χαμηλότερης κοινωνικοοικονομικής θέσης" (που επιβεβαιώνεται και στο εκπαιδευτικό και επαγγελματικό επίπεδο) είναι πιθανό να έχουν λιγότερη εμπειρία από τα παιδιά με τους ανεπτυγμένους γλωσσικούς τύπους των βιβλίων (αν και αυτή η κατάσταση μπορεί να αλλάξει, όπως θα δούμε σε ένα επόμενο κεφάλαιο). Λίγοι θα διαφωνούσαν με την πραγματικότητα, ότι η δυνατότητα χρήσης των "πολύπλοκων κωδικών" δίνει ένα προβάδισμα στον πολιτισμό μας, στο σχολείο και σε πολλά επαγγέλματα, αλλά το να θεωρούμε ότι όλα τα μέλη των "κατώτερων κοινωνικών τάξεων" τα οποία στερούνται αυτού του εργαλείου και ότι όλες οι "ανώτερες κοινωνικές τάξεις " το έχουν, αυτό είναι σαφώς γελοίο.

Ο Δρ Paul Kay που θεωρείται ειδικός στην εξέλιξη και την πολιτιστική ανάπτυξη της γλώσσας, θεωρεί ότι τα προβλήματα της κοινωνικής τάξης και της γλώσσας είναι σημαντικά αλλά δεν πρέπει να υπεργενικεύονται. Πρώτον, η πιο σύνθετη κοινωνία σαφώς θα ωθήσει όλα τα μέλη της στην πιο συνοψισμένη ομιλία. Εξηγεί, σε μια απλή, τοπική κοινότητα, όλοι μοιράζονται κοινές εμπειρίες τις οποίες μπορούν να περιγράψουν με απλές λέξεις, σύντομες προτάσεις, και πολλές χειρονομίες. Δεδομένου ότι οι άνθρωποι απομακρύνονται, πρέπει να αναπτύξουν τρόπους επικοινωνίας για να περιγράψουν τα πιο πολύπλοκα και συναισθηματικά τους προβλήματα. Όσο πιο πολύ εξειδικευόμαστε περιγράφοντας εξειδικευμένους τεχνικούς όρους, τόσο το περισσότερο χρειαζόμαστε τους πολύπλοκους κώδικες. Ο Kay πιστεύει ότι έχοντας την ανάγκη να καταγράψουμε νέες έννοιες, περιβαλλόμαστε από μια ειδική ώθηση που θα μας κρατήσει μακριά από κάποιο διανοητικό "αδιέξοδο."

Υποστηρίζει ότι σε κάθε κοινωνία, υπάρχουν άνθρωποι που χρειάζονται τους πολύπλοκους κώδικες περισσότερο από κάποιους άλλους. "Όταν μια κοινωνία εξελίσσει το γράψιμο της, διαχωρίζοντας τις κοινωνικές τάξεις όσον αφορά την συμβολή τους, τα μορφωμένα άτομα αναμένονται να μιλούν με περισσότερη σαφήνεια και να αναπτύσσουν ένα προφορικό ύφος πιο σαφή απέναντι σε τεχνικά και σε άλλα ανεξάρτητα μηνύματα." Αλλά η ομιλία που ακούγεται επιμελημένη δεν δηλώνει απαραιτήτως την πνευματική ποιότητα ή ότι προέρχεται από υψηλή κοινωνική τάξη.

Ένας επιχειρηματίας μου έδωσε πρόσφατα μια επιστολή η οποία όπως λέει απεικονίζει τη χρήση της γλώσσας στον σύγχρονο επιχειρησιακό κόσμο. Αρχίζει: "Η αναφορά γίνεται στο ανωτέρω αυτοκίνητο που αγοράσαμε από τον αντιπρόσωπό σας στις 30 Νοεμβρίου ..1988." Στις δύο πρώτες σελίδες, ο συντάκτης προσπαθεί να ακουστεί βαρυσήμαντος ενώ το πρόβλημα που προσπαθεί να εκφράσει είναι απλό, πρόκειται για μια αντλία καυσίμων. Εντέλει καταλήγουμε στο συμπέρασμά του: "Ζητώ την εξήγησή σας γραπτώς, ότι όλες οι αντλίες είναι έτσι ή ότι, όπως εσείς το διατυπώσατε, εφόσον αρνηθήκατε την αντικατάσταση της, ισχυριζόμενος ότι αντικαταστάθηκε ήδη μια φορά." Αυτό το άτομο φαίνεται να καταλαβαίνει τι σκέφτεται, αλλά η υπερβολική επεξεργασία της γλώσσας του αποδίδει μόνο σύγχυση.

Κοιτάξτε γύρω, προειδοποιεί ο Kay, για τη διαφορά της "ομιλίας" που είναι καλύτερη μόνο για τις ανόητες φαντασμένες έννοιες και της ομιλίας που αφορά την πραγματική ουσιαστική έννοια, η οποία μεταδίδει το μήνυμα του ομιλητή σαφέστερα και οικονομικότερα." "Γραφειοκράτες," παραδείγματος χάριν, είναι μια "ασύνετη προσπάθεια να επιτευχθεί ένα ανώτερο ύφος" που βασίζεται στη σύγχυση κάποιου για το τι σημαίνει ομιλία πραγματικά!

Ο αρθρογράφος Russell Baker χρησιμοποίησε ένα είδος περιπλοκότητας όταν μίλησε με πολιτικό ύφος: "χαιρετούρες, διπρόσωπες, γλοιώδεις, παραπλανητικές λέξεις παριστάνοντας τον ως την ψυχή του συνοικισμού και της εκπολιτισμένης πολυσύλλαβης ευγένειας." Ο Baker πιστεύει ότι το κοινό πρέπει να σηκωθεί επάνω και να διαμαρτυρηθεί για αυτό τον χωρίς νόημα λόγο που εκπροσωπεί τον αμερικανικό πολιτικό λόγο. Αλλά πώς θα γνωρίζει η επόμενη γενιά τη διαφορά; Όταν οι δάσκαλοι εξομολογούνται ότι οι μαθητές έχουν μεγαλύτερη κλίση στην ασυνάρτητη φλυαρία από ότι στην αποτελεσματική και οικονομική γλώσσα. Είναι, τελικά, διαποτισμένοι με τα πρότυπα της επιφάνειας που καλύπτονται με την δικαιολογία της ακρίβειας.

ΑΛΛΑΖΟΝΤΑΣ-ΚΩΔΙΚΟΥΣ: ΑΠΟ ΤΗΝ ΓΛΩΣΣΑ ΤΩΝ "ΕΦΗΒΩΝ" ΣΤΑ ΑΓΓΛΙΚΑ

Για να μπορέσουν τα παιδιά να σκεφτούν και να εκφραστούν με σαφήνεια, να μιλήσουν και να γράψουν καλά, και να κατανοήσουν τις απαιτήσεις των γυμνασίων και των λυκείων, πρέπει να μάθουν τους κώδικες της βασικής εκπαίδευσης. Επιπλέον, το ύφος επικοινωνίας πολλών εφήβων, ακόμα και όταν προσπαθούν να αντιμετωπίσουν την ακαδημαϊκή γλώσσα, το επίπεδο τους βρίσκεται συνήθως σε μια "στοιχειώδη" κλίμακα. Και επειδή φαίνονται λιγότερο ικανοί να "αλλάζουν-κωδικούς," διαφωνούν ακόμα περισσότερο με τον ενήλικο κόσμο, από ότι οι έφηβοι των προηγούμενων εποχών.

Για έναν νέο, ο τρόπος ομιλίας του δεν διαφέρει μέσα στην τάξη των αγγλικών από εκείνον όταν είναι έξω στην καφετέρια. Η καταχρηστική αυτονομία της εφηβείας απαιτεί δικό της λεξικό. Επίσης, για να προσαρμοστούν στις σχολικές απαιτήσεις, θα πρέπει να είναι σε θέση να αλλάζουν την χρήση της γλώσσας όταν αλλάζουν χώρο.

Κάποτε, μεγαλώνοντας τα παιδιά είχαν μεγαλύτερη επαφή με τους περίπλοκους κώδικες. Στα τηλεοπτικά μέσα, οι περισσότεροι χαρακτήρες μιλούσαν ώριμα και σοβαρά, και οι οικογένειες συζητούσαν στο τραπέζι τα νέα των ειδήσεων. Πολύ χρόνο επίσης διέθεταν για συζητήσεις άλλων θεμάτων. "Τα παιδιά κάποτε ήταν σε θέση να αλλάζουν κώδικα, όταν μιλούσαν στους παππούδες και στις γιαγιάδες τους," σχολίασε ένας γλωσσολόγος. "Αλλά οι παππούδες και γιαγιάδες δεν βρίσκονται πλέον στο περιβάλλον του σπιτιού, και οι γονείς προτιμούν να μετατρέψουν το επίπεδο της συζήτησης σ' αυτό που είναι πιο κοντά στα παιδιά, από το να δοκιμάσουν και έναν διαφορετικό."

Στις μέρες μας, τον περισσότερο χρόνο τους, περισσότερο από τις σχολικές ώρες, ακόμη και τα παιδιά πριν την εφηβεία είναι απομονωμένα στο δικό τους πολιτισμό. Η Τηλεόραση και οι τηλεοπτικές συζητήσεις (αν υπάρχουν κι αυτές) θα είναι είτε στην γλώσσα των εφήβων είτε στην αγράμματη και συκεγχημένη γλώσσα κάποιου σίριαλ. Με μερικές αξιοσημείωτες εξαιρέσεις, τα τηλεοπτικά προγράμματα στηρίζονται σε μεγάλο ποσοστό στις εικόνες, στις χειρονομίες, στη μουσική, και τα χρώματα για να περάσουν ευκολότερα τα μηνύματα. Ποιος έχει ανάγκη από "συζήτηση" που περιέχει μεγάλες προτάσεις, δευτερεύουσες ιδέες, και "συνδέσμους" όπως "εν τω μεταξύ," "εντούτοις," "παρόλο"; Οι λέξεις με συναισθηματισμό δίνουν το μήνυμα, όχι η σύνταξη. Το προσεκτικό άκουσμα γίνεται άσχετο. Ο συλλογισμός διαφοροποιείται προς χάρη της αμεσότητας, η χρήση της γλώσσας εστιάζει στην κυριολεξία, εδώ και τώρα.

Ακόμη και τα "λογοτεχνικά" πρότυπα των εφήβων αρχίζουν να επισημαίνουν το χάσμα που υπάρχει με τον πολιτισμό των ενηλίκων και τη γλώσσα τους. Σε μια πρόσφατη συνέντευξη, η είκοσι πεντάχρονη συντάκτρια ενός νέου εφηβικού περιοδικού για κορίτσια προσπάθησε να περιγράψει την αποστολή της: "Κάποια άλλα περιοδικά έχουν, ένα στερεότυπο ή εξιδανικευμένο πρότυπο για τους εφήβους," είπε. "Ίσως αυτό που θα ήθελαν οι γονείς και οι δάσκαλοι και όχι αυτό που αντιπροσωπεύει τους εφήβους στην πραγματικότητα."

Το σχολείο είναι μια ξένη χώρα! "Είναι σαν, ξέρετε". Τα ανεκπαίδευτα νευρικά κυκλώματα εξεγείρονται όσο περισσότερο διαρκούν οι διαλέξεις. Όλο και περισσότερο, οι σπουδαστές αποσυντονίζονται όταν μιλάνε οι δάσκαλοι, όποτε είναι δυνατόν αποφεύγουν τη λογοτεχνία, δουλεύουν σιωπηλά στα γραφεία τους ή ασχολούνται με τα προγράμματα των υπολογιστών, και περιμένουν την ώρα του μεσημεριανού γεύματος όπου μπορούν να έχουν μια "συζήτηση με νόημα" για τα δεδομένα τους.

Θα έπρεπε να μας εκπλήσσει το γεγονός ότι όταν φτάνουν στο συντακτικό του Mark Twain, ή στον αναλυτικό συλλογισμό των μαθηματικών και της φυσικής, ή στην θεωρητική οργάνωση που απαιτείται να γράψουν με σαφήνεια όχι για κάτι προσωπικό ή παροντικό, φαίνεται να τα χάνουν; Οι εγκέφαλοί τους έχουν φορμαριστεί σε ένα είδος γλώσσας, πολιτισμού, και σκέψης που είναι ξένος, ακόμα και ανταγωνιστικός, με αυτόν του σχολείου.

Κεφάλαιο 6

Η γλώσσα αλλάζει τον εγκέφαλο

Όταν συζήτησα με μια γνωστή νευροψυχολόγο για αυτό το βιβλίο, μου είπε με ευγενικό τρόπο "Για το όνομα του θεού, μην λέτε ότι τα παιδιά λειτουργούν με το δεξί ημισφαίριο!". "Υπάρχουν τόσα πολλά ανούσια δημοσιεύματα σχετικά με τα ημισφαίρια."

Έχει δίκιο. Παρόλο που οι έρευνες για τις δύο πλευρές του εγκεφαλικού φλοιού αποδεικνύουν τους διαφορετικούς τρόπους με τους οποίους οι άνθρωποι μαθαίνουν, συχνότατα αυτό το θέμα υπεραπλουστεύεται (κυρίως από την άποψη ότι οι άνθρωποι λειτουργούν είτε με το "δεξί" είτε με το "αριστερό" ημισφαίριο του εγκεφάλου τους). Ναι, τα δύο ημισφαίρια του εγκεφάλου ανταποκρίνονται με διαφορετικούς τρόπους στην εμπειρία. Ναι, κάθε άνθρωπος έχει τους δικούς του τρόπους να τα χρησιμοποιεί. Ναι, πολλές από τις συναισθηματικές, διανοητικές, και κοινωνικές διαφορές μας συσχετίζονται με την πολύπλοκη ισορροπία τους. Αλλά μόνο μια χειρουργική επέμβαση μπορεί να δημιουργήσει έναν άνθρωπο "δεξιού" ή "αριστερού" εγκεφάλου.

ΜΕ ΜΙΣΟ ΕΓΚΕΦΑΛΟ Η ΜΕ ΧΡΗΣΗ ΚΑΙ ΤΩΝ ΔΥΟ ΗΜΙΣΦΑΙΡΙΩΝ;

Όταν οι γονείς έρχονται να μου εξηγήσουν ότι το παιδί τους δεν τα πηγαίνει καλά (αριστερό-ημισφαίριο) στο σχολείο, επειδή λειτουργεί περισσότερο με το δεξί-ημισφαίριο, σπεύδω να τους υπενθυμίσω ότι, όπως όλοι μας, έτσι και το παιδί τους έχει έναν εγκέφαλο σε πλήρη λειτουργία και του δεξιού και του αριστερού μισού (εκτός βέβαια, αν έχει κάποιο μεγάλο χτύπημα στο κρανίο του).

Από την άλλη μεριά, οι ιδιαιτερότητες του περιβάλλοντος ενός παιδιού μπορεί να αλλάξουν τη δύναμη και τις δυνατότητες αυτών των δύο πλευρών. Η εκμάθηση μιας γλώσσας όπως φαίνεται προκαλεί μερικές από τις σημαντικότερες αλλαγές. Το πρόβλημα της εκμάθησης της γλώσσας ή της διαλέκτου είναι λιγότερο σημαντικά από την εκμάθηση της σύνταξης και του νοήματος. Ο εγκέφαλος διαπιστώνουμε ότι αλλάζει εντυπωσιακά, κατά την κτήση της πρώτης γλώσσας, η εκμάθηση της δεύτερης-γλώσσας μπορεί να πετύχει από τις κατά κάποιο τρόπο διαφορετικές περιοχές. Μέχρι τώρα, η νευροψυχολογική έρευνα δεν έχει βρει σημαντικές διευκρινίσεις για την δεύτερη-γλώσσα.

Φαίνεται, πως όταν ένα παιδί κατέχει έναν συγκεκριμένο τύπο γραμματικής ομιλίας, ο εγκέφαλος του προετοιμάζεται να αποκτήσει κι άλλους τύπους, ευκολότερους, σε οποιαδήποτε στιγμή κατά τη διάρκεια της ζωής του. Για αυτόν τον λόγο, οι δάσκαλοι των ξένων γλωσσών πρέπει να εξετάσουν προσεκτικά τα παιδιά με την ανεπαρκή κυριότητα της μητρικής τους γλώσσας ή και της διαλέκτους τους, όποια κι αν είναι αυτή.

Πολλά εικάζονται σχετικά με το πόσο η μειωμένη ικανότητα των μαθητών, στην μάθηση μια ξένης-γλώσσας μπορεί να αποδοθεί στο ότι ο εγκέφαλος τους δεν είχε εκτεθεί ποτέ στις γραμματικές σχέσεις. Εννοείται ότι οι γονείς που προσλαμβάνουν ξενόγλωσσους φροντιστές για τα παιδιά τους, θα πρέπει να αξιολογήσουν την γλωσσική τους ικανότητά μαζί με τα άλλα προσόντα τους.

Προκειμένου να κατανοήσουμε τον τρόπο που η εκμάθηση των γλωσσών επηρεάζει τα ημισφαίρια και για να κατανοήσουμε αυτό που συμβαίνει στους εγκεφάλους των σημερινών νεαρών, είναι απαραίτητο να επανεξετάσουμε τις λειτουργίες των δύο πλευρών του εγκεφαλικού φλοιού.

ΤΟ ΙΣΟΡΡΟΠΗΜΕΝΟ ΜΥΑΛΟ

Στην πραγματικότητα, το αποκαλούμενο δεξί ή αριστερό ημισφαίριο της σκέψης, ταλαντεύεται ανάμεσα σε αυτά τα δύο άκρα:

Μονοδιάστατο, αναλυτικό, διαδοχικό (Αριστερό)

Σε αντίθεση με

Ολιστικό, σφαιρικό, ταυτόχρονο (Δεξί)

Το αριστερό ημισφαίριο λειτουργεί διασπώντας, αναλύοντας, και τακτοποιώντας τα γεγονότα σε μια λογική συνέχεια. Επειδή οι ήχοι, οι λέξεις, και η γραμματική των προτάσεων απαιτούν αυτόν τον τύπο ρύθμισης, το αριστερό ημισφαίριο είναι εξειδικευμένο στους περισσότερους ανθρώπους (πιθανώς πριν τη γέννηση τους ακόμα) για την ομιλία και για διάφορες άλλες λειτουργίες της γλώσσας. Αντίθετα, το δεξί ημισφαίριο μας δίνει μια "γενική εικόνα" ή την τέλεια μορφή μιας κατάστασης. Δεν μπορεί να προσδιορίσει την συνοχή και τις μικρές λεπτομέρειες (π.χ., γραμματική, καταλήξεις λέξης, σειρά των ήχων, λεπτές μηχανικές μετακινήσεις που απαιτούνται για το γράψιμο) ή το διακριτικό άκουσμα, όμως οι ολιστικές, οπτικές δυνατότητές του, το καθιστούν άξιο για καλλιτεχνικές αναζητήσεις. Αυτό δεν σημαίνει ότι οι δάσκαλοι των αγγλικών είναι "αριστεροί" ή ότι οι καλλιτέχνες είναι "δεξιοί" όσον αφορά την λειτουργία των ημισφαιρίων. Μπορεί, να σημάνει ότι οι εγκέφαλοί τους ανακαλύπτουν ορισμένους πιο άνετους τρόπους επεξεργασίας, ώστε να πλησιάζουν ορισμένες πληροφορίες με ένα ιδιαίτερο "ύφος" εκμάθησης, πιο ολιστικό ή πιο αναλυτικό. Δεν σημαίνει επίσης ότι η γλωσσική ικανότητα βρίσκεται στο αριστερό ημισφαίριο και η καλλιτεχνική στο δεξί.

Όλη η διαδικασία της σκέψης, ακόμη και η επεξεργασία της γλώσσας, απαιτεί και τα δύο ημισφαίρια συγχρόνως. Το κόλπο, σε έναν λειτουργικό εγκέφαλο, είναι να συνδυάζει τις δυνατότητες των δύο ημισφαιρίων έτσι ώστε να λειτουργήσει το πιο προσαρμόσιμο "στυλ" επεξεργασίας σε οποιαδήποτε κατάσταση εκμάθησης. Εφόσον τα ημισφαίρια συνεχίζουν τη διαρκή και σύντομη επικοινωνία τους πέρα από τη γέφυρα των ινών (corpus callosum) η οποία τα ενώνει, η δυνατότητά τους να αντιδράσουν είναι πιθανώς το τελευταίο κλειδί στον υψηλότερου επιπέδου συλλογισμό. Γενικά, οι ερευνητές πιστεύουν:

Δεξί ημισφαίριο

- ανταποκρίνεται στην καινοτομία
- λειτουργεί ολικά όχι τμηματικά
- είναι οπτικό και όχι ακουστικό
- σχετίζεται με τη διαίσθηση και τη δυνατότητα "να συγκρίνει" κοινωνικές καταστάσεις
- στη μουσική, εντοπίζει τη μελωδία και αγνοεί τους στίχους ή τις διαδοχικές λεπτομέρειες των σχολείων που σημειώνονται.
- είναι εξειδικευμένο στην κατανόηση της σχετικής θέσης των πραγμάτων στο χώρο και στους τρισδιάστατους αριθμούς. Πολλά τηλεοπτικά παιχνίδια αποφαίνονται επιβλαβή σε αυτές τις δυνατότητες.
- στην επεξεργασία των γλωσσών, προσαρμόζεται όσον αφορά :

  - την κατανόηση γενικών θεωριών και μερικών πτυχών των λεξικών εννοιών (π.χ., ουσιώδεις λέξεις)
  - την κατανόηση των "ουσιαστικών" προθέσεων του ομιλητή
  - τον εντοπισμό των σχημάτων και της μελωδίας του προφορικού λόγου(προσωδία)
  - τις χειρονομίες και την "γλώσσα του σώματος"
  - την μεταφορική σκέψη

Αριστερό ημισφαίριο

* διαχειρίζεται τους "αυτόματους κωδικούς (απομνημόνευση συγκεκριμένων λέξεων και γραμμάτων, σωστή ορθογραφία, μαθηματικοί πίνακες)
* αναλύει και τακτοποιεί τις λεπτομέρειες με μια λογική σειρά, π.χ., χρονικές έννοιες, σχέσεις αιτίας και αποτελέσματος (αφού Χ, τότε Ψ), και τους παρεπόμενους τρόπους μικρών μηχανικών κινήσεων (π.χ., δένω τα παπούτσια, γράφοντας γράμματα με ένα μολύβι)
* αντιδρά στα ακουστικά και όχι οπτικά ακούσματα
* Στη μουσική, μεσολαβεί ανάμεσα στη μουσική γραφή και τους στίχους, παρά στα μελωδικά στοιχεία
* στην επεξεργασία των γλωσσών, αντιπροσωπεύει:
  — τις λεπτές διαφορές μεταξύ των ήχων (φωνολογία)
  — την σειρά των ήχων στις λέξεις
  — την σειρά των λέξεων και τις σχέσεις τους (σύνταξη)
  — μερικούς τύπους εννοιών (π.χ., λέξεις λειτουργίας)
  — άλλες πτυχές της γλωσσικής κατανόησης

Καθώς τα δύο ημισφαίρια λειτουργούν διαδοχικά, όταν εξετάζουν τις διαφορετικές πτυχές ενός προβλήματος πετούν τη διανοητική "μπάλα" το ένα στο άλλο. Μερικοί εκπαιδευτικοί εισηγούνται ότι τα παιδιά σήμερα λειτουργούν περισσότερο με το "δεξί τμήμα του εγκεφάλου" επειδή χρησιμοποιούν υπερβολικά τις δεξιότητες που συνδέονται συνήθως με το δεξί ημισφαίριο, για να χειριστούν τις ακαδημαϊκές "μπάλες" που θα προέλθουν από το αριστερό. Είναι αλήθεια ότι τα παραδοσιακά σχολικά θέματα, όπως η ανάγνωση, η ορθογραφία, ο ακριβής υπολογισμός, το λογικό γράψιμο, και ο αναλυτικός συλλογισμός εξαρτώνται σοβαρά από τα συστήματα του αριστερού ημισφαιρίου, αλλά δεν μπορούν να ολοκληρωθούν χωρίς τη βοήθεια του δεξιού. Η κρίσιμη ερώτηση, επομένως, δεν είναι πραγματικά εάν τα παιδιά είναι "δεξιά μυαλά," αλλά εάν το περιβάλλον τους τα εφοδιάζει για να χρησιμοποιήσουν και τα δύο ημισφαίρια αμφίδρομα.

"ΣΤΥΛ" ΚΑΙ ΜΕΘΟΔΟΙ ΕΚΜΑΘΗΣΗΣ

Οι περισσότεροι από μας έχουμε ένα προσωπικό "στυλ" προσέγγισης απέναντι σε ορισμένους τύπους προβλημάτων, αυτό εξαρτάται από τον τρόπο που κινητοποιούμε τα διαφορετικά συστήματα των δύο ημισφαιρίων. Αυτές οι μέθοδοι είναι πολύ πιθανόν να είναι ακατάλληλες για το πρόβλημα. Παραδείγματος χάριν, μερικοί άνθρωποι έχουν την τάση να εστιάζουν στις λεπτομέρειες και στην ακρίβεια. Τέτοιου είδους προσέγγιση λειτουργεί αποδοτικά στον τομέα της λογιστικής. Δεν είναι όμως προσαρμόσιμη στην δημιουργία μιας εικόνας, το σχεδιασμό ενός κτηρίου, ή την επισκευή μιας μηχανής, δηλαδή ενέργειες που αποδίδουν καλύτερα με την απεικόνιση των πληροφοριών.

Ο τρόπος με τον οποίο τα παιδιά επεκτείνουν αυτά τα διαφορετικά "στυλ" καθορίζει την επιτυχία τους στο σχολείο. Οι καλοί ορθογράφοι είναι ικανοί να απεικονίσουν ολόκληρη τη μορφή της λέξης καθώς επίσης και να θυμηθούν τους ήχους των λεπτομερειών στη σειρά. Πολλοί αδύνατοι ορθογράφοι προσπαθούν να απεικονίσουν τη γενική περίληψη των λέξεων αντί να τοποθετήσουν διαδοχικά τις λεπτομέρειες με ακρίβεια, με αποτέλεσμα συχνά να φαίνεται περισσότερο σαν αφηρημένη τέχνη παρά σαν ορθογραφία. Οι αδύνατοι αναγνώστες στερούνται των αναλυτικών - διαδοχικών δεξιοτήτων επεξεργασίας του αριστερού ημισφαιρίου και είναι πιθανό να στηρίζονται στην "ολόκληρη" μορφή της λέξης. Μαντεύουν τις λέξεις από τη γενική τους σύνθεση και δεν αναλύουν την σειρά των ήχων ή των συλλαβών.

Τα παιδιά με ειδικές γλωσσικές ανάγκες που στηρίζονται στις χειρονομίες και τις σύντομες φράσεις, και δυσκολεύονται να βρουν την λέξη που θέλουν ("Το ε....ξέρετε.... το πράγμα") είναι πιθανό να έχουν ελλείψεις στις γλωσσικές περιοχές του αριστερού ημισφαιρίου.

Γιατί οι διαφορετικοί άνθρωποι χρησιμοποιούν διαφορετικές στρατηγικές; Οι νευροψυχολόγοι θεωρούν ότι αυτά τα διαφορετικά "στυλ" εκμάθησης προέρχονται και από τις κληρονομικές διαφορές στον εγκέφαλο και από τον τρόπο που η εμπειρία ενός παιδιού το βοηθάει να λειτουργήσει. Κατά τη διάρκεια της ανάπτυξης, οι νευρώνες και των δύο ημισφαιρίων πρέπει να ανταγωνιστούν για τις συνοπτικές περιοχές, με αποτέλεσμα ο τύπος της εγκεφαλικής ανάπτυξης που λαμβάνουν να είναι αναμφισβήτητα σημαντικός για την ημισφαιρική του ισορροπία. Η εκμάθηση που δομεί τις αναλυτικές και τις ολιστικές δυνατότητες είναι αναμφίβολα ευεργετική για τον εγκέφαλο, δυστυχώς όμως πολλά σχολεία, εστιάζουν ιδιαίτερα στην κάλυψη των κενών της γνώσης εις βάρος της γενικότερης κατανόησης, π.χ.:

- ακουστική εξάσκηση χωρίς σημαντική ανάγνωση
- επαναληπτικές σελίδες των μαθηματικών "γεγονότων" που στερούν σε προβλήματα με λέξης ή οποιαδήποτε σύνδεση με τα πραγματικά αντικείμενα
- αποστήθιση μεμονωμένων γεγονότων, ημερομηνιών, ονομάτων, κ.λπ.

Ωστόσο και η σύγχρονη ζωή φαίνεται να εστιάζει στις πιο ολιστικές και οπτικές δεξιότητες, συχνά εις βάρος της γλώσσας και της ανάλυσης, π.χ.:

- ηλεκτρονικά παιχνίδια με πολλές καινοτομίες και δράση.
- γρήγορα εξελισσόμενες σκηνές στην Τηλεόραση.
- μουσική της οποίας οι στίχοι είναι δευτερεύοντες μπροστά στην "αίσθηση" της μουσικής
- τηλεγραφική ομιλία με χειρονομίες

Όχι απλώς αυτοί οι δύο τύποι εκπαίδευσης έρχονται σε άμεση σύγκρουση, αλλά μας υποχρεώνουν να αναρωτηθούμε εάν παρέχουμε στα παιδιά μας την ικανοποιητική εμπειρία με τις πιο διαλογικές χρήσεις αυτών των διαφορετικών προσεγγίσεων στις πληροφορίες. Άραγε τους καθοδηγούμε σωστά, για το πως να συνδέουν τα γεγονότα και να κατανοούν την ανάλυση τους, δίνοντας τους ενδιαφέροντα προβλήματα που πρέπει να λύσουν; Τους ενθαρρύνουμε να σχηματίζουν στο μυαλό τους τις εικόνες αυτών που διαβάζουν ή ακούν; ή τους αφιερώνουμε αρκετό χρόνο και προσοχή για να συζητήσουν αυτά που κάνουν, που αισθάνονται, ή παρακολουθούν στην Τηλεόραση; Είναι το σύγχρονο περιβάλλον ενθαρρυντικό για την χρήσιμη ημισφαιρική ανάπτυξη σε σχέση με τις μελλοντικές ανάγκες τις κοινωνίας μας;

Ουσιαστικά δεν υπάρχει καμία έρευνα που να καθορίζει πόσο μπορεί το περιβάλλον να αλλάξει την ημισφαιρική ισορροπία των φυσιολογικών παιδιών. Διάφορες μελέτες ακραίων περιπτώσεων προτείνουν ότι μπορεί να αλλάξει εντυπωσιακά από την πρώιμη εμπειρία. Επίσης αποδεικνύουν ότι τα υψηλότερου επιπέδου γλωσσικά συστήματα του αριστερού ημισφαιρίου είναι ιδιαίτερα ευάλωτα. Με περισσότερες αποδείξεις, θα μπορούσαμε να επιβεβαιώσουμε ότι η σύνθετη λειτουργία και στα ημισφαίρια και στις σημαντικές συνδέσεις μεταξύ αυτών είναι επίσης ευαίσθητη στην εμπειρία/

ΗΜΙΣΦΑΙΡΙΑ, ΓΛΩΣΣΑ, ΚΑΙ ΠΛΑΣΤΙΚΟΤΗΤΑ: ΑΣΥΝΗΘΙΣΤΕΣ ΠΕΡΙΠΤΩΣΕΙΣ

Αλλαγμένοι εγκέφαλοι

Ο αναπτυσσόμενος εγκεφαλικός φλοιός είναι τόσο πλαστικός και τόσο προσηλωμένος στην "ολοκληρωτική του χρήση" που ο ίδιος προσπαθεί να αναδιοργανωθεί ακόμη και στις ιδιαίτερα ασυνήθιστες προκλήσεις. Μια τέτοια κατάσταση συνεπάγεται από μια δραστική χειρουργική επέμβαση στην παιδική ηλικία. Είναι δύσκολο να πιστέψουμε ότι πολλοί ικανοί ενήλικοι, με φυσιολογικές ζωές σήμερα, έχουν χάσει το μισό του εγκεφαλικού φλοιού επειδή, ως νήπια, υποβλήθηκαν σε μια σπάνια επέμβαση με την οποία το ένα ημισφαίριο αφαιρέθηκε λόγω σοβαρής ασθένειας. Όπως ήταν φυσικό, οι παθολόγοι φοβήθηκαν ότι οι ασθενείς τους θα είχαν σοβαρά μαθησιακά προβλήματα, αλλά προς έκπληξη πολλών, μεγαλώνοντας αποδείχτηκαν αρκετά ικανοί στις φυσιολογικές δεξιότητες εκμάθησης. Τα παιδιά χωρίς το δεξί ημισφαίριο έμαθαν να λύνουν οπτικά προβλήματα, τα

172

παιδιά χωρίς το αριστερό κατάφεραν να μάθουν τέλεια να μιλούν, να διαβάζουν και να γράφουν ορθογραφημένα. Οι εκτενείς μελέτες έδειξαν ότι σε κάθε μια από τις παραπάνω περιπτώσεις, το ημισφαίριο που παρέμεινε, κατόρθωσε να αναλάβει πολλές από τις λειτουργίες του ημισφαιρίου που έλειπε. Μόνο για μια στιγμή, φάνηκε ότι ο εγκέφαλος ήταν τελείως πλαστικός όσον αφορά την εκμάθηση επιδεξιοτήτων — εφ' όσον η βλάβη εμφανίστηκε αρκετά νωρίς, και συγκεκριμένα στην παιδική ηλικία, και εφ' όσον η βλάβη ήταν τόσο μεγάλη που να μην μπορούσε να παρακινήσει τον εγκέφαλο και να τον αναδιοργανώσει ριζικά.

Πρόσφατες μελέτες έχουν τροποποιήσει αυτήν την ανεύθυνη αισιοδοξία. Σε τρία άτομα που εξετάστηκαν εκτενώς, και τα οποία είχαν υποστεί την συγκεκριμένη επέμβαση, πριν από την ηλικία των πέντε μηνών, το IQ τους δεν ήταν όσο υψηλό αναμενόταν. Επιπλέον, λεπτές δοκιμές στη γλωσσική ανάπτυξη δείχνουν ότι το δεξί ημισφαίριο μπορεί να αντισταθμίσει τον τραυματισμό του αριστερού μόνο μέχρι ένα σημείο — επειδή δεν μπορεί απλά να διαχειριστεί τη σύνθετη σύνταξη. Παραδείγματος χάριν, οι ενήλικοι που χάνουν το αριστερό ημισφαίριό τους δεν θα μπορούσαν να χρησιμοποιήσουν και να καταλάβουν τους μηχανισμούς της παθητικής φωνής, και θα δυσκολεύονταν να κρίνουν εάν οι σύνθετες προτάσεις είναι γραμματικές, εξαιτίας της δυσκολίας των λειτουργικών λέξεων, μια από τις ειδικές λειτουργίες του αριστερού εγκεφάλου.

"ΑΤΙΘΑΣΑ" ΠΑΙΔΙΑ

Υπάρχουν τρεις περιπτώσεις "απειθάρχητων" παιδιών, τα οποία ανατράφηκαν εν την απουσία φυσιολογικής συναναστροφής με ανθρώπους και προσδίδουν αποδεικτικά στοιχεία ότι η δυνατότητα να χρησιμοποιήσουν και να κατανοήσουν ορισμένες πτυχές της γραμματικής, αναπτύσσεται πλήρως μόνο όταν τα συγκεκριμένα μέρη του εγκεφάλου υποκινούνται στην σωστή χρονική στιγμή. Μια πολύ γνωστή περίπτωση είναι αυτή, της μικρής Jenny που ο ψυχωτικός πατέρας της την είχε κλείσει σε ένα ντουλάπι για δεκατρία χρόνια, δηλαδή μετά την κρίσιμη περίοδο για τη γλωσσική απόκτηση. Η Jenny είχε ακούσει ελάχιστα την γλώσσα, καταλάβαινε μόνο μερικές λέξεις, και δεν μιλούσε. Αν και παρουσίαζε ιδιαίτερη ανάπτυξη στο δεξί-ημισφαίριο, το αριστερό της φαινόταν να είναι σχεδόν "νεκρό" για μερικές από τις συνηθισμένες λειτουργίες του. Η Jenny μάθαινε γρήγορα, ιδιαίτερα τις δεξιότητες που συνδέονταν με το δεξί ημισφαίριο (π.χ., γρίφοι, λαβύρινθοι, και άλλα σύμβολα της μη λεκτικής νοημοσύνης). Ο εγκέφαλός της ήταν ακόμα αρκετά προσαρμόσιμος για να μπορέσει να κατακτήσει κάποια γλώσσα, αν και η εκμάθηση στην περίπτωσή της ήταν δυσκολότερη. Ανέπτυξε ένα λεξιλόγιο με ουσιώδεις λέξεις, αλλά η εκλέπτυνση της ομιλίας, οι λειτουργικές λέξεις και η καθιερωμένη γραμματική συνέχιζαν να την δυσκολεύουν. Ακόμα και μετά από οκτώ έτη εκτενούς γλωσσικής θεραπείας, σύμφωνα με τον αφοσιωμένο θεράποντα ιατρό της, την Δρ Susan Curtis, οι προτάσεις της παρέμειναν "σε μεγάλο βαθμό χωρίς γραμματική δομή". Παραδείγματος χάριν:

"I like hear music ice cream truck."

"Like kick tire Curtiss car."

"Genie have Mama have baby grow up."

"Μου αρέσει να ακούω παγωτού μουσική."

"Μ' αρέσει χτυπάω αυτοκίνητο Curtis ρόδες ."

"Η Τζένη έχει μαμά, μωρό μεγαλώσει."

Επειδή οι νευρικές συνδέσεις που αφορούν την προηγμένη σύνταξη δεν υποκινήθηκαν πριν από την εφηβεία, παρουσιάζουν έναν μόνιμο μαρασμό.
Σε μια άλλη παράξενη περίπτωση, που εμφανίστηκε το 1880, ένα αγόρι με το όνομα Kaspar απομονώθηκε σε ένα μικρό δωμάτιο από την ηλικία των τριών μέχρι την ηλικία των δέκα έξι ετών. Παρόλο που ο Kaspar έζησε μόνο για πέντε χρόνια από την

στιγμή που βρέθηκε, παρουσίασε όλες τις ενδείξεις ότι ήταν εξαιρετικά έξυπνος, σημειώνοντας εντυπωσιακή πρόοδο στο σχέδιο, το συλλογισμό, τη μνήμη, και στα μαθηματικά. Ανέπτυξε ένα λεξιλόγιο γερμανικών (τη μητρική του γλώσσα) τόσο ικανοποιητικό ώστε να μπορέσει να συζητήσει για φιλοσοφικά ζητήματα, αλλά αντιμετώπισε δυσκολίες με τη σύνταξη. Οι λειτουργικές λέξεις (π.χ., κλίσεις, αντωνυμίες) ήταν ένα συνεχές πρόβλημα.

Μια τρίτη περίπτωση, όπως περιγράφεται από την Δρ Curtis, αφορά μια κουφή γυναίκα τριάντα ετών, που ονομάζεται Chelsea, η οποία προσπαθεί να μάθει τη γλώσσα για πρώτη φορά. Όπως η Jenny και ο Kaspar έτσι και η Chelsea, δυσκολεύονται να καταλάβουν και να μιλήσουν γραμματικά σωστά.

Είναι σαφώς αδύνατο να συγκριθούν τα παιδιά με τέτοιες ιδιαιτερότητες με τα φυσιολογικά παιδιά. Ωστόσο αυτά τα στοιχεία αποδεικνύουν έντονα ότι η απόκτηση των λειτουργικών λέξεων και του συντακτικού — ιδιαίτερα οι υψηλού επιπέδου τύποι —εξαρτώνται από την εισαγωγή πληροφοριών στο αριστερό ημισφαίριο κατά τη διάρκεια ενός ορισμένου χρόνου στην ανάπτυξη. Ακόμη κι αν ο εγκέφαλος είναι ικανός να αποκτήσει ένα νέο λεξιλόγιο σε οποιαδήποτε χρονική στιγμή, η πλήρης ανάπτυξη της γλώσσας δεν θα πρέπει αν θεωρείται δεδομένη, αφού σύμφωνα με τα λεγόμενα της Δρ Curtis, είναι ένα "ειδικό ταλέντο" που ακόμη και στα φυσιολογικά παιδιά δεν πρέπει να θεωρείται δεδομένο. Ποια είναι η απαραίτητη υποκίνηση για να παραμείνουν αυτά τα κυκλώματα ζωντανά; Κανένας ξέρει.

ΠΛΑΣΤΙΚΑ ΗΜΙΣΦΑΙΡΙΑ: ΜΑΡΤΥΡΙΕΣ ΑΠΟ ΚΩΦΑ ΑΤΟΜΑ.

Η απόλυτη στέρηση φωνημάτων της προφορικής γλώσσας, που είναι αναπόφευκτη για τα κωφά παιδιά, αλλάζει δραστικά τον τρόπο με τον οποίο τα ημισφαίριά τους ωριμάζουν. Το αριστερό ημισφαίριο κατασκευάζεται ειδικά για να δεχτεί και να αποκριθεί στην προφορική γλώσσα, αλλά οι εγκέφαλοι των κουφών παιδιών που μεγαλώνουν χωρίς αυτό το είδος υποκίνησης, αναπροσαρμόζονται και δομικά και λειτουργικά έως ότου τα ημισφαίριά τους να φτάσουν το επίπεδο των παιδιών με κανονική ακοή.

Ένα επιπλέον, η σημασία του διαφορετικού τρόπου εισαγωγής πληροφοριών σε διαφορετικές ηλικίες, προσδιορίζεται από το γεγονός ότι οι εγκέφαλοι των παιδιών που γεννήθηκαν κωφά λειτουργεί αρκετά διαφορετικά από αυτούς των παιδιών που έχασαν την ακοή τους αργότερα.

Η Δρ Helen Neville του ιδρύματος Σαλκ του Σαν Ντιέγκο είναι μια από τους πρώτους ερευνητές που μελέτησε τις αντιδράσεις του εγκεφάλου και των κωφών και των παιδιών με κανονική ακοή. Σε πολλές μελέτες έχει αποδείξει ότι οι ακουστικές περιοχές των εγκεφάλων των κωφών, αλλάζουν χαρακτηριστικά.

Το πιο εκπληκτικό για τους επιστήμονες, είναι ότι αλλάζουν και τα οπτικά συστήματα αυτών των παιδιών. "Εάν είστε εκ γενετής κωφοί, χωρίς ακουστική εισαγωγή πληροφοριών, το οπτικό σύστημα επεκτείνεται και αναλαμβάνει τις περιοχές του εγκεφάλου που θα επεξεργάζονταν φυσιολογικά τις ακουστικές πληροφορίες. Αυτό είναι μια ακόμη ένδειξη της υπερβολικής πλαστικότητας του ανθρώπινου εγκεφάλου, και αυτό εμφανίζεται στο περιορισμένο χρονικό διάστημα των τεσσάρων πρώτων ετών, " αναφέρει.

Η Δρ Neville θεωρεί ότι η έρευνά της θα αποβεί σημαντική για τα φυσιολογικά παιδιά. "Προς το παρόν μπορούμε να πούμε με βεβαιότητα ότι η πρώιμη γλώσσα και η αισθητήρια εμπειρία μπορούν να αλλάξουν εντυπωσιακά την ανάπτυξη του εγκεφάλου και ότι οι διαφορετικές εισαγωγές γίνονται σε ορισμένους χρόνους κατά την ανάπτυξη," μου είπε. "Θα είναι πραγματικά σημαντικό να εξακριβωθούν οι ακριβείς χρόνοι για τους συγκεκριμένους τύπους εισαγωγής πληροφοριών."

 Οι επιστήμονες υπογραμμίζουν ότι σε όλα τα παιδιά, η ανάπτυξη των γλωσσικών δεξιοτήτων είναι συνδεδεμένη με κοινωνικούς, συναισθηματικούς, και κινητήριους παράγοντες. Θεωρητικολογούν ότι η ανταπόκριση και η μεταβλητότητα του εγκεφάλου κατά τη διάρκεια των κρίσιμων περιόδων, μπορεί να συνδέονται με το οικογενειακό περιβάλλον αφού τα ενήλικα πρότυπα της γλώσσας αποτελούν τις ατελείωτες ώρες μπροστά στην Τηλεόραση.

ΕΙΝΑΙ ΑΡΓΑ ΣΤΗΝ ΗΛΙΚΙΑ ΤΩΝ ΕΝΤΕΚΑ;

Αυτή η έρευνα οριοθετεί τις πραγματικές ευκαιρίες των παιδιών, να αναπτύξουν τη σωστή γλωσσική χρήση και την αντίληψη. Βέβαια, πολλές συζητήσεις πραγματοποιούνται μεταξύ των ερευνητών για τις ακριβείς παραμέτρους των ευαίσθητων περιόδων της γλωσσικής ανάπτυξης. Είναι προφανώς, δύσκολο να πραγματοποιηθούν τέτοιες μελέτες στα παιδιά που προέρχονται από "φυσιολογικό" περιβάλλον. Πρόσφατα, ο Δρ Roderick Simonds και ο Δρ Arnold Scheibel ολοκλήρωσαν μια μελέτη σχετική με το μηχανισμό των λεκτικών περιοχών, σε δεκαεπτά παιδιά με φυσιολογικούς εγκεφάλους, ηλικίας τριών μηνών έως έξι ετών. Παραδέχτηκαν ότι ο περιορισμένος αριθμός θεμάτων τους, παρέχει αβέβαια στοιχεία αλλά είναι πεπεισμένοι ότι έχουν βρει αποδείξεις για ένα "σημαντικό παράθυρο" στη γλωσσική ανάπτυξη. Τα σχήματα των διακλαδώσεων των δενδριτών των συγκεκριμένων εγκεφάλων έχουν μια ηλικιακή διάταξη ανάπτυξης, η οποία ανταποκρίνεται στον περιβαλλοντικό εμπλουτισμό. Τα τελευταία διακλαδωμένα συστήματα εμφανίζονται να είναι πιο ευάλωτα στις περιβαλλοντικές πληροφορίες.

Ο Δρ Scheibel είναι πεπεισμένος ότι η συναναστροφή με ενηλίκους, συμπεριλαμβανομένης και της γλωσσικής υποκίνησης, είναι ένα από τα σημαντικότερα πλεονεκτήματα του εγκεφάλου. "Χωρίς να θέλω να γίνω μελοδραματικός," μου είπε, "Πιστεύω ότι θα ήταν πολύ σημαντικό να γνωρίζουν οι γονείς ότι συμμετέχουν στη φυσική ανάπτυξη των εγκεφάλων των παιδιών τους, όπως ακριβώς όταν συναναστρέφονται η επικοινωνούν μαζί τους. Η γλωσσική συναναστροφή χτίζει πραγματικά τον ιστό στους εγκεφάλους τους — με τελικό αποτέλεσμα να χτίσει το μέλλον των νεαρών.

177

Είναι γνωστό εδώ και χρόνια ότι τα φυσιολογικά παιδιά με τραυματισμό του εγκεφάλου, ειδικά πριν από την ηλικία των δύο, έχουν πιθανότητες να αποκαταστήσουν τις περισσότερες όψεις της γλωσσικής λειτουργίας, αλλά η αποκατάσταση δυσκολεύει μετά την εφηβεία. Είναι πιθανό να υπάρχουν πολλές διαφορετικές ευαίσθητες περίοδοι για τη γλωσσική ανάπτυξη, που απαιτούν τις λειτουργίες πολλών διαφορετικών περιοχών του εγκεφάλου και ωριμάζουν σε διαφορετικούς χρόνους. Οι ίδιες εμπειρίες, πριν, κατά τη διάρκεια, ή μετά την ευαίσθητη περίοδο, μπορεί να έχουν διαφορετικά αποτελέσματα.

Τα περιορισμένα πειραματικά δεδομένα σχετίζονται με τον τύπο της υποβιβασμένης γλωσσικής έκθεσης σε ένα φυσικό περιβάλλον που τα σημερινά παιδιά μπορεί να βιώνουν. Δεδομένου ότι μια από τις αγαπημένες εργασίες μου είναι να διδάσκω την γραφή στους νέους εφήβους, αρνούμαι προσωπικά να πιστέψω ότι κάθε ελπίδα χάνεται όταν διανύουμε την ηλικία της εφηβείας. Είναι αλήθεια, ότι χρειάζεται πολύ χρόνο και πρακτική εξάσκηση να εμφυτεύσουμε προτάσεις με το "επειδή" ή το "παρόλο" σε άγνωστο νευρικό έδαφος, αλλά μπορεί να γίνει. Συχνά, εντούτοις, εύχομαι τα συντακτικά συστήματα να ήταν λίγο πιο εύρωστα ώστε να μπορώ να ξοδέψω τον πολύτιμο εκπαιδευτικό μου χρόνο σε άλλους τρόπους, εκτός από την διόρθωση των μετοχών και των χρόνων.

Με ευχαριστεί πολύ λιγότερο η προσπάθεια να διδάξω την επανορθωτική γραμματική στην πλειοψηφία των νέων στα πανεπιστήμια οι οποίοι θα ονομάζονται φιλόλογοι μέσα σε δύο έτη. Η αξιολόγηση της γραπτής και της προφορικής έκφρασης μερικών δασκάλων που εργάζονται αυτήν την περίοδο στα σχολεία μπορεί να αποβεί αρκετά απογοητευτική. Ποιος θα είναι αυτός που θα διδάξει την σωστή προφορική και γραπτή έκφραση στην επόμενη γενιά; Θα μπορούσαμε να αποτελούμε τους μάρτυρες μιας σημαντικής αλλαγής στον τρόπο που οι ανθρώπινος εγκέφαλος επεξεργάζεται τις πληροφορίες;

ΕΞΑΣΘΕΝΟΥΝ ΤΑ ΑΡΙΣΤΕΡΑ ΗΜΙΣΦΑΙΡΙΑ;

Οι διορατικοί ειδικοί, αναφέρουν ότι τα παιδιά σκέφτονται και μαθαίνουν με υπερβολικά ανορθόδοξους και παραστατικούς τρόπους. Το μεταβλητό περιβάλλον δημιουργεί μεταβολές στις ημισφαιρικές συνήθειες; Εφόσον η έρευνες μας τροφοδοτούν με ενδιαφέροντα στοιχεία αλλά κανένα συμπέρασμα, μπορούμε μόνο να σκεφτούμε με βάσει αυτού που είναι γνωστό:

1. Οι περισσότεροι ερευνητές συμφωνούν ότι τα ημισφαίρια οργανώνονται διαφορετικά με τη γέννηση. Αυτό που εξελίσσεται είναι η δυνατότητα να ανακτήσουν τις αποδοτικότερες και καταλληλότερες στρατηγικές για τα προβλήματα που καθορίζει το περιβάλλον.
2. Η υψηλού επιπέδου σκέψη, σε οποιαδήποτε περιοχή, απαιτεί τις πιο κατάλληλες στρατηγικές των ημισφαιρίων και ελαστική εναλλαγή μεταξύ των στρατηγικών όταν απαιτείται.
3. Η ανικανότητα να επιτευχθεί ο συντονισμός μεταξύ των ημισφαιρίων μπορεί να διακινδυνεύσει την ακαδημαϊκή επιτυχία.
4. Η ανάπτυξη κάθε ημισφαιρίου όπως και η ισορροπία μεταξύ της δύναμής τους και της δυνατότητάς τους να επικοινωνήσουν αποτελεσματικά το ένα με το άλλο επηρεάζονται από την αναπτυσσόμενη εμπειρία του παιδιού σε συγκεκριμένα χρονικά διαστήματα κατά τη διάρκεια της ανάπτυξης.
5. Οι υψηλότερου επιπέδου γλωσσικές δεξιότητες, ιδιαίτερα η σύνταξη, η χρήση των λειτουργικών λέξεων και η δυνατότητα να χρησιμοποιηθεί η γλώσσα αναλυτικά, μπορούν να ολοκληρωθούν μόνο από το αριστερό ημισφαίριο και να εξαρτηθούν από συγκεκριμένους τύπους πληροφοριών κατά τη διάρκεια της ανάπτυξης. Αυτές οι δεξιότητες είναι αναπόσπαστες με τους περίπλοκους κώδικες που χρησιμοποιούνται στην παραδοσιακή ακαδημαϊκή εκμάθηση.
6. Η γλώσσα που συνοδεύεται πάντα με εικόνες θα οργανώσει διαφορετικά τον εγκέφαλο από ότι αυτή που θα τύχει επεξεργασίας μόνο από τα αυτιά.

7. Οι εμπειρίες των παιδιών είναι πιθανό να συντελούν στις ελλείψεις του αποτελεσματικού συντονισμού μεταξύ των ημισφαιρίων καθώς επίσης και στις υψηλότερου επιπέδου γλωσσικές και οργανωτικές ικανότητες του αριστερού ημισφαιρίου. Είναι πιθανό επίσης να στερούνται την πρακτική, κυρίως στα συστήματα του αριστερού-ημισφαιρίου, της ακουστικής ανάλυσης και στις δεξιότητες του λογικού, διαδοχικού συλλογισμού.

8. Η γλώσσα ενός πολιτισμού αλλάζει αναπόφευκτα, αλλά η τρέχουσα αλλαγή επιταχύνεται από τη διάδοση των μέσων επικοινωνίας. Η τάση για τη χρήση των λιγότερο περίπλοκων κωδικών φαίνεται να δημιουργεί μια σημαντική ανομοιομορφία μεταξύ των μαθητών και των σχολείων τους. Με τι ποσοστό επιτυχίας θα μπορέσουν αυτές οι δεξιότητες να διδαχθούν στους εγκεφάλους, που ίσως η "ευαίσθητη περίοδος" τους για τη συντακτική ανάπτυξη έχει περάσει, είναι άγνωστο, αλλά θεωρητικά χρειάζεται περισσότερο χρόνο όταν οι πληροφορίες εισέρχονται κατά τη διάρκεια των πιο κατάλληλων χρόνων της ανάπτυξης.

Ακόμη και οι πρώτοι ερευνητές του τομέα, όπως η Δρ Sandra Witelson του τμήματος ψυχιατρικής στο πανεπιστήμιο ΜακΜάστερ, αναγνωρίζουν ότι απλά μπορούν να υποθέσουν για το τι συμβαίνει πραγματικά στους αναπτυσσόμενους εγκεφάλους. "Από την επισκόπηση που έκανα στη λογοτεχνία, δεν πιστεύω ότι κάποιος μπορεί να αλλάξει τελείως αυτό που το αριστερό ημισφαίριο είναι προδιατεθειμένο να κάνει — δηλαδή τη γλώσσα," μου είπε η Δρ Witelson σε μια τηλεφωνική συνέντευξη. "Αφ' ετέρου, αυτό που οι δάσκαλοι μπορούν να διαπιστώσουν, είναι ότι τα παιδιά ξεκινούν με μερικές υπανάπτυκτες γνωστικές δεξιότητες επειδή οι προκείμενες δεξιότητες, δεν εισηγήθηκαν ή δεν ενισχύθηκαν. Το παιδί έχει την δυνατότητα, όταν τίθεται σε ένα συγκεκριμένο είδος στόχου, να μπορεί να επιλέξει αν θα το κάνει με αναλυτικό ή με ολιστικό, διαμορφώσιμο τρόπο. Μπορούν να διαβάσουν με έναν τρόπο διαμορφώσιμο, ή να προσπαθήσουν να γράψουν με βάση μια οπτική εικόνα, όταν δεν έχουν το φωνητικό κώδικα. Κατόπιν το παιδί μπορεί να αντιμετωπίσει δυσκολία επειδή κάνει τα πράγματα με έναν διαφορετικό τρόπο, από αυτόν που ο δάσκαλος μπορεί να περιμένει, και ενδεχομένως όχι με τον καλύτερο τρόπο για τα Αγγλικά."

Περιληπτικά, φαίνεται σαφές ότι η οργάνωση ενός εγκεφάλου, η ικανότητά του στη γλωσσική χρήση και την κατανόηση, και τους τρόπους σκέψης του, μπορεί να αλλάξει φυσικά σε μεγάλο βαθμό από το πρόωρο γλωσσικό περιβάλλον. Ώσπου να έχουμε κάποια έρευνα που θα διευκρινίζει ακριβώς τι μπορεί να συμβαίνει στους εγκεφάλους των σημερινών παιδιών, θα έχουν μεγαλώσει και θα έχουν γίνει δάσκαλοι και γονείς της επόμενης γενιάς. Θα είναι εξοπλισμένοι με εγκεφάλους που επηρεάστηκαν περισσότερο από τους ήχους και τις αισθήσεις ή από αηδίες;

Καθώς κινούμαστε στο επόμενο θέμα ανησυχίας — για το πώς τα παιδιά μαθαίνουν ή δεν μαθαίνουν να προσέχουν — θα γνωρίσουμε άλλους λόγους που συντελούν στη σημασία της αποδοτικής αλληλεπίδρασης μεταξύ των ημισφαιρίων. Θα γίνει επίσης προφανές ότι η διάκριση αριστερού και δεξιού είναι ένα μόνο μέρος της ιστορίας. Άλλες, λιγότερο γνωστές διαστάσεις της ανάπτυξης των εγκεφάλων είναι εξίσου κρίσιμες για την εκμάθηση — και μπορούν να τεθούν εξίσου σε κίνδυνο.

ΜΕΡΟΣ ΤΡΙΤΟ

ΠΡΟΣΟΧΗ, ΤΡΟΠΟΙ ΖΩΗΣ, ΚΑΙ ΜΑΘΗΣΙΑΚΕΣ ΔΥΣΚΟΛΙΕΣ

ΚΕΦΑΛΑΙΟ 7

Μαθησιακές δυσκολίες: Η νευρική διασύνδεση πάει στα Σχολεία

"Πώς θα μπορούσα να διδάξω αυτά τα παιδιά; Είναι ανίκανα να με προσέξουν!" Τα παράπονα αυξάνονται συνεχώς σαν μια απειλητική ομίχλη, που προέρχονται από τις τάξεις του παιδικού σταθμού μέχρι και του κολεγίου. Περισσότερο λειτουργεί ως προειδοποίηση, ωστόσο μπερδεύει τους δασκάλους και τους γονείς που επιτίθονταν στους νέους για την ανικανότητά τους να μάθουν, καθώς και τους πολιτικούς και τους καθηγητές που δεν παίρνουν την εκπαίδευση στα σχολεία και τόσο σοβαρά. Καθώς στο σύνολό τους οι ενήλικες θρηνούν, όλο υποκρισία, ηθικολογώντας οδύρεται για τη διάβρωση της ακαδημαϊκής τεκμηρίωσης και της επίδοσης, την ίδια στιγμή διαιωνίζουν τις μεθόδους διδασκαλίας που περικόπτουν την διάρκεια της προσοχής των παιδιών και καθιστούν τους εγκεφάλους τους ακατάλληλους για να συμμετάσχουν σε μια ανώτερη προφορική έρευνα. Εν τω μεταξύ, τα σχολεία τα οποία έχουν πλημμυρίσει με μαθητές που δεν μπορούν να ακούσουν, να θυμηθούν, να ακολουθήσουν την σειρά των οδηγιών, να διαβάσουν κάτι επειδή το θεωρούν "βαρετό" ή ακόμη να λύσουν και τα πιο στοιχειώδη προβλήματα, έχουν αποδώσει σε αυτόν τον αυξημένο αριθμό μαθητών τον τίτλο "εκπαιδευτικά άρρωστος".

"Οι μαθησιακές δυσκολίες" και αυτές που έχουν διαγνωσθεί αλλά και αυτές που πιθανά να εμφανιστούν στο μέλλον, έχουν θεωρηθεί υπεύθυνες για ένα μεγάλο ποσοστό από τα εκπαιδευτικά δρώμενα, ξεκινώντας από την "αδυναμία των μαθητών" μέχρι τις σχολικές αποβολές. Η πλειοψηφία των προβλημάτων αφορούν τις ακουστικές δεξιότητες, τις δεξιότητες της γλώσσας και της προσοχής. Ακόμη και οι "φυσιολογικοί" μαθητές παρουσιάζουν μεγάλη δυσκολία να διατηρήσουν τους εγκεφάλους τους αφοσιωμένους για αρκετό διάστημα ώστε να μπορέσουν μάθουν με τους παραδοσιακούς τρόπους. Μήπως συμβαίνει κάτι στα παιδιά; Στους δασκάλους τους; Ή μήπως στην "προσαρμογή" των εγκεφάλων στο σχολείο και στις προσδοκίες μας για αυτούς;

Η υποκινητική και η γνωσιολογική ανάπτυξη των εγκεφάλων των μαθητών, καθορίζει την προσοχή, τις δυνατότητες της εκμάθησης και τις μαθησιακές δυσκολίες. Οι εγκέφαλοι όλων των μωρών που έρχονται στον κόσμο είναι μοναδικά εξοπλισμένοι με διάφορες μορφές ακαδημαϊκής αναζήτησης, αλλά η παιδαγωγική τους εξέλιξη καθορίζεται σε μεγάλο βαθμό από την τρέχουσα διανοητική συναλλαγή η οποία τα κατευθύνει πώς να σκεφτούν και να μάθουν. Οι συνηθισμένες ενέργειες του μυαλού αποτελούν τη δομή του εγκεφάλου ενώ σύντομα απορροφούν τις συνήθειές του ενήλικου πολιτισμού που τα περιβάλλει είτε με άμεσους είτε με έμμεσους τρόπους. Πολλά από τα παιδιά, που κουβαλούν στο σχολείο αυτές τις συνήθειες έχουν προδιάθεση για κάποιο μαθησιακό πρόβλημα.

Για να αντιληφθούμε την αύξηση των εκπαιδευτικών θυμάτων σήμερα, πρέπει να αντικρίσουμε κάποιες πραγματικότητες που συχνά είναι άγνωστες, όσον αφορά την σχέση του εγκέφαλου και του πολιτισμού. Ιδιαίτερα επιβαρυντικοί για το πρόβλημα της "μαθησιακής ανικανότητας" είναι μερικοί νέοι παράγοντες, για τους οποίους τα παιδιά αντιμετωπίζονται-θεραπεύονται με ψυχοπαιδαγωγικές συνταγές και συχνά συνδέονται με το "πρόβλημα της έλλειψης προσοχής," για την οποία χορηγούνται φάρμακα μεταβολής του εγκεφάλου. Παρακάτω βρίσκονται μερικές ερωτήσεις που πρέπει να εξετάσουμε σε αυτά τα τρία κεφάλαια:

1. Ποια είναι η πραγματική έννοια του όρου "μαθησιακή ανικανότητα" και γιατί εμφανίζεται τόσο συχνά στις μέρες μας στα σχολεία;
2. Τα μαθησιακά προβλήματα κληρονομούνται ή προκαλούνται από το περιβάλλον στο οποίο μεγαλώνουν τα παιδιά;
3. Τι είναι η "έλλειψη προσοχής"; Γιατί ένας μεγάλος αριθμός παιδιών φαίνεται να υποφέρει από αυτό;
4. Είναι σωστό να χορηγούνται στα παιδιά φάρμακα όταν έχουν κάποιο πρόβλημα προσοχής στο σχολείο;
5. Ποια είναι τα φυσιολογικά δεδομένα για την προσοχή και πώς μπορεί αυτή να επηρεαστεί από τα τοξικά και θορυβώδη περιβάλλοντα ή τους στατικούς τρόπους ζωής;
6. Ποιος είναι ο ρόλος του σπιτιού στην αποφυγή των προβλημάτων της μάθησης και της προσοχής;
7. Πως σχετίζεται η προσοχή με την ανικανότητα της "επίλυσης προβλημάτων ";

ΈΝΑ ΑΥΞΑΝΟΜΕΝΟ ΚΥΜΑ ΑΝΑΠΗΡΙΑΣ

Σε αυτήν την τρομακτική "επιδημία" της "μαθησιακής ανικανότητας", η δυσκολία των μαθητών να παραμείνουν ακίνητοι, να προσέξουν στο μάθημα και να απαντήσουν λογικά σε προσιτά θέματα είναι ολοφάνερη όπως και η ανικανότητα τους να διαβάσουν σωστά. Από την δεκαετία του '70 όπου ο όρος "Μαθησιακή Ανικανότητα", αρκετά αόριστος, αποτελούσε έναν αποδεκτό ορισμό για τα προβλήματα που δεν οφείλονταν στη νοημοσύνη, τη φυσική ή την συναισθηματική κατάσταση, έχει αυξηθεί γεωμετρικά. Μέσα σε αυτή την κατηγορία περιλαμβάνονται πλέον και τα παιδιά που κάποτε θεωρούνταν ως διανοητικά ανεπαρκή ή συναισθηματικά διαταραγμένα, καθώς επίσης και ένας μεγάλος αριθμός παιδιών που αντιμετωπίζουν προβλήματα στο σχολείο, για λόγους που είναι συχνά ασαφείς.

187

Πολλοί μαθητές με συγκεκριμένες δυσκολίες στην εκμάθηση δεν τα καταφέρνουν ποτέ στο λαβύρινθο των ψυχολογικών-εκπαιδευτικών τεστ που οδηγούν στην επίσημη διάγνωση, αλλά ο αριθμός αυτών σύντομα γίνεται ανεξέλεγκτος. Στις Ηνωμένες Πολιτείες, μεταξύ του 1976 και του 1985, υπήρξε ένα τεράστιο άλμα της τάξης του 135% σε διαγνωσθείσες περιπτώσεις μαθησιακής δυσκολίας, ο αντιπροσωπευτικός αριθμός αυτού του ποσοστού με νούμερα είναι ότι από 796.596 έφτασαν 1,868,447. Η Δρ Margaret S. Wang, αξιόλογη εκπαιδευτικός στον κλάδο της μαθησιακής ανικανότητας, παρατήρησε ότι μέχρι το 1988 15,000 παιδιά εβδομαδιαίως εντός της χώρας, παραπέμπονται για αξιολόγηση. Προειδοποίησε ότι μέσα στο κανονικό εκπαιδευτικό σύστημα, αναπτυσσόταν ένα "δεύτερο σύστημα", των παιδιών με ειδικές μαθησιακές ανάγκες. Αυτό το "δεύτερο σύστημα" παρεμπιπτόντως, δεν αποτελείται από τις οικονομικά αδύνατες τάξεις. Η διάγνωση "της μαθησιακής δυσκολίας" αφορά κυρίως τις μεσαίες τάξεις.

Η Δρ Wang επισημαίνει ότι θα μπορούσε σήμερα το 80% των Αμερικανών μαθητών να χαρακτηριστούν ως άτομα με μαθησιακές ανάγκες από μια ή περισσότερες μεθόδους που χρησιμοποιούνται, οι οποίες ποικίλουν ακόμη και μεταξύ των κοντινών σχολικών περιοχών. Είναι αδύνατο να καθοριστεί εάν αυτή η παραπομπή των μαθητών (δηλαδή να διώχνουν τους ζωηρούς μαθητές από την τάξη) για αξιολόγηση οφείλεται στην υπερβολική εμπιστοσύνη των δασκάλων σε αυτήν την μέθοδο, . Το μόνο σαφές γεγονός που μπορεί να προκύψει από αυτές τις στατιστικές είναι ότι υπάρχει μια σημαντική ανομοιομορφία ανάμεσα στους πολυάριθμους μαθητές και στα σχολεία τους.

ΔΙΑΤΑΡΑΧΗ ΕΛΛΕΙΜΜΑΤΙΚΗΣ ΠΡΟΣΟΧΗΣ (ΔΕΠ)

Μεγάλο ποσοστό από τις περιπτώσεις που έχουν διαγνωστεί, κατέχει μια υποκατηγορία μαθησιακής δυσλειτουργίας, επονομαζόμενη ως "υπερδραστηριότητα" ή πιο σύγχρονα, "Διαταραγμένη Διάσπαση Προσοχής — με ή χωρίς υπερδραστηριότητα" (ADHD), ακόμη και στα αρχικά στάδια μιας συγκεκριμένης ακαδημαϊκής ικανότητας όπως η ανάγνωση. Όλες οι περιπτώσεις "διαταραγμένης διάσπασης προσοχής" έχουν ως κύριο στοιχείο την έλλειψη συγκέντρωσης και τη διατήρηση της προσοχής, ο όρος "υπερδραστηριότητα" υποδηλώνει ότι το σώμα των παιδιών, καθώς επίσης και το μυαλό τους, ξεφεύγει πέρα από τους τοίχους της τάξης. Ένα από τα σταθερά σχολικά συμπτώματα όλων των τύπων διατάραξης της προσοχής είναι η δυσκολία που αντιμετωπίζουν οι μαθητές, να ακούσουν προσεκτικά και να απομνημονεύσουν αυτά που λέει ο δάσκαλος.

Η ακριβής σχέση μεταξύ "ADHD" (διαταραγμένη διάσπαση της προσοχής με ή χωρίς υπερδραστηριότητα) και των άλλων μορφών "Μαθησιακής Ανικανότητας" είναι ασαφής, αλλά οι εμπειρογνώμονες υπολογίζουν ότι οι δύο κατηγορίες έχουν κοινά χαρακτηριστικά, σε ποσοστό 50% ως 90%. Η αδυναμία να βρούμε ξεκάθαρα στοιχεία είναι απογοητευτική όσον αφορά την ανακρίβεια της εκπαιδευτικής διάγνωσης. Αναμφισβήτητα, ένας από τους κύριους λόγους ανάπτυξης της "Μαθησιακής Ανικανότητας" είναι η δραματική αύξηση του αριθμού των παιδιών με διαταραγμένη προσοχή.

ΕΚΚΕΝΤΡΙΚΑ ΠΑΙΔΙΑ ΚΑΙ ΦΑΡΜΑΚΑ

Αυτήν την περίοδο, σε όλες τις Ηνωμένες Πολιτείες, γύρω στους ενάμιση με τεσσεράμισι εκατομμύρια μαθητές, κυρίως αγόρια, δέχονται την επίσημη διάγνωση του συνδρόμου ADHD. Το απίστευτο ποσοστό του 50% των μαθητών σε κάποιες τάξεις, έχει χαρακτηριστεί ως υπερδραστήριο, ένα γεγονός που επισκιάστηκε, από μια μετέπειτα έρευνα η οποία επεσήμανε ότι το ένα τρίτο όλων των αγοριών στην Αμερική πάσχει από τέτοιου είδους συμπτώματα. Οι δάσκαλοι εντούτοις, υποστηρίζουν ότι οι περιπτώσεις που έχουν αναγνωριστεί, είναι μόνο κάποιες από τις σοβαρότερες. Το ίδιο σύνδρομο παρουσιάζεται και στα κορίτσια, σε μικρότερο ποσοστό βέβαια, δίχως όμως να παρουσιάζουν τάσεις απόσπασης μέσα στην τάξη, με αποτέλεσμα να παραπέμπονται λιγότερο συχνά για διάγνωση.

Σε άλλα μέρη του κόσμου ο ρυθμός ανάπτυξης του συνδρόμου ADHD φαίνεται πολύ χαμηλότερος, ενώ η αύξηση των περιπτώσεων που έχουν αναφερθεί πρόσφατα, προέρχεται από χώρες ιδιαίτερα αποκομμένες όπως για παράδειγμα η Φινλανδία και η Λαϊκή Δημοκρατία της Κίνας. Ένας παιδίατρος από την Δυτική Γερμανία, εξειδικευμένος στις διαταραχές, δημοσίευσε πρόσφατα μια μελέτη, η οποία αφορούσε την θεραπεία χιλίων παιδιών που προέρχονταν κυρίως από ανωτερο-μεσαίες τάξεις. Μια αμφιλεγόμενη πτυχή του προβλήματος, είναι η υπερβολική χρήση διεγερτικών φαρμάκων που αποσκοπούν στο να βοηθήσουν τους εγκεφάλους των παιδιών να συμπεριφερθούν πιο προσεκτικά. Αυτή τη στιγμή, εκτιμείται ότι στο 6% των Αμερικανών μαθητών χορηγούνται ιατρικές συνταγές, η πιο συνήθης από αυτές, είναι το Ritalin, το οποίο "αναπτύσσει" την ικανότητα τους στο σχολείο. Σε κάποιες κοινότητες, όπου οι παιδίατροι "έχουν ειδικευτεί στην "υπερδραστήρια" διαταραχή της προσοχής, το ποσοστό είναι πολύ υψηλότερο.

Πολλοί γονείς επιλέγουν να αυξήσουν την καθορισμένη καθημερινή δόση για να εξισορροπήσουν τις επιδράσεις της "ανάκτησης" των φαρμάκων και να επιτρέψουν στα παιδιά τους να συμπεριφερθούν ανάλογα και στο σπίτι. Ένα άρθρο του 1988 της Education Week με τίτλο "Ανάπτυξη συζητήσεων στις τάξεις με τα μαγικά χάπια" επισημαίνει ότι η παραγωγή του Ritalin διπλασιάστηκε μεταξύ 1985 και 1987 στις Ηνωμένες Πολιτείες. Στο επόμενο κεφάλαιο θα εξετάσουμε σε βάθος αυτό το ζήτημα. Προς το παρόν, ας ερευνήσουμε γενικότερα "τις μαθησιακές δυσκολίες."

ΜΑΘΗΣΙΑΚΕΣ ΔΥΣΚΟΛΙΕΣ (LD) : ΑΠΡΟΣΑΡΜΟΣΤΟΙ ΕΓΚΕΦΑΛΟΙ

Διαφορετικά συστήματα σύνδεσης

Έχω διαπιστώσει ότι οι γονείς και οι δάσκαλοι, πολλές φορές μπερδεύουν την έννοια του όρου "Μαθησιακή Δυσκολία". Άσχετα από αυτό που πιστεύουν πολλοί δεν σημαίνει ότι τα παιδιά με LD έχουν υποστεί κάποια συγκεκριμένη μορφή "βλάβης" στον εγκέφαλο, είτε πριν είτε μετά από τη γέννηση. Αντιθέτως μπορεί να είναι ιδιαίτερα ευφυείς. Μερικά νευρικά συστήματα όταν δραστηριοποιούνται είναι δύσχρηστα, ή κακώς προετοιμασμένα για την εκμάθηση, αλλά σε πολλά από τα παιδιά που στιγματίζονται ως "Μαθησιακά Ανίκανα" δεν έχει εμφανιστεί κάποιο σύμπτωμα. Ακόμη και στη νευρολογική εξέταση, τα παιδιά είναι πολύ πιθανό να φανούν, "φυσιολογικά", λειτουργώντας αποδοτικά στις περισσότερες απαιτήσεις εκτός από αυτές της τάξης. Είναι ιδιαίτερα δύσκολο για τους ενηλίκους να καταλάβουν τον λόγο που κάποια παιδιά έχουν δυσκολία με συγκεκριμένες μορφές εκμάθησης όπως η ανάγνωση, τα μαθηματικά, η απομνημόνευση και η προσοχή.

Επίσης αντίθετα με την κοινή γνώμη, από την στιγμή που γίνει μια διάγνωση, οι επαγγελματίες δεν μπορούν απλά να "διορθώσουν" το παιδί επειδή έχουν καταφέρει να βάλουν μια ετικέτα στο πρόβλημα. Δυστυχώς, η κατανόηση των ιδιομορφιών του μαθητευόμενου εγκεφάλου είναι τόσο περιορισμένη που το μεγαλύτερο μέρος της θεραπευτικής αγωγής βασίζεται κυρίως σε αυτό που "λειτουργεί" παρά στην σαφή νευρολογική αιτιολογία.

Ο κύριος λόγος που η διάγνωση και η θεραπεία είναι τόσο δύσκολες είναι ότι κάθε εγκέφαλος είναι μοναδικός. Τα παιδιά με LD είναι επίσης μοναδικά για να μπορέσει κάποιος να τα χειριστεί κατάλληλα το σχολείο. Ακόμη κι αν οι εγκέφαλοί μας έχουν διαφοροποιηθεί από το πρότυπο του Homo Sapiens ο κάθε ένας ανταποκρίνεται διαφορετικά στους ποικίλους τύπους εργασιών και ο κάθε ένας είναι ενδεχομένως καλύτερος από κάποιους άλλους στην παραγωγή συνδετικών συνάψεων σε συγκεκριμένα είδη εκμάθησης. Το βασικό νευρωνικό διάγραμμα σύνδεσης καθορίζεται από το γενετικό σχεδιάγραμμα και από το περιβάλλον της μήτρας, ενώ το μεταγεννητικό περιβάλλον καθορίζει το πώς συνδέονται οι συνάψεις ανάλογα με το πως τις χρησιμοποιεί το παιδί. Κατεξοχήν, η "μαθησιακή δυσκολία" εμφανίζεται μόνο όταν ο εγκέφαλος του παιδιού υπόκεινται σε μια διαδικασία εκμάθησης που συντρίβει τις νευρωνικές του συνθέσεις με ένα ορισμένο τύπο απαίτησης. Ένα ακραίο παράδειγμα: ας υποθέσουμε ότι ένα παιδί με την ιδιομορφία του εγκεφάλου απέναντι στην ανάγνωση, πήγαινε στο σχολείο, σε μια κοινωνία όπου όλες οι πληροφορίες μεταβιβάζονταν με εικόνες ή με εξιστόρηση. Η μαθησιακή του δυσκολία "δεν θα εμφανιζόταν ποτέ!

Ακόμη και στα προσχολικά έτη, η διανοητική ζωή ενός παιδιού και τα κίνητρα του αντιδρούν με τη βασική δομή του εγκεφάλου ώστε να σχηματίσουν συγκεκριμένες ικανότητες εκμάθησης. Μέχρι να μπουν τα παιδιά στο σχολείο, το κάθε ένα έχει ένα μοναδικό τύπο δυνατοτήτων, ανικανοτήτων, και ενδιαφερόντων. Μερικοί τύποι παιδιών προσαρμόζονται μέσα στην τάξη άλλα οι ικανότητές τους παρουσιάζονται κυρίως στην παιδική χαρά, σε χώρους καλλιτεχνικούς ή μουσικούς, στις διαπροσωπικές τους σχέσεις, ή όταν κάποιο χρειάζεται έναν φίλο. Δυστυχώς όμως αυτές οι δεξιότητες δεν παίρνουν Α' στον έλεγχο και δεν κερδίζουν αστεράκια στην ορθογραφία.

Πολλοί νεαροί με LD έχουν τέτοιου είδους συστήματα συνδέσεων, που πρέπει να αγωνιστούν σκληρότερα για την εκμάθηση, λόγω της δυσκολίας που αντιμετωπίζουν με ένα ή περισσότερα από τα εξής θέματα: την μνήμη, τον συντονισμό των χεριών και των ματιών, την γρήγορη αντίληψη των νέων καταστάσεων, την γλώσσα, τον οπτικό-χωρικό συλλογισμό, την πολύπλοκη σκέψη ή την δυνατότητα της προσήλωσης γρήγορα και κατάλληλα. Ακόμη και ένα πρόβλημα αρκετά γενικευμένο, όπως για παράδειγμα της μνήμης, είναι δυνατόν να παρουσιαστεί μόνο σε συγκεκριμένες (συγκεκριμένες εργασίες) μαθησιακές περιστάσεις. Πολλές φορές, όταν μου παραπονιούνται οι μαθητές για "προβλήματα μνήμης," στην πραγματικότητα μιλούν για τη προφορική μνήμη για τα πράγματα που διαβάζουν ή ακούν, μπορεί να έχουν φοβερή μνήμη για πράγματα όπως που άφησε ο μπαμπάς τα κλειδιά του αυτοκινήτου ή πώς να συναρμολογήσουν έναν κύβο. Το πραγματικό "πρόβλημα" είναι ότι τα συνδετικά συστήματα του εγκεφάλου λειτουργούν καλύτερα για μερικούς τύπους μνήμης απ' ό,τι για άλλους, και οι αδυναμίες δεν εμφανίζονται έως ότου κληθούν να λειτουργήσουν.

Μερικές φορές θλίβομαι, όταν παρακολουθώ από μακριά τα παιδιά να δυσκολεύονται στον "τομέα ευρηματικότητας" στα μαθήματα της ανάγνωσης ή της ορθογραφίας, στα οποία θα μπορούσα κι εγώ να θεωρούμαι ένα από τα άτομα με Μαθησιακές Δυσκολίες. Όπως πολλοί άλλοι που επέλεξαν αργότερα τη διδασκαλία ως σταδιοδρομία.

Ήμουν τυχερός που οι εγγενείς δυνατότητες του εγκεφάλου μου και το γλωσσικά πλούσιο περιβάλλον μου συνδυάστηκαν για να με καταστήσουν αρκετά ικανό για την πρώτη τάξη. Όπως και να έχει, αν στην ηλικία των έξι ετών, αντιμετώπιζα μια κοινωνία εικαστικών καλλιτεχνών, με μια διδακτέα ύλη να αποτελείται από ζωγραφική και αρχιτεκτονικό σχέδιο, αντί για ανάγνωση και ορθογραφία θα παραπεμπόμουν σίγουρα πρώτος στη λίστα των παιδιών με Μαθησιακές Δυσκολίες.

Καθώς θα ήμουν απογοητευμένος από τις αποτυχίες μου, θα περίμενα όλη την εβδομάδα την επίσκεψη του ειδικού δασκάλου ανάγνωσης για να πάρω την σύντομη γεύση της επιτυχίας μου. Πολλά παιδιά που αντιμετωπίζουν το αντίθετο πρόβλημα στα γλωσσικά κεντροθετημένα σχολεία μας, μειονεκτούν στα "στοιχεία" της τέχνης ή της μουσικής, όπου δεν τους δίνεται μια ευκαιρία να αναγνωριστούν τα ταλέντα τους. Οι εγκέφαλοι αυτών των μαθητών είναι "κατεστραμμένοι" ή μήπως δεν είναι κατάλληλοι για αυτή την συγκεκριμένη ύλη; Μήπως θα έπρεπε να αλλάζαμε το πρόγραμμα των μαθημάτων; Μήπως πρέπει να αλλάξουμε τις μεθόδους διδασκαλίας και τον ρυθμό της διαπαιδαγώγησης για να προσαρμόσουμε τον μεγάλο αριθμό των "διαφορετικών" εγκεφάλων; Αυτές οι ερωτήσεις τίθενται ολοένα και περισσότερο στους δασκάλους, ακόμη και στα "καλύτερα" σχολεία, όπου ανακαλύπτουν ότι διδάσκοντας τους μαθητές κάτι παραπάνω από τα συνηθισμένα δεν μπορούν να αντεπεξέλθουν. Εν τω μεταξύ, η κοινωνία παραπονιέται για υψηλότερα πρότυπα, ενώ οι πτυχιούχοι μας δεν μπορούν να ανταγωνιστούν στην παγκόσμια αγορά εργασίας.

Ίσως η ξακουστή αμερικανική μόρφωση να έπρεπε να ρίξει μια πιο αυστηρή ματιά στην διδακτέα ύλη. Ακόμη εφόσον το είδος "προετοιμασίας" που παρέχεται από το προσχολικό περιβάλλον επηρεάζει σε μεγάλο βαθμό την προσαρμογή ενός παιδιού στο σχολείο, είναι όλοι υποχρεωμένοι απέναντι στα παιδιά και στους μελλοντικούς τους δασκάλους να τα εφοδιάσουν με τις κατάλληλες εμπειρίες ώστε να αναπτύξουν τις δεξιότητες που θα χρειαστούν μέσα στην τάξη. Αυτό δεν σημαίνει ότι οι γονείς πρέπει να ετοιμάζουν μαθήματα για νήπια,, να περιμένουν από τα νήπια να διαβάσουν, ή να εξασκούν τα παιδιά τους σε μαθηματικές ασκήσεις όταν ακόμη είναι στις βρεφικές καρεκλίτσες τους. Σημαίνει όμως ότι κάποιος πρέπει να τα βοηθήσει να μάθουν να ακούν, να κατευθύνουν τη σκέψη τους, και να χρησιμοποιούν τη γλώσσα αποτελεσματικά. Έχω περιγράψει ήδη τη διάβρωση της γλωσσικής υποκίνησης σε πολλά παιδιά στις μέρες μας, ας ερευνήσουμε τώρα εκτενέστερα τους τρόπους με τους οποίους το περιβάλλον δεν επιτρέπει στα παιδιά να προσέχουν. Αυτά τα δύο προβλήματα συσχετίζονται πολύ και αποτελούν ένα μεγάλο μέρος αυτής της μυστήριας "επιδημίας" που βιώνουμε.

ΑΚΟΥΣΤΙΚΕΣ ΔΕΞΙΟΤΗΤΕΣ ΚΑΙ ΜΑΘΗΣΙΑΚΕΣ ΔΥΣΚΟΛΙΕΣ

Η πλειοψηφία των αναφορών για την μαθησιακή δυσκολία περιλαμβάνει την ακουστική ανικανότητα, την κατανόηση, την έκφραση του προφορικού υλικού, την ανάγνωση, τη γραφή και την ορθογραφία. Αυτές οι δεξιότητες βασίζονται σε ένα γενεσιουργό συγκρότημα "ακουστικών δυνατοτήτων επεξεργασίας" και βρίσκεται ανάμεσα στις γλωσσικές περιοχές του εγκεφάλου του αριστερού ημισφαίριου.
Οι δεξιότητες αυτές περιλαμβάνουν τις δυνατότητες:

- να ακούμε προσεκτικά την σειρά των ήχων στις λέξεις ή των λέξεων στις προτάσεις.
- να ξεχωρίζουμε τους παρόμοιους ήχους (π.χ., SH και CH)
- να θυμόμαστε τα πράγματα που μόλις ακούστηκαν ("βραχυπρόθεσμη ακουστική μνήμη")

Τα προβλήματα στα ανωτέρω δεν προέρχονται κυρίως από τις ατέλειες στα αυτιά, αλλά από τα κέντρα επεξεργασίας του εγκεφάλου. Οι ήχοι μπορεί να εισέλθουν, αλλά να μπερδευτούν ή να χαθούν προτού να μπορέσουν να αναλυθούν, να κατανοηθούν ή να απομνημονευτούν. Ένα από τα πιο ισχυρά συμπτώματα τέτοιων προβλημάτων είναι η δυσκολία στην απομνημόνευση των προφορικών οδηγιών. Παραδείγματος χάριν:

Γονέας: " Σε παρακαλώ πήγαινε επάνω, πάρε το σαπούνι από το ντουλάπι, και φέρτο στο δωμάτιο με το πλυντήριο."
Παιδί: "Ε;"

Παιδιά με φτωχές ακουστικές δεξιότητες (για οποιοδήποτε λόγο) δυσκολεύονται να μάθουν να διαβάσουν, να συλλαβίσουν ακριβώς, να κρατήσουν στην μνήμη τους αυτό που διαβάζουν μέχρι να το καταλάβουν ή να διατηρήσουν τον εσωτερικό ήχο μιας πρότασης που θέλουν να γράψουν. Έχουν την τάση να αποσπούνται κατά τη διάρκεια των συζητήσεων μέσα στην τάξη και όταν μιλάει ο δάσκαλος ή δίνει οδηγίες. Αποκρίνονται πολύ καλύτερα στις οπτικές πληροφορίες, κυρίως όταν είναι εικονογραφημένες παρά γραπτές.

Για να ξεπεράσουν τη δυσκολία, τα παιδιά που δεν αναγκάζονται να ακούνε, αναπτύσσουν εύκολα τη συνήθεια να αποφεύγουν την εξάσκηση (και την κατασκευή) αυτών των σημαντικών συνδέσεων ακουστικής-επεξεργασίας. Η ίδια η πράξη της απομνημόνευσης καθορίζει τα φυσικά μονοπάτια στον εγκέφαλο, αλλά τα παιδιά μπορούν αρκετά εύκολα να αποφύγουν να χτίσουν αυτά τα συστήματα. Όταν ένας δάσκαλος δίνει οδηγίες, τον παρακολουθούν για να μπορέσουν να πάρουν κάποιες πληροφορίες ή κοιτάζουν γύρω γύρω για να δουν τι κάνουν όλοι οι άλλοι. Πολλές φορές λένε "Ε;" στους αγανακτισμένους γονείς, είτε για να τους βοηθήσουν είτε για να το κάνουν οι ίδιοι. Όταν δεν έχουν ακούσει την εργασία για το σπίτι μέσα στην τάξη, ρωτούν ένα φίλο τους. Όσο για την ανάγνωση στηρίζονται σε μεγάλο ποσοστό στις εικόνες του κειμένου. Τα περισσότερα παιδιά όταν παρακολουθούν Τηλεόραση, λαμβάνουν τα μηνύματα ευκολότερα από τις εικόνες παρά από "τις συζητήσεις", η εκτεταμένη παρακολούθηση Τηλεόρασης (ιδιαίτερα στα πρώτα έτη που σχηματίζονται οι συνδέσεις του εγκεφάλου) συντελούν στην αύξηση του προβλήματος. Δεν υπάρχει αμφιβολία, ότι όταν πρέπει να διαβάσουν μεγαλύτερες ιστορίες, μαθηματικά προβλήματα, βιβλία ιστορίας, κ.λπ., δεν μπορούν να συγκρατήσουν τον ήχο των λέξεων μέσα στο κεφάλι τους για αρκετή ώρα με αποτέλεσμα να μην καταλαβαίνουν τι διαβάζουν! Απλά οι εγκεφαλοί τους δεν είναι εκπαιδευμένοι για να κατανοούν και να διατηρούν μια ομιλία.

Τι προκαλεί τη βασική αδυναμία; Η έρευνα υποδηλώνει ότι αυτός ο τύπος προβλήματος μπορεί να αναπτύσσεται σε ορισμένες οικογένειες. Σήμερα, ωστόσο, που οι ακουστικές εμπειρίες των περισσότερων παιδιών είναι περιορισμένες ή συνδεδεμένες με εικόνες, είναι δύσκολο να ξεχωρίσουμε πότε κληρονομήθηκε το πρόβλημα ή πότε "αποκτήθηκε" από το περιβάλλον. Όποια κι αν είναι η αιτία, οι μελέτες έχουν δείξει ότι η πρόωρη εμπειρία με το επιμελημένο, αναλυτικό άκουσμα μπορεί να βελτιώσει εντυπωσιακά την ακουστική επεξεργασία, την κατανόηση ακουσμάτων, και διαδοχικά, την δυνατότητα ανάγνωσης — ακόμη και στα παιδιά που έχουν κληρονομήσει την αδυναμία."

ΚΛΗΡΟΝΟΜΙΚΟΤΗΤΑ, ΠΕΡΙΒΑΛΛΟΝ ΚΑΙ "ΜΟΝΑΔΙΚΟΙ ΕΓΚΕΦΑΛΟΙ"

Οι επιστήμονες προσπαθούν να γίνουν πιο συγκεκριμένοι για το πώς η φύση και η ανατροφή επηρεάζουν τις δυνατότητες εκμάθησης. Έχουν διαπιστώσει ότι "η μοναδικότητα" (όπως το μουσικό, το μαθηματικό, ή το γλωσσικό ταλέντο, καθώς επίσης και μερικές κατηγορίες μαθησιακής δυσκολίας) μπορεί να σχετίζεται με τις κληρονομημένες διαφορές κατασκευής των εγκεφάλων. Παρόλα αυτά, οι επιδράσεις του περιβάλλοντος που δημιουργούνται από τα ξεχωριστά ενδιαφέροντα των οικογενειακών μελών δεν μπορούν να απορριφθούν, λένε η Δρ Lorraine Obler και η Δρ Deborah Fine στο συναρπαστικό βιβλίο τους "The Exceptional Brain". "Δηλώνοντας ότι ένα ταλέντο ή μια δυσκολία είναι βιολογικά ή γενετικά βασισμένες δεν σημαίνει απαραιτήτως ότι θα αναπτυχθούν ή θα αποτύχουν να αναπτυχθούν ανεξάρτητα κάτω από τις συνθήκες που ένα παιδί μεγαλώνει. Ορισμένοι περιβαλλοντικοί παράγοντες είναι κρίσιμοι για την εκδήλωση του ταλέντου όπως και για την εκδήλωση κάποιας δυσκολίας."

Τα Γονίδια, η Δυσλεξία, και ο Εμβρυϊκός εγκέφαλος

Το να προσδιορίσουμε αν τα προβλήματα προκύπτουν από τα γονίδια ή από τις οικογενειακές συνήθειες είναι μια δύσκολη και κυρίως τεχνική εργασία, συμφωνεί ο Δρ Bruce Pennington του πανεπιστημίου του Κολοράντο. Ο Δρ Pennington είναι διευθυντής μιας μεγάλης μελέτης που ψάχνει για τα συγκεκριμένα γονίδια από τα οποία η γλώσσα, η ανάγνωση, και οι μαθησιακές δυσκολίες μπορούν να διαβιβαστούν από το γονέα στο παιδί. Ακριβώς επειδή τα μέλη μιας οικογένειας έχουν κάποιο κοινό γνώρισμα, λέει, δεν σημαίνει ότι είναι απαραιτήτως γενετικό. Επιπλέον οι φτωχοί τρόποι συμπεριφοράς στο δείπνο είναι πιθανόν να περάσουν μέσα στην οικογένεια!" Οι γονείς που απολαμβάνουν την ανάγνωση και την συνομιλία θα περιβάλουν τα παιδιά τους με ένα πλούσιο λογοτεχνικό περιβάλλον και μια εκτενή εμπειρία ακούσματος.

Εντούτοις, η έρευνα του Pennington, είναι η μεγαλύτερη μελέτη που έχει πραγματοποιηθεί για την οικογενειακή μαθησιακή ανικανότητα και έχει επιβεβαιώσει ότι κάποιοι συγκεκριμένοι τύποι μαθησιακών δυσκολιών, συμπεριλαμβανομένων των γλωσσικών διαταραχών (τραύλισμα, ομιλία και μερικά προβλήματα ανάγνωσης) επηρεάζονται γενετικά. Τα μέλη αυτών των οικογενειών, διακρίνονται συχνά για το ταλέντο τους σε άλλους τομείς. Δεδομένου ότι οι ερευνητές εργάζονται για να διευκρινίσουν τους ορισμούς και τις πιθανές αιτίες, αποκαλύπτουν μερικά συναρπαστικά στοιχεία που εξηγούν γιατί συμβαίνει αυτό.

Ο όρος "δυσλεξία" έχει χρησιμοποιηθεί συχνά σαν κάδος απορριμμάτων για οποιοδήποτε είδος προβλήματος σχετίζεται με την ανάγνωση. Οι τρέχουσες έρευνες, εντούτοις, έχουν περιορίσει τη χρήση του όρου, περιγράφοντας κάποια διαταραχή του εγκεφάλου, στο συνδυασμό της εικόνας και του ήχου του γραπτού υλικού, στην ορθογραφία και στα γραπτά Τα δυσλεκτικά παιδιά, που συντελούν μόνο ένα μέρος από τον μεγάλο πληθυσμό των LD είναι πιθανό να αντιμετωπίζουν δυσκολία με κάποιες πτυχές της προφορικής γλώσσας, όπως να βρουν γρήγορα τη λέξη που θέλουν να πουν ή να προφέρουν τη σειρά των ήχων και των συλλαβών στη σειρά. Επειδή έχουν την τάση να αναμειγνύουν τη σειρά των γραμμάτων και των λέξεων όταν διαβάζουν (και μερικές φορές και την σειρά των αριθμών όταν κάνουν μαθηματικά), νομίζουν ότι το πρόβλημα βρίσκεται στα μάτια τους. Τώρα υποψιάζονται ότι οι πραγματικοί ένοχοι είναι οι ελλείψεις στα συστήματα του αριστερού-ημισφαιρίου, το οποίο είναι υπεύθυνο για την ανάλυση και την τακτοποίηση των πραγμάτων σε διαδοχική σειρά και για την σύνδεση των ήχων με τα γραπτά σύμβολα.

Ακόμη και με τους γενετικά "διαφορετικούς" εγκεφάλους τους, τα δυσλεκτικά παιδιά που προέρχονται από σπίτια που υπήρχε επαφή με τα βιβλία και με τα σωστά παραδείγματα της γλώσσας, μαθαίνουν να διαβάζουν καλά. Αν και η ορθογραφία τους είναι συχνά "φρικτή," αυτοί οι νεαροί μπορεί να αποφύγουν τη διάγνωση αφού μαθαίνουν να εξισορροπούν ή να καλύπτουν τις δυσκολίες τους. Επίσης αποδεικνύουν ότι η "δυσκολία" είναι ένας σχετικός όρος, δεδομένου ότι συχνά κατέχουν πιο σημαντικά ταλέντα στις δεξιότητες του αριστερού-ημισφαιρίου (εικαστικές τέχνες, μαθηματικός συλλογισμός, μουσική, μηχανική).

Τα προβλήματα προσοχής στο σχολείο συχνά συνοδεύονται από δυσλεξία, αλλά τις περισσότερες φορές οι δυσλεκτικοί έχουν άριστη παρατηρητικότητα όσον αφορά τις λεπτομέρειες των πραγμάτων που βλέπουν (εκτός από τις τυπωμένες λέξεις!), και μπορεί να ασχοληθούν πολλές ώρες δουλεύοντας με μια μηχανή ή ένα σχέδιο. Είναι οι νέοι που μπορεί να αποτελέσουν τα ακαδημαϊκά αστέρια, σε έναν πολιτισμό με διαφορετικές διανοητικές προτεραιότητες.

Πώς διαφέρουν αυτοί οι εγκέφαλοι; Οι μελέτες που χρησιμοποιούν τις νέες ηλεκτρονικές φωτογραφίες των περιοχών του εγκεφάλου την ώρα που λειτουργεί, δείχνουν ότι τα δυσλεκτικά παιδιά χρησιμοποιούν διαφορετικά νευρικά συστήματα για την ανάγνωση από ότι αυτά των "κανονικών" αναγνωστών. Μια άλλη σειρά στοιχείων, προτείνουν ότι αυτό το μπέρδεμα πραγματοποιείται επειδή ορισμένες περιοχές του εγκεφάλου αναπτύσσονται διαφορετικά πριν από τη γέννηση. Επειδή ο νέος εγκέφαλος είναι αρκετά πλαστικός, κατορθώνει να αναδιοργανωθεί σε σχέση με την ανάγνωση, αλλά οι ακαδημαϊκές δεξιότητες ακόμα στερούν σε κάποια σημεία.

"Ένας φαινομενικά κακής ποιότητας εγκέφαλος"

Πριν από λίγο καιρό, ο τέως Δρ Norman Geshwind και ο συνάδελφός του Δρ Albert Galaburda, του πανεπιστημίου του Χάρβαρντ, άρχισαν μια εντατική εργασία με τους εγκεφάλους αρκετών δυσλεκτικών που συμμετείχαν στη μελέτη οικειοθελώς. Όλοι αυτοί οι εγκέφαλοι διέφεραν στην οργάνωση των κυττάρων με ξεχωριστό τρόπο από το "κανονικό" πρότυπο, ειδικά σε έναν γενικό γλωσσικό τομέα του αριστερού ημισφαιρίου. Η μικροσκοπική ανάλυση εντόπισε την προέλευση των διαφορών σε μια συγκεκριμένη περίοδο προγενέθλιας μετανάστευσης των κυττάρων. Αντί να βρουν την καθορισμένη τους θέση, οι νευρωνικές ομάδες κατέληξαν σε περίεργες θέσεις και ρυθμίσεις. Επιπλέον, οι περιοχές στο δεξί ημισφαίριο (αυτές που ουσιαστικά, που θα υποστήριζαν τους οπτικούς μηχανισμούς, ή άλλες δημιουργικές ικανότητες) ήταν αναλογικά μεγαλύτερες σε αυτούς τους ανθρώπους.

Λαμβάνοντας υπόψη τις ισχυρές αποδείξεις, ότι η δυσλεξία κληρονομείται από την οικογένεια και κυρίως στα αγόρια, ο Δρ Geshwind αποφάσισε να πάρει συνέντευξη από δυσλεκτικές οικογένειες. Όταν αποκάλυψε την επαναλαμβανόμενη επικράτηση των αριστερόχειρων συγγενών και της αυτοανοσοποίησης, ή κάποιας αλλεργίας ή ασθένειας, ανέπτυξε μια θεωρία. Σκέφτηκε ότι οι δυσαναλογίες των ορμονών ή των αντισωμάτων που εκκρίθηκαν από τη μητέρα σε διαφορετικούς χρόνους κατά τη διάρκεια της εγκυμοσύνης, στάθηκαν ικανές να ρυθμίσουν ελαφρώς εκ νέου τον εγκέφαλο του νηπίου με τέτοιο

199

τρόπο που θα το έκανε λιγότερο ικανό στην ανάγνωση και στη γλώσσα, πιο ταλαντούχο όμως στις οπτικό-χωρικές δεξιότητες, και πιθανόν και αριστερόχειρα.

Δεν υπάρχει ακόμα καμία τελική απάντηση, αλλά ο Δρ Albert Galaburda συνεχίζει αυτή την έρευνα. Έως ότου να γνωρίζουμε περισσότερα, αυτές οι μελέτες παρέχουν αδιάσειστα στοιχεία ότι ακόμα κι αν ένα μωρό γεννηθεί με διαφορετικό εγκέφαλο, θα μπορέσει τελικά να ολοκληρώσει έναν σύνθετο στόχο εκμάθησης (σε αυτήν την περίπτωση, το διάβασμα) ακόμη και με τα συστήματα του εγκεφάλου — και γεωγραφικά ίσως απομακρυσμένα — που δεν είναι τα καταλληλότερα για την εργασία. Οι επιστήμονες που εργάζονται πάνω σε αυτά τα προγράμματα συμφωνούν ότι ο τρόπος που τα δυσλεκτικά άτομα — ή οποιοσδήποτε άλλος — χρησιμοποιούν τους εγκεφάλους τους, είναι ένας κρίσιμος παράγοντας στην τροποποίηση τους.

Είχα την ευκαιρία να κουβεντιάσω με τον Δρ Galaburda μετά από μια πρόσφατη ομιλία του, στην οποία υπογράμμιζε "τη όμοια με την Δαρβίνεια αλληλεπίδραση" μεταξύ του περιβάλλοντος και του αναπτυσσόμενου εγκεφάλου. Τα γονίδια παρέχουν στο περιβάλλον "μια σειρά από δομές για να επιλέξουν", εξήγησε, "και το περιβάλλον επιλέγει από αυτήν την σειρά την πιο άξια. Η δομή του εγκεφάλου σας καθιστά ικανούς να χορεύετε, αλλά δεν σας επιτρέπει και να πετάξετε, "είπε, χαμογελώντας. "Υπάρχουν μερικά πράγματα που απλώς τα γονίδια δεν επιτρέπουν. Από την άλλη όμως, ο εγκέφαλος δεν είναι κατασκευασμένος να ενεργεί μονόδρομα, παρέχει στο περιβάλλον μια ορισμένη ευελιξία να επιλέξει. Πιστεύω ότι ακόμα κι αν τα παιδιά δεν έχουν αρκετά καλό διάγραμμα καλωδίωσης για κάτι, μπορεί να το κάνετε να φαίνεται καλύτερο ή χειρότερο ανάλογα με το περιβάλλον.

Τα "διαφορετικά είδη περιβαλλοντικών παραγόντων, ξεκινώντας από τις χημικές ουσίες ως τις κοινωνικές πιέσεις, είναι ενδεχομένως ικανά να επιφέρουν τις ανώμαλες αντιδράσεις του εγκεφάλου," εξήγησε ο Δρ Galaburda. Αφ' ετέρου, οι μελέτες του σχετικά με τους δυσλεκτικούς, του υπενθυμίζουν ότι δεν πρέπει να υποτιμούμε τις δυνατότητες του εγκεφάλου, λαμβάνοντας υπόψη ότι αν του παρέχουμε το σωστό είδος υποστήριξης, μπορούμε να αντισταθμίσουμε τις έμφυτες δυσκολίες. "Εάν αλλάξετε τον εγκέφαλο [πριν από τη γέννηση] κατά μία έννοια, είναι πιθανό ότι θα αλλάξουν και οι διαθέσιμες δυνατότητες σε αυτόν τον εγκέφαλο, αλλά η γκάμα αυτών θα παραμείνει πολύ μεγάλη. Ένας πολύ γνωστός, διακεκριμένος, λαμπρός ψυχολόγος του έθνους μας είχε κατά τα φαινόμενα έναν κακής ποιότητας εγκέφαλο!"

Η κρυφή πλευρά της δυσλεξίας: Μη λεκτικές μαθησιακές διαταραχές

Οι επιστήμονες είναι στα ίχνη των διαφορών του εγκεφάλου που κρύβονται πίσω από μια άλλη δυσκολία, αποκαλούμενη "μη λεκτική μαθησιακή διαταραχή," η οποία φαίνεται να προέρχεται από το αντίθετο πρόβλημα: την ανεπαρκή δύναμη του δεξιού-ημισφαιρίου.

Οι άνθρωποι με προβλήματα στο δεξί-ημισφαίριο μπορεί να είναι αρκετά ικανοί στις μονοδιάστατες, διαδοχικές δεξιότητες όπως την ορθογραφία, την μεγαλόφωνη ανάγνωση, ή στις βασικές εξισώσεις των μαθηματικών, αλλά να αντιμετωπίζουν πρόβλημα όταν πρέπει να κατανοήσουν τις αφηρημένες έννοιες, κάνουν κοινωνικές επαφές, ή να κατανοήσουν ένα οπτικό-χωρικό σχήμα (π.χ., χάρτες, διαγράμματα, τρισδιάστατα παζλ, αρχιτεκτονικά σχέδια). Έχουν πρόβλημα στην κατανόηση της σχέσης μεταξύ των σωμάτων και του διαστήματος ή τις ιδέες στη λογοτεχνία ή τις κοινωνικές μελέτες. Σχεδόν πάντα έρχονται αντιμέτωποι με τα πιο προηγμένα μαθηματικά. Η κύρια δυσκολία τους είναι να αντιληφθούν την "ολοκληρωμένη εικόνα" μιας κατάστασης: να σχηματίζουν άποψη για αυτά που διαβάζουν ή όταν σχετίζονται με άλλους. Είναι πιθανό να μην μπορούν να ερμηνεύσουν τη συναισθηματική αξία των εκφράσεων του προσώπου στους ανθρώπους και να κάνουν ή να πουν ακατάλληλα πράγματα σε μια κοινωνική περίσταση.

[**Μια προειδοποιητική σημείωση**: Οι περισσότεροι από μας τείνουν προς ένα συγκεκριμένο "στυλ" αλλά παραμένουν στα πλαίσια του φυσιολογικού. Αν όλα τα προηγούμενα που αναφέρθηκαν σας θυμίζουν κάποιον που γνωρίζετε, δεν σημαίνει ότι αυτός έχει και κάποια εγκεφαλική δυσκολία, απλά ίσως να διαφέρει σε κάποια πράγματα για κάποιο άλλο λόγο. Το γεγονός ότι όλοι έχουμε μοναδικά είδη ταλέντων, μας κάνει να ξεχωρίζουμε από αυτούς που θέλουν να γίνουν διορθωτές κειμένων καθώς επίσης και από εκείνους που προτιμούν το αρχιτεκτονικό σχέδιο.]

Οι σοβαρές περιπτώσεις της μη λεκτικής μαθησιακής διαταραχής, στην οποία οι δυνατότητες του ατόμου είναι προφανές ότι επηρεάζονται, τώρα αρχίζουν και λαμβάνουν την προσοχή των ειδικών. Είναι λίγα αυτά που ξέρουμε για τις αιτίες ή την θεραπεία, αλλά οι ερευνητές προτείνουν την πρόωρη επέμβαση στον εγκέφαλο, για να τον βοηθήσουν να αναπτύξει τις απαραίτητες συνδέσεις για τον χειρισμό του φυσικού κόσμου, την κατανόηση των αντιδράσεων άλλων ανθρώπων και τις αρχές που κρύβονται πίσω από τις ιδέες.

Στα παιδιά που παρουσιάζουν αυτό το προφίλ του τύπου εκμάθησης, είναι πιθανόν να μην φανούν οι "δυσκολίες" στις πρώτες τάξεις και πολλές φορές να συμβαίνει και το αντίθετο, να θεωρούνται αρκετά προχωρημένα λόγω του μεγάλου λεξιλογίου τους, των δυνατοτήτων τους στον υπολογιστή, της ανάγνωσης των λέξεων σε μικρή ηλικία, και την ικανότητα τους στους μαθηματικούς υπολογισμούς. Τα προειδοποιητικά σημάδια είναι ότι ακολουθούν τα μονοδιάστατα είδη εκμάθησης, όπως τον υπολογισμό μαθηματικών ή τις ασκήσεις της ορθογραφίας, τόσο παθητικά που αποφεύγουν τις οπτικό-χωρικές προκλήσεις όπως τα τηλεοπτικά παιχνίδια, τα ομαδικά παιχνίδια, ή μηχανικούς γρίφους. Δεδομένου ότι η οικογένεια του παιδιού μπορεί μοιράζεται μερικά κοινά χαρακτηριστικά, οι χειρωνακτικές και οι διαπροσωπικές δυνατότητες μπορεί να μην έχουν την κύρια προτεραιότητα στο σπίτι.

Οι μη λεκτικές μαθησιακές διαταραχές και η δυσλεξία είναι μόνο δύο από τις πολλές διαταραχές που κρύβονται πίσω από τον όρο "Μ. Δ." (και οι οποίες είτε περιλαμβάνουν είτε όχι "τα προβλήματα διάσπασης της προσοχής"), αλλά ανήκουν στις σημαντικότερες διαφορές του εγκεφάλου που έχουν προταθεί και είναι και κληρονομικές. Κανένας δεν γνωρίζει το ποσοστό των "μαθησιακών δυσκολιών" που προκαλούνται από την αλληλεπίδραση του περιβάλλοντος με τα πιο "φυσιολογικά" πρότυπα εγκεφάλων τα οποία καθιστούν τα παιδιά απροετοίμαστα για τη σχολική εκμάθηση. Οι περισσότεροι εμπειρογνώμονες συμφωνούν, ότι αυτό το ποσοστό αυξάνεται. Επειδή η τεχνολογία έπρεπε να κοιτάξει, κυριολεκτικά, μέσα στον εγκέφαλο κατά την διάρκεια της εκμάθησης του, θα χρειαστεί πολύ προτού καταλάβουμε πλήρως την κανονική διαδικασία εκμάθησης, πόσο μάλλον όλες τις παραλλαγές τις. Μερικοί επιστήμονες έχουν αρχίσει ήδη την αναζήτηση.

Εξετάζοντας εσωτερικά τον εγκέφαλο

Στο κρατικό πανεπιστήμιο του Μίσιγκαν, ο Δρ E. James Potchen, πρόεδρος του τμήματος ακτινολογίας, εργάστηκε πρώτος σε αυτές τις προσπάθειες. Διευθύνει ένα πρόγραμμα στο οποίο η "απεικόνιση μαγνητικής αντήχησης", μιας μεθόδου που βλέπει την λειτουργία του εγκεφάλου "λεπτομερώς" χρησιμοποιείται για να εξετάσει τη σχέση της δομής του εγκεφάλου και της μαθησιακής δυσκολίας."
Ο Δρ Potchen έχει εξετάσει περίπου 18.000 εγκεφάλους, και ισχυρίζεται ότι όλοι έχουμε ανωμαλίες αφού οι εγκέφαλοι όλων μας είναι πολύ διαφορετικοί. Είναι καταπληκτικό το πώς τα καταφέρνουμε τόσο καλά." Οι διαφορές των εγκεφάλων δεν πρέπει να αντιμετωπίζονται απαραιτήτως σαν μια ασθένεια, επιμένει, καθώς η εκμάθηση μπορεί να επιφέρει τεράστιες αλλαγές στην αρχιτεκτονική του εγκεφάλου. Υποθέτει ότι ο εγκέφαλος του παιδιού είναι πάντα έτοιμος να δημιουργήσει εκ νέου την εγκατάσταση της σύνδεσης.
Ο Δρ Potchen απαριθμεί τους ζωικούς και ανθρώπινους εγκεφάλους που έχουν αναδομηθεί σημαντικά βάσει της εκπαιδευτικής εμπειρίας. Μερικά είδη πουλιών αναπτύσσουν

νέους νευρώνες όταν μαθαίνουν να τραγουδούν. Σε ένα πείραμα βασισμένο σε ανθρώπους παρουσίασε παιδικά σκίτσα σε γιατρούς και καλλιτέχνες καθώς η δραστηριότητα των εγκεφάλων τους ανιχνευόταν. Οι διαφορετικές περιοχές του εγκεφαλικού φλοιού "θα άναβαν" ανάλογα με το επάγγελμα του ατόμου. Οι καλλιτέχνες, κοιτάζοντας το σχέδιο, οι μορφές των εγκεφάλων παρουσίασαν μεγαλύτερη πολυπλοκότητα στις ενώσεις και στην κατανόηση.

Αυτός ο περίεργος ερευνητής εξετάζει τον δικό του εγκέφαλό κάθε τέσσερα χρόνια για να εντοπίσει τις αλλαγές. "Δεν έχω φτάσει ακόμα σε σημείο που να μπορώ να ελέγξω αν η βελτίωση μου στο γκόλφ θα μπορούσε να αλλάξει τον εγκέφαλό μου, αλλά αυτό μπορεί και να συμβεί — ειδικά στα παιδιά."

ΕΓΚΕΦΑΛΟΙ ΠΡΟΣΑΡΜΟΣΜΕΝΟΙ ΣΤΗ ΜΑΘΗΣΗ ΚΑΙ ΜΑΘΗΣΗ ΠΡΟΣΑΡΜΟΣΜΕΝΗ ΣΤΟΥΣ ΕΓΚΕΦΑΛΟΥΣ

Έρευνες όπως του Δρ Potchen υπόσχονται πολλά για τους εκπαιδευτικούς, αλλά ακόμα απέχουμε πολύ από το να μπορέσουμε να προγραμματίσουμε τη διδασκαλία βάση των εγκεφαλικών ανιχνεύσεων. Εν τω μεταξύ, αυτή η έρευνα πρέπει οπωσδήποτε να μας ευαισθητοποιήσει για το γεγονός ότι το μαθησιακό περιβάλλον (σπίτι ή σχολείο) μπορεί να ρυθμίσει εκ νέου τα νευρικά διαγράμματα συνδέσεων. Μπορεί να βοηθήσει το παιδί να υπερνικήσει ή να αντισταθμίσει τις έμφυτες διαφορές ή την προδιάθεση στα προβλήματά του. Στα σχολεία μας, το κύριο πρόβλημα είναι τα παιδιά που έρχονται με ελλείψεις στην ακουστική και τη γλωσσική επεξεργασία.

Καθώς μαθαίνω περισσότερα για την ευρεία ποικιλία των τρόπων με τους οποίους οι εγκέφαλοι των μαθητών μπορεί να διαφέρουν ο ένας από τον άλλο και από τον δικό μου, ενημερώνομαι για την σπουδαιότητα της "προσαρμογής" στα ιδιαίτερα εγκεφαλικά σχήματα και στο μαθησιακό περιβάλλον στο οποίο έχουν υποβληθεί. Τώρα, όταν μπαίνω μέσα σε μια τάξη είκοσι σπουδαστών (είτε τεσσάρων είτε σαράντα ετών) προσπαθώ να θυμάμαι ότι διδάσκω είκοσι ξεχωριστούς εγκεφάλους που είναι τόσο διαφορετικοί σε λειτουργία όπως και τα πρόσωπα των μαθητών που έχω μπροστά μου. Σαν δάσκαλος, πρέπει να δεχτώ το γεγονός ότι το επίπεδο της επιτυχίας τους και τα κίνητρά τους, σχετίζονται άμεσα με την προσαρμογή του περιεχομένου και των ιδιαίτερων τύπων των δυνατοτήτων τους. Πρέπει να τους ενθαρρύνω να πιέζουν τους εαυτούς τους λίγο παραπάνω σε θέματα που δεν επιτυγχάνονται τόσο εύκολα, αλλά πρέπει και να παραδεχτώ την ανάγκη που έχουν για βοήθεια στην ανάπτυξη των δυνατοτήτων τους. Ακόμη και με είκοσι σπουδαστές, που είναι λιγότεροι από τον αριθμό που βρίσκεται στις περισσότερες τάξεις, αυτή η δουλειά απαιτεί ικανότητα, υπομονή, και πολλή σκληρή δουλειά.

Εάν εμείς οι δάσκαλοι μπορούσαμε, να καλύψουμε αυτήν την τρομερή αποστολή, θα τολμούσα να πω ότι ο αριθμός των "μαθησιακών δυσκολιών" και το ποσοστό αποβολών στο σχολείο θα μειωνόταν εκπληκτικά. Όπως και να έχει η εργασία μας γίνεται ολοένα και περισσότερο δύσκολη, αφού όπως φαίνεται στεκόμαστε σε ένα δρόμο με μια χιονοστιβάδα εγκεφάλων ακατάλληλους για τους εκπαιδευτικούς μας στόχους. Ένας δάσκαλος μπορεί εύκολα να βρεθεί καταποντισμένος στην προσπάθεια του να εναρμονίσει τις απαιτήσεις των αρχών και την πίεση για "απόδοση" των σημερινών πρότυπων γλώσσας και προσοχής. Αν δεν αποφασίσει η ενήλικη κοινότητα να μας βοηθήσει να περιτυλίξουμε αυτούς τους εγκέφαλους στα πνευματικά ενδύματα της γλώσσας, του διαλογισμού, και της σκέψης, φοβάμαι ότι θα συνεχίσουμε να βλέπουμε τον αριθμό των παιδιών που θεωρούνται "εκπαιδευτικά άρρωστα" να αυξάνεται.

Κεφάλαιο 8

Γιατί τα παιδιά δεν Προσέχουν;

Ο λόγος που τα παιδιά μας δεν ακολουθούν τις οδηγίες είναι ότι αποσυντονίζονται εύκολα. Αυτά τα παιδιά δεν ακούνε. Υποκινούνται υπερβολικά από την χρήση της Τηλεόρασης, το στερεοφωνικό συγκρότημα, την οικογενειακή φασαρία. Δεν μπορώ να είμαι βέβαιος ότι όλα αυτά είναι παιδιά με το σύνδρομο ADHD. Είναι απλώς ανήσυχα επειδή δεν έχουν τίποτα βαθύτερο μέσα τους. Έχουν συνηθίσει μόνο να διασκεδάζουν.

—ΔΑΣΚΑΛΟΣ όγδοης-τάξης

ΠΡΟΑΣΤΙΑΚΟ ΣΧΟΛΕΙΟ, ΓΕΩΡΓΙΑ,

Έχουν αναπτύξει μια ευρύτερη αποθήκη γενικών πληροφοριών, από ότι τα παιδιά προ εικοσαετίας. Όταν ακούνε, μπορούν να ακολουθήσουν τις οδηγίες, αλλά είναι δύσκολο διατηρηθεί η προσοχή τους αρκετά ώστε να καταλάβουν τι πρέπει να κάνουν

—ΔΑΣΚΑΛΟΣ,

ΑΓΡΟΤΙΚΟ ΣΧΟΛΕΙΟ, ΜΙΝΕΣΟΤΑ

Τα παιδιά είναι έξυπνα και διαισθητικά, αλλά — τι γίνεται με τις ακουστικές δεξιότητες; Δεν είναι και τόσο καλές όσο των σπουδαστών στο παρελθόν. Μερικοί φαίνεται να έχουν ξεχάσει πώς μαθαίνουν χωρίς οπτική υποκίνηση και επιβεβαίωση αυτών που άκουσαν. Η συγκέντρωση και η μνήμη δεν είναι σημαντικές για αυτούς. Φαίνεται ότι έχουν το δικό τους καθημερινό πρόγραμμα και το σχολείο μερικές φορές είναι εμπόδιο για να το εκτελέσουν.

——ΔΑΣΚΑΛΟΣ πρώτης-τάξης,

ΑΣΤΙΚΟ ΣΧΟΛΕΙΟ, ΟΡΕΓΚΟΝ

ΤΟ ΠΡΟΒΛΗΜΑ ΤΗΣ ΠΡΟΣΟΧΗΣ

Αν και οι "διαταραχές της προσοχής" συμπεριλαμβάνονται στη πλειοψηφία των αναφορών για μαθησιακή ανικανότητα, οι δάσκαλοι όλων των μαθητών παραπονιούνται περισσότερο για την μειωμένη έκταση προσοχής παρά για οποιοδήποτε άλλο χαρακτηριστικό των μαθητών τους. Μόλις άρχισα να συζητώ με τους εκπαιδευτικούς, ανακάλυψα ότι απλώς αναφέροντας τη λέξη "προσοχή" βρέθηκα μπροστά σε έναν καταρράκτη από απαντήσεις. Αυτό που με εξέπληξε, ήταν που άκουσα τις ίδιες ανησυχίες που είχα ακούσει και στο εξωτερικό, αν και σε άλλες χώρες η διάγνωση "της μαθησιακής δυσκολίας" και του συνδρόμου ADHD είναι πολύ λιγότερο εμφανείς.

Στα ταξίδια μου, σε μια μεγάλη πόλη νοτιοδυτικά του Παρισιού, ο διευθυντής ενός σχολείου πρωτοβάθμιας εκπαίδευσης και ένας εκπαιδευτικός στο ιδιαίτερα φημισμένο Ecole Normale (κολέγιο δασκάλων), μου είπαν, "οι δάσκαλοι εδώ παραπονιούνται πολύ, λένε ότι τα παιδιά δεν ακούνε πια, και ανησυχούν για αυτό. Θα εκφράσω την προσωπική μου άποψή, πιστεύω ότι ένα παιδί δεν μαθαίνει να ακούει όταν παρακολουθεί πολύ Τηλεόραση. Πιστεύω ότι τα παιδιά συνηθίζουν με αυτόν τον τρόπο και κάνουν το ίδιο όταν μιλούν και οι δάσκαλοι, δεν ακούνε καν τι λένε." Προσπάθησε να μου παραθέσει κι άλλες ανησυχίες εντυπωσιακά παρόμοιες με εκείνες που άκουγα στην πατρίδα για τους γρήγορους ρυθμούς της ζωής, τα παραφορτωμένα προγράμματα των παιδιών, και την μείωση των ουσιαστικών συζητήσεων γύρω από το οικογενειακό τραπέζι. "Προσωπικά, δεν νομίζω ότι οι γονείς ενθαρρύνουν την ηρεμία ή τα ακούσματα," συλλογίστηκε.

Είναι σαφές από τα προηγούμενα σχόλια ότι οι μειωμένες ακουστικές δυνατότητες είναι το κύριο σύμπτωμα, αλλά οι περισσότεροι δάσκαλοι έχουν την αίσθηση ότι τα προβλήματα των μαθητών εκδηλώνονται με την έλλειψη συγκέντρωσης και διατήρησης του εσωτερικού ελέγχου της προσοχής σε οποιαδήποτε κατάσταση. Γενικότερα η διανοητική ανησυχία και η ανικανότητα να εμμείνουν στην επίλυση των προβλημάτων, την ανάγνωση των "δύσκολων" βιβλίων, ή να τους φαίνονται οι εργασίες "βαρετές" είναι κι αυτά σοβαρά συμπτώματα. Στις Ηνωμένες Πολιτείες μια εθνική κρίση στη "δυνατότητα επίλυσης προβλήματος" — η δυνατότητα να μείνουν αρκετά προσηλωμένοι και να λύσουν μια διανοητική πρόκληση — έχει γίνει το κυρίως θέμα των ημερήσιων διατάξεων του εθνικού Συμβουλίου των δασκάλων των μαθηματικών και της Ένωσης Ανάπτυξης και Επίβλεψης του προγράμματος σπουδών.

Θα μπορούσαν αυτές οι τάσεις να αντιπροσωπεύσουν τα αναπόφευκτα σημάδια της προόδου; Θα είναι καλύτερο για τα παιδιά να μαθαίνουν νωρίς να ανταποκρίνονται στο ρυθμό του σύγχρονου κόσμου; Οπωσδήποτε, για να προσαρμοστούν στα σημερινά δεδομένα, οι εγκέφαλοι των νέων πρέπει να αντιμετωπίσουν πολλά ερεθίσματα γρήγορη ταχύτητας. Για να σκεφτούν αποτελεσματικά και να λύσουν προβλήματα, τα αναπτυσσόμενα μυαλά πρέπει επίσης να είναι σε θέση να διατηρήσουν και να συνδέσουν αυτά τα "μικρά κομμάτια." Ίσως το σημαντικότερο, που πρέπει να μάθουν είναι τι σημαίνει να είσαι υπεύθυνος για τον εγκέφαλό κάποιου, ακολουθώντας ενεργά ένα πνευματικό ή σωματικό σημάδι, εμποδίζοντας την ανταπόκριση για χάρη της ψυχαγωγίας.

Η προσοχή καθορίζει πώς και τι μαθαίνει το κάθε άτομο. Αυτή μας επιτρέπει να κάνουμε τις επιλογές και να διατηρούμε τον έλεγχο αυτών που παρατηρούμε, απορροφούμε, και θυμόμαστε. Τα παιδιά με προβλήματα προσοχής εμπίπτουν σε δύο γενικές κατηγορίες: κάποια είναι πολύ ενεργά διανοητικώς, κάνοντας την προσοχή τους να πηδά από το ένα θέμα στο άλλο, ενώ άλλα συμπεριφέρονται λες και οι εγκέφαλοί τους έχουν ατονήσει. Αυτά της τελευταίας ομάδας συχνά αποκαλούνται "αποστασιοποιημένα" αλλά παραπέμπονται για διάγνωση σε μικρότερο βαθμό από τα "υπερδραστήρια", τα οποία αποκρίνονται αυθόρμητα σε οτιδήποτε αγγίξουν ή δουν στο περιβάλλον τους, ενώ δυσκολεύονται να εσωτερικεύσουν τον αυτοέλεγχο τους. Όσα έχουν σοβαρές διαταραχές μεγαλώνοντας θα αποτελούν τους παρορμητικούς ενήλικες, Το σύνδρομο ADHD συνδέεται, στατιστικά, με την εγκληματικότητα και την αντικοινωνική συμπεριφορά. Εάν η κοινωνία μας θέλει πολίτες που μπορούν να συλλογιστούν καθώς και να αποκριθούν, στα προβλήματα ενός σύνθετου κόσμου, θα πρέπει να διδάξει στα παιδιά της να περιμένουν, να ακούνε, και να σκέφτονται καθώς επίσης και να αντιδρούν.

Πώς μπορούμε να βοηθήσουμε τα παιδιά να κατευθύνουν την πνευματική τους ενέργεια; Κατά πόσο μπορεί το περιβάλλον να έχει επιπτώσεις στις μορφές της προσοχής, του ακούσματος, και της επίλυσης των προβλημάτων; Ας δούμε πρώτα αυτά που γνωρίζουμε για την προσοχή και γιατί οι παθολόγοι χορηγούν φάρμακα στα παιδιά που την στερούνται. Κατόπιν θα δούμε ποιο περιβάλλον, και φυσικό και πνευματικό, έχει σχέση με τον τρόπο που αναπτύσσεται ή αποτυγχάνει να αναπτυχθεί κατά τη διάρκεια της παιδικής ηλικίας.

ΤΙ ΣΗΜΑΙΝΕΙ ΈΛΛΕΙΨΗ ΠΡΟΣΟΧΗΣ;

Η προσοχή, καθότι μια μαθησιακή δυσκολία, δεν είναι απλώς μια μετρήσιμη ποσότητα. Αν και οι ψυχολόγοι διαφωνούν κάθετα με τον ακριβή ορισμό της, πιστεύουν γενικά ότι η επιλεκτική προσοχή (η δυνατότητα να συγκεντρωθούν και να παραμείνουν σε έναν συγκεκριμένο αντικείμενο) είναι το κρίσιμο θέμα. Αλλά η επιλεκτική προσοχή, όπως έχει αποδειχθεί είναι δύσκολο να υπολογιστεί. Όπως και στη μνήμη, ο "στόχος είναι συγκεκριμένος," μεταβάλλεται ανάλογα με την εργασία που ο εγκέφαλος καλείται να κάνει και το κίνητρο που χρειάζεται για να το κάνει. Παραδείγματος χάριν, πολλοί δάσκαλοι που παραπονιούνται ότι οι μαθητές δεν μπορούν να δώσουν προσοχή και να ακούσουν μέσα στην τάξη παρατηρούν ότι τα ίδια παιδιά θα επικεντρωθούν σε ένα ηλεκτρονικό τηλεοπτικό παιχνίδι για μεγάλη διάρκεια. Σε αυτές τις δύο καταστάσεις υπάρχουν σαφείς διαφορές, μεταξύ των παρακινητικών και γνωσιολογικών παραγόντων, όπως την ακουστική ή την οπτική προσοχή, το ιδιαίτερο ερέθισμα, την απαίτηση για μνήμη, τη φυσική συμμετοχή, και το ρυθμό της δραστηριότητας, οι οποίες έχουν επιπτώσεις στην προσοχή.

Για όλους τους μαθητές, η προσοχή ποικίλλει από περίπτωση σε περίπτωση, και είναι δύσκολο να καθοριστεί η λεπτή γραμμή μεταξύ της φυσιολογικής ανησυχίας και του παθολογικού προβλήματος. Τώρα που όπως φαίνεται τα περισσότερα παιδιά είναι εντελώς αποσυντονισμένα από την απαιτούμενη προσοχή μέσα στις τάξεις, το πρόβλημα αυξάνεται. Ακόμη και η ακραία διάγνωση του "ADHD" —η οποία εισάγει ότι το παιδί έχει ένα είδος οργανικής δυσλειτουργίας του εγκεφάλου —εξαρτάται μάλλον από ασαφή κριτήρια, αφού δεν υπάρχουν αξιόπιστα νευρολογικά τεστ για να αποδείξουν την ύπαρξή του.

Για να μπορέσουν οι γιατροί να χαρακτηρίσουν ένα παιδί παθολογικά ως απρόσεκτο στηρίζονται κυρίως στις λίστες συμπεριφοράς που συμπληρώνονται από τους δασκάλους και τους γονείς. Η επίσημη διάγνωση συχνά είναι υποκειμενική. Το σύνολο των παρακάτω στοιχείων θα πρέπει να ελεγχθεί:

- αποτυχία να τελειώσει πράγματα που αρχίζει
- αποτυχία να ακούσει
- δυσκολία να συγκεντρωθεί ή να πάρει μέρος σε μια δραστηριότητα
- να ενεργήσει πριν σκεφτεί
- να μεταπηδά από την μια δραστηριότητα στην άλλη
- να δυσκολεύεται στην οργάνωση
- να προκαλεί μέσα στην τάξη/ να δυσκολεύεται να περιμένει την σειρά του.

Για να αποκτήσει ένα παιδί τον προσδιορισμό "υπερκινητικό" πρέπει να παρουσιάσει επίσης υπερβολική σωματική δραστηριότητα (π.χ., τρέξιμο ή υπερβολική ανάβαση).

Δεδομένου ότι όλα τα παιδιά υιοθετούν αυτές τις συμπεριφορές ανά διαστήματα, η διάγνωση γίνεται για να περιορίσει τα προβλήματα που είναι κατά ασυνήθιστο τρόπο σοβαρά για την ηλικία και το επίπεδο της διανοητικής ανάπτυξης του παιδιού. Κατά ένα περίεργο τρόπο, οι γιατροί ισχυρίζονται ότι το παιδί μπορεί να δείχνει απολύτως φυσιολογικό κατά τη διάρκεια της επίσκεψης στο γραφείο, δεδομένου ότι τα παιδιά με το σύνδρομο ADHD είναι ικανά να ελέγξουν την συμπεριφορά τους σε μια καινούρια κατάσταση.

ΕΛΕΓΧΟΝΤΑΣ ΤΗΝ ΠΡΟΣΟΧΗ: ΕΣΩΤΕΡΙΚΑ Η ΕΞΩΤΕΡΙΚΑ;

Το Ritalin και τα άλλα φάρμακα που ορίζονται για το σύνδρομο ADHD είναι παραλλαγές των τονωτικών, ή αμφεταμίνες, που απαγορεύονται μαζί με τις καταχρήσεις των χαπιών της δίαιτας. Βοηθούν να υψώσουν και να ακονίσουν την προσοχή — ακόμη και σε πολλά "φυσιολογικά" άτομα. Μερικά παιδιά με οργανικά προβλήματα φαίνονται να ωφελούνται από τις προσεκτικά ρυθμισμένες δόσεις, επιτρέποντας τους να συγκεντρωθούν κατάλληλα, να ακούσουν προσεκτικότερα το δάσκαλο, και να ολοκληρώσουν μια εργασία. Στην πραγματικότητα, οι φυσιολογικές δόσεις θα είχαν την ίδια επίδραση σχεδόν στον καθένα — τουλάχιστον για λίγο — και πολλοί γιατροί παραπονιούνται ότι ο αριθμός των παιδιών που τα χρειάζεται είναι πολύ μεγαλύτερος από ότι θα έπρεπε. Κάποιοι παθολόγοι, ισχυρίζονται ότι οι γονείς και οι δάσκαλοι είναι πρόθυμοι να δώσουν στα παιδιά αυτά τα φάρμακα με τις γνωστές αρνητικές παρενέργειες, αντί να ασχοληθούν μαζί τους για να τα μάθουν να διαχειρίζονται τη συμπεριφορά τους.

Πολλά από τα παιδιά στα οποία έχει διαγνωσθεί η διαταραγμένη διάσπαση προσοχής είναι εξαιρετικά ευφυή εκεί βρίσκεται και ο λόγος αμφισβήτησης των φαρμάκων, τα οποία χορηγούνται για να χρησιμοποιήσουν την εξυπνάδα τους παραγωγικά. Οι μαθητές που παίρνουν το φάρμακό τους γίνονται υπάκουοι, ολοκληρώνουν τις επαναλαμβανόμενες "ασκήσεις" όπως τα φύλλα εργασίας με τις ερωτήσεις πολλαπλών επιλογών και τα προβλήματα μαθηματικών. Στις περισσότερες μελέτες που έχουν πραγματοποιηθεί μέχρι τώρα, τα φάρμακα αυτό καθ' εαυτό δεν επιφέρουν το βέλτιστο αποτέλεσμα στα τεστ της ακαδημαϊκής αξιολόγησης ή στον υψηλότερου επιπέδου συλλογισμό ούτε και στην λύση προβλημάτων. Μερικές μελέτες έχουν δείξει ότι το επίπεδο της απαιτούμενης δόσης (σύμφωνα με τα δεδομένα των δασκάλων) για να γίνει αποδεκτή η συμπεριφορά ενός μαθητή είναι τόσο υψηλή που στην

πραγματικότητα αποδυναμώνει την δυνατότητα του συλλογισμού. Αυτά τα συμπεράσματα δημιουργούν ερωτήματα, όχι μόνο για τον τύπο "εργασίας" που κυριαρχεί σε πολλές τάξεις, αλλά και για την πραγματική πηγή του προβλήματος. Σε γενικές γραμμές η μόνιμη βελτίωση δεν φαίνεται αμέσως μετά την ολοκλήρωση της αγωγής. Μερικά παιδιά φαίνεται να "ξεπερνούν" εντελώς φυσικά τα προβλήματα προσοχής στην εφηβεία, πιθανώς λόγω της ωρίμανσης του νευρικού συστήματος, αλλά είναι και πολλά που διατηρούν τα προβλήματα του αυτοέλεγχου μέχρι την ενηλικίωση.
"Η θεραπεία" των προβλημάτων προσοχής είναι πολύ κοντά στο απίθανο. Η διδασκαλία των μαθητών να μιλήσουν με όλα αυτά τα προβλήματα, όπως και η ανάπτυξη συνειδησιακών μεθόδων αυτοελέγχου, είναι η μόνη θεραπεία που χρησιμοποιείται μέχρι τώρα και έχει εμφανίσει αποτελέσματα που διαρκούν ακόμη και μετά την διακοπή των φαρμάκων. Στην πραγματικότητα, αυτό το είδος της " γνωστικής θεραπείας"— δηλαδή η χρήση της γλώσσας για τον έλεγχο της συμπεριφοράς — έχει αποδειχθεί ευεργετική ακόμη και χωρίς την θεραπεία φαρμάκων. Μερικοί επαγγελματίες έχουν προχωρήσει τόσο πολύ ώστε να ισχυρίζονται ότι το πραγματικό πρόβλημα είναι η έλλειψη αυτού του τύπου διδασκαλίας — και στο σπίτι και στο σχολείο.

ΑΠΡΟΣΑΡΜΟΣΤΗ ΠΡΟΣΟΧΗ: ΠΟΙΟ ΕΙΝΑΙ ΤΟ ΠΡΑΓΜΑΤΙΚΟ ΠΡΟΒΛΗΜΑ;

Δεδομένου ότι δεν μπορούμε να αποδείξουμε την σχέση της "επιδημίας" της ελλειμματικής προσοχής με την οργανική δυσλειτουργία του κεντρικού νευρικού συστήματος, εξετάζουμε άλλους παράγοντες που δημιουργούν την δυσμορφία ανάμεσα στην ανάπτυξη των παιδιών και των σχολικών απαιτήσεων. Σύμφωνα με τη πιο πρόσφατη έρευνα, πίσω από ένα μικρό ποσοστό προβλημάτων, αποκαλούμενο ως σύνδρομο ADHD μπορεί να σκεπαστούν η βασική ανυπομονησία και η κατάθλιψη.

Πολλά άλλα μπορούν προσαφθούν σε περιβαλλοντικές αιτίες. Στο σύνολο αυτό που προκύπτει είναι μια εικόνα σύγχυσης.

Η Δρ Dian McGuinnes, μέσα στο βιβλίο της When Children Don't Learn, εκφράζει τον προβληματισμό της για την εγκυρότητα της διάγνωσης. "Τα προβλήματα του ελέγχου της προσοχής θα μπορούσαν κάλλιστα να προκύψουν από τις ανεπάρκειες στο κεντρικό νευρικό σύστημα, το οποίο είναι υπεύθυνο για την αφηρημάδα, την αποτυχία της αφοσίωσης σε έναν στόχο, την ανικανότητα του προγραμματισμού και την μειωμένη έκταση προσοχής. Εντούτοις, παρόμοιες δυσκολίες θα μπορούσαν να δημιουργηθούν είτε από ένα περιβάλλον εξουθενωτικό είτε ανεπαρκώς παρακινητικό [με έμφαση], "δηλώνει. Η Δρ McGuinnes, που εξομολογείται πόσο οργισμένη είναι για την υπερβολική χορήγηση του Ritalin, πιστεύει ότι πολλά παιδιά που θεωρούνται "υπερκινητικά" είναι στην πραγματικότητα κανονικά παιδιά "τα οποία αρνούνται να τηρήσουν τις ενήλικες προειδοποιήσεις για να καθίσουν φρόνιμα και να προσαρμοστούν στους κανόνες του ενήλικου περιβάλλοντος." Τονίζει ότι ο οργανισμός των παιδιών είναι σχεδιασμένος από τη φύση να είναι ενεργός, και το υπερβολικό πέρα δώθε είναι αυτό που θα τους κάνει πραγματικά καλό σε αντίθεση με τους υπάκουους τύπους "οι ποιοι προσαρμόζονται και παραμένουν για ώρες σε θέση ακινησίας." Κάτω από μερικές περιστάσεις (όπως στο γραφείο του γιατρού), ακόμη και τα παιδιά με το σύνδρομο ADHD είναι σε θέση να ελέγξουν την προσοχή τους — αλλά μόνο όταν η κατάσταση έχει κάτι το νέο, βρίσκονται πρόσωπο με πρόσωπο, και λαμβάνουν ένα είδος επιβράβευσης. Παραδείγματος χάριν, μπορούν να δώσουν ιδιαίτερη προσοχή στις δραστηριότητες των υπολογιστών με συχνές συμβολικές ανταμοιβές (π.χ., κάποιο πυροβόλο με λέιζερ κάθε φορά που ο μαθητής λύνει ένα μαθηματικό πρόβλημα), και το η σχολική τους παρουσία βελτιώνεται αισθητά όταν κάποιος ασχολείται χωριστά μαζί τους. Μια ενδιαφέρουσα μελέτη, απέδειξε ότι τα παιδιά με ADHD ανταποκρίθηκαν γρήγορα και σωστά σε ένα τεστ, στο οποίο προηγουμένως είχαν σημειώσει αρκετά χαμηλά αποτελέσματα διότι δεν υπήρχε καμία ανταμοιβή. Προς έκπληξη των πειραματιστών, η χρηματική ανταμοιβή ανέβασε την απόδοσή τους στο επίπεδο μιας φυσιολογικής ομάδας ελέγχου.

Αυτά τα ευρήματα και άλλα έχουν οδηγήσει τους ειδικούς να αναθεωρούν τις απόψεις τους. Ο Δρ Russell Barkley, μια εθνικά αναγνωρισμένη αυθεντία και συντάκτης του Hyperactivity Children, δήλωσε πρόσφατα σε μια μεγάλη ομάδα εκπαιδευτικών, ότι έχει αλλάξει γνώμη για τον ορισμό της "ελλειμματικής προσοχής". "Όταν έχετε ελλειμματική προσοχή, δεν πρέπει να παρουσιάζεται παντού; Όταν η γλώσσα είναι αδύνατη, βλέπουμε αυτή την εξασθένιση οπουδήποτε το παιδί χρησιμοποιεί τη γλώσσα. Πώς μπορεί αυτό να σημαίνει απαραίτητα έλλειψη της προσοχής; Δεν πρέπει να ερευνήσουμε κάτι άλλο που να εξηγεί αυτήν την παραλλαγή; Γιατί τα πηγαίνουν καλύτερα με τις νέες καταστάσεις, με τα πλούσια ενισχυτικά προγράμματα [συχνές ανταμοιβές]; Οι άνθρωποι εξετάζουν σοβαρά αν αυτό πρόκειται πραγματικά για διάσπαση προσοχής.

"Μια θεωρία, σύμφωνα με το Δρ Barkley, αφορά τα παιδιά με ADHD, τα οποία έχουν ιδιαίτερο πρόβλημα με αυτό που καλείται "διαχείριση των κανόνων της συμπεριφοράς" Όταν το περιβάλλον απαιτεί την τήρηση ενός κανόνα, με μηδαμινές συνέπειες, το πρόβλημα αρχίζει. Έτσι όταν ένας δάσκαλος, λέει "δεν δίνει προσοχή," στην πραγματικότητα εννοεί όχι ότι δεν ακούει, αλλά ότι δεν τηρεί τον κανόνα. "Του είπα να επιστρέψει στο γραφείο του, να βγάλει τα προβλήματα των μαθηματικών του, και να τα δουλέψει, και δεν τήρησε τον κανόνα."" Αποδεικνύεται ότι όταν τα παιδιά με ADHD δίνουν προσοχή σε αυτό που τους αρέσει, δεν εμφανίζουν την έλλειψη της προσοχής," υπογράμμισε. "Έτσι όταν φέρνουν ένα αυτοκινητάκι από το σπίτι, ή ένας πολυμορφικό παιχνίδι, ή υπάρχουν πολεμικές εικόνες στη γωνία ενός βιβλίου —η έκταση της προσοχής τους αποτελεί ένα φαινόμενο! Αλλά αυτό δεν ισχύει όταν τους ζητάς να κάνουν κάτι. Το πρόβλημα, λοιπόν, δεν είναι η προσοχή, αλλά η ανικανότητα να ακολουθήσουν τους κανόνες."

Εντούτοις, ακόμη και αυτά τα παιδιά μπορούν να ακολουθήσουν τους κανόνες εάν υπάρχει μια άμεση ανταμοιβή. Ο Δρ Barkley έχει παρατηρήσει. "Ως ενήλικες, είμαστε το μόνο ζώο που εκτελεί ενέργειες σε αντάλλαγμα οποιασδήποτε πενιχρής ανταμοιβής. Πληρώνομαι μόνο μία φορά το μήνα, αλλά παρουσιάζομαι στην δουλειά κάθε μέρα. Είναι συναρπαστικό ο τρόπος που ο ανθρώπινος εγκέφαλος επιτρέπει στον εαυτό του να είναι ευαίσθητος απέναντι στις πενιχρές προσφορές ανταμοιβής, αλλά είναι ο μόνος τρόπος για να αναπτυχθεί. Τα μικρά παιδιά δεν μπορούν να το κάνουν. Για παράδειγμα αν υποσχεθείτε σε ένα μικρό παιδί ότι θα το πάτε στην Disneyland το Φεβρουάριο ως αντάλλαγμα να κάνει αυτό που του ζητάτε, δεν θα το κάνει. Τα παιδιά με το σύνδρομο ADHD είναι όπως τα μικρότερα παιδιά, χρειάζονται άμεση δράση και επιχειρήματα."

Γιατί συμβαίνει αυτό; Ο Δρ Barkley εξηγεί, ότι για μερικά παιδιά, τα συστήματα ελέγχου της κίνησης του εγκεφάλου ίσως να μην λειτουργούν φυσιολογικά, κατά συνέπεια να χρειάζονται μια πολύ ισχυρότερη εξωτερική ώθηση για να επικεντρωθούν στο προκείμενο στόχο. Απλώς δεν ανταποκρίνονται όπως άλλα παιδιά στη "κοινωνική επιδοκιμασία".

"Για κάποιο λόγο, αυτά τα παιδιά έχουν ένα μέτρο υψηλότερο (από νευρολογική άποψη) όσον αφορά την ανταμοιβή. Χρειάζονται μια ισχυρότερη επιχειρηματολογία για να κάνουν αυτό που τους ζητάνε. Για αυτό απαιτούν τα χρήματα, το φαγητό, τα ποδήλατα, τα παιχνίδια, τα χατίρια, τις δωροδοκίες. Έτσι λειτουργούν. Οι πιο λεπτές ανταμοιβές (η αγάπη για την εκμάθηση, οι βαθμοί, ο έπαινος των δασκάλων) δεν παρακινεί τα παιδιά πλέον καθόλου. Μπορείτε να λέτε ότι θέλετε "τι καλό αγόρι, το καλύτερο από όλα" και πάλι δεν θα λειτουργήσει."

"Μπορούν να καταλάβουν αυτό που τους λέτε" επισημαίνει, "απλώς δεν το κάνουν". Είναι πραγματικά πρόβλημα ο τρόπος με τον οποίο η γλώσσα καθορίζει τη συμπεριφορά. Η σχέση δηλαδή του γλωσσικού και του κινητικού συστήματος".

Ο Δρ Barkley, υποψιάζεται ότι υπάρχει μια γενετική αιτία για αυτές τις διαφορές του εγκεφάλου, ενδεχομένως σχετική με τον τρόπο που οι χημικές ουσίες (νευροδιαβιβαστές) βοηθούν τα διαφορετικά τμήματα του εγκεφάλου να λειτουργήσουν από κοινού. Τα παιδιά που αναπτύσσουν τις σοβαρότερες μορφές του συνδρόμου ADHD, και καταλήγουν να γίνονται αναρχικά και συχνά εγκληματίες, προέρχονται από οικογένειες που τα ιστορικά τους περιέχουν καταχρήσεις με αλκοόλ, εγκληματικότητα, και αντικοινωνική συμπεριφορά, έτσι κατά κάποιο τρόπο μπορεί να απεικονιστεί ένα είδος κληρονομικότητας του προβλήματος. Δεν μπορούμε να κατηγορήσουμε τους γονείς για το γεγονός ότι έχουν ένα δύσκολο παιδί, επιμένει, αλλά πρέπει να αναγνωρίσουμε ότι το περιβάλλον ενός παιδιού καθορίζει με ποιο τρόπο θα εμφανιστεί το πρόβλημα. Όπως με τους κακούς τρόπους στο τραπέζι που φαίνεται να περνούν στις οικογένειες, κανένας δεν είναι σε θέση να μετρήσει ακριβώς πως συμβάλλει στο πρόβλημα η διαβίωση ανάμεσα σε παρορμητικούς ενηλίκους με πτωχές δομικές καταστάσεις.

Προφανώς, δεν υπάρχει καμία ευδιάκριτη απάντηση για το "ποια" είναι τα προβλήματα της προσοχής. Ίσως η νευρολογία αγωνίζεται απλώς να προφθάσει την κοινή λογική, για αυτό φαίνεται ανόητο να αρνηθεί κάποιος, ότι ο τρόπος που ένα παιδί διδάσκεται και συμπεριφέρεται έχει σχέση με το αν μαθαίνει ή όχι να ελέγχει τον εαυτό του χωρίς μια άμεση ανταμοιβή. Διάφορες πρακτικές, πραγματικές μελέτες, δείχνουν ότι τα ενήλικα πρότυπα των παιδιών μπορούν να είναι μια σημαντική, αλλά συχνά υποτιμημένη, μεταβλητή.

ΕΞΟΠΛΙΖΟΝΤΑΣ ΤΗ ΣΟΥΙΤΑ ΤΗΣ ΔΙΟΙΚΗΣΗΣ: ΜΕ ΠΟΙΟ ΤΡΟΠΟ Ο ΕΓΚΕΦΑΛΟΣ ΜΑΘΑΙΝΕΙ ΝΑ ΔΕΙΧΝΕΙ ΤΗΝ ΑΠΑΙΤΟΥΜΕΝΗ ΠΡΟΣΟΧΗ

Και το φυσικό και το διανοητικό περιβάλλον βοηθάει στην ανάπτυξη της προσοχής. Επειδή η προσοχή απαιτεί τη χρήση πολλών διαφορετικών περιοχών του εγκεφάλου, οποιοδήποτε σοβαρό τραύμα, "προσβολή," ή βιοχημική ανωμαλία μπορεί να έχει επιπτώσεις επάνω της. Όπως είναι γνωστό, ακόμη και οι προσωρινές συναισθηματικές εκφράσεις μπορούν να επιβαρύνουν αυτό το εύθραυστα ισορροπημένο συγκρότημα της εκμάθησης. Τα συστήματα της προσοχής μεγαλώνουν με

217

διάφορες κατευθύνσεις μέσα στον εγκέφαλο: από την μια πλευρά στην άλλη, από κάτω προς τα επάνω, από μέσα προς τα έξω. Παρακάτω υπάρχει μια σύντομη περίληψη για το πώς διαμορφώνονται.

Ενεργοποίηση των ημισφαιρίων

Οι συνδέσεις, από πλευρά σε πλευρά, αφορούν κυρίως στο συνδετικό ημισφαίριο του εγκεφάλου, το οποίο σκληραίνει και απασχολεί τον δεσμό των ινών που μεταφέρουν τα μηνύματα των ημισφαιρίων και επιτρέπει στις δύο πλευρές του εγκεφαλικού φλοιού να λειτουργούν αποτελεσματικά μαζί. Διάφοροι εξέχοντες νευροψυχολόγοι θεωρούν ότι οι εγκέφαλοι με δυσκολίες στην προσοχή και την μάθηση, έχουν πρόβλημα να μεταφέρουν μια ιδέα στο κατάλληλο ημισφαίριο και να την κρατήσουν εκεί αρκετό καιρό ώστε να επεξεργαστεί αποτελεσματικά.

Μια πρόσφατη μελέτη, μέτρησε τα ηλεκτρικά κύματα του δεξιού και του αριστερού ημισφαιρίου του εγκεφάλου σε παιδιά με μαθησιασκές δυσκολίες (σε αυτήν την περίπτωση, τα άτομα με προβλήματα ανάγνωσης) κατά την διάρκεια της εργασίας τους σε διαφορετικούς τύπους μάθησης, οι μετρήσεις συγκρίθηκαν έπειτα με τις καταγραφές των εγκεφαλικών κυμάτων μιας ομάδας καλών μαθητών που έκαναν ακριβώς τις ίδιες ενέργειες. Οι καλοί μαθητές παρουσίασαν τις αναμενόμενες αλλαγές στην ημισφαιρική δράση, ανάλογα με το αν ο στόχος ήταν λεκτικός ή μη λεκτικός, αν και γενικώς έτειναν να ευνοηθούν οι στρατηγικές του αριστερού-ημισφαιρίου. Τα παιδιά με μαθησιασκές δυσκολίες παρουσίασαν διαφορετικές αντιδράσεις: (1) το αριστερό τους ημισφαίριο έδειξε μικρότερη ενεργοποίηση, ακόμη και στις προφορικές ενέργειες, και (2) παρουσίασαν σημαντικά μικρότερες μετατοπίσεις από το ένα ημισφαίριο στο άλλο όταν οι στόχοι απαιτούσαν διαφορετική μέθοδο επεξεργασίας.

Εάν τα παιδιά δεν είχαν την δυνατότητα να αναπτύξουν ισχυρές συνδέσεις μεταξύ των δύο πλευρών ή να εξοικειωθούν αρκετά με το προσεκτικό άκουσμα, χρησιμοποιώντας τα συστήματα του αριστερού-ημισφαιρίου, είναι βέβαιο ότι θα είχαν μεγαλύτερο πρόβλημα συγκέντρωσης, πρόβλημα στην γρήγορη και αποτελεσματική λειτουργία του εγκεφάλου και πρόβλημα στην ανακάλυψη καλύτερων τρόπων μελέτης και απομνημόνευσης σε θέματα που πρέπει να μάθουν.

Τρία στάδια προσοχής

Η ωρίμανση του πάνω και του κάτω άξονα της ωρίμανσης του εγκεφάλου που είναι η σπουδαιότερη διαδικασία για την ανάπτυξη της προσοχής στα παιδιά, είναι πολύ πιθανό να διατρέξει ιδιαίτερο κίνδυνο από το σύγχρονο περιβάλλον. Παρόλο που, τεχνικά, αυτό το "κύκλωμα προσοχής" είναι αδύνατο να διαχωριστεί από τα δύο ημισφαίρια (περνάει ενδιάμεσά τους) αποτελεί από πολλές απόψεις έναν ξεχωριστό μηχανισμό. Φανταστείτε, ένα κύκλωμα που ξεκινάει από τη βάση του πίσω μέρους του κρανίου και διασχίζει κάθετα το κέντρο του εγκεφάλου προς το μέτωπο και πάλι πίσω. Αυτή η διαδικασία είναι παρόμοια με την κύρια διαδικασία από την οποία τα υψηλότερου επιπέδου συστήματα λαμβάνουν τις πληροφορίες για το πως και που πρέπει να στραφεί η προσοχή. Στη συνέχεια αυτά τα ανώτερα κέντρα, καθορίζουν τι θα γίνει και καθοδηγούν την συμπεριφορά του υπόλοιπου εγκεφάλου(συμπεριλαμβανομένης της εκμάθησης).

Αυτό το κύκλωμα της προσοχής έχει τρία στάδια, τα οποία αναπτύσσονται από κάτω προς τα επάνω και από μέσα προς τα έξω από τον εγκέφαλο. Το πρώτο, το αρχικό στάδιο του κυκλώματος βρίσκεται στην κορυφή του νωτιαίου μυελού και ενώνει το κρανίο με τις εγκεφαλικές δομές (δομές παρόμοιες με άλλων ζώων). Είναι υπεύθυνο, για τη βασική εγρήγορση (π.χ., να είναι κάποιος έτοιμος όταν πρέπει), για τον έλεγχο των διάφορων τύπων ερεθισμάτων (π.χ., να παραμένει συγκεντρωμένος χωρίς να αποσπάται από τις εικόνες ή τους ήχους τριγύρω), για το φιλτράρισμα των πληροφοριών και τέλος για την λειτουργία των υψηλότερων κέντρων του εγκεφαλικού φλοιού."

Το δεύτερο στάδιο, αφορά τα κέντρα της συγκίνησης και της μνήμης, τα οποία βρίσκονται στη κέντρο του εγκεφάλου σε μια περιοχή που τεχνικά αποκαλείται κέντρο κίνησης του εγκεφάλου. Σε αυτές τις "υποφλοιώδες" περιοχές, τα εισερχόμενα ερεθίσματα συνδέονται με το κίνητρο (πόσο σημαντικό είναι αυτό για να δώσει προσοχή αμέσως;) και με κάποια κέντρα της μνήμης. Το βρίσκω ιδιαίτερα εκπληκτικό, ότι η προσοχή, η συγκίνηση, το κίνητρο και η μνήμη έχουν έναν τέτοιο στενό φυσικό δεσμό μέσα στο νευρικό σύστημα.

Οι επιδράσεις της ανάπτυξης στο κέντρο κίνησης του εγκεφάλου, είναι ένα από τα μεγάλα, μυστήρια του σε σχέση με τον εγκέφαλο που τώρα αρχίζουν να εξιχνιάζονται. Πώς αποκτούν τα παιδιά τις νευρικές υποδομές για τα κίνητρα; Κανένας δεν γνωρίζει στην πραγματικότητα, αλλά η σπουδαιότητα του ρόλου αυτών των εγκεφαλικών συνδέσεων, υποδηλώνει ότι πρέπει να είναι όντως σημαντικές.

Στο υψηλότερο σημείο του κυκλώματος, βρίσκονται οι πρόσθιοι λοβοί του εγκεφαλικού φλοιού, μαζί με τα μπροστινά μέρη του δεξιού και του αριστερού ημισφαιρίου. Αυτό το μέρος του εγκεφάλου, που είναι ένα μοναδικό νευρικό απόκτημα του ανθρώπινου είδους, συχνά αναφέρεται ως το διοικητικό όργανο του εγκεφάλου επειδή είναι αρμόδιο για τον προγραμματισμό και τη ρύθμιση της συμπεριφοράς. Αποτελείται από τον κινητικό φλοιό του εγκεφάλου που είναι υπεύθυνος για τον προγραμματισμό και την εφαρμογή της σωματικής κίνησης και από τις πρόσθιες περιοχές οι οποίες, όταν (και αν) αναπτυχθούν πλήρως, γίνονται τα "αφεντικά" της σκέψης. (Οι όροι "μετωπικός" και "πρόσθιος" χρησιμοποιούνται εναλλακτικά.)

Οι προεργασίες για την ανάπτυξη της προσοχής ξεκινούν πολύ νωρίς (κατά την εμβρυακή περίοδο), όταν δηλαδή το βασικό επίπεδο των αρχικών περιοχών "εγρήγορσης" αναπτύσσεται. Μετά από τη γέννηση, το παιδί πρέπει να συνεργαστεί με τη φύση και το σύστημα των κινήτρων, για να χτίσει τις συνδέσεις, με τις οποίες θα σκεφτεί ο εγκέφαλος. Επειδή τα υψηλότερα κέντρα δεν μπορούν να αναλάβουν αμέσως, τα μικρά παιδιά είναι εμφανώς "αισθητηριακά-καθηλωμένα" —στο έλεος οποιασδήποτε νέας αισθητηριακής εμπειρίας ή ιδέας. Κατά συνέπεια τείνουν να είναι ιδιαίτερα επιρρεπή στην απόσπαση της προσοχής τους.

Κατά τη διάρκεια της παιδικής ηλικίας, ειδικά μεταξύ των τριών και των έξι ετών, οι περισσότεροι νεαροί ασχολούνται σκληρά να μάθουν να ξεχωρίζουν τις εξωτερικές και τις εσωτερικές αποσπάσεις της προσοχής και αντιπαρατάσσουν την προσοχή τους κατά βούληση. Οποιαδήποτε περιβαλλοντική δύναμη που παρεμποδίζει αυτήν την σημαντική γνώση έχει τη δυνατότητα να αναστατώσει το σύστημα. Μερικές φορές κατά τη διάρκεια της εφηβείας, οι "περισσότεροι" εγκέφαλοι έχουν ωριμάσει αρκετά, για μπορέσουν να ανταποκριθούν στους μελλοντικούς στόχους και να χρησιμοποιήσουν τις πιο σύνθετες μορφές διανοητικού ελέγχου (εδώ θέλω να επισημάνω στους γονείς "οι περισσότεροι"). Όπως και να έχει, είναι μια μακροχρόνια διαδικασία, η οποία απαιτεί τη συνεχή υποστήριξη και το ενδιαφέρον από επίμονους ενήλικες.

Η προσοχή και ο διοικητής του εγκεφάλου

Η προμετωπική ανάπτυξη δεν ολοκληρώνεται πριν τις αρχές της εφηβείας ίσως και της ενηλικίωσης. Κατά συνέπεια, ο τρόπος που ένα παιδί χρησιμοποιεί τις διοικητικές λειτουργίες εξαρτάται κυρίως από την εμπειρία που του παρέχει το περιβάλλον. Οι ενήλικοι που υποδεικνύουν στα παιδιά, ότι πρέπει να σκέφτονται πριν να πράξουν, να επιβραδύνουν την ικανοποίηση και να χρησιμοποιούν τη γλώσσα ως εργαλείο για τον συλλογισμό και τον προγραμματισμό, παρέχουν το βασικό έδαφος κατάρτισης για τον εκτελεστή του εγκεφάλου.

Κατά περίεργο τρόπο, αυτό το "υψηλότερο" επίπεδο της λειτουργίας του εγκεφάλου δεν φαίνεται να μπορεί να μετρηθεί από τα τυπικά τεστ του Δείκτη Νοημοσύνης. Το υπόλοιπο του εγκεφαλικού φλοιού χρησιμεύει ως αποθήκη για την λήψη πληροφοριών, τις οποίες τις καταχωρεί και τις συνδέει με την τράπεζα των διανοητικών δεδομένων που αποτελούν την εκμάθηση μιας ολόκληρης ζωής. Τα πρόσθια συστήματα έχουν διαφορετικό ρόλο: επιβλέπουν αν τα δεδομένα χρησιμοποιούνται αποτελεσματικά, αυτός είναι ο λόγος εξάλλου που ονομάζονται και διοικητές του εγκεφάλου. Όταν οι ειδικοί συμβουλεύουν για την υποστήριξη των διανοητικών δεξιοτήτων, αναφέρονται συνήθως στους αποδοτικότερους τρόπους συμπλήρωσης της αποθήκης. Δυστυχώς, συχνά ξεχνούν ότι ακόμη και με την προσπάθεια να συλλεχθούν οι πληροφορίες, ο σκοπός εξυπηρετείται μόνο αν τα παιδιά μάθουν να χρησιμοποιούν τους εγκεφάλους τους ώστε να μένουν διανοητικά συγκεντρωμένα, να έχουν άποψη για τις πληροφορίες , να συλλογίζονται τις έννοιες, να σχεδιάζουν το μέλλον και να προχωρούν εποικοδομητικά —αυτά είναι τα θεμελιώδη συστατικά της επίλυσης των προβλημάτων. Για αυτόν τον λόγο, τα "τεστ ικανοτήτων" τα οποία απλώς μετρούν το μέγεθος και την συγκέντρωση των στοιχείων, μπορούν να μας παραπλανήσουν σχετικά με τις πραγματικές δυνατότητες εκμάθησης των παιδιών. Αν δεν υπάρχει ένας αποδοτικός "διοικητής" οι ουσιαστικές ικανότητες διακυβεύονται.

Παρά την κρίσιμη σημασία της πρόσθιας ανάπτυξης στην εκμάθηση καθώς επίσης και στη ζωή, δεν γνωρίζουμε πολλά για τον τρόπο που μπορεί να επηρεαστεί. Φαίνεται ότι ο τρόπος που εγκέφαλος μαθαίνει να μιλά, είναι ένας σημαντικός παράγοντας για την δόμηση των εσωτερικών του συνδέσεών και για τον έλεγχο των ενεργειών του μυαλού και του σώματος. Θα επεκταθώ έπ' αυτού στο επόμενο κεφάλαιο.

Προς το παρόν, θα εξετάσουμε μερικούς από τους αλληλένδετους παράγοντες που μπορεί να προκαλέσουν πρόβλημα σε οποιαδήποτε από τα τρία επίπεδα του συστήματος της προσοχής. Ο αναμφισβήτητος τραυματικός μηχανισμός, είτε πριν είτε μετά από τη γέννηση, είναι υπεύθυνος για ένα πολύ μικρό ποσοστό προβλημάτων της προσοχής, αλλά ένα μεγάλο μέρος του συνόλου των παιδιών, θεωρείται ότι διατρέχει κίνδυνο, από το επιβαρημένο τοξικό περιβάλλον και από την επιβίωση μεγάλου αριθμού νηπίων με χαμηλό-βάρος γέννησης. Άλλοι πιο ύπουλοι παράγοντες, ξεκινώντας από "την ηχορύπανση" και καταλήγοντας στις βιοχημικές επιπτώσεις του γρήγορου φαγητού, μπορεί να επηρεάσουν την ισορροπία της προσοχής του εγκεφάλου, είτε πριν είτε μετά από τη γέννηση.

Πολλοί διαφορετικοί τύποι κινδύνων της σύγχρονης ζωής πρέπει να αναφερθούν:

1. Τοξικές ουσίες και τρόφιμα που μπορούν να προδιαθέσουν τα παιδιά σε προβλήματα προσοχής.
2. "Θορυβώδες" περιβάλλον που αναγκάζει τα παιδιά να αποσυντονίζονται.
3. Στατικοί τρόποι ζωής.
4. Αποτυχία των ενηλίκων να ενεργήσουν ως εποικοδομητικοί και στοχαστικοί "εκπαιδευτές" για τα παιδιά.

ΠΩΣ ΠΡΟΣΒΑΛΛΟΝΤΑΙ ΟΙ ΕΓΚΕΦΑΛΟΙ: ΠΕΡΙΒΑΛΛΟΝΤΙΚΟΙ ΚΙΝΔΥΝΟΙ ΓΙΑ ΤΗΝ ΠΡΟΣΟΧΗ ΚΑΙ ΤΗΝ ΕΚΜΑΘΗΣΗ

Κάποια παιδιά ακόμα και πριν από τη γέννηση, υφίστανται συγκεκριμένους τύπους ζημιών ή αλλιώς αποκαλούμενων "προσβολών" στα συστήματα ρύθμισης της προσοχής. Όπως είδαμε στο κεφάλαιο 2, οι εγκέφαλοι διατρέχουν κίνδυνο και πριν και μετά τη γέννηση από τις ζημιές κάποιας ασθένειας, ατυχήματος, ή έκθεσης σε τοξίνες (π.χ., μόλυβδος, διαλύτες, φάρμακα., κ.λπ.). Οτιδήποτε στερεί στον εγκέφαλο το οξυγόνο, ιδιαίτερα κατά τη διάρκεια των χρόνων της γρήγορης ανάπτυξης, μπορεί να επηρεάσει ύπουλα τις δυνατότητες της προσοχής. Παραδείγματος χάριν, τα παιδιά των οποίων οι μητέρες κάπνιζαν κατά τη διάρκεια της εγκυμοσύνης, ή γεννήθηκαν πρόωρα, ή υπέστησαν διάφορους τύπους τραυμάτων κατά την γέννηση, διατρέχουν μεγαλύτερο κίνδυνο για προβλήματα προσοχής και άλλων σχετικών μαθησιακών δυσκολιών από τους άλλους νέους.

Ακόμα και μετά την εγκαθίδρυση των συστημάτων, ο εγκέφαλος μπορεί να διαταραχθεί από οτιδήποτε παρεμποδίσει την κανονική λειτουργία του κέντρου κίνησης του εγκεφάλου ή των ανώτερων κέντρων του φλοιού, ιδιαίτερα στις πρόσθιες περιοχές. Μερικές φορές αυτά οι επιπτώσεις είναι τόσο δυσδιάκριτες που κανένας δεν συνδέει την αιτία με το μαθησιακό πρόβλημα που θα προκύψει. Ένας λόγος είναι ότι ο εγκέφαλος έχει ενσωματωμένους μηχανισμούς προστασίας, οι οποίοι μπορεί να λειτουργήσουν σωστά έως ότου υπερφορτωθούν.

Ένα καλό παράδειγμα, ενσωματωμένου συστήματος προστασίας είναι ο αποκαλούμενος αιματοεγκεφαλικός φραγμός, ο οποίος ξεχωρίζει τα υλικά που μπορεί να βλάψουν τον εγκέφαλο και την υπόλοιπη κυκλοφορία του αίματος. Μερικές ενδεχομένως επιβλαβείς ουσίες είναι σε θέση να διαπεράσουν αυτό το εμπόδιο, να το αποδυναμώσουν, ή να το κάνουν πιο διαπερατό από τους περιβαλλοντικούς παράγοντες, όπως η παρατεταμένη έκθεση στις τοξίνες ή μια ακατάλληλη διατροφή.

Πέρα από το φραγμό, επιβαρυντικά αίτια μπορεί να έχουν επιπτώσεις στην λειτουργία του εγκέφαλου, με δύο τρόπους, οι οποίοι, μέχρι τώρα, μόνο γενικά μπορεί να γίνουν κατανοητοί. Αρχικά, μπορεί να οι τοξικές ουσίες να δημιουργήσουν την προφανή, μόνιμη ζημιά, όπως οι βλάβες που προκαλεί το οινόπνευμα στον εμβρυϊκό εγκέφαλο.

Πιο ύπουλα, μπορεί να προκληθούν οι προσωρινές αλλαγές στη λεπτή χημική ισορροπία που καθιστά την σκέψη δυνατή. Οι εγκέφαλοι είναι πιθανό να είναι είτε αδιάλλακτοι είτε αλλεργικοί σε ορισμένες ουσίες, αλλά είναι δύσκολο να ξεχωρίσουμε με σαφήνεια τους ενόχους.

Αλκοόλ και φάρμακα

Κάθε μελλοντικός γονιός, πρέπει να γνωρίζει ότι η χρήση οινοπνεύματος κατά τη διάρκεια της εγκυμοσύνης, σχετίζεται σαφώς με τα μελλοντικά μαθησιακά προβλήματα, αλλά παραμένει ένα σημαντικό ζήτημα. Εκτός από το οινόπνευμα, τα ψυχοφάρμακα επίσης επηρεάζουν αρνητικά της δυνατότητες προσοχής του αναπτυσσόμενου εγκεφάλου. Ωστόσο, παρά την αυξημένη δημοσιότητα αυτού του προβλήματος, φαίνεται ότι επεκτείνεται περισσότερο. Ένα πρόσφατο άρθρο των New York Times ανέφερε ότι "ένας τρομακτικά υψηλός αριθμός βρεφών (ίσως και 375.000 ετησίως) όταν βρίσκονται στη μήτρα, εκτίθεται στην κοκαΐνη, στη μαριχουάνα, στις αμφεταμίνες, ή σε άλλα παράνομα φάρμακα.......αντιμετωπίζοντας έτσι την πιθανότητα της καταστροφής της υγείας τους, εξαιτίας της κατάχρησης ναρκωτικών ουσιών από την μητέρα." Αυτή η ανακάλυψη "δεν αφορά μόνο το κέντρο της πόλης" αλλά όλα τα επίπεδα του κοινωνικοοικονομικού φάσματος. Σύμφωνα με έναν ειδικό, που αναφέρεται στο άρθρο, είναι πολύ πιθανό να έχει υποτιμηθεί σημαντικά η πραγματική έκταση του προβλήματος.

ΤΟΞΙΚΑ ΠΕΡΙΒΑΛΛΟΝΤΑ

Μετά από τη γέννηση, ο αναπτυσσόμενος εγκέφαλος παραμένει ιδιαίτερα ευαίσθητος. Μια ιδιαίτερα σοβαρή και πανταχού παρούσα απειλή είναι ο μόλυβδος, ο οποίος επηρεάζει τα κέντρα της προσοχής και είναι ικανός να μειώσει το Δείκτη Νοημοσύνης των παιδιών. Οι γονείς ενθαρρύνονται, να φιλτράρουν προσεκτικά το περιβάλλον των παιδιών τους για κάθε πιθανή πηγή, από την άλλη, σύμφωνα με πρόσφατες δηλώσεις, οι εκπαιδευτικοί ανησυχούν ότι τα ίδια τα σχολεία αποτελούν κίνδυνο, από αυτή την άποψη. Στο Portsmouth και στο New Hampshire, οι υπεύθυνοι των σχολείων άρχισαν να εξετάζουν τις πηγές ύδατος, αφού σύμφωνα με τα λεγόμενα δημοσιογράφου τοπικής εφημερίδας, βρέθηκαν υψηλά επίπεδα μολύβδου σε ένα σχολείο. Τελικά, αποσύνδεσαν τριάντα μία πηγές και στρόφιγγες νερού, αφού ανακάλυψαν ότι τα επίπεδα του μολύβδου ήταν είκοσι φορές επάνω από το επιτρεπόμενο όριο του Γραφείου Προστασίας του Περιβάλλοντος. Ο εθνικός Σύλλογος Γονέων και Κηδεμόνων, πρόσφατα εξέδωσε παράκληση, να ελεγχθούν τα επίπεδα μολύβδου στο νερό των σχολείων και να ληφθούν τα κατάλληλα μέτρα ασφάλειας.

Στην πόλη του Μεξικού, όπου η εναέρια ρύπανση από τις εξατμίσεις των αυτοκινήτων, προκαλεί στο αίμα των κατοίκων υψηλά επίπεδα μολύβδου, οι αρχές διέκοψαν την λειτουργία των σχολείων για ολόκληρο τον Ιανουάριο του 1989, ώστε να μειώσουν κατά αυτό τον τρόπο, την έκθεση των παιδιών στον μολυσμένο αέρα καθώς έπαιζαν στις σχολικές αυλές. Μερικές από τις ξένες πρεσβείες του Μεξικού, συμβούλεψαν τους διπλωμάτες τους, να κρατήσουν τα μικρά παιδιά στο σπίτι και να μην αποκτήσουν άλλα μωρά όσο ζουν εκεί.

Άλλα μέταλλα όπως το αργίλιο, το αρσενικό, το μαγγάνιο, και ο υδράργυρος μπορούν επίσης να αποφανούν νευροτοξικά, ειδικά όταν συνδυαστούν με το μόλυβδο. Επειδή οι επιστήμονες τώρα αρχίζουν να δίνουν σοβαρότερη προσοχή σε αυτό το ζήτημα, μπορούμε να ελπίζουμε ότι οι τρέχουσες ασαφείς προειδοποιήσεις, σύντομα θα αποφέρουν σαφέστερες κατευθυντήριες γραμμές. Οι σύγχρονες πολιτισμικές χημικές ανέσεις, μπορεί να ελλοχεύουν άλλες πηγές νευροτοξικών ουσιών. Πρόσφατα ο καθηγητής James Croxton του πανεπιστημίου της Σάντα Κρουζ, μοιράστηκε μαζί μου τις ανησυχίες του για τον διαδεδομένο ψεκασμό των φυτοφαρμάκων στις περιοχές κοντά στα σχολεία και τα σπίτια. Τα φυτοφάρμακα μπορούν να αποδυναμώσουν ή να διαπεράσουν τον αιματοεγκεφαλικό φραγμό, ιδιαίτερα στα παιδιά που δεν σιτίζονται σωστά, λέει. Ένα αντιπροσωπευτικό παράδειγμα, είναι αυτό των σχολικών συμβουλίων που πρόσφατα εναντιώθηκαν, για την επικρατούσα χρήση των φυτοφαρμάκων στα σχολικά κτήρια. Οι γονείς κάποιων παιδιών που είναι επιρρεπή στις χημικές ουσίες, αναφέρουν στοιχεία από τις δυσμενής επιπτώσεις και απαιτούν τον προσεκτικότερο έλεγχο της χρήσης τέτοιων ισχυρών ουσιών, γύρω από τα μικρά παιδιά. Αν και δεν υπάρχει κανένα απολύτως σημαντικό αποδεικτικό στοιχείο για τη σχέση των φυτοφαρμάκων στις μακροπρόθεσμες δυσκολίες της προσοχής, πολλές σχολικές περιοχές αρχίζουν να επανεξετάζουν και να διαμορφώνουν τις πολιτικές τους για το ράντισμα των τάξεων. Δεδομένου ότι οι τοξίνες μπορούν να επιδεινώσουν τις επιπτώσεις η μία της άλλης, οποιαδήποτε πιθανή πηγή μόλυνσης, θα πρέπει εξετάζεται προσεκτικότερα. Οι έξυπνες κοινωνίες δεν δηλητηριάζουν (κυριολεκτικά) τα μυαλά των νεαρών τους.

Το έτοιμο φαγητό και τα νευρικά μυαλά

Θα μπορούσε το γρήγορο φαγητό και τα αναψυκτικά να επηρεάσουν τον εγκέφαλο και να δηλητηριάσουν ύπουλα την ανάπτυξη του μυαλού; Τα τελευταία χρόνια πολλές αρχές έχουν αρχίσει να ερευνούν τις πιθανές επιδράσεις των διατροφικών συνηθειών στη λειτουργία του εγκεφάλου, αλλά οι διαφωνίες τους αποτελούν αγκάθι σε όλη την έρευνα. Ενώ μια αρμόδια αρχή δηλώνει με βεβαιότητα ότι το φαγητό δεν προκαλεί διαταραχές στην προσοχή ή στην μάθηση, υπάρχει λίγο πιο δίπλα μια άλλη, που επιμένει ότι η διατροφή των σύγχρονων παιδιών ιδιαίτερα η ζάχαρη και το "επεξεργασμένο" φαγητό παίζουν πολύ σημαντικό ρόλο.

Στις περισσότερες συζητήσεις, η αλήθεια φαίνεται να είναι κάπου στη μέση. Τα περισσότερα στοιχεία που έχουν συγκεντρωθεί, αποδεικνύουν ότι η χημεία των παιδικών εγκεφάλων, μπορεί να επηρεαστεί από αυτό που τρώνε ή πίνουν. Λαμβάνοντας υπόψη τη μοναδικότητα της βιοχημικής σύνθεσης του κάθε ατόμου, δεν είναι περίεργο ότι οι επιβλαβείς ουσίες, έχουν διαφορετικές επιπτώσεις σε κάθε παιδί. Επιπλέον, δεδομένου ότι οι βιοχημικές προσβολές στον εγκέφαλο, είναι συσσωρευτικές, κάποιες επιδράσεις μπορεί να μην φανούν αμέσως ή κάτω από ορισμένες περιστάσεις. Για αυτόν τον λόγο, τα αξιόπιστα ερευνητικά συμπεράσματα είναι δύσκολο να συνοψιστούν. Θα αναφέρω περιληπτικά μερικά από τα τελευταία ευρήματα.

Η αξία μιας ισορροπημένης διατροφής είναι ένας από τους λίγους τομείς, όπου οι ειδικοί συμφωνούν. Παράγοντες όπως, η έλλειψη σιδήρου και γενικότερα ο υποσιτισμός έχουν αρνητικά αποτελέσματα στον εγκέφαλο και στις δυνατότητες εκμάθησης. Ο νέος εγκέφαλος είναι αρκετά πλαστικός ώστε οι επιφανείς επιπτώσεις του υποσιτισμού σε νεαρή ηλικία να μπορέσουν να ανατραπούν από την αλλαγή του περιβάλλοντος. Δυστυχώς όμως οι ειδικοί μας επιβεβαιώνουν ότι δεν μπορούν να αξιολογήσουν επαρκώς τις λεπτότερες μορφές απώλειας. Οι πολυετείς μελέτες, έχουν δείξει ότι τα παιδιά που τρώνε πρωινό ή που τους δίνονται θρεπτικές ουσίες κατά τη διάρκεια των σχολικών διαλειμμάτων παρουσιάζουν βελτιωμένη απόδοση στην τάξη.

Αυξημένο ενδιαφέρον και έντονες διαμάχες έχουν προκαλέσει οι επιπτώσεις της σύγχρονης διατροφής, ιδιαίτερα της υπερβολικής ζάχαρης ή των πρόσθετων ουσιών όπως οι χρωστικές ουσίες. Αυτές οι μελέτες το μόνο που έχουν παράγει είναι μια απογοητευτική έλλειψη, ισχυρών συμπερασμάτων. Το πιο περιληπτικό συμπέρασμα που μπορώ να βγάλω, είναι μάλλον άχρηστο: ορισμένα πράγματα είναι επιβλαβή για κάποια παιδιά που βρίσκονται κάτω από ορισμένες συνθήκες. Η αλήθεια είναι ότι αρκετές εκδοχές των σύγχρονων τρόπων διατροφής, μπορούν να αποβούν ιδιαίτερα επικίνδυνες. Μπορεί τα παιδιά σε ηλικία κάτω των τριών ετών να είναι πιο ευαίσθητα, αλλά ο εγκέφαλος είναι δυνατό να επηρεαστεί σε οποιαδήποτε ηλικία. Πολλοί από τους νέους μας εκτίθενται συνήθως σε αυτούς τους πιθανούς κινδύνους:

• πλούσια διατροφή στην επεξεργασμένη ζάχαρη
• απουσία πρωινού ή πρωινά με υψηλούς-υδατάνθρακες (σάκχαρα, άμυλα)
• "ανούσιες" θερμίδες των σνακ, που αντικαθιστούν τις θρεπτικές (π.χ., υπερβολική κατανάλωση, πρόχειρου φαγητού, και έτοιμο φαγητό)
• αναψυκτικά και άλλα τρόφιμα που περιέχουν ασπαρτάμη (NutraSweet)

Στο βιβλίο της, Food Makes The Difference, η Δρ Patricia Cane, προβάλλει ισχυρά επιχειρήματα για τον αιτιώδη ρόλο της διατροφής στα προβλήματα της εκμάθησης και της συμπεριφοράς των παιδιών. Συχνά, υπαίτιες είναι οι ανύποπτες αλλεργίες στα τρόφιμα, επισημαίνει, αν και είναι δύσκολο να προσδιοριστούν. Ένα ακόμα μεγαλύτερο πρόβλημα είναι ότι τα σύγχρονα διαιτολόγια, προδιαθέτουν τα παιδιά στην ανικανότητα, αποδυναμώνοντας τις φυσικές άμυνες του εγκεφάλου. "Η αυξημένη χρήση υδατανθράκων [ζάχαρη, άμυλο] στα διαιτολόγια των παιδιών είναι τρομερή," λέει. Το εύκολο και το γρήγορο φαγητό και τα γλυκαμένα δημητριακά είναι μόνο συμπτώματα, της αμέλειας των διατροφικών μας προτεραιοτήτων. Η βιοχημικός του Τεχνολογικού Ινστιτούτου Μασαχουσέτης, Δρ Judith Wurtman, εξηγεί ότι οι υδατάνθρακες, εξασθενούν τη διανοητική απόδοση με διαφορετικό τρόπο σε κάθε παιδί, επειδή αν χορηγηθούν σε μεγάλες δόσεις μπορεί να ενεργήσουν περισσότερο σαν τοξικές ουσίες απ' ό,τι σαν φαγητό. Ανάλογα με τη βιοχημεία κάθε παιδιού, οι μεγάλες δόσεις σε υδατάνθρακες μπορούν να προκαλέσουν μια "συσσώρευση ζάχαρης" ενώ συχνότερα έχει ως συνέπεια τον λήθαργο. "Ένα παιδί που γυρνάει σπίτι, και έχει για σνακ, τσιπς και κόκα κόλα, πίτσα για μεσημεριανό, και παγωτό για επιδόρπιο, έχει προμηθευτεί με υδατάνθρακες για αρκετές ώρες," λέει η Δρ Wurtman. "Όταν λοιπόν έρχεται η ώρα για να μελετήσει για το σχολείο, αυτό το παιδί [θα δυσκολευτεί] λόγω της υπνηλίας ή του λήθαργου." Λίγη πρωτεΐνη κάνει την διαφορά. Μια από τις ηγετικές αυθεντίες του τομέα, Ο Δρ Keith Conners, συγγραφέας του Feeding The Brain, έχει ενδιαφερθεί ιδιαίτερα για τις επιδράσεις της ζάχαρης στην εκμάθηση. Πραγματοποιώντας εκτενή πειράματα, με τα "φυσιολογικά" και με τα "υπερδραστήρια" παιδιά, ανακάλυψε ότι το πρόγευμα με πολλές πρωτεΐνες (δύο αυγά, στο συγκεκριμένο πείραμα) μπορούσε να εξισορροπήσει τα αρνητικά αποτελέσματα της ζάχαρης και ενδεχομένως να βελτιώσει την εκμάθηση και την μνήμη στο χημικό σύστημα μετάδοσης του εγκεφάλου. Από την άλλη, η έλλειψη πρωινού ή η παρουσία πολλών υδατανθράκων (δύο φέτες ψημένου ψωμιού σε αυτήν την περίπτωση) δεν έδειχνε καμία τάση για πρόβλημα σε μερικά παιδιά. (Ως γονιός εδώ και πολλά χρόνια, θα έπρεπε να είχα ρωτήσει τον Δρ Conners πώς κατάφερε αυτά τα παιδιά να φάνε και τα δύο αυγά, ενώ εγώ ακόμα δεν τα έχω καταφέρει.)

Τα παιδιά είναι απαραίτητο να τρώνε πρόγευμα. Έχει παρατηρηθεί πτώση στην αποδοτικότητα στα παιδιά που δεν παίρνουν πρωινό, όχι μόνο στα "υπερδραστήρια" ολοκληρώνει. "Το πρόγευμα τους, πρέπει οπωσδήποτε να περιέχει έστω και μια ελάχιστη ποσότητα πρωτεΐνης." Αν το παιδί θέλει να φάει δημητριακά, δεν πειράζει αρκεί να υπάρχει και το γάλα μέσα σε αυτά, εξηγεί, ότι τα παιδιά που τρώνε μόνο ξηρά δημητριακά ή ντόνατς ή τσιπς, είναι πιθανό να έχουν πρόβλημα συγκέντρωσης κατά την διάρκεια του πρωινού. Το άγχος καθιστά τον εγκέφαλο ακόμα πιο ευάλωτο. "Ίσως να χρειαστεί να εξετάσουμε το επιλεκτικά το συμπλήρωμα πρωτεϊνών για τα παιδιά που βρίσκονται κάτω από μεγάλη πίεση," προτείνει. Ο Δρ Conners, υπογραμμίζει επίσης, ότι η ισορροπημένη διατροφή μπορεί να βοηθήσει τον εγκέφαλο να φιλτράρει τις ανεπιθύμητες ουσίες, ακόμη και τις τοξίνες όπως ο μόλυβδος. Τα παιδιά με αναιμία, η με έλλειψη σιδήρου ή άλλων ουσιαστικών θρεπτικών ουσιών, όπως ο ψευδάργυρος, έχουν πιο επιρρεπείς εγκεφάλους στις τοξικές επιθέσεις. Οι βιταμίνες σε μορφή χαπιών δεν είναι η λύση, αφού ο συνδυασμός ουσιαστικών θρεπτικών ουσιών είναι λιγότερο ευεργετικός για το σώμα από εκείνους στην πραγματική τροφή.

Ο Δρ Conners ανησυχεί επίσης για μια πολύ λιγότερο συζητημένη αλλά πιο ανησυχητική τάση. Μαζί με πολλούς άλλους, ανησυχεί για την αυξημένη χρήση της ασπαρτάμης από τα παιδιά, παρά τις προειδοποιήσεις των παθολόγων ότι η εκτεταμένη χρήση μπορεί να επιφέρει άγνωστες και ενδεχομένως επικίνδυνες νευρολογικές συνέπειες.

Με την εμπορική επωνυμία NutraSweet, η ασπαρτάμη διαφημίζεται και καταναλώνεται τουλάχιστον από 100 εκατομμύρια Αμερικανούς, με την μορφή αναψυκτικών και άλλων τεχνητά γλυκαντικών ουσιών (συμπεριλαμβανομένων μερικών αθώων βιταμινών), μετατρέπεται από το σώμα σε ενώσεις που μπορούν να διαπεράσουν τον αιματοεγκεφαλικό φραγμό. Έχει αποδειχθεί, ότι σε μερικούς ανθρώπους, είναι ικανές να αναστατώσουν τη χημεία του εγκεφάλου τους. Τα μικρά παιδιά είναι ιδιαίτερα ευαίσθητα σε αυτό. Μια από αυτές τις ενώσεις είναι η ίδια με αυτή που προκαλεί τη διανοητική καθυστέρηση στα άτομα που έχουν κληρονομήσει την δυσλειτουργία PKU, για την οποία όλα τα νεογέννητα πλέον εξετάζονται. Σύμφωνα με το Δρ Richard Wurtman του MIT, ο οποίος είναι ο πρώτος ερευνητής σχετικά με τις επιπτώσεις της ασπαρτάμης στον εγκέφαλο, κάποια άτομα μπορεί να είναι γενετικώς πιο ευαίσθητα από τα άλλα. Αλλά οι επιδράσεις της κατανάλωσης —από πονοκέφαλους μέχρι εξασθενισμένη απόδοση στην εκμάθηση —μπορούν να παρουσιαστούν μόνο μετά από την παρατεταμένη χρήση της γλυκαντικής ουσίας. Επομένως ο χρήστης, δεν μπορεί να υποψιαστεί την πηγή του προβλήματος. Οι ερευνητές θεωρούν ότι οι γυναίκες είναι πιο ευάλωτες από τους άντρες.

Ο Δρ Wurtman, συγκάλεσε πρόσφατα μια διάσκεψη, στην οποία βρέθηκαν πάνω από εκατό επιστήμονες των Ηνωμένων Πολιτειών και της Ευρώπης, για να παρουσιάσουν τις σχετικές ανακαλύψεις και να κάνουν τους γονείς να σκεφτούν καλύτερα αν θα πρέπει τα παιδιά τους να πλησιάζουν αυτή τη γλυκαντική ουσία. Μια άποψη που επικράτησε ανάμεσα σε αυτούς τους εμπειρογνώμονες ήταν, παρά τις διαβεβαιώσεις των εργοστασίων παραγωγής, ότι η έρευνα μέχρι σήμερα είναι εκπληκτικά "ανεπαρκής".

"Μερικά νεαρά παιδιά, αντιδρούν αρνητικά σε αυτήν την τεχνητή γλυκαντική ουσία," λέει ο Keith Conners. "Αυτό είναι πραγματικά ανησυχητικό δεδομένου ότι είναι αρκετά διαδεδομένη στην καθημερινή μας διατροφή."

Ακολουθώντας αυτές τις αναφορές, πιστεύω ότι οι εγκυμονούσες και πολλά μικρά παιδιά, ακόμη και τα βρέφη, καταναλώνουν αυτήν την αμφισβητούμενη εισβολή στα πλαίσια της αμερικανικής διατροφής. Επίσης, λαμβάνοντας υπόψη την διαπίστωση ότι η κατάθλιψη μπορεί να είναι ένα αποτέλεσμα της χρήσης της ασπαρτάμης, αναρωτιέμαι εάν η αύξηση της κατανάλωσης της έχει σχέση με την αύξηση της κατάθλιψης στους εφήβους. Είναι εύκολο να γίνει σε μια κοινωνία που αερολογεί για τη σημασία της διανοητικής ικανότητας ενώ συγχρόνως ταΐζει τα παιδιά της τέτοιες ουσίες.

Ο εγκέφαλος ενός "φυτού"
Δυστυχώς, τα αναψυκτικά "δίαιτης" είναι ένα μικρό μέρος της απάντησης, στο γεγονός ότι μεγαλώνουμε μια γενιά στάσιμων και σωματικά ακατάλληλων παιδιών. Διάφορες μελέτες έχουν

231

δείξει ότι ένα ανησυχητικό ποσοστό παιδιών στην Αμερική είναι υπέρβαρο και δεν μπορεί να περάσει ούτε τα βασικά τεστ δύναμης, αντοχής και ευκινησίας. Το 1984, μόνο το 2% από τα 18 εκατομμύρια των παιδιών που έδωσαν την Προεδρική Εξέταση Ικανότητας έλαβε βραβείο. Η Αμερικανική Ακαδημία Παιδιατρικής, σε μια πρόσφατη έκθεση της δήλωσε ότι ως και το 50% των μαθητών της χώρας, δεν αθλείται αρκετά ώστε να αναπτύξει υγιείς καρδιές και πνεύμονες, και το 40% των νεαρών, ηλικίας από πέντε έως οκτώ ετών δείχνει επιρρεπή στις καρδιακές παθήσεις.

Σαν σαφή ένδειξη της αλλαγής του τρόπου ζωής, τις τελευταίες δύο δεκαετίες, τα ποσοστά παχυσαρκίας στα παιδιά και στους εφήβους αυξήθηκαν κατά 45% μεταξύ του 1960 και τις αρχές της δεκαετίας του '80. Ο στρατός των Ηνωμένων Πολιτειών αναγκάστηκε το 1989

FIGURE 4. Συμπτώματα που αναφέρονται από 405 άτομα ευαίσθητα στην Ασπαρτάμη

Νευρολογικά
Πονοκέφαλοι 228 (45.1)
Ίλιγγος, αστάθεια, ή και τα δύο 199 (39.4)
Σύγχυση, απώλεια μνήμης, ή και τα δύο 144 (28.5)
Σπασμοί (σοβαρές επιληπτικές κρίσεις) 74 (14.7)
Μικρές επιληπτικές επιθέσεις και "ελλείψεις" 18 (3.6)
Σοβαρή οκνηρία και υπνηλία 83 (16.4)
Παράλυση ("μούδιασμα" "τσούξιμο") ή μούδιασμα των άκρων 68 (13.5)
Σοβαρή δυσλειτουργία της ομιλίας 57 (11.3)
Σοβαρή "υπερκινητικότητα" και "νευρικά πόδια" 39 (7.7)
Ασυνήθιστος πόνος στο πρόσωπο 33 (6.5)
Ρίγη σε μεγάλο βαθμό 43 (8.5)

Ψυχιατρικά και συμπεριφοράς
Βαριά κατάθλιψη 128 (25.3)
"Ακραία οξυθυμία" 113 (22.4)
"Σοβαρές κρίσεις άγχους" 92 (18.2)
"Χαρακτηριστικές αλλαγές προσωπικότητας" 79 (15.6)

Σύγχρονη "σοβαρή αϋπνία" 66 (13.1)
"Σοβαρή επιδείνωση των φοβιών" 34 (6.7)

Οπτικά και ακουστικά
Μειωμένη όραση και άλλα προβλήματα όρασης
(θάμπωμα, "φωτεινές λάμψεις," περιορισμένο οπτικό πεδίο) 121
(24.0)
Πόνος στο ένα ή και στα δύο μάτια 44 (8.7)
Τύφλωση στο ένα ή και στα δύο μάτια 12 (2.4)
Βοή ("χτύπος," "βουητά") 65 (12,9)
Χαρακτηριστική εξασθένιση της ακοής 23 (4.6)
Βαριά μυασθένεια (πτώση) 7 (1.4)

 να τροποποιήσει τις σωματικές προϋποθέσεις για την βασική εκπαίδευση, επειδή οι περισσότεροι στρατευμένοι τραυματίζονταν.

"Κατά την άποψή μας, οι νέοι που μπαίνουν τώρα στο στρατό, έχουν ξοδέψει περισσότερο χρόνο μπροστά στην Τηλεόραση απ' ό,τι στο γήπεδο του τένις ή σε κάποιο άλλο άθλημα," σχολίασε ο Υπολοχαγός και Συνταγματάρχης John Anderson, ο οποίος λέει ότι δεν μπορεί να θυμηθεί, χειρότερους νεοσύλλεκτους στη εικοσαετή σταδιοδρομία του.

Ο εισηγητής του Προεδρικού Συμβουλίου Φυσικής Αγωγής και Αθλητισμού, εκφράζει την σοβαρή του ανησυχία για την κατάσταση των παιδιών της Αμερικής σε σύγκριση με των παιδιών σε άλλες χώρες. Σε ένα πρόσφατο ταξίδι στη Σοβιετική Ένωση, λέει, "έμεινα καταπληκτικός, βλέποντας πόσο μπροστά βρίσκονται οι νεαροί της Σοβιετικής Ένωσης σε σχέση με την αμερικανική νεολαία..... Δεν θα βρείτε ανάμεσα στους πρώτους, πολλούς να παρακολουθούν Τηλεόραση μέχρι τα μεσάνυχτα και να τρώνε έτοιμο φαγητό."

Σκεφτείτε ότι αν τα σώματα αυτών των νεαρών είναι σε κακή φόρμα, τι μπορεί να συμβαίνει με τους εγκεφάλους τους; Δυστυχώς γνωρίζουμε πολύ λίγα για την επίδραση της κακής φυσικής κατάστασης στην νευρική λειτουργία. Δεν έχει παρουσιαστεί ιδιαίτερη σχέση μεταξύ των κινήτρων με την σχολική επιτυχία. Η άσκηση μπορεί να βελτιώσει και το κίνητρο και τις συνακόλουθες δυνατότητες συγκέντρωσης. Ακόμα δεν έχει ερευνήσει κανείς, λεπτομερώς τις πραγματικές επιπτώσεις του στατικού τρόπου ζωής, στις δυνατότητες εκμάθησης. Πόσα από τα προβλήματα προσοχής θα μπορούσαν να έχουν σχέση με το γεγονός ότι τόσα πολλά παιδιά σήμερα, συγκρατούν την σωματική τους ενέργεια για τα προγράμματα και τις απαιτήσεις —και τις ελάχιστες φυσικές εξόδους; Μια έρευνα έδειξε ότι στα μαθήματα της φυσικής αγωγής, οι μαθητές κάνουν περίπου δέκα λεπτά μόνο τις ασκήσεις, επειδή καταναλώνουν τον περισσότερο χρόνο στην αλλαγή των ρούχων και στη συζήτηση του δασκάλου. Η μητέρα ενός παιδιού της τρίτης τάξης, το οποίο έπαιρνε Ritalin, επειδή "δεν μπορούσε να συγκεντρωθεί", μας είπε ότι το παιδί της επιστρέφει από την επτάωρη ημερησία "εργασία" του (δηλ., σχολείο), τρώει κάτι πρόχειρα και αμέσως κάθεται να διαβάσει για να προλάβει να δει τα αγαπημένα του τηλεοπτικά προγράμματα. "Έχει ελεύθερο χρόνο για παιχνίδι;" Ρώτησα. "Όχι και τόσο.....αλλά έχει προπόνηση ποδοσφαίρου κάθε Σαββατοκύριακο και μάθημα κολύμβησης μία φορά την εβδομάδα."

Η δραστηριότητα των μικρών-μυών είναι εξίσου σημαντική για τη σχολική επιτυχία. Μια πρόσφατη μελέτη, σε παιδιά ηλικίας πέντε έως δεκατριών ετών, προς έκπληξη των ερευνητών έδειξε ότι οι "αισθητικοκινητικές-αντιληπτικές δυνατότητες" (π.χ., η λύση γραπτών αινιγμάτων, η τοποθέτηση των ταπών στις τρύπες γρήγορα και αποτελεσματικά, η αντιγραφή γεωμετρικών σχεδίων) είχαν άμεση σχέση με την ακαδημαϊκή επίδοση των παλαιότερων παιδιών όσο και με των νεότερων. "Η σκέψη κατασκευάζεται, όχι μόνο από την αντίληψη των αντικειμένων, αλλά και από τις σωματικές δραστηριότητες με αυτά." Όταν ένα παιδί παίζει και εξασκεί τους μεγάλους μυς ή ασχολείται με παιχνίδια και χόμπι που χτίζουν τις λεπτές αισθητηριακές δεξιότητες (π.χ., μοντελισμός, ξυλουργική, ραπτική), ενισχύονται επίσης οι αισθητηριακές συνάψεις που συνορεύουν με τους νευρώνες (τους διαχειριστές της διανοητικής συμπεριφοράς και της προσοχής). Μερικά παιδιά με επιφανή τα οργανικά μαθησιακά προβλήματα είναι αισθητηριακές αδέξια, αυτό

234

μπορεί να έχει σχέση με μια γενικότερη δυσκολία της οργάνωσης και διαχείρισης εισερχόμενων και εξερχόμενων μηνυμάτων στους εγκεφάλους τους (σε αυτήν την περίπτωση μηνύματα από και προς τους μυς). Το μόνο λογικό συμπέρασμα είναι ότι μαθαίνοντας τα παιδιά να ρυθμίζουν τους μυς τους μαθαίνουν να ελέγχουν και τα συναισθήματα τους. Η απορία, εάν οι συγκεκριμένες νευρικές συνδέσεις της προσοχής και οι πιο θεωρητικοί τύποι εκμάθησης, σφυρηλατούνται ή όχι, είναι επίσης μια ενδιαφέρουσα ερώτηση για έρευνα.

Η φυσιοθεραπεύτρια Jean Ayres, δημιούργησε ένα πρόγραμμα σωματικών ασκήσεων (Θεραπεία Αισθητηριακής Ολοκλήρωσης), ισχυριζόμενη ότι η άσκηση είναι η βάση για πολλούς τύπους εκμάθησης. Πολλοί φυσιοθεραπευτές και δάσκαλοι που δουλεύουν με παιδιά με μαθησιακές δυσκολίες έχουν πειστεί για την αξία αυτών των τεχνικών. Η οριστική απόδειξη είναι δύσκολο να αποδοθεί, αλλά ακόμη και οι ειδικοί που είναι δύσπιστοι για τις αξιώσεις της "αισθητήριας ολοκλήρωσης" γνωρίζουν την ανάγκη να μελετηθεί η σχέση της κίνησης και της εκμάθησης των παιδιών.

Η Δρ Phyllis Weikart, καθηγήτρια και συνεργάτης, του τμήματος φυσικής αγωγής στο πανεπιστήμιο του Μίσιγκαν και συγγραφέας του Round the Circle: Key Experiences in Movement, φοβάται ότι η έλλειψη του παιχνιδιού και της σωματικής κίνησης θέτει σε κίνδυνο τις πιθανές δυνατότητες εκμάθησης των μικρών παιδιών. Πιστεύει ότι οι ενήλικοι ασχολούνται πολύ περισσότερο με το πώς θα αναγκάσουν τα παιδιά τους να μάθουν, παρά με το πώς θα τα αφήσουν να παίξουν φυσιολογικά, ώστε να μπορέσουν να χτίσουν κινητηριακά κέντρα ελέγχου στους εγκεφάλους τους.

"Όλες αυτές οι συζητήσεις αφορούν την γνωστική εξέλιξη, αλλά έχουμε παραμελήσει την φυσική κατάσταση του παιδιού," λέει. "Το ποσοστό σωματικής δραστηριότητας μετά την αλλαγή του αιώνα, έχει μειωθεί κατά εβδομήντα πέντε τοις εκατό, τα παιδιά δεν παίζουν, ενώ μέσω του δραστήριου παιχνιδιού επέρχεται και η μάθηση. Τα παιδιά συνήθιζαν να παίζουν με φυσικούς τρόπους, με παιδιά διαφορετικών ηλικιών, έξω και χωρίς την επίβλεψη των γονιών τους. Η οπτική και η ακουστική προσοχή και ο συντονισμός του σώματος αποκτιέται μέσω αυτού του είδους παιχνιδιού. Αυτή η φυσική εκμάθηση πρέπει να πραγματοποιηθεί πριν αρχίσει το παιδί να αφαιρείται, και δεν μπορεί να συμβεί εάν τα παιδιά δεν έχουν εκείνες τις εμπειρίες. Επίσης "οι μεταβαλλόμενοι τρόποι ζωής μπορούν να κατατροπώσουν την ανεξάρτητη εμπειρία, από την οποία τα παιδιά μαθαίνουν να διαχειρίζονται τους εγκεφάλους τους, σύμφωνα με αυτόν τον ειδικό που εξετάζει την κινητηριακή εξέλιξη. "Παρέχουμε την προσοχή των παιδιών, ώστε οι γονείς να μπορούν να εργάζονται. Στοχεύουμε στην ομοιογένεια των ηλικιών στις ομάδες των παιδιών έτσι ώστε να μην μαθαίνουν στις ηλικιακά διασταυρωμένες φυσικές καταστάσεις. Υπάρχουν τόσα πολλά ζητήματα που ξεφυτρώνουν για τους ανθρώπους που φροντίζουν παιδιά, πρέπει να καθοδηγούν το παιδί σωστά ώστε να μην πληγωθεί. Αυτά τα ζητήματα δεν υπήρχαν πριν, αλλά δεν πρόκειται να εξαφανιστούν κιόλας. Οι γονείς θα συνεχίσουν να εργάζονται και αυτά τα παιδιά θα πρέπει κάποιος να τα φροντίσει, αλλά πρέπει να είμαστε προσεκτικοί χωρίς να απορρίπτουμε την φυσικότητα που χρειάζονται τα παιδιά στο παιχνίδι."

Η Δρ Weikart έχει εντυπωσιαστεί με το πρόσφατο ερώτημα για το πώς η φυσική κίνηση βοηθά τα παιδιά να αναπτύξουν την εσωτερική αίσθηση του "ρυθμού" που φαίνεται να συσχετίζεται με τις αναγνωστικές και μαθηματικές δυνατότητες. Αναγνωρίζει ότι δεν μπορεί να εξηγήσει ακόμα, από την άποψη του εγκεφάλου, τι σχέση έχει ο "ρυθμός" με την ακαδημαϊκή εκμάθηση, αλλά καθώς μιλούσαμε, θυμήθηκα ότι αρκετοί γυμναστές βασικής εκπαίδευσης είχαν μοιραστεί μαζί μου την ανησυχία τους, γιατί τα περισσότερα παιδιά σήμερα, δεν έχουν αυτήν την αίσθηση του εσωτερικού ρυθμού.

Η Δρ Weikart προτείνει ότι ο λόγος μπορεί να είναι ότι δεν έχουν έρθει σε επαφή με τον εσωτερικό ρυθμό του σώματός τους.

"Είναι τρομακτικό! Χρειάζονται τον ρυθμό, αλλά η ροκ μουσική δεν τους το παρέχει αυτό, επειδή είναι ακουστική, δεν τον

236

σχηματίζουν στο σώμα τους," επιμένει. "Το συναίσθημα πρέπει να είναι αυτεξούσιο για το παιδί, δεν μπορείτε να το καταστήσετε δυνατό ούτε και οπτικό όπως στα βίντεο, πρέπει να το αισθανθούν. Αν το παιδί δεν λικνιστεί, δεν παίξει, δεν χορέψει και μόνο αν οι ενήλικοι δεν δημιουργήσουν την αίσθηση του ρυθμού στο παιδί που την ακούει, τότε αυτή η αίσθηση δεν θα αναπτυχθεί."

Όταν τα παιδιά εκτεθούν σε πάρα πολύ ισχυρό, εξωτερικό ρυθμό, μπορεί να "αποπροσανατολιστούν" και να αναπτύξουν προβλήματα προσοχής, γιατί δεν θα έχουν καταφέρει να συμφιλιώσουν το ρυθμό μέσα τους με το εξωτερικό ερέθισμα, εξηγεί η Δρ Weikart. "Ότι ο σταθερός προφορικός και οπτικός βομβαρδισμός, το μόνο που καταφέρνει είναι να αποσυντονίζει τα παιδιά. Εάν θέλουμε να βελτιώσουμε την προσοχή τους, πρέπει να τα αναλάβουμε, να τα κινητοποιήσουμε σωματικά, να τα συντονίσουμε ξανά."

Θορυβώδεις εγκέφαλοι

Στις μέρες μας που οι γονείς φέρνουν τα παιδιά στο σχολείο το πρωί, πρέπει να περάσει τουλάχιστον μισή ώρα είτε για να τα ξυπνήσουμε είτε για να τα ηρεμήσουμε. Προέρχονται από σπίτια όπου η Τηλεόραση παίζει όλη την ώρα, μπαίνουν σε αυτοκίνητα με δυνατή μουσική. Δεν είναι άξιο απορίας, που μερικά το αντιγράφουν και άλλα που ξεφεύγουν με την πρώτη ευκαιρία. Κάποτε ξεκινούσαμε τις δραστηριότητές μας, ακριβώς την ώρα που ερχόντουσαν τα παιδιά στο σχολείο, αλλά τώρα πια αρχίζουμε πάντα με μια μακριά μεταβατική περίοδο για να τα συντονίσουμε.

—Δάσκαλος νηπιαγωγείου, Τέξας

Θα μπορούσαν τα στερεοφωνικά ακουστικά να αλλάξουν τους εγκεφάλους των παιδιών; Προφανώς είναι δυνατόν. Κάποιος θα μπορούσε να υποστηρίξει ένα από τα δύο: είτε ότι θα τους καταστήσει ακουστικά πιο απαντητικούς είτε ότι μπορεί να δημιουργηθεί ένας παράξενος διαχωρισμός μεταξύ των κύριων αισθήσεων [ακοής και όρασης] επειδή χωρίζονται χρονικά από την χρήση αυτών των πραγμάτων.

—Ο Δρ William T. Greenough

Τι κάνει ο βομβαρδισμός από θορύβους στους εγκεφάλους των παιδιών; Πόσο μπορεί αυτό να συντελέσει αρνητικά στην έλλειψη προσοχής, στο άκουσμα των "συζητήσεων," και στο συντονισμό στα πλαίσια της εκπαίδευσης; Μια σειρά από έρευνες έχει στραφεί στην αναντικατάστατη δομή του αυτιού που είναι ιδιαίτερα τρωτή κατά τη διάρκεια των πρώτων ετών. Έχει αποδειχθεί ότι μπορεί να καταστραφούν από κάποιους δυνατούς θορύβους, συμπεριλαμβανομένης της μουσικής.

Μια άλλη σειρά μελετών έδειξε ότι το περιβάλλον που δεν θεωρείται ιδιαίτερα θορυβώδες από τους ενηλίκους μπορεί να παρεμποδίσει μόνιμα την ανάπτυξη της γλώσσας, του ακούσματος ακόμη και των αναγνωστικών δυνατοτήτων.

Πίσω από τις κλειστές πόρτες των νευροψυχολογικών διασκέψεων συζητιούνται κι άλλες ενδιαφέρουσες πιθανολογίες. Τρεις από αυτές, αφορούν τις ισχυρές επιδράσεις της μουσικής υποκίνησης στην ανάπτυξη των ημισφαιρίων και των συνδέσεων μεταξύ τους. Κάποιες επιπλέον ιδέες για το τι μπορεί να προκαλέσουν οι μεγάλες δόσεις "ρυθμού" στην ανάπτυξη των εγκεφάλων και για τις επιπτώσεις μιας υπερφορτωμένης αισθητήριας εισαγωγής πληροφοριών, σε ένα νευρικό σύστημα που δεν έχει αναπτύξει ακόμα τους ικανούς μηχανισμούς αυτοάμυνας.

Οι μελέτες του εγκεφάλου, έχουν δείξει επανειλημμένα ότι η μουσική, για όλους με εξαίρεση τους ειδικούς της μουσικής, υποβάλλεται σε επεξεργασία κυρίως στο δεξί ημισφαίριο (στις περιοχές που είναι ακριβώς απέναντι από τις περιοχές της γλωσσικής επεξεργασίας). Οι περισσότεροι από μας ακούνε και αποκρίνονται αρχικά σε έναν ολοκληρωτικά, "συναισθηματικό" τρόπο απέναντι στη μελωδία (ειδικότητα του δεξιού ημισφαιρίου), ενώ οι μουσικοί εκπαιδεύονται να ακούνε αναλυτικά την τεχνική ακολουθία της μελωδίας και άλλων χαρακτηριστικών γνωρισμάτων, που πρέπει να αντιμετωπιστούν από το αριστερό ημισφαίριο. Η χαλαρή κατάσταση που προκαλείται συχνά από τη μουσική

238

απεικονίζεται στις εγκεφαλικές διακυμάνσεις: τα Βήτα κύματα, τα πιο δραστήρια, τα οποία χαρακτηρίζουν την ενεργό παραγωγή διανοητικής επεξεργασίας, ενδίδουν στα Άλφα κύματα, τα οποία έχουν σχέση με την χαλάρωση. Όταν τα τμήματα του εγκεφάλου είναι "στα άλφα," είναι ουσιαστικά σβησμένα από την ενεργό σκέψη ή την εκμάθηση.

Γιατί μερικοί έφηβοι επιμένουν ότι μπορούν να επικεντρωθούν καλύτερα στην εργασία τους με την μουσική να παίζει; Μπορούμε να υποθέσουμε ότι η μουσική ως φόντο, παράγει αρκετά κύματα Άλφα στο δεξί ημισφαίριο, επιτρέποντας έτσι στους γλωσσικούς τομείς του αριστερού ημισφαιρίου την διαδικασία της ακαδημαϊκής εργασίας. Στην πραγματικότητα κανένας δεν καταλαβαίνει όλες τις διακλαδώσεις της παράλληλης δράσης του ημισφαιρίου. Επιπλέον, κάτι που βοηθάει έναν εγκέφαλο μπορεί να είναι ενοχλητικό και περίπλοκο για έναν άλλο. Όταν η μουσική παύει να είναι στο φόντο και έρχεται σε πρώτο πλάνο, η συγκέντρωση είναι πολύ πιθανόν να υποφέρει.

Ένας μεγάλος αριθμός ερωτήσεων, τίθενται ως προς το αν η υπερβολικά δυνατή μουσική δεν προκαλεί την χαλάρωση του αναπτυσσόμενου εγκεφάλου, αλλά αντί αυτού μια αμυντική συνήθεια "να αποσυντονίζεται" από την ενεργητική σκέψη ("εμβαθύνοντας στα Άλφα"). Μια σχετική ερώτηση είναι αν τα επιπόλαια ακούσματα σε μεγάλες δόσεις, μπορούν να αποστερήσουν από τα γλωσσικά συστήματα του αριστερού-ημισφαιρίου, τον απαραίτητο αναπτυξιακό χρόνο και χώρο που χρειάζονται για τον συντονισμό τους. Είναι σίγουρο πως οι στίχοι της σύγχρονης μουσικής, δεν σχεδιάζονται ως γλωσσικά πρότυπα. Ο Jon Pareles, ο καυστικός κριτικός μουσικής των New York Times σχολίασε ότι "Για κάθε τραγούδι που υπερασπίζεται ή υποβιβάζεται από τους στίχους του, πρέπει να υπάρξουν άλλα εκατό που θα πετύχουν.. και ο ήχος συχνά καλύπτει τα κενά του νοήματος. Όπως και πολλοί άλλοι αξιόλογοι σοβαροί μουσικοί, εκφράζουν την ανησυχία τους σχετικά με το μειωμένο ενδιαφέρον των ακροατών, για τις πιο σύνθετες, αναλυτικές μορφές της τέχνης. Η πολύ εμπορική μουσική, λέει, "εκλείπει του πιο σύνθετου, μακροχρόνιου, διανοητικά αποστραγγιστικού μέρος της μουσικής εμπειρίας —της προσοχής."

Κανένας δεν θα αποστερούσε από τους ενηλίκους την υπερβολικά αναγκαία χαλάρωση και αβλαβή —για αυτού — ευχαρίστηση. Επίσης υπάρχει πολύ ενήλικη ευχαρίστηση που αντιμετωπίζεται επιτυχώς, μόνο από τον ώριμο εγκέφαλο. Η πρόκληση για τα παιδιά, είναι το κίνητρο των ημισφαίριων να ενώσουν τις κινήσεις τους ώστε να ενισχύσουν τις φυσικές συνδέσεις μεταξύ τους. Οτιδήποτε, αναγκάζει ή καθιστά τον εγκέφαλο σε μια κατάσταση αμάθειας, για μεγάλες χρονικές περιόδους, είναι βέβαιο ότι θα μπορούσε να παρεμποδίσει αυτήν την διαδικασία.

Οι νέοι εγκέφαλοι είναι ιδιαίτερα ευαίσθητοι επειδή δεν έχουν αναπτύξει ακόμα τους αυτόματους μηχανισμούς της διαλογής. Ο φυσιολογικός ανθρώπινος εγκέφαλος έχει ενσωματωμένους μηχανισμούς για την εισερχόμενη υποκίνηση, ώστε να τον κρατούν σε επίπεδα "εγρήγορσης" χωρίς να καταπιέζεται. Ωστόσο οι εγκέφαλοι των παιδιών, δεν είχαν τον απαραίτητο χρόνο για να βελτιώσουν αυτά τα συστήματα φιλτραρίσματος, όταν καταπιέζονται ή όταν "αποσυντονίζονται" η συμπεριφορά τους γίνεται ανεξέλεγκτη. Ακόμη και ένας φυσιολογικός ενήλικας, αν εκτεθεί αρκετό καιρό σε ανισόρροπα, υψηλά ή χαμηλά επίπεδα υποκίνησης, μπορεί να αρχίσει να ενεργεί όπως ένα υπερκινητικό παιδί! Όλοι μαθαίνουμε να αντιλαμβανόμαστε, αρκετούς από τους παρασιτικούς θορύβους (π.χ., τυποποιημένη μουσική στα καταστήματα, στα γραφεία, κ.λπ.), αλλά κάποιες στιγμές ασυναίσθητα, αποσυντονιζόμαστε χωρίς να καταλαβαίνουμε γιατί. Για τους νεαρούς, είναι ακόμα δυσκολότερο να ξεδιαλύνουν τέτοιες επιπτώσεις.

Η Δρ Susan Luddington Hoe, η αυθεντία στην υποκίνηση των νηπίων, επισημαίνει ότι ακόμη και πριν από την γέννηση, οι ευάλωτοι νέοι εγκέφαλοι, εκδηλώνονται αρνητικά απέναντι σε ορισμένα είδη θορύβου. Αναφέρει το παράδειγμα μιας επαγγελματία πιανίστριας που όταν ήταν έγκυος, ανακάλυψε ότι δεν μπορούσε πλέον να παίξει Σοπέν επειδή το έμβρυο της, άρχιζε να διαμαρτύρεται πολύ βίαια. Ωστόσο το ίδιο έμβρυο, φάνηκε να προτιμά Μότσαρτ. "Οι κτύποι της καρδιάς ενός εμβρύου αλλάζουν σημαντικά στους διαφορετικούς τύπους μουσικής", ισχυρίζεται η Δρ Luddington Hoe. "Και στις δύο περιπτώσεις και πριν και μετά τη γέννηση, τα μωρά ενοχλούνται από τους ισχυρούς κτύπους και την δυνατή μουσική —αλλά αγαπούν τη απαλή μουσική και συγκλονίζονται ιδιαίτερα από τον Βιβάλντι." Μια άλλη περίπτωση, ένα έμβρυο που βρέθηκε σε μια Ροκ συναυλία κλώτσησε τόσο σκληρά, προφανώς από φόβο, που έσπασε ένα από τα πλευρά της μητέρας του. "Η εικασία μου είναι το μεγαλύτερο πρόβλημα με τα παιδιά με μαθησιακά προβλήματα είναι ότι τα αισθητηριακά όριά τους είναι τόσο χαμηλά ακριβώς επειδή είχαν μια τέτοια ιστορία βομβαρδισμού," λέει η Δρ Luddington Hoe. "Οι εγκέφαλοί τους επιτρέπουν την υπερβολική εισαγωγή επειδή είναι εξουθενωμένοι."

Εθισμένος στα Άλφα;

Κάποιοι ειδικοί, εξετάζοντας τα παιδιά, των οποίων τα προβλήματα προσοχής φαίνονται να αφορούν περισσότερο την υποτονικότητα, αναρωτιούνται εάν αυτά τα παιδιά μαθαίνουν να περιορίζουν τους εγκεφάλους τους στο πληκτικό-αίσθημα της μουσικής, ως διαφυγή από τα υπερβολικά ερεθίσματα της καθημερινότητας. Είναι δυνατό να εθιστούν νευρολογικά στον ρυθμό των Άλφα κυμάτων; Οπωσδήποτε, τα ακουστικά για το κεφάλι, φαίνονται να αρχίζουν να αντικαθιστούν τα βιβλία και τα περιοδικά για τους νέους.

Όταν μοιράστηκα μερικές από αυτές τις ερωτήσεις με την Δρ Jerry Levi, ειδική στην ημισφαιρική ανάπτυξη και καθηγήτρια στο πανεπιστήμιο του Σικάγου, αναγνώρισε ότι και η ίδια αναρωτιόταν για αυτό το ζήτημα. "Είναι η φύση της μουσικής που ακούνε, αυτή η εμπορική μουσική," είπε. Είναι διαφορετική από τα άλλα είδη μουσικής δεδομένου ότι ο ρυθμός είναι ακριβώς όπως ενός μετρονόμου: χτύπος, χτύπος, χτύπος. Οι μελέτες έχουν δείξει ότι η ανάβοντας τα φώτα σε μια σταθερή συχνότητα (λάμψη, λάμψη, λάμψη) δημιουργεί έναν ρυθμό στον εγκέφαλο που παρεμποδίζει την κανονική επεξεργασία. Το ίδιο πράγμα μπορεί να ισχύει και για το ακουστικό σύστημα, εξηγεί.

Όταν ένα άτομο κάθεται χωρίς να κάνει τίποτα, η Δρ Levi συνεχίζει, τα κύματα του εγκεφάλου του είναι τακτικά συγχρονισμένα μπουμ, μπουμ, μπουμ. (Αυτό συμβαίνει στις καταστάσεις χαλάρωσης όπως των Άλφα.) Εάν το άτομο τίθεται σε ένα διανοητικό πρόβλημα, ο ρυθμός του εγκεφάλου "αποσυντονίζεται" επειδή χαλάει ο ρυθμός με τον καταναγκασμό της σκέψης.

"Τώρα, αν στις ώρες εγρήγορσής σας, εμφανίζεται κάτι σαν κτύπος, κτύπος, κτύπος," εξήγησε, το "συναίσθημά μου είναι ότι πρόκειται να κάνετε παιδιά αποσυντονισμένα, επειδή αυτό βάζει τον εγκέφαλο σας σε μια κυκλική κίνηση και δεν μπορεί να σκεφτεί. Εμποδίζετε πραγματικά την ικανότητα για συλλογισμό."

Οι επιστήμονες έχουν αρχίσει να ενδιαφέρονται για τις ζωικές μελέτες που αφορούν άλλα είδη ρυθμικών μεταβολών. Κάποιοι επιστήμονες στο πανεπιστήμιου του Fairleigh Dickinson, εξέθρεψαν ποντίκια σε ένα ήρεμο περιβάλλον, με απαλή κλασσική μουσική στο βάθος και με απαλούς αλλά χωρίς ρυθμό χτύπους από ντραμς. Οι πρώτες δύο ομάδες αναπτύχθηκαν κανονικά, αλλά τα τελευταία ζώα παρουσίασαν δυσκολία στην διεκπεραίωση ενός τυποποιημένου λαβύρινθου, μια υπερδραστήρια και βίαιη συμπεριφορά, καθώς επίσης και σημαντικές ανωμαλίες στην αύξηση των εγκεφαλικών κυττάρων στα κέντρα της εκμάθησης και της μνήμης. Κατά συνέπεια, φαίνεται ότι η συνεχής έκθεση σε άλλα είδη ρυθμών μπορεί ομοίως να ενοχλήσει τον εγκέφαλο, ανεξάρτητα από την ένταση. Περιληπτικά, δεν φαίνεται παράλογο, ότι ο εγκέφαλος χρειάζεται χρόνο και χώρο κατά το οποίο θα αναπτύξει τη δυνατότητα να πορευθεί. Για να κερδίσει αρκετό εσωτερικό έλεγχο και να απολαύσει την ποιότητα της διανοητικής του ζωής, το μυαλό ενός παιδιού πρέπει να εφοδιαστεί με μερικά κομμάτια ήρεμης σκέψης, και όχι τις επιδεικτικές παγίδες του διαρκή θορύβου.

Κεφάλαιο 9

Ο λιμοκτονούντας μάνατζερ

Είναι ο τρόπος ζωής. Τα παιδιά είναι αναγκασμένα να «μάθουν» να προσέχουν. Αλλά αν οι ίδιοι οι γονείς δεν ασχοληθούν με τα παιδιά τους, δεν νομίζω ότι οι σύγχρονοι τρόποι ζωής το βοηθούν αυτό.

—ΔΑΣΚΑΛΟΣ ΝΗΠΙΑΓΩΓΕΙΟΥ

ΜΙΚΡΗ ΠΟΛΗ, ΤΕΝΕΣΥ

Λόγω της πλαστικότητάς του ο αναπτυσσόμενος εγκέφαλος, αποτελεί έναν εντυπωσιακά ελαστικό μηχανισμό ικανό να αντισταθεί σε διάφορους δυσμενείς παράγοντες, προτού συντριβεί. Όλοι οι πιθανοί κίνδυνοι του κόσμου δεν εξηγούν τον μεγάλο αριθμό προβλημάτων της προσοχής που απασχολεί στις μέρες μας τα σχολεία. Πολλοί εμπειρογνώμονες θεωρούν ότι εξίσου σημαντικός είναι ο τρόπος που οι ενήλικοι διδάσκουν την οργάνωση, τον συλλογισμό, και τον εσωτερικό έλεγχο, στα παιδιά τους. Αυτοί οι λόγοι συντελούν αρνητικά, όχι μόνο στα παιδιά που κινδυνεύουν από την κλινική διάγνωση του συνδρόμου ADHD, αλλά και για κάθε παιδί που αναμένεται να δώσει την απαραίτητη προσοχή ώστε να μάθει αποτελεσματικά. Σύμφωνα με μια θεωρία που προτείνεται στο βιβλίο του Δρ Michael Posner και της Δρ Frances Friedrich, σχετικά με τον εγκέφαλο και την εκπαίδευση, εξασκώντας την προσοχή σε έναν τύπο εκμάθησης, όπως με την εργασία στο σπίτι, είναι πιθανό να χρησιμοποιηθούν παρόμοιες προσεγγίσεις σε άλλες καταστάσεις —όπως το σχολείο.

Η Δρ Martha Bridge Denckia, νευρολόγος της παιδιατρικής, διευθύντρια του Ιδρύματος Νευρολογικής Συμπεριφοράς Kennedy και καθηγήτρια της ιατρικής σχολής Johns Hopkins, παρατηρεί κάθε χρόνο, εκατοντάδες παιδιά με μαθησιακές δυσκολίες και προβλήματα προσοχής. Η ίδια αναρωτιέται πόσο από το μέρος της ευθύνης, αυτού του φαινομένου, μπορεί να αποδοθεί στην έλλειψη της οργάνωσης της ζωής των παιδιών.

"Πιστεύω ότι τα οργανικά προβλήματα σαφώς εξηγούν το ένα τρίτο των περιπτώσεων," είπε. "αλλά αρχίζω να πιστεύω επίσης ότι μεγάλο μέρος του υπόλοιπου προβλήματος αφορά το μεταβαλλόμενο περιβάλλον που αντιμετωπίζουν τα μικρά παιδιά. Βλέπω υπερβολικά πολλούς γονείς να αγνοούν την σωστή συμπεριφορά για την ανάπτυξη των παιδιών τους. Μια από αυτές τις ημέρες, συνάντησα ένα ζευγάρι που πίστευε ότι το τρίχρονο παιδάκι τους ήταν υπερκινητικό, και όταν τους ρώτησα για τις καθημερινές του συνήθειες, ανακάλυψα ότι είχαν την απαίτηση, μεταξύ των άλλων, αυτό το τρίχρονο να κάνει μπάνιο μόνο του. Χωρίς να υπάρχει κανείς να υποδείξει στο παιδί τι πρέπει να κάνει π.χ. "Τώρα θα σηκωθούμε και θα ντυθούμε." Σήμερα υπάρχουν οικογένειες που δεν έχουν κάτσει ποτέ μαζί στο τραπέζι, και αφήνουν στην κυριολεξία το φαγητό τους πάνω στα γραφεία τους. Αυτοί είναι οι άνθρωποι που ζουν σε σπίτια 300.000 δολαρίων και δουλεύουν σε δικηγορικά γραφεία.

Η Δρ Denckia συνεχίζει "'Εχουν συμβεί καθοριστικές αλλαγές τα τελευταία πέντε χρόνια, Ανησυχώ πραγματικά για τους γονείς που πιστεύουν ότι εκτελούν το καθήκον τους, με το να αγοράσουν μόνο τα αγαθά και τις προμήθειες, χωρίς να κάνουν τίποτα για το παιδί. Θα μπορούσαν να κάνουν απλά πράγματα, κατά την ώρα του φαγητού ή την ώρα του ύπνου. Θα συνέβαινε ακριβώς το ίδιο με την γλώσσα αν δεν είχαν μια σωστή "κατάρτιση" από το σπίτι. Η σχέση μερικών γονέων με τα παιδιά τους είναι περισσότερο ψυχαγωγική. Βλέπουν το παιδί τους σαν κάτι που θα πρέπει να το ψυχαγωγήσουν, αυτοί αναλαμβάνουν την ψυχαγωγία και τα υπόλοιπα τα αναλαμβάνει το σχολείο ή η ολοήμερη φροντίδα. Είναι άξιο απορίας όμως, το αν μπορεί κανείς να αποκτήσει τον αυτοέλεγχο στην ημερήσια φροντίδα, Θα υπάρχουν πάντα κάποιοι επιβήτορες- κάποια παιδιά πάντα θα επιβιώνουν-αλλά ας σκεφτούμε πόσα από αυτά θα καταλήξουν με προβλήματα;

Υπάρχουν κρίσιμες ή ευαίσθητες περίοδοι για την εκμάθηση της προσοχής, όπως υπάρχουν και για τις διαφορετικές πτυχές της γλώσσας;

"Κανένας δεν γνωρίζει," απάντησε η Δρ Denckia. Όλο το θέμα της αναπτυξιακής καμπύλης είναι μια μεγάλη ιστορία. Το πιθανότερο είναι ότι το πιο επικίνδυνο μέρος της καμπύλης είναι μεταξύ των ηλικιών τριών και έξι ετών. Η ερώτηση που δεν μπορεί να απαντηθεί είναι εάν στα πολύ πρόωρα στάδια το παιδί χρειάζεται μια πιο προσωπική μεταχείριση. Ώστε, αργότερα που θα ανήκει σε μια ομάδα, οι βάσεις να έχουν ήδη τεθεί."

ΤΟ ΣΠΙΤΙ ΠΑΙΖΕΙ ΣΗΜΑΝΤΙΚΟ ΡΟΛΟ

Είτε θέλουμε να το δεχτούμε είτε όχι, ο τρόπος που οι γονείς ή οι φροντιστές συμπεριφέρονται στα παιδιά είναι πολύ σημαντικός για να μάθουν τα παιδιά να δίνουν την απαραίτητη προσοχή. Η συμπεριφορά των παραπάνω κατευθύνει με διακριτικό τρόπο που θα πρέπει να δώσουν προσοχή τα παιδιά, κάτι το οποίο τα περισσότερα με το σύνδρομο ADHD φαίνεται να μην καταλαβαίνουν.

Παρόλο που μέχρι και το 40% των παιδιών παρουσιάζουν συμπτώματα όμοια με αυτά της ελλειμματικής προσοχής κατά τη διάρκεια των προσχολικών ετών, πολλά από αυτά ξεπερνούν τις δυσκολίες —όχι μόνο χάρη στην ωρίμανση αλλά και στον τρόπο που αντιμετωπίζονται στο σπίτι. Οι μελέτες δείχνουν ότι: (1) για όλα, εκτός από τα σοβαρά υπερεκινητικά ή με έλλειψη προσοχής παιδιά, το μεταβαλλόμενο οικογενειακό περιβάλλον εξηγεί καλύτερα τα εκπαιδευτικά επακόλουθα, και από την μετέπειτα κατάχρηση ουσιών και από τα προβλήματα συμπεριφοράς (δηλ., εγκληματικότητα) τα οποία είναι έμφυτοι βιολογικοί παράγοντες (2) το καλά οργανωμένο περιβάλλον μπορεί να αντισταθμίσει σε μεγάλο βαθμό ακόμη και τους τύπους κινδύνων που περιγράφονται στο τελευταίο κεφάλαιο και (3) η κατάρτιση των ενήλικων φροντιστών στις τεχνικές συμπεριφοράς απέναντι στα παιδιά, είναι τόσο αποτελεσματική, ίσως και ανώτερη από την χρήση του Ritalin." ακόμα και όταν χορηγείται το Ritalin, τα αποτελέσματά του δεν κρατούν πολύ,

245

εκτός κι αν το είδος "συμπεριφοράς" ή" γνωστικής" θεραπείας συμπεριλαμβάνεται στην συνταγή. Αυτά τα γεγονότα ισχύουν σε όλα τα επίπεδα της κοινωνικοοικονομικής κλίμακας, αν και οι οικονομικά χαμηλότερες τάξεις κινδυνεύουν περισσότερο από προβλήματα προσοχής και συμπεριφοράς, λόγω των υψηλότερων ποσοστών διαλυμένων σπιτιών, χαμηλών προτύπων, ανεπαρκούς περίθαλψης, και πρόωρης γέννησης.

Συζήτηση—Η Μαγική Φόρμουλα

Εκτός από τη βοήθεια που παρέχουν σε ένα παιδί, για τη βασική οργάνωση των καθημερινών συνηθειών, οι ενήλικοι θα πρέπει να υποδείξουν στα παιδιά πώς να υποβάλλουν τις σωστές ερωτήσεις, να συζητούν μέσα από προβλήματα, να κάνουν σχέδια για το μέλλον, και γενικά να χρησιμοποιούν τη γλώσσα(και κάποια σχετική σκέψη) τον αυθορμητισμό και την συμπεριφορά. Με άλλα λόγια, οι ενήλικοι πρέπει να μιλούν με τα παιδιά. Επιτρέψτε μου να παραθέσω σε αυτό το σημείο ένα παράδειγμα. Ταξιδεύοντας πρόσφατα με το αεροπλάνο, κάθισα δίπλα σε μια μητέρα, που ταξίδευε με τον τετράχρονο γιο της και το κοριτσάκι της που ήταν μωρό, μετακόμιζαν από την Ανατολική ακτή σε μια Δυτική πόλη που επρόκειτο να είναι το νέο τους σπίτι. Το αγόρι, προφανώς έξυπνο και υπερκινητικό, είχε αγγίξει μόλις και μετά βίας το κάθισμα προτού αρχίσει τις ερωτήσεις. Παρά την ανάγκη να κρατήσει το μωρό υπό έλεγχο, αυτή η μητέρα προσπάθησε υπομονετικά να απαντήσει σε κάθε μια ερώτηση του αγοριού, σε επίπεδο που το παιδί θα μπορούσε να καταλάβει πλήρως. Ξαφνιάστηκα για την υψηλή ποιότητα των γλωσσικών του εκφράσεων αλλά και της αντίληψής του — καθώς επίσης και για το βαθμό της μητρικής υπομονής.
Σύντομα αφότου απογειωθήκαμε, το αναπόφευκτο συνέβη.

"Μαμά, πρέπει να πάω στο λουτρό!"
μικρή παύση "Είσαι βέβαιος;"
"Όχι, πραγματικά όχι."
"Καλά, αν πρέπει να πας, θα σε πάω, αλλά θα πρέπει να κάνω κάτι με το μωρό."

"Μπορούμε να αφήσουμε το μωρό με αυτήν την κυρία," πρότεινε, δείχνοντας πολύ πρόθυμα εμένα

"Όχι, δεν μπορούμε," απάντησε η μαμά κλείνοντας το μάτι προς στην κατεύθυνσή μου.

"Γιατί;"

"Επειδή δεν αφήνουμε τα μωρά με άλλους ανθρώπους."

Προς στιγμήν ικανοποιημένο, το παιδί αποφάσισε ότι οι ανάγκες του έπαιρναν μια διαφορετική τροπή.

"Διψάω!"

"Η αεροσυνοδός θα έρθει σύντομα με τον δίσκο των αναψυκτικών. Ας δούμε τι θα ήθελες να πιεις μέχρι να φτάσει εδώ."

Μετά από συζήτηση για τις σχετικές αξίες των μη αλκοολούχων ποτών και του χυμού, αποφάσισε, "Χυμό από πορτοκάλι. Γιατί κατεβάζεις το τραπέζι;"

"Έτσι θα έχεις μια θέση για να βάλεις το ποτό σου όταν θα έρθει. Τώρα είναι όλα έτοιμα."

"θα την ρωτήσω αν σερβίρουν και μεσημεριανό γεύμα σε αυτήν την πτήση."

Αυτό το παιδί μαθαίνει πώς να αναπτύσσει το πνεύμα του καθώς και την φυσική του κατάσταση.

Τελικά, η συνομιλία γύρισε στο νέο τους σπίτι. "Μαμά, δείξε μου πάλι που πηγαίνουμε." Η μαμά πήρε έναν χάρτη από το κάθισμα και κάνοντας ταχυδακτυλουργίες με το νήπιο και το μπουκάλι, επισήμανε το προηγούμενο σπίτι τους και τον προορισμό τους.

"Και ο μπαμπάς μου είναι εκεί" είπε το αγόρι, που τρυπά το χάρτη θριαμβευτικά.

"Ναι, και αύριο στις τρεις η ώρα πρόκειται να πάμε στο νέο σου σχολείο για να συναντήσουμε την καινούρια δασκάλα σου. Θα έχει πλάκα γιατί θα γνωρίσεις πολλά καινούρια παιδιά."

Το αναλογίστηκε για μια στιγμή, και μια σκιά διαπέρασε το πρόσωπό του.

"Μαμά! "γκρίνιαξε. "Δεν μπορώ να διαβάσω!"

Η μαμά του χαμογέλασε. "Δεν περιμένει κανείς να μπορείς — είσαι μόνο τεσσάρων ετών."

Αυτή η φαινομενικά αδιάφορη εναλλαγή με συγκλόνισε για πολλούς σημαντικούς και διάφορους λόγους. Κατ' αρχάς, φάνηκε εμφανές ότι η προηγμένη γλωσσική ανάπτυξη του παιδιού προήλθε, τουλάχιστον εν μέρει, από το χρόνο που η μητέρα του και οι άλλοι ενήλικοι (μου είπε αργότερα ότι σπουδάζει) έχουν διαθέσει για να συνομιλήσουν μαζί του. Δεύτερον, αν και φαίνεται ότι δεν είναι ζωηρό, οι ενέργειές του τον κατευθύνουν στη διανοητική εξερεύνηση των ιδεών παρά στην παρορμητική δράση. Τρίτον, η μητέρα του διδάσκει τη συνήθεια της χρήσης της γλώσσας, για να προγραμματίσει και να προετοιμαστεί για τα πράγματα που θα συμβούν αντί να αποκριθεί αυθόρμητα. Κατ' αυτό τον τρόπο, τον βοηθά να πάρει τον έλεγχο του εγκεφάλου του, της συμπεριφοράς του —και του κόσμου του. Είμαι πρόθυμος να στοιχηματίσω ότι αυτό το παιδί θα τα πάει καλά στο σχολείο, όχι μόνο επειδή είναι έξυπνο, αλλά επειδή το περιβάλλον του τον προετοιμάζει για την διανοητική του συμμετοχή και έλεγχο που είναι αναπόσπαστο κομμάτι της εκμάθησης.

Επίσης έχω παρατηρήσει, με λιγότερη ευχαρίστηση, άλλους τύπους συμπεριφοράς: ενήλικους που εγκαταλείπουν την προσπάθεια να δείξουν στα παιδιά τους, τι σημαίνει, πως φαίνεται και πως ακούγεται ο τύπος του στοχαστικού συλλογισμού, άλλους που προσβάλουν ή κινούνται απρόσεχτα μπροστά στα παιδιά, που αποκρίνονται αυθόρμητα στις ανάγκες της στιγμής, και δεν χρησιμοποιούν τον χρόνο για να σκεφτούν και να μιλήσουν κατά τη διάρκεια ενός προβλήματος. Ακόμη και οι καλοπροαίρετοι, γεμάτοι αγάπη γονείς, διδάσκουν μερικές φορές τα παιδιά να αποκρίνονται με τρόπους λάθος για να χτίσουν την προσοχή-και τις δεξιότητες για την επίλυση προβλημάτων που θα χρειαστούν για την ακαδημαϊκή εκμάθηση. Σε μια άλλη πτήση λίγο μετά από αυτήν που περιέγραψα παραπάνω, παρατήρησα έναν πατέρα και την αξιολάτρευτη δίχρονη κόρη του, οι οποίοι πετούσαν από το Σικάγο στο Λος Άντζελες. Σε αυτόν τον μπαμπά, που ήταν σαφές ότι πρόσεχε το μικρό του, αξίζουν συγχαρητήρια για την υπομονή του, δεδομένου ότι προσπάθησε να την διασκεδάσει χωρίς παιχνίδια ή βιβλία, απλώς με μερικά σνακ. Η μικρή σύντομα άρχισε να ερευνά και να παίζει με τις οδηγίες και τα περιοδικά που υπήρχαν στην τσέπη του καθίσματος, έβαζε και έβγαζε την κάρτα στην τσέπη, πίσω από το κεφάλι της, πίσω από την πλάτη του μπαμπά της, κ.λπ. εκείνος συμμετείχε στο παιχνίδι, χαμογελώντας, αλλά δεν υπήρχε καμία συνομιλία.

Όποτε ήθελε κάτι, θα έδειχνε ή θα τραβούσε τα χέρια της του για να τραβήξει την προσοχή του μπαμπά της.

Τελικά το παιχνίδι με την κάρτα έγινε λίγο κουραστικό, έτσι άνοιξε το περιοδικό μπροστά της, γυρίζοντας τις σελίδες και κοιτάζοντας τις εικόνες μαζί. Πάλι, δεν ανταλλάχθηκε σχεδόν καμία λέξη. Η μικρή συνέχιζε να ερευνά τις φωτογραφίες και κοπάναγε αναστατωμένα τα χέρια της. Ο μπαμπάς έκανε ένα συγκαταβατικό νόημα για να προχωρήσει στην επόμενη εικόνα. Περιστασιακά, κατονόμαζε κάποια από αυτές π.χ. "λουλούδι" ή "ελέφαντας." Κάποια στιγμή, στην εικόνα μιας τίγρης, το παιδί σήκωσε ψηλά τα χέρια της, παριστάνοντας ότι φοβάται. "Οοοοοο —" είπε, και ο μπαμπάς απάντησε, "Ααααααααα."

Γενικώς, ήταν σαφές, ότι παρόλο που αυτό το παιδί ήταν σε θέση να μιλήσει, ενθαρρυνόταν να αποκριθεί περισσότερο στο χρώμα και τις ενδιαφέρουσες μορφές του περιεχομένου των εικόνων. Επιπλέον, το "παιχνίδι" σύντομα άρχισε να εστιάζει στο ποιος μπορεί να γυρίσει τη σελίδα γρηγορότερα —και η δράση άρχισε να ξεφεύγει από τον έλεγχο, εφόσον το περιοδικό λειτούργησε σαν ένα παραπλανητικό παιχνίδι. Καθώς το παιδί ενθουσιαζόταν όλο και περισσότερο, ο πατέρας επέστρεψε το περιοδικό στην τσέπη του καθίσματος και χωρίς μια λέξη, της πρόσφερε ένα πακέτο από αλμυρά κουλουράκια, για να της αποσπάσει την προσοχή και να συζητήσει με μένα.

Αισθάνομαι ένοχη που επικρίνω αυτόν τον αφοσιωμένο γονιό, και δεν μπορούμε βεβαίως να συγκρίνουμε τη λεκτική ανάπτυξη ενός παιδιού τεσσάρων ετών με αυτήν ενός παιδιού δύο ετών. Εντούτοις, εξεπλάγη από τις διαφορετικές μορφές που αυτοί οι δύο γονείς αντιδρούσαν. Η πρώτη μητέρα έδειχνε στο γιο της πώς να σκεφτεί και να προγραμματίσει αυτό που θα γίνει —να ενεργήσει με σύνεση και όχι να αντιδράσει. Τον δίδασκε όχι μόνο να εκφράζει τις ανάγκες του, να υποβάλει τις ερωτήσεις, να καταλαβαίνει και να οργανώνει τον κόσμο του, αλλά και να σκέφτεται και να κατανοεί για καταστάσεις πέρα από την δεδομένη στιγμή (η "διασαφηνισμένη" σκέψη που αναφέρθηκε νωρίτερα και θεωρείται τόσο σημαντική για το σχολείο). Ο πατέρας ενθάρρυνε το μικρό κορίτσι, το οποίο βρισκόταν σε μια κρίσιμη ηλικία για τις γλωσσικές βάσεις, να αποκριθεί αυθόρμητα και σχεδόν αποκλειστικά στις φυσικές, οπτικές, και συναισθηματικές πτυχές κάθε κατάστασης. Ένα σχετικό μήνυμα ήταν ότι το κείμενο είχε δευτερεύουσα αξία μπροστά στις εικόνες.

Οι μελέτες που θα ερευνήσουμε πλήρως σε ένα επόμενο κεφάλαιο δείχνουν ότι τα παιδιά που προέρχονται από σπίτια που ενθαρρύνουν αυτούς τους δύο διαφορετικούς τρόπους, τείνουν να επιτύχουν —και να δείξουν προσοχή —με πολύ διαφορετικό τρόπο όταν φτάνουν στο σχολείο. Δεν είναι τόσο θέμα εξυπνάδας, είναι το ζήτημα να μπορούν να χρησιμοποιούν τις προγραμματιστικές λειτουργίες της γλώσσας για να διευκολύνουν την προσωπική σκέψη και την επίλυση προβλημάτων.

Η συνομιλία χτίζει τον διαχειριστικό εγκέφαλο

Δεν είναι και ιδιαίτερα περίεργο να κατανοήσουμε ότι η εκμάθηση των παιδιών να μιλούν μέσω των προβλημάτων τα βοηθά στην υψηλότερου επιπέδου εκπαίδευση και διανοητική οργάνωση —καθώς επίσης και στη διαχείριση της συμπεριφοράς τους. Είναι πιο περίεργο αυτό που ανακαλύπτουμε, στα γραπτά του Ρώσου νευροψυχολόγου Alexander Luria, ότι η συνομιλία με το μυαλό κάποιου, μπορεί να επιφέρει εντελώς φυσιολογικά την εγκεφαλική αλλαγή. Ο Luria θεωρεί, και μαζί του συμφωνούν πολλοί σύγχρονοι θεωρητικοί, ότι η χρήση της γλώσσας μπορεί να ενισχύσει τις εκτελεστικές λειτουργίες του εγκεφάλου, με ένα σύστημα σύντομης επικοινωνίας, που είναι και το τελικό και κρισιμότερο στάδιο της διαδικασίας.

Ο όρος "εσωτερική ομιλία" αναφέρεται σε αυτήν την σύντομη επικοινωνία, ένας εσωτερικός διάλογος που χρησιμοποιείται, για να μας βοηθήσει να θυμηθούμε κάτι ("τώρα, για να δω, έπρεπε να αγοράσω το ψωμί για χάμπουργκερ και τη μουστάρδα και κάτι άλλο για το πικ νικ"), για να προγραμματίσουμε ("αφού θα τον συναντήσω το μεσημέρι, θα πρέπει να φύγω από το σπίτι στις εντεκάμιση"), ή για να επεξεργαστούμε τα βήματα για την επίλυση ενός προβλήματος ("εάν αρχίσω προσπαθώντας. .. , θα συμβεί αυτό. .. και έπειτα πρέπει...). Ακόμη και αν εμείς οι ενήλικοι δεν λέμε όλες αυτές τις λέξεις στους εαυτούς μας, τις σκεφτόμαστε με έναν αυτόματο τρόπο.

Σύμφωνα με τον Luria, αυτή η δυνατότητα αναπτύσσεται αργά, εφόσον η γενική ικανότητα ενός παιδιού να χρησιμοποιήσει τη γλώσσα, διαμορφώνει τις αναπτυσσόμενες ικανότητες του συλλογισμού. Πιστεύει ότι και η εξωτερική και η εσωτερική γλώσσα, είναι εν μέρει υπεύθυνη για το γεγονός ότι οι ανθρώπινοι μεταβαλλόμενοι εγκέφαλοι είναι πιο σύνθετοι και εξειδικευμένοι από εκείνους των ζώων, κυρίως στον τομέα του εκτελεστικού μετωπιαίου εγκεφαλικού φλοιού. Η γλώσσα, συνέχισε να εξηγεί, είναι μια διαδικασία "που χαρακτηρίζεται από την ανάπτυξη σχεδόν όλων των υψηλότερων μορφών διανοητικής δραστηριότητας" και μπορεί "να αναδιοργανώσει τις φλοιώδεις ζώνες που κρύβονται κάτω από τις υψηλότερες διανοητικές διαδικασίες."

Ο Luria υιοθέτησε πολλές από τις ιδέες του, για τον τρόπο που μαθαίνουν τα παιδιά, από την εργασία ενός άλλου Ρώσου, Lev Vygofcsky. Η εργασία του Vygofcsky βρίσκεται αυτήν την περίοδο στην Ευρώπη, το Ισραήλ, και την Αμερική και εφαρμόζεται και από τους ψυχολόγους ανάπτυξης και από τους θεράποντες που ασχολούνται με τα παιδιά διαταραγμένης προσοχής. Σε ένα σπουδαίο βιβλίο με τίτλο Thought And Language, ο Vygofcsky περιγράφει τον τρόπο με τον οποίο η εσωτερική ομιλία αναπτύσσεται αλλά και πώς βοηθάει τα παιδιά η συναναστροφή με τους ενηλίκους, να μάθουν να   την χρησιμοποιούν και να οργανώνουν την πνευματική τους λειτουργία.

ΟΜΙΛΙΑ ΠΟΥ ΜΕΤΑΤΡΕΠΕΤΑΙ ΣΕ ΣΚΕΨΗ

Σύμφωνα με το Vygofcsky, η εσωτερική ομιλία αναπτύσσεται καθώς το παιδί μαθαίνει να χρησιμοποιεί τη γλώσσα, να σκέφτεται μεγαλοφώνως και έπειτα να συλλογίζεται. Τελικά, γίνεται ένα ενστικτώδες εργαλείο με το οποίο θα σκεφτεί και θα μεταδώσει τις σκέψεις του μέσα από την ομιλία και το γράψιμο. Είμαι σίγουρος ότι ένας σημαντικός λόγος που τόσο πολλοί μαθητές δυσκολεύονται με την επίλυση προβλημάτων, τον περίπλοκο συλλογισμό, και τα γραπτά με συνοχή είναι ότι έχουν αναπτύξει ανεπαρκώς τους μηχανισμούς της εσωτερικής ομιλίας. Καταρχήν, οι εγκέφαλοί τους μπορεί να είχαν βομβαρδιστεί με πάρα πολύ θόρυβο και υπερβολικό γεμάτο πρόγραμμα (κυριολεκτικά και μεταφορικά!). Πώς θα μπορούσαν να εντοπίσουν μια εσωτερική φωνή εάν δεν έχουν βιώσει την ηρεμία; Από την άλλη, μερικοί ενήλικοι διστάζουν να δείξουν στα παιδιά πώς να χρησιμοποιήσουν αυτό το εργαλείο για την σκέψη. Τρίτον, τα σχολεία που απαγορεύουν στα μικρά παιδιά να μιλούν για αρκετά μεγάλη διάρκεια —ακόμη και στους εαυτούς τους —δεν βοηθούν την κατάσταση.

Η εσωτερική ομιλία αρχίζει με την κοινωνική εμπειρία στις αρχικές συναναστροφές του νηπίου και του φροντιστή. Τα παιδιά, πρώτα απορροφούν βαθμιαία τις μεθόδους που χρησιμοποιούν οι φροντιστές για να τα συντονίσουν και έπειτα τις χρησιμοποιούν στον εαυτό τους. Η αυθόρμητη φυσική τιμωρία ή η απρόσεκτη αδιαφορία μπορεί να δημιουργήσει στο παιδί την ανάγκη να φερθεί στον κόσμο του με τον ίδιο τρόπο. Μπορεί επίσης να υιοθετήσει ένα παρόμοιο φυσικό ή διαφορετικό διανοητικό ύφος —να επωφελείται από τα προβλήματα, να απαλλάσσεται, να αποσύρεται ή πιο απλά να τα αποφεύγει. Αφ' ετέρου, εάν οι ενήλικοι υποδείξουν στα παιδιά, ότι οι ίδιοι αξιολογούν προσεκτικά, σκέφτονται και συζητούν μέσω των προβλημάτων, τότε θα αντιληφθούν ένα πολύ διαφορετικό σύνολο μηνυμάτων για τον τρόπο που ο κόσμος — και ο φυσικός και ο διανοητικός —πρέπει να προσεγγιστεί.

Οι περισσότεροι γονείς μιλούν στα βρέφη τους. Όταν πρωτοξεκινούν, ίσως ακόμη και πριν από τη γέννηση, η ομιλία έχει μικρή εάν όχι καμία σημασία για το παιδί. Σύντομα, εντούτοις, αρχίζει να αποκρίνεται και βαθμιαία, εφόσον οι προφορικές λέξεις των ενηλίκων αρχίζουν να έχουν νόημα, αρχίζει να χρησιμοποιεί τις λέξεις το ίδιο. Ένα βρέφος που μόλις έχει αρχίσει να περπατά, είναι ικανό να διατάξει τον εαυτό του, όπως για παράδειγμα όταν λες σε ένα δίχρονο "Μη Susan!" καταλαβαίνει ότι δεν πρέπει να αγγίξει κάτι. Σε αυτή τη φάση το σύστημα απέχει αρκετά από την εσωτερικοποίηση, έτσι το πιθανότερο είναι να προχωρήσει και να το αγγίξει οπωσδήποτε! (Αξιοπρόσεκτο είναι, το γεγονός ότι οι ενήλικες ασθενείς που έχουν υποστεί βλάβη στις μετωπιαίες περιοχές του εγκεφάλου συμπεριφέρονται με τον ίδιο σχεδόν τρόπο.) Αυτό το βήμα για το παιδί είναι πολύ σημαντικό, και ο Βιγκοφτσκι το αποκαλεί "εγωκεντρική ομιλία." "Όχι μόνο συνοδεύει τη δραστηριότητα του παιδιού... είναι στενά και ωφέλιμα συνδεδεμένο με την σκέψη του παιδιού ."

Η εγωκεντρική ομιλία αρχίζει βαθμιαία να απορροφάται. Καθώς ο προμετωπιαίος φλοιός ωριμάζει, η ρυθμιστική "συνομιλία" αποτυγχάνει μεταξύ των ηλικιών τρία και επτά και μετατρέπεται σε δυνατότητα "να σκεφτεί τις λέξεις" και να τις χρησιμοποιήσει για να διαχειριστεί τη συμπεριφορά. Οι ηλικίες από δύο έως πέντε ετών είναι ιδιαίτερα σημαντικές για αυτό το βήμα, και ώσπου να είναι ένα παιδί στην ηλικία του δημοτικού σχολείου, η δυνατότητα του να συλλογίζεται, θα πρέπει να είναι μηδενική ώστε να κάνει μια καλή αρχή. Δεν είναι τυχαίο ότι αυτό το χρονοδιάγραμμα αντιστοιχεί στην προκαταρκτική ανάπτυξη των εκτελεστικών κέντρων ελέγχου προμετωπιαίου φλοιού.

Τα παραδείγματα που μας δίνονται από τις μελέτες για την ανάπτυξη της εσωτερικής ομιλίας, υποδεικνύουν με ποιο τρόπο την μαθαίνουν τα παιδιά. Όταν δοθεί σε ένα μικρό παιδί μια σανίδα με τρύπες και του ζητηθεί να βρει μια μονή τρύπα, θα ακολουθήσει τις οδηγίες καλύτερα αν του πουν το "μια" την ίδια ώρα που θα ψάχνει την τρύπα. Είναι απαραίτητο για αυτά τα μικρά να ακούσουν την λέξη δυνατά. Σε λίγο μεγαλύτερη ηλικία, τα παιδιά θα πρέπει να είναι ήδη σε θέση να χρησιμοποιήσουν ένα σιωπηλό σύνθημα με την ίδια αποτελεσματικότητα.

Τα μεγαλύτερα παιδιά του σχολείου, συνήθως είναι πιο ενήμερα για την έννοια των λέξεων που χρησιμοποιούν. Σε μια ευφυή σειρά μελετών, τα παιδιά ηλικίας τριών έως επτά ετών, τοποθετήθηκαν σε ένα δωμάτιο που περιείχε ιδιαίτερα ελκυστικά αντικείμενα όπως φαγητό ή παιχνίδια. Τους υποσχέθηκαν ότι αυτός που θα αργούσε περισσότερο να αγγίξει αυτά τα πράγματα θα κέρδιζε και μεγαλύτερο βραβείο. Ο πειραματιστής έφυγε από το δωμάτιο αφήνοντας μια κρυμμένη φωτογραφική μηχανή και ένα μικρόφωνο για να καταγράψει τις αντιδράσεις των παιδιών. Τα παιδιά που μουρμούρισαν ή μίλησαν με τον εαυτό τους (π.χ., "δεν θα αγγίξω, δεν θα αγγίξω") πέτυχαν μεγαλύτερο χρόνο αναμονής από εκείνα που δεν χρησιμοποίησαν τη γλώσσα για να εμψυχωθούν. Κατόπιν οι πειραματιστές προσπάθησαν να δείξουν στα παιδιά διαφορετικούς τρόπους προφορικών συνθημάτων, είτε σχετικών (π.χ., "δεν πρέπει να γυρίσω να κοιτάξω τα παιχνίδια") είτε άσχετων (π.χ., "άσπρη πέτρα ξέξασπρη"). Τα μικρότερα από αυτά, εμψυχώθηκαν περισσότερο με αυτόν τον τρόπο παρά να μην χρησιμοποιήσουν καθόλου λέξεις, είτε αφορούσαν την κατάσταση είτε όχι, τα μεγαλύτερα παιδιά όμως τα πήγαν καλύτερα με τις οδηγίες που είχαν την κατάλληλη έννοια. Πειράματα όπως αυτά έχουν δείξει ότι υπάρχει μια καθορισμένη αναπτυξιακή πρόοδος με την χρήση της εσωτερικής ομιλίας, και μια "τάση εσωτερικού έλεγχου."

Αυτές οι μορφές προφορικής αυτοελέγχου, όπως αποκαλούνται, βοηθούν τα παιδιά με θέματα εκμάθησης. Τα παιδιά που χρησιμοποιούν την εσωτερική ομιλία μπορούν να θυμηθούν τις πληροφορίες και τα γεγονότα καλύτερα. Είναι καλύτερα στην επίλυση προβλημάτων επειδή μπορούν "να μιλούν" σταδιακά, να αξιολογούν τις εναλλακτικές λύσεις, και να προβλέπουν τις πιθανές εκβάσεις. Μπορούν να διαχειριστούν και να εφαρμόσουν τις πληροφορίες αποτελεσματικότερα και να αναπτύξουν καλύτερες μεθόδους για την λήψη σημειώσεων μέσα στην τάξη, να ετοιμαστούν για τα διαγωνίσματα, και ακόμη να καταλαβαίνουν και να θυμούνται αυτά που διαβάζουν.

Είναι περίπλοκη ευθύνη να διδάξεις στα παιδιά τον προφορικό αυτοέλεγχο; Όχι, αλλά χρειάζεται μια μακροχρόνια περίοδο και πολύ προσοχή. Όταν οι ενήλικοι κάνουν τον κόπο να συνεργαστούν με ένα παιδί, όχι απλώς ξυπνούν το κίνητρο του παιδιού, αλλά ενστικτωδώς υποβάλουν ερωτήσεις για να διευκρινίσουν από πού "προέρχεται" η σκέψη του παιδιού. Η εκπαιδευτική ψυχολόγος Eleanor Duckworth θεωρεί ότι αυτές οι φυσικές συναναστροφές δίνουν στα παιδιά το υλικό για να βελτιώσουν τον εσωτερικό τους διάλογο. Η ίδια ισχυρίζεται:

Όταν ένας ενήλικας συνομιλεί με ένα παιδί για να μπορέσει να καταλάβει τον τρόπο κατανόησης του παιδιού, η αντίληψη αυτού του παιδιού αυξάνεται "με την ίδια την διαδικασία." Οι ερωτήσεις που υποβάλει ο συνομιλητής, στην προσπάθεια του να διευκρινίσει τι σκέφτεται το παιδί, υποχρεώνει το παιδί να σκεφτεί λίγο παραπάνω.... Τι εννοείτε; Πώς το κάνατε αυτό; Γιατί το λέτε αυτό; Πώς ταιριάζει αυτό με το προηγούμενο που είπατε; Πραγματικά δεν μπορώ να το καταλάβω μπορείτε να το εξηγήσετε με άλλο τρόπο; Θα μπορούσατε να μου δώσετε ένα παράδειγμα; Πώς το συμπεράνατε αυτό;

Η θεωρία του Vygofcsky εξηγεί, ότι οι ενήλικοι πρέπει να ενεργήσουν ως προπονητές για να υποδείξουν στα παιδιά πώς να εσωτερικεύσουν την ομιλία. Από την στιγμή που θα λειτουργήσουν έτσι, θα διδάξουν επίσης και τις μεθόδους του συλλογισμού. Οι γονείς διαμορφώνουν και βοηθούν ενστικτωδώς τις φυσικές ικανότητες πρακτικής των παιδιών ή τους προφορικούς τους τρόπους, οι οποίοι είναι μόνο ένα βήμα μπροστά από το τρέχον επίπεδο της ανάπτυξής τους. Με παρόμοιους τρόπους τα βοηθούν να μιλήσουν και να σκεφτούν με τον τρόπο τους μέσω των προβλημάτων. Ο ενήλικας, που συνεργάζεται με το παιδί, κτίζει την κατάσταση έτσι ώστε το παιδί να μπορεί να διαλογιστεί σε επίπεδο που θα ήταν αδύνατο εάν είχε αφεθεί μόνο του.

Όταν συλλογίζομαι αυτήν την σημαντική αξία των ενήλικων ρόλων στη διαδικασία της εκμάθησης, μ' αρέσει να απεικονίζω το παιδί σαν να σκαρφαλώνει σε μια μεγάλη αναπτυξιακή σκάλα. Πίσω από όλα τα στάδια της διανοητικής ανάπτυξης, τα οποία κυριαρχήθηκαν ήδη, βρίσκονται εκείνα που είναι πολύ ανώτερα και ακόμα απρόσιτα. Αλλά ακριβώς επάνω από το παιδί υπάρχει μια καλή, ώριμη περιοχή που είναι εφικτή-μόνο από την βοήθεια των ενηλίκων, οι οποίοι θα παράσχουν τις φυσικές και διανοητικές σημασίες και οδηγίες. Ο Vygofcsky αποκάλεσε αυτήν την ώριμη περιοχή ζώνη της κεντρικής ανάπτυξης, τώρα συχνά καλούμενη ως ZPD.

ΕΠΙΛΥΣΗ ΠΡΟΒΛΗΜΑΤΩΝ, ΤΡΟΠΟΙ ΖΩΉΣ, ΚΑΙ Η ΖΩΝΗ ΚΕΝΤΡΙΚΗΣ ΑΝΑΠΤΥΞΗΣ

Αυτός ο τύπος υποστήριξης από ενηλίκους, ενεργεί ως ικρίωμα που πλαισιώνει τα παιδιά με την ικανότητα να προχωρούν σε νέους τύπους εκμάθησης. Η Courtney Cazden περιγράφει μια οικεία σκηνή απεικόνισης ενός βασικού φυσικού τύπου σκαρφαλώματος ενός παιδιού που μαθαίνει να περπατά:

Φανταστείτε την εικόνα ενός ενηλίκου που κρατά το χέρι ενός πολύ μικρού παιδιού...... Το παιδί κάνει τι μπορεί και ο ενήλικος κάνει τα υπόλοιπα, η εξάσκηση του παιδιού εμφανίζει την πλήρη απόδοσης της ενώ η βοήθεια του ενηλίκου αποσύρεται βαθμιαία (από εκεί που κρατούσε τα δύο χέρια, μετά το ένα, πιο μετά μόνο ένα δάχτυλο, και στο τέλος απόσυρση) καθώς η ικανότητα του παιδιού αυξάνεται.

Ο διανοητικός συλλογισμός και η επίλυση προβλημάτων καθοδηγούνται ομοίως. Μια από τις σημαντικότερες και δύσκολες εργασίες του ενηλίκου, είναι φυσικά η βαθμιαία απόσυρση έως ότου το παιδί τα καταφέρει μόνο του. Αντίθετα με την ενθάρρυνση της εξάρτησης, τα σωστά υλικά ανάπτυξης ενθαρρύνουν την ανεξαρτησία. Οι φροντιστές που ανησυχούν υπερβολικά για την ευθύνη τους απέναντι σε ένα παιδί, και που καταλήγουν να τα κάνουν όλα αντί για αυτό και "αναλαμβάνουν μέρος" από τα προβλήματα, που πρέπει να λύσουν τα ίδια τα παιδιά, τα εκθέτουν σε κίνδυνο για τις μετέπειτα μαθησιακές δυσκολίες.

Όταν ένα παιδί μαθαίνει με την παρουσία ενός ενήλικα, αναπτύσσονται ιδιαίτερα είδη κινήτρων και δεξιοτεχνίας που διαχέουν την εμπειρία. Μοιράζονται αμοιβαία την ευθύνη για το αποτέλεσμα, το παιδί κάνει ότι μπορεί, και ο ενήλικος συμπληρώνει τα κενά. Κατά συνέπεια το παιδί μαθαίνει:

• πώς να χειριστεί την εν λόγω εργασία
• πως είναι να πετυχαίνει σε αυτό που κάνει
• την σημασία της επιμονής
    • πως είναι να παίρνει την ευθύνη για το αποτέλεσμα

Αυτές οι συγκεκριμένες εμπειρίες είναι αυτές στις οποίες τα άτομα με μαθησιακές δυσκολίες και τα παιδιά με το σύνδρομο ADHD είναι ανεπαρκή. Οι ανησυχητικές ειδήσεις είναι ότι μεγάλη μερίδα των "φυσιολογικών" παιδιών φαίνονται επίσης να τις στερούνται. Οι αδύναμοι μαθητές αποτελούν τους αδύναμους λύτες προβλημάτων, δυσκολεύονται να αναλάβουν την εσωτερική ευθύνη και να βρουν αποτελεσματικές μεθόδους στην αντιμετώπιση νέων ή δύσκολων τύπων εκμάθησης. Στις τάξεις τώρα, ο όρος "μαθησιακή ανικανότητα" ακούγεται όλο και περισσότερο ως περιγραφή των τυπικών μορφών συμπεριφοράς. Μια σημαντική θεωρία υποστηρίζει ότι η "μαθησιακή ανικανότητα" και η αδυναμία στις μεθόδους επίλυσης προβλημάτων μπορούν να είναι θεμελιώδεις αιτίες της μαθησιακής δυσκολίας.

Σήμερα πολλά παιδιά ξοδεύουν αρκετό χρόνο σε καταστάσεις, όπου οι ικανοί ενήλικοι δεν δείχνουν διαθέσιμοι να τα εξοπλίσουν με τα κατάλληλα εφόδια για την εσωτερική ομιλία και τις άλλες δεξιότητες επίλυσης προβλημάτων. Αυτές οι ικανότητες αποκτιούνται αποδοτικότερα μέσα στα φυσικά πλαίσια, με πραγματικά προβλήματα που έχουν σημασία και για τον ενήλικα και για το παιδί —όπως η βοήθεια στην κουζίνα, στο εργαστήριο, στον κήπο, στο κατάστημα, ή με άλλες μορφές αμοιβαίας δραστηριότητας. Η παρακολούθηση της Τηλεόρασης, δεν αρκεί, αφού δεν είναι μια διαλογική εμπειρία και τείνει να καταστείλει οποιαδήποτε πρόθεση ομιλίας δια μέσω των προβλημάτων ή την υποβολή των ερωτήσεων για τα πράγματα που συμβαίνουν. Επίσης εστιάζει στις "μαγικές" λύσεις και τις οπτικές ενέργειες που αναιρούν την αληθινή λογική.

Ο διευθυντής ενός δημοτικού σχολείου, σε ένα εύπορο προάστιο μου είπε πρόσφατα ότι τα παιδιά που προέρχονται από "φυσιολογικές" οικογένειες παρουσιάζουν πλέον τους τύπους προβλημάτων γλώσσας και αυτοελέγχου, που συνήθιζε να βλέπει μόνο στα παιδιά που προερχόντουσαν από οικογένειες που κάποιος από τους γονείς ήταν "διαταραγμένος, καταθλιπτικός, ή αλκοολικός.

"Είναι σαν να μην υπήρξε κάποιος να διαθέσει λίγο χρόνο για να μιλήσει σε αυτά τα παιδιά, να τα βοηθήσει να σκεφτούν μέσω μιας διαδικασίας βήμα προς βήμα. Κάποτε οι άνθρωποι χρησιμοποιούνται φράσεις όπως αυτές, "τώρα θα καθαρίσουμε το καθιστικό, τι θα χρειαστούμε; Για να δούμε, θα χρειαστούμε ένα ξεσκονόπανο και την σκούπα, κ.λπ. Πήγαινε φέρε το ξεσκονόπανο. Να θυμηθώ να γράψω στον κατάλογο αγορών τις σακούλες της ηλεκτρικής σκούπας."

Τέτοια απλά πράγματα όπως αυτό, ώστε το παιδί να μπορεί να κάνει τις συνδέσεις, να ταξινομεί, να ακολουθεί τις οδηγίες, να μαθαίνει να σκέφτεται για το μέλλον. Τώρα πια τα παιδιά μας δεν βοηθούν τόσο συχνά με τα οικιακά, ή τις αγορές στο σούπερ μάρκετ. Ο φροντιστής μπορεί να είναι διαφορετικό πρόσωπο από τον οικονόμο, και έτσι το παιδί δεν εκτίθεται σε αυτά τα είδη εμπειρίας.

Καθώς ετοιμαζόταν να αφήσει το γραφείο της είπε "Ανησυχώ, αυτοί οι γονείς είναι τόσο επιτυχημένοι, από την εισαγωγή πληροφοριών που έλαβαν από τους γονείς τους. Περιμένουν τα παιδιά τους να είναι και αυτά επιτυχημένα, αλλά στερώντας τους τις ίδιες εμπειρίες."

Μια γενιά που "αδυνατεί να συλλογιστεί"

Οι μεγαλύτεροι μαθητές, δυσκολεύονται να αναπτύξουν μεθόδους για την επίλυση των προβλημάτων και να επιμείνουν μέχρι να πετύχουν τον στόχο τους. Η τρομακτική εθνική πτώση των Ηνωμένων Πολιτειών, στην κατανόηση κειμένων, στον μαθηματικό συλλογισμό, και στην Φυσική, έχει αποδοθεί από πολλούς εκπαιδευτικούς, στην επικράτηση αυτής της "αδυναμίας συλλογισμού" —και όχι μόνο μεταξύ των ατόμων με μαθησιακές δυσκολίες. Για παράδειγμα, "απογοητευτικός" ήταν ο χαρακτηρισμός που χρησιμοποίησε η Εθνική Αξιολόγηση της Εκπαιδευτικής Προόδου ο οποίος αντιπροσώπευε την απόδοση των μαθητών, στα μαθηματικά, μετά από εξέταση που έγινε το 1986. Αν και το μέγεθος των εργασιών και των μαθηματικών τεστ στα σχολεία έχει αυξηθεί "εντυπωσιακά" τα τελευταία χρόνια, έχει αποδειχθεί πολύ μικρή βελτίωση στις κοινές δεξιότητες (απλή πρόσθεση, πολλαπλασιασμό, κ.λπ.). Οι δυνατότητες των μαθητών να απαντήσουν σε ερωτήσεις που απαιτούν την εφαρμογή των εννοιών και ίσως και του βασικού επιπέδου μεθόδους επίλυσης προβλημάτων, απείχαν ανησυχητικά από τα επίπεδα που απαιτούνται από τις μελλοντικές συνθήκες ζωής και εργασίας.

Μόνο το 6,4% των δεκαεπτάχρονων θα μπορούσαν να λύσουν ένα πρόβλημα πολλών βημάτων, (που απαιτεί απλώς την γνώση αριθμητικής, αλλά και την επιμονή)

Μια εξειδικευμένη μαθηματικός, πρόσφατα μου είπε ότι προβλέπει αύξηση στην "κρίση" της αναλυτικής σκέψης και στην επίλυση προβλημάτων. Σαν παράδειγμα, ανέφερε μια ομάδα "κλασικών" μαθητών που, όπως ανακάλυψε, μπορούσαν να πολλαπλασιάσουν τετραψήφιους αριθμούς με ευκολία αλλά ήταν ανίκανοι να ασχοληθούν με τα προβλήματα με λέξεις όπως το εξής:

"Ένα άτομο αγόρασε τέσσερα πουκάμισα για $19.95 το ένα, Πόσα ξόδεψε συνολικά;"

"Μπορούν να υπολογίσουν, αλλά δεν είναι σε θέση να σταματήσουν, να σκεφτούν, και να συλλογιστούν τις σχετικές διαδικασίες " ολοκλήρωσε.

Ποιος θα έπρεπε να διδάξει στα παιδιά τα βασικά για την επίλυση των προβλημάτων; Οι ενήλικοι πρέπει να είναι διαθέσιμοι —στο σπίτι και στο σχολείο —για να λειτουργήσουν ως πρότυπα και καθοδηγητές σε κάθε στάδιο ανάπτυξης. Ο Jerom Bruner το ονομάζει "δανεισμό της επίγνωσης μας στα παιδιά μας." Αλλά και τα πρότυπα θα πρέπει να διαθέτουν τα ίδια τις διανοητικές δυνατότητες. Υπάρχουν τόσες κατευθύνσεις επάνω στην κλίμακα —νευρική και διανοητική —όσοι είναι και οι διαφορετικοί τύποι εκμάθησης. Όταν οι γονείς αποφασίζουν ποιος θα αναλάβει την φροντίδα των παιδιών τους, συγχρόνως επισφραγίζουν την νοημοσύνη και τη συνείδηση που θα διαμορφώσουν τα αναπτυσσόμενα μυαλά τους.

Ο ΔΙΟΙΚΗΤΗΣ ΠΟΥ ΛΙΜΟΚΤΟΝΕΙ : ΜΙΑ ΥΠΟΘΕΣΗ

Πιστεύω ότι τα εκτελεστικά συστήματα του εγκεφάλου και οι συνδέσεις του με τα κατώτερα κέντρα της προσοχής και των κινήτρων, διατρέχουν ιδιαίτερο κίνδυνο στα σημερινά παιδιά

Αυτές οι αργά ανεπτυγμένες περιοχές, που μπορεί να είναι ιδιαίτερα ευαίσθητες στην περιβαλλοντική στέρηση, είναι αρμόδιες για πολλές από τις αποκαλούμενες "λειτουργίες ελέγχου".

Τα άτομα που έχουν υποστεί ζημιά στις προμετωπιαίες περιοχές (εξαρτάται εν μέρει από τη θέση του τραυματισμού) συμπεριφέρονται σαν τα παιδιά με τα προβλήματα προσοχής:

• έλλειψη προσοχής, αφηρημάδα, τάση να μην "κινητοποιούνται"
• έλλειψη οργάνωσης, προγραμματισμού, και ελέγχου της συμπεριφοράς
• δυσκολία στην ικανοποίηση και για την εργασία σε μελλοντικούς στόχους
• δυσκολία να συμπεριφερθούν κατάλληλα
• διαχωρισμός μεταξύ της συζήτησης και της συνεχής παρακολούθησης

• προβλήματα με τις σύνθετες και τις εννοιολογικές προφορικές δραστηριότητες
• ανικανότητα να διαχειριστούν και να διατηρήσουν το κίνητρο
• ελλείψεις στην επιλεκτική προσοχή

Δεν υπονοώ με αυτό, ότι τα παιδιά με προβλήματα προσοχής έχουν "κατεστραμμένο" εγκέφαλο με την ίδια έννοια όταν αναφερόμαστε στους ενήλικους ασθενείς των μετωπιαίων λοβών. Απλά δηλώνω ότι στην αρχή είναι πιθανό να μην αναπτύξουν πλήρως αυτές τις δυνατότητες και επιπλέον μπορεί να συμπεριφέρονται όμοια με ανθρώπους που είχαν κάποτε αυτές τις λειτουργίες αλλά τις έχασαν εξαιτίας κάποιου τραυματισμού στις σχετικές περιοχές του εγκεφάλου.

Πότε θα έπρεπε τα παιδιά να αρχίσουν να μαθαίνουν τον αυτοέλεγχο;

Οι ερευνητές δεν είναι σίγουροι σχετικά με το πότε αρχίζουν οι διάφορες λειτουργίες των προμετωπιαίων λοβών να ωριμάζουν κανονικά. Αυτό που γνωρίζουμε είναι ότι η ανάπτυξή τους συνεχίζεται μέχρι τα είκοσι —και ότι αποτελούν τις μακρύτερες διαδικασίες ανάπτυξης του εγκεφάλου. Μια από τις σημαντικότερες εργασίες του εφηβικού εγκεφάλου, είναι να εκλεπτύνει αυτά τα συστήματα ελέγχου και να μάθει να τα χρησιμοποιεί αποτελεσματικά.

Σε μια πρόσφατη επισκόπηση ενός περιοδικού. Ο Δρ Pennington και η συνάδελφός του Marilyn Welsh παρουσίασαν αποδεικτικά στοιχεία ότι οι προμετωπιαίες δυνατότητες, αρχίζουν να εμφανίζονται πολύ νωρίτερα από όσο φανταζόμαστε, όταν ακόμη είμαστε στο πρώτο έτος. Σύμφωνα με τα λεγόμενα τους, ακόμη και τα παιδιά προσχολικής ηλικίας μπορεί να πάσχουν από "ελαφριά προμετωπιαία δυσλειτουργία" που έχει κυρίως τη μορφή, έλλειψης αυτοελέγχου και έλλειψης "ενεργής συλλογής πληροφοριών" (π.χ., συστηματική έρευνα του φυσικού περιβάλλοντος, υποβολή ερωτήσεων). Στα μεγαλύτερα παιδιά, η αδυναμία επίλυσης προβλημάτων είναι μια ισχυρή ένδειξη δυσκολίας. Οι ίδιοι στρέφουν την προσοχή τους στο γεγονός ότι "οι περισσότερες διαταραχές εκμάθησης και συμπεριφοράς κατά την παιδική ηλικία, εκδηλώνονται στα πλαίσια του φυσιολογικού Δείκτη Νοημοσύνης και ένα υποσύνολο από αυτές μπορεί να οφείλεται σε μια συγκεκριμένη μετωπιαία δυσλειτουργία."

 Εάν ο Luria έχει δίκιο για το ότι η εσωτερική ομιλία είναι ο μηχανισμός που "τροφοδοτεί" την ανάπτυξη του μετωπικού φλοιού και εάν η ανάπτυξη αυτής της περιοχής διαρκεί όσο πιστεύουν οι ερευνητές, φαίνεται λογικό η υπόθεση ότι ο τρόπος ζωής που βομβαρδίζει τα παιδιά με θόρυβο, η συνεχής δραστηριότητα, και η περιορισμένη επαφή με πρότυπα σκεπτόμενων ενηλίκων, είναι σίγουρο ότι διακινδυνεύει η ανάπτυξή τους. Πολλά από τα σημερινά παιδιά δεν έχουν ιδέα σε τι σημαίνει ή πως είναι η στοχαστική σκέψη. Τα περισσότερα ζουν σε σπίτια ή σε κέντρα περίθαλψης όπου βιαστικοί, κουρασμένοι ή ακατάλληλοι ενήλικοι, δεν έχουν τον απαραίτητο χρόνο για να παρέχουν στα παιδιά βήμα προς βήμα τα εφόδια για το σκαρφάλωμα ή την αίσθηση για το που βρίσκεται "η ζώνη της κεντρικής ανάπτυξης". Κάποιοι φροντιστές κάνουν πάρα πολλά για το παιδί εμποδίζοντας έτσι την εσωτερίκευση της ευθύνης. Πολλές φορές τα σχολεία προσπαθούν να γεμίσουν τις αποθήκες στο φουλ, μην λαμβάνοντας υπόψη την ανάγκη για εσωτερικό κίνητρο, ομιλία —και σκέψη —κάποιου, και την προσωπική προετοιμασία για την επίλυση προβλημάτων. Σε μεγάλο βαθμό η φύλαξη των μωρών πραγματοποιείται από ένα υπνωτισμένο ξεδιάλεγμα που περιορίζει τα προβλήματα σε ένα πολύ μικρό ποσοστό στην απροστάτευτη "ζώνη της κεντρικής ανάπτυξης." Ας μην αναρωτιόμαστε γιατί πολλά από τα παιδιά μας έχουν το πρόβλημα.

Κανένας δεν ξέρει εάν και πότε εμφανίζονται οι κρίσιμες ή ευαίσθητες περίοδοι για τις συγκεκριμένες λειτουργίες του προμετωπιαίου φλοιού, αλλά αυτή η αρχή μπορεί να ισχύσει και για τον υπόλοιπο εγκέφαλο. Πόσο καιρό παραμένει το παράθυρο ανοικτό; Ο Δρ Kenneth Klivington του ιδρύματος Salk και συντάκτης του βιβλίου The Brain, Cognition, and Education, υποστηρίζει ότι είναι σημαντικό για τους επιστήμονες να το ανακαλύψουν. "Η προσοχή είναι βασικό στοιχείο για οποιαδήποτε διαδικασία εκμάθησης, αλλά κανένας δεν ξέρει εάν υπάρχει μια κρίσιμη περίοδος για την προσοχή. Απ' όσο γνωρίζω, δεν υπάρχει καμία επιστημονική μελέτη για αυτό το γεγονός, αλλά υπάρχουν πολλές από τις ικανότητες που έχουν κρίσιμες περιόδους στην διάρκεια της ανάπτυξή τους, θα μπορούσε επίσης η προσοχή και η λογική σκέψη να είναι το ίδιο. Σε αυτή την περίπτωση, μόλις περάσετε αυτήν την κρίσιμη ηλικία, οι πιθανότητες να την μάθετε θα είναι ελάχιστες, " όπως ο ίδιος μας είπε.

"Αναρωτιέμαι ποια ήταν αυτή η ηλικία" απάντησα.

"Δεν ξέρω, αλλά πιθανώς βρίσκεται στις αρχές της εφηβείας — απλά κάνω μια εικασία. Είναι σημαντικό να προβληθούν αυτά τα ζητήματα, επειδή είναι ανάγκη να γίνουν πειράματα, μόνο αν αυτά τα ζητήματα γνωστοποιηθούν και αναγνωρισθούν από τους ανθρώπους, θα πραγματοποιηθούν και τα πειράματα, συνέχισε. "Είναι δύσκολα πειράματα και ίσως να μην είναι δυνατόν να γίνουν, αλλά είναι σημαντικό να προσπαθήσουμε. Πρέπει να αποκομίσουμε περαιτέρω στοιχεία για το αν υπάρχουν κρίσιμες περίοδοι στην προσοχή ή τη λογική σκέψη."

"Εν τω μεταξύ, πώς θα συμβουλεύατε τους γονείς;" Ρώτησα το Δρ Klivington.

"Θα συνεχίσω να δίνω έμφαση στην ανάγκη να δημιουργηθεί η γλώσσα και η σκέψη, και όχι μόνο το άκουσμα και η προσοχή," απάντησε αμέσως. "Αν εξετάσουμε τον εγκέφαλο σαν ένα όργανο της σκέψης, τότε αυτό θα πρέπει να φτιαχτεί σωστά για να λειτουργήσει και σωστά. Εάν δεν συνδέσετε σωστά τον υπολογιστή σας, δεν πρόκειται να λειτουργήσει και σωστά."

ΠΕΡΙΛΗΨΗ: ΤΡΟΠΟΙ ΖΩΗΣ ΚΑΙ ΕΚΜΑΘΗΣΗ

Οι δυνατότητες προσοχής και εκμάθησης εξαρτώνται, και από τον τρόπο που ο εγκέφαλος των μαθητών είναι γενετικά δομημένος και από τις χρήσεις για τις οποίες έχει εκπαιδευτεί. Η επιτυχία κάθε μαθησιακής εμπειρίας, εξαρτάται από την αλληλεπίδραση των δυνάμεων ενός εγκεφάλου και των αδυναμιών και τις απαιτήσεις της μαθησιακής κατάστασης. Οι δυνατότητες εκμάθησης μερικών παιδιών βλάπτονται από την φανερή ή ύπουλη περιβαλλοντική βλάβη, αλλά ο όρος "μαθησιακή δυσκολία" συχνά περιγράφει μια ανεξήγητη δυσαναλογία μεταξύ του παιδιού και του σχολείου. Η διαταραχή της ελλειμματικής προσοχής (ADHD) και η δυσλεξία είναι παραδείγματα ανικανότητας που μερικές φορές μπορεί να έχουν ένα γενετικό συστατικό αλλά και που απεικονίζουν επίσης τα ισχυρά αποτελέσματα του ανθρώπινου περιβάλλοντος.

Ο αναπτυσσόμενος εγκέφαλος είναι ελαστικός, αλλά μπορεί τελικά να επηρεασθεί από τους διάφορους παράγοντες που προκύπτουν από την έκθεση στις τοξικές ουσίες, την υπερβολική ή μειωμένη υποκίνηση, ή την έλλειψη διαθέσιμων και κατάλληλων ενηλίκων που θα παράσχουν τα ικριώματα για τη διανοητική ανάπτυξη. Ιδιαίτερα σημαντικά είναι η εσωτερική ομιλία, η προσοχή, και οι μέθοδοι επίλυσης των προβλημάτων που αποδίδονται στην προμετωπιαία ανάπτυξη στον εγκέφαλο. Το περιβάλλον μπορεί να προκαλέσει προβλήματα όταν (1) οι συγκεκριμένες απαιτήσεις που θέτει για την εκμάθηση είναι δυσανάλογες με τους εγκεφάλους των μαθητών, ή (2) όταν αποτυγχάνει η εκμάθηση των βασικών δεξιοτήτων της προσοχής και του συλλογισμού στα αναπτυσσόμενα μυαλά. Μεγάλος αριθμός παιδιών σήμερα παρουσιάζει στοιχεία αδυναμίας στην προσοχή, στη γλώσσα, και στο συλλογισμό, κι όμως οι δάσκαλοι συνεχίζουν να έχουν ως δεδομένη την παρουσία αυτών των δεξιοτήτων κατηγορώντας τους μαθητές για την απροθυμία τους να προσέχουν, στα περιεχόμενα και στις μεθόδους για τις οποίες οι εγκέφαλοί τους είναι κακώς προσαρμοσμένοι.

Εάν οι ενήλικοι μιας κοινωνίας θέλουν τα παιδιά τους να δώσουν προσοχή σε συγκεκριμένα πράγματα, τότε πρέπει να τους παρέχουν τη συνείδηση, η οποία θα αναπτύξει την ποιότητα της σκέψης —και τις δομές του εγκεφάλου —ώστε να γίνει εφικτό.

ΜΕΡΟΣ ΤΕΤΑΡΤΟ

ΣΥΓΚΡΟΥΟΜΕΝΟΙ ΠΟΛΙΤΙΣΜΟΙ

Κεφάλαιο 10

Τηλεόραση, τηλεοπτικά παιχνίδια, και ο αναπτυσσόμενος εγκέφαλος

-Μετατρέπει τα παιδιά σε ζομπυ!

-Τα παιδιά είναι ενεργητικά καθώς βλέπουν

-Η Τηλεόραση μειώνει την έκταση της προσοχής.

-Δεν υπάρχει καμία απόδειξη ότι η τηλεθέαση έχει επιπτώσεις στην έκταση της προσοχής των παιδιών

-Τα ηλεκτρονικά παιχνίδια αναπτύσσουν το δεξί μέρος του ανθρώπινου εγκεφάλου.

-Τα παιδιά σήμερα είναι εξυπνότερα χάρη στην Τηλεόραση.

-Τα βίντεο είναι καταστροφικά για την μόρφωση.

Ο καθένας έχει την δική του άποψη σχετικά με τις επιδράσεις της Τηλεόρασης και του βίντεο στην εκμάθηση. Ποια είναι όμως η αλήθεια; Τι προκαλεί ή τηλεθέαση στον αναπτυσσόμενο εγκέφαλο; Κατά πόσο επηρεάζει την ανάπτυξη της κουλτούρας της οπτικής αμεσότητας και την απόδοση ενός παιδιού στην ακαδημαϊκή εκμάθηση.

Ξεκινώντας να γράφω αυτό το βιβλίο, μια από τις απορίες μου ήταν, σε τι ποσοστό επηρεάζει η τηλεοπτική χρήση τις αλλαγές των συνηθειών εκμάθησης των παιδιών. Σύντομα ανακάλυψα : (1) ότι δεν είναι εύκολο να βρεθεί κάποια έγκυρη έρευνα σχετικά με την Τηλεόραση, (2) ότι ένα μεγάλο μέρος των "γεγονότων" που αναφέρονται δεν έχει τεκμηριωθεί λεπτομερώς, (3)ότι σύμφωνα με τις πιο πρόσφατες μελέτες οι τηλεοπτικές συνέπειες μπορεί να είναι πιο ύπουλες και πιο ισχυρές από ότι θεωρούν οι περισσότεροι και τέλος (4)ότι δεν υπάρχει καμία έρευνα με ουσιαστικά διαθέσιμα στοιχεία για τα αποτελέσματα των βιντεοταινιών ή των ηλεκτρονικών παιχνιδιών στη διανοητική ανάπτυξη των παιδιών. Επιπλέον, επειδή ο αριθμός των παιδιών που ξοδεύει πολλές ώρες στα τηλεοπτικά μέσα έχει αυξηθεί, οι επιπτώσεις που δεν εμφανίστηκαν στις προηγούμενες δεκαετίες στα σχολεία είναι πολύ πιθανό να εμφανιστούν τώρα.

ΑΠΟΚΑΛΩΝΤΑΣ ΜΙΑ ΜΕΓΑΛΗ ΑΝΑΚΑΛΥΨΗ, ΑΝΑΚΑΛΥΨΗ

Όλα τα ηλεκτρονικά μέσα επιδρούν στην πνευματική δραστηριότητα. Μερικές από τις συνήθειες που προσδίδουν είναι σαφώς θετικότερες από κάποιες άλλες για την ακαδημαϊκή εκμάθηση. Ένα σωστό τηλεοπτικό πρόγραμμα προσφέρει πλούσιες πληροφορίες στα παιδιά, αν δεν υπάρχει όμως και το κατάλληλο ποιοτικά μυαλό, αυτό από μόνο του δεν τα ωφελεί να το χρησιμοποιήσουν αποτελεσματικά. Οι παιδικές βιντεοκασέτες, καλής ποιότητας, μπορούν να ενισχύσουν τη γνωστική και ίσως και την γλωσσική ανάπτυξη των παιδιών όταν μεσολαβεί κάποιος ενήλικας και τα ενθαρρύνει να αποκριθούν. Πολλά μικρά παιδιά χρησιμοποιούν στις μέρες μας συνηθισμένη βιντεοταινία ως μέσο για να χαλαρώσουν. Τα ροκ βίντεο, από την άλλη, έχουν ξυπνήσει την ανησυχία, όχι μόνο για τα αποτελέσματά τους στους νέους εγκεφάλους, αλλά και για άλλους τομείς ανάπτυξης.

Ας ξεκινήσουμε με την Τηλεόραση. Εξεπλάγη όταν έμαθα πόσο μεγάλο κομμάτι της ζωής των παιδιών έχει γίνει η Τηλεόραση. Ο μέσος όρος των αμερικανών νεαρών, περνάει πλέον, μπροστά στην Τηλεόραση, περισσότερες ώρες από το σύνολο όλων των άλλων δραστηριοτήτων, εκτός από του ύπνου. Το τηλεοπτικό πρόγραμμα *Sesame Street* έχει θεσμοποιήσει τη συνήθεια παρακολούθησης, στα παιδιά της προσχολικής ηλικίας. Πολλά από αυτά ξεκινούν από την ηλικία των δύο να παρακολουθούν διάφορα προγράμματα και για αρκετές ώρες την ημέρα. Στις ηλικίες τρία έως πέντε (τα στάδια της κρίσιμης περιόδου του εγκεφάλου για τη γνωσιολογική και γλωσσική ανάπτυξη) υπολογίζεται ότι ο χρόνος παρακολούθησης ενός παιδιού, ανέρχεται στις είκοσι οχτώ ώρες εβδομαδιαίως. Σε πολλά από αυτά τα παιδιά, έχει περιοριστεί δραστικά το ενεργό παιχνίδι. Ο

268

μέσος χρόνος παρακολούθησης για τους μαθητές του δημοτικού ανέρχεται περίπου στις εικοσιπέντε ώρες εβδομαδιαίως ενώ για τους μαθητές του γυμνασίου στις είκοσι οχτώ. Αυτές οι ώρες είναι περίπου έξι φορές παραπάνω από τις ώρες που ξοδεύουν για να διαβάσουν. Δεν έχει υπολογιστεί ο χρόνος που ξοδεύουν στις βιντεοταινίες.

Σε πολλές οικογένειες, ακόμη και τα νήπια εκτίθενται συχνά σε προγράμματα που αντικαθιστούν την οικογενειακή συνομιλία, η οποία είναι αυτή που θα χτίσει τις δεξιότητες της γλώσσας και του ακούσματος, την ανάγνωση, τα παιχνίδια και τις δραστηριότητες με τις οποίες οι ενήλικοι υποδεικνύουν στα παιδιά πώς να λύσουν τα προβλήματα, να κάνουν μελλοντικά σχέδια, ή να χειριστούν τα ίδια τα συναισθήματά τους. Πολλοί γονείς που επιθυμούν πραγματικά να επαναπροσδιορίσουν τον οικογενειακό τους χρόνο, βρίσκουν τα παιδιά "γαντζωμένα" στην Τηλεόραση, η Marie Winn εξηγεί ότι "απορρίπτουν όλες τις τρυφερές οικογενειακές εναλλακτικές λύσεις" κυρίως επειδή η παρακολούθηση της Τηλεόρασης είναι ευκολότερη. Τα παιδιά από τα χαμηλότερα κοινωνικοοικονομικά στρώματα αποτελούν την πλειοψηφία του τηλεοπτικού κοινού.

ΠΟΥ ΕΙΝΑΙ Η ΕΡΕΥΝΑ;

Οι επιστήμονες έχουν διαπιστώσει, ότι οι μεγάλες δόσεις οποιουδήποτε τύπου εμπειρίας έχουν μετασχηματιστικές δυνάμεις πάνω στον αναπτυσσόμενο εγκέφαλο. Συνεπώς, έχουν ερευνήσει τα αποτελέσματα των μεγάλων δόσεων της Τηλεόρασης; Όχι.!

Έχει πραγματοποιηθεί ένας σχετικά μικρός αριθμός μελετών για την εξέταση των επιδράσεων της Τηλεόρασης στην εκμάθηση, αλλά όταν αναζήτησα, με την βοήθεια του υπολογιστή, σε μελέτες και σε άρθρα που έχουν δημοσιευθεί, στον κλάδο της ιατρικής, της ψυχολογίας, της ανάπτυξης των παιδιών και της εκπαίδευσης, βρέθηκα ουσιαστικά με ένα άδειο καλάθι. Εφόσον ρώτησα τους εμπειρογνώμονες, έμαθα την αλήθεια: δεν έχει

269

καταβληθεί καμία δραστική προσπάθεια για το Πώς η Τηλεόραση επιδρά στα βασικά νευρικά θεμέλια της εκμάθησης. Επιπλέον, πολλά από αυτά που θεωρούμε ως "δεδομένα" για τις επιπτώσεις της Τηλεόρασης στους εγκεφάλους και στην εκμάθηση γενικότερα, είναι βασισμένα σε αμφίρροπες έρευνες.

Τώρα πια όμως, η αβλαβής τεχνολογία μελέτης των ζωντανών εγκεφάλων εν ώρα λειτουργίας (την ώρα που διαβάζουν, μαθαίνουν, απομνημονεύουν ή παρακολουθούν πειράματα) γίνεται ολοένα πιο προσιτή. Παραδείγματος χάριν, με τη τοποθέτηση ηλεκτροδίων στο κρανίο και την ένωση τους με έναν υπολογιστή, οι επιστήμονες μπορούν να ελέγξουν τα εγκεφαλικά κύματα και να χαρτογραφήσουν τη διανοητική δραστηριότητα με ζωντανά χρώματα! Κατά γενική ομολογία είναι δύσκολο να γίνει μια σωστή έρευνα, αλλά πιστεύω ότι δεν έχει ξεκινήσει καν, καμία προσπάθεια. Δεδομένου ότι οι επιστημονικές κοινοτικές προτάσεις για έρευνα έχουν την τάση να συγκεντρώνονται γύρω από θέματα που «χρηματοδοτούνται», το προφανές συμπέρασμα είναι ότι το ενδιαφέρον (δηλ., τα χρήματα) δεν βρίσκονται στην έρευνα για τον εγκέφαλο. Οι περισσότερες από τις ελάχιστες μελέτες που έγιναν, στην πραγματικότητα πραγματοποιήθηκαν από διαφημιστές οι οποίοι ήθελαν να μάθουν πώς θα κερδίσουν και θα διατηρήσουν την προσοχή του εγκεφάλου όπως για παράδειγμα αν το "θέμα" που έχουν επιλέξει ¨να διαφημίσουν είναι συναρπαστικό ή όχι. (θα αναφέρουμε περισσότερα για αυτό παρακάτω). Όταν άρχισαν μερικά αποτελέσματα να δείχνουν ότι στην πραγματικότητα η φυσική πράξη της παρακολούθησης, μπορεί να θέσει τον εγκέφαλο σε ένα στάδιο ύπνωσης και σε μια κατάσταση αμάθειας, η μικρή ροή της έρευνας ξαφνικά σταμάτησε τελείως.

Ίσως κάποιος να μπει στον πειρασμό, να συμπεράνει ότι δεν υπάρχει κανείς που να θέλει να δώσει απαντήσεις στις ερωτήσεις. Και, φυσικά, είναι πιο βολικό να θεωρούμε ότι οι επιδράσεις της Τηλεόρασης δεν είναι ιδιαίτερα επιβλαβείς για την εκμάθηση. Καθώς ξεκινούσα αυτό το κεφάλαιο, οι τίτλοι σε όλες τις Ηνωμένες Πολιτείες είχαν καταληφθεί από μια νέα, ημι-επιστημονική "επανεξέταση της έρευνας" που φαινόταν να προτείνει ακριβώς αυτό. Οι δηλώσεις ανέφεραν τα εξής:

"Υπάρχουν ελλιπή στοιχεία για να αποδείξουμε ότι η εγκεφαλική παρακολούθηση μειώνει την έκταση της προσοχής των παιδιών..."
"Δεν υπάρχει κανένα στοιχείο ότι η Τηλεόραση καθιστά τα παιδιά γνωστικώς παθητικά."

Δυστυχώς, αυτά τα άρθρα ήταν το διαστρεβλωμένο νόημα, των λέξεων του συντάκτη της μελέτης, Δρ Daniel Anderson του πανεπιστημίου της Μασαχουσέτης. "Δεν ανέφεραν, τον αρχικό λόγο που τα στοιχεία είναι "ελλιπή" ακριβώς επειδή οι έρευνες είναι ελλιπής! Μερικές από τις λίγες αξιόπιστες μελέτες που έχουν γίνει προτείνουν ακριβώς το αντίθετο! Εδώ είναι μερικές δηλώσεις του Δρ Anderson που δεν έγιναν τίτλοι.

Η ΤΗΛΕΟΡΑΣΗ ΜΠΟΡΕΙ ΠΡΑΓΜΑΤΙ:

◊ Να κεντρίσει σε υπερβολικό βαθμό τα παιδιά και να επιφέρει την παθητική υποχώρηση.
◊ Να προκαλέσει προβλήματα προσοχής και ακουστικά (π.χ., να ζωγραφίζουν αντί να ακούνε τον δάσκαλο που παραδίδει το μάθημα)
◊ Να προκαλέσει την ανάγκη των παιδιών "από διδασκαλία με ειδικά εφέ" για να διατηρήσουν την προσοχή τους.
◊ Να υπογραμμίσει τις δεξιότητες που δεν προσφέρονται για την ανάγνωση ή το άκουσμα

"Όχι, δεν είμαι καθόλου ικανοποιημένος με την ποιότητα της έρευνας που ως τώρα έχει γίνει," μου είπε ο Δρ Anderson. "Δεν υπάρχει καμία πρόθυμη αντιπροσωπεία να χρηματοδοτήσει με συνέπεια την έρευνα για τα γνωστικά αποτελέσματα της Τηλεόρασης."
"Δεν υπάρχει πραγματικά κανένα ικανοποιητικό στοιχείο," συμφωνεί μαζί του ο Δρ Jerome Singer, άλλη μια αξιοσέβαστη εθνική αυθεντία, για τα παιδιά και την Τηλεόραση. "Αλλά είναι

τραγικό που αποτυγχάνουμε να αξιολογήσουμε το γεγονός ότι τα παιδιά μας ξοδεύουν περισσότερο χρόνο μπροστά στην Τηλεόραση απ' ό,τι στο σχολείο. Φυσικά τα αποτελέσματα είναι αθροιστικά!"

Ο Δρ Singer θεωρεί ότι είναι καλύτερο να αποφευχθεί η Τηλεόραση εντελώς, έως ότου οι συνήθειες ανάγνωσης και εκμάθησης καθιερωθούν πλήρως. Ανέφερε κατά τη διάρκεια της συνομιλίας μας ότι ο γιος του, που είναι πατέρας ο ίδιος για αρκετά έτη, καθυστέρησε την αγορά ενός τηλεοπτικού συστήματος ως "μια ενεργή απόφαση" να περιορίσει σημαντικά την οικογενειακή τηλεοπτική παρακολούθηση.

Οι Γνωσιολογικές Συνέπειες της Τηλεοπτικής Παρακολούθησης

Ένα πρόβλημα που αντιμετωπίζουν οι μελέτες που συγκρίνουν τους θεατές και τους μη θεατές, είναι ότι στις μέρες μας είναι αδύνατο να βρεθούν παιδιά στην Αμερική που δεν έχουν εκτεθεί σε αυτό το μέσο. Η έρευνα παρουσιάζει σαφώς, ότι οι καλύτεροι μαθητές είναι αυτοί που παρακολουθούν λιγότερο. Επιπλέον, όσο αυξάνεται η παρακολούθηση, τα αποτελέσματα της ακαδημαϊκής επίδοσης πέφτουν.

Σε ένα λεπτομερώς τεκμηριωμένο και αντικειμενικό άρθρο, που δημοσιεύθηκε στο περιοδικό Reading Research Quarterly, δύο επιστήμονες από το πανεπιστήμιο Leiden στις Κάτω Χώρες, επέλεξαν τα πιο αξιόπιστα στοιχεία όσον αφορά τη αλληλεπίδραση της παρακολούθησης και της ανάγνωσης συμπεριλαμβάνοντας μερικά από τότε που ξεκίνησε η Τηλεόραση σε διάφορες χώρες. Διαπίστωσαν ότι τα τηλεοπτικά αρνητικά αποτελέσματα στην ανάγνωση ήταν ιδιαίτερα ισχυρά για τις πιο προηγμένες δυνατότητες που απαιτούνταν για την υψηλότερου επιπέδου κατανόηση. Μεταξύ άλλων συμπερασμάτων, δήλωσαν ότι η Τηλεόραση:

◊ αντικαθιστά τον ελεύθερο χρόνο για την ανάγνωση εμποδίζοντας έτσι την αύξηση των ικανοτήτων ανάγνωσης

◊ απαιτεί λιγότερη διανοητική προσπάθεια από ότι η ανάγνωση
◊ μπορεί να μικρύνει τον χρόνο που τα παιδιά είναι πρόθυμα να ξοδέψουν για την εύρεση μιας απάντησης στα διανοητικά προβλήματα που τους θέτονται για να λύσουν
◊ χει ιδιαίτερα αρνητικά αποτελέσματα για τους θεατές που παρακολουθούν υπερβολικά, για τα κοινωνικώς ευνοημένα παιδιά και για τα ευφυή παιδιά.

Κατά ένα περίεργο τρόπο, ούτε αυτά τα αποσπάσματα δεν έγιναν τίτλοι ποτέ.

Αυτό που χρειάζεται είναι πολύ περισσότερη έρευνα, για να καθοριστούν οι συντεταγμένες για την εποικοδομητική χρήση αυτού του μέσου που επηρεάζει υπερβολικά. Δυστυχώς δεν γνωρίζουμε πολλά για το πώς τα τηλεοπτικά μέσα και ο "εκπαιδευτικός προγραμματισμός" μπορούν να βοηθήσουν την βασική εκπαίδευση, τη σχολική εκμάθηση, και την απόκτηση της γνώσης.

ΤΟ ΒΙΝΤΕΟ ΚΑΙ Ο ΕΓΚΕΦΑΛΟΣ

Η παρακολούθηση αναγκάζει τους εγκεφάλους να γίνουν υπερενεργητικοί; Παθητικοί; Αποσυντονισμένοι; Μπορεί να αλλάξει τη δομή και τη λειτουργία του εγκεφάλου έτσι ώστε να αλλάξει και η δυνατότητα εκμάθησης; Οι προσπάθειες να μελετηθεί η δράση του εγκεφάλου και τα σχεδιαγράμματα των εγκεφαλικών κυμάτων του τηλεοπτικού κοινού, είναι τα κύρια μέσα με τα οποία οι μελέτες (αξιόπιστες και μη) έχουν ψάξει για τις απαντήσεις στις παραπάνω ερωτήσεις. Τα εγκεφαλικά κύματα των μωρών, των παιδιών, και των ενηλίκων αλλάζουν σε απάντηση της Τηλεόρασης, αλλά δεν έχουν αποδειχθεί τα είδη των αλλαγών που εμφανίζονται. Έχουν προταθεί τρεις επιπτώσεις στις δυνατότητες της εκμάθησης, όλες σχετικές με την προσοχή: (1) κάποια   τηλεοπτικά προγράμματα και

273

βιντεοταινίες, με τις συχνές οπτικές και ακουστικές εναλλαγές (γνωστές ως "saliency"), παραποιούν την προσοχή του εγκεφάλου, παραβιάζοντας έτσι τις φυσικές του άμυνες. (2) Η Τηλεόραση προκαλεί τη νευρική παθητικότητα και μειώνει την "πεισματική επιμονή". (3) Η Τηλεόραση μπορεί να έχει, μια υπνωτική, και ενδεχομένως νευρολογικά εθιστική, επίδραση στον εγκέφαλο, αλλάζοντας τη συχνότητα των ηλεκτρικών κινήτρων του με τέτοιο τρόπο που εμποδίζεται η ενεργή διανοητική επεξεργασία.

Πιέζοντας τον εγκέφαλο να δώσει προσοχή

Οι μελέτες που έχουν υποστηριχτεί από διαφημιστές έχουν αποδείξει ότι ο καλύτερος τρόπος να τραβήξουν την προσοχή των θεατών, είναι να επωφεληθούν από τις ενστικτώδεις απαντήσεις του εγκεφάλου, στον κίνδυνο. Κατ' αρχάς, τα κοντινά πλάνα λήψης και τα ζουμ είναι αποτελεσματικά για την εγρήγορση του εγκεφάλου, επειδή παραβιάζουν την ανακλαστική ανάγκη να διατηρηθεί ένας προβλέψιμος "προσωπικός χώρος" (μια ορισμένη απόσταση μεταξύ δύο προσώπων). Δεύτερον, τα "saliency" χαρακτηριστικά γνωρίσματα, όπως τα φωτεινά χρώματα, οι γρήγορες κινήσεις, ή οι ξαφνικοί θόρυβοι δεσμεύουν γρήγορα την προσοχή εφόσον οι εγκέφαλοι είναι εξαιρετικά ευαίσθητοι σε τέτοιες αλλαγές που επισημαίνουν τον κίνδυνο.

Οι διαφημίσεις και τα περισσότερα παιδικά προγράμματα, συμπεριλαμβανομένης της εκπομπής Sesame Street, σχεδιάζονται έτσι ώστε να επωφεληθούν αυτών των ακούσιων αντιδράσεων. Όταν το Sesame Street σχεδιάστηκε αρχικά, πραγματοποιήθηκαν πιλοτικές μελέτες, οι οποίες παρουσίαζαν στα παιδιά αποσπάσματα προγραμμάτων και ανταγωνιστικούς "διασπαστές της προσοχής" όπως, ζωηρόχρωμες φωτογραφικές διαφάνειες, παράλληλα. Κατά συνέπεια οι προγραμματιστές έμαθαν ότι η χρήση πολλών ειδικών εφέ, τραβούσε την προσοχή των παιδιών, είτε το ήθελαν είτε όχι.

Από μία άποψη, αυτοί οι προσεκτικά προγραμματισμένοι χειρισμοί διαχωρίζουν τις φυσικές αντιδράσεις του εγκεφάλου και του σώματος. Παρόλο που η προσοχή του θεατή είναι σε

274

εγρήγορση, δεν υπάρχει καμία ανάγκη για φυσική δράση. Ο εγκέφαλος ανταποκρίνεται σε συγκεκριμένες αλλαγές μετά από ένα φωτογραφικό ζουμ, σαν σε πραγματικό κίνδυνο. Ωστόσο το κίνητρο δεν έχει καμία διέξοδο. Οι ερευνητές άρχισαν σύντομα να προτείνουν ότι τα παιδιά παρόλο που υποκινήθηκαν έτσι, χωρίς φυσικές διεξόδους, μπορεί να αναπτύξουν υπερδραστηριότητα, απογοήτευση ή οξυθυμία. Το 1975, δύο αυστραλιανοί ερευνητές, πρόβλεψαν ότι τα παιδιά που ξόδεψαν υπερβολικό χρόνο παρακολούθησης θα αναλογούσε στην αύξηση των διαταραχών της προσοχής.

Ήταν δύσκολο "να αποδειχθεί" ότι αυτή η προφητεία θα πραγματοποιηθεί, αν και ουσιαστικά κάθε δάσκαλος που πήρα συνέντευξη ήταν πεπεισμένος ότι είναι αλήθεια. Ο Δρ Dan Anderson συνοψίζει ότι υπάρχουν κάποιες μελέτες στις οποίες "φαίνεται να υπάρχει κάποια επίδραση της Τηλεόρασης στην προσοχή, όμως η σημασία, η γενικότητα, και η φύση της επίδρασης είναι άγνωστα" .

Ένα εύλογο και καλά τεκμηριωμένο γεγονός, είναι ότι η προσοχή των παιδιών στα τηλεοπτικά προγράμματα τείνει να τεμαχιστεί, "υπό την έννοια ότι στην πραγματικότητα προσέχουν, μόνο για τα δύο τρίτα του χρόνου που ξοδεύουν στην συνολική παρακολούθηση. Μπορεί ταυτόχρονα να συμμετέχουν και σε άλλες δραστηριότητες ή να παρακολουθούν από μακριά, απλά για να "μειώσουν την περιέργεια" τους, έως ότου αποτραβηχτούν από ένα άλλο ειδικό εφέ.

Η Τηλεόραση διεγείρει φυσιολογικά, επιβεβαιώνει ο Δρ Byron Reeves του τμήματος επικοινωνίας του Stanford, όπου πραγματοποιήθηκαν μελέτες για την ηλεκτρική δραστηριότητα του εγκεφάλου των θεατών. Οι εγκέφαλοί τους, πράγματι, αποκρίθηκαν στην κίνηση σαν να ήταν πραγματική, αναγκάζοντας το νευρικό σύστημα να προετοιμαστεί για μια φυσική απάντηση. Ο Reeves μου είπε προσωπικά ότι πιστεύει πως αυτές οι συνήθειες παρουσιάζονται στο σχολείο, καθώς τα παιδιά συνηθίζουν στις "εκπλήξεις και τις εμφανίσεις των τσίρκο".

"Το βλέπω με τους δευτεροετείς φοιτητές του κολεγίου μου," παρατήρησε. Όλοι γνωρίζουμε ότι η εμφάνιση εκπομπών όπως η Sesame Street τραβάει περισσότερο την προσοχή αυτές τις μέρες.

Οι χειρισμοί των "μηχανισμών διέγερσης" που διαχωρίζουν τον εγκέφαλο και το σώμα, μπορεί να έχουν σχέση με τις εκθέσεις των ψυχολόγων και των δασκάλων, ότι τα σημερινά παιδιά είναι όλο και περισσότερο "στερημένα στην επαφή". Η υπερβολική δόση παρακολούθησης που λειτουργεί σαν υποκατάστατο της πραγματικής αισθητήριας συμμετοχής είναι άμεσα ανταγωνιστική στις πιο βασικές αρχές της εκμάθησης ενός μικρού παιδιού. Η πρώιμη ανάπτυξη των φυσικών και διανοητικών δεξιοτήτων —και των θεμελίων τους για τον εγκέφαλο —προέρχεται από τον πειραματισμό και την επίλυση των προβλημάτων με τα πραγματικά υλικά. Οι μακροπρόθεσμες εκβάσεις, αναγκάζοντας την προσοχή των παιδιών με αφύσικο τρόπο, μπορεί να επιφέρουν σοβαρότερες επιπτώσεις από αυτές που έχουμε σκεφτεί.

Τραβώντας την προσοχή των παιδιών απότομα, μπορεί να προκληθεί ένα ορισμένο ποσό συναισθηματικής υποχώρησης. Τα μικρά παιδιά, ενώ πιάνονται ακούσια από την καινοτομία, στην πραγματικότητα χρειάζονται την επανάληψη και την εξοικείωση. Η σταθερή εμπειρία τους βοηθά κατ' αυτό τον τρόπο να κερδίσουν μια αίσθηση της οργάνωσης και της κυριότητας. Οι γονείς που παραπονιούνται, γελώντας για το πόσο κουρασμένοι είναι να διαβάσουν το ίδιο βιβλίο ("μερικές φορές σκέφτομαι εάν πρέπει να διαβάσω πάλι το "φεγγαράκι μου λαμπρό .."") ή να παρακολουθήσουν την ίδια ιστορία σε ταινία, είναι οι καλύτεροι μάρτυρες στην εξαιρετικά σημαντική ανάγκη ενός παιδιού να εξοικειωθεί. Τέτοια προβλεψιμότητα, μπορεί να είναι ιδιαίτερα χρήσιμη για την κατανόηση ενός κόσμου που είναι ήδη αρκετά μπερδεμένος.

ΠΑΘΗΤΙΚΟΙ ΕΓΚΕΦΑΛΟΙ;

Η σωστή εκμάθηση και η σωστή επίλυση προβλήματος, απαιτούν την ενεργή συμμετοχή και την εμμονή. Οι αποτυχίες σε αυτό το επίπεδο συσχετίζονται με πολλούς τύπους μαθησιακών δυσκολιών. Πολλοί άνθρωποι διαισθητικά θεωρούν ότι η έκθεση των μικρών παιδιών στην πολλή Τηλεόραση, μπορεί να δημιουργήσει παθητικούς μαθητές που παραιτούνται πάρα πολύ εύκολα. Η απόδειξη αρχίζει να εμφανίζεται.

Ένας προεξέχων ερευνητής. Ο Δρ Jennings Bryant του πανεπιστημίου της Alabama, είναι πεπεισμένος ότι η Τηλεόραση "βεβαίως αλλάζει τα πράγματα" όσον αφορά την ενεργό εκμάθηση.

"Για ένα πράγμα είμαστε σίγουροι," εξήγησε πρόσφατα, "ότι μειώνει αυτό που αποκαλούμε *εγρήγορση* [η δυνατότητα να του παιδιού να παραμείνει ενεργό σε έναν στόχο]. Εάν παρακολουθούν προγράμματα γρήγορων ρυθμών και έπειτα τους δίνουμε να κάνουν πράγματα όπως η ανάγνωση ή η επίλυση σύνθετων γρίφων, η προσκόλλησή τους μειώνεται και δεν είναι πρόθυμοι να παραμείνουν στο στόχο. Με το πέρασμα του χρόνου, και με την υπερβολική παρακολούθηση, τα παιδιά σας θα είναι λιγότερο έτοιμα για δράση. "Αυτό είναι ιδιαίτερα κρίσιμο όσον αφορά τα μικρά παιδιά —περίπου από τα τρία έως τα πέντε τους φαίνεται να είναι ιδιαίτερα ευάλωτα".

Ο Δρ Bryant, ο οποίος συμμετείχε σε μια έρευνα και συγκάλεσε την επιτροπή για το συγγενές πρόγραμμα του Sesame Street, την Electric Company, μου είπε ότι θεωρεί πως η επιλογή μιας τέτοιας γρήγορης διάταξης και για τα δύο προγράμματα ήταν λάθος.

"Δυστυχώς," είπε. "Δεν πιστεύω ότι το Sesame Street είναι καλό παράδειγμα. Δουλέψαμε τόσο σκληρά για να τραβήξουμε την προσοχή του παιδιού μέσα στο ανταγωνιστικό περιβάλλον που μερικές φορές φοβάμαι ότι ξεχάσαμε την εκμάθηση. Μπορεί να διδάξαμε λάθος αντικείμενο μαθαίνοντας επιφανειακά αντί ουσιαστικά. Μπορεί να δημιουργήσαμε ένα παιδί το οποίο να ενθαρρύνθηκε να κυνηγήσει τον ενθουσιασμό, τους κομήτες, κ.λπ., που η εκμάθηση ήταν σχεδόν δευτερεύοντα βαθμού."

Ο Δρ Bryant λέει ότι αποφάσισε, με βάση την έρευνά του, να καθίσει και να παρακολουθήσει τα δικά του παιδιά, ώστε να τα ενημερώσει για το "πώς αυτό το μέσο μπορεί να τα παραπλανήσει." Τώρα πλέον, είναι καλοί μαθητές, ενεργοί λύτες προβλημάτων, και "πολύ εκλεκτικοί και κυνικοί καταναλωτές της Τηλεόρασης."

Ο Δρ Bryant επίσης πιστεύει ότι είναι λάθος να αφήνουμε τα παιδιά να κάνουν τις εργασίες τους για το σχολείο μπροστά από την Τηλεόραση. Λέει ότι η τελευταία του έρευνά, αποδεικνύει πώς τα ανταγωνιστικά τηλεοπτικά μηνύματα εμποδίζουν την εκμάθηση και καθιστούν την εργασία χρονοβόρα και λιγότερο σωστή. Τα προγράμματα με τα "πολλά ακουστικό-οπτικά σχέδια στρέφουν την προσοχή των παιδιών στην οθόνη, κάνοντας το διαδικασία της εκμάθησης ιδιαίτερα δύσκολη.

Γενικά, η έρευνα, δηλώνει έντονα ότι ο γρήγορος ρυθμός και τα ειδικά εφέ μπορούν να παρεμποδίσουν την ανάπτυξη των ενεργών συνηθειών εκμάθησης. Μερικές μελέτες έχουν δείξει ότι τα παιδιά προσπαθούν να οργανώσουν τις έννοιες, να ακολουθήσουν τις πλοκές και να κατανοούν αυτό που συμβαίνει στα προγράμματα ή στις ταινίες που ενδιαφέρονται να παρακολουθήσουν, αλλά μόνο όταν είναι αρκετά μεγάλο και μπορούν να καταλάβουν το υλικό που παρουσιάζεται. Οι μελέτες δείχνουν, ότι η προσοχή αφαιρείται, όταν το υλικό είναι είτε "βαρετό" είτε δυσνόητο, και μόνο όταν συμβαίνει κάτι περίοπτο, επανέρχεται η προσοχή. Αυτό το υποθετικό σχήμα της σποραδικής και εξωτερικά κατευθυνόμενης προσοχής, αντιστοιχεί σε αυτό ακριβώς που αναφέρουν οι δάσκαλοι. Στην τάξη ή όταν κάνουν την εργασία, είναι πιθανό κάποιος να αλλάξει τα κανάλια του μυαλού ή να αφαιρεθεί όταν τα πράγματα γίνουν πιο δύσκολα ή "βαρετά"

Εάν η "δεκτική" εκμάθηση (π.χ., ανάγνωση, άκουσμα) επηρεάζεται από την Τηλεόραση και την παθητικότητα, οι πιο "εκφραστικές" δεξιότητες, όπως η οργάνωση και η έκφραση των ιδεών γραπτώς, διακινδυνεύουν ακόμα περισσότερο.

Ακόμη και οι πιο αφοσιωμένοι τηλεοπτικοί υπερασπιστές, αναγνωρίζουν ότι είναι ένα δεκτικό μέσο το οποίο παρέχει ελάχιστη πρακτική στην έκφραση οποιουδήποτε ανθρώπου.
Ο Δρ Anderson, που έχει κατηγορηθεί, από άλλες αυθεντίες, ότι έχει ερμηνεύσει την έρευνα, ευνοώντας πολύ γενναιόδωρα, την Τηλεόραση (μερικές από τις εργασίες του, ουσιαστικά, έχουν ανατεθεί από το Τηλεοπτικό Εργαστήριο των Παιδιών που είναι και παραγωγός του Sesame Street), ο ίδιος αναγνωρίζει ότι η τηλεοπτική παρακολούθηση, δεν απαιτεί πολλές από τις εσωτερικές γνωσιολογικές διαδικασίες που απαιτούνται στο γράψιμο, αφού η δεκτική γνώση είναι διαφορετική από την αποδοτική γνώση." επιπλέον, αναγνωρίζει, είναι πιθανό " να μειώνει την εμμονή για τον στόχο και αυτό να έχει επιπτώσεις στην κατανόηση των κειμένων.

Η επίδραση "Zombie"

Η Τηλεόραση καταστέλλει τη διανοητική δραστηριότητα θέτοντας τους θεατές σε ύπνωση; Οι λίγες μελέτες που αφορούν τον ανθρώπινο εγκέφαλο κατά την διάρκεια της τηλεοπτικής παρακολούθησης, προτείνουν ότι ίσως και να συμβαίνει, τουλάχιστον σε μερικά άτομα και με μερικά είδη περιεχομένων.
Σε ένα νέο πείραμα, τοποθετήθηκε ένα ηλεκτρόδιο στο κρανίο μιας γυναίκας καθώς κοίταξε αρχικά ένα περιοδικό και στην συνέχεια τις τηλεοπτικές διαφημίσεις. Όσο διάβαζε το περιοδικό, ο εγκέφαλός της εμφάνισε μια ενεργή εγρήγορση, αλλά παρακολουθώντας Τηλεόραση "αμέσως παρήγαγε τα αργά (άλφα) κύματα," που συνδέονται κλασικά με την έλλειψη διανοητικής δραστηριότητας.
Δυστυχώς, δεν ακολούθησαν άλλες έρευνες. Το 1980, οι ερευνητές Merrelyn και Fred Emery, του πανεπιστημίου της Αυστραλίας, επανεξέτασαν την περιορισμένη συλλογή των μελετών και βρήκαν ισχυρούς λόγους ανησυχίας, για την παρατεταμένη τηλεοπτική παρακολούθηση η οποία προκαλεί ένα σύνδρομο διανοητικής αδράνειας που παρεμποδίζει την

συγκεντρωμένη σκέψη. Σε ένα άρθρο με τίτλο "The Vacuous Vision" είχε δημοσιευθεί ότι όσο ο χρόνος παρακολούθησης των νεαρών αυξανόταν " η παρατεταμένη αδράνεια του προμετωπιαίου εγκεφαλικού φλοιού" θα είχε σοβαρές συνέπειες. Αν και έχει αποδειχθεί ότι τα άλφα επίπεδα μπορούν να μετατραπούν με την εξάσκηση, κανένας δεν έχει αποδείξει ολοκληρωμένα, ότι η συνεχής παρακολούθηση αλλάζει σταθερά τα βασικά πρότυπα του εγκεφάλου, παρόλο που διάφορες άλλες μελέτες υποστηρίζουν ότι ο εγκέφαλος δραστηριοποιείται πιο αργά (περισσότερα άλφα) από την Τηλεόραση σε σύγκριση με τις διαφημίσεις των περιοδικών. Μόνο τρεις μελέτες βρέθηκαν από τις οποίες προκύπτουν ότι τα κύματα του εγκεφάλου κατά τη διάρκεια της τηλεοπτικής παρακολούθησης, εναντιώνονται στην ανάγνωση των κανονικών κειμένων. Οι δύο από τις τρεις επιβεβαιώνουν την ύπαρξη των υψηλότερων επιπέδων των παθητικών άλφα κατά τη διάρκεια της παρακολούθησης και τα υψηλά επίπεδα βήτα των γρήγορων-κυμάτων δραστηριότητας κατά τη διάρκεια της ανάγνωσης.

Η τρίτη μελέτη, μια αδημοσίευτη διδακτορική διατριβή, ίσως και η σημαντικότερη από όλες: πρότεινε ότι η απόκριση του ενεργού εγκεφάλου εξαρτάται περισσότερο από τον συνδυασμό του ατόμου και του υλικού παρά με το ίδιο το μέσο. Αυτός ο ερευνητής το βρήκε ενδιαφέρον, η πιο σύνθετη (αλλά κατανοητή) ανάγνωση ή Τηλεόραση θα μπορούσε να χρησιμοποιηθεί για να εκμαιεύσει τη γρήγορη δραστηριότητα του εγκεφάλου, ενώ το απλούστερο, χωρίς ενδιαφέρον, ή ακατανόητο υλικό προκάλεσε περισσότερα άλφα αργής δραστηριότητας, ανεξάρτητα από το μέσο. Φαίνεται πιθανό ότι όταν το άτομο "αποσυντονίζεται" επειδή το περιεχόμενο είναι ακατανόητο, θα ακολουθήσουν εγκεφαλικές διακυμάνσεις. Η έρευνα που εξετάζεται στο επόμενο κεφάλαιο προτείνει ότι ακόμη και τα συγκεκριμένα προγράμματα που απευθύνονται στα παιδιά, μπορεί να είναι κατά ένα μεγάλο μέρος ακατανόητα για αυτά, ακόμα και αν οι ενήλικοι πιστεύουν ότι καταλαβαίνουν τι βλέπουν.

Άλλες μελέτες έχουν περιγράψει το φαινόμενο της "αδράνειας της προσοχής" το οποίο σχετίζεται με τις απαντήσεις "zombie" μερικών θεατών.

Όσο περισσότερο παραμένει το βλέμμα στην Τηλεόραση, τόσο μεγαλύτερη είναι η πιθανότητα να διατηρηθεί. Παραδείγματος χάριν, εάν ένα παιδί "κολλήσει" στο σύστημα της Τηλεόρασης κατά τη διάρκεια ενός προγράμματος, το πιθανότερο είναι να παραμείνει ακίνητο μέχρι να διακοπεί η σκηνή για διαφημίσεις. Οι μητέρες που έχουν πρόβλημα να συγκεντρώσουν τα παιδιά τους στις μικροδουλειές, το διάβασμα, ή ακόμα και το βραδινό γνωρίζουν ήδη ότι όσο περισσότερο παρακολουθεί Τηλεόραση ένα παιδί, τόσο πιο αργά πρόκειται να αποκριθεί όταν κάποιος θα καλέσει το όνομά του. Ενώ ο Δρ Anderson και οι συνάδελφοι του το θεωρούν ως σημάδι της "αυξημένης δέσμευσης με την Τηλεόραση," άλλοι φοβούνται ότι τέτοιες μη οξυδερκείς απαντήσεις αντιπροσωπεύουν τους "απρόσεκτους νέους". Ανέκδοτες εκθέσεις δηλώνουν ότι αυτό το φαινόμενο είναι πολύ σοβαρότερο σε μερικά άτομα απ' ό,τι σε κάποια άλλα.

"Όταν ανατρέφεις παιδιά με γλυκά, θα εθιστούν στα γλυκά. Όταν ανατρέφεις παιδιά στα άλφα κύματα, εθίζονται στα άλφα, ακριβώς όπως σε οποιοδήποτε υπνωτική κατάσταση, "σχολίασε ένας νευροψυχολόγος, ο ίδιος, μέλος τηλεοπτικής παραγωγής και πατέρας ενός μικρού παιδιού (που έχει την άδεια να παρακολουθεί Τηλεόραση σε ιδιαίτερα επιλεγμένες ποσότητες). Αναγνωρίζει ότι οι γονείς που γυρίζουν από τις εργασίες τους με το υπερβολικό άγχος, έχουν την ανάγκη μιας κατευναστικής δόσης άλφα, αλλά θεωρεί επίσης ότι αυτή η συνήθεια δεν είναι επιθυμητή για τους ανώριμους εγκεφάλους, οι οποίοι δεν έχουν σταθεροποιήσει ακόμα όλες τις συνδέσεις τους. "Ο εγκέφαλος είναι προγραμματισμένος να επαναλαμβάνει την ίδια εμπειρία, οι νευρώνες μαθαίνουν να αντιγράφουν ένα πρότυπο, έτσι μαθαίνουν οι άνθρωποι, αλλά δεν συνειδητοποιούμε ότι αυτά που μαθαίνουμε πραγματικά είναι συνήθειες. Όποτε τα παιδιά κάνουν κάτι για μεγάλο χρονικό διάστημα, θα πρέπει αναρωτηθούμε: Είναι μια συνήθεια που θέλουμε να έχουν τα παιδιά μας;"

Συνολικά, αυτή η σοβαρά περιορισμένη έρευνα εξηγεί ότι τα παιδιά μπορεί να αναγκαστούν, εντελώς φυσιολογικά "να αποσπαστούν" βλέποντας κάτι ακατανόητο, υπερβολικά δύσκολο, ή με μπερδεμένο περιεχόμενο. Δεδομένου ότι ο εγκέφαλος χτίζει τις εσωτερικές συνδέσεις του ως απάντηση στην ενεργή διανοητική προσπάθεια, θα αρπάξω την ευκαιρία να δηλώσω ότι προκαλώντας τα παιδιά μας να εθιστούν στην εύκολη τηλεοπτική ευχαρίστηση, μπορούμε πράγματι να διακινδυνεύσουμε τις διανοητικές τους δυνατότητές. Οι μελέτες έχουν παρουσιάσει, ότι τοποθετώντας τα μικρά ζώα σε μια περίφραξη από την οποία μπορούν απλώς να παρατηρούν τα άλλα να παίζουν, η αύξηση του εγκεφάλου τους μειώνεται αναλογικά, ανεξάρτητα από το πόσο τα υποκινεί το οπτικό περιβάλλον.

Ο ΕΘΙΣΜΟΣ ΣΤΑ ΗΛΕΚΤΡΟΝΙΚΑ ΠΑΙΧΝΙΔΙΑ

Εάν δεν τον ανάγκαζα να φάει, να κοιμηθεί, και να πάει σχολείο, θα ήταν σε εκείνο το πράγμα εικοσιτέσσερις ώρες την ημέρα!

—Μητέρα ενός εντεκάχρονου αγοριού

Τα αυτοματοποιημένα τηλεοπτικά παιχνίδια φαίνονται να είναι ακόμα πιο εθιστικά από την Τηλεόραση για πολλά παιδιά. Γιατί ασκούν τέτοια υπνωτική δύναμη; Τι θα συμβεί στα παιδιά που περνούν κάθε στιγμή του ελεύθερου χρόνου τους επιδιώκοντας μια μεγαλύτερη κατάκτηση σε έναν φανταστικό μικρόκοσμο; Είναι ανησυχητικό για το εκπαιδευτικό σύστημα; Βοηθάει την φαντασία και όλες τις άλλες δυνατότητες εκτός από τις προφορικές ή τις περιορίζει, στερώντας από το παιδί το κανονικό παιχνίδι και την ανθρώπινη συναναστροφή; Τα παιδιά μαθαίνουν νέες μεθόδους επίλυσης προβλημάτων ή θα χάσουν τη δυνατότητα να παράγουν ιδέες αν δεν παρακινηθούν από μια μηχανή; Δυστυχώς, ακόμα, υπάρχουν πολύ λίγα στοιχεία για τις μακροπρόθεσμες επιπτώσεις αυτού του νέου "εθισμού" στην αμερικανική ζωή. Οι επιστήμονες που ασχολούνται με την ανάπτυξη των παιδιών μου είπαν ότι έχουν ήδη δώσει προειδοποιητικές απαντήσεις και οι περισσότερες από αυτές ήταν αρνητικές. Ένα από τα κύρια σημεία που αναφέρουν πάντα, είναι το ζήτημα "της μεταφοράς," δηλαδή πόσο μπορούμε να επαναπαυόμαστε στις εμπειρίες ενός μόνο τύπου εισαγωγής πληροφοριών (π.χ. τα τηλεοπτικά παιχνίδια) για να ενισχύσουμε τις δυνατότητες που μπορούν να χρησιμοποιηθούν αλλού (π.χ. στην ανάγνωση ή γενικότερα στο συλλογισμό).

Το πρόβλημα "της μεταφοράς"

Ένα από τα βασικότερα μειονεκτήματα των αποτελεσμάτων που επιφέρουν τα ηλεκτρονικά παιχνίδια είναι το γεγονός ότι αυτά που "φαίνεται" ότι μαθαίνουν τα παιδιά δεν είναι καθόλου αληθινά. Αν διαλογιστούμε, για παράδειγμα ότι οτιδήποτε βελτιώνει τις οπτικό-χωρικές δεξιότητες των παιδιών (π.χ., ηλεκτρονικά παιχνίδια που τα αντικείμενα προέρχονται από όλες τις κατευθύνσεις και πρέπει αμέσως να πυροβοληθούν ή να αποφευχθούν.) πρέπει επίσης να βελτιώνει και την ταχύτητα τους στην ανάγνωσή ή ακόμα και τις δυνατότητες τους στην γεωμετρία, οι οποίες είναι γνωστό ότι χρησιμοποιούνται στον οπτικό χωρικό συλλογισμό. Πολλοί πιστεύουν ότι διδάσκοντας τα παιδιά να προγραμματίζουν έναν υπολογιστή, κάτι που απαιτεί συνεχώς την λογική και την άμεση σκέψη, τα διδάσκουν σίγουρα και να σκέφτονται λογικά.

Δυστυχώς, ο εγκέφαλος συχνά δυσκολεύεται να εφαρμόσει τις δεξιότητες που έχει μάθει από έναν συγκεκριμένο χώρο σε άλλα είδη προβλημάτων. Όταν οι δάσκαλοι ρωτούν, "Πόσο καλά μεταφέρθηκε αυτό το μάθημα;" αναφέρονται στο πόσο καλά έμαθαν τα παιδιά να περιγράφουν μια ιστορία στο μάθημα των αγγλικών, χωρίς να σημαίνει απαραιτήτως ότι θα εφαρμόσουν τις ίδιες δεξιότητες και στο μάθημα της ιστορίας, εκτός κι αν κάποιος τους υποδείξει να κάνουν το ίδιο πράγμα και στο μάθημα της ιστορίας. Το να περιμένουμε να μεταφερθούν κάποια είδη εκμάθησης, είναι ακριβώς σαν να περιμένουμε να ενισχυθεί η επιδεξιότητα των δαχτύλων, επειδή γυμνάζεται το σώμα ή ο εγκέφαλος, δεν μπορούμε να περιμένουμε ότι η δραστηριότητα "θα συμπεριλάβει" άλλη περιοχή εκτός από την συγκεκριμένη που ασκείται. Ο εγκέφαλος έχει πολλά εκατομμύρια διαφορετικά δίκτυα ή "συγκεντρώσεις" κυττάρων και δεν γενικεύει πολύ εύκολα από το ένα σετ στο άλλο. Παραδείγματος χάριν, μετά από εκατοντάδες μελέτες που δείχνουν, ότι οι ασκήσεις των ματιών συμπεριλαμβανομένου και των πολύπλοκων σχεδίων, έχουν πολύ μικρή επίδραση στις δυνατότητες ανάγνωσης για τα περισσότερα παιδιά, οι εμπειρογνώμονες κατέληξαν στο συμπέρασμα ότι η ανάγνωση είναι ο καλύτερος τρόπος για να βελτιωθεί το διάβασμα. Δεν υπάρχει κανένα στοιχείο που να αποδεικνύει ότι η οπτική υποκίνηση της τηλεοπτικής παρακολούθησης βελτιώνει τις οπτικές δυνατότητες του συλλογισμού και σε άλλες περιοχές. Ούτε και η μουσική μπορεί να βελτιώσει τις ακουστικές δεξιότητες για την γλώσσα αφού οι λέξεις και η μελωδία υποβάλλονται σε επεξεργασία από διαφορετικά σύνολα κυττάρων.

Η εκπαίδευση των πιο βασικών "συνήθειων του μυαλού", όπως ο προγραμματισμός της σκέψης αντιμετωπίζοντας τα προβλήματα στο σπίτι, στο σχολείο ή οπουδήποτε αλλού μπορεί εύκολα να γενικευτεί. Η υπόδειξη της εφαρμογής των θεωριών στην ανάγνωση και στα βίντεο είναι ένα καλό παράδειγμα "για τη μεταφορά" της διδασκαλίας στο σημερινό κόσμο.

Ένα άλλο ζήτημα που προκύπτει από τα ηλεκτρονικά παιχνίδια είναι ότι τα παιδιά μπορούν να διεκπεραιώσουν τους υψηλότερους στόχους με τις χαμηλού επιπέδου μεθόδους. Επειδή ένα παιδί εμφανίζεται να "κατέχει" ένα παιχνίδι, στο οποίο λαμβάνει τις αποφάσεις μόνο του, δεν σημάνει απαραιτήτως ότι κατέχει και νέες διανοητικές διαδικασίες. Μπορεί απλά να έχει αποκτήσει την συνήθεια μέσω της δοκιμής και του λάθους.

 Φαίνεται αρκετά δίκαιο, να ειπωθεί ότι ένα μεγάλο μέρος αυτής της εμπειρίας των παιδιών με τα ηλεκτρονικά παιχνίδια, προσδίδει πολύ μικρή αξία στους παραδοσιακούς σχολικούς στόχους. Καθώς τα σχολεία θα πρέπει να σκεφτούν με ποιο τρόπο θα χρησιμοποιήσουν τις δεξιότητες των παιδιών τις οποίες απέκτησαν έξω από την τάξη, ώστε να προάγουν την εκμάθηση, κανένας δεν έχει σκεφτεί πώς να επωφεληθεί διανοητικά από τους "διαστημικούς εισβολείς." Αφ' ετέρου, ξέρουμε ότι η έλλειψη συνήθειας, μπορεί να έχει επιπτώσεις στη δυνατότητα συνδέσεων του εγκεφάλου. Εάν ένα παιδί ξοδεύει υπερβολικό χρόνο στα ηλεκτρονικά παιχνίδια (ή την Τηλεόραση, ή ακόμα και σε άλλους τύπους χρήσεων υπολογιστές) αντί του παιχνιδιού και του πειραματισμού, είναι πιθανό να θυσιαστούν αρκετά είδη δεξιοτήτων. Αυτές οι απώλειες ίσως παρουσιαστούν πολύ αργότερα, όταν τα πιο περίπλοκα είδη σκέψης και εκμάθησης γίνονται απαραίτητα. Οι τρυφεροί νέοι εγκέφαλοι χρειάζονται ανοιχτούς ορίζοντες, χωρίς οι νευρικές διαβάσεις να είναι υπερβολικές σε μια συγκεκριμένη περιοχή ικανότητας. Αυτό το σημείο είναι εξαιρετικά σημαντικό καθώς θα επιστρέψουμε στο θέμα για το οποίο πολλοί γονείς ανησυχούν και όχι αδικαιολόγητα.

Μανία για την κυριότητα

Ηλεκτρονικά παιχνίδια όπως το "Nintendo" αναπτύσσουν τις πιο καθηλωτικές πτυχές της τηλεοπτικής παρακολούθησης, έχοντας ενσωματωμένο το σύστημα επιβράβευσης. Αυτή είναι η εισαγωγή για πολλά παιδιά στην "τεχνητή νοημοσύνη" του υπολογιστή. Όπως τους μεγαλύτερους ομοίους τους, που αποκαλούνται "χάκερ υπολογιστών," τα παιδιά μπλέκονται με αυτό το ισχυρό άλλο τους εγώ και μοιάζουν να γαντζώνονται από πειρασμούς που οι συνηθισμένες δραστηριότητες δεν προβάλουν. Εδώ βρίσκονται τα μυστικά όπλα των παιχνιδιών:

• τα συναισθήματα του ελέγχου και της κυριότητας των παικτών
• ακριβής βαθμονόμηση του επιπέδου δυσκολίας ανάλογα με το επίπεδο του παίκτη
• άμεση και συνεχής ενίσχυση
• διαφυγή από τις απρόβλεπτες ανθρώπινες κοινωνικές-συναισθηματικές σχέσεις

Όπως με την τηλεοπτική παρακολούθηση, έτσι, οι ανθρώπινοι εγκέφαλοι είναι εύκολο θήραμα για τα απαιτητικά, ζωηρόχρωμα, γρήγορα, οπτικά σχήματα.

Η ανθρώπινη φύση μας οδηγεί όλους, να καταπιαστούμε με προβλήματα. Ένας παίκτης του γκολφ μπορεί να έχει ως στόχο ζωής να ξεπεράσει τους 100 πόντους, αλλά μόλις σημειώσει τους 90, να ικανοποιηθεί τόσο ώστε να θέσει έναν νέο στόχο στους 95. Τα ηλεκτρονικά παιχνίδια έχουν σχεδιαστεί τέλεια για να υπόσχονται την βαθμιαία κυριαρχία, με αυτό τον τρόπο κρατούν τον παίκτη λίγο παραπάνω σε αυτό το μεθυστικό φίλτρο. Στο παιδί παρουσιάζονται πάντα οι ελαφρώς μεγαλύτερες προκλήσεις, που βαθμολογούνται ξεχωριστά και αποτελούν κάτι προσιτό με τη συνεχή πρακτική. Κάθε προσπάθεια, επιτυχής ή ανεπιτυχής, ενισχύεται αμέσως, η μηχανή γίνεται εξατομικευμένος δάσκαλος. Ακόμη και τα παιδιά με προβλήματα προσοχής σε άλλα θέματα, αποκρίνονται άμεσα. Η κυριότητα προσδίδει μια αίσθηση δύναμης, για την οποία το παιδί αισθάνεται όμορφα, σε έναν κόσμο όπου τα πράγματα φαίνονται εκτός ελέγχου, και πού οι δάσκαλοι διατάζουν τα παιδιά συνέχεια. Πολλά από τα παιχνίδια καλύπτουν άμεσα αυτήν την ανάγκη.

Μπορούν αυτά τα παιχνίδια να είναι εκπαιδευτικά; Κάποιοι έχουν ισχυριστεί ότι εκπαιδεύουν τα παιδιά σε δεξιότητες που θα χρειαστούν στο μέλλον και εκ των οποίων δεν γνωρίζουμε ακόμα τα οφέλη. Πολλοί δάσκαλοι υποστηρίζουν, εντούτοις, ότι οι τακτικοί παίκτες έχουν πρόβλημα να προσαρμοστούν από το μικρόκοσμο μέσα στην τάξη, ο οποίος προσφέρει πολύ λιγότερη "saliency" υποκίνηση, καμία αίσθηση δύναμης, και λιγότερο προσωπική προσοχή και επιβράβευση. Μερικοί, φυσικά, προτείνουν ότι θα πρέπει το σχολείο να ανταμείβει τα παιδιά όπως και τα παιχνίδια.

"Εάν μπορούσαμε απλώς να πείσουμε τα παιδιά, ότι μαθαίνοντας να διαβάζουν, και να λύνουν μαθηματικά θα τα καθιστούσαμε ισχυρά...κι εμείς " πρότεινε ένας δάσκαλος μελαγχολικά.

Αν και κάποια προηγούμενη έρευνα, υποδηλώνει, ότι οι δεξιότητες της αντίληψης (συγκεκριμένα, του ματιού και του χεριού) μπορούν να βελτιωθούν από τα παιχνίδια, προφανώς, υπάρχει κάποια μεταφορά στους σχολικούς στόχους, συμπεριλαμβανομένου του γραψίματος. Επιπλέον, παρόλο που η προσοχή του παίκτη, πράγματι, καθηλώνεται, δεν υπάρχει κανένα στοιχείο μεταφοράς της προσοχής σε άλλα είδη εκμάθησης.

Τελικά τέτοιους είδους παιχνίδια κάνουν όντως τα παιδιά καλύτερους λύτες προβλημάτων; Γιατί όπως και να έχει για πολλούς επιτυχία σημαίνει μια σειρά από σωστές αποφάσεις. Η Δρ Linda Siegel, κορυφή στην ανάπτυξη των παιδιών και στην εκπαίδευση, έχει αναρωτηθεί για αυτήν την δυνατότητα. Υποψιάζεται, εντούτοις, ότι η δυνατότητα χρήσης της λογικής σκέψης, στα παιδιά που ρυθμίζονται σε αυτό το οπτικό, ολιστικό περιβάλλον μπορεί πραγματικά να εξασθενίσει παρά να βελτιωθεί.

"Πρέπει να σκεφτούμε καλύτερα, τι επιδιώκουν στην πραγματικότητα αυτά τα παιχνίδια. Δεν έχω πειστεί ότι βοηθούν πραγματικά στη λήψη αποφάσεων, "μου είπε. "Παρακολουθώ τα παιδιά να παίζουν και αναρωτιέμαι αν οι αποφάσεις τους λαμβάνονται με βάση την λογική ή αν λαμβάνονται τυχαία. Αναπτύσσουν συστηματικούς κανόνες στα μυαλά τους ή αποκρίνονται με την διαίσθησή τους; Φαίνονται να ασκούν τον έλεγχο, αλλά πόσο έλεγχο έχουν πραγματικά; Και εάν είναι διαίσθηση και όχι λογική, είναι σκέψη;"

Θα ήταν πολύ ωραία αν είχαμε μερικές απαντήσεις σε αυτές τις ερωτήσεις. Εν τω μεταξύ, οι γονείς δεν πρέπει να ξεχνάνε ότι είναι ακόμα υπεύθυνοι για την οικογένεια. Έτσι δεν είναι;

ΕΓΚΕΦΑΛΟΙ ΑΝΑΓΝΩΣΤΩΝ ΕΝΑΝΤΙΟΝ ΕΓΚΕΦΑΛΟΙ ΤΗΛΕΘΕΑΤΩΝ

Ένα πράγμα που κάνει η Τηλεόραση είναι να αποτρέπει τα παιδιά από το διάβασμα. Η ανάγνωση επιφέρει αρκετή εμπειρία στον εγκέφαλο, κάτι που δεν συμβαίνει όταν δεν διαβάζετε. Πιστεύω ότι οι εγκέφαλοί μας σχεδιάζονται, για να συμβολίσουν και να αντιπροσωπεύσουν τις πληροφορίες με τον τρόπο που

αποκαλούμε, γλώσσα. Εάν δεν τον εξασκούμε, τον χάνουμε. Η Τηλεόραση, ακόμη και η εκπομπή Sesame Street δεν είναι πολύ συμβολική. Καθιστά τα πράγματα πολύ απτά και εύκολα να κατανοηθούν, αντιθέτως όμως η ανάγνωση είναι το είδος της εξάσκησης που αναγκάζει τον εγκέφαλο, να αναπτυχθεί διαφορετικά, επειδή χρησιμοποιεί την συμβολική ικανότητα.
—Δρ M. Russell Harter

Οι εγκέφαλοι των παιδιών αναπτύσσουν συνδέσεις, ανάμεσα και μεταξύ των περιοχών, ανάλογα με τον τύπο εξάσκησης που δέχονται. Ένας "καλός" εγκέφαλος για εκμάθηση, αναπτύσσει ισχυρές και εκτεταμένες νευρικές λεωφόρους, οι οποίες μπορούν γρήγορα και αποτελεσματικά, να αναθέσουν τις διαφορετικές πτυχές του στόχου στο αποδοτικότερο σύστημα. Ένας τέτοιος εγκέφαλος είναι σε θέση "να μιλήσει" με τον εαυτό του, στέλνοντας τα μηνύματα από την μια περιοχή στην άλλη, αυτομάτως. Τέτοια λειτουργικότητα, αναπτύσσεται μόνο με πρακτική της σκέψης και της εκμάθησης, η όποια, με τη σειρά της, χτίζει όλο και ισχυρότερες συνδέσεις. Μια διαδεδομένη υποψία, μεταξύ των ερευνητών του εγκεφάλου, είναι ότι η υπερβολική τηλεοπτική παρακολούθηση, μπορεί να έχει επιπτώσεις στην ανάπτυξη αυτών των συνδέσεων. Μπορεί επίσης να αυξήσει, την πιθανότητα χρήσης λανθασμένων συστημάτων στους διαφορετικούς τύπους εκμάθησης.
Οι μόνες πηγές πληροφόρησης (άμεσες και έμμεσες) αυτού του θέματος, είναι οι μελέτες που συγκρίνουν τα αποτελέσματα της παρακολούθησης με αυτά της ανάγνωσης. Αν και, όπως πάντα, τα στοιχεία είναι ελλιπή, δηλώνουν ότι η ανάγνωση και η παρακολούθηση της Τηλεόρασης, προβάλουν αρκετά διαφορετικές απαιτήσεις από τον εγκέφαλο, ώστε με αυτό τον τρόπο να ενθαρρύνουν, διαφορετικά είδη ανάπτυξης. Όπως κάθε δραστηριότητα, έτσι και η επαναλαμβανόμενη έκθεση, ιδιαίτερα κατά τη διάρκεια των ευαίσθητων περιόδων, μπορεί να προκαλέσει μόνιμες αλλαγές.
"Όταν ένα συγκεκριμένο τμήμα του εγκεφάλου, είναι διαθέσιμο για την ανάγνωση, ενώ δεν εξυπηρετεί την λειτουργία της ανάγνωσης, θα πραγματοποιηθεί αναδιοργάνωση που θα επιτρέψει σε μια άλλη λειτουργία να αναπτυχθεί" προσθέτει ο

Δρ Harter, διευθυντής του πανεπιστημίου της βόρειας Καρολίνας και ένας από τους σημαντικότερους ερευνητές, της μεγαλύτερης μελέτης, για την ανάγνωση και τον αναπτυσσόμενο εγκέφαλο.

Η εντατική παρακολούθηση, μπορεί να επιφέρει τουλάχιστον τρεις επιπτώσεις στον αναπτυσσόμενο εγκέφαλο, και οι τρεις, θα μπορούσαν να παρεμποδίσουν τη φυσική ικανότητα του παιδιού, για νοημοσύνη και δημιουργικότητα: (1) μπορεί να μειώσει την υποκίνηση στα συστήματα του αριστερού-ημισφαιρίου, που είναι κρίσιμα για την ανάπτυξη της γλώσσας, την ανάγνωση, και την αναλυτική σκέψη (2) μπορεί να έχει επιπτώσεις στη διανοητική ικανότητα και στην προσοχή, μειώνοντας την διανοητική κυκλοφορία μεταξύ των ημισφαιρίων (3) και τέλος, μπορεί να αποθαρρύνει την ανάπτυξη των "εκτελεστικών" συστημάτων που ρυθμίζουν την προσοχή, την οργάνωση, και το κίνητρο. Χωρίς να έχουμε κάποια σταθερή ερευνητική βάση, μπορούμε να επεξεργαστούμε, κάθε ένα από τα τρία, μόνο από θεωρητική άποψη.

Συγχύζει η Τηλεόραση τον εγκέφαλο διανοητικά;

Τα τηλεοπτικά μέσα (τουλάχιστον στις Ηνωμένες Πολιτείες), αυξάνοντας τις γρήγορες εναλλαγές, οι οποίες δεν επιτρέπουν την απαραίτητη ανάλυση, και την τηλεοπτική παρουσίαση της βίας ή της καταστροφής, διαβεβαιώνουν την επικράτηση του παγκόσμιου φανταστικού περιεχομένου (λειτουργίες του δεξιού τμήματος του εγκεφάλου;) με κόστος τις περισσότερο τακτικές και λογικές προφορικές και αναλυτικές διαδικασίες (του αριστερού τμήματος του εγκεφάλου;). Η ανάγνωση, σε αντίθεση, μπορεί να παρουσιάσει εξίσου συγκλονιστικές πληροφορίες... αλλά απαιτεί μια πιο ενεργή θέση, από τον αναγνώστη που πρέπει να προβάλει την δική του φαντασία, σε μια τακτική σειρά προφορικών πληροφοριών.

—Ο Δρ Jerome Singer, πανεπιστήμιο Yale

Ο φόβος που εκφράζεται συχνότερα για την εκτεταμένη τηλεοπτική παρακολούθηση, είναι ότι κλέβει χρόνο και χώρο από την ανάπτυξη του αριστερού ημισφαιρίου. Πριν από μια δεκαετία, η Marie Winn, σκέφτηκε ότι "οι επαναλαμβανόμενες και χρονοβόρες μη λεκτικές, οπτικές δραστηριότητες" και τα αρνητικά πρότυπα της "μη λεκτικής γνώσης" ίσως να συγκρούονται με τις λειτουργίες του "αριστερού τμήματος του εγκεφάλου", αναστατώνοντας την ανάπτυξη της γλώσσας και της ανάγνωσης. Δύο έτη αργότερα οι Emery αποκάλυψαν, ότι τα μη λεκτικά συστήματα του δεξιού ημισφαιρίου, είχαν υπερδιεγερθεί από την Τηλεόραση και ότι ακόμη και στα "προνομιούχα" παιδιά θα μπορούσαν να επιφέρουν αρνητικές συνέπειες, αν οι νευρικές διαβάσεις, βασικές για την ανάπτυξη της προφορικής και γραπτής γλώσσας και του συλλογισμού δεν αναπτύσσονταν πλήρως. Δεν έχει πραγματοποιηθεί μέχρι στιγμής, καμία αξιόπιστη έρευνα, που να συγκρίνει την ημισφαιρική δραστηριότητα κατά τη διάρκεια της παρακολούθησης ή της ανάγνωσης αντίστοιχα. Αυτό που είναι διαθέσιμο, υποδηλώνει ότι, όσον αφορά στην Τηλεόραση, τα μέσα επικοινωνίας, παράγουν περισσότερη δραστηριότητα στο αριστερό μέρος του εγκεφάλου από ότι στο δεξί τμήμα τους εγκέφαλο.

Συντακτικό εναντίον Εικόνας

Καθώς είναι φυσικώς αδύνατο, να υποκινηθεί η μια πλευρά ενός φυσιολογικού εγκεφάλου χωρίς να επηρεαστεί και η άλλη, μπορεί να "διαταραχτεί" η ανάπτυξη, παραλείποντας ορισμένους τύπους εισαγωγής πληροφοριών. Η δεξιότητα στην ανάγνωση, εξαρτάται αρκετά από τις δυνατότητες της ακουστικής γλώσσας(αριστερό-ημισφαίριο). Ακόμη και οι αρκετά δυνατοί αναγνώστες, είναι πιθανό να μην γνωρίζουν ότι "ακούνε" προτάσεις στο κεφάλι τους καθώς διαβάζουν. Παιδιά που στηρίζονται υπερβολικά στις οπτικές, ολιστικές μεθόδους (δεξί-ημισφαίριο) θυμούνται ή υποθέτουν τι λέει μια λέξη, μόνο από το πως "φαίνεται" το πρώτο γράμμα, το σχήμα, κ.λπ. Αντιμετωπίζουν πρόβλημα, κάθε φορά που συναντούν ένα δύσκολο κείμενο, όταν οι λέξεις είναι μεγαλύτερες και όταν πρέπει να τις διαβάσουν ή να τις συλλαβίσουν ακριβώς. Στα συμπτώματα περιλαμβάνεται και ο ανακριβής προφορικός συλλαβισμός κατά την ανάγνωση ("κατσαρίδα" αντί για "κατσαρόλα") και η δυσκολία της ανάγνωσης και της ορθογραφίας των συλλαβών στη σωστή σειρά ("εφηρεμίδα" αντί για "εφημερίδα"). Τα παιδιά που δεν μαθαίνουν ποτέ να επεξεργάζονται (να κατανοούν και να θυμούνται) τη γλώσσα χωρίς την παρουσία εικόνων, θα δυσκολευτούν στο σχολείο, όταν θα πρέπει να ακούσουν το δάσκαλο ή τον συγγραφέα ενός βιβλίου. Θα συνεχίσουν να ψάχνουν την έννοια τριγύρω αντί να την δημιουργήσουν μέσα στο κεφάλι τους.

Όπως είδαμε στο κεφάλαιο 4, η Τηλεόραση είναι ανεπαρκής δασκάλα για τη γλώσσα αφού δεν είναι διαλογική και δεν μπορεί να προσαρμόσει τη συνομιλία, όπως μπορεί ένας γονείς, στις μεμονωμένες ανάγκες ενός παιδιού. Ακόμη και τα παιδιά με σοβαρές βλάβες, δεν φαίνεται να αποκομίζουν γλωσσικά οφέλη από τις εκτεταμένες ώρες μπροστά στην Τηλεόραση. Διάφορες μελέτες έχουν δείξει, ότι τα παιδιά δέχονται τις πληροφορίες της Τηλεόρασης, αρχικά μέσω της προσοχής στην οπτική δράση και τους μη λεκτικούς ήχους (δυνατούς ήχους, συντριβές, μουσική), και όχι από τους διάλογους. Για να καταλάβουν μια σύνθετη πλοκή ή να κατανοήσουν τις ομιλίες της Τηλεόρασης, θα πρέπει να αγνοήσουν τα ιδιαίτερα έντονα χαρακτηριστικά και να εστιάσουν στις "πιο χαμηλών τόνων" πτυχές, όπως τη χαμηλή δράση ή την φυσιολογική ανθρώπινη ομιλία. Ωστόσο, δεδομένου ότι τα προγράμματα έχουν σχεδιαστεί για να προσελκύσουν την προσοχή, το παιδί τηλεθεατής θα αποκτήσει την συνήθεια να αδιαφορεί για την γλώσσα, εστιάζοντας στα οπτικά και ακουστικά τεχνάσματα. Η σύνταξη έρχεται δεύτερη ενώ τα έντονα σημεία κεντρίζουν εξαρχής το ενδιαφέρον.

Καθώς παρατηρούσα το πρόγραμμα των παιδιών, ξαφνιάστηκα από τα εξής (το Α και το Δ δηλώνουν πότε το κάθε ημισφαίριο εμπλέκεται σε κάθε περίπτωση):

◊ Η ολιστική οπτική δράση (Δ) υπερισχύει της προφορικής γλώσσας (Α)

◊ Τα ηχητικά εφέ είναι κυρίως νέοι θόρυβοι (Δ), και όχι λόγος με συνοχή{Α).

◊ Η γλωσσική διαμόρφωση αποτελείται αρχικά από την σημασιολογία των λέξεων (Δ και Α) παρά την γραμματική –συντακτική σειρά των λέξεων ή των φράσεων (Α).

◊ Οι γρήγορες κινήσεις και η καινοτομία (Δ) είναι σχεδόν συνεχείς.

◊ Ο υπερβάλλων συναισθηματικός τόνος (Δ) χαρακτηρίζει τις απαντήσεις πολλών χαρακτήρων.

◊ Το χρώμα (Δ) είναι ένα κυρίαρχο χαρακτηριστικό γνώρισμα.

◊ Η αμεσότητα (Δ) κυριαρχεί της λογικής σειράς των (Α) επεισοδίων.

◊ Δεν υπάρχει αρκετός χρόνος για την ανάλυση (Α), ιδιαίτερα για τα λόγια των χαρακτήρων.

◊ Η κατανόηση των ήχων (Α) της ομιλίας των χαρακτήρων είναι πολύ δύσκολη, ακόμη και για τον εγκέφαλο ενός ενηλίκου.

Η απώλεια της πολύτιμης αναπτυξιακής άσκησης, των συστημάτων του αριστερού-ημισφαιρίου, μπορεί να επηρεάσει την ισορροπία των εγκεφάλων, θέτοντας τον σε κίνδυνο για μαθησιακά προβλήματα. Θα μπορούσε αυτό να θέσει τους πιο φυσιολογικούς εγκεφάλους σε κίνδυνο; Καθώς θα αυξάνονται οι ώρες -ποιος ξέρει; Τα μυαλά που εκπαιδεύονται από την Τηλεόραση, θα παραιτηθούν από την ειδική μορφή διανοητικής προσέγγισης, η οποία επιτεύχθηκε από την εξέλιξη της γλώσσας, στο αριστερό ημισφαίριο; Κανένας δεν μπορεί να απαντήσει σε αυτήν την ερώτηση, παρόλο που, πολλοί δάσκαλοι έχουν τις απόψεις τους.

Μεταβαλλόμενοι εγκέφαλοι: Νευρικά αποτυπώματα της εκπαίδευσης

Καθώς η έρευνα έχει επιβεβαιώσει ότι η εκπαίδευση μπορεί να αλλάξει μόνιμα τον εγκέφαλο, θα πρέπει να αποδείξει ακόμα, ότι το ίδιο ισχύει και με την παρακολούθηση της Τηλεόρασης. Επειδή η ανάγνωση και το γράψιμο δεν είναι έμφυτες δεξιότητες ούτε αναπόφευκτες για τον ανθρώπινο εγκέφαλο, απαιτούν εξάσκηση και πρακτική. Η πρακτική, με την σειρά της, φαίνεται να αναπτύσσει και τον εγκέφαλο και τους τρόπους σκέψης, με κάποιους εξειδικευμένους τρόπους.

> Πράγματι, εξετάζω τη πιθανότητα, ότι η υιοθέτηση του αλφάβητου από τους δυτικούς πολιτισμούς είχε μια αναδιοργανωτική επίδραση στον εγκέφαλο και σε ολόκληρο το νευρικό σύστημα των μορφωμένων ανθρώπων...
>
> —Derrick De Kerckhove από το *The Alphabet and The Brain*

Οι επιστήμονες διασκεδάζουν προσπαθώντας να ανακαλύψουν με ποιον τρόπο η χρήση ενός αλφάβητου, ιδιαίτερα κάποιου που διαβάζεται από τα αριστερά στα δεξιά, μπορεί να αλλάξει τον τρόπο λειτουργίας ενός ανθρώπινου εγκεφάλου. Οι ενδείξεις έχουν προέλθει κυρίως από δύο τύπους μελετών: κάποιες δείχνουν, ότι τα αναλφάβητα άτομα τείνουν να έχουν λιγότερο ανεπτυγμένη γλωσσική επεξεργασία του αριστερού-ημισφαιρίου από αυτά τα άτομα που μπορούν να διαβάσουν. Κάποιες άλλες δείχνουν, ότι τα άτομα που μαθαίνουν να διαβάζουν κείμενα που αποτελούνται είτε από γράμματα είτε από εικόνες (π.χ. Ιαπωνικό αλφάβητο), μπορούν να επεξεργαστούν τη γλώσσα και με τις δύο πλευρές του εγκεφάλου σε αντίθεση με τα άτομα που διαβάζουν μόνο τα κείμενα με γράμματα κάποιου αλφάβητου.

Οι δυνατοί και οι αδύνατοι αναγνώστες συνήθως παρουσιάζονται με διαφορές στη λειτουργία του εγκεφάλου. Μέρος της αιτίας μπορεί να είναι ότι οι εγκέφαλοι που διαβάζουν περισσότερο αναπτύσσονται διαφορετικά. "Οι δυνατοί αναγνώστες μπορεί να ξοδεύουν περισσότερο χρόνο στην ανάγνωση, από ότι οι αδύνατοι αναγνώστες και αυτό είναι πιθανό να έχει επιπτώσεις στις λειτουργίες και των δύο πλευρών του εγκεφάλου" σημείωσε μια γνωστή ομάδα ερευνητών.

Οι εγκέφαλοι που διαβάζουν με ασυνήθιστους τρόπους, επίσης αναπτύσσονται διαφορετικά. Παρόμοιες μελέτες με αυτές που συζητήθηκαν σε προηγούμενο κεφάλαιο, δείχνουν ότι οι κωφοί αναγνώστες, χρησιμοποιούν και τις δύο πλευρές του εγκεφάλου τους. Πρέπει να θυμηθούμε ότι οι κωφοί αναγνώστες, σπάνια έχουν την δυνατότητα να επεξεργαστούν τα κείμενα που είναι πάνω από το επίπεδο της τρίτης ή τέταρτης τάξης, παρά τη νοημοσύνη τους και τη διδασκαλία. Όπως είναι αναμενόμενο, τείνουν να χρησιμοποιούν τα συστήματα του δεξιού ημισφαιρίου (οπτικά) αντί του αριστερού (ακουστικά). Είναι απλώς συμπτωματικό, που οι αναγνωστικές δυνατότητες των σημερινών ακουστικών μαθητών, αρχίζουν επίσης να πέφτουν στο σημείο που κολλούν και οι περισσότεροι κωφοί αναγνώστες;

Διδάσκοντας τις Αλλαγές των Εγκεφάλων

ο Δρ Dirk Bakker, του Ανοικτού πανεπιστημίου και του Παιδολογικού Ιδρύματος στο Άμστερνταμ, θεωρεί ότι ο τρόπος που τα παιδιά χρησιμοποιούν τα ημισφαίριά τους μπορεί να αλλάξουν με εκπληκτικά μικρή προσπάθεια. Χρησιμοποιώντας διαφορετικές μεθόδους διδασκαλίας, έχει αλλάξει τη λειτουργία του εγκεφάλου και έχει βελτιώσει τα αποτελέσματα της ανάγνωσης.

ΟBakker επιμένει ότι τα προβλήματα ανάγνωσης επέρχονται, όταν τα παιδιά χρησιμοποιούν τα ημισφαίριά τους ακατάλληλα. Μέρος αυτής της "λειτουργικής υπερανάπτυξης" μπορεί να κληρονομηθεί, αλλά η εμπειρία είναι ικανή, να επαναφέρει εν μέρει την ισορροπία. Για να γίνουν αυτοί οι εγκέφαλοι, πιο οργανωμένοι στην ανάγνωση, ο Δρ Bakker χρησιμοποιεί την εξάσκηση, με την οποία προσπαθεί να ενδυναμώσει το αδύνατο σύστημα που προκάλεσε το πρόβλημα.

Οι μαθητές του Bakker βελτίωσαν την ανάγνωσή τους, αλλά, το σημαντικότερο, παρουσίασαν "ηλεκτρικές αλλαγές στην ασυμμετρία του εγκεφάλου που προκλήθηκαν από την εξάσκηση" (αλλαγές στη σχετική δύναμη των κυμάτων του εγκεφάλου και στα δύο ημισφαίρια) και σχετίζονται με τις αλλαγές στις δυνατότητες τους στην ανάγνωσή. Είναι ιδιαίτερα αξιοπρόσεκτο και συγχρόνως λίγο τρομακτικό ότι οι δάσκαλοι πέτυχαν αυτές τις αλλαγές στην ημισφαιρική δραστηριότητα, απλώς με είκοσι δύο εβδομαδιαίες συνεδριών, από σαράντα πέντε λεπτά η καθεμία. Αν και δεν έχει αποδειχθεί ακόμα, ότι οι εγκέφαλοι άλλαξαν μόνιμα, με μια τόσο σύντομη εξάσκηση, αυτά τα πειράματα δίνουν την ελπίδα, ότι τα δημοτικά σχολεία, εξασφαλίζουν ακόμα μια ευκαιρία για την επανεκπαίδευση των άτονων νευρώνων.

Οι περισσότεροι ερευνητές είναι δύσπιστοι με τον όρο "διχοτομανία" που ο Marcel Kinsbourne έδωσε στην τάση του ατόμου να τα εξετάζει όλα, με βάση το δεξί ενάντια στο αριστερό ημισφαίριο. Τα παιδιά πρέπει να μάθουν να χρησιμοποιούν και τις δύο πλευρές του εγκεφάλου αλλά και τις συνδέσεις μεταξύ τους ώστε να βοηθηθεί η ανάπτυξη. Οι ανώτερες λειτουργίες του συλλογισμού και της γλωσσικής σημασιολογίας, μαζί με τις οπτικές πληροφορίες είναι ιδιαίτερα σημαντικές. Από αυτή την άποψη, η επιδέξια ανάγνωση είναι πολύ καλύτερος εκπαιδευτής από την Τηλεόραση.

Διανοητική και Ανατομική προσπάθεια —ή Συρρικνωμένοι εγκέφαλοι;

Η Τηλεόραση δεν αντικρούει, καμία ολοκληρωμένη διαδικασία των ανώτερων λειτουργιών. Είναι πολύ πιο επικίνδυνο από την δέσμευση των δεξιών ημισφαιρίων των παιδιών. Και τα δύο ημισφαίρια μπορούν να παρακολουθήσουν Τηλεόραση, αλλά το κάνουν με τα κατώτερα συστήματα, που είναι κυρίως τα οπτικά. Το ζήτημα δεν ποιο από τα δύο το κάνει, αλλά ο τύπος επεξεργασίας που προκαλείται.

Δρ Wendy Heller

Οι ειδήμονες, υποψιάζονται ότι η δυνατότητα να ενεργοποιηθεί και να συντονιστεί η εργασία και των δύο ημισφαιρίων, είναι ακόμα σημαντικότερη από την ανάπτυξη, των συστημάτων μεμονωμένα σε κάθε πλευρά. Υποστηρίζουν, ότι δεν πρέπει να επιτρέπουμε στην Τηλεόραση να αντικαθιστά, την σωματική εξάσκηση (π.χ., τρέξιμο, λάκτισμα, αναρρίχηση, ρίψη), τη χειροτεχνία (π.χ., κατασκευή, πυλό, ραπτική, origami), κατασκευή puzzle, παιχνίδια, ή άλλες δραστηριότητες μέσω των οποίων και οι δύο πλευρές του σώματος (και των σχετικών συνδέσεών τους με τον εγκέφαλο) μαθαίνουν να συντονίζονται η μια με την άλλη.

Το μεσολόβιο, δηλαδή, η παχιά γέφυρα από ίνες, που συνδέει τα ημισφαίρια, είναι ένα από τα προσφάτως-ωριμασμένα μέρη του εγκεφάλου. Πραγματοποιεί, τις πιθανές σημαντικές δεξιότητες, όπως ο ελαστικός χειρισμός των ιδεών, η ώριμη δημιουργική φαντασία, και η αποτελεσματική συνεργασία, της αναλυτικής και της διαισθητικής σκέψης (π.χ., η κατανόηση του συνδυασμού των λεπτομερειών μέσα στη "μεγάλη εικόνα", η εφαρμογή ενός δραστικού προγράμματος για μια δημιουργική ιδέα). Η φτωχή ανάπτυξη αυτής της κρίσιμης σύνδεσης, μεταξύ των ημισφαιρίων μπορεί να οδηγήσει στα προβλήματα της εκμάθησης και της προσοχής.

Λόγω της αργοπορημένης ωρίμανσής του, το μεσολόβιο, μπορεί να είναι εξαιρετικά τρωτό στην έλλειψη πρακτικής. Μετά από την αρχική, εκτοξευτική του ανάπτυξη, κατά τη διάρκεια των πρώτων δύο ετών ζωής, συνεχίζει να αναπτύσσεται, πιθανώς σε έναν αργότερο ρυθμό, μέχρι τις ηλικίες οκτώ και δεκατέσσερα. Δεδομένου ότι οι συνδέσεις ωριμάζουν, οι νέοι θα πρέπει να τις εξασκήσουν —μέσω της σωματικής και της διανοητικής δραστηριότητας. Εάν ο εγκέφαλος παραμείνει παθητικός, κατά τη διάρκεια της παιδικής ηλικίας ή και της εφηβείας, θα είναι δυσκολότερο να αναπτύξει αυτές τις δεξιότητες αργότερα, που ο εγκέφαλος θα είναι λιγότερο ελαστικός.

Η Δρ Jerry Levy, Βιοψυχολόγος στο πανεπιστήμιο του Σικάγου, και διεθνώς αναγνωρισμένη επιστήμων για την Ημισφαιρική Ανάπτυξη, θεωρεί ότι όλες οι διανοητικές ενέργειες, ενισχύουν τις συνδέσεις.

Υποψιάζομαι ότι οι φυσιολογικοί ανθρώπινοι εγκέφαλοι, είναι φτιαγμένοι για να προκαλούνται και ότι οι φυσιολογικές ημισφαιρικές διαδικασίες του εγκεφάλου, απασχολούνται μόνο από μια ικανοποιητική πρόκληση.

Η Δρ Levy, επιμένει ότι τα παιδιά χρειάζονται "ένα γλωσσικό περιβάλλον συντονισμένο με το οπτικό περιβάλλον που βιώνουν" όχι το "γλωσσολογικά φτωχό" περιβάλλον της Τηλεόρασης. Με άλλα λόγια, πρέπει να δώσουν προσοχή στις λέξεις καθώς επίσης και στις εικόνες.

Η Δρ Levy επίσης, θεωρεί ότι τα μεγαλύτερα παιδιά, μπορούν πραγματικά να επηρεαστούν περισσότερο, από τα χαμηλού επιπέδου γλωσσικά περιεχόμενα των προγραμμάτων της Τηλεόρασης, από ότι τα μικρότερα. "Επιπλέον," πρόσθεσε, "αυτό που με ανησυχεί κυρίως όσον αφορά την Τηλεόραση, δεν είναι μόνο το διανοητικό επίπεδό. Στο βαθμό που τα παιδιά απασχολούνται για να παρακολουθούν Τηλεόραση, δεν έχουν χρόνο για διάβασμα. Όταν ένα παιδί διαβάζει ένα μυθιστόρημα, πρέπει να δημιουργήσει μόνο του ολόκληρο το σενάριο, πρέπει να δημιουργήσει τις εικόνες, αυτών των ανθρώπων που διαβάζει, τους τόνους της φωνής τους, με τι μοιάζει το περιβάλλον κτλ. Αυτά τα αυτό-δημιουργημένα σενάρια είναι σημαντικά, αλλά η Τηλεόραση δεν αφήνει κανένα περιθώριο για αυτή την δημιουργική διαδικασία.

"Πιστεύω ότι οι εγκέφαλοι σχεδιάζονται για να αντιμετωπίσουν τις γνωστικές προκλήσεις," ολοκλήρωσε. "Είναι ακριβώς όπως τους μυς, όταν δεν ασκούνται συρρικνώνονται. Όταν δεν ασκούνται οι εγκέφαλοι συρρικνώνονται."

ΑΔΥΝΑΜΟ ΥΠΟΒΑΘΡΟ ΓΙΑ ΤΟΝ ΔΙΟΙΚΗΤΗ ΤΟΥ ΕΓΚΕΦΑΛΟΥ

Εξίσου ενοχλητική, είναι η υποψία ότι τα εκτελεστικά κέντρα του εγκεφάλου, μπορεί να δεσμευτούν, από τις πολλές ώρες μπροστά στην Τηλεόραση. Αυτή η ανησυχία εκφράστηκε επανειλημμένα από τους νευροψυχολόγους, στους οποίους, ανεπίσημα, πήρα συνέντευξη, σε μια πρόσφατη διάσκεψη, το μεγαλύτερο μέρος των οποίων, τυχαία, δεν επιτρέπει στα παιδιά τους παρακολουθούν —παρά μόνο σε περιορισμένη και επιλεκτική βάση.

"Είναι πάρα πολύ απλό να ειπωθεί ότι η Τηλεόραση, κάνει τα παιδιά να λειτουργούν με το δεξί τμήμα του εγκεφάλου", σχολίασε ο Δρ Sid Segalowitz ειδήμων στην ημισφαιρική ανάπτυξη των παιδιών. "Είναι σημαντικό για τους γονείς να συνειδητοποιήσουν, πόσο σύνθετος είναι ο εγκέφαλος. Ακούνε όλα αυτά τα πράγματα, σχετικά με την υποκίνηση του εγκεφάλου του παιδιού τους, πρέπει να συνειδητοποιήσουν ότι δεν μπορούν να υποκινήσουν μόνο το ένα μέρος του. Η λειτουργία του εγκεφάλου είναι Ένα σύστημα, πρέπει να ξεφύγουμε από την ιδέα του δεξιού και του αριστερού. Όταν παρατηρούμε τα slide της ροής του αίματος του εγκεφάλου, καθώς τα παιδιά διαβάζουν, μπορούμε να δούμε πολλές διαφορετικές περιοχές, να ανάβουν αμέσως. Οι καλοί αναγνώστες, χρησιμοποιούν και το αριστερό και το δεξί ημισφαίριο, συμπεριλαμβανομένων των προμετωπιαίων συστημάτων."

Το ξόδεμα του χρόνου, σε κάτι που δεν υποκινεί τους εγκεφάλους τους, θα μπορούσε, να παρεμβάλει στην ανάπτυξη των προμετωπιαίων εκτελεστικών λειτουργιών, όπως τον έλεγχο της σκέψης, την προσοχή, και γενικά δεξιότητες προγραμματισμού, είπε ο Δρ Segalowitz. "Οι μετωπικοί λοβοί, αναπτύσσονται αρκετά αργά, με αποτέλεσμα να επηρεάζονται από τις μετατροπές του περιβάλλοντος, αλλά ακόμα δεν ξέρουμε πόσο εφικτό είναι να προγραμματίσουμε το υλικό τους." Όπως και πολλοί άλλοι συνάδελφοι του, θα ήθελε να αρχίσει την έρευνα για να ανακαλύψει περισσότερα, σχετικά με το πώς οι περιβαλλοντικές μετατροπές, επηρεάζουν αυτήν την μυστήρια και σημαντική περιοχή του εγκεφάλου.

Αν θυμηθούμε, στο κεφάλαιο 8, η ανάπτυξη των μετωπιαίων-λοβών συνεχίζεται σε όλη την παιδική ηλικία και την εφηβεία. Συσχετίζεται πολύ με την *παρατήρηση* (επίμονη προσοχή) που φαίνεται να επηρεάζεται ιδιαίτερα απο την τηλεοπτική παρακολούθηση. Η ανάπτυξη αυτών των εκτελεστικών συστημάτων, συντελεί στη δραματική αλλαγή που εμφανίζεται, στον έλεγχο των δυνατοτήτων συλλογισμού των παιδιών, μεταξύ των ηλικιών πέντε και επτά. Κατά τη διάρκεια αυτής της περιόδου, που αντιλαμβάνονται καλύτερα και μπορούν να σχεδιάσουν μεθόδους για αυτά που μαθαίνουν, καθώς επίσης και για τον έλεγχο της συμπεριφοράς τους. Δεν χρειάζεται να υπενθυμίσουμε στους γονείς, ότι πολλές "λειτουργίες ελέγχου" δεν είναι αξιόπιστοι μέχρι πολύ αργότερα! Το πώς μπορεί η Τηλεόραση να έχει επιπτώσεις σε αυτήν την πορεία της ανάπτυξης, είναι άγνωστο, παρόλο που μπορούμε ακίνδυνα να υποθέσουμε ότι η εκτενής παρακολούθηση έχει μερικές επιδράσεις.

Η προμετωπιαία ανάπτυξη, επιτρέπει την υψηλότερου επιπέδου εκμάθηση. Ενώ, η στοχαστική, διανοητικά υποκινητική ανάγνωση, η απεικόνιση, ο προγραμματισμός, και η επίλυση προβλημάτων, τρέφουν αυτά τα νευρικά κυκλώματα. Είναι δυνατό, η ανάγνωση των λέξεων να γίνεται χωρίς την βοήθεια αυτών των υψηλότερου επιπέδου κέντρων, αλλά η κατανόηση και η απόδοση-καθώς το κίνητρο και η επιμονή-απαιτούν την χρήση τους. Αυτές οι διακυβευμένες δεξιότητες φαίνονται να είναι, οι πιο σχετικές με την εθνική μας κρίση στην εκμάθηση. Πόσο μπορεί να κατηγορηθεί, η γενικευμένη προθυμία να αφήνουμε την Τηλεόραση να "εμποδίζει" την ανάπτυξη των παιδιών;

ΣΥΜΠΕΡΑΣΜΑ: Η ΤΗΛΕΟΡΑΣΗ ΜΠΟΡΕΙ ΝΑ ΕΙΝΑΙ ΕΠΙΚΙΝΔΥΝΗ ΓΙΑ ΤΟΥΣ ΕΓΚΕΦΑΛΟΥΣ ΚΑΙ ΤΗΝ ΕΚΜΑΘΗΣΗ

Οι γενικές επιπτώσεις, της τηλεοπτικής παρακολούθησης και των άλλων μορφών βίντεο, στον αναπτυσσόμενο εγκέφαλο, είναι ελάχιστα κατανοητές. Αλλά η έρευνα δείχνει έντονα, ότι έχει τη δυνατότητα να επηρεάσει και τον εγκέφαλο και τις σχετικές με αυτόν δυνατότητες εκμάθησης. Οι δυνατότητες της διατήρησης της προσοχής, της εμμονής στη λύση των προβλημάτων, των έξυπνων ακουσμάτων, της κατανόησης αυτών που διαβάζουν και της χρήσης της γλώσσας αποτελεσματικά, διατρέχουν ιδιαίτερο κίνδυνο. Κανείς δεν γνωρίζει, πόση έκθεση είναι απαραίτητη για να πραγματοποιηθεί μια διαφορά. Επιπλέον δεν υπάρχει καμία πληροφορία, σχετικά με τα γενικά αποτελέσματα στην νοημοσύνη από την μακροχρόνια σωματική άσκηση, το ομαδικό ή το αυτεξούσιο παιχνίδι, την ευχάριστη ανάγνωση, τη συνεχή συνομιλία, ή την φανταστική περιπλάνηση κάποιου.

Η αντίληψη ότι η Τηλεόραση αναπτύσσει σε υπερβολικό βαθμό το δεξί ημισφαίριο, δίνει τόπο στην πολύ μεγαλύτερη πιθανότητα ότι αφήνει υποανάπτυκτες διάφορες περιοχές ή τις συνδέσεις μεταξύ τους. Τα παιδιά που παρακολουθούν, χωρίς να καταβάλουν κάποια ιδιαίτερη διανοητική προσπάθεια, θέτουν σε κίνδυνο όχι μόνο τα γλωσσικά συστήματα του αριστερού ημισφαιρίου αλλά και τις υψηλότερες οργανωτικές δυνατότητες, συμπεριλαμβάνοντας τον πολύ σημαντικό έλεγχο, το κίνητρο και τις λειτουργίες του προγραμματισμού των προμετωπιαίων λοβών. Όλες αυτές οι λειτουργίες, είναι πιθανό να έχουν τις ευαίσθητες περιόδους τους, όταν οι ίδιες είναι ιδιαίτερα επιρρεπής στις διαφοροποιημένες υποκινήσεις, αλλά είναι δύσκολο να καθοριστεί ποιες ηλικιακές περίοδοι είναι πιο κρίσιμες από κάποιες άλλες, ή πόση έκθεση απαιτείται για να προκληθούν διανοητικές επιπτώσεις.

Το γεγονός ότι οι αναφορές των δασκάλων, αντανακλούν ακριβώς τα "συμπτώματα" αυτών των ελλειμμάτων πρέπει να μας επιστήσει την προσοχή. Σίγουρα με τον χρόνο που ξοδεύουν, τα παιδιά αυτής της χώρας, μπροστά από την οθόνη, θα έπρεπε να απαιτήσουμε καλύτερη έρευνα για τις επιδράσεις της. Πρέπει να υπάρχει, μια μεγάλη ανεκμετάλλευτη δυνατότητα διδασκαλίας κάπου εκεί. Εν τω μεταξύ η καλύτερη συμβουλή για τους γονείς είναι η συνηθισμένη προειδοποίηση:

• Πάρτε αυστηρά μέτρα για την ώρα της τηλεοπτικής χρήσης της Τηλεόρασης ενθαρρύνετε τα παιδιά να προετοιμάζονται για αγαπημένα σόου και παιχνίδια. Ασχοληθείτε με τα παιδιά κάθε φορά που σας δίνεται η ευκαιρία. Να συζητάτε με το παιδί για τα τηλεοπτικά περιεχόμενα, τις μεθόδους παραπλάνησης των θεατών, τις απόψεις, κ.λπ. Εάν θέλετε τα παιδιά να γίνουν αναγνώστες, δείξτε τους πώς κλείνει η Τηλεόραση και πως ανοίγει ένα βιβλίο. Θυμηθείτε, αυτό που χαλαρώνει ευχάριστα τον εγκέφαλό σας, μπορεί να μην είναι καλό για τους δικούς τους. Δώστε στα αυστηρές οδηγίες σχετικά με την Τηλεόραση και την χρήση των βίντεο στους φροντιστές. Διαβάστε το επόμενο κεφάλαιο, προτού ενθαρρύνετε τα παιδιά της προσχολικής ηλικίας, να δουν την εκπομπή Sesame Street.

Κεφάλαιο 11

Sessam Street και ο Θάνατος της ανάγνωσης

Με έναν μικρό στεναγμό, η τετράχρονη Nancy, βάζει τον δάχτυλο στο στόμα και κάθεται δίπλα στη γιαγιά της. Η οθόνη μπροστά στα μάτια τους πάλλεται από την έντονη δράση. Οι εκρήξεις της μουσικής και των χρωμάτων, που είναι φωτεινότερες και δυνατότερες από την πραγματικότητα επιτίθενται στη συνείδησή της. Ένας καυγάς αρκετά ενοχλητικός ανάμεσα στους χαρακτήρες των κινουμένων σχεδίων, που κάθονται γύρω από ένα τραπέζι, πηδούν πάνω-κάτω, ξεφωνίζοντας λέξεις παρόμοιες με μια σκληρή και βιαστική παρωδία της ανθρώπινης ομιλίας. Για τι πράγμα τσακώνονται; Μια χειμερινή θύελλα λυσσομανάει, αντιπροσωπεύοντας τον ήχο της ταινίας, πόρτες χτυπάνε, πιάτα σπάνε, η υπερβολική φασαρία, με δυσκολία επιτρέπει στις λίγες κατανοητές λέξεις, να ακουστούν.

"Τι είναι αυτό; Τι είναι αυτό;" κλαψουρίζει ο δίχρονος Peter, που τρέχει στην οθόνη να δείξει αγωνιωδώς κάτι. Αλλά η ερώτηση του Peter παραμένει αναπάντητη. Κάτω από το απαιτητικό δάχτυλό του, η σκηνή και οι χαρακτήρες αλλάζουν, η δράση προχωράει αδυσώπητα μπροστά, και ο Peter υποχωρεί παίρνοντας θέση στην άλλη πλευρά της γιαγιάς, βάζοντας κι αυτός το ένα δάχτυλο στο στόμα.

Ακόμη και από την άλλη άκρη του δωματίου, η εκθαμβωτική λάμψη της εκπομπής *Sesame Street* είναι ικανή να με επηρεάσει. Έχω μείνει άφωνη από την μεταμόρφωση αυτών των ζωηρών, γεμάτων περιέργεια παιδιών, τα οποία, πέντε λεπτά νωρίτερα, όλο ενθουσιασμό, συζητούσαν για την λειτουργία του μαγνητόφωνου που έχω στην τσέπη μου. Παρόλο που αρκετοί γονείς, αναφέρουν ότι τα παιδιά τους όταν παρακολουθούν Τηλεόραση (σε φυσιολογικά πλαίσια) γίνονται πολύ ενεργά κατά τη διάρκεια του προγράμματος. Ο τρόπος αντίδρασης της Nancy και του Peter είναι η πιο κλασική, από τους νεαρούς θεατές. Στην πραγματικότητα, όλοι καθηλωνόμαστε από την ώρα που θα κάτσουμε, σιωπηλοί, να καταβροχθίσουμε την κακοφωνία, των σύντομων χρονογραφημάτων που αλλάζουν, κυριολεκτικά, στο λεπτό. Οι σκηνές του *Sesame Street*, απλώνονται παντού με διάρκεια από τριάντα ή σαράντα πέντε δευτερόλεπτα ως, πολύ σπάνια, σε τρία λεπτά. Οι κούκλες, οι άνθρωποι, τα αντικείμενα, τα κινούμενα σχέδια, διαδέχονται το ένα το άλλο αμείλικτα. Κάθε εντυπωσιακή καινούρια σκηνή, αφαιρεί το οπτικό ενδιαφέρον και την συνάφεια της προηγούμενης. Πίσω από μια οθόνη και με την παρουσίαση ενός σόου, βρεθήκαμε μέσα σε είκοσι λεπτά, από την Ισπανία ή το Μεξικό (ο ρυθμός είναι τόσο γρήγορος που είναι δύσκολο να περιγραφεί) στους δρόμους της Νέας Υόρκης, σε έναν ζωολογικό κήπο. Ένα καρτούν, που μιμείται την προπολεμική Δυτική προφορά, αφηγείται την ανάπτυξη των φιστικιών και την κατασκευή του βουτύρου από φιστικιά, μέσα σε πενήντα δευτερόλεπτα. "it gr-ao-ws in the gr-ao-u-nd" είπε. Η Nancy κοιτάει, μπερδεμένη. Η γιαγιά αρχίζει να εξηγεί, αλλά η προσοχή των παιδιών εστιάζεται αμέσως από τους αριθμούς, που πηδούν επάνω στην οθόνη για να χορέψουν, να πηδήσουν, να μεταμορφωθούν, να εμφανιστούν, να εξαφανιστούν, να μεγαλώσουν, να μικρύνουν, στο κλείσιμο του ματιού.

"Ένα, δύο, τρία," φωνάζει μια φωνή χωρίς σώμα. Το Χ κεφαλαίο, εμφανίζεται παντού, ξαφνικά μια έκρηξη μουσικής και μετασχηματίζεται σε χ μικρό. "Το Χ" απαγγέλλεται ψαλμωδικά, αλλά αμέσως μετά βρισκόμαστε σε έναν δρόμο του Λονδίνου όπου τα καρτούν φωνάζουν ένα επαναλαμβανόμενο κωμικό στιχάκι, που χαρακτηρίζεται από ομοιοκαταληξίες και είναι τελείως άσχετο με το προηγούμενο "θέμα". Δυστυχώς, οι διάλεκτοί τους και ο γρήγορος ρυθμός της αργκό, καλύπτουν το περιεχόμενο και τον στίχο. Η γιαγιά προσπαθεί να επαναλάβει τις ομοιοκατάληκτες λέξεις, αλλά η φωνή της πνίγεται, καθώς παθητικά ακούμε ένα νέο κύμα μουσικής.

"Μπου μπου μπου!" μιμείται ο Peter, τον μοναδικό αντιληπτό ήχο, ενός χαρακτήρα που ακούγεται σαν να υποφέρει από κάποιο είδος λεκτικής δυσκολίας.

Ένας κόκκινος αριθμός 3 που αναβοσβήνει, εμφανίζεται, χοροπηδώντας ανάμεσα σε μια σειρά κιβωτίων. Το "Τρία," χάνεται ανάμεσα σε περισσότερους ήχους, οχλοβοής και κτύπων. Τώρα το 3 γίνεται μια μπάλα και αναπηδά στο τελευταίο κιβώτιο, το οποίο μετασχηματίζεται αμέσως (στα μάτια ενός ενηλίκου) σε κάποιο είδος μύλου και σε ένα δευτερόλεπτο, το 3 αποσυντίθενται και τρέχει από τους σωλήνες σαν κόκκινη σκόνη.

"Τι έπαθε το τρία;" ρωτάει η γιαγιά,

"Δεν ξέρω," λέει η Nancy, γεμάτη έκπληξη.

Αλλά ο χρόνος συζήτησης για αυτούς τους κρυμμένους μηχανισμούς της αιτίας και του αποτελέσματος, δεν υπάρχει ώστε να διευκρινιστεί αυτός ο χείμαρρος "μαγικών" που παραποιεί την πραγματικότητα χωρίς την ανθρώπινη συμμετοχή ή εμπειρία. Η κατανόηση είναι περιττή.

ΑΝΤΙΜΕΤΩΠΙΖΟΝΤΑΣ ΕΝΑΝ ΑΠΡΟΣΠΕΛΑΣΤΟ ΘΕΣΜΟ

"Ναι μα είναι αρκετά Εκπαιδευτική..."

Το χειρότερο είναι ότι πολλοί πιστεύουν ότι η εκπομπή Sesame Street είναι εκπαιδευτικά πολύτιμη. Στέκεται ως σύμβολο του "σωστού" προγράμματος, ένας θεσμός που καθιστά το "χαζοκούτι" νταντά για τα παιδιά. Οι ανυποψίαστοι γονείς, καταπίνουν εύκολα το ρητό: "Βοηθά τα παιδιά να μάθουν."

Το θέμα όμως είναι τι μαθαίνουν; Αρχικά (αυτό που στην ουσία εμείς το ζητάμε) να απολαύσουν αυτήν την παραπλανητική αισθητήρια επίθεση. Συνηθίζοντας τη, μπορεί στο τέλος "να την αγαπήσουν", όπως οι καπνιστές επιθυμούν το πρωινό τους τσιγάρο. Τα ανθρώπινα αισθητήρια όργανα και ο εγκέφαλος που συνδέεται με αυτά εξοικειώνεται ή καλύτερα εθίζεται στην συχνά επαναλαμβανόμενη εμπειρία. Όταν τα παιδιά λένε ότι τους "αρέσει" η Sesame Street, θα έπρεπε να ανησυχήσουμε για αυτό που έχει γίνει στους εγκεφάλους τους και τους επιτρέπει να ανεχτούν (πολύ λιγότερο να απολαύσουν) αυτήν την εκπομπή!

Η Lillian Katz, συγγραφέας του *Engaging Children's Minds* επισημαίνει ότι "Ακριβώς επειδή τα παιδιά κάνουν κάτι πρόθυμα και ανυπόμονα, δεν σημαίνει ότι έχει δεσμευτεί το μυαλό τους. Και να θυμάστε, η διασκέδαση, δεν είναι πάντα ο καταλληλότερος τρόπος για εκπαίδευση."

Ωστόσο τα παιδιά έχουν πιστέψει, ότι η Sesame Street είναι και "σωστή" και εκπαιδευτική για αυτά. Μια χαρακτηριστική παρατήρηση εκφράστηκε πρόσφατα, από έναν νεαρό, που έδωσε συνέντευξη στο εθνικό ραδιοφωνικό πρόγραμμα. "Μαθαίνει τα παιδιά να διαβάζουν" δήλωσε, επιβεβαιώνοντας τις αυταπάτες των ενηλίκων για τη θεμελιώδη φύση εκμάθησης της ανάγνωσης. Όπως αυτό το μικρό αγόρι, το οποίο φτάνοντας στο σχολείο, θα απομυθοποιήσει τα οφέλη της έτσι και πολλά άλλα παιδιά, ξεστομίζουν με σοβαρότητα αυτά που επιβεβαιώνουν οι ενήλικοι, Ναι, πράγματι, αυτό είναι "εκπαίδευση"!

Αν και ο σημαντικότερος λόγος, ύπαρξης της Sesame Street, είναι η βελτίωση των εκπαιδευτικών προγνωστικών, για τους μαθητές που προέρχονται από μειονεκτικό περιβάλλον, το χάσμα μεταξύ των κοινωνικοοικονομικών ομάδων και του ποσοστού αποτυχίας των φτωχών μαθητών, αυξάνεται καθημερινά. Σαφώς, ένα πρόγραμμα μόνο, δεν αναμένεται να αντιστρέψει σημαντικά τις κοινωνικές διαφορές. Τα φτωχά παιδιά εξακολουθούν να παρακολουθούν περισσότερο εμπορική Τηλεόραση, με λιγότερη επίβλεψη, από τα άλλα, παράγοντας που συνδέεται με τη χαμηλότερη σχολική τους απόδοση. Επιπλέον, όπως θα δούμε, ορισμένες πτυχές της επιλεγμένης, μπορεί να είναι ιδιαίτερα καταστρεπτικές στους πιο φτωχούς.

Μετά από πολλές ώρες παρακολούθησης, της Sesame Street, έχω πειστεί ότι οι ενήλικοι που την υποστηρίζουν, δίνουν στα παιδιά ένα λανθασμένο μήνυμα για το τι σημαίνει εκμάθηση. Είναι πραγματικά εντυπωσιακό, το γεγονός ότι όλοι φαίνεται να έχουν εξοικειωθεί με την ιδέα, ότι αυτό το περιπατητικό καρναβάλι θα διδάξει στα παιδιά πως να διαβάζουν. Παρά το γεγονός ότι οι συνήθειες του μυαλού, είναι απαραίτητες για έναν σωστό αναγνώστη η Sesame Street δεν φαίνεται να διδάσκει: την γλώσσα, τον ενεργό συλλογισμό, την επιμονή, και τον εσωτερικό έλεγχο. Η αλήθεια είναι ότι οι περισσότεροι ενήλικοι, δεν έχουν διαθέσει τον απαραίτητο χρόνο, για να καθίσουν και να δουν αυτό το πρόγραμμα αντικειμενικά, λαμβάνοντας υπόψη τους τρυφερούς νεανικούς εγκεφάλους, οι οποίοι αγωνίζονται να δημιουργήσουν τις συνδέσεις που θα οργανώσουν την νοημοσύνη τους. Είναι κάτι που θα έπρεπε.

Διαποτιστική Δαπανηρή και Ελλιπής σε Έρευνα

Η Sesame Street, είναι μια εκπομπή που παρακολουθείται από τα μισά σχεδόν παιδιά της προσχολικής ηλικίας στην Αμερική. Σε εβδομαδιαία βάση την παρακολουθούν πάνω από 5,8 εκατομμύρια παιδιά μεταξύ δύο και πέντε ετών, παρακολουθούν κατά μέσο όρο τρία επεισόδια την εβδομάδα. Εκεί που ζω, το πρόγραμμα μεταδίδεται τρεις φορές την ημέρα από μια ώρα κάθε φορά. (Σε αντίθεση με την Reading Rainbow, το οποίο παρακινεί την κυκλοφορία των βιβλίων στις βιβλιοθήκες, προσελκύοντας το κοινό σε καλά παιδικά βιβλία, μεταδίδεται μία φορά την εβδομάδα και σε ώρα που τα παιδιά που μπορούν να διαβάσουν βρίσκονται στο σχολείο.) Η κύρια επιρροή της Sesame Street, εντούτοις, δεν είναι ο συνολικός χρόνος παρακολούθησης που ξοδεύεται για αυτήν, αλλά τα μηνύματα που μεταβιβάζει ή αποτυγχάνει να μεταβιβάσει για την εκμάθηση, για τον εποικοδομητικό προγραμματισμό των παιδιών και για την ευθύνη αυτού του συντριπτικά κυρίαρχου μέσου.

Η Sesame Street είναι ακριβή, από κάθε άποψη. Οι εκτιμήσεις έχουν ορίσει το κόστος, κάθε ώρας που προβάλλεται, από ενενήντα δύο χιλιάδες έως ένα εκατομμύριο δολάρια. Κανένας δεν αμφισβητεί ότι αυτό το ξεχωριστό προϊόν, καθρεφτίζει τις καλές και σοβαρές προθέσεις, όσον αφορά τους δημιουργούς και τους παραγωγούς του Children's Television Workshop. Επίσης, όταν ενθαρρύνουμε τα παιδιά της προσχολικής ηλικίας, να παρακολουθήσουν την Sesame Street, τα προγραμματίζουμε "να διασκεδάσουν" ίσως ακόμη και να δεχτούν παραπάνω υποκίνηση, παραπλάνηση και νευρικές συνήθειες που ανταγωνίζονται την ακαδημαϊκή εκμάθηση. Κατά την άποψή μου, είναι μια σοβαρή διακωμώδηση της εκπαίδευσης κυρίως γιατί έχει δεδομένο το καθήκον και την υπερβολική εμπιστοσύνη των γονέων.

Είμαι πεπεισμένος ότι δεν είναι σύμπτωση, ότι η πίστη μας σε αυτό, έχει επιφέρει σημαντική πτώση στην ανάγνωση και τις δεξιότητες της εκμάθησης. Η επιπόλαια αποδοχή της Sesame Street, ως πρότυπο "εκμάθησης", είναι μέρος μιας μεγαλύτερης πλάνης, των υποκατάστατων προσεγγίσεων της εκπαίδευσης που δυσφημούν την ουσιαστική εκπαίδευση. Η αντικατάσταση της ουσιαστικής εκπαίδευσης με την αυστηρά επιφανειακή, διδάσκει τα παιδιά με τα αποπλανητικά σχολεία θεσμοποιώντας την ανοησία και σαν πρώτο μάθημά παίρνουν ότι η εκμάθηση είναι κάτι που οι ενήλικοι μπορούν να πραγματοποιήσουν πολύ γρήγορα και ευχάριστα. Κατά συνέπεια, έτσι όπως έχουν προετοιμαστεί μετά βίας μπορούν να κατηγορηθούν αν αποτύχουν να ανακαλύψουν από μόνα τους την προσωπική χαρά (όσο χρονοβόρα κι αν είναι) της σοβαρής εκμάθησης, της διανοητικής προσπάθειας και της καλλιέργειας.

Παρά τον μεγάλο προϋπολογισμό της, η προσεκτικά επεξεργασμένη ναυαρχίδα της τηλεοπτικής εκπαιδευτικής αρμάδας, δεν έχει αποδώσει σημαντική έρευνα ώστε να μπορέσουν να αξιολογηθούν οι επιδράσεις της, στους εγκεφάλους και στις δυνατότητες εκμάθησης. Παρόλο που οι μελετημένοι "εκπαιδευτικοί στόχοι" του προγράμματος έχουν ανακοινωθεί, φαίνεται ότι η υπευθυνότητα του συστήματος για να πραγματοποιηθούν, είναι ανεπαρκής. Σχεδόν όλη η έρευνα που έχει γίνει γύρω από το Children's Television Workshop, στην πραγματικότητα, συγκαταλέγεται στην κατηγορία "παραγωγικής αξιολόγησης" : η έρευνα παραγωγής που εξετάζει κυρίως την τηλεθέαση του προγράμματος (δηλ., πόσο καλά "πουλάει"). Η "Αθροιστική" έρευνα, από την οποία αξιολογείται η επίτευξη, εκείνων των εκπαιδευτικών στόχων -και στα είκοσι έτη ζωής της, πολύ λίγοι ερευνητές έχουν ασχοληθεί. Οι προκύπτουσες μελέτες είναι αποσπασματικές και χωρίς ουσιαστικά αποτελέσματα. Δεν υπάρχει πλήρης τεκμηρίωση, για τις γενικές γνωσιολογικές επιδράσεις της Sesame Street, παρά τα χρήματα, την προσπάθεια και τις καλές προθέσεις που έχει διαθέσει αυτό το πρόγραμμα.

ΔΕΚΑ ΛΟΓΟΙ ΓΙΑ ΤΟΥΣ ΟΠΟΙΟΥΣ Η SESAME STREET ΠΡΟΜΗΝΥΕΙ ΜΠΕΛΑΔΕΣ ΓΙΑ ΤΗΝ ΑΝΑΓΝΩΣΗ

Οι μελέτες που υποδεικνύουν, με ποιο τρόπο πρέπει τα μικρά παιδιά να μάθουν να διαβάζουν, αποδεικνύουν ότι η Sesame Street κατευθύνει αυτήν την δεξιότητα με λάθος τρόπο. Επιπλέον, αυτή η εκπομπή ενθαρρύνει τις λάθος ιδέες, για το τι θα έπρεπε τα παιδιά της προσχολικής ηλικίας να μαθαίνουν.

1. Τι είναι κατάλληλο να μαθαίνει ένας "εγκέφαλος" παιδιών προσχολικής ηλικίας;

Η Sesame Street έχει διαδώσει τη λανθασμένη πεποίθηση ότι είναι αρμόζον για τα περισσότερα παιδιά προσχολικής ηλικίας, να μάθουν να διαβάζουν. Στην πραγματικότητα, είναι ένα σοβαρό λάθος, να πιεστούν οι δεξιότητες ανάγνωσης, προτού τα παιδιά ολοκληρώσουν κάποιες αναπτυξιακές ενέργειες, που θα τα εξοπλίσουν με την ικανότητα να διαβάζουν σωστά —καθώς και να κατανοούν αυτό που διαβάζουν. Επιπλέον η έρευνα δείχνει ότι ο σωστός τρόπος, για να αρχίσουν τα πολύ μικρά παιδιά να διαβάζουν, δεν είναι με τα σύνθετα μαθήματα.

Οι κακώς οδηγούμενες προσπάθειες, να εκπαιδευθούν τα μικρά παιδιά πάνω σε δεξιότητες κατάλληλες για τον παιδικό σταθμό ή την πρώτη τάξη, αποτρέπει τον πολύτιμο χρόνο και την προσοχή τους από τις πραγματικές τους ανάγκες εκμάθησής. Για να γίνουν καλοί αναγνώστες τα παιδιά, αρχικά χρειάζονται βοήθεια να εγκαταστήσουν τον γνωστικό και γλωσσικό εξοπλισμό, που θα μετατρέψει τον εγκέφαλο σε ένα άνετο μέρος για να κατοικήσει η πραγματική μόρφωση. Κατά τη διάρκεια των πρώτων ετών, ο καλύτερος τρόπος εκμάθησης γίνεται μέσω της ενεργής εμπράγματης εμπειρίας (π.χ., παιχνίδι, κατασκευή, εξερεύνηση, ομιλία), του επινοητικού κοινωνικού παιχνιδιού και την εξοικείωση με την παιδική λογοτεχνία, και όχι από ένα μέσο που έχει κάνει επιστήμη τον τρόπο που θα κερδίσει την προσοχή των τηλεθεατών.

Τα μικρά παιδιά θα πρέπει επίσης, να ασκούν τις λεπτές κινητικές δεξιότητες, που θα τους επιτρέψουν, εν τέλει να γράψουν. Η νέα έρευνα δείχνει, ότι η αύξηση της δυσγραφίας (δυσκολία με τη γραφή) που μολύνει τα σχολεία μπορεί να αφορά το γεγονός, ότι τα παιδιά έχουν ξοδέψει πολύ περισσότερο χρόνο μπροστά από την Τηλεόραση, απ' ό,τι στο ελεύθερο παιχνίδι και τις δραστηριότητες όπως την κατασκευή με χάντρες, την ραπτική, την ξυλουργική, το παιχνίδι με την άμμο και το νερό, τη σχεδίαση, και άλλες μορφές φυσικών και κατάλληλων δραστηριοτήτων. Η Sesame Street θα μπορούσε και θα έπρεπε να κάνει πολλά περισσότερα για να τις προωθήσει.

Οι μηχανικοί της ονομασίας των γραμμάτων ή της προσφώνησης των λέξεων, όσο σημαντικοί κι εάν πρόκειται να φανούν τελικά, είναι καλύτερα να σωθούν για αργότερα συνήθως γύρω στην ηλικία των έξι. Αρκετοί, ίσως οι περισσότεροι, προσχολικοί εγκέφαλοι, δεν είναι κατάλληλα προετοιμασμένοι να αντιμετωπίσουν, την σχέση των γραπτών συμβόλων (γράμματα) με τους ήχους. Κάποιοι άλλοι, μπορούν να το κάνουν με ιδιαίτερη ευκολία. Κάποιοι άλλοι, ανάμεσα τους και έξυπνοι, δεν μπορούν. Οι ανυποψίαστοι ενήλικες, οι οποίοι ενθαρρύνονται να γίνουν πιεστικοί με αυτό το θέμα, μπορεί να δημιουργήσουν προβλήματα που κυμαίνονται από τη δυσαρέσκεια ως την ανικανότητα.

Πολλοί ειδήμονες, θεωρούν ότι η πρόωρη πίεση που ασκείται σε κάποια παιδιά, για να θυμηθούν τα γράμματα και τους ήχους τους, μπορεί να προκαλέσει μαθησιακά προβλήματα. Το λιγότερο που μπορεί να συμβεί στους νεαρούς που έχουν μπερδευτεί από την σημασία των χορευτικών συμβόλων στην οθόνη, είναι να αναπτύξουν συναισθήματα σύγχυσης σχετικά με την ακουστική-και για την ανικανότητά τους να καταλάβουν

310

αυτά, που όλοι θεωρούν τόσο σημαντικά. Εάν η διδασκαλία των ήχων των γραμμάτων στα μικρά παιδιά, ήταν πραγματικά σημαντική, θα άξιζε τον κίνδυνο. Αλλά δεν είναι !

2. Το Κενό Αλφάβητο εναντίον της Γλωσσικής Σημασιολογίας

Η ανάγνωση δεν περπατά πάνω στις λέξεις. Γραπώνει την ψυχή τους.
—Paolo Freire

Η Sesame Street, έχει δώσει υπερβολική έμφαση στα γράμματα και στους αριθμούς και λιγότερη στις δεξιότητες της γλώσσας και της σκέψης, οι οποίες είναι απαραίτητες για να τα κάνουν να έχουν νόημα. Αντίθετα με αυτό που οι περισσότεροι γονείς πιστεύουν, η εκμάθηση του αλφάβητου είναι απλώς ένα δευτερεύον κομμάτι της εκμάθησης του διαβάσματος. Γενικότερα, η γλωσσική ανάπτυξη είναι πολύ σημαντικότερη. Ωστόσο αν ανατρέξουμε πίσω στις νεφελώδεις έρευνες της ανάγνωσης, μερικές αρκετά παραπλανητικές μελέτες, έδειχναν ότι η δυνατότητα των παιδιών του νηπιαγωγείου, να αναγνωρίζουν τα γράμματα του αλφάβητου ήταν καλός προάγγελος της επιτυχής ανάγνωσής τους, στο τέλος της πρώτης τάξης. Καθώς συμβαίνει πάρα πολύ συχνά, οι άνθρωποι που δεν κατάλαβαν ότι τέτοιου είδους συσχετισμοί (σχέση) δεν σημαίνουν απαραίτητα, ότι η εκμάθηση της αλφαβήτας, θα καθιστούσε τα παιδιά ικανότερα να μάθουν και να διαβάζουν γρηγορότερα. Η αλήθεια είναι κάπως διαφορετική.
Η αναγνώριση του αλφάβητου (ή ο "ήχος των γραμμάτων") από τα τρία -, τέσσερα -, και πέντε-χρόνια θα μπορούσε να θεωρηθεί ως σύμπτωμα, και όχι κίνητρο, από τον τύπο του εγκεφάλου, που θα αποκτήσει την ανάγνωση εύκολα: (1) μπορεί να προέρχεται από ένα περιβάλλον πλούσιο σε βιβλία και έντυπο υλικό (2) μπορεί, μέσω ενός συνδυασμού της φύσης και της

311

εμπειρικής υποκίνησης, να θυμηθεί την σειρά των προφορικών ήχων και να τους συνδέσει με τα τυπωμένα γράμματα (3) μπορεί, να είναι αρκετά ώριμο ώστε να κάνει αυτές τις συνδέσεις με ευκολία. Αυτός ο τύπος εγκεφάλου, είναι πιθανό να μάθει να διαβάζει αρκετά εύκολα, είτε κάποιος το εξασκεί με το αλφάβητο είτε όχι. Αντιθέτως, απλά με το να διδάξει κανείς τον εγκέφαλο, ώστε να έχει τα επιφανειακά "συμπτώματα" δεν θα δημιουργήσει τις θεμελιώδεις δυνατότητες.

Τα παιδιά που εισπράττουν το υπονοούμενο μήνυμα, της Sesame Street, δηλαδή ότι τα γράμματα του αλφάβητου είναι το σημαντικότερο κλειδί για την ανάγνωση, κατευθύνονται σε κάποιο πρόβλημα. Όταν οι ερευνητές, ρωτούν κάποιες ομάδες φτωχών αναγνωστών, για το τι σημαίνει ανάγνωση, η απάντηση τους είναι κάπως έτσι: "η προφορά των λέξεων". Όταν οι καλοί αναγνώστες υποβάλλονται στην ίδια ερώτηση, δίνουν απαντήσεις όπως, "κατανόηση του νοήματος των λέξεων και των προτάσεων". Με κάποιο τρόπο, οι φτωχοί αναγνώστες έχουν αποτύχει να κατανοήσουν, ότι η ανάγνωση δεν αφορά μόνο το αλφάβητο, αλλά και μια ενεργό αναζήτηση της σημασίας αυτών που διαβάζουν.

Τα παιδιά πρέπει να έχουν σωστή γλωσσική ανάπτυξη, προτού μπορέσουν να εκλάβουν την έννοια. Η δυνατότητα να αναγνωρίζουν τα τυπωμένα γράμματα και τις λέξεις, εκθέτει τα παιδιά στη πρόωρη εκμάθηση της ανάγνωσης. Μετά από την τρίτη τάξη, γενικά η κατανόηση των ακουσμάτων (π.χ., η δυνατότητα να γίνουν κατανοητές και να απομνημονευθούν οι ιστορίες ή οι εκθέσεις που έχουν ακούσει) είναι πιο σχετική με την κατανόηση της ανάγνωσης των μαθητών από την δυνατότητά τους να διαβάζουν τις λέξεις από μόνοι! Πολλές μακροχρόνιες μελέτες, έδειξαν ότι ο ανώτερός των παιδιών στην προφορική γλώσσα, και στον παιδικό σταθμό και στην πρώτη τάξη είναι αυτός που έχει την μεγαλύτερη ευθύνη για το επίπεδο της ανάγνωσης και του γραψίματος τους στις μεσαίες τάξεις.

Όταν φτάνει η στιγμή να μαθευτούν, αυτές οι χρήσεις της γλώσσας, το πρόωρο περιβάλλον είναι ο κρίσιμος παράγοντας. Ο Δρ Ingvar Lundberg του πανεπιστημίου της Umea στη Σουηδία, που έχει εργαστεί σε μια μεγάλη μελέτη για την αναγνωστική ανάπτυξη των παιδιών σε όλες τις Σκανδιναβικές χώρες, αναφέρει ότι παρόλο που τα παιδιά στην Σκανδιναβία δεν μπαίνουν στο σχολείο μέχρι την ηλικία των επτά, τα περισσότερα μαθαίνουν εύκολα τις βασικές δεξιότητες αποκωδικοποίησης (αλφάβητου και ανάγνωσης) χωρίς δυσκολία. Τότε, αρχίζουν να γίνονται εμφανείς και οι επιδράσεις του προσχολικού γλωσσικού περιβάλλοντος, από το επίπεδο κατανόησης τους στην ανάγνωση.

"Τώρα βρισκόμαστε στο στάδιο της εξέτασης των επιπτώσεων στην κατανόηση, πολλών πρόωρων πραγμάτων, που συμβαίνουν" εξηγεί ο Lundberg. "Εξασφαλίζοντας μια ικανοποιητική διδασκαλία (στο σχολείο), ανεξάρτητα από τους εξωτερικούς παράγοντες, η πλειοψηφία των παιδιών, θα μάθει πώς να αποκωδικοποιεί ["να προφέρει" τις λέξεις], αλλά δεν θα έχει και την εγγυημένη ανάπτυξη της κατανόησης απλώς από το καλό σχολικό περιβάλλον.

Προφανώς ο παράγοντας σπίτι, διαδραματίζει έναν πολύ σημαντικό ρόλο όσον αφορά την κατανόηση.

Λαμβάνοντας υπόψη αυτά τα πολύ γνωστά γεγονότα, είναι αποθαρρυντικό να παρατηρούμε ότι η Sesame Street, από μόνη της, παρέχει ένα φτωχό γλωσσικό πρότυπο. Παρόλο που, οι συνήγοροι του προγράμματος υποστηρίζουν ότι το μήκος των προτάσεων και η γραμματική πολυπλοκότητά που χρησιμοποιεί, είναι κατάλληλα για τα μικρά παιδιά, η μόνη μελέτη που θα μπορούσα να εντοπίσω σε αυτό το θέμα, απέτυχε να λάβει υπόψη το ρυθμό, τη σαφήνεια, ή την ένταση της ομιλίας των χαρακτήρων. Ακόμη και ένας περιστασιακός τηλεθεατής θα μπορούσε να καταλάβει σύντομα, ότι οι περισσότεροι από τους χαρακτήρες μιλούν πάρα πολύ γρήγορα και αλλάζουν θέματα πάρα πολύ απότομα. Η έρευνα, που αφορά την ανάπτυξη των ακουστικών δυνατοτήτων, δείχνει ότι τα παιδιά τεσσάρων, πέντε, και έξι ετών είναι ακόμα ανώριμα για να διακρίνουν τη συχνότητα και τη διάρκεια στην ανθρώπινη ομιλία. Χρειάζονται την αργή, επαναλαμβανόμενη συζήτηση, με έμφαση στον κυματισμό των λέξεων.

"Ξέρετε," εξήγησε η Δρ Janet Jensen, μια εξέχουσα ερευνήτρια του κλάδου '"Όλοι αστειεύονται για τον τρόπο που οι νηπιαγωγοί μιλούν: "Τώρα.....παιδιά...θα....δούμε....το κουνελάκι". Όμως μιλούν έτσι επειδή είναι αυτό που χρειάζονται τα παιδιά και στο οποίο αποκρίνονται. Πολλά παιδικά προγράμματα, συμπεριλαμβανομένης και της Sesame Street, είναι πολύ γρήγορα για αυτά."

(Η μαρτυρία για το γεγονός, ότι ένα παιδικό πρόγραμμα μπορεί να ακολουθήσει τις ασφαλείς οδηγίες εξέλιξης και να παραμείνει δημοφιλές, προέρχεται από την εκπομπή *Mister Rogers' Neighbourhood*, της οποίας η αργή, επαναλαμβανόμενη ομιλία και οι προσκλήσεις στο παιδί για ανταπόκριση, λειτουργούν ενστικτωδώς στα παιδιά της προσχολικής ηλικίας — τουλάχιστον αυτών που η αισθαντικότητα δεν έχει εξασθενίσει από τα τραχιά δευτερεύοντα σόου.)

Η Sesame Street, υπάγει επίσης το σημαντικό διάλογο στην εγκεφαλική-αρπαγή των οπτικών γεγονότων, των θορύβων, και κωμικών γεγονότων. Αυτή η έμφαση είναι ιδιαίτερα ενοχλητική, λαμβάνοντας υπόψη ότι και τα παιδιά σε μειονεκτική θέση και αυτά με τις δυσκολίες στην ανάγνωση, παρουσιάζουν συνήθως δυσκολία στην χρήση των "λεκτικών μεθόδων" για την επεξεργασία των πληροφοριών. Αυτή η τάση, να εστιάζει στις μη λεκτικές πτυχές μιας κατάστασης και να μην λαμβάνει υπόψη τη γλώσσα, καθιστά ένα παιδί επιρρεπή, να αντιμετωπίσει δυσκολίες στο σχολείο.

Παρά το καλό του όνομα, το πρόγραμμα προσπαθεί να παρουσιάσει τις καθιερωμένες και τις μη διαλέκτους και γραμματική, πολύ συχνά προβάλλεται, με την μορφή μια κακώς διαμορφωμένης και ομιχλώδης άρθρωσης, παρωδία. Η Sesame Street, προσπαθεί αποσπασματικά να διδάξει λεξιλόγιο (π.χ., δέκα ονόματα μωρών από ζώα, σε ενενήντα δευτερόλεπτα), αλλά ο τρόπος που χρησιμοποιεί επιδρά αρνητικά στην συνοχή της προσοχής, στην σημασία της γραμματικής, των προτάσεων ή των φραστικών εμφάσεων που τα παιδιά θα συναντήσουν στα βιβλία. Επίσης, γίνεται πολύ μικρή προσπάθεια για την παρότρυνση του παιδιού να αποκριθεί.

Οι λίγες μελέτες που έχουν πραγματοποιηθεί, προτείνουν ότι η Sesame Street διδάσκει τα παιδιά thw προσχολικής ηλικίας, να αναγνωρίζουν μερικές λέξεις από το καθημερινό λεξιλόγιο, δεν παρέχουν πειστικά στοιχεία για την γενικότερη γλωσσική ανάπτυξη. Παρόλο που τα παιδιά που έχουν παρακολουθήσει την εκπομπή, εμπεδώνουν ευκολότερα με την υπόδειξη εικόνων σε σχέση με τις λέξεις, αυτός ο τύπος τεστ για την αναγνώριση του επιπέδου, δεν σημαίνει απαραίτητα ότι τα παιδιά μπορούν να χρησιμοποιήσουν τις λέξεις σε μια δική τους συζήτηση. Επιπλέον, τα παιδιά που παρακολουθήθηκαν και τα οποία ενθαρρύνθηκαν από τους γονείς τους να παρακολουθήσουν την Sesame Street είχαν το χαμηλότερο λεξιλόγιο στα γενικά αποτελέσματα των τεστ!

Κανένας δεν έχει αποδείξει ότι η Sesame Street πετυχαίνει πραγματικά τον αρχικό της σκοπό, να βοηθήσει δηλαδή τους εγκεφάλους των νέων να σπάνε τον αλφαβητικό κώδικα. Οι δημοσιοποιημένες αρχικές αξιώσεις, (ότι είχε διδάξει με επιτυχία τα παιδιά που προέρχονταν από μειονεκτικές οικογένειες να αναγνωρίζουν τα γράμματα του αλφάβητου τους αριθμούς και άλλα σύμβολα) φαίνεται να αμφισβητούνται, αφού τα χρήματα που ξοδεύτηκαν δεν δικαιολογούν τα λίγα οφέλη που προκλήθηκαν. Επιπλέον, τώρα πια γνωρίζουμε ότι απλά η αναγνώριση της λέξης από τους μαθητές, είναι απλώς μια άσκηση χωρίς νόημα. Στα είκοσι χρόνια, που τα γράμματα του αλφάβητου και των λέξεων χορεύουν, εμφανίζονται και εξαφανίζονται στα μάτια των παιδιών παράγεται αυτό ακριβώς που περιμέναμε: μαθητές που ακόμα και μετά από την εκμάθηση της ανάγνωσης, στερούνται τις κατάλληλες βάσεις για περαιτέρω πρόοδο, παιδιά που βρίσκουν την ανάγνωση "βαρετή", που ικανοποιούνται με την επιφάνεια, που δεν καταλαβαίνουν γιατί το νόημα δεν εμφανίζεται μαγικά (όπως ένα οπτικό τρικ) και τέλος παιδιά που παραιτούνται όταν το νόημα δεν εμφανίζεται. Η αποτυχία και η απογοήτευση που θα προκύψουν είναι ιδιαίτερα τραγικές για εκείνα τα ίδια παιδιά που το πρόγραμμα είχε ως αρχικό σκοπό να τα βοηθήσει.

3. Πώς ενεργεί η γραπτή ύλη ;

Σε όλη την διάρκεια που η Sesame Street με αισιοδοξία προσπάθησε να μειώσει το χάσμα των παιδιών με προβληματικό περιβάλλον, στην πραγματικότητα, είδε αυτό το χάσμα να διευρύνεται. Η περιπαικτική διαχείριση των γραμμάτων και των άλλων συμβόλων, δίνει στα παιδιά μια λανθασμένη ιδέα, αυτών που τους περιμένει στην τυπωμένη σελίδα. Οι λέξεις στα βιβλία δεν χοροπηδούν, δεν μετασχηματίζονται μπροστά στα μάτια τους ή δεν προκαλούν προσοχή. Τα παιδιά, ιδιαίτερα εκείνα που αδικούνται από την έλλειψη εμπειρίας, με τα πραγματικά βιβλία κατά τη διάρκεια των προσχολικών ετών, είναι βέβαιο ότι θα πάθουν σοκ, όταν φτάσουν στο σχολείο και ανακαλύψουν ότι η γραφή στέκεται ακίνητη. Δεν υπάρχει αμφιβολία ότι χάνουν το ενδιαφέρον τους, όταν ενημερώνονται ότι πρέπει να αναγκάσουν τους εγκεφάλους τους, να αντιμετωπίσουν τη σκληρή εργασία να επιτεθούν στις λέξεις, παρά να έχουν ένα φράγμα από γράμματα, λέξεις και εικόνες που θα επιτεθούν σε αυτά.

Ακόμη και στις σπάνιες περιπτώσεις, που ένα πραγματικό βιβλίο θα έπεφτε στα χέρια τους για διάβασμα, ενδιάμεσα στα κινούμενα σχέδια και την παραζάλη της Sesame Street, θα γινόταν αντιληπτή μόνο η εικονογράφησή του (που, όλος τυχαίος θα φαίνεται πιο χλωμή και πιο αδιάφορη σε σύγκριση με το ζωηρό χρωματισμό του προγράμματος). Κατά συνέπεια, τα παιδιά χάνουν ένα από τα σημαντικότερα κομμάτια της προετοιμασίας τους για διάβασμα, με τεχνικούς όρους τη *μεταγλωσσική τους συνειδητοποίηση*, η οποία αποτελείται από τη γνώση που οι μορφωμένοι ενήλικοι παίρνουν σαν δεδομένη:

• κατανόηση ότι τα γράμματα αποτελούν τις λέξεις και ότι οι γραπτές λέξεις πρέπει να συνδεθούν σε προτάσεις με νόημα.
• απόδοση του ορισμού "λέξη" (δηλ., αυτή η αστεία δέσμη καλικαντζούρων με το άγραφο τμήμα του χαρτιού σε όλες τις πλευρές.

• εξοικείωση με τους κανόνες των γραπτών(δηλ., στα αγγλικά διαβάζουμε από τα αριστερά στα δεξιά, παρατηρούμε σημεία στίξης, κ.λπ.)
• η προσωπική εκμάθηση της έννοιας των όρων που συνδέονται με τα βιβλία (δηλ. "εξώφυλλο" "τίτλος" "συγγραφέας" "εικονογράφηση," κ.λπ.)

Η μεταγλωσσική συνειδητοποίηση είναι ένας σημαντικός προάγγελος της επιτυχίας ενός παιδιού στην αρχική ανάγνωση και είναι πιθανό να είναι ιδιαίτερα ανεπαρκής στο περιεχόμενο της εκπομπής Sesame Street. Είναι πολύ εύκολο για τους νεαρούς να μπερδευτούν στο σχολείο αν ο δάσκαλος τους απευθύνει το λόγο, "Τώρα, Johnny, προσπάθησε να διαβάσεις αυτήν την λέξη," και το παιδί, δεν έχει μάθει, να διαχωρίζει την διαφορά των γραμμάτων, των λέξεων και των προτάσεων. Πολλά παιδιά, που δεν έχουν εμπειρία με τα βιβλία ή με το γράψιμο και το σχεδιασμό, δεν μπορούν να εντοπίσουν οπτικά τα όρια της λέξης ή να ακολουθήσουν με συνέπεια την σειρά των συμβόλων από αριστερά στα δεξιά. Αυτές οι δεξιότητες απαιτούν την αργή, προσεκτική, από πρώτο χέρι επαφή και το πρόγραμμα θα πρέπει να δώσει περισσότερη έμφαση σε αυτό το είδος της εκμάθησης, για τα παιδιά που δεν έχουν πρόσβαση σε τέτοιου είδους εμπειρία.

4. Μικρές και Μεγάλες Δόσεις Νοήματος

Το κοινό της Sesame Street, εκτίθενται υπερβολικά στη τυχαία γνώση, αλλά οι ενήλικοι πιστεύουν ότι αυτό το είδος πληροφοριών τους καθιστά αυτόματα "εξυπνότερους". Η προφανής πρόωρη ανάπτυξη μπορεί να είναι παραπλανητική αν το παιδί δεν έχει ενσωματώσει τις σωστές δεξιότητες συλλογισμού μαζί με τα δεδομένα, η πρόωρη υπόσχεση θα εξασθενίσει σύντομα. Πράγματι, ένα από τα μεγαλύτερα προβλήματα των μεγαλύτερων μαθητών σήμερα, είναι η δημιουργία συνδέσεων.

Μια έκθεση, της International Reading Association (Διεθνής Ένωσης Ανάγνωσης) αναφέρει ότι "Τώρα υπάρχει ένα μεγάλο τμήμα της έρευνας που δείχνει με σαφήνεια ότι τα παιδιά κάθε τάξης και όλων των δυνατοτήτων, έχουν ιδιαίτερη δυσκολία στην μελέτη και στην σύνδεση των εννοιών που παρουσιάζονται στην Φυσική και στα κείμενα Κοινωνικής Μελέτης".

"Έχουν στην διάθεση τους, όλα αυτά τα μικρά κομμάτια των πληροφοριών, αλλά δεν μπορούν να δουν τις σχέσεις, να διεξάγουν το πόρισμα και δεν μπορούν να καταλήξουν σε ένα συμπέρασμα", μαρτυρούν οι δάσκαλοι από τον παιδικό σταθμό ως το κολέγιο. Οι δυσκολία της κατανόησης ενός κειμένου με συνοχή και με λογική σειρά, απεικονίζουν ακριβώς, τα ίδια προβλήματα της σύνδεσης των σκέψεων με νόημα.

Όλα τα τηλεοπτικά προγράμματα, επιβεβαιώνουν συνεχώς την ιδέα ότι οι γρήγορα μεταβαλλόμενες σκηνές, διατηρούν την προσοχή των θεατών. Η "παρακολούθηση της σκέψης είναι βαρετή και αργή," λέει ο Neil Postman, ο οποίος φέρνει σαν παράδειγμα τον Robert MacNeil του MacNeil/Lehrer Newshour, για το γεγονός ότι δεν απαιτείται από τους θεατές να προσέχουν για περισσότερο από μερικά δευτερόλεπτα τη φορά. "Η ιδέα είναι να διατηρηθούν όλα συνοπτικά, για να μην περιοριστεί η προσοχή κανενός, αλλά να υποκινηθεί σταθερά, μέσω της ποικιλίας, της ανανέωσης, της δράσης και της κίνησης," κατά τα λεγόμενα του MacNeil. Η Sesame Street, έχει υιοθετήσει τον ίδιο τρόπο με περισσότερο θόρυβο και ζωηρότερα χρώματα.

Η παρακολούθηση της Sesame Street, από έναν ενήλικο εγκέφαλο, ο οποίος αγωνίζεται να δημιουργήσει συνδέσεις, μπορεί να είναι μια πολύ απογοητευτική εμπειρία. Οι γρήγορες, από λεπτό σε λεπτό αλλαγές του περιεχομένου (π.χ. από ένα πειρατικό πλοίο σε μια λεωφόρο στην πόλη ή από μια αυλή σε κινούμενα σχέδια με τα σύμβολα του αλφαβήτου) αψηφούν την συνοχή ή τη λογική και το καθιστούν αδύνατο να φανούν οι σχέσεις, να κατανοηθεί η σειρά του αιτίου και του αιτιατού ή να διατηρήσουν μια σειρά των σκέψεων σε κίνηση. Τέτοια εγκεφαλική κατάρτιση, είναι πλήρως ανταγωνιστική στην ενεργή και συνεχή εργασία, για τη σύνδεση των ιδεών που απαιτείται για την κατανόηση του γραπτού κειμένου.

5. Άκουσμα και Κοίταγμα

Γιατί η Sesame Street, δεν καταβάλλει μια μεγαλύτερη προσπάθεια να διδαχθούν οι ακουστικές δεξιότητες; "Οι απόφοιτοί της", δεν είναι απλώς ανεπαρκείς στην δυνατότητα να προσέξουν και να κατανοήσουν την προφορική γλώσσα, αλλά στερούνται επίσης τις δεξιότητες της ακουστικής ανάλυσης, που κρύβονται κάτω από την τέλεια γνώση της "ακουστικής".

Πολλοί από τον μεγάλο αριθμό των φτωχών αναγνωστών (και ορθογράφων!) δεν μπορούνε να ακούσουν αρκετά προσεκτικά ώστε να διακρίνουν τους μεμονωμένους ήχους των λέξεων ή να προσδιορίσουν την σειρά με την οποία διατάσσονται (π.χ., "εδώ είναι μια λέξη: ήλιος Τώρα πείτε μου, ποιον ήχο ακούτε πρώτο, στην λέξη ήλιος. Ποιον ήχο ακούτε τελευταίο;"). Όπως αναφέρθηκε σε ένα προηγούμενο κεφάλαιο, αυτές οι δεξιότητες της "ακουστικής συνειδητοποίησης" είναι θεμελιώδεις για την ανάγνωση και την ορθογραφία.

Οι παραγωγοί της Sesame Street, ισχυρίζονται ότι διδάσκει στα παιδιά την "ακουστική" και ότι οι εκπαιδευτικοί στόχοι της περιλαμβάνουν στοιχεία ακουστικής συνειδητοποίησης όπως ομοιοκαταληξίες (που δυστυχώς είναι πολύ γρήγορες και καθόλου ευδιάκριτες). Ο απαιτητικός οπτικός τύπος της εκπομπής διαψεύδει την αξίωση του, εφόσον η "ακουστική", εξ ορισμού, είναι μια ικανότητα των αυτιών και όχι των ματιών. Κατά την διάρκεια των προσχολικών χρόνων, όπου τόσοι πολλοί νεαροί παρακολουθούν Τηλεόραση, τα ακουστικά συστήματα διανύουν μια κρίσιμη περίοδο ανάπτυξης. Οι ερευνητές έχουν καταλήξει στο συμπέρασμα, ότι όταν τα παιδιά παρευρεθούν μπροστά στο οπτικό θέαμα και τον διάλογο ταυτόχρονα, αυτό που θα συγκρατήσουν θα είναι το θέαμα και όχι η "συζήτηση". Ακόμη και στους περισσότερους ενηλίκους το άκουσμα δεν μπορεί να ανταγωνιστεί το κοίταγμα όταν δίνεται στον εγκέφαλο η πιθανότητα να κάνει και τα δύο συγχρόνως. Όπως είδαμε σε ένα προηγούμενο κεφάλαιο, αν η ακουστική επεξεργασία, δεν ενσωματωθεί στον εγκέφαλο κατά τη διάρκεια των κρίσιμων παιδικών χρόνων, είναι πολύ δυσκολότερο ίσως και αδύνατο, να εισαχθούν αργότερα.

Η έρευνα επίσης δείχνει ότι τα παιδιά επεξεργάζονται τις ίδιες πληροφορίες με διαφορετικό τρόπο, ανάλογα με το αν τις κοιτάζουν ή τις ακούνε. Σε μια μελέτη, βρέθηκαν σαφείς διαφορές, μεταξύ των παιδιών που είχαν δει ένα τηλεοπτικό παραμύθι και εκείνων που άκουσαν τον ίδιο διάλογο από την εξιστόρηση ενός βιβλίου. Εκείνοι που είχαν δει την ιστορία στην Τηλεόραση περιέγραψαν τα οπτικά τρικ και τι έκαναν οι χαρακτήρες, ενώ εκείνοι που την άκουσαν, περιέγραψαν περισσότερο το διάλογο της ιστορίας και έδωσαν περισσότερες σημαντικές πληροφορίες για το περιεχόμενο του κειμένου.

Αυτό που χρειάζονται τα παιδιά μας είναι η ποιοτική, αργή και σαφή έκθεση στους ήχους που θα αποτελέσει τον εξοπλισμό τους, για να επιτεθούν στη γλωσσική έννοια καθώς επίσης και στο γραπτό λόγο. Τι κρίμα που δεν την παίρνουν από αυτό το τηλεοπτικό πρόγραμμα!

6. Οργάνωση Αντίληψης εναντίον Υπεράσπιση Αντίληψης

Ένας από τους σημαντικούς στόχους της εκμάθησης του εγκεφάλου είναι η οργάνωση των πολύπλοκων αισθητήριων ερεθισμάτων που αρχίζουν από την γέννηση του παιδιού. Θα ήταν ιδανικό λοιπόν τα παιδιά να μεγαλώνουν σε ένα περιβάλλον μέσα από το οποίο θα αισθάνονται κάποιον έλεγχο. Οι ερευνητές που εξετάζουν τις "ευαίσθητες περιόδους" του εγκεφάλου, αναφέρουν ότι η έκταση των αλλαγών του άψυχου περιβάλλοντος που προέρχονται από τις ενέργειες του παιδιού, δείχνουν ότι σχετίζονται με την μετέπειτα νοημοσύνη καθώς επίσης και με τη δυνατότητα να επιτευχθεί ένας στόχος. Δυστυχώς, παρακολουθώντας την Sesame Street, παρουσιάζεται μια αρκετά αντίθετη κατάσταση των γεγονότων. Τα γεγονότα όχι απλώς είναι έξω από τον έλεγχο του παιδιού αλλά και η θορυβώδη και η οπτικά βίαιη φύση πολλών των επεισοδίων μπορεί να προκαλέσει την αισθητήρια υπερφόρτωση.

Η δυνατότητα να οργανωθεί ένα οπτικό πεδίο είναι το σημείο εισαγωγής στην ανάγνωση. Τα παιδιά με φτωχές δεξιότητες στην οπτική οργάνωση, δυσκολεύονται, παραδείγματος χάριν, να διακρίνουν τα όρια της λέξης και την διατήρησή της στο κείμενο. Ακόμα, παρά την ενθάρρυνση των παιδιών, να αναπτύξουν την αντιληπτική τους οργάνωση, με τέτοια προγράμματα, μπορεί πραγματικά να αναγκαστούν να εξασκήσουν συνήθειες της πρακτικής αντιληπτικής υπεράσπισης, απλά ως νευρική αυτοπροστασία. Όταν ακόμη και ένας ενήλικος εγκέφαλος δυσκολεύεται να οργανώσει την περίπλοκη δράση, τις απότομες αλλαγές και τα ανεξήγητα οπτικά εφέ τα ως από μηχανής θεός, δεν θα έπρεπε να εκπλαγούμε αν τα παιδιά συντριφτούν από το αντιληπτικό χάος.

Δεν υπάρχει καμία δυνατή απόδειξη (αν και έχει προταθεί) ότι η Τηλεόραση μπορεί να δημιουργήσει σοβαρά, οργανικά, αντιληπτικά προβλήματα. Χρειαζόμαστε μερικές μελέτες που θα εξετάσουν τις πιθανές, ύπουλες επιδράσεις, του θορυβώδους, απαιτητικού προγράμματος, στις αντιληπτικές (ακουστικές και οπτικές) δεξιότητες οργάνωσης ενός φυσιολογικού παιδιού. Η συμπεριφορά "αποσυντονισμού" κατά την παρακολούθηση, που πολλοί γονείς αναφέρουν, μπορεί απλά να είναι η άμυνα του ανώριμου νευρικού συστήματος ενάντια στην υπερβολική υποκίνηση. Πόση έκθεση απαιτείται για να επέλθει μια επίδραση; Κανένας δεν ξέρει, αλλά όπως τα παιδιά διαφέρουν έτσι διαφέρουν και τα κατώτατα όρια επίδραση με τα οποία υπερφορτίζονται.

7. Ενεργητικοί και παθητικοί εγκέφαλοι

Οι αδύνατοι αναγνώστες και οι αδύνατοι λύτες προβλημάτων σε οποιοδήποτε τομέα τείνουν να είναι παθητικοί. Τα εγκαταλείπουν αν δεν τα "δεν τα καταφέρουν" αμέσως. Τέτοιες συνήθειες, όπως η ακατανοησία, μπορεί να επιδεινωθούν, από τα προγράμματα που διδάσκουν στα μικρά παιδιά, ότι η επιδίωξη της κατανόησης είναι είτε περιττή είτε απίθανη. Ενώ η έρευνα προτείνει, ότι τα περισσότερα παιδιά προσπαθούν ενστικτωδώς να κατανοήσουν αυτό που βλέπουν στην Τηλεόραση, πολύ συχνά μπερδεύονται από τα υπερβολικά περίπλοκα προγράμματα. Όταν αυτή η εμπειρία επαναλαμβάνεται συχνά, σύντομα αυτό που αντιλαμβάνονται είναι ότι ούτε χρειάζεται να καταλάβουν τι γίνεται ούτε και κανείς τους αναγκάζει.

Οι μελέτες από τους ειδικούς, που δεν έχουν σχέση με το πρόγραμμα, δείχνουν ότι ένα μεγάλο μέρος του περιεχομένου της Sesame Street, είναι ακατανόητο στα μικρά παιδιά. Ο Δρ Singer αναφέρει ένα παράδειγμα:

Ένα από τα προγράμματα μελετών, αφορούσε την προσπάθεια των παραγωγών της Sesame Street να εξηγήσουν την έννοια της κώφωσης στα παιδιά. Μια ομάδα κωφών παιδιών, παρουσιάστηκε και δεσμεύτηκε από μία σειρά δραστηριοτήτων, συμπεριλαμβανομένης της άσκησης να σχηματίζουν γράμματα με την στάση του σώματός τους. Παρά την προσπάθεια και την αναμφισβήτητη ευαισθησία της επίδειξης (τουλάχιστον από την οπτική ενός ενηλίκου), μόνο 1 από τα 60 παιδιά, που παρακολούθησαν αυτό το πρόγραμμα, κατάλαβε ότι τα παιδιά στην οθόνη δεν μπορούσαν να ακούσουν. Στην πραγματικότητα, χιλιάδες δολάρια ξοδεύτηκαν σε μια παραγωγή που απέτυχε τελείως, να περάσει το κύριο μήνυμά, στο προσχολικό κοινό των θεατών.

Ο Δρ Singer μετά από την μελέτη των αντιδράσεων των νεαρών απέναντι στο τηλεοπτικό πρόγραμμα, αναφέρει ότι οι περισσότεροι γονείς πιστεύουν ότι τα παιδιά τους καταλαβαίνουν την Sesame Street πολύ παραπάνω από ότι ισχύει πραγματικά. Μας εξηγεί ότι "πολύ συχνά τα παιδιά δεν κατάφεραν να ακολουθήσουν την εναλλαγή του υλικού, από την μια σκηνή στην άλλη. Ο απαραίτητος χρόνος για τη διανοητική επανάληψη, δεν προσφέρθηκε, και δεν υπήρξε επαρκής επανάληψη". Κανένας δεν έχει προσδιορίσει τι επιδράσεις έχει η συνεχής μη κατανόηση στη λειτουργία του εγκεφάλου, αλλά η έρευνα που αναφέρεται στο τελευταίο κεφάλαιο, δηλώνει ότι μπορεί να αναγκάσει την υποχώρηση των άλφα —μια από τις "συνήθειες" για τις οποίες αναφέραμε παραπάνω.

8. Οι καλοί αναγνώστες μαθαίνουν να θυμούνται

Ένα άλλο σχετικό πρόβλημα, αφορά τη δυνατότητα των παιδιών να θυμηθούν την σημασία αυτού που διαβάζουν, μια ικανότητα που απαιτεί, πρώτα την κατανόηση του κειμένου, και δεύτερον την χρήση ενεργών μεθόδων απομνημόνευσης. Η μνήμη επίσης, απαιτεί τη διανοητική εμμονή, από την οποία εξαρτάται η διατήρηση των πληροφοριών σε αυτό που καλείται "λειτουργική μνήμη", τόσο καιρό ώστε "να την αποθηκεύσει" σε ένα είδος της ουσιαστικής μορφής, και "να την ανακτήσει" όταν απαιτείται. Οι παθητικοί εγκέφαλοι διατηρούν τις αισθήσεις, και όχι τις πληροφορίες.

Τα παιδιά που δεν καταλαβαίνουν αυτό που βλέπουν, δεν μαθαίνουν ενεργά τις μεθόδους απομνημόνευσης. Κατά παράξενο τρόπο, παρόλο που το τηλεοπτικό πρόγραμμα *Mister Rogers Neighbourhood* δεν καθηλώνει τα παιδιά μπροστά στην Τηλεόραση, (η έρευνα δείχνει ότι έχουν την τάση "να περπατούν και να κοιτάζουν τριγύρω περισσότερο απ' ό,τι κατά τη διάρκεια του απαιτητικού, για τις αισθήσεις, προγράμματος Sesame Street), θυμούνται πραγματικά περισσότερα από την *Mister Rogers Neighbourhood*. Από αυτήν την άποψη, αναφέρει ο Δρ Singer, τα παιδιά που ήταν λιγότερο ευφυή υπέφεραν περισσότερο [δηλ., θυμόντουσαν λιγότερα] από την έκθεση τους στην Σουσαμένια Οδό, που σχεδιάστηκε με σκοπό για τα παιδιά με μειονεκτική εκπαίδευση".

9. Οι Καλοί αναγνώστες μπορούν να δώσουν προσοχή

Καθώς τα μικρά παιδιά παρακολουθούν Τηλεόραση, η προσοχή τους τείνει να περιπλανηθεί εκτός κι αν υπάρχει κάτι να την τραβάει πίσω. Οι ερευνητές που αναφέρουν τις μελέτες "αποδεικτικές" ότι τα παιδιά "δίνουν προσοχή" στην Τηλεόραση, αναφέρονται συνήθως σε αυτόν τον τύπο *ακούσιας προσοχής*, η οποία είναι αρκετά διαφορετική από το είδος της *εκούσιας προσοχής*, η οποία απαιτείται για να τα πάνε καλά στο σχολείο και ειδικότερα στην ανάγνωση. Επιπλέον, όταν ακούτε ότι τα παιδιά παρακολουθούν "ενεργά" τα προγράμματα όπως το Sesame Street, πρέπει να γνωρίζετε ότι στην πραγματικότητα σημαίνει ότι ο θεατής αποσυντονίζεται συχνά, κοιτάζει αλλού, παίζει, τρώει ή κάνει άλλα πράγματα. Ο μέσος όρος συνεχής παρακολούθησης είναι στην ουσία λιγότερη από πέντε δευτερόλεπτα. Η αλήθεια είναι ότι ο θεατής μπορεί πράγματι να είναι ενεργός αλλά όχι και η παρακολούθηση.

Οι ιδέες ενός κειμένου δεν μπορούν να καταλάβουν το μυαλό ενός αναγνώστη όπως θα μπορούσε το βιβλίο *Ernie and Big Bird*. Οι απαιτήσεις της ανάγνωσης επιβάλουν την εκούσια προσοχή του μυαλού, η οποία μπορεί να διατηρήσει την σκέψη αρκετά ώστε να την επεξεργαστεί κιόλας, και όχι ένα μυαλό εξοικειωμένο στην αποσυντόνιση, κάθε πέντε δευτερόλεπτα.

10. Ποιος φτιάχνει τις εικόνες;

Μια από τις σοβαρότερες επιπτώσεις, της τηλεοπτικής παρακολούθησης, είναι ότι ληστεύει στην κυριολεξία από τα παιδιά, την δυνατότητα να μάθουν να φτιάχνουν εικόνες μέσα στο μυαλό τους. Αυτή η κρίσιμη δυνατότητα είναι ο ακρογωνιαίος λίθος για την καλή ανάγνωση, όχι μόνο επειδή κρατά τον αναγνώστη συνδεμένο με το κείμενο, αλλά και γιατί αποτελεί έναν πολύ πρακτικό τρόπο για να παρακολουθήσει και να θυμηθεί τι έχει διαβάσει. Όταν οι αδύνατοι αναγνώστες —και οι αδύνατοι λύτες προφορικών προβλημάτων —ακούνε (ή διαβάζουν) τις λέξεις, έχουν το πρόβλημα ότι δεν προβάλλεται τίποτα στην οθόνη της φαντασίας τους.

Πριν από λίγο καιρό επισκέφτηκα μια προχωρημένη τάξη αγγλικών, του γυμνασίου. Την προηγούμενη ακριβώς ημέρα είχε τεθεί σαν εργασία των μαθητών, η πρώτη πράξη του Mack Beth, όταν έφθασε στην τάξη η δασκάλα, τους ζήτησε να γράψουν μια περιγραφή αυτών που "είχαν δει" καθώς διάβαζαν. Σε μια αίθουσα γεμάτη καλούς αναγνώστες, περίμενα μερικούς ζωηρόχρωμους και σημαντικούς απολογισμούς, και όντως δεν απογοητεύτηκα. Για μερικούς μαθητές, ωστόσο, αυτή η εργασία αποδείχτηκε απογοητευτική.

"Το διάβασα ξανά και ξανά, αλλά δεν νομίζω ότι κατάλαβα τίποτα καθώς διάβαζα," παραπονέθηκε ένα κορίτσι.

"Αυτό θα πρέπει να έκανε και την κατανόηση πιο δύσκολη" τόλμησα να πω.

"Βέβαια," ομολόγησε. "Ίσως γι' αυτό μισώ το διάβασμα —αλλά μην το πείτε στην Κυρία ——!"

Αργότερα η δασκάλα, με τράβηξε προς το μέρος της για να μου πει, ότι ανησυχούσε περισσότερο από όλους για τους μαθητές που δεν μπόρεσαν να δουν εικόνες καθώς διάβαζαν". Ήξερα ότι δεν είναι τόσο καλοί αναγνώστες όπως οι άλλοι," είπε. "Τώρα νομίζω ότι ξέρω έναν από τους λόγους!"

Τα στοιχεία της φαντασίας, βοηθούν επίσης στην επίλυση των μαθηματικών και στα προβλήματα της Φυσικής. "Εάν ο Tom είχε τρία καλάθια με δώδεκα μήλα το κάθε ένα, και χώριζε κάθε καλάθι σε τέσσερα μικρά κιβώτια, πόσα κιβώτια θα χρειαζόταν και πόσα μήλα θα είχε κάθε κιβώτιο;" Πολλά άτομα χρησιμοποιούν, ένα είδος οπτικής εικόνας, για "να δουν" τα καλάθια και τα κιβώτια και για να παρακολουθήσουν κάθε βήμα του προβλήματος. Κατά τρόπο ενδιαφέροντα, οι μαθητές της Sesame Street γενιάς, έχουν ιδιαίτερη δυσκολία σε τέτοια "προβλήματα". Φαίνεται ότι ο συνδυασμός της φτωχής ικανότητας ανάγνωσης με την έλλειψη επιμονής και η ανικανότητα απεικόνισης, συμβάλλουν σε αυτήν την δυσκολία. Παρόλο που αυτή η ικανότητα φαίνεται να έρχεται φυσικότερα σε μερικούς εγκεφάλους απ' ό,τι σε κάποιους άλλους, είναι δυνατό να αναπτυχθεί με την πρακτική. Σε κάποιες μελέτες, όπου τα παιδιά είχαν διδαχθεί να κάνουν τις διανοητικές εικόνες, τα αποτελέσματα της ανάγνωσής τους αυξήθηκαν.

Το περιεχόμενό της Sesame Street είναι περιορισμένο όσον αφορά την διδασκαλία των φανταστικών στοιχείων. Επίσης, μερικές έρευνες που έχουμε διαθέσιμες, φαίνεται ότι δεν είναι πάρα πολύ δύσκολο να δημιουργηθούν δραστηριότητες που θα δώσουν στις "εικόνες του μυαλού" περισσότερη έμφαση από αυτή που παίρνουν τώρα. Όσο το περισσότερο συνηθίζουν τα παιδιά σε αυτό το εξωτερικά απαιτητικό οπτικό μέσο, τόσο λιγότερες είναι οι πιθανότητες να παράγουν τα δικά τους σενάριά.

Πολύ λίγες μελέτες, έχουν εξετάσει την τηλεοπτική επίδραση από την γενικότερη άποψη της φαντασίας. Έχουν διαπιστώσει, ότι τα παιδιά συνηθίζουν να διασφαλίζουν μεγαλύτερα και πιο εφευρετικά συμπεράσματα στις ηχητικές (ράδιο) απ' ό,τι στις οπτικοακουστικές (Τηλεόραση) ιστορίες. Υπάρχουν επίσης, πολλές ανέκδοτες αναφορές από παλαίμαχους νηπιαγωγούς, που άρχισαν να παρατηρούν αλλαγές στο φανταστικό παιχνίδι των παιδιών, σύντομα μετά την έναρξη της Sesame Street.

Η κύρια ανησυχία τους είναι ότι οι θεατές που παρακολουθούν συχνά είναι πιθανό να μιμηθούν τους χαρακτήρες και τη δράση των προγραμμάτων, παρά να δημιουργήσουν τα δικά τους σενάρια.

Η Jerry Levi μας υπενθυμίζει ότι τα συστήματα που συνδέουν τα γλωσσικά και τα οπτικά φανταστικά στοιχεία διαμορφώνονται καθ' όλη τη διάρκεια της παιδικής ηλικίας, αλλά κανένας δεν ξέρει αν-ή πότε-υπάρχει η κρίσιμη περίοδος για τη φαντασία.

ΔΕΝ ΥΠΑΡΧΕΙ ΤΙΠΟΤΑ ΚΑΛΟ ΣΤΗΝ ΕΚΠΟΜΠΗ SESAME STREET;

Κατά τη διάρκεια ενός λιμού, ακόμη και από το πιο απαραβίαστο και ιερό πρόσωπο, μπορεί να απαιτηθεί η τροφή. Στη διάρκεια των δύο ετών, που παρακολουθώ την Sesame Street, με σκοπό να συντάξω αυτό το κεφάλαιο, έχω παρατηρήσει τη γένεση μιας ενθαρρυντικής αλλαγής. Ο ρυθμός έχει επιβραδυνθεί λίγο, όχι και τόσο ενθαρρυντικά όμως. Το περιεχόμενο φαίνεται διευρυμένο, σε μια προσπάθεια να επεκταθεί και η εννοιολογική και "προ-κοινωνική" (θετικά αποτελέσματα στη συμπεριφορά) εκμάθηση. Το πρόγραμμα προβάλλει στα παιδιά μερικές σημαντικές έννοιες (ένα παράδειγμα είναι τα τραγούδια που αφορούν το "Ίδιο και το Διαφορετικό"). Έχει προσφέρει μια αίσια οικειότητα με νέους ήρωες της πολιτιστικής βασικής εκπαίδευσης όπως ο Ernie and Big Bird (Πουλώντας πολλά προϊόντα, επίσης). Αν και η αίσθηση του χιούμορ της εκπομπής, έχει περιγραφεί από την Δρ Lillian Katz, ως "Πανούργο και πολύ αυθάδη, "τα παιδιά σταματούν τις συνηθισμένες φάρσες, μόλις μάθουν να προσαρμόζουν τους εγκεφάλους τους στο θορυβώδη ρυθμό (ένα αμφισβητήσιμο όφελος!). Προσωπικά, βρίσκω μερικά από τα παιχνίδια με τις λέξεις τρομερά έξυπνα (π.χ., "ο Placido Flamingo" τραγουδά με την ορχήστρα του), αλλά τυχαίνει να ξέρω να διαβάζω και να γνωρίζω ποιος είναι ο Placido Domingo.

Το πρόγραμμα έχει καταβάλει σοβαρή προσπάθεια να περάσει θετικά μηνύματα, για την πολιτιστική ποικιλομορφία, τις αναπηρίες, και το σημαντικότερο, συναισθηματικά θέματα, όπως αυτά που αφορούν τον θάνατο- παρόλο που, όπως έχουμε δει, το μεγαλύτερο μέρος του μηνύματος, παραμερίζεται από το νέο ακροατήριό, λόγω του ακατάλληλου τρόπου παρουσίασης. Το υλικό είναι καλύτερης ποιότητας, από την άποψη της ηθικής, από πολλά άλλα προγράμματα, και η κατάσταση των εκπαιδευτικών στόχων απεικονίζει την τρέχουσα έρευνα (αν και φαίνεται καθαρά δεν έχουν εκφραστεί στον καθημερινό πρόγραμμα). Εάν η Sesame Street, δεν είχε ισχυριστεί ότι είναι σημαντικά εκπαιδευτική, ίσως και να αντιμετωπιζόταν ως μια έξυπνη, ζωηρόχρωμη και ελαφρώς ψυχαγωγική εκπομπή. Αλλά δεδομένου ότι παινευόταν ως την σημαντικότερη προσπάθεια των τηλεοπτικών μέσων για την εκπαίδευση των παιδιών, νομίζω ότι μας έχει απογοητεύσει και παραπλανήσει σε μία εποχή που χρειαζόμαστε απελπισμένα τα καλύτερα πρότυπα.

Η τηλεοπτική εκπομπή *Children's Television Workshop* έχει κερδίσει την εξουσία να καθορίζει την ποιοτική τηλεοπτική "εκπαίδευση" καθώς επίσης και τις κατάλληλες ακαδημαϊκές μεθόδους και στόχους για τα παιδιά της προσχολικής ηλικίας. Δεν έχει εκπληρώσει την υποχρέωσή του να παρέχει ικανοποιητική αθροιστική έρευνα για τα αποτελέσματά του — είτε θετικά είτε αρνητικά —στην εκμάθηση. Μπορεί εύκολα να υποστηριχτεί ότι έχουν οδηγήσει ένα μεγάλο αριθμό καλόπιστου κοινού σε σφάλμα. Το κοινό, όπως ήταν επόμενο, φαίνεται πολύ πρόθυμο να του επιρρίψει την ευθύνη. Και έτσι εμείς λαμβάνουμε τις συνέπειες.

Ένας διορατικός μαθητής της πρώτης τάξης περιέγραψε την κατάσταση αρκετά απλά:

"Δεν μου μαθαίνει και πολλά. Με κάνει να γελάω."
Σαν δασκάλα ανάγνωσης, όμως, εγώ δεν γελώ.

ΣΥΜΠΕΡΑΣΜΑ: Η ΔΙΔΑΣΚΑΛΙΑ ΚΑΙ ΤΟ ΑΙΣΘΗΤΗΡΙΟ ΠΑΖΑΡΕΜΑ

Η ανάγνωση είναι μια σύνθετη διανοητική πράξη που δεν μπορεί να πουληθεί λιανικώς όπως ένα εκπαιδευτικό παιχνίδι. Η δυνατότητα να διαβάσουν, και η σχετική δυνατότητα να γράψουν, δεν είναι εγκατεστημένες στον ανθρώπινο εγκέφαλο. Για να μπορέσει ο εγκέφαλος να βγάλει συμπέρασμα από το γραπτό κείμενο, πρέπει να σκεφτεί και να καταλάβει τη γλώσσα, μόνο τότε μπορεί να εκπαιδευθεί, για να συνδέσει μια εσωτερική πνευματική ζωή με τα γραπτά σύμβολα, που δεν έχουν στην πραγματικότητα καμία δικής τους έννοια. Εάν η ανάγνωση "πωλείται" σε απροετοίμαστα παιδιά, θα την απορρίψουν σύντομα, σαν κάτι άνευ αξίας ή χωρίς ενδιαφέρον, επειδή στερούνται τους εσωτερικούς πόρους, και διανοητικούς και φυσικούς, για να δώσουν ζωή και σημασία στα γραπτά σύμβολα. Τα παιδιά που βυθίζονται από τη γέννησή τους στην πικάντικη αισθητήρια μπουγιαμπέσα, της οπτικής αμεσότητας δεν θα γίνουν αναγνώστες παρά μόνο αν έχουν απορροφήσει τον πλούσιο ζωμό της γλώσσας και της σκέψης. Στα παιδιά της προσχολικής ηλικίας που έχουν βομβαρδιστεί με τρικ, στο όνομα της εκμάθησης και στα παιδιά της σχολικής ηλικίας, των οποίων τα μυαλά είναι συνηθισμένα στην εύκολη ευχαρίστηση της τηλεθέασης, είναι πιθανό ο πολιτισμός του σχολείου να φανεί ξενόφερτος. Οι εγκέφαλοί τους, που διαμορφώνονται από την οπτική καινοτομία, είναι πολύ πιθανό βαθμιαία να χάνουν τη δυνατότητα τους να ασχοληθούν με τον γραπτό λόγο.

Να δούμε τότε ποιος, θα διδάξει την επόμενη γενιά να διαβάζει;

Κεφάλαιο 12

Εγκέφαλοι με "Μειονεκτήματα"

Η πλαστικότητα αντιπροσωπεύει ένα δίκοπο μαχαίρι: Οι διαθέσιμες επεξεργασίες τις, μπορεί να επιφέρουν θετικά αποτελέσματα χωρίς όμως να αποκλείονται τα αρνητικά.

—RICHARD M. LERNEK, PH. D

Στα περίκλειστα, εδάφη της ανατολικής πλευράς της Νέας Υόρκης, ένα ασυνήθιστο κέντρο φροντίδας παιδιών εξυπηρετεί τις διαφορετικές ανάγκες των παιδιών προσχολικής ηλικίας, από δύο πολύ διαφορετικά κοινωνικά συστήματα. Πρώτον κάθε πρωί φθάνουν τα παιδιά της "γειτονιάς" από τα πολυτελή λόμπι των διαμερισμάτων τους, συνοδευόμενα από τις παραμάνες ή τους επιδέξια ντυμένους γονείς τους. Συζητώντας έντονα, καταπιάνονται με τις πρωινές δραστηριότητες καθώς περιμένουν την άφιξη των συμμαθητών τους, οι οποίοι φτάνουν με λεωφορείο και ζουν με την φροντίδα της πρόνοιας σε κάποια εστία. Αυτοί οι νεαροί ξεκίνησαν την μέρα τους μέσα στα περιορισμένα δωμάτια, συνήθως χωρίς κουζίνα, όπου τουλάχιστον τέσσερα παιδιά και μια μητέρα μοιράζονται δύο κρεβάτια. Πιο σιωπηλά, μερικές φορές μελαγχολικά μπαίνουν στις τάξεις και αρχίζουν τη σχολική ημέρα. Η Lourdes Rivera, η δραστήρια διευθύντρια αυτής της ανθρωπιστικής επιχείρησης, είναι μια αρκετά έμπειρη δασκάλα όσον αφορά στα παιδιά που προέρχονται από σοβαρά στερημένα περιβάλλοντα, αλλά αυτή είναι η πρώτη της εμπειρία με τόσο διαφορετικές ομάδες. Όπως πολλοί επισκέπτες, έτσι κι εγώ αναρωτήθηκα πώς αυτά τα παιδιά από τα αντίθετα άκρα του κοινωνικοοικονομικών τάξεων, συσχετίζεται το ένα με το άλλο.

"Τα παιδιά είναι παιδιά," δήλωσε η κα Rivera έντονα "Ο ένας μαθαίνει από τον άλλον και αλληλοβοηθούνται." Ωστόσο στο ενήλικο προσωπικό, οι ειδικές ανάγκες των άστεγων παιδιών είναι όλες πολύ εμφανείς. Πολλά προέρχονται από τέτοιο περιβάλλον όπου ακόμη και η βασική τους ανάγκη για ασφάλειά διακινδυνεύει. Οι απλές εμπειρίες εκμάθησης που θεωρούνται δεδομένες για τις περισσότερες οικογένειες, σε αυτά τα παιδιά δεν είναι διαθέσιμες. Παραδείγματος χάριν, αυτά τα παιδιά δεν μπόρεσαν ποτέ να απολαύσουν ένα γεύμα σε ένα τραπέζι ή δεν έχουν βοηθήσει (ή ακόμα και να έχουν δει) κάποιον να μαγειρέψει σε έναν πραγματικό φούρνο. Εξαιτίας της επικινδυνότητας των περιοχών τους (και μέσα στο σπίτι και έξω) δεν τους έχει επιτραπεί να κινηθούν ελεύθερα, έτσι η κινητική τους ανάπτυξη είναι πολλές φορές αρκετά πιο πίσω από το πρόγραμμα. Μερικά από τα σοβαρότερα χάσματα αφορούν στη γλώσσα και στην προσοχή.

Ποια είναι η πρόγνωση για αυτούς τους νεαρούς, που αποτελούν αναμφισβήτητα την πλέον μειονεκτική ομάδα της κοινωνίας μας; Θα μπορέσει ένα εμπλουτισμένο περιβάλλον γεμάτο φροντίδα, να καλύψει την τρομερή άβυσσο των καθημερινών ζωών τους; "Αν τα αναλάβουμε αρκετά νωρίς," λέει η κα Rivera, "Πιστεύω ότι μπορούμε να επιφέρουμε μεγάλη διαφορά. " Η αξιοπρόσεχτη βελτίωση αρχίζει, συνήθως, όταν μπαίνουν στον παιδικό σταθμό, λέει.

"Έχουμε σώσει πολλές ζωές. Σκέφτομαι τον Matthew, ένα άστεγο παιδί που ασχολήθηκα μερικά χρόνια πριν. Είχε προέλθει από μια αγαπημένη οικογένεια, αλλά είχαν τόσα πολλά προβλήματα που και οι δύο γονείς ήταν στην απεξάρτηση για τον εθισμό των φαρμάκων. Ο Matthew σημείωσε καταπληκτική πρόοδο όταν ήταν με μας —αυτή την στιγμή είναι στον παιδικό σταθμό, άκουσα, και δοκιμάζεται για το πρόγραμμα των ταλαντούχων. Τον πήραμε νωρίς και οι γονείς του έκαναν τα πάντα για να τον βοηθήσουν. Όταν όμως τα παιδιά είναι σε μεγαλύτερη ηλικία ή όταν το περιβάλλον στο σπίτι είναι ακατάλληλο και πολύ φτωχό, είναι πολύ δυσκολότερο."

Τα παιδιά που προσεγγίζονται δυσκολότερα είναι εκείνα που έχουν κακοποιηθεί σωματικά ή έχουν νιώσει έντονη συναισθηματική εγκατάλειψη από τους ενηλίκους που τα περιέβαλαν. "Ακόμα και όταν τα χείλη τους χαμογελούν, τα μάτια τους δεν χαμογελούν ποτέ" απάντησε στεναχωρημένα..

Οι έρευνες για τα μακροπρόθεσμα αποτελέσματα των πρόωρων προγραμμάτων παρέμβασης, επιβεβαιώνουν τις παρατηρήσεις της κα Rivera. Όπως παρατηρεί ένας ερευνητής, παρόλο που το εμπλουτισμένο περιβάλλον δεν θα οδηγήσει όλα τα παιδιά στην απόκτηση του βραβείου Νόμπελ, το περιβάλλον μπορεί να καθορίσει κατά πόσο οι κληρονομημένες δυνατότητες του καθένα μπορούν να δραστηριοποιηθούν. Όπως η γνωσιολογική "υποκίνηση" είναι σημαντική, το ίδιο είναι και η παρουσία ενός ενήλικα που θα προσφέρει την αγάπη στη ζωή ενός παιδιού. Όλοι οι δάσκαλοι γνωρίζουν πόσο σημαντική είναι η συναισθηματική και η υλική υποστήριξη για τα παιδιά. Όταν αναφέρομαι στην λέξη "μειονεκτήματα" δεν εννοώ πάντα τα οικονομικά μειονεκτικά περιβάλλοντα. Ακόμη και τα φαινομενικά "προνομιούχα" παιδιά, μπορεί να υποφέρουν με πολύ πιο λεπτούς, αλλά εξίσου σημαντικούς τρόπους, όταν οι συναισθηματικές τους ανάγκες παραμελούνται ή όταν οι προσδοκίες των γονιών τους είναι απαιτητικές. Η κα Rivera αναφέρθηκε σε μια τέτοια περίπτωση, με ιδιαίτερη απογοήτευση.

"Έχουμε ένα μικρό αγόρι εδώ, του οποίου οι γονείς είναι πολύ πλούσιοι, αλλά μπορούμε να πούμε ότι βρίσκεται σε "μειονεκτική" θέση από μία άποψη. Ο Paul βρίσκεται στην ημερήσια φροντίδα από τότε που γεννήθηκε, είναι δυόμισι χρονών τώρα και είναι εδώ από τις οκτώ το πρωί μέχρι τις έξι το απόγευμα. Ωστόσο οι γονείς του πληρώνουν κάποια μέλη του προσωπικού μας για να τον πάρουν σπίτι και να μείνουν μαζί του έως ότου φτάσουν οι ίδιοι στο σπίτι, αυτό μπορεί να σημαίνει οποιαδήποτε ώρα από τις επτά μέχρι τις ένδεκα το βράδυ. Δυστυχώς, πρέπει να είναι διαφορετικό πρόσωπο κάθε ημέρα. Είναι ένα θαυμάσιο μικρό αγόρι, αλλά την περισσότερη ώρα είναι κουρασμένο ή βαριέται. Φυσικά, οι γονείς του έχουν μεγάλες προσδοκίες για αυτόν. Φυσικά παραμένει ακόμα, σε απέραντα καλύτερη κατάσταση από αυτά τα άστεγα παιδιά, αλλά... "

Καθώς περπατήσαμε μέσα στις τάξεις, εντυπωσιάστηκα από το εύθυμο περιβάλλον καθώς επίσης και την προφανή προσοχή από τα μέλη και τους εθελοντές του προσωπικού στις ανάγκες των παιδιών. Αν και μερικά παιδιά απαιτούσαν ειδική βοήθεια ή εξυπηρέτηση από τους ενηλίκους, τα περισσότερα έπαιζαν, μάθαιναν και συναναστρέφονταν επιτυχώς. Ένας έμπειρος παρατηρητής, μπορούσε να διακρίνει σημαντικές διαφορές στην ωρίμανση των γλωσσικών δεξιοτήτων, αλλά δεν ήταν πάντα εμφανείς, σε ένα περιστασιακό μάτι, πότε τα παιδιά ήταν "προνομιούχα" και πότε ήταν άστεγα.

Καθώς μπήκαμε στην τελευταία τάξη, είδα ένα μικρό, λυπημένος παιδί, μόνο του, με το κεφάλι στηριγμένο αδιάφορα στον πίνακα που βρισκόταν μπροστά του. Πνίγοντας την ανάγκη μου να το πάρω στην αγκαλιά μου, ρώτησα χαμηλόφωνα την κα Rivera, "ένας από τους αστέγους;"

"Όχι," μου απάντησε, ο "Paul".

ΟΙ ΔΙΑΣΤΑΣΕΙΣ ΤΟΥ ΜΕΙΟΝΕΚΤΗΜΑΤΟΣ

Τα παιδιά "μειονεκτούν" σε βαθμό, που δεν λαμβάνουν την επαρκή φυσική, κοινωνικό-συναισθηματική, ή διανοητική ανατροφή. Η μακροχρόνια στέρηση σε οποιονδήποτε από αυτούς τους τομείς, βάζει τα παιδιά σε κίνδυνο. Όταν οι παράγοντες υπερισχύουν και συσσωρεύονται, η εκμάθηση, οι ζωές και η κοινωνία κινδυνεύουν ανάλογα.

Στις Ηνωμένες Πολιτείες, τα παιδιά που μειονεκτούν πιο σοβαρά και διατρέχουν μεγαλύτερο κίνδυνο είναι τα φτωχά παιδιά, αυτό είναι ένα πρόβλημα που σκεπάζεται, εδώ και καιρό, πλέον όμως αποτελεί ένα αρκετά μεγάλο κομμάτι που απειλεί την πρόοδο του πολιτικού μηχανισμού. Ένας ατιμωτικός αριθμός Αμερικανών νηπίων, φθάνει κάθε χρόνο στον κόσμο της πείνας, της κατάχρησης ναρκωτικών ουσιών, και της παραμέλησης. Πολλά από αυτά τα μωρά, γεννιούνται από νέους εφήβους, των οποίων οι εγκέφαλοι στερούνται της ικανοποιητικής ανατροφής και την τελευταία πινελιά της φύσης ως προς την ωρίμανση. Αυτοί οι γονείς είναι ανίκανοι να καλύψουν ακόμη και τις πιο βασικές φυσικές ανάγκες των παιδιών τους, πολύ λιγότερο της νοημοσύνης τους. Αυτός ο αναπτυσσόμενος υποπολιτισμός της στέρησης, αντιπροσωπεύει μια μεγάλη απειλή για τον θεσμό της εκπαίδευσης και αναπόφευκτα, για τους νόμους, παρά τα αποδεδειγμένα αποτελέσματα, των προγραμμάτων που δείχνουν ότι είναι δυνατό να διορθωθεί και να αναδομηθεί, τουλάχιστον ως ένα βαθμό, και το μυαλό και το βιοτικό επίπεδο αυτών των παιδιών.

Τα σωματικά, συναισθηματικά, και γνωστικά γεγονότα που συμβαίνουν κατά τη διάρκεια των πρώτων ετών της ανάπτυξης ενός εγκεφάλου, έχουν ισόβια επίδραση, όχι μόνο στον ίδιο τον εγκέφαλο, αλλά και στην κοινωνία η οποί αναπόφευκτα θα επηρεάσει τα χαρακτηριστικά του—είτε θετικά είτε αρνητικά. Τα παιδιά από τις οικονομικά μειονεκτικές οικογένειες, έρχονται στο σχολείο με πολύ φτωχά προετοιμασμένους εγκεφάλους ώστε να μπορέσουν να σημειώσουν κάποια επιτυχία εκεί. Το ίδιο πράγμα ισχύει, για μερικά από τα πιο προνομιούχα παιδιά. Ας εξετάσουμε τους λόγους για τους οποίους συμβαίνει.

Ο φυσικά στερημένος εγκέφαλος

Πολλά παιδιά σε οικονομικά μειονεκτική θέση, ξεκινούν εφόσον οι εγκέφαλοί τους έχουν ήδη συμβιβαστεί. Η ανεπαρκής διατροφή, η κατάχρηση ουσιών ή η υπερβολική πίεση για την έγκυο μητέρα, μπορούν να βάλουν σε κίνδυνο τη δομική ακεραιότητά του εγκεφάλου του μωρού. Οι έγκυες γυναίκες, των χαμηλότερων αστικών τάξεων, είναι πιθανότερο να εκτεθούν στο μόλυβδο της εξάτμισης των αυτοκινήτων, καθώς και σε άλλους ρύπους που μπορεί να βλάψουν τον εγκέφαλο. Η πρόωρη γέννα, που συχνά συνοδεύεται από την μη ικανοποιητική περίθαλψη, μπορεί επίσης να επιβαρύνει τα παιδιά με μαθησιακές διαταραχές. Κάθε χρόνο, όλο και περισσότερα μωρά που γεννιούνται πρόωρα, σώζονται, χάρη στις τεχνολογικές προόδους, αλλά χωρίς να υπάρχει το κατάλληλο οικογενειακό περιβάλλον, αυτά τα παιδιά κινδυνεύουν όσον αφορά την εκπαίδευση. Τα μωρά που προέρχονται από την μεσαία τάξη, είναι πιθανότερο να αποκτήσουν ή να παρουσιάσουν, ηπιότερες μορφές μαθησιακής ανικανότητας ή προσοχής. Η πρόβλεψη εξαρτάται από τη δριμύτητα του αρχικού προβλήματος και της έμφυτης ανθεκτικότητας του νηπίου, καθώς και από την ποιότητα του αρχικού μαθησιακού περιβάλλοντος.

Για τα παιδιά της χαμηλής οικονομικής τάξης των οποίων η διατροφή είναι ανεπαρκής, η "μολυβδίαση" και τα "συνωστισμένα καταλύματα" (στα αστικά κέντρα κυρίως) τα οποία κατακερματίζουν το ελεύθερο παιχνίδι, την ανάπτυξη των κινητικών δεξιοτήτων και την ποιότητα του ύπνου, αποτελούν ακόμα μια απειλή. Πολλά από αυτά τα παιδιά σπαταλούν πολύ χρόνο μπροστά από την οθόνη κάτι που δυστυχώς δεν προσφέρει και πολλά στην επανόρθωση των αντιληπτικών, κινητικών, γνωσιολογικών ή κοινωνικών μειονεκτημάτων. Επίσης είναι πιο επιρρεπή στην κακοποίηση και την σωματική αμέλεια. Τα περισσότερα παιδιά που μεγαλώνουν κάτω από οικονομικά χαμηλές συνθήκες δεν παρακολουθούν κανέναν τύπο παιδικού σταθμού. Η μεγάλη πλειοψηφία των 253.000 άστεγων παιδιών που υπολογίζονται αυτή την στιγμή, δεν παρακολουθεί το σχολείο κανονικά. Επίσης πολλά παιδιά που δεν ταξινομούνται στην κατηγορία των αστέγων, ζουν κάτω από τέτοιες συνθήκες.

Στον σοβαρό υποσιτισμό, ανήκει ένα μεγάλο μερίδιο της διανοητικής ανικανότητας. Η πιο γνωστή μελέτη που παρουσιάζει τα μακροπρόθεσμα αποτελέσματά αυτού, πραγματοποιήθηκε σε μια ομάδα παιδιών από την Κορέα τα οποία μεγάλωσαν σε υπερβολικά φτωχές συνθήκες (σε ηλικία μόλις δεκαοχτώ μηνών υπέφεραν από υποσιτισμό και στην συνέχεια υιοθετήθηκαν από αμερικανές οικογένειες, μεσαίας τάξεις). Αν και επανέκτησαν γρήγορα ένα μεγάλο μέρος του χαμένου εδάφους, οι επιπτώσεις της αρχικής εμπειρίας στην εκμάθηση των δεξιοτήτων δεν επανήλθαν ποτέ ολοκληρωτικά. Κανένας δεν έχει καταγράψει τις επιδράσεις των ιδιαίτερων μορφών του διαιτητικού περιορισμού, αλλά υπάρχει ένας πολύ καλός λόγος για να υποψιαστεί κανείς ότι μπορεί να έχει μόνιμες συνέπειες στον εγκέφαλο, ιδιαίτερα όταν αυτό που είναι ανεπαρκή είναι η πρωτεΐνη.

Όποια κι αν είναι η αρχική δυνατότητά, ένας υποσιτιζόμενος εγκέφαλος, που δέχεται επίθεση από το τοξικό περιβάλλον ή που δεν έχει ανατραφεί σωστά, έχει πολύ λίγες πιθανότητες να πραγματοποιήσει την βιολογική του υπόσχεσή. Επειδή οι παράγοντες κινδύνου συνήθως αλληλεπιδρούν, οι νεαροί από τα προνομιούχα περιβάλλοντα, διατηρούν πολύ καλύτερα την "μνήμη" τους, αλλά η στέρηση σε έναν ή περισσότερους από τους βασικούς τομείς αναγκών, μπορεί να επιφέρει σοβαρές συνέπειες σε οποιοδήποτε παιδί.

Ο Συναισθηματικά Στερημένος Εγκέφαλος

Τα παιδιά που δεν λαμβάνουν τη διαπροσωπική και συναισθηματική υποστήριξη κατά τη διάρκεια των πρώτων ετών, βλάπτονται με λιγότερο εμφανείς αλλά εξίσου καταστροφικούς τρόπους. Οι συγκεκριμένες συνέπειες για τον εγκέφαλο, δεν έχουν τεκμηριωθεί πλήρως. Οι δάσκαλοι γνωρίζουν πάρα πολύ καλά, ότι ένα μυαλό με ανησυχίες ή ανικανοποίητες συναισθηματικές ανάγκες αποτελεί έναν αδύνατο υποψήφιο για την ακαδημαϊκή εκμάθηση. Τα συναισθηματικά κέντρα του εγκεφάλου (τα οποία κρύβονται κάτω από τον εγκεφαλικό φλοιό) συνδέονται στενά με τα πιο βασικά συστήματα του, που εξυπηρετούν τον "έλεγχο" των μηνυμάτων που περνούν ή που παραμένουν έξω από τον σκεπτόμενο εγκέφαλο. Εάν ο "συναισθηματικός" εγκέφαλος είναι απορροφημένος από τους φόβους ή την ανησυχία, μπορεί να αποτύχει να ενεργοποιήσει τους κατάλληλους φλοιώδεις διακόπτες της προσοχής, της μνήμης, του κινήτρου και της εκμάθησης. Τα υψηλά επίπεδα πίεσης, μπορούν επίσης να ταράξουν την λεπτή χημική ισορροπία που επιτρέπει στα μηνύματα να περάσουν ανάμεσα σε όλα αυτά τα συστήματα. Παρόλο που η "πίεση" που προκαλείται από τις συναρπαστικές και ευχάριστες προκλήσεις είναι θετική γιατί ενισχύει την εκμάθηση, ένα παιδί που είναι συναισθηματικά πιεσμένο, μπορεί

337

κυριολεκτικά να αδυνατεί να εκμεταλλευτεί τους χυμούς του εγκεφάλου για την εκμάθηση.

Ο "ΕΥΝΟΗΜΕΝΟΣ" ΚΑΙ Ο ΣΤΕΡΗΜΕΝΟΣ ΕΓΚΕΦΑΛΟΣ

Παραδόξως η ίδια έλλειψη σεβασμού για τις ανάγκες της διανοητικής ανάπτυξης των παιδιών, ισχύει και στο άλλο άκρο της κοινωνικοοικονομικής άκρης. Ακόμη και τα οικονομικά "προνομιούχα" παιδιά, τίθενται σε συναισθηματικό και διανοητικό κίνδυνο, από τους ποικίλους φροντιστές που τα εκθέτουν στην συναισθηματική παραμέληση, από την ευτελή ημερήσια φροντίδα ή από την ανεπαρκή αναπλήρωση της γονικής θαλπωρής. Η ποιότητα της εκμάθησης είναι δυνατόν να μειωθεί εξαιτίας των άπειρων φροντιστών οι οποίοι υπερπροστατεύουν τις ευθύνες τους. Τέτοια διακαή προσοχή, προέρχεται είτε από το φόβο ότι τα παιδιά μπορεί να χτυπήσουν ή ότι μπορεί να παραπονεθούν στους γονείς αν δεν πάνε με τα νερά τους.
Έτσι είναι δυνατόν να ενθαρρύνεται η "αποκτηθείσα ανικανότητα" και οι συνήθεια να εκμεταλλεύονται τους ενηλίκους.

Τα παιδιά Θύματα της Ποικιλίας των Φροντιστών

Πολλοί γονείς αντιμετωπίζουν την αυξημένη έλλειψη σωστά εκπαιδευμένων φροντιστών, με απογοήτευση και άγχος. Οι περισσότεροι γονείς, όπως είναι φυσικό αγαπούν τα παιδιά τους και ανησυχούν ιδιαίτερα για την εξέλιξή τους. Την ίδια στιγμή, η πλειοψηφία των παιδιών, βρίσκεται σε κάθε είδους παιδική μέριμνα, επειδή είτε ο ένας γονέας είτε και οι δύο εργάζονται, εκεί άνθρωποι που δεν μοιράζονται την εκπαιδευτική τους εμπειρία , η την συνομιλητική τους ικανότητα, το πολιτιστικό υπόβαθρο ή τις ακαδημαϊκές αξίες, πληρώνονται για να πλάσουν τους εγκεφάλους των μικρών παιδιών. Κατά συνέπεια, κάποιοι ανήσυχοι παρατηρητές, ανέφεραν ότι οι ύπουλοι καρποί αυτών των μειονεκτημάτων, παρεμβάλλονται διαμέσου του κοινωνικοοικονομικού φάσματος.

Ο Δρ Fred Hesinger, εκπαιδευτικός συντάκτης των New York Times, μίλησε σε μια πρόσφατη συνεδρίαση για τους δασκάλους και τους διευθυντές των ιδιωτικών σχολείων της χώρας, για να προειδοποιήσει ότι η εκλογική περιφέρειά τους, επηρεάζεται βαθιά από τις αλλαγές στις συνήθειες της ανατροφής των παιδιών, στη μεσαία και στην ανώτερη τάξη. Τα προβλήματα των παιδιών στις φτωχές και στις εύπορες οικογένειες γίνονται όλο και περισσότερο όμοια, εξήγησε, επειδή τα παιδιά τα φροντίζουν οι ίδιοι άνθρωποι. Ανεξάρτητα από το πόσο ζεστοί ή καλοπροαίρετοι κι αν είναι, το περιβάλλον που δημιουργούν για την ανάπτυξη της γλώσσας και της σκέψης είναι αρκετά δυσαρμονικό με τις προσδοκίες των γονέων και των σχολείων, για το παιδί.

Η Andree Brooks, συγγραφέας του βιβλίου, Children of Fast-Track Parents και καυστική κριτικός της σύγχρονης ανατροφής των παιδιών, προειδοποιεί για τα ενδεχομένως καταστρεπτικά αποτελέσματα, της έλλειψης ανατροφής από τους πλούσιους γονείς τους και της αντικατάστασής τους από ένα συνεχώς μεταβαλλόμενο ρεύμα φροντιστών. Η ίδια μας εξηγεί ότι μπορεί να ακολουθήσει, ένα πλήθος αναπτυξιακών προβλημάτων, συμπεριλαμβανομένης της "περιορισμένης γλωσσικής ικανότητας".

"Το ακούω αυτό σε όλη τη χώρα, και το ακούω όλο και περισσότερο," μου είπε. "Υπάρχει μια αυξημένη ανησυχία από τους δασκάλους των μικρών παιδιών της ανώτερης τάξης, η οποία παραδοσιακά ήταν μια πηγή τεράστιου εκπαιδευτικού και πολιτιστικού πλούτου, ότι τα παιδιά έρχονται στο σχολείο χωρίς τις ίδιες εμπειρίες. Συμπεριφέρονται ως παιδιά με μειονεκτήματα. Οι γυναίκες της ανώτερης τάξης, επιστρέφουν στην εργασία μετά την γέννηση του παιδιού τους, πολύ πιο σύντομα από τις γυναίκες των μειονεκτικών τάξεων, και όλες οι παραδοσιακές αλληλεπιδράσεις, που κάποτε θεωρούσαμε δεδομένες μεταξύ αυτών και των παιδιών τους λείπουν."

Η συνήθεια της μίσθωσης, υποκατάστατων φροντιστών εξαπλώνεται, προσθέτει η κα Brooks δεδομένου ότι οι ευκατάστατες μητέρες που δεν εργάζονται μισθώνουν οικότροφους υπηρέτες, προκειμένου να συμβαδίσουν με τα δρώμενα. Και η παράδοση αυτού του μέσου, αντιγράφεται πλέον και από τους λιγότερο εύπορους. Στις χώρες του εξωτερικού, λέει, αρχίζουν να έρχονται στην επιφάνεια οι ίδιες ανησυχίες.

"Πιστεύετε ότι δεν σεβόμαστε πλέον τα παιδιά και τις ανάγκες τους;" Ρώτησα.

"Απολύτως," απάντησε η κα Brooks. "Η έννοια παιδί έχει υποτιμηθεί"

Η Reveta Bowers, διευθύντρια ενός μεγάλου προγράμματος στο Λος Άντζελες, που αφορά τα πρώτα στάδια ανάπτυξης των παιδιών, έχει τις ίδιες ανησυχίες για τα προβλήματα που απλώνονται γύρω από τα ευκατάστατα παιδιά. "Θα εκπλησσόσασταν αν γνωρίζατε πόσα παιδιά ανατρέφονται με φροντιστές που δεν μιλούν την ίδια γλώσσα με αυτά, και οι γονείς δεν ανησυχούν γιατί πιστεύουν ότι έτσι το παιδί θα είναι δίγλωσσο," λέει. Αλλά αυτή η λογική, επισημαίνει, είναι πιθανό να θέσει κάποια από τα παιδιά σε κίνδυνο για μαθησιακά προβλήματα.

Δεν υπάρχουν επαρκείς έρευνες, για να αξιολογήσουν τις επιδράσεις από το δίγλωσσο περιβάλλον, αλλά το περιβάλλον που θα είναι κατώτερο ή μη "φυσικό" για την οικογένεια, μπορεί να επιβραδύνει γενικά την γλωσσική ανάπτυξη και να επιδεινώσει τα πιθανά μαθησιακά προβλήματα. Η ποιότητα της γλώσσας που εισάγει τις πληροφορίες, σε όλες τις γλώσσες, συχνά ποικίλλει, ανάλογα με το εκπαιδευτικό υπόβαθρο του ομιλητή. Καθώς η ικανότητα ομιλίας των παραπάνω γλωσσών από μία, είναι προφανώς ένα πλεονέκτημα, ένα παιδί —που δεν είναι γλωσσολογικά ταλαντούχο από τη φύση —έχει ανάγκη να χρησιμοποιήσει την κατάλληλη σύνταξη, τουλάχιστον σε μια γλώσσα, ώστε να θέσει τις βάσεις για την ανάπτυξη κάποιας άλλης.

Επίσης, λόγω του ανεπαρκή αριθμού των σωστά εκπαιδευμένων φροντιστών για παιδιά, οι οικογένειες σε όλα τα κοινωνικοοικονομικά επίπεδα, αισθάνονται πίεση για τον συμβιβασμό που κάνουν, όταν προσλαμβάνουν έναν φροντιστή. "Είναι ένα τυχερό παιχνίδι," λέει ο Edward Zigler

340

καθηγητής του πανεπιστημίου του Yale και κορυφαίος εμπειρογνώμονας στην πρόωρη ανάπτυξη. "Αν προσλάβετε κάποιον αξιόλογο, είναι σαν να αποκτήσατε ένα νέο αξιόλογο μέλος στην οικογένεια. Αν προσλάβετε κάποιον απαίσιο, εσείς και το παιδί σας θα έχετε πρόβλημα. Ο Zigler γνωρίζει πολύ καλά, ότι ακόμη και οι οικογένειες που μπορούν να αντέξουν οικονομικά, την σωστή φύλαξη των παιδιών τους, δυσκολεύονται για να την βρουν. "Είτε πάνω είτε κάτω στην οικονομική σκάλα, τα παιδιά τυγχάνουν της προσοχής των γονιών τους σε πολύ μικρότερο βαθμό από ότι θα έπρεπε για την καλύτερη δυνατή εξέλιξή τους."

Το γεγονός ότι η χαμηλή κλίμακα αμοιβής για τους εργαζομένους, έχει υποβιβάσει το επίπεδο των ικανοτήτων σε αυτές τις δραστηριότητες, είναι μια δυσάρεστη πραγματικότητα. Είναι πολλοί αυτοί που δεν έχουν την τύχη να έχουν τους ικανούς και αφιερωμένους δασκάλους και εθελοντές που βρίσκονται στο κέντρο της κα Rivera. Ωστόσο μεγάλος αριθμός παιδιών είναι υπό την προσοχή τους κατά τη διάρκεια που οι αναπτυσσόμενοι εγκέφαλοι τους, δημιουργούν τις διανοητικές ικανότητες μιας ολόκληρης ζωής.

Τα Παιδιά Θύματα Φιλοδοξίας

Οι γονείς που φροντίζουν για την επιτυχία των παιδιών τους, είναι επιρρεπείς στις λάθος πληροφορίες σχετικά με τους καλύτερους τρόπους εκμάθησης των παιδιών τους. Ένα κίνημα, που δημιουργήθηκε από "εμπειρογνώμονες" αμφίβολης ποιότητας και υποστηρίχθηκε από τους αφελείς ή ένοχους γονείς, υποστηρίζει μια εκστρατεία "υποκίνησης" της νοημοσύνης. Γονείς, προσέξτε! Η προσπάθεια να αναγκάσετε την εκμάθηση, σε ένα λάθος επίπεδο ανάπτυξης του παιδιού, μπορεί να φανεί ιδιαίτερα επικίνδυνη όπως και οι παραπάνω απαιτήσεις για καλύτερη απόδοση (οι οποίες συνοδεύονται συνήθως από ένα είδος πίεσης). Ακόμη και στις πιο ευκατάστατες οικογένειες, ένα παιδί που γίνεται αντικείμενο της γονικής προσωπικής φιλοδοξίας διατρέχει κίνδυνο.

"Υπέρ-μωρά" όλων των ηλικιών που πιέζονται (κυριολεκτικά και μεταφορικά) από ένα αδιάλειπτο πρόγραμμα μαθημάτων που πρέπει να εκτελέσουν. Αυτά τα παιδιά "προϊόντα", φαίνονται να είναι ο αντίθετος πόλος, των φυσικά και διανοητικά παραμελημένων παιδιών που βρίσκονται σε μειονεκτική θέση, έχοντας σαν κοινό στοιχείο ότι κι αυτά στερούνται τα βασικά τους δικαιώματα. Ακούω πολλές ιστορίες όπως αυτήν, μιας νέας μητέρας από τα προάστια "δεν θα πιστέψετε ότι οι μητέρες στη γειτονιά μου έχουν κάρτες μέλους για τα παιδιά τους προτού κλείσουν τα δύο και τα παιδιά απασχολούνται από τόσα πολλά μαθήματα και δραστηριότητες που δεν έχουν ελεύθερο χρόνο για να παίξουν! Ο γείτονάς μου επιμένει το τρίχρονο κοριτσάκι του να τραγουδάει το ποιηματάκι της αλφαβήτας. Μια μέρα άκουσα το παιδί που παρακαλούσε, "σε παρακαλώ, μαμά, σε παρακαλώ, όχι άλλο αλφαβήτα" αλλά η μητέρα συνέχισε, "άλλη μια φορά αγάπη μου μόνο. Κάντο για τη μαμά."

Οδηγώντας τα κρύα αγκάθια της πίεσης στην ευαίσθητη καρδιά ενός παιδιού, η εκμάθηση μπορεί πραγματικά να παραποιήσει την ανάπτυξη της νοημοσύνης και του κινήτρου. Αυτή η διανοητική επίθεση, που καταδικάζεται όλο και περισσότερο από τους δασκάλους, οι οποίοι βλέπουν τα διαστρεβλωμένα προϊόντα της, απεικονίζει μια γενικότερη άγνοια των ουσιαστικών αναγκών του αναπτυσσόμενου εγκεφάλου. Σε μια κοινωνία που τιμά την ταχύτητα, με την οποία ένα προϊόν μπορεί να προωθηθεί από το σύστημα, που ανυπομονεί για τις ουσιαστικές διαδικασίες της παιδικής ηλικίας, που μετρά την διανοητική ανάπτυξη των παιδιών, όπως τις μπριζόλες στην ζυγαριά ενός χασάπη, και που αψηφά τα αποτελέσματα των τεστ αντί να εκμεταλλευτεί τον χρόνο και να σεβαστεί τις αναπτυξιακές ανάγκες, κάθε παιδιού που βρίσκονται σε πιθανό κίνδυνο.

Οι πιο σοφοί ενήλικοι, δεν επιβάλλουν απαιτήσεις για τις οποίες η ανάπτυξη και η εμπειρία του παιδιού, δεν έχουν ακόμα το κατάλληλα ανεπτυγμένο σύστημα. Παραχωρούν χρόνο για να ακούσουν το παιδί, να παρατηρήσουν και να εμπλουτίσουν το περιβάλλον, ανάλογα. Εάν είναι πάρα πολύ πολυάσχολοι και στερούνται των ικανοτήτων να αντεπεξέλθουν ή παραμελούν τις ευθύνες τους, οι ευκαιρίες σε κάθε στάδιο ανάπτυξης μπορεί να χαθούν ή να μειωθούν.

Εάν ένας εγκέφαλος διακινδυνεύει, ποιες είναι οι πιθανότητες για "αναδιάρθρωση των συνάψεων"; Κανείς δεν έχει μετρήσει ακόμα το μακροπρόθεσμο τίμημα της υπερβολικής πίεσης. Το βελτιωμένο περιβάλλον μπορεί να επανορθώσει μέχρι κάποιο βαθμό για κάποια φυσική στέρηση εμπειρίας, αν "πιαστεί" αρκετά νωρίς. Η βάναυση αλήθεια, εντούτοις, είναι ότι οι οξύτερες μορφές των μειονεκτημάτων, αφήνουν ανεξίτηλα σημάδια. Οι σοβαρότερες συνέπειές τους αφορούν τις υψηλότερες γνωστικές λειτουργίες, όπως η γλώσσα και ο πολύπλοκος συλλογισμός. Η συναισθηματική στέρηση και πίεση έχουν το τίμημά τους με λιγότερο μετρήσιμους τρόπους.

Η έρευνα αποτρέπει τον βομβαρδισμό των παιδιών με την ισχυρή εγκεφαλική-κατάρτιση ή τις συντριπτικές δόσεις "υποκίνησης" στα απροετοίμαστα νευρικά συστήματα. Ο εκβιασμός των προσχολικών μυαλών και η παραγωγή της ψεύτικης πρόωρης ανάπτυξης, δεν είναι η απάντηση. Ο τρόπος για να βελτιωθούν οι ευκαιρίες των παιδιών είναι η πραγματική αξιολόγηση και στην συνέχεια η κάλυψη των πραγματικών διανοητικών αναγκών τους.

ΚΟΙΝΩΝΙΚΕΣ ΤΑΞΕΙΣ ΚΑΙ ΔΙΑΝΟΗΤΙΚΗ ΑΝΑΠΤΥΞΗ: ΤΟ ΠΡΟΒΛΗΜΑ ΓΙΑ ΤΟ ΟΠΟΙΟ ΚΑΝΕΙΣ ΔΕΝ ΘΕΛΕΙ ΝΑ ΜΙΛΗΣΕΙ

Είναι ένα δύσκολο αλλά αναμφισβήτητο γεγονός ότι, κατά μέσον όρο, τα άτομα από διαφορετικές κοινωνικές τάξεις έχουν πολύ διαφορετική επιτυχία στο σχολείο. Μια καλύτερη ματιά, δηλώνει ότι οι τρόποι εκμάθησης και η οργάνωση του εγκεφάλου μπορούν να επηρεαστούν, από διάφορους τύπους περιβαλλόντων, ώστε να καθιστούν την προσαρμογή των παιδιών στην ακαδημαϊκή εκμάθηση δυσκολότερη.

Εντούτοις, παρά την έρευνα, που ίσως βοηθήσει τους δασκάλους να καταλάβουν και να διδάξουν τα υψηλού κινδύνου παιδιά με μεγαλύτερη επιτυχία, το ζήτημα της κοινωνικής τάξης είναι ένα από τα θέματα που πολλοί άνθρωποι προτιμούν να μην συζητούν. Ο Δρ Richard Brislin σε μια αναφορά του, στα μέλη της American Psychological Association (Αμερικανικής Ψυχολογικής Ένωσης) σχετικά με το θέμα "Της φυλής, του πολιτισμού, της τάξης και της εθνικότητας" επεσήμανε ότι έχει γίνει ευκολότερο και πιο αποδεκτό να συζητούνται οι φυλετικές διαφορές απ' ό,τι οι διαφορές κοινωνικών τάξεων στην Αμερική. Αυτές οι δύο δεν θα πρέπει να μπερδευτούν.

Η φυλή καθορίζεται από τα γονίδια ενός ατόμου. Δεν υπάρχει κανένα αποδεικτικό στοιχείο, για γενετικές διαφορές μεταξύ των φυλών στις δυνατότητες της εκμάθησης. Σύμφωνα με τον Δρ Brislin και άλλους μελετητές, επειδή οι άνθρωποι της ίδιας φυλής και του εθνικού υποβάθρου τείνουν να μεγαλώσουν σε κοινότητες όπου οι κοινωνικές τάξεις, οι πολιτιστικές συνήθειες, και οι πρακτικές είναι ίδιες, οι σημαντικές διαφορές που προκαλούνται από αυτούς τους ασταθείς παράγοντες, μπορούν να ορισθούν ως φυλετικής προέλευσης.

"Στις τάξεις, όπως και στην αμερικάνικη ζωή γενικότερα, η εθνικότητα είναι συνδεδεμένη με την κοινωνική τάξη," εξηγεί η Δρ Courtney Cazden του Χάρβαρντ. Στο χρήσιμο βιβλίο της Classroom Discourse, δίνει ρεαλιστικά επιχειρήματα για την καλύτερη εκπαίδευση των δασκάλων, στην κατανόηση, την αποδοχή και την διδασκαλία των παιδιών από διαφορετικές κοινωνικές τάξεις καθώς επίσης και παιδιών με διαφορετικά πολιτιστικά υπόβαθρα.

Η "κοινωνική τάξη" ή η κοινωνικοοικονομική θέση (SES) καθορίζεται στην έρευνα από διάφορους παράγοντες, πρώτιστα από το οικογενειακό εισόδημα, από το επίπεδο της εκπαίδευσης των γονέων και από το επάγγελμα. Οι όροι "κατώτερη τάξη" ή "μειονεκτική τάξη" χρησιμοποιούνται από τους κοινωνικούς επιστήμονες ως αντικειμενική περιγραφή που περιλαμβάνει και τους φτωχούς της εργατικής τάξης και τους χρόνια άνεργους. Αυτοί οι όροι ηχούν κάπως απότομοι, αλλά δεν προορίζονται να ονομάσουν τα άτομα με μειωτικό τρόπο, αλλά για να περιγράψουν μια συγκεκριμένη κοινωνικοοικονομική ομάδα. Οποιοδήποτε σύνολο στατιστικών γενικεύσεων, που αφορά τις διαφορές ομάδες, έχει και πολλές εξαιρέσεις. Ο μεγαλύτερος κίνδυνος της αναφοράς μας σε αυτό το είδος της έρευνας είναι η δημιουργία νέων στερεοτύπων και άδικων προκαταλήψεων. Αλλά είναι εξίσου άδικο να αγνοηθούν τα στοιχεία που μπορούν να μας βοηθήσουν να καταλάβουμε, το λόγο που μερικά παιδιά δυσκολεύονται να προσαρμοστούν στο σχολείο.

Τα μέλη των διαφορετικών κοινωνικοοικονομικών καθώς και διαφορετικών πολιτιστικών ομάδων, τείνουν να έχουν διαφορετικές αξίες, σχετικά με την εκμάθηση και τη συμπεριφορά των παιδιών. Γενικά, ανατρέφουν τα παιδιά με διαφορετικούς τρόπους, έχουν διαφορετικές ιδέες (κάτι που είναι σημαντικό για την εκμάθηση) και ίσως να ενθαρρύνουν διαφορετικές "συμπεριφορές του μυαλού". Κατά συνέπεια δεν είναι περίεργο που τα παιδιά από αυτούς τους διαφορετικούς τύπους περιβάλλοντος, όταν φθάνουν στο σχολείο προσαρμόζονται διαφορετικά στην εκμάθηση. Είναι αξιοθρήνητο, σε μια χώρα που υπερηφανεύεται για την φυλετική της ποικιλία, οι εκπαιδευτικοί συχνά να προσπαθούν να βάλουν όλα τα παιδιά σε ένα άκαμπτο διδακτικό σχήμα. Όλα τα παιδιά δικαιούνται μια πιθανότητα να συμμετέχουν εξίσου στην ακαδημαϊκή επιτυχία, αλλά αν οι πολιτικοί μας δεν δώσουν προσοχή στην πραγματικότητα κινδυνεύουν και τα παιδιά μας και τα διανοητικά μας πρότυπα.

Ο Διαχωρισμός των Κοινωνικών Διακρίσεων και των Φυλετικών Διακρίσεων

Ένας αυξανόμενος αριθμός μελετών, επιβεβαιώνει ότι ανεξάρτητα από τη φυλή, οι άνθρωποι αναπτύσσουν διαφορετικούς τύπους μαθησιακών δεξιοτήτων ανάλογα με την κοινωνική στην οποία έχουν ανατραφεί. Ανήσυχοι ερευνητές επισημαίνουν ότι πολλές μελέτες, έχουν συναγάγει συμπεράσματα για τους Μαύρους, γενικότερα, μελετώντας μόνο τα μαύρα παιδιά των κατώτερων τάξεων. "Στις μελέτες με μαύρα και λευκά παιδιά και παιδιά από άλλες εθνικές ομάδες, είναι σπάνιο να βρεθούν φυλετικές διακρίσεις ενώ οι κοινωνικές είναι πολύ εμφανείς" επισημαίνει ο Δρ Brislin.

Η Δρ Sandra Graham του Graduate School of Education UCLA, μια από τις λίγες επιστήμονες που εξετάζουν ιδιαιτέρως και τις φυλετικές και τις κοινωνικές διακρίσεις, μελέτησε τα επίπεδα των σχολικών κινήτρων μεταξύ των χαμηλών και των μεσαίων τάξεων και σε μαύρους και σε λευκούς μαθητές της έβδομης τάξης. Επεσήμανε σημαντικές διαφορές στα παιδιά από διαφορετικές κοινωνικοοικονομικές τάξεις. Οι μόνες φυλετικές διαφορές που εμφανίστηκαν ήταν ότι τα μαύρα παιδιά της μεσαίας τάξης, επέδειξαν υψηλότερη επιμονή, ποιο θετικά επίπεδα αντίληψης και μεγαλύτερή προσπάθεια για την επίτευξη του στόχου.

Δάσκαλοι όπως εγώ, που έχουν διδάξει σε ακαδημαϊκά έξυπνους καθώς επίσης και σε όχι τόσο έξυπνους μαθητές από διαφορετικές φυλετικές, πολιτιστικές και κοινωνικοοικονομικές ομάδες, κατανοούν πόσο ανόητο είναι να ταξινομήσουν τους νεαρούς διανοητικά με οποιαδήποτε βάση. Ωστόσο, μέσα στις τάξεις είναι πασιφανές ότι όλοι οι μαθητές έχουν νουθετήσει αναρίθμητες παραγωγικές εμπειρίες εκμάθησης, πολύ πριν αρχίσουν να παίρνουν σημειώσεις και εργασίες από την σχολική τάξη. Η έρευνα παρουσιάζει, αν και υπάρχουν πάντα πολλές εξαιρέσεις, ότι οι πιο προβλέψιμες σχολικές επιτυχίες, στις περισσότερες χώρες, βρίσκονται μεταξύ των οικογενειών από διαφορετικές κοινωνικές τάξεις.

Διαφορετική Κοινωνικοοικονομική Θέση, Διαφορετική Εκμάθηση

Τα παιδιά από οικογένειες διαφορετικών κοινωνικών τάξεων, μπορούν να προετοιμαστούν και να υποστηριχθούν για να εκπαιδευτούν διαφορετικά. Ακόμα και όταν δεν υπάρχει σωματικό ή συναισθηματικό ελάττωμα, μερικά παιδιά λαμβάνουν, διαφορετικούς τύπους γνωστικής και γλωσσικής υποκίνησης επειδή το επίπεδο εκπαίδευσης των γονιών, η διαίσθηση για τις ανάγκες των παιδιών και ο τόπος προσέγγισης των προβλημάτων τους, μπορεί να διαφέρουν από τους " κανόνες της μεσαίας τάξης". Σύμφωνα με το Δρ Brislin, οι οικογένειες μεσαίας και ανώτερης τάξης δίνουν ιδιαίτερη έμφαση στην λεκτική ανάπτυξη, τον αυτό έλεγχο, τη διανοητική εγρήγορση, και τις κοινωνικές δεξιότητες, ενώ οι αξίες για πολλά από τα παιδιά της εργατικής τάξης είναι πιθανότερο να επισημαίνουν την υπακοή, την τάξη, τους καλούς τρόπους και την ησυχία όταν τα παιδιά βρίσκονται γύρω από τους ενηλίκους. Ενώ αυτή η προσέγγιση θα μπορούσε να ταιριάζει σε μια οικονομία με μεγάλο αριθμό εργασιών σε εργοστάσια, συμβαίνει να αποκλίνει από τον διαθέσιμο τύπο εργασιών όσον αφορά τα τεχνολογικά δεδομένα.

Επιπλέον, επειδή τα παιδιά των χαμηλότερων τάξεων, είναι σίγουρο ότι δεν μπορούν να βρίσκονται κοντά σε ενήλικους με κύρος, οι δάσκαλοι περιμένουν λιγότερα από αυτούς.

Οι κοινωνικές τάξεις είναι τόσο ισχυρός προάγγελος σχετικά με τα "δεσπόζοντα" αποτελέσματα των τεστ, που μπορούν ακόμη και να ξεπεράσουν τους αρχικούς παράγοντες κινδύνων. Σε μια αντιπροσωπευτική μελέτη, μια ομάδα ερευνητών στη Ζυρίχη της Ελβετίας, σύγκρινε τη μακροπρόθεσμη εξέλιξη πρόωρων νηπίων, από οικογένειες υψηλών και χαμηλών τάξεων. Αυτά τα παιδιά θεωρήθηκαν ιδιαίτερα επιρρεπή στα γλωσσικά προβλήματα, στις μαθησιακές δυσκολίες, και στην "χαμηλότερη διανοητική λειτουργία" λόγω των περιπλοκών της εγκυμοσύνης και της γέννησης. Η πορεία ανάπτυξής τους συγκρίθηκε επίσης με αυτήν μιας ομάδας υγιών μωρών που η κοινωνική τους τάξη αντιστοιχούσε σε αυτή των πρόωρων μωρών. Όλα τα παιδιά που μελετήθηκαν, εξετάστηκε προσεκτικά η γλωσσική τους ανάπτυξη και η νοημοσύνη, ανά τακτά διαστήματα έως ότου γίνουν πέντε ετών. Καθώς η κατάσταση είναι σχεδόν αμετάβλητη, η κοινωνικοοικονομική θέση (SES) αποδείχθηκε να έχει άμεση σχέση ιδιαίτερα με τη δοκιμασμένη δυνατότητα των φυσιολογικών παιδιών, πλήρης ανάπτυξης, από την αρχή της ζωής τους. Τα παιδιά που βρίσκονται σε μεγαλύτερο κίνδυνο, όλα έδειξαν κατώτερα αποτελέσματα από τον μέσο όρο. Επίσης μέχρι την ηλικία των πέντε η επίδραση του περιβάλλοντος εμφανίστηκε μέσω των βιολογικών προβλημάτων. Η μεσαία τάξη που διέτρεχε υψηλό κίνδυνο είχε μειώσει το χάσμα, ενώ τα παιδιά της χαμηλότερης κοινωνικοοικονομικής θέσης όχι.

Μελέτες από όλο τον κόσμο καταδεικνύουν ότι τα παιδιά από τις ανώτερες κοινωνικές ομάδες, έχουν καλύτερη γλωσσική ανάπτυξη και ωριμότερες γνωστικές δεξιότητες. Ωστόσο, το υψηλότερο κοινωνικοοικονομικό επίπεδο από μόνο του, δεν προσφέρει εγγυημένα την σωστή πρόοδο και φυσικά ούτε και τα παιδιά που ανατρέφονται σε σπίτια αποκαλούμενα "χαμηλών τάξεων" θεωρούνται βέβαια για κάποια δυσκολία στο σχολείο. Ο αμερικανός ερευνητής Martin Orland του τμήματος Αμερικανικής Εκπαίδευσης, αν και αναγνωρίζει τους υψηλούς στατιστικά συσχετισμούς της φτωχής ακαδημαϊκής επίδοσης και των "έντονων" παραγόντων της φτώχειας, επισημαίνει ότι, ακόμη και στα φτωχά σπίτια, οι γονείς έχουν την κύρια επιρροή. Υποστηρίζει ότι αξιολογώντας την "ατμόσφαιρα στο σπίτι", όπως τις φιλοδοξίες των γονιών για τα παιδιά τους, τη γλωσσική υποκίνηση, την συχνότητα ανάγνωσης στο σπίτι, και την οικογενειακή στάση απέναντι στην εκπαίδευση, εξηγούνται περισσότερο οι παραλλαγές στα επιτεύγματα των μαθητών, παρά αν εξετάζαμε το οικογενειακό εισόδημα.

Στις οικογένειες στις οποίες η φτώχεια είναι μακροχρόνια και σοβαρότερη, οι πιθανότητες των παιδιών να βρεθούν σε μια ενθαρρυντική οικογενειακή ατμόσφαιρα είναι πολύ λίγες, αλλά μερικές το πετυχαίνουν παρά τις αντιξοότητες. Είναι σαφώς παράλογο να γίνουν υποθέσεις για την ποιότητα της οικογένειας, μόνο με βάση τα οικονομικά κριτήρια, και ο Δρ Brislin εφιστά την προσοχή για τις πιθανές ταξικές διακρίσεις ώστε να μην γίνουν μια νέα πηγή διάκρισης. Αυτές οι διαφορές, επισημαίνει, θα πρέπει να αποτελούν μια "γενική υπενθύμιση" που θα μας οδηγήσει σε εποικοδομητικότερες ευκαιρίες μεσολάβησης.

Σε μια εκτεταμένη, μακροχρόνια μελέτη που πραγματοποιήθηκε στην Αγγλία, ο ερευνητής Gordon Wells εξεπλάγη όταν σε παιδιά ηλικίας επτά ετών, ο αναμενόμενος συσχετισμός μεταξύ της κοινωνικής τάξης και της εκπαιδευτικής επίτευξης, δεν προέκυψε. Αναλύοντας προσεκτικά τα αποτελέσματά του ο Wells διατήρησε "σοβαρές επιφυλάξεις" για οποιεσδήποτε απλές δηλώσεις σχετικά με αυτήν την σύνδεση. Σημειώνοντας το στενό δεσμό της γλωσσικής ανάπτυξης και της σχολικής επιτυχίας, κατέληξε στο συμπέρασμα ότι ορισμένοι τύποι συναναστροφής με ενηλίκους, ιδιαίτερα η συνομιλητική εμπειρία ενός παιδιού, είναι ο κύριο λόγος για τη διαφορά.

Ποιο είναι το πρόβλημα;

Γιατί τόσα πολλά παιδιά που "μειονεκτούν μαθησιακά" έχουν δυσκολία προσαρμογής στις απαιτήσεις της παραδοσιακής εκπαίδευσης; Πολλά παιδιά, εγκαταλείπουν το σχολείο κατά τη διάρκεια της πρώτης εβδομάδας στην πρώτη τάξη —αν και στην συνέχεια, συνήθως απασχολούν ένα θρανίο (και την φυσική και διανοητική ενέργεια του δασκάλου) για αρκετά περισσότερα απαλλοτριωτικά και μη παραγωγικά έτη. Εν τω μεταξύ, η αυξανόμενη διχοτομία μεταξύ του επιπέδου των δεξιοτήτων τους και των απαιτήσεων του σχολείου, παρεμποδίζει ολόκληρο τον μηχανισμό και η ανεπαρκώς κατασταλμένη οργή τους μπορεί να εκραγεί με εξωτερικές ή προσωπικές καταστρεπτικές μορφές.

Δυστυχώς, παιδιά "χωρίς ενδιαφέρον" υπάρχουν σε κάθε σχολείο, αλλά ενδημούν στις περιοχές που στεγάζονται οι φτωχοί της κοινωνίας μας, εκεί όπου πάνω από τα μισά πεντάχρονα, που ξεχύνονται σαν θάλασσα στον παιδικό σταθμό κάθε χρόνο, μπορεί να καταδικαστούν στην αποτυχία.

Αυτές οι στατιστικές είναι ιδιαίτερα τραγικές επειδή οι οικονομικά αδύναμοι γονείς "έχουν έναν ιδιαίτερα υψηλό — ίσως και περιπαθή σεβασμό για την εκπαίδευση, δεδομένου ότι την βλέπουν σαν ένα ελπιδοφόρο μέσο για να βελτιωθεί το μέλλον των παιδιών τους" επιβεβαιώνει η Lisbeth B Schorr στο ορόσημο βιβλίο της Within Our Reach. Χρειάζονται βοήθεια για να μετατρέψουν την επιθυμία τους σε χρήσιμες ενέργειες ώστε να επιτύχουν τα παιδιά τους.

ΠΡΟΕΤΟΙΜΑΖΟΝΤΑΣ ΤΟΥΣ ΝΕΟΥΣ ΕΓΚΕΦΑΛΟΥΣ ΓΙΑ ΤΟ "ΠΟΛΙΤΙΣΜΟ ΤΟΥ ΣΧΟΛΕΙΟΥ"

Κανείς δεν γνωρίζει ακριβώς το ποσοστό των διανοητικών δυνατοτήτων που προέρχεται από τους διαφορετικούς τύπους περιβάλλοντος κατά τη διάρκεια των ετών που ο εγκέφαλος ενθαρρύνεται ή δεν ενθαρρύνεται να εξασκήσει και να μάθει διαφορετικούς τύπους δεξιοτήτων. Είναι σαφές, ότι όσο πιο κοντινό είναι το περιβάλλον του σπιτιού (ή του παιδικού σταθμού) σε αυτό του σχολείου, τόσο ευκολότερη είναι η προσαρμογή του παιδιού.

Η εκπαίδευση, ιδιαίτερα μετά από τα βασικά έτη, απαιτεί συγκεκριμένους τύπους δεξιοτήτων καθώς και ιδιαίτερους τρόπους συλλογισμού και αντιμετώπισης του κόσμου. Τέτοιος "σχολαστικός συλλογισμός" περιλαμβάνει την ανάλυση της εμπειρίας, τον στοχαστικό συλλογισμό, τη χρήση της κοινής λογικής, της αφομοίωσης, την αποθήκευση, και την υπενθύμιση των πληροφοριών. Επειδή η γλωσσική ανάπτυξη είναι τόσο συνδεδεμένη με αυτές τις διανοητικές δεξιότητες και την ανάπτυξη του εγκεφάλου, αξιώνει έναν ιδιαίτερα σημαντικό ρόλο στην προετοιμασία των παιδιών για την εκμάθηση.

Πολλά παιδιά με "μαθησιακά μειονεκτήματα" αντιμετωπίζουν προβλήματα εξαιτίας της έλλειψης εξοικείωσης με τις σχολικές μεθόδους. Αντιθέτως, οι ακαδημαϊκά ευνονημένοι εγκέφαλοι είναι σωστά-υποστηριγμένοι για την σχολική εκμάθηση, επειδή οι ενήλικοι τους έχουν εφοδιάσει με κατάλληλα πρότυπα και αρκετό χρόνο ενθαρρύνοντας την εξάσκηση των βασικών τρόπων διαχείρισης των πληροφοριών.

Ενήλικα πρότυπα επίλυσης προβλημάτων

Οι πιο συχνά αναφερθέντες παράγοντες στην ανάπτυξη της νοημοσύνης, περιλαμβάνουν τη γονική ενθάρρυνση για το επίτευγμα, την συναναστροφή με διανοούμενα πρότυπα και την ενθάρρυνση υποστήριξης της γλώσσας.

Είναι, εν ολίγοις, πτυχές του περιβάλλοντος την ανώτερης τάξης.
—Ο Δρ Robert B. McCall

350

Οι ψυχολόγοι έχουν ξοδέψει πολύ χρόνο μελετώντας τους τρόπους με τους οποίους τα μορφωμένα και τα μη μορφωμένα άτομα επιδίδονται στην επίλυση των προβλημάτων και τον τρόπο που παρουσιάζουν αυτές τις διανοητικές συμπεριφορές στα παιδιά τους. Το σπίτι επηρεάζει πολλές σημαντικές διαστάσεις αυτού του "γνωστικού τρόπου ":

1. Τρόποι Κατηγοριοποίησης

Οι μελέτες πολλών διαφορετικών πολιτισμών δείχνουν ότι τα άτομα που πήγαν σχολείο τείνουν να κατηγοριοποιούν τα αντικείμενα και τις ιδέες με περισσότερο ουσιαστικούς τρόπους από ότι τα μικρά παιδιά ή οι αμόρφωτοι ενήλικοι, οι οποίοι τείνουν να σχετίζουν τις ιδέες βάσει της φυσικής τους ιδιότητας ή χρήσης τους. Παραδείγματος χάριν, αν ρωτούσαμε, με τι ταιριάζει ένα μήλο καλύτερα, με ένα αχλάδι, με μια κόκκινη μπάλα, ή με ένα μαχαίρι, οι περισσότεροι εκπαιδευμένοι άνθρωποι, οι οποίοι σκέφτονται πιο οργανωτικά, θα αποκρίνονταν το "αχλάδι", επειδή ανήκει στην κατηγορία των "φρούτων". Τα αμόρφωτα άτομα και τα μικρά παιδιά, είναι πιθανό να επέλεγαν τη μπάλα "επειδή μοιάζει" ή το μαχαίρι "επειδή χρησιμοποιείται για να κόψει το μήλο." Αν και δεν υπάρχει πραγματικά καμία σωστή ή λανθασμένη απάντηση εδώ, τα σχολεία απαιτούν από τα παιδιά, να έχουν τη δυνατότητα να εξετάζουν τρόπους κατηγοριοποίησης της σκέψης. Ένα παιδί που δεν έχει εκτεθεί σε τέτοιους στο σπίτι του ("Johnny, ας βάλουμε όλα τα λαχανικά σε αυτό το ντουλάπι, και όλα τα φρούτα στο άλλο ") θα δυσκολευτεί να κατανοήσει αυτόν τον τύπο συλλογισμού.

2. Κατανόηση και Ενστερνισμός

Πολλοί επιρρεπείς μαθητές δεν έχουν ενστερνισθεί την έννοια της αντίληψης, πιθανώς επειδή οι γονείς τους και οι δάσκαλοι τους σπάνια ανοίγουν μια "κατανοητή συνομιλία" με αυτά, προτείνει ο Δρ Stanley Pogrow, που έχει μελετήσει διάφορους τρόπους για να διδάξει "της δεξιότητες του συλλογισμού" σε μαθητές δημοτικών σχολείων με μειονεκτήματα. Έχοντας μια "κατανοητή συνομιλία" σημαίνει ότι προσπαθώ να κάνω το παιδί να φτάσει στο συμπέρασμα δια μέσου της αξιολόγησης και της έκφρασης ιδέων (π.χ. με πόσους διαφορετικούς τρόπους μπορεί να τελειώσει αυτή η ιστορία; Ας μαντέψουμε ποια θα διάλεγε ο συγγραφέας). Ο Δρ Pogrow υποστηρίζει ότι πολλοί από τους μαθητές του έρχονται στο σχολείο, χωρίς να ξέρουν πώς να χρησιμοποιήσουν τις ιδέες για να καταλάβουν, να γενικεύσουν, ή ακόμα και να συζητήσουν για οτιδήποτε άλλο εκτός από "κουταμάρες", επειδή δεν έχουν εκτεθεί σε άλλους τύπους σκέψης. Τυχαία, σημειώνει, "αυτό το πρόβλημα δεν περιορίζεται στους μαθητές των κατώτερων οικονομικά οικογενειών".

Οι γονείς και οι δάσκαλοι που προσπαθούν να αναγκάσουν το υψηλού επιπέδου υλικό σε εγκεφάλους που δεν έχουν προετοιμαστεί για αυτό πρέπει να προειδοποιηθούν από τον Δρ Pogrow που διαπιστώνει ότι είναι προτιμότερο να συζητούν έξυπνα για απλά θέματα, παρά να υπάρχουν απλές συνομιλίες με υπερβολικά περίπλοκο περιεχόμενο "παραδείγματος χάριν," λέει, "Το να διδάσκουμε τους μαθητές Shakespeare, δεν θα αναπτύξει τις γενικές δεξιότητες τους στην σκέψη, αν στην ουσία πραγματοποιηθούν λίγες κατανοητές συνομιλίες". Δυστυχώς, πολλές από τις ικανότητες που βασίζονται στις διατάξεις της διδασκαλίας που ισχύει για τα παιδιά με μειονεκτήματα, έχουν περιπέσει σε αυτήν την τελευταία παγίδα. Οι καλοπροαίρετοι, ουσιαστικά απογοητεύονται προσπαθώντας να τοποθετήσουν τις πληροφορίες στα παιδιά και να τις εμπεδώσουν σε επιφανειακό επίπεδο αντί να πάρουν το χρόνο να δημιουργήσουν σταθερές βάσεις για την κατανόηση και τις συνάψεις. Όλα τα παιδιά μπορούν να συμμετέχουν ουσιαστικά και δημιουργικά σε σημαντικά θέματα, αλλά ο δάσκαλος πρέπει να διαθέτει την ευαισθησία-και προ πάντων, τον χρόνο- να εμπλέκει τους μαθητές σε δραστηριότητες ή σε διάλογους που είναι σημαντικοί για αυτούς. Ο Δρ Robert Coles, εξομολογείται στο βιβλίο του The Call of Stories, την απόλαυσή του όταν τα παιδιά που θεωρούνται "πολιτιστικά κατώτερα" καταφέρνουν να διαβάσουν ένα μυθιστόρημα που θεωρείται συχνά ντεμοντέ και βαρετό, όπως της Sila Marner. Η αιτία; Κάποιος έμπειρος δάσκαλος, ξόδεψε τον απαραίτητο χρόνο για να τους οδηγήσει προσωπικά τον καθένα σε σημαντικές συζητήσεις ηθικών και πνευματικών θεμάτων μέσα από το μυθιστόρημα, που απεικόνιζαν πολλές από τις ανησυχίες της ζωής τους. Δυστυχώς όμως η "ικανότητα" όπως έχει καθοριστεί δεν έχει χρόνο ή χώρο για αυτόν τον τύπο πνευματικής έρευνας.

3. Συλλογισμός ή Παρόρμηση

Οι μαθητές που συνήθως αποτυγχάνουν είναι αυτοί που ενεργούν χωρίς σκέψη. Η έρευνα δείχνει ότι οι παρορμητικοί νεαροί αποτυγχάνουν να συλλογιστούν μέσω των προβλημάτων. Εισβάλουν φουριόζικα χωρίς να αναλύουν ή να προγραμματίζουν την κατάλληλη απάντηση. Στην έρευνα για την επίλυση των προβλημάτων, οι μαθητές που χρησιμοποιούν μια τέτοια αυθόρμητη προσέγγιση θεωρούνται "αδύνατης λογικής" επειδή αποτυγχάνουν να εφαρμόσουν αυτά που ήδη ξέρουν σε μια νέα κατάσταση. Από την άλλη αυτοί με "την ισχυρή λογική", είναι σε θέση να χρησιμοποιήσουν τα προηγούμενα παραδείγματα ώστε να καταφέρουν να συναγάγουν συμπεράσματα.

Το παρορμητικό ύφος (που μοιάζει με το πρόβλημα της "διαταραχής της ελλειμματικής προσοχής") δημιουργεί προβλήματα στους ανθρώπους ακόμα και έξω από το σχολείο. Αυτός ο τύπος συμπεριφοράς είναι γνωστό ότι συνδέεται με τις παραβάσεις και την ενήλικη εγκληματικότητα.

Τα παιδιά που δεν έχουν υπομονή να συλλογιστούν και να συζητήσουν κάτω από οποιεσδήποτε συνθήκες, προέρχονται συχνά από σπίτια όπου οι ενήλικοι δεν τους έδειξαν ποτέ πώς να το κάνουν, ανεξάρτητα από την οικονομικά πλεονεκτική τους θέση. Μερικές φορές, παρατηρώ τους γονείς ή τους φροντιστές να χρησιμοποιούν αρκετά διαφορετικούς τρόπους με τα παιδιά, σε δημόσιους χώρους όπως το σούπερ μάρκετ. Κάποιοι είναι πολύ απασχολημένοι για να διδάξουν στο παιδί πως μπορεί να μιλήσει με εναλλακτικούς τρόπους (π.χ. "όχι, δεν θα αγοράσουμε δύο κουτιά δημητριακά σήμερα γιατί θα χαλάσει πριν προλάβουμε να το φάμε. Ποια προτιμάς τα Σοκολατένια ή τα Σκέτα;"). Άλλοι πάλι ενδίδουν στις παρορμητικές απαιτήσεις του παιδιού. Επίσης κάποιοι, προσπαθούν να ελέγξουν τη συμπεριφορά μόνο με χειρονομίες και σχεδόν με ανύπαρκτη συνομιλία. Μπορεί ακόμη και να χαστουκίσουν ή να σπρώξουν το παιδί παραπέρα από αυτό που επιθυμεί. Αυτοί οι γονείς αναμφισβήτητα διαχειρίζονται την κατάσταση με τρόπους που θεωρούν κατάλληλους και φυσικά, όλοι συνηθίζουμε να αναπαράγουμε τους τρόπους με τους οποίους οι ίδιοι αντιμετωπιστήκαμε. Το παιδί που διδάσκεται πώς να σταματά και να σκέφτεται είναι αυτό που πιθανότερα θα πετύχει στην κοινωνία του σχολείου και στην συνέχεια.

Οι "στοχαστικές" προσεγγίσεις είναι ένα χρήσιμο υποκατάστατο της έμπνευσης στη μη λεκτική επίλυση προβλημάτων καθώς και στην τέχνη, τη γεωμετρία ή τον ανώτερο μαθηματικό συλλογισμό. Ένα από τα τεστ που χρησιμοποιούνται για να αξιολογηθεί πότε κάποιος αποκρίνεται λογικά ή αυθόρμητα, απαιτεί την ακριβή αντιστοιχία μιας εικόνας (π.χ. ένα σπίτι) με διάφορες πολύ στενές και περίπλοκες εναλλακτικές εικόνες. Για να θεωρηθεί "λογικό" ένα παιδί πρέπει να συγκρίνει προσεκτικά, να αναλύσει τις λεπτομέρειες και να ζυγίσει τις εναλλακτικές λύσεις. Ακόμη και σε αυτόν τον οπτικό στόχο, πολλά λογικά παιδιά μιλούν και αναλύουν την άποψη τους μέσω του προβλήματος (π.χ. Νομίζω ότι θα αρχίσω με το πρώτο. Για να δούμε, η καμινάδα είναι διαφορετική. Τώρα, το δεύτερο; κ.λπ.).

Πριν από λίγο καιρό, μια ενδιαφέρουσα πολύ-πολιτισμική μελέτη, έδειξε ότι τα παιδιά Αμερικάνων και Κινέζο-Αμερικάνων, από παρόμοιες κοινωνικές τάξεις, είχαν αναπτύξει παρόμοιο τρόπο να λύνουν τα προβλήματα αυτού του τεστ. Μια παρόμοια ομάδα Γιαπωνέζων, ήταν πιο ακριβής στην περιγραφή ταιριάζοντας την εικόνα πολύ γρήγορα. Οι Αμερικανό-Κινέζοι νεαροί, προβλημάτισαν τους ερευνητές, όχι επειδή ήταν εξυπνότεροι, αλλά επειδή ήταν ικανότεροι στην διαχείριση της σκέψης και των απαντήσεων τους. Οι συγκεκριμένοι μελετητές δεν διακινδύνεψαν καμία εικασία ως προς το πού έμαθαν αυτόν το είδος διανοητικού ελέγχου.

4. Βοήθεια για την απομνημόνευση

Οι γονείς που ήταν επιτυχημένοι στο σχολείο διαφέρουν από εκείνους με τη χαμηλότερη απόδοση όσον αφορά στην καθοδήγηση των παιδιών να θυμούνται καλύτερα. Όσο χρησιμοποιούν τις δικές τους μεθόδους απομνημόνευσης, το παιδί κατανοεί ότι η απομνημόνευση ενός πράγματος δεν συμβαίνει αυτόματα είναι κάτι στο οποίο ο καθένας μπορεί να ασκήσει έλεγχο.

Για παράδειγμα " Πρέπει να αγοράσω πέντε πράγματα από το μαγαζί με τα υλικά, δύο εργαλεία (ένα σφυρί και ένα μεγάλο κατσαβίδι) και τρία είδη καλωδίου (λεπτά, μεσαία και χοντρά «κατηγοριοποίηση»), θα θυμηθώ το Χ, Ψ, Ω".

Είτε...... "Νομίζω ότι θα κάνω καλύτερα έναν κατάλογο για να μην τα ξεχάσω." (Δίνει σημασία στην γραφή και την ανάγνωση καθώς επίσης και στον προγραμματισμό.)

5. Αναλυτική σκέψη εναντίον των Σχετικών Μορφών της

Η παραδοσιακή εκπαίδευση, συνηθίζει να διδάσκει τους ανθρώπους να προσεγγίζουν τα προβλήματα αναλυτικά. Αυτός ο τρόπος σκέψης απαιτεί περισσότερο την πολύπλοκη λογική, παρά την εμπειρία από πρώτο χέρι. Παραδείγματος χάριν, μια από τις γνωστικές δεξιότητες που μαθαίνονται στο σχολείο είναι η λογική των συλλογισμών.

Όλες οι γυναίκες στην Πόλη του Μεξικού είναι όμορφες.

355

Έχω μια γυναίκα φίλη από την Πόλη του Μεξικού.
Είναι η φίλη μου όμορφη;

Στα περισσότερα μορφωμένα άτομα, η απάντηση αυτού του προβλήματος φαίνεται προφανής αλλά οι έφηβοι και οι ενήλικοι που είχαν ελάχιστη ή καμία επαφή με το σύστημα της επίσημης εκπαίδευσης, δεν το βρίσκουν καθόλου προφανές. Οι δεύτεροι συνήθως απαντούν στην ερώτηση πιο πρακτικά, με βάση των γυναικών που γνωρίζουν προσωπικά ("η φίλη μου από την Πόλη του Μεξικού είναι πολύ καλή, αλλά δεν είναι όμορφη"). Ο τρόπος με τον οποίο απαντώνται τέτοιες ερωτήσεις σε διαφορετικούς πολιτισμούς σχετίζεται με τα χρόνια εκπαίδευσης όχι με τη βασική νοημοσύνη, ολοκληρώνουν οι ερευνητές.

 Οι γονείς δείχνουν στα παιδιά πώς να σκεφτούν

Αυτές είναι απλώς μερικές από τις πολλές μεθόδους με τις οποίες οι γονείς και οι φροντιστές επηρεάζουν άμεσα τα παιδιά στην εκμάθηση και στην σκέψη. Αυτό δηλαδή σημαίνει ότι οι ευσυνείδητοι γονείς είτε πρέπει να καθίσουν και να σχεδιάσουν μια σειρά μαθημάτων για την επίλυση των προβλημάτων είτε να πάρουν την ευθύνη και να τα γράψουν σε φροντιστήριο, αν είναι πάρα πολύ απασχολημένοι; Στην πραγματικότητα, αυτοί οι τρόποι σκέψης, μαθαίνονται και νουθετούνται, επειδή μεταβιβάζονται μέσω της καθημερινής συναισθηματικά μικρής και σημαντικής εμπειρίας με έναν κοντινό, σεβαστό ενήλικα.
Για παράδειγμα, οι συνομιλίες την ώρα του φαγητού αποτελούν το βασικό χρόνο για επικοινωνία, όχι μόνο για τον τρόπο σκέψης αλλά και για την αξιολόγηση των σημαντικών θεμάτων. Ακόμη και τέτοιες λεπτές τοποθετήσεις, όπως οι ερωτήσεις που υποβάλλονται στα παιδιά ή οι ιδέες για τις οποίες μιλούν οι άνθρωποι καθώς επίσης και για τα ψώνια που έκαναν στην αγορά, είναι ικανές να διαφοροποιήσουν τον τρόπο με τον οποίο τα παιδιά θα προσεγγίσουν τις σχολικές δραστηριότητες. Αυτές τις μέρες, οι στοχαστικές συνομιλίες στα οικογενειακά γεύματα τείνουν να εξαφανιστούν όπως οι δεινόσαυροι και στις μεσαίες και στις ανώτερες κοινωνικές τάξεις.

Κάποιες άλλες δραστηριότητες που μπορούν να κάνουν μαζί ένας ενήλικα και ένα παιδί (π.χ. μαγείρεμα, ξεκούραση, παιχνίδι, θελήματα, επισκευή με εργαλεία, καθαρισμός του σπιτιού) ή αληθινές εργασίες, είναι επίσης φυσικοί τρόποι να ενστερνιστούν οι παραπάνω διανοητικές συνήθειες. Ένας από τους λόγους που η σχολική επιτυχία, σε όλους τους τομείς, σχετίζεται με τον χρόνο που ξοδεύουν τα παιδιά παρακολουθώντας Τηλεόραση, είναι ότι ακόμη και το παραμικρό ποσοστό παρακολούθησης αναγκάζει τους μεγάλους και τα παιδιά να συντονίσουν τις σκέψεις και τις ενέργειες ο ένας του άλλου. Αντίθετα, τα παιδιά που προέρχονται από σπίτια με σοβαρά μειονεκτήματα, παρακολουθούν Τηλεόραση περισσότερο και όπως έχουμε δει δεν ωφελεί αρκετά για την ακαδημαϊκή εξάσκηση του μυαλού.

Τα μειονεκτικά πρότυπα σκέψης, είναι προφανές ότι δεν περιορίζονται στα οικονομικά αδύνατα άτομα. Επειδή γνωρίζω ότι αυτό το βιβλίο, πιθανόν να διαβαστεί από τους γονείς όλων των τάξεων, θα επιθυμούσα να επεκταθώ σε αυτό το σημείο με μια προσωπική εμπειρία.

Φέτος πέρασα ένα όμορφο απόγευμα, με μερικούς φίλους που ζουν σε ένα ταπεινό σπίτι σε μια αγροτική περιοχή. Εκεί σχεδιάστηκαν πρόσφατα πολλά καινούρια μεγάλα και ακριβά σπίτια. Ο σύζυγος, δάσκαλος μαθηματικών, μου εμπιστεύτηκε ότι άρχιζε να αισθάνεται αμήχανα, επειδή παρατηρώντας τους νέους του γείτονές συνειδητοποιούσε, ότι δεν θα μπορούσε, οικονομικά, να προσφέρει στο γιο του πολλά από τα πλεονεκτήματα των νέων παιδιών. Παραδέχτηκε ότι ένιωσε ιδιαίτερη ανησυχία, όταν πρόσεξε τους νέους φίλους του γιου του, με τα ακριβά σχολεία, τις κατασκηνώσεις, τα μαθήματά υπολογιστών και μουσικής, κ.λπ.

Εκείνη την ημέρα, ο πατέρας και ο γιος είχαν μια πολύ έντονη διαμάχη για το σκυλί τους, ένας δεξιοτέχνης στις αποδράσεις που είχε σπάσει κάθε μάνδρα που είχε κατασκευαστεί ειδικά για εκείνο.

357

Οργανωμένοι με την εργαλειοθήκη, τις σανίδες και το συρματόπλεγμα, πέρασαν ολόκληρο το απόγευμα σχεδιάζοντας μια περίφραξη. Καθώς απολάμβανα με την σύζυγό του, τον φθινοπωρινό ήλιο, στον κήπος, τους παρατήρησα να συλλογίζονται από κοινού. "Μα μπαμπά, εάν εμείς...τότε αυτό..." "Τι πιστεύεις ότι μπορεί να συμβεί εάν... ; " "Γιατί δεν προσπαθούμε... επειδή...

Σαν προσκολλημένη μελετητής της ανάπτυξης των εγκεφάλων, έπιασα τον εαυτό μου να βλέπει οράματα για την δημιουργία διαβάσεων μεταξύ των ημισφαιρίων, καθώς ο γονέας και το παιδί μιλούσαν και χειρίζονταν με φυσικό τρόπο το τρισδιάστατο πρόβλημα. Οι προσπάθειές τους συνέδεσαν τα λεκτικά και οπτικό-χωρικά συστήματα, με τον τρόπο που ο εγκέφαλος μαθαίνει καλύτερα δηλαδή με ένα πραγματικό πρόβλημα. Κάθε φορά που μια λύση δεν λειτουργούσε, ο γιος απογοητευόταν και ήθελε να σταματήσει, αλλά ο πατέρας του πρότεινε υπομονετικά να δοκιμάσουν και κάτι άλλο, καθώς φανταζόμουν τους προμετωπιαίους νευρώνες που ενώνονται ο ένας με τον άλλο για να ενισχύσουν τα συστήματα του προγραμματισμού, της προσοχής, και της επίλυσης προβλημάτων.

Εν τω μεταξύ, στη μεγάλη διπλανή πόρτα, ένας άλλος νεαρός περίπου της ίδιας ηλικίας, διασκέδαζε ολόκληρο το απόγευμα τρέχοντας με υπερβολική ταχύτητα —και υπερβολικό θόρυβο —γύρω από το σπίτι, το στάβλο και την πισίνα, πάνω σε ένα τετράτροχο όχημα που κινούταν με την ώθηση ενός πεταλιού.

"Ναι," είπε ο γιος του φίλου μου, με ένα ίχνος φθόνου στη φωνή του. "Το οδηγά όλη την ώρα. Η μαμά του συνήθως βρίσκεται σε συνεδρίαση ή σε κάτι άλλο, αλλά μερικές φορές ο μπαμπάς του τον παίρνει στο γκολφ τα Σαββατοκύριακα. Η υπηρέτρια τους δεν μιλά πολύ καλά αγγλικά, έτσι δεν μπορεί να το πείσει να κάνει την εργασία του."

"Είναι πραγματικά κρίμα," παρατήρησε ο φίλος μου. "Οι γονείς του ανησυχούν πολύ για αυτό το παιδί. Είναι αρκετά έξυπνος αλλά ανακάλυψαν ότι έχει μια μαθησιακή δυσκολία. Πρέπει να τον στείλουν σε ειδικό σχολείο επειδή πήρε πολύ χαμηλούς βαθμούς και δεν μπορεί να συγκεντρωθεί αρκετά ώστε να κάνει τις εργασίες του. Τα παιδιά με "μαθησιακά μειονεκτήματα" βρίσκονται παντού.

ΚΟΙΝΩΝΙΚΗ ΤΑΞΗ, ΓΛΩΣΣΑ, ΚΑΙ ΒΑΣΙΚΗ ΕΚΠΑΊΔΕΥΣΗ

Δεν υπάρχει κανένα έγκυρο στοιχείο, ότι οι φτωχοί εκλείπουν της υποκίνησης, εκτός από την περιοχή της γλώσσας. Είναι γνωστό, ότι οι πολύ φτωχοί, χρησιμοποιούν παντού συγκεκριμένο, μειωμένο λεξιλόγιο, που καταστρέφει την μετάδοση της πλούσιας σημασιολογίας, που θεωρείται δεδομένη στις μεσαίες τάξεις.

—Καθηγητής Gorizalo Alvarez, Σαντιάγκο, Χιλή

Οι κοινωνιο-γλωσσολόγοι μας ενημερώνουν, ότι όσο πιο πολύ διαχωρίζεται μια κοινωνία σε στρώματα τόσο περισσότερες παραλλαγές θα υπάρχουν στη γλώσσα και αυτή η μεταβλητή από μόνη της, φαίνεται να συντελεί σε πολλές από τις διαφορές της ακαδημαϊκής επίδοσης των κοινωνικών τάξεων. Οι οικογένειες που προσφέρουν συνθήκες κάτω του μετρίου ή δεν προσφέρουν καθόλου κίνητρα για τη γνωστική ανάπτυξη των παιδιών, τείνουν να παράγουν νεαρούς με γλωσσική καθυστέρηση η οποία εκφράζεται με το χαμηλό Δείκτη Νοημοσύνης και χαμηλά σκορ στα επιτεύγματα. Δύο είναι οι σημαντικοί τρόποι, που τα παιδιά εκτίθενται στη γλώσσα : πρώτον από τον τρόπο που τους μιλούν και δεύτερον από την επαφή τους με την ανάγνωση και τη γραπτή γλώσσα.

Τρόποι ομιλίας για τα παιδιά

Οι τύποι των ερωτήσεων που το παιδί μαθαίνει να κάνει και να απαντά είναι ιδιαίτερα σημαντικοί. Τα παιδιά που έχουν εκπαιδευτεί κυρίως, να είναι ήρεμα, ευγενικά και υπάκουα, αντιμετωπίζουν δυσκολία στο σχολείο όταν πρέπει να μιλήσουν μπροστά από μια ομάδα ή να μιλήσουν για να υποβάλουν μια ερώτηση. Ο δάσκαλος δεν μπορεί να καταλάβει ότι αυτή η συμπεριφορά θεωρείται "καλή" στο σπίτι.

Επίσης ένα πρόβλημα που αντιμετωπίζουν τα παιδιά στο σχολείο, είναι ότι είναι ασυνήθιστα να απαντούν σε ερωτήσεις που υποβάλλονται από έναν ενήλικο, κυρίως όταν συνειδητοποιούν ότι ο ενήλικος (δάσκαλος) γνωρίζει την απάντηση! Οι γονείς που δεν έχουν αφομοιώσει οι ίδιοι, μια σχολική συζήτηση, συνηθίζουν να υποβάλουν ερωτήσεις μόνο όταν θέλουν πραγματικά να πάρουν πληροφορίες από το παιδί (τι θέλετε για πρωινό;"). Οι γονείς της μεσαίας τάξης, είναι πιθανότερο να κάνουν ερωτήσεις παρόμοιες με των δασκάλων, όπως, "τι κάνει το κορίτσι στην εικόνα;" (Στην πραγματικότητα, η πιο έξυπνη απάντηση θα είναι: Γιατί με ρωτάς; Δεν μπορείς να δεις από μόνος σου;" Αλλά αν το παιδί είναι ευγενικό, θα καθίσει σιωπηρά και θα αναρωτηθεί, πώς γίνεται κάποιος που υποβάλλει τέτοιες χαζές ερωτήσεις, να έχει γίνει δάσκαλος.) Τελικά, τα εμπειρικά χάσματα στις απαντήσεις των "ερωτήσεων" τύπου (ποιος, που,   πότε, γιατί και πώς) μεταφράζουν τη δυσκολία στην αναλυτική σκέψη.

Οι βασικές γλωσσικές δεξιότητες από μόνες τους δεν επισφραγίζουν τη σχολική επιτυχία. Οι τελευταία αναπτυγμένες δυνατότητες, όπως η κατανόηση των σύνθετων προτάσεων, η δυνατότητα "να μονοπωλείς την συζήτηση" και η διαχείριση ενός εκτενέστερου λεξιλογίου, αποκτά ιδιαίτερη σημασία όσο μεγαλώνουν οι μαθητές.

Είναι πιθανόν, οι δάσκαλοι, ακούσια να χρησιμοποιήσουν αυτά τα κριτήρια, για να κρίνουν τις δυνατότητες των μαθητών και να κατευθύνουν τους μαθητές των χαμηλών τάξεων, με πιο διαλογικό και ανεπίσημο στυλ και πιο αργό ρυθμό.

Η Δρ Jerome Bruner μας υπενθυμίζει, ότι η γλώσσα είναι ένας επίσης σημαντικός τρόπος, με τον οποίο ένας μαθητής μπορεί να "πραγματοποιήσει" και να ελέγξει την μάθηση αντί να ελέγχει την διαδικασία της. Κάθε φορά που επισκέπτομαι μια τάξη, όπου τα παιδιά παπαγαλίζουν και δεν καταλαβαίνουν τίποτα (δυστυχώς, φαίνεται να συμβαίνει συχνότερα στα φτωχά παιδιά), δεν εκπλήσσομαι όταν ακούω ότι δεν παίρνουν "καμία πρωτοβουλία" που να αφορά την εκμάθηση. Αν κάποιος αφιέρωνε τον χρόνο για να μετατρέψει αυτήν την διαδικασία, σε κάτι ενδιαφέρον, τα σβησμένα πρόσωπα τους θα άναβαν αμέσως.

Ο τύπος προετοιμασίας, που παρέχει το οικογενειακό περιβάλλον για την γραπτή και προφορική γλώσσα, διαφέρει σύμφωνα με το κοινωνικοοικονομικό επίπεδο. Σε μια σημαντική μελέτη, πρόσφατα η Δρ Shirley Brice Heath, του πανεπιστημίου του Στάνφορντ υπέβαλε έκθεση σχετικά με την εμπειρία της παρατηρώντας και τα δύο είδη "εκπαιδευτικών γεγονότων" στα σπίτια τριών διαφορετικών κοινωνικοοικονομικών ομάδων, σε μια πόλη της βόρειας Καρολίνας. Η ίδια ανακάλυψε ότι και οι δύο εργατικές τάξεις, διέφεραν σημαντικά από τις "ανώτερες" όχι μόνο στη διαθεσιμότητα των βιβλίων, περιοδικών και εφημερίδων, αλλά και στον τρόπο που προετοίμαζαν τα παιδιά τους για το σχολείο. Σε μια κατώτερη ομάδα, την οποία η Heath αποκάλεσε "Trackton", οι γονείς φάνηκαν να δείχνουν πολύ αγάπη στα παιδιά τους, αλλά η καθημερινότητα τους περιείχε ελάχιστη επαφή με την ανάγνωση και την γραφή. Τα βιβλία, τα περιοδικά και οι εφημερίδες δεν ήταν εμφανή στοιχεία και δεν παραχωρήθηκε καμία προτεραιότητα στην εξιστόρηση βιβλίων. Σύμφωνα με την Δρ Heath, οι προσπάθειες των παιδιών να μιλήσουν αγνοήθηκαν, καθώς την προσοχή των ενηλίκων την τράβηξαν περισσότερο οι μη λεκτικές συμπεριφορές όπως η κίνηση των παιδιών, πάνω-κάτω ή το τράβηγμα ενός μανικιού. Αντίθετα, οι προνομιούχοι γονείς, έτειναν να ανταμείβουν την προφορική έκφραση των παιδιών και "να εξηγούν την κάθε λέξη" που χρησιμοποιούσαν οι ίδιοι. Διάβαζαν συχνά στα παιδιά τους και τους υποδείκνυαν τις συνήθειες της γραφής. Παραδείγματος χάριν, ακολουθούσαν γραπτές οδηγίες, έφτιαχναν λίστες και σημείωναν τις μικροδουλειές που αντιστοιχούσαν στα μέλη της οικογένειας. Τα παιδιά τους, ήρθαν στο σχολείο, έτοιμα να εκπαιδευτούν, να χρησιμοποιήσουν και να αποκριθούν στην παραδοσιακή γλώσσα της τάξης, την πραγματικότητα και τις απαιτήσεις. Όταν τα παιδιά από την κοινότητα "Trackton", έφθασαν στο σχολείο, εισήγαγαν μια ξενόφερτη κουλτούρα. Όπως ήταν αναμενόμενο, από την αρχή είχαν προβλήματα και συχνά μέχρι την έκτη τάξη "είχαν σταματήσει".

Η δεύτερη κοινότητα της "κατώτερης" εργατικής τάξης, που ονομάστηκε "Roadville" από την Δρ Heath, αντιπροσωπεύει μια ενδιαφέρουσα αντίθεση για τις δύο άλλες ομάδες. Αυτοί οι γονείς ενδιαφέρθηκαν ανοικτά για την εκπαίδευση και προσπαθούσαν να εκθέτουν τα παιδιά τους σε βιβλία με την αλφαβήτα και άλλα "εκπαιδευτικά" υλικά όπως τα βιβλία. Ακόμα, αν και τα παιδιά έμαθαν τα "βασικά" στις πρώτες τάξεις, έμειναν πίσω όταν η βαθύτερη κατανόηση των θεμάτων έγινε απαραίτητη στα τελευταία έτη της πρωτοβάθμιας εκπαίδευσης. Ο λόγος; Η Δρ Heath προτείνει ότι αυτές οι καλοπροαίρετες οικογένειες, είχαν αποτύχει να υποδείξουν στα παιδιά τους πώς να σκεφτούν. Αντίθετα με τους γονείς των ανώτερων ομάδων, δεν χρησιμοποίησαν ερωτήσεις για να βοηθήσουν τα παιδιά να καταλάβουν πως αναπτύσσεται ο διαλογισμός. Η φύση των ερωτήσεων που έκαναν στα παιδιά τους ήταν περισσότερο "οδηγίες ή επιπλήξεις" και η ιδιαίτερη έμφαση τοποθετήθηκε στο να πάρουν τη σωστή απάντηση. "Η συζήτηση" ως μέσο επίλυσης των προβλημάτων είχε μικρή σημασία. Ήταν πιο πιθανό να δείξουν, παρά να εξηγήσουν, στα παιδιά τους πώς να κάνουν κάτι. Οι λογικές-εξηγήσεις π.χ. "εάν στρίψετε τον κόπτη, τα μπισκότα θα πέσουν στο κενό" ήταν σπάνιες. Η Heath προτείνει ότι αυτά τα παιδιά "δεν ήξεραν πώς να ζητήσουν από τους δασκάλους βοήθεια για να ξεχωρίσουν τις ερωτήσεις και να σκεφτούν τις απαντήσεις."

Αν και τα συμπεράσματα της Heath δεν είναι σωστό να γενικευτούν πέρα από αυτές τις δύο ομάδες, ενισχύουν το γεγονός ότι ακόμη και η αγάπη και οι καλοπροαίρετοι φροντιστές, μπορούν να διαπλάσουν τον τρόπο ομιλίας και σκέψης των παιδιών με τέτοιο τρόπο ώστε να τεθούν σε κίνδυνο στις "ανώτερες" τάξεις. Οι εκπαιδευτικοί γνωρίζουν εδώ και καιρό ότι τα παιδιά που δεν συνηθίζουν σε περιβάλλον που επιδεικνύει τα πρότυπα της βασικής εκπαίδευσης, έχουν λιγότερες πιθανότητες στο σχολείο. Τώρα πια συνειδητοποιούμε ότι το να δώσεις τα βιβλία και τα μολύβια στα παιδιά δεν είναι αρκετό. Πάρα πολλοί γονείς, έχουν εσφαλμένη άποψη για τον σκοπό του διαβάσματος. Σκοπός δεν είναι "να διδαχθούν" το διάβασμα αλλά να αγαπήσουν και να χρησιμοποιήσουν τη γλώσσα και τις ιστορίες των βιβλίων. Επίσης η επίτευξη της αντιγραφής γραμμάτων και λέξεων από τα παιδιά της προσχολικής ηλικίας είναι ανεπαρκής προετοιμασία για τον υψηλότερου επιπέδου συλλογισμό.

Οι γονείς στην πραγματικότητα δεν χρειάζονται. Δεν πρέπει να μετατρέπουν τα μαθήματα ανάγνωσης σε πονοκέφαλο, υπογραμμίζει ένας ερευνητής από τις Ηνωμένες Πολιτείες, ο οποίος ανακάλυψε σημαντικές διαφορές στις οικογένειες των μεσαίων τάξεων όσον αφορά στην έφεση των παιδιών τους στην ιστορία. Σε μια από τις μελέτες του, οι μισοί από τους γονείς φάνηκαν να εμπλουτίζουν την ανάγνωσή τους, με ανοιχτές ερωτήσεις (π.χ., "Τι συμβαίνει άραγε σε αυτόν;") και να βοηθούν το παιδί να επεξεργαστεί τις απαντήσεις, ενώ οι άλλοι μισοί φάνηκαν να διαβάζουν με το συνηθισμένο τρόπο. Μετέπειτα έρευνες έδειξαν ότι τα παιδιά από την πρώτη ομάδα σημείωσαν υψηλότερους βαθμούς και στο λεξιλόγιο και στη δυνατότητα έκφρασης ιδεών, στοιχεία που προμηνύουν τις μελλοντικές σχολικές τους δυνατότητες.

ΔΙΑΦΟΡΕΤΙΚΗ ΤΑΞΗ, ΔΙΑΦΟΡΕΤΙΚΟΙ ΕΓΚΕΦΑΛΟΙ;

Με ποιο τρόπο, αυτά τα διαφορετικά γνωσιολογικά και γλωσσικά υπόβαθρα, έχουν επιπτώσεις στη νευρική ανάπτυξη; Σκεπτόμενοι αυτή την ερώτηση, θα πρέπει να λάβουμε υπόψη ότι οι δομικές ή λειτουργικές παραλλαγές που αναγκάζουν τα παιδιά να χρησιμοποιήσουν διαφορετικές "μεθόδους εκμάθησης" δεν εξασφαλίζουν απαραιτήτως τη χαμηλότερη νοημοσύνη. Οι εγκέφαλοι που προσαρμόζονται λιγότερο εύκολα σε ορισμένους τύπους προφορικών εκμαθήσεων, είναι πιθανό να έχουν άλλα ταλέντα: δημιουργικά, πρακτικά, ή αξιοποιήσιμα. Υπάρχουν διάφοροι τρόποι, και εμφανείς και διακριτικοί, με τους οποίους οι περιβαλλοντικές διαφορές βρέθηκαν ανάμεσα στις διαφορές των κοινωνικοοικονομικών ομάδων, να συνδέονται με τις διαφορές εγκεφάλου. Ο Gonzalo Alvarez,

363

νευρολόγος στην ιατρική σχολή του πανεπιστημίου του Σαντιάγκο, της Χιλής, έχει μελετήσει σε διάφορες χώρες τις επιπτώσεις της σοβαρής υλικής έλλειψης, στη λειτουργία του εγκεφάλου και είναι πλέον πεπεισμένος ότι οι διαφορετικοί τρόποι ανατροφής των παιδιών, αφήνουν τα σημάδια τους στον αναπτυσσόμενο εγκεφαλικό φλοιό.

Ορισμένα στάδια γνωστικής ανάπτυξης (π.χ., η δυνατότητα να γίνουν κατανοητές οι σχέσεις των φυσικών σωμάτων) είναι δύσκολο να αλλάξουν επειδή "εμπεδώνονται στο γενετικό κώδικα" εξηγεί ο Δρ Alvarez.

Παρόλο που αυτές οι σχετικά "ενσωματωμένες" δυνατότητες μπορεί να καθυστερήσουν, στα υπανάπτυκτα μέρη του κόσμου, στο τέλος θα αναπτυχθούν, ακόμη και με το ελάχιστο της υποκίνησης. Στα παιδιά που έχει εξετάσει, με τέτοιες "αδιαφανείς καταστάσεις" στέρησης, έχει βρει ότι "απέτυχαν να αποδώσουν επαρκώς στους στόχους που περιλαμβάνουν τη σύνθετη σκέψη και την επίλυση των προβλημάτων", αυτό το αποδίδει εν μέρει στις διαφορές του εγκεφάλου που προήλθε από τα διαφορετικά επίπεδα υποκίνησης. Ο Δρ Alvarez το καθιστά σαφές ότι αυτά τα παιδιά δεν θεωρούνται "διανοητικά καθυστερημένα" ούτε και "νευρολογικά κατεστραμμένα". Οι εγκέφαλοι των χαμηλότερων κοινωνικοοικονομικών ομάδων, που έχει μελετήσει, δεν είναι ασυνήθιστοι, επιμένει, αλλά μπορεί να καθυστερήσουν ή να εκλείπουν ορισμένους τρόπους. Όταν αυτά τα παιδιά εισάγονται στο εκπαιδευτικό σύστημα, αυτές οι διαφορές τα αναγκάζουν "να χάσουν το τραίνο".

Ο ίδιος υποστηρίζει ότι τα "διαφορετικά επίπεδα υποκίνησης" υπερβαίνουν τις βασικές διαφορές των αισθητήριων ερεθισμάτων (όραση, ακοή, αφή).

Διαπιστώνει ότι τα διαφορετικά σύνολα πολιτιστικών απαιτήσεων αναγκάζουν τα παιδιά για να έχουν την ιδιαίτερη δυσκολία με την αφηρημένη, αναλυτική σκέψη —επειδή οι εγκέφαλοί τους εκπαιδεύονται για να λειτουργήσουν διαφορετικά. Τα διαφορετικά σύνολα των πολιτιστικών απαιτήσεων, προκαλεί στα παιδιά ιδιαίτερα προβλήματα στην αναλυτική και σύνθετη σκέψη-επειδή οι εγκέφαλοι τους είναι εκπαιδευμένοι να λειτουργούν διαφορετικά.

Οι διάφορες μέθοδοι που χρησιμοποιούν οι εγκέφαλοι, προκειμένου να λύσουν τα ιδιαίτερα προβλήματα ενός συγκεκριμένου πολιτισμού, μπορούν να εξαρτηθούν από τα κυκλώματα που ποικίλλουν από πολιτισμό σε πολιτισμό. ..Είτε η αισθητήρια υποκίνηση λείπει είτε όχι στα πρώτα έτη των ανεπαρκών, διαφορετικών μορφών ανατροφής, μπορεί να δημιουργηθεί η διαφορετική επεξεργασία των πληροφοριών από τις δομές εγκεφάλου.

Διαφορετικά ημισφαίρια: Διαφορετικές μορφές εκμάθησης;

Τα δύο ημισφαίρια του εγκεφάλου είναι τα μέρη στα οποία έχουν ψάξει οι επιστήμονες για αυτού του είδους τα διαφορετικά νευρικά κυκλώματα. Μελέτες έχουν προτείνει ότι οι διαφορετικοί τρόποι χρήσης του δεξιού και του αριστερού ημισφαιρίου προκύπτουν από τις διαφορές των κοινωνικών τάξεων, επηρεάζοντας την σχολική επιτυχία. Συγκεκριμένα, οι δυνατότεροι μαθητές και τα παιδιά των μεσαίων τάξεων, χρησιμοποιούν αναλυτικές "μορφές σκέψης" που αποδίδονται στο αριστερό ημισφαίριο, ενώ οι λιγότερο δυνατοί και τα οικονομικώς κατώτερα παιδιά στηρίζονται περισσότερο στις ολιστικές κλίσεις του δεξιού. Όπως έχουμε δει, πολλά παιδιά που έχουν μεγαλώσει σε μη ακαδημαϊκά περιβάλλοντα, έχουν μικρή εμπειρία στην χρήση διασαφηνισμένων και αναλυτικών γλωσσικών μεθόδων και είναι πιθανό να κλίνουν στην λογική των οπτικών, εδώ και τώρα "πραγματικών" ("σχετικών") μεθόδων.

Μέχρι τώρα, οι περισσότερες έρευνες για τη χρήση αυτών των "μορφών" δεν έχει εξετάσει άμεσα τον εγκέφαλο. Αντ' αυτού, τα παιδιά εξετάζονται σε ορισμένους στόχους, οι οποίοι απεικονίζουν τις ιδιαίτερες λειτουργίες του εγκεφάλου. Σε μια τέτοια μελέτη, οι νευροψυχολόγοι, εξέτασαν τις δεξιότητες προσοχής και μνήμης των λευκών παιδιών προσχολικής ηλικίας και από τα ανώτερα και από τα χαμηλότερα κοινωνικοοικονομικά επίπεδα, διαπιστώνοντας ότι τα παιδιά από τις δύο ομάδες χρησιμοποιούσαν σημαντικά διαφορετικές γνωστικές μεθόδους για τον ίδιο στόχο. Δεν υπήρχε καμία διαφορά, συνολικά, στην ικανότητα να δώσουν προσοχή, αλλά η οικονομικά κατώτερη ομάδα χρησιμοποίησε περισσότερο την οπτικό-χωρική τακτική (που συνήθως προκύπτει από το δεξί ημισφαίριο) σε ένα απλό παιχνίδι υπολογιστών, ενώ τα οικονομικά ανώτερα παιδιά, ανέλυαν την άποψη τους μέσω του προβλήματος (λειτουργία του αριστερού-ημισφαιρίου).

Κάποιοι ερευνητές έχουν εξετάσει πιο άμεσα αυτό το ζήτημα, από την άποψη του εγκεφάλου. Δύο αρχικές μελέτες, έδειξαν τις διαφορές σε ένα τεστ ακούσματος, στο οποίο οι πληροφορίες κατευθύνονται είτε στο δεξί είτε στο αριστερό ημισφαίριο μέσω του αντίθετου αυτιού. Τα αποτελέσματα και στις δύο περιπτώσεις έδειξαν τη διαφορετική χρήση των ημισφαιρίων, από τα παιδιά των διαφορετικών κοινωνικών στρωμάτων. Σε μια προσπάθεια ευρύτερης έρευνας αποφάσισαν να ελέγχουν και τις εναλλακτικές, έτσι χρησιμοποίησαν μόνο τους δεξιόχειρες νέους επειδή ένα μικρό ποσοστό των αριστερόχειρων είχε επικρατέστερη την γλώσσα στο αριστερό ημισφαίριο, από την συνηθισμένη. Αυτή η μελέτη πρότεινε ότι τα παιδιά από χαμηλότερα κοινωνικοοικονομικά στρώματα ανέπτυξαν αργότερα την συνηθισμένη υπεροχή του αριστερού-ημισφαιρίου στη γλώσσα και ότι το αριστερό ημισφαίριό τους δεν φάνηκε αρκετά ικανό για διάφορους τύπους εργασιών, όσο αυτό των παιδιών από υψηλότερα κοινωνικά στρώματα.

Μια πρόσφατη μελέτη, που αφορούσε μια νέα γενιά "μειονεκτικών" παιδιών (ομάδα παιδιών από τους δρόμους του Τορόντο) απέδειξε ότι το 82% είχε προβλήματα ανάγνωσης. Συνολικά, ήταν ιδιαίτερα αδύναμοι στις γλωσσικές δεξιότητες του αριστερού-ημισφαιρίου, συμπεριλαμβανομένης της "φωνολογικής συνειδητοποίησης" που είναι τόσο κρίσιμη για την επιτυχή ανάγνωση. Το ύφος εκμάθησής τους, ήταν περισσότερο "πραγματικό" και όχι προφορικό.

Η Δρ Deborah Waber και οι συνάδελφοί της στο Νοσοκομείο Παίδων και στο πανεπιστήμιο του Χάρβαρντ στη Βοστόνη, ψάχνοντας τις αιτίες τέτοιων "υφολογικών διαφορών μεταξύ των παιδιών από τα διαφορετικά κοινωνικοοικονομικά υπόβαθρα," μελέτησαν 120 παιδιά της πέμπτης και έβδομης τάξης από χαμηλά - και υψηλά- κοινωνικοοικονομικά υπόβαθρα. Όλα ήταν από την Καύκασο, δεξιόχειρες και τα αγγλικά ήταν η μητρική τους γλώσσα, κανένα δεν είχε διαγνωσθεί ως άτομο με ειδικές μαθησιακές ανάγκες. Χρησιμοποιώντας μια μηχανή (ταχυστοσκόπιο) που φώτιζε λέξεις και αριθμούς στα δεξιά ή στα αριστερά οπτικά πεδία (που συνδέονταν με τις αντίθετες πλευρές του εγκεφάλου), φάνηκε ότι ακόμα κι αν οι δύο ομάδες έδωσαν τον ίδιο αριθμό απαντήσεων σωστά, οι διαφορετικές κοινωνικές ομάδες, χρησιμοποίησαν διαφορετικούς τρόπους για να το κάνουν. Ακόμα και όταν τα αποτελέσματα του Δείκτη Νοημοσύνης ελέγχθηκαν στατιστικά, τα παιδιά των ανώτερων τάξεων, έδειξαν να χρησιμοποιούν τα αριστερά τους ημισφαίριά, αποτελεσματικότερα, ενώ τα εξίσου ευφυή παιδιά χαμηλών τάξεων, στηρίζονταν κυρίως στο δεξί. Σύμφωνα με τον ερευνητή, αυτές οι απεικονίσεις των αποτελεσμάτων ήταν σχετικές με τις παραλλαγές στη φύση της επεξεργασίας πληροφοριών στα δύο ημισφαίρια." Τα αποτελέσματα των αγοριών και των κοριτσιών δεν διέφεραν.

Η Waber, θεωρεί ότι η έρευνά της, δεν υποστηρίζει ότι αυτές οι διαφορές είναι "αμετάβλητες", αλλά ότι μπορεί να είχαν προκύψει από διαφορετικές εμπειρίες της ζωής.

Αυτές οι λίγες μελέτες, μας δίνουν ανεπαρκή στοιχεία για να μπορέσουμε να βγάλουμε οποιαδήποτε συμπεράσματα για την λειτουργία του εγκεφάλου σε σχέση με την κοινωνικοοικονομική κατάσταση. Δεν έχουν βγάλει όλες οι μελέτες ακόμα συμπεράσματα. Μια άλλη ομάδα ερευνητών η Δρ Sally Springer και ο George Deutsch, συγγραφείς του αναγνωρισμένου βιβλίου Left Brain, Right Brain υποστηρίζουν ότι "Αν οι διαφορές είναι πραγματικές, οι περιβαλλοντικοί παράγοντες που συσχετίζονται με τις κοινωνικοοικονομικές τάξεις έχουν επιπτώσεις στις λειτουργίες των ημισφαιρίων του εγκεφάλου".

Πολιτισμικές και Εγκεφαλικές Διαφορές

Μια παρόμοια ομάδα μελετών, που εξετάζει τις παραλλαγές στο "πολιτιστική ημισφαιρικότητα (δηλ., διαφορές στην ανάπτυξη ή την χρήση των εγκεφαλικών ημισφαιρίων με βάση τις διαφορετικές πολιτιστικές ομάδες) έχει προσκομίσει στοιχεία, τα οποία η Springer και ο Deutsch, αποκαλούν "ανεπαρκή αλλά ενδιαφέροντα". Αυτή η δικαιολογημένα αμφισβητούμενη έρευνα, έχει προσδιορίσει τις προφανείς ημισφαιρικές διαφορές στην ανταπόκριση των Navajo και των Hopi καθώς αντιπαραβάλλονται με τους ομιλητές των αγγλικών. Οι επιστήμονες έχουν ανακοινώσει ότι μερικές εγγενείς αμερικανικές γλώσσες, που είναι πιο κυριολεκτικές, συγκεκριμένες, και εξαρτώμενες στην οπτική εμπειρία, τείνουν να δεσμεύσουν το δεξί ημισφαίριο περισσότερο από το αριστερό. Συνεπώς, συμπεραίνουμε ότι οι χρήστες αυτών των γλωσσών, μπορεί να έχουν μια σχετική διαφορά στη χρήση των εγκεφάλων τους, που αλλάζει τη συνηθισμένη ειδίκευση του αριστερού ημισφαιρίου στη γλώσσα. Άλλοι ερευνητές είναι στο στάδιο της ανακάλυψης, εάν τα εγγενή παιδιά της Αμερικής συλλογίζονται διαφορετικά από τα Anglo παιδιά, για τα μαθηματικά προβλήματα και τις χωρικές σχέσεις.

Τα συμπεράσματα για την ημισφαιρική χρήση είναι δυσνόητα. Στο πανεπιστήμιο της βόρειας Αριζόνα, ο Δρ Walter McKeever , εφάρμοσε ένα απλό ακουστικό τεστ στα παιδιά της πέμπτης τάξης, που η καταγωγή τους ήταν Navajo και Anglo. Τα αποτελέσματα αυτού του χαρακτηριστικού πειραματικού σχεδίου μπορούν να αναλυθούν για να καθορίσουν ποια πλευρά του εγκεφάλου είναι πιο ενεργή στην επεξεργασία διαφορετικών τύπων συλλαβών.

Ο McKeever, ένας σκεπτικιστής, ελεύθερος από προκαταλήψεις, συγκέντρωσε κάποια ενδιαφέροντα συμπεράσματα σχετικά με τις πολιτιστικές διαφορές στα ημισφαίρια του εγκεφάλου, επεκτείνοντας αυτό το πείραμα με τέτοιο τρόπο ώστε τα παιδιά να εξεταστούν, όχι μόνο από έναν ομιλητή αγγλικών (Anglo) αλλά και από έναν εγγενή ομιλητή Navajo. Όταν το πρόσωπο που εκφώνησε τις συλλαβές ήταν Anglo, τα παιδιά Navajo στην πραγματικότητα ανταποκρίθηκαν με έναν τρόπο του δεξιού ημισφαιρίου. Όταν ο ομιλητής άλλαξε σε έναν Navajo, τα ίδια παιδιά ανταποκρίθηκαν με το αριστερό τους ημισφαίριο! Οι πειραματιστές, που αρχικά μπερδεύτηκαν από αυτά τα δείγματα, υπέθεσαν ότι με τον άγνωστο ομιλητή (Ανγκλο) τα δεξιά ημισφαίρια των παιδιών Navajo δεν ανταποκρίθηκαν αρχικά στην γλώσσα, αλλά στην άγνωστη σ' αυτά φωνή του ομιλητή.

Αυτό το πείραμα είναι μια καλή απεικόνιση του κινδύνου των πρόωρων γενικεύσεων. Γενικά, ένα μεγάλο ποσοστό υποστήριξης, έχει συσσωρεύσει για την πιθανότητα ξεχωριστά μέλη διαφορετικών ομάδων, μπορούν να παρουσιάσουν διαφορές στο γνωστικό "ύφος", που μπορεί να αποδοθεί στους διαφορετικούς τρόπους ανατροφής και της γλώσσας που συσχετίζονται περίπλοκα με τη λειτουργία εγκεφάλου. Αλλά το πόσο μόνιμη είναι η επίδραση που έχουν στον εγκέφαλο, δεν μπορεί προς το παρόν να υπολογιστεί. Ο τρόπος που κάθε παιδί μαθαίνει να χρησιμοποιεί τις δύο πλευρές του εγκεφάλου, εξαρτάται από πολλούς παράγοντες, και μπορεί να χρειαστεί αρκετός χρόνος προτού δοθούν οποιεσδήποτε απαντήσεις.

Ποιος ενδιαφέρεται;

Ίσως μια ακόμα σημαντικότερη εστίαση της έρευνας, για τον εγκέφαλο και την εκμάθηση μεταξύ των διαφορετικών κοινωνικών ομάδων, θα γίνει στην ρύθμιση της συμπεριφοράς και την λειτουργία προγραμματισμού του προμετωπιαίου εγκεφαλικού φλοιού. Μια μελέτη που δημοσιεύτηκε σε ένα σοβαρό επαγγελματικό περιοδικό, έχει παρουσιάσει διαφορές ως προς την ανάπτυξη των δυνατοτήτων κατά τη διάρκεια της παιδικής ηλικίας, που πιθανότατα σχετίζονται με τα κοινωνικοοικονομικά στρώματα. Σε αυτήν την μελέτη, τα παιδιά από τα χαμηλότερα στρώματα, ιδιαίτερα τα αγόρια, κατά την είσοδό τους στο σχολείο, φάνηκαν ανώριμα στην δεξιότητα ρύθμισης της συμπεριφοράς τους. Ευτυχώς όμως, παρουσίασαν την ικανότητα να προφθάσουν τους συμμαθητές τους που προέρχονται από την μεσαία οικονομικοκοινωνική τάξη, όταν

369

τους δόθηκε ο χρόνος και η σωστή διδασκαλία. Εφόσον οι ικανότητες του αυτοελέγχου και οι ικανότητες προσοχής που σχετίζονται με την προμετωπιαία ανάπτυξη και με τη γλωσσική ικανότητα, βοηθούν τα παιδιά να προοδεύουν μέσα στην πρώτη τάξη, όλος αυτός ο τομέας της έρευνας, αξίζει να συνεχιστεί.

Επίσης η προσπάθεια που καταβάλλεται για να διευκρινιστεί όλο το θέμα, είναι πολύ μικρή. Σύμφωνα με τη Δρ Waber, της οποίας η μελέτη για τα ημισφαίρια δημοσιεύθηκε το 1984 (η καλύτερη από όσες έχουν περιγραφεί), φαίνεται ότι κανένας δεν ανησυχεί.

"Είστε το πρώτο άτομο που με έχει ρωτήσει για αυτό!" αναφώνησε όταν τηλεφώνησα, πέντε χρόνια αφότου δημοσιεύθηκε η μελέτη της. "Στην πραγματικότητα ανησύχησα λίγο, για τα αποτελεσμάτων που εκδόθηκαν, επειδή αισθάνθηκα ότι ήταν επίμαχα. Έμεινα κατάπληκτη που κανείς δεν φάνηκε να ενδιαφέρεται."

Η Δρ Waber θεωρεί ότι οι διαφορές του εγκεφάλου που έχουν δημιουργηθεί από το περιβάλλον, μπορούν πράγματι να είναι υπεύθυνες για μερικές από τις αποκλίσεις των επιτευγμάτων, μεταξύ των παιδιών από διαφορετικά κοινωνικά στρώματα. Μερικές διαφορές προέρχονται από τους περιβαλλοντικούς κινδύνους όπως ο μόλυβδος, αλλά κάποιες άλλες είναι πιθανό να αντιπροσωπεύσουν τις διαφορές στο "νευρικό λογισμικό" ως αποτέλεσμα των διαφορετικών τύπων γνωστικής εμπειρίας.

Φυσικά "το διαφορετικό περιβάλλον, θα μπορούσε να μετατρέψει τον τρόπο των λειτουργιών του εγκεφάλου. Σε οποιαδήποτε επίδραση εμπειρίας στη συμπεριφορά, πρέπει εκ των πραγμάτων να μεσολαβήσει ο εγκέφαλος. Το γεγονός ότι διαβάζοντας στα παιδιά διευκολύνεται η ανάπτυξη του αριστερού-ημισφαιρίου, είναι ένα προφανές παράδειγμα, "είπε". Εάν θέλετε να βοηθήσετε τα παιδιά, πρέπει να αρχίσετε να εξετάζετε τον εγκέφαλο, έτσι κι αλλιώς, δεν διαβάζουν με τα νεφρά τους!"

Η Δρ Waber θεωρεί ότι η νευροψυχολογική μελέτη της γνωστικής λειτουργίας των παιδιών είναι κρίσιμη, επειδή αυξάνει τους "δομικούς περιορισμούς της λειτουργίας του εγκεφάλου" σε άλλους τύπους εκμάθησης. "Όσο πιο ακριβές είναι το πρότυπο της γνώσης, οι πιθανότητες για τις πιο σωστές εκπαιδευτικές εκβάσεις αυξάνονται". Αυτός είναι ο ουσιαστικότερος σκοπός που εξυπηρετείται ερευνώντας τις διαφορές του εγκεφάλου ανάλογα με το κοινωνικοοικονομικό στρώμα.

"Όσο καλύτερα καταλάβετε πώς λειτουργεί ο εγκέφαλος, τόσο καλύτερα θα μάθετε πώς να εκπαιδεύετε," επιμένει. "Εάν υπάρχει κανένας να ενδιαφέρεται πραγματικά για την εκπαίδευση αυτών των παιδιών, αυτό πρέπει να γίνει —αν και δεν νομίζω ότι υπάρχει κανείς. Πρέπει οπωσδήποτε να αλλάξει ο τρόπος που ξεκινάμε την διδασκαλία, ειδικά στα αρχικά εκπαιδευτικά προγράμματα της παιδικής ηλικίας. Για παράδειγμα, έχω σκεφτεί να βοηθήσω τα παιδιά χαμηλότερων στρωμάτων στους υπολογιστές, να προσπαθήσω και να τους βοηθήσω να προσανατολιστούν —ώστε να συγκεντρωθούν περισσότερο και να γίνουν πιο προσεκτικοί. Εννοούμε πραγματικά να ανακαλύψουμε πώς να τα διδάξουμε, όχι μόνο πώς να αποκαλύψουμε ένα σχέδιο σύνδεσης."

Η Δρ Waber, κατευθύνει τώρα περισσότερο μια άλλη έρευνα, για την προμετωπιαία ανάπτυξη που σχετίζεται με την προσοχή και τον έλεγχο, επειδή πιστεύει ότι εξετάζοντας μόνο τις διαφορές του αριστερού-ημισφαιρίου υπεραπλουστεύεται η κατάσταση. Υποψιάζεται ότι οι διαφορές στα συστήματα ελέγχου, μπορούν να εξηγήσουν μερικές από τις διαφοροποιήσεις που αποδίδονται στα ημισφαίρια.

Ακόμα κι αν καταλήγαμε στο τι θα ήταν χρήσιμο στην προσπάθεια μας να αλλάξουμε τους εγκεφάλους των παιδιών, τα ειδικά επιμορφωτικά προγράμματα θα έπρεπε να περιμένουν μια πιο συγκεκριμένη έρευνα. Εν τω μεταξύ, πολλοί ερευνητές εξετάζουν τις επιδράσεις των γενικότερων τύπων "εμπλουτισμού". Σ' αυτή τη διαδικασία αρχίζουν να εμφανίζουν μερικές ενδιαφέρουσες απαντήσεις σε μια ιστορική ερώτηση: Πόσο μπορούμε να αλλάξουμε την νοημοσύνη που έχουμε εξετάσει, αλλάζοντας το περιβάλλον των παιδιών;

ΑΝΑΔΙΑΜΟΡΦΩΣΗ ΤΩΝ ΣΥΝΑΨΕΩΝ: ΠΟΣΟ ΜΠΟΡΕΙ ΝΑ ΑΛΛΑΞΕΙ Η ΝΟΗΜΟΣΥΝΗ;

... η ικανότητα υπόκειται στην αλλαγή όταν οι συνθήκες είναι σωστές —όταν η γνωστική κατάρτιση αρχίζει νωρίς στη ζωή και συνεχίζεται για μια εκτεταμένη περίοδο, κατά τα ενδιάμεσα διαμορφωτικά έτη και μετά, και όταν πραγματοποιείται σε μια συνεχώς ενθαρρυντική και δραστήρια ατμόσφαιρα.

—Ο Δρ William H. Angoff, Εκπαιδευτική Υπηρεσία Τεστ

Οι μελέτες που περιγράφηκαν νωρίτερα σε αυτό το βιβλίο παρουσίασαν μετρήσιμες διαφορές, στο μέγεθος του εγκεφάλου των ζώων, ως αποτέλεσμα της διαβίωσης τους σε "εμπλουτισμένο" ή "στερημένο" περιβάλλον. Αυτά τα συμπεράσματα έχουν κινήσει όπως ήταν φυσικό το ενδιαφέρον για τη δυνατότητα του ανθρώπινου εμπλουτισμένου περιβάλλοντος να επαναδομήσει τους εγκεφάλους με μειονεκτήματα. Ο αναγνώστης μπορεί να θυμηθεί, ότι οι αλλαγές παρατηρήθηκαν όχι μόνο σε ανατομικό επίπεδο αλλά και στην νοημοσύνη όπως το τρέξιμο στο λαβύρινθο. Στην πραγματικότητα, πολλοί πειραματιστές, νιώθουν ότι οι υψηλότερου επιπέδου δυνατότητες επίλυσης προβλημάτων, είναι αναμφίβολα οι πιο ευαίσθητες από όλες στις περιβαλλοντικές επιπτώσεις.

Εννοείται, ότι το ανθρώπινο περιβάλλον είναι υπερβολικά πιο σύνθετο από τα κλουβιά των πειραματόζωων και δεν μπορούν να κατηγοριοποιηθούν ή να διαχωριστούν όμοια. Οι δύο τύποι μεσολαβήσεων, παράγουν σημαντικές ενδείξεις ως προς το πόσο μπορεί η ανθρώπινη νοημοσύνη να αλλάξει. Μελέτες εξετάζουν τα παιδιά που έχουν υιοθετηθεί, και που έχουν βρεθεί σε περιβάλλον σημαντικά διαφορετικό από εκείνο στο οποίο γεννήθηκαν, συγκρίνοντας τα και με τους συγγενείς εξ' αίματός και με τους ανάδοχους γονείς. Συνεχείς μελέτες, γίνονται και για τα προγράμματα της εκπαίδευσης στα πρώτα στάδια, που χρησιμοποιούνται για να αξιολογήσουν τις αλλαγές από ένα εμπλουτισμένο περιβάλλον. Και οι δύο τύποι των μελετών έχουν αποδείξει ότι "η φύση" είναι ένας ισχυρός καθοριστικός παράγοντας για το Δείκτη Νοημοσύνης χωρίς όμως να καθιστά την "ανατροφή" παράγοντα λιγότερο σοβαρό.

Εξετάζοντας τα Φιντάνια

Ένας αριθμός από προσεκτικά ελεγμένες μελέτες υιοθετήσεων, έχουν αναγκάσει τους ερευνητές να παραδεχτούν ότι η ελαστικότητα του γενετικού προγράμματος της φύσης, θα επεκταθεί με τον χρόνο. Τα αποτελέσματα του Δείκτη Νοημοσύνης, συγκεκριμένα φαίνονται να περιορίζονται από τα γενετικά όρια. Οι μακροχρόνιες μελέτες, έχουν παρουσιάσει εκπληκτική ομοιότητα μεταξύ των παραλλαγών στις διανοητικές δεξιότητες ενός παιδιού, των ενδιαφερόντων, και ορισμένων πτυχών της ιδιοσυγκρασίας (π.χ., κοινωνικότητα, εξωστρέφεια, επίπεδο δραστηριότητας) με εκείνες των βιολογικών τους γονέων, ακόμα κι αν το παιδί δεν έχει ζήσει ποτέ μαζί τους. Κατά περίεργο τρόπο, όσο μεγαλύτερο είναι το παιδί, τόσο περισσότερο μοιάζει στην βιολογική του οικογένεια, πιθανώς επειδή έχει περισσότερη ευκαιρία να ακολουθήσει τις δικές του προτιμήσεις. Δεν έχει ολοκληρωθεί καμία αξιόπιστη έρευνα σχετικά με το αν οι ημισφαιρικοί "τύποι" έχουν ένα εκτιμημένο γενετικό συστατικό.

Σε αυτήν την φαινομενικά προκαθορισμένη διακύμανση, η ανατροφή παίζει σημαντικό ρόλο. Τα παιδιά που μεγαλώνουν σε οποιοδήποτε τύπο στερημένου περιβάλλοντος, χάνουν την ευκαιρία να αναπτύξουν τις δυνατότητές τους και δεν μπορεί να τα αποτελέσματά τους στο τεστ Νοημοσύνης να είναι χαμηλά, επειδή είναι οι απαιτήσεις του είναι άγνωστες σε αυτά. Μια πολυπολιτισμική μελέτη υιοθετήσεων, εξέτασε τα αποτελέσματα του Δείκτη Νοημοσύνης, ενενήντα εννέα μαύρων και διαφυλετικών παιδιών που είχαν υιοθετηθεί προηγουμένως από μεσαίων τάξεων οικογένειες λευκών και μεγάλωσαν "στον πολιτισμό των τεστ και του σχολείου". Εκείνα που υιοθετήθηκαν στο πρώτο έτος της ηλικίας τους, παρουσίασαν κατά μέσο όρο 110 βαθμούς του Δείκτη Νοημοσύνης, ο οποίος είναι υψηλότερος από το μέσο όρο του λευκού πληθυσμού και αρκετά υψηλότερος από ότι αν είχαν μείνει στο χαμηλό κοινωνικοοικονομικό περιβάλλον της γέννησής τους. Παρόλο που η ομάδα στο σύνολο της, ήταν πάνω από τον μέσο όρο, οι υψηλότερες ή χαμηλότερες αποκλίσεις των αποτελεσμάτων, αντικατόπτριζαν το επίπεδο του Δείκτη Νοημοσύνης των βιολογικών μητέρων τους, και όχι αυτό των ανάδοχων μητέρων. Με άλλα λόγια, ακόμη κι αν τα παιδιά, ως ομάδα, σημείωσαν σημαντικά καλύτερα αποτελέσματα από τις μητέρες τους, τα υψηλότερα αποτελέσματα μεταξύ των παιδιών, τα έδειξαν τα παιδιά των οποίων οι μητέρες είχαν οι ίδιες υψηλά αποτελέσματα.

Η Δρ Sandra Scarr, που έχει συγκεντρώσει την ευρύτερη και ρεαλιστικότερη σύνθεση πληροφοριών, από το πλήθος των διαθέσιμων, επιβεβαιώνει ότι τα παιδιά επωφελούνται από τα "ανώτερα οικογενειακά περιβάλλοντα," αλλά είναι προσεκτική επισημαίνοντας "έναν γενετικό περιορισμό, σχετικά με τον βαθμό που η νοημοσύνη μπορεί να επηρεαστεί, από τις μεμονωμένες διαφορές".

Άλλοι ερευνητές θεωρούν ότι η εξέταση μόνο των αποτελεσμάτων του Δείκτη Νοημοσύνης, είναι μια πολύ περιορισμένη καταμέτρηση της επιρροής των εμπλουτισμένων περιβαλλόντων. Όπως και να έχει, είναι γνωστό ότι τα αποτελέσματα των τεστ για το Δείκτη Νοημοσύνης, δεν είναι τρομερά ακριβείς όσον αφορά την πρόβλεψη της επιτυχίας στην ενήλικη ζωή. Μια πρόσφατη μελέτη που πραγματοποιήθηκε στο Παρίσι, της Γαλλίας, εξέτασε τις ταξικές επιπτώσεις σε μια ομάδα ογδόντα επτά παιδιών, που υιοθετήθηκαν πριν από τα τρία έτη, από σπίτια διαφορετικών κοινωνικών τάξεων. Τα υιοθετημένα παιδιά μέχρι την πρόσφατη εφηβεία, υπήρξε ένας σημαντικός συσχετισμός μεταξύ της κοινωνικής τάξης των ανάδοχων πατέρων και στον αριθμό των τάξεων που τα παιδιά έπρεπε να επαναλάβουν. Τα παιδιά που υιοθετήθηκαν σε σπίτια κατώτερης τάξης επανέλαβαν τις περισσότερες τάξεις. Το ποσοστό σχολικής αποτυχίας τους ήταν επίσης παρόμοιο με αυτό των βιολογικών παιδιών της ίδιας κοινωνικής τάξης. Η μοναδική εξαίρεση ήταν ότι τα βιολογικά παιδιά των ανώτερων τάξεων, έτειναν να είναι ελαφρώς καλύτερα από τα παιδιά που υιοθετήθηκαν από ανώτερων τάξεων οικογένειες. Η συντάκτρια δηλώνει ότι δεν υπάρχει κανένας τρόπος, αυτήν την περίοδο να ειπωθούν ποιοι γενετικοί ή περιβαλλοντικοί παράγοντες είναι αρμόδιοι για αυτήν την απόκλιση.

Συνολικά οι εμπειρογνώμονες συνεχίζουν να αποδίδουν στην κληρονομικότητα και στο περιβάλλον, μεγάλο μέρος της ευθύνης για την τελική έκβαση της διανοητικής ικανότητας. Η Δρ Sandra Scarr επισημαίνει ότι η βιολογική ποικιλομορφία, είναι ένα γεγονός της ζωής και οι ιδιαίτερες διαφορές προσθέτουν πολύ στην αφθονία της ανθρώπινης εμπειρίας. Εντούτοις, εφόσον η κυβερνητική πολιτική δεν μπορεί να μετατρέψει έναν ολόκληρο πληθυσμό σε διάνοιες, ο μέσος όρος του επιπέδου ενός ολόκληρου πολιτισμού, μπορεί να βελτιωθεί από την κοινωνική πολιτική, αυξάνοντας την ποιότητα των προσχολικών περιβαλλόντων, των σχολείων, της διατροφής, και της υγείας. Μερικές άγνωστες έρευνες υπονοούν, ότι τέτοιες πολιτικές μπορεί να επιφέρουν διανοητικά αποτελέσματα τα οποία θα εξαπλωθούν πέρα από τις σημερινές γενιές.

Μια σκιά μεταξύ των γενεών;

Θα μπορούσε η διανοητική υποκίνηση για τους γονείς, να έχει φυσικές επιπτώσεις στις μετέπειτα δυνατότητες εκμάθησης των απογόνων τους; Πρόσφατες μελέτες, έδειξαν ότι εμπλουτίζοντας το γνωστικό περιβάλλον —και διευρύνοντας τον εγκέφαλο—ενός γονέα αρουραίου, προκαλείται η δημιουργία έξυπνων απογόνων, ακόμα και όταν δεν μεγάλωσαν οι ίδιοι τα μωρά τους.

Στο βιβλίο της Enriching Heredity, η Δρ Marian Diamond συζητά τα "μόνιμα αποτελέσματα της μητρικής φροντίδας και του εμπλουτισμού στη μήτρα.

Ως παράδειγμα, εξιστορεί μερικά πειράματα στα οποία οι γονείς ποντικοί, έζησαν σε εμπλουτισμένα κλουβιά, όπως περιγράφηκε στο κεφάλαιο 3 (στα οποία τα τρόφιμα και το νερό διατηρούνται σταθερά και "ο εμπλουτισμός" αποτελείται από γνωστικά υποκινητικά παιχνίδια και συντροφικότητα). Οι γονείς ήταν επίσης εκπαιδευμένοι στην εκμάθηση του λαβυρίνθου. Τα μωρά τους γεννήθηκαν με ελαφρώς μεγαλύτερους εγκεφάλους από όσους εξετάσθηκαν και επίσης απέδωσαν καλύτερα στο τρέξιμο του λαβύρινθου..

Από ό,τι ξέρουμε, τα πειράματά μας παρέχουν τα πρώτα αποδεικτικά στοιχεία ότι οι διαστάσεις του εγκεφαλικού φλοιού μπορούν να αλλάξουν χωρίς να εμπλουτίσουν άμεσα τον απόγονο, δηλ., εμπλουτίζοντας τους γονείς πριν από την εγκυμοσύνη και το θηλυκό κατά τη διάρκεια της εγκυμοσύνης.

Οι Ιάπωνες για αιώνες θεωρούν ότι η "ενδομήτρια εκπαίδευση", "taikyo" (που αποτελείται κυρίως από τη μητρική βελτίωση, όχι την προγενέθλια εκπαίδευση!), μπορεί να έχει ευεργετικά αποτελέσματα στο αγέννητο παιδί. Σε ένα πρόσφατο σύνολο πειραμάτων, οι Ιάπωνες ερευνητές τοποθέτησαν τις εγκύους αρουραίους, και στις γνωστικά εμπλουτισμένες και στερημένες συνθήκες. Αφότου τα μωρά τους γεννήθηκαν, μερικά χωρίστηκαν από τη βιολογική τους μητέρα, "διασταυρωμένη-ανατροφή", και μεγάλωσαν σε ένα φυσιολογικό μη εμπλουτισμένο περιβάλλον (δηλ., τα μωρά των εμπλουτισμένων μητέρων, ανατράφηκαν από τις μη εμπλουτισμένες μητέρες, για να εξαλείψουν οποιαδήποτε αποτελέσματα μητρικών επιρροών μετά από τη γέννηση). Μετά από τον αποθηλασμό, η δεύτερη γενιά εξετάστηκε στο τρέξιμο του λαβυρίνθου, τα μωρά των οποίων οι πραγματικές μητέρες εμπλουτίστηκαν κατά τη διάρκεια της εγκυμοσύνης, έμαθαν το λαβύρινθο σημαντικά γρηγορότερα, παρά το γεγονός ότι το περιβάλλον τους μετά από τη γέννηση δεν περιείχε κανέναν εμπλουτισμό και κάποια από αυτά δεν είχαν δει ποτέ τις πραγματικές τους μητέρες. Οι ερευνητές, υποστηρίζουν ότι αυτά τα αποτελέσματα "υπονοούν ότι ο προγενέθλιος μητρικός εμπλουτισμός έχει ευεργετική επίδραση στη μεταγεννητική εκμάθηση του απογόνου, παρόλο που ο μηχανισμός παραμένει άλυτος".
Η προέκταση αυτών των περιορισμένων δεδομένων, στους ανθρώπους είναι φυσικά, αδύνατη. Οι περισσότεροι επιστήμονες θα αρνούνταν κατηγορηματικά, ότι η διανοητική "ανατροφή" που παρέχετε σε μια γενιά θα μπορούσε να γίνει

μέρος της "φύσης" της επόμενης. Όπως και να έχει, αυτά τα αποτελέσματα παρέχουν τροφή για τη σκέψη.

Στην βράση κολλάει το σίδερο

Το ζήτημα δεν είναι το νωρίς, ο συγχρονισμός είναι

- Η Δρ Sandra Scarr

Αρχίζοντας με την Αρχική Έναρξη στη δεκαετία του '60, πολλά προγράμματα έχουν προσπαθήσει να βελτιώσουν τις πιθανότητες των παιδιών που βρίσκονται σε κίνδυνο. Οι επιτυχίες και οι αποτυχίες τους έχουν αναλυθεί με συλλογισμό (βλ.Within Our Reach της Lisbeth Schorr). Μια προσεκτική ματιά δείχνει ότι ο επιτυχέστερος έχει σεβαστεί το αναπτυξιακό πρότυπο της φύσης της πλαστικότητας. Τα διαφορετικά σύνολα νευρώνων του ανθρώπινου εγκεφάλου είναι έτοιμα για τους διαφορετικούς τύπους εκμάθησης σε διαφορετικά σημεία της ανάπτυξης. Ένα κλειδί για τη μελλοντική ικανότητα βρίσκεται αναμφισβήτητα, στην παροχή του σωστού είδους υποκίνησης στην σωστή αναπτυξιακή στιγμή.

"Μπορούν να υπάρξουν ιδανικές περίοδοι ή ιδανικά ποσά υποκίνησης, ανάλογα με την κατάσταση του οργανισμού, είτε η υπερβολική είτε η πολύ πρώιμη μπορεί να είναι το ίδιο καταστρεπτική είτε η πολύ λίγη ή η πολύ καθυστερημένη," υπογραμμίζει η ερευνήτρια Δρ Ellin Scholnick. Οποιοδήποτε είδος επέμβασης, μπορεί να έχει ποικίλα αποτελέσματα σε κάθε παιδί ξεχωριστά ανάλογα με την ηλικία. Μερικά προγράμματα, πρόωρης-επέμβασης, των οποίων τα αρχικά κέρδη δεν είναι τόσο ανθεκτικά όσο ήλπιζαν οι εκπαιδευτικοί, αναμφίβολα προσπάθησαν να χρωματίσουν σε έναν καπλαμά δεξιοτήτων, παρά να δεσμεύσουν την ανάγκη του παιδιού στο σωστό χρόνο. Παραδείγματος χάριν, οι πολιτικοί οι οποίοι δεν έχουν καμία σχέση με την έρευνα για την ανάπτυξη των παιδιών, μπορεί να πιστεύουν ότι είναι προτιμότερο για τα παιδιά να μάθουν να μετρούν τους αριθμούς μέχρι το είκοσι από το να συμμετέχουν στον τύπο του παιχνιδιού που χτίζει τις γνωστικές δεξιότητες για τον μαθηματικό συλλογισμό, αλλά που παίρνει περισσότερο χρόνο και έχει λιγότερο άμεσα μετρήσιμα κέρδη.

Ακολουθώντας το Πρόγραμμα του Εγκεφάλου.

Το κλειδί για τον προγραμματισμό της εμπειρίας στα μικρά παιδιά, είναι να τους παρασχεθεί μια ευρεία ποικιλία εμπειριών που να δεσμεύει το μυαλό τους και να τους επιτρέπει να ακολουθούν ελεύθερα τις εσωτερικές τους παροτρύνσεις. Φυσικά, οι ενήλικοι πρέπει να εξοπλίσουν τα παιδιά με μια γερή δομή, επειδή δεν επιλέγουν πάντα αυτό που είναι καλύτερο για εκείνα (π.χ., διατροφική ζάχαρη που βρίσκεται στις καραμέλες, ή τη ζάχαρη του μυαλού που βρίσκεται στην Τηλεόραση). Μέσα σε αυτά τα πλαίσια, κάθε αναπτυξιακή περίοδος προσφέρει πολλές φυσικές ευκαιρίες για επιλογή.

Τα νήπια εκτός από την σωστή διατροφή, χρειάζονται εύκολα επίπεδα αισθητήριας εμπειρίας, την ελευθερία να εξερευνήσουν τον φυσικό κόσμο, την ασφάλεια, και την προστασία. Η προσωπική συναναστροφή με ενηλίκους είναι σημαντική. Τα προγράμματα για τα βρέφη και τα λίγο μεγαλύτερα παιδιά, θα πρέπει να περιλαμβάνουν την επίλυση προβλημάτων, τις ακουστικές δεξιότητες και την προφορική γλωσσική ανάπτυξη μαζί με δραστηριότητες όπως η ερμηνεία των εικόνων, ενεργός χειρισμός των φυσικών υλικών, μουσική, χορό, τέχνες, πειράματα με τη φύση και τις πάντα-σημαντικές συναισθηματικές και κοινωνικές ανάγκες. Αναγκάζοντας τα μικρά παιδιά να μάθουν να διαβάζουν και να λύνουν μαθηματικά είναι κάτι πολύ ανταγωνιστικό στις ανάγκες του εγκεφάλου, κατά τη διάρκεια αυτών των χρόνων, ιδιαίτερα για τα παιδιά που προέρχονται από περιβάλλον με "μειονεκτική εκμάθηση". Όπως και να έχει τέτοιου είδους δραστηριότητες φαίνονται όλο και περισσότερο στα αρχικά προγράμματα παιδικής ηλικίας. Δεν υπάρχει αμφιβολία ότι κάποια από αυτά αποτυγχάνουν να αποδώσουν μόνιμη βελτίωση! Τα προγράμματα ενίσχυσης που έχουν δώσει έμφαση στη γλωσσική κατανόηση και την έκφραση, σε συνδυασμό με τις βασικές δεξιότητες συλλογισμού, τις ενδιαφέρουσες εμπειρίες και την θετική στάση απέναντι στην εκμάθηση, είχαν πολύ καλύτερα αποτελέσματα με μεγαλύτερη εμβέλεια.

Προετοιμάζοντας την Οικογένεια να Βοηθήσει

Δεν έχει σημασία πόσο χρόνο περνάει ένα παιδί σε ένα εμπλουτισμένο περιβάλλον, οι μελέτες έχουν δείξει ότι η συμμετοχή της οικογένειας επιφέρει πολύ καλύτερα και μακροχρόνια αποτελέσματα. Οι γονείς θα πρέπει να διδαχθούν πώς να μιλήσουν και να παίξουν με τα παιδιά τους, πολλοί γονείς από μειονεκτικό περιβάλλον δεν καταλαβαίνουν ότι οι νεαροί αρχίζουν να μαθαίνουν προτού πάνε σχολείο. Όταν, οι ίδιοι έχουν εγκαταλείψει το σχολείο, είναι πιθανό να βοηθηθούν για να μπορέσουν να βοηθήσουν τα παιδιά τους να σπάσουν τον κύκλο της αποτυχίας, έτσι η προβλέψεις για τον καθένα βελτιώνονται εντυπωσιακά. Στη Βενεζουέλα, η Δρ Beatriz Manrique, διευθύνει μια τεράστια εθνική προσπάθεια "επένδυσης στην ανθρώπινη ανάπτυξη" χρησιμοποιώντας την Τηλεόραση και αναγνωρισμένα προγράμματα για να διδάξει τους νέους γονείς για την υγεία, τη διατροφή, και τη σημασία της συναισθηματικής σύνδεσης από τη στιγμή της σύλληψης. Τα απλά μαθήματα για την προγενέθλια προσοχή, την ομιλία στο μωρό, την αισθητήρια υποκίνηση και την κινητική ανάπτυξη, έχουν αποδώσει αξιοπρόσεκτα αποτελέσματα στα πιο υψηλά επίπεδα διανοητικής ανάπτυξης του νηπίου. Η Δρ Manrique επιβεβαιώνει, ότι τα "επεξεργασμένα" μωρά απέδωσαν σημαντικά καλύτερα στα τεστ για την ανάπτυξη. Οι ερευνητές, εξετάζουν τώρα τις διαφορές της περιφέρειας του κεφαλιού, από την οποία, θα φανεί κάποια ανατομική βάση για αυτήν τη βελτιωμένη παρουσία. "Πρέπει να δεις αυτά τα παιδιά! Είναι τόσο όμορφα" αναφώνησε η ίδια. Σύμφωνα με τα συμπεράσματα στις Ηνωμένες Πολιτείες, η βελτίωση από τον εμπλουτισμό, ο οποίος τελείωσε αμέσως μετά την γέννηση, εξαφανίστηκε μετά από το πρώτο έτος ηλικίας των παιδιών. Η ίδια παραδέχεται ότι απαιτείται άλλη μια επέμβαση, στην ηλικία του ενός έτους, κυρίως για να διδάξει τους γονείς πώς να συνεχίσουν τη γλωσσική υποκίνηση καθώς προκύπτουν διαφορετικά στάδια. Αυτή η προσταγή για κατάλληλους και μεταβαλλόμενους τύπους εισαγωγής πληροφοριών, στο αναπτυξιακό τοτέμ της φύσης έχει βαθιές επιπτώσεις, στις οποίες πολλά σχολεία αποκρίνονται.

ΤΑ ΣΧΟΛΕΙΑ ΚΑΤΑΣΤΡΕΦΟΥΝ ΤΟΝ ΕΓΚΕΦΑΛΟ

Θέτοντας τα παιδιά στα προσχολικά προγράμματα επέμβασης και έπειτα να στέλνοντάς τα στα ακατάλληλα σχολεία είναι σαν να δίνουμε στον εγκέφαλο ένα κολατσιό, παραμελώντας το πρόγευμα, το μεσημεριανό γεύμα, και το βραδινό γεύμα. Η επιτυχημένη επέμβαση πρέπει να αρχίζει πριν από τη γέννηση και να συνεχίζεται σε όλη τη διάρκεια της ανάπτυξης του εγκεφάλου —μέχρι την εφηβεία. Είναι εντελώς εξωπραγματικό, τα πρόωρα προγράμματα από μόνα τους να πραγματοποιήσουν σημαντικές αλλαγές στην μετέπειτα εκμάθηση. Σύμφωνα με μια αυθεντία, τα έτη οκτώ έως δέκα τουλάχιστον, μπορεί να αντιπροσωπεύουν μια ιδιαίτερα κρίσιμη περίοδο, όπου απαιτείται η στήριξη μιας "εκπαιδευτικής ή ψυχολογικής συμπληρωματικής δόσης" στα προηγούμενα κέρδη.

Με τα μεγαλύτερα παιδιά, όπως και με τα παιδιά προσχολικής ηλικίας, υπάρχει ένας ισχυρός πειρασμός των ενηλίκων που οραματίζονται ορισμένες εκβάσεις εκμάθησης, προσπαθώντας "να αναγκάσουν" τις δεξιότητες. Κατά συνέπεια έχουμε εξοικειωθεί με τους ισχυρισμούς για την "ικανότητα" που είναι βασισμένη στην ιδέα, ότι αν ο καθένας εργαστεί σκληρά για να μάθει τα παιδιά, και να τα εξετάζει αρκετά συχνά, μπορούμε "να το κάνουμε" να συμβεί. Φυσικά θα ήταν θαυμάσιο αν όλα τα παιδιά μπορούσαν να διαβάσουν σε επίπεδο τάξης ή να καταλάβουν την μαθηματική ανάλυση όταν ακόμα βρίσκονται στο γυμνάσιο. Αλλά δεδομένης της έκτασης των ιδιαίτερων διαφορών και της ανάπτυξης των ταλέντων για διαφορετικές πτυχές της εκμάθησης, η ίση ανταπόκριση των παιδιών, για το ίδιο σύνολο απαιτήσεων, είναι παράλογη. Τα παιδιά που βρίσκονται σε ιδιαίτερο κίνδυνο, χρειάζονται περισσότερο χρόνο και πρόσθετη βοήθεια για να φθάσουν στα ίδια αποτελέσματα, και είναι δυνατόν να βλαφτούν άσχημα από τη συνεχή εκπαίδευση.

Οι ακατάλληλες προσδοκίες, εντούτοις, μπορεί να ηχούν εντυπωσιακές, και οι δικτάτορες των προγραμμάτων σπουδών μπορεί να κάνουν κακή χρήση των ηνίων "των προτύπων " και να τραυματίσουν τα τρυφερά μυαλά, σε οποιαδήποτε γειτονιά. Οι ευνοημένοι εγκέφαλοι αποθηκεύουν καλύτερα, ωστόσο, και οι μορφωμένοι γονείς θα επιβαρυνθούν από τις τόσες πολλές ανοησίες. Μελέτες που συγκρίνουν τα σχολεία των ανώτερων - και κατώτερων τάξεων παιδιών δείχνουν ότι τα προνομιούχα παιδιά είναι πολύ λιγότερο πιθανό να αναγκαστούν να ζήσουν, στις βάσεις που συχνά παριστάνουν "την ικανότητα": μια δίαιτα από όμοιες φυλλάδες, βιβλία και μηχανική αποστήθιση.

Διαστρεβλωμένα "πρότυπα": Στο κέντρο της πόλης....

Σε μια πρόσφατη σειρά επισκέψεων σε ένα κεντρικό σχολείο της πόλης, επιβεβαιώθηκα για τα καταστρεπτικά αποτελέσματα της αναγκαστικής εκμάθησης στα παιδιά που δεν είχαν τις απαραίτητες βάσεις. Τα σχολεία σε αυτήν την μεγάλη Κεντροδυτική πόλη έχουν ένα διόλου αξιοζήλευτο, αλλά όχι ασυνήθιστο, ρεκόρ αποτυχιών: ένα παραπαίον ποσοστό εγκατάλειψης, χαμηλά αποτελέσματα επιτευγμάτων (τα μισά από τα παιδιά της ένατης τάξης του περασμένου χρόνου απέτυχαν), και ελάχιστες προοπτικές για την μετά-δευτεροβάθμια εκπαίδευση ακόμη και για εκείνους που προσπαθούν μέχρι το τέλος. Όσο για το 1989, από τους 3.146 σπουδαστές που είχαν αποφοιτήσει από το γυμνάσιο το 1984, μόνο ένας μαθητής είχε αποφοιτήσει από ένα τετραετές κολέγιο, και 109 εγγράφηκαν ακόμα σε ένα.

Παρακινούμενοι από αυτό το ποσοστό έλλειψης-επιτυχίας, το σχολικό συμβούλιο και οι υπεύθυνοι επέβαλαν μια σειρά "τεστ ικανοτήτων" σε όλες τις τάξεις. Κάθε εβδομάδα θα δινόταν ένα τεστ, για να εξετάσουν εάν η συγκεκριμένη ύλη είχε εμπεδωθεί. Οι δάσκαλοι άρχισαν σύντομα να παραπονιούνται, ότι οι "δεξιότητες" που επιλέχτηκαν δεν ήταν ούτε αξιόλογες ούτε σημαντικές, που τα τεστ μπορούσαν να καλυφτούν μόνο πιέζοντας τους μαθητές με έναν ρυθμό που εμποδίζει την κατανόηση, και που ο περισσότερος χρόνος μέσα στην τάξη, έπρεπε να σπαταληθεί στην "διδασκαλία του τεστ" τριβελίζοντας τους μαθητές με την ύλη που σπάνια καταλάβαιναν.

"Θα μπορούσαν να περάσουν κάθε ικανότητα στο τεστ και ακόμα να μην έχουν καταλάβει πλήρως αυτό που έχουν διαβάσει", μου μια δασκάλα της πέμπτης τάξης.

Στις επισκέψεις μου στις φυλετικά ενιαίες τάξεις, είδα την αποθαρρυντική επιβεβαίωση των ανησυχιών τους. Στον παιδικό σταθμό, το τριβέλισμα για την αναγνώριση και την αντιγραφή των γραμμάτων του αλφάβητου (ακόμα κι αν πολλά πεντάχρονα —στα προάστια καθώς επίσης και στο κέντρο της πόλης —δεν ήταν αναπτυξιακά, έτοιμα για αυτόν τον στόχο) αντικαθιστούσε τις δραστηριότητες που εμπλούτιζαν τις τάξεις πολλών "καλύτερων" προαστιακών σχολείων: ενεργό κοινωνικό παιχνίδι και συνομιλία, εξιστόρηση και η σημαντική εργασία για τη γλώσσα και τη γνωστική ανάπτυξη που θα τους επιτρέψει αργότερα να καταλάβουν τι διαβάζουν και να υπολογίζουν.

Η καρδιά μου φτερούγισε όταν είδα ένα ζωηρό, έξυπνο αγόρι που τιμωρήθηκε (και στενοχωρήθηκε και προσβλήθηκε) επειδή δεν μπόρεσε "να δώσει προσοχή" στο ατελείωτο βασανιστήριο του αριθμοπίνακα. Αναρωτήθηκα, πόσο καιρό, θα έπαιρνε για να μετατραπεί αυτή η μικρή δόση δυνατότητας σε ένα "προβληματικό" παιδί; Οι νεαροί που υποχώρησαν της πλήξη τους κρίθηκαν "καλοί", αλλά η σιωπή τους ήταν ένα ισχυρό σημάδι αδιαφορίας και αποσυντονισμού. Πολλοί αισθάνονταν αναμφίβολα "χαζοί" επειδή —όπως οι συνομήλικοι τους σε όλα τα επίπεδα κοινωνικοοικονομικής κλίμακας —δεν μπόρεσαν να καταφέρουν τους στόχους που δεν υπήρχαν προηγουμένως στον παιδικό σταθμό.

"Γιατί ξοδεύετε τόσο πολύ χρόνο στο αλφάβητο όταν αυτά τα παιδιά χρειάζονται προετοιμασία σε τόσα πολλά άλλα είδη ανάγνωσης;" Ρώτησα το δάσκαλο αργότερα. "Υπάρχει μεγάλη πίεση, για να κατανοήσουν τα παιδιά την αλφαβήτα στην πρώτη τάξη," απάντησε. "Πρέπει να τους δώσουμε με κάποιο τρόπο να το καταλάβουν".

Η ματαιότητα αυτής της μεθόδου σύντομα γίνεται προφανής. Σε μια τρίτη τάξη, εικοσιπέντε παιδιά, που κάθισαν στην σειρά, ήταν στην κρίσιμη περίοδο της "ανάγνωσής" τους. Σε αυτήν την τάξη, πολλά παιδιά ακόμα δεν διάβαζαν, όπως επίσης και ο μέσος όρος της πρώτης τάξης, λίγα ήταν σε "επίπεδο αξιολόγησης". Εντούτοις, όλοι οι σπουδαστές εξετάσθηκαν σε ένα φύλλο εργασίας, στο οποίο τους παρατέθηκε μια λίστα με αρκετά προηγμένο λεξιλόγιο από το οποίο τους ζητήθηκε να επιλέξουν ποιες λέξεις ήταν θεωρητικές ή πραγματικές. Ο δάσκαλος αγωνίστηκε να τους βοηθήσει να καταλάβουν, αλλά ήταν σαφές ότι μόνο δύο ή τρία συμμετείχαν στη συζήτηση. Τα υπόλοιπα κάθισαν, με μάτια σκεπασμένα από την πλήξη και την ακατανοησία, και περίμεναν το τέλος του μαθήματος. Ακόμη και οι ενεργοί συμμετέχοντες ήταν μπερδεμένοι. Εγώ η ίδια, άρχισα να μπερδεύομαι. Είναι το ρίγος θεωρητική ή πραγματική λέξη; "Είναι ένα συγκεκριμένο ουσιαστικό," είπε ο δάσκαλος, που συμβουλεύεται τον οδηγό του. "Απλώς θυμηθείτε το αυτό μέχρι την Παρασκευή".

Αυτό το μάθημα διήρκεσε σαράντα πέντε λεπτά. Ο χρόνος ανάγνωσης είχε πλέον περάσει.

Αργότερα, στην αίθουσα καθηγητών, κατόρθωσα να εκφράσω την θλίψη μου για αυτό που είχα παρατηρήσει. "Δεν διαβάζουν ποτέ βιβλία;" Αναρωτήθηκα

Όταν έχουμε το χρόνο. Αλλά πρέπει να καλύψω αυτή την ύλη για τα τεστ ικανότητας της Παρασκευής" απάντησε ο δάσκαλος. Μπορούν να περάσουν πραγματικά το τεστ; Αυτή είναι μια δύσκολη έννοια για τα παιδιά της τρίτης τάξης. Και είναι σημαντικότερο να ξοδεύετε τόσο χρόνο σε αυτό το μάθημα, ενώ πολλά από αυτά τα παιδιά έχουν ανάγκη να μάθουν να διαβάζουν;" Αποτόλμησα.

Φυσικά, είναι γελοίο, και η ύλη των μαθηματικών είναι σχεδόν εξωπραγματικοί. Μερικοί από αυτούς απομνημονεύουν μια ιδέα όπως, πραγματικό θεωρούν κάτι όταν μπορούν να το νιώσουν ή να το αγγίξουν, αλλά δεν το καταλαβαίνουν στην πραγματικότητα. Διδάσκω πάντα το θεωρητικό και το πραγματικό την Πέμπτη, για να είναι φρέσκο στα μυαλά τους. Φυσικά, τον ξεχνούν ώσπου να δώσουν την εξέταση στο τέλος του μήνα, έτσι πρέπει να κάνουμε επανάληψη. Δεν μένει λοιπόν πολύς χρόνος για ανάγνωση-και οι περισσότεροι την μισούν σίγουρα. Κυρίως τριβελίζουμε. Οι δάσκαλοι έχουν αντιτεθεί, αλλά κανένας δεν φαίνεται να ακούει. Ει, δεν μπορώ να αντέξω οικονομικά να χάσω την δουλειά μου!

Σε μια έκτη, η μισή τάξη διάβαζε μια ιστορία από ένα κοινό βιβλίο ανάγνωσης της έκτης τάξης. (Οι άλλοι μισοί-εκείνοι που διαβάζουν τώρα σε επίπεδο τρίτης-τάξης ή πιο κάτω- έχουν περάσει τώρα στην "θεραπευτική ανάγνωση"). Η ιστορία αφορούσε "έναν Καπετάνιο που ονομαζόταν Stormalong, και έπλευσε από την ακτή της Μασαχουσέτης κατά τη διάρκεια του δέκατου όγδοου αιώνα. Δεν περιείχε μόνο έννοιες τις οποίες αυτά τα παιδιά δεν γνώριζαν αλλά και λέξεις όπως σκούνα, μπρικαντίνι, ακάτιο, και καρίνα. Αν και αυτή η συγκεκριμένη επιλογή ιστορίας είναι μια με την οποία έχω δει πολλά παιδιά συνεπαίρνονται –όταν αφιερώθηκε προηγουμένως χρόνος για να τα βοηθήσει να καταλάβουν το πλαίσιο το λεξιλόγιο και την αφηρημένη έννοια μιας "απίθανης ιστορίας"- ο δάσκαλος είχε ελάχιστο χρόνο για να καλύψει αυτό το μάθημα και αναγνώρισε ότι έχει προετοιμάσει την τάξη του περιγραμματικά ώστε να μπορέσει να την καταλάβει. Το θέαμα που προέκυψε δεν ήταν και πολύ ευχάριστο.

Τα δώδεκα παιδιά κάθισαν σε ένα μεγάλο στρογγυλό τραπέζι, διαβάζοντας μεγαλόφωνος στην σειρά. Αυτοί οι μαθητές είχαν ικανοποιητικές ακουστικές δεξιότητες, αλλά οι ανακρίβειες στην προφορική τους ανάγνωσή, πρόδιδαν μια θλιβερή έλλειψη κατανόησης. Ένα παιδί διάβασε:

Αυτοί είναι όλοι, ["θαλασσοδαρμένοι," συμπλήρωσε ο δάσκαλος] θέσεις και δεδομένου ότι ο Stormalong ήταν ναυαγός, μπορεί

384

να είχε βαρεθεί στην μ .... μ. .. Μ. ..στην Μασαχουσέτη, "είπε ο δάσκαλος]."

Συνέχισε άλλος:

Όπως κι αν ήταν, ο ωκεανός ήταν ακριβώς δίπλα, βουίζει και αν-α-π-ηδ-ά αντίθετα στην άτι και στέλνει αλάτι πάνω σε όλα

Οι δάσκαλοι θα πρέπει να γνωρίζουν ότι όταν οι μαθητές κάνουν λάθη (π.χ. ναυαγός αντί για ναυτικός, άτι αντί για ακτή, βαρεθεί αντί για γεννηθεί), φαίνεται σαφώς η έλλειψη κατανόησης, και θα πρέπει να σταματούν εκείνη την στιγμή και να διευκρινίζουν στον αναγνώστη το νόημα. ("Τι νομίζεται ότι σημαίνει αυτή η πρόταση;" "Γιατί να υπάρχει ένα "άτι" σε αυτήν την ιστορία;" "Βρείτε κάτι στην παράγραφο που δείχνει ότι ο Stormalong είχε "βαρεθεί"). Αλλά με το πιεστικό πρόγραμμα του μαθήματος, την ξαφνική θορυβώδη δυσλειτουργία ενός καλοριφέρ της τάξης, και την επίπληξη κάποιων αγοριών που δεν δίστασαν να εκφράσουν την αποστροφή τους για τη δραστηριότητα ("αυτό είναι ηλίθιο. .. ποιος είναι αυτός ο άθλιος, τέλος πάντων;")και για την φασαρία που κάνουν μέσα στην τάξη, ο δάσκαλος αποσπάστηκε και η κατακρεούργηση του κειμένου προχώρησε πολύ γρήγορα. Ώσπου να φτάσει στο συμπέρασμά του, ξεφυσίξαμε ανακουφισμένα, συνοδευόμενοι από πλήρη άγνοια του τι είχε διαβαστεί. Όταν οι μαθητές επέστρεψαν στις θέσεις τους, είχαν αποκομίσει τους καρπούς του σημερινού μαθήματος ανάγνωσης: μια βεβαιότητα ότι οι ιστορίες στα βιβλία δεν έχουν νόημα και ότι η αναμονή ή η φροντίδα για να καταλάβει κάποιος τι διαβάζεται δεν είναι μέρος του παιχνιδιού.

 Γιατί είναι απαραίτητο ο δάσκαλος να χρησιμοποιεί ένα κείμενο, το οποίο πολύ λίγοι μαθητές μπορούν να κατανοήσουν χωρίς εντατική προετοιμασία για την οποία ο ίδιος δεν έχει το ελεύθερο του χρόνου; Επειδή, μου είπε, το "Συμβούλιο" επιμένει ότι κάθε παιδί πρέπει να διαβάζει σε επίπεδο αξιολόγησης. ("Αλλά πραγματικά" το επίπεδο είναι απογοητευτικό" πρόσθεσε ένας συνάδελφος.) Η μόνη λύση είναι να μένουμε αρκετά πίσω γίνεται σωστά η επανόρθωση, και φυσικά, κάθε χρόνο όλο και περισσότερο.

Σε μια άλλη έκτη τάξη, πίσω από μια κλειστή πόρτα, ένας νέος δάσκαλος που ήδη παραδέχτηκε ότι "έχει κουραστεί με το σύστημα" είχε συλλέξει διάφορα αντίγραφα, ενός γνωστού κλασικού παιδικού βιβλίου, από την τοπική βιβλιοθήκη. Το επίπεδο αυτής της ιστορίας, και εννοιολογικά και γλωσσολογικά, ήταν πραγματικά δυσκολότερο από την "απίθανη ιστορία," αλλά είχε προετοιμάσει τους σπουδαστές της για να το καταλάβουν. Εφόσον το διάβασε μεγαλόφωνα σε όλους, μέσα στην τάξη, τρία παιδιά ανά βιβλίο, έσκυβαν ανυπόμονα πάνω από τις τσακισμένες σελίδες του βιβλίου. Το επίπεδο ενθουσιασμού αυξήθηκε καθώς, απάντησε επιδέξια στις ερωτήσεις τους και τους βοήθησε να συνδέσουν την ιστορία και το ιστορικό της πλαίσιό με την προσωπική τους εμπειρία. Αρκετά παιδιά ικέτευσαν να διαβάσουν μεγαλόφωνα. Μερικά "έκλεψαν" χρόνο για να διαβάσουν το βιβλίο μόνα τους κατά τη διάρκεια του διαλείμματος.

"Το πιθανότερο είναι να βρω το μπελά μου," αναστέναξε, "αλλά θα το ρισκάρω μέχρι το τέλος του έτους και θα τα πάνε καλύτερα στα τεστ. Μακάρι να είχα αρκετά βιβλία να χρησιμοποιήσω."

Θυμήθηκα ένα εργαστήριο ενισχυτικής διδασκαλίας ανάγνωσης, που είχα δει κάτω από την αίθουσα, εκεί οι μαθητές της πέμπτης τάξης πηγαίνουν να συνδεθούν με τους νέους υπολογιστές και τα πανάκριβα λογισμικά προγράμματα (των οποίων η αποτελεσματικότητα στην βελτίωση της κατανόησης, δεν είναι αποδοτική.)

"Μα ξοδεύουν τόσα πολλά χρήματα στα ενισχυτικά υλικά. Γιατί δεν μπορούν να σας αγοράσουν μερικά βιβλία;"

"Μα, αυτά τα χρήματα είναι διαφορετικά" αναστέναξε. "Η ομοσπονδιακή κυβέρνηση χρηματοδοτεί τα ενισχυτικά υλικά."

... και στα Προάστια

Η πράξη αυτού του είδους διανοητικής κατάχρησης, δεν είναι περιορισμένη ούτε στα σχολεία που εξυπηρετούν τις κατώτερες τάξεις. Απλώς αποκαλείται με διαφορετικά ονόματα σε κάθε μέρος. Μια εβδομάδα μετά από την παραπάνω εμπειρία μου, επισκέφτηκα ένα προαστιακό ιδιωτικό σχολείο, μιας άλλης μεγάλης Κεντροδυτικής πόλης. Εκεί η πρώτη τάξη, είχε έναν δάσκαλο ο οποίος προσπαθούσε με το ζόρι να μάθει σε μια μικρή ομάδα παιδιών, μια πολύ σύνθετη μαθηματική έννοια, από ένα βιβλίο εργασιών (ο ελλιπής προσθετέος και αφαιρετέος), μέρος της ύλης που έπρεπε να εμπεδώσουν.

Αυτό το ιδιαίτερο κομμάτι της εκμάθησης είναι εξαιρετικά δύσκολο, για τα περισσότερα παιδιά της πρώτης τάξης, ακόμη και για τα έξυπνα, ωστόσο πολλοί δάσκαλοι παραμερίζουν αυτό το μέρος του βιβλίου (ναι, τα παιδιά θα έχουν και άλλη ευκαιρία να το μάθουν, δεν χάνεται όλη η ελπίδα όταν φτάνουν στη δεύτερη τάξη!) ή την χρήση υπολογιστικών αντικειμένων, όπως τις ράβδους με τέτοιο τρόπο που θα μπορέσουν να καταλάβουν. Κατά τη διάρκεια αυτού του μαθήματος, ένα σωρό από ράβδους παρέμεινε άθικτος στη μέση του πίνακα, ενώ ο δάσκαλος είχε κουραστεί από την ένθερμη του προσπάθεια και την δική μας ταλαιπωρία. Αφού τελείωσε το μάθημα και τα παιδιά φάνηκαν τελείως μπερδεμένα, από αυτού του είδους την εκμάθηση, τακτοποίησαν τα υλικά τους, ο δάσκαλος με κοίταξε στα μάτια με έναν μορφασμό, πάνω από τα κεφάλια των παιδιών (αλλά εμφανώς στους υπόλοιπους που βρίσκονταν μέσα στην τάξη), σαν να εννοούσε "Είναι όλα άτομα με ειδικές ανάγκες".
Δεν υπάρχει αμφιβολία.
Η θλιβερή αλήθεια για "την ικανότητα"

Μια από τις αγαπημένες ενήλικες αλαζονείες μας, είναι ότι νομίζουμε επειδή διδάσκουμε στα παιδιά κάτι πρέπει και να το μαθαίνουν. Η διαιώνιση αυτού του μύθου από τους ανθρώπους που έχουν ελάχιστη επαφή με την πραγματικότητα της τάξης, θέτει την ποιότητα ολόκληρου του εκπαιδευτικού μας συστήματός σε κίνδυνο.
Αφ' ετέρου, το γεγονός ότι τα παιδιά μπορούν να μάθουν κάτι, δεν σημαίνει απαραιτήτως ότι είναι άξια στην διδασκαλία. Ακόμα και όταν οι στόχοι ικανότητας εφαρμόζονται πιο επιδέξια, από ότι στις παραπάνω περιπτώσεις, στέκονται στην

"βιτρίνα " αντί στη ουσία. Τα αποτελέσματα των τεστ, ανεβαίνουν από την στιγμή που τα διαγράμματα αντικαθιστούν τα έργα τέχνης των μαθητών, στους τοίχους του γραφείου του διευθυντή, αλλά το πιο πιθανό είναι ότι οι μαθητές είχαν μάθει περισσότερα για το πώς να περάσουν ένα τεστ παρά για οτιδήποτε άλλο. Ένας κατάλογος από εκπαιδευτικά υλικά υπερισχύει πλέον, τριάντα έξι βιβλία για τα τεστ των δεξιοτήτων. Αυτή είναι η πιο πρόσφατη συμβολή της κοινωνίας μας στον παγκόσμιο πολιτισμό;

Πρέπει να λύσουμε ακόμα τα προβλήματα που παρουσιάζονται στους μαθητές που δεν μπορούν να μάθουν αυτά που επιλέγουμε να τους διδάξουμε. Η ιδιαίτερη προσοχή "προτύπων" θα πρέπει να απασχολεί όλο το έθνος, αλλά η νοοτροπία μιας "γρήγορης-αποτύπωσης" αντιτίθεται στη σημαντική και μόνιμη εκμάθηση.

Ο Gerald W. Bracey, διευθυντής αξιολόγησης των σχολείων Cherry Creek του Κολοράντο, υπογραμμίζει ότι δεν είναι τυχαίο που τα αποτελέσματα των τεστ δεξιοτήτων ανώτερου επιπέδου, έχουν πέσει ενώ εκείνα των τεστ για τις βασικές-ικανότητες έχουν αυξηθεί. "Τα αποτελέσματα των τεστ δεξιοτήτων ανώτερου επιπέδου έχουν πέσει ακριβώς επειδή έχουμε προετοιμάσει υπερβολικά για αυτά τα [κλασικά επιτεύγματα] εις βάρος των άλλων δεξιοτήτων. Οι δάσκαλοι λένε ότι δεν δίνουν πλέον τεστ εκθέσεων —έτσι μπορούν να προετοιμάσουν τα παιδιά για τα τεστ που απαιτούν, αποσπασματικά κομμάτια της γνώσης... Διδάσκοντας τα παιδιά κατ' αυτό τον τρόπο και η ελπίδα ότι θα μάθουν να σκέφτονται, είναι σαν να τους δείχνεις πότε να μπαίνουν στην δεύτερη γραμμή και να ελπίζεις ότι έτσι θα έχουν πάρει τη γενική ιδέα για το πώς παίζουν baseball. Δεν πρόκειται να πετύχει!"

Ο Bracey υποστηρίζει αυτό που αποκαλεί "μηδέν" ύλη: ξεκινώντας από το μηδέν και επεξηγώντας όλα αυτά που μένουν πίσω. Ενώ αυτή η εναλλακτική λύση δεν είναι πιθανό να υποστηριχτεί αρκετά, μπορεί να μην είναι τόσο κακή ιδέα. Βέβαια θα πρέπει να ξανασκεφτούμε τις παλαιές προσεγγίσεις που βλάπτουν πραγματικά όλα τα παιδιά, και ιδιαίτερα τα παιδιά που μειονεκτούν, τα πιο ευάλωτα από όλα.

ΨΑΧΝΟΝΤΑΣ ΤΟ ΑΠΟΘΕΜΑ

"Υπάρχει ένα απόθεμα αχρησιμοποίητης νοημοσύνης, σε πολλά παιδιά που μειονεκτούν οικονομικά," δηλώνει ο Edward Zigler, στην παράκληση του για προγράμματα που θα ελευθερώσουν τις μεμονωμένες δυνατότητες και το κίνητρο των παιδιών για να πετύχουν. Οι φτωχοί αντιπροσωπεύουν, τη μεγαλύτερη πρόκλησή μας, αλλά όλα τα παιδιά χρειάζονται σωστή διδασκαλία για να χρησιμοποιήσουν τις βαθύτερες δυνατότητες τους. Η προσπάθεια για γέμισμα των κενών της διανοητικής πρώτης ύλης των παιδιών, με επιφανειακούς τρόπους ψεύτικων "ικανοτήτων" δεν θα καλύψει τα κενά των προηγούμενων εμπειριών ή των συναισθηματικών επιπλοκών από την ενήλικη παραμέληση —σε οποιοδήποτε κοινωνικοοικονομικό επίπεδο.

Δεν είναι δυνατόν τα σχολεία από μόνα τους, να βελτιώσουν την ξεφτισμένη κοινωνική πολιτική. Οι συντονιστικές μέθοδοι των ανυπόφορων προβλημάτων των μειονεκτημάτων, είναι απαραίτητες. Μέσα στην αρένα της διανοητικής τους ανάπτυξής, τα σχολεία πρέπει να αναπτύξουν καλύτερα μέσα για να ανταποκριθούν στις νέες προκλήσεις των μαθητών κάθε κοινότητας που έχουν σαν συνεπακόλουθο νέες ανάγκες, διαφορετικούς τρόπους εκμάθησης και ίσως και εγκέφαλους που έχουν διαμορφωθεί με τρόπους που απαιτούν διορθωμένες προσεγγίσεις διδασκαλίας. Εντούτοις, τα παιδιά που μειονεκτούν εκπαιδευτικά, έρχονται με ταλέντα που πολλές φορές αποτυγχάνουμε να παρατηρήσουμε. Για να διατηρήσουμε τα πραγματικά πρότυπα της διανοητικής ικανότητας, μέσα στην κοινωνία μας, πρέπει να επιδιώξουμε νέους τρόπους για να διαπλατύνουμε τη διανοητική δυνατότητα των αληθινών παιδιών που κάθονται στις τάξεις. Το γράψιμο εξιδανίκευσε τους προδιαγεγραμμένους μηχανισμούς της φαντασίας, και τα σύγχρονα σχολεία απέχουν πολύ από αυτό. Στο επόμενο κεφάλαιο θα εξετάσουμε μερικές πραγματικές εναλλακτικές λύσεις.

ΜΕΡΟΣ ΠΕΜΠΤΟ

ΜΥΑΛΑ ΤΟΥ ΜΕΛΛΟΝΤΟΣ

Κεφάλαιο 13

Νέοι εγκέφαλοι: Νέα σχολεία;

Εάν επιθυμούμε να παραμείνουμε ένας μορφωμένος πολιτισμός, κάποιος θα πρέπει να αναλάβει την ευθύνη για τα παιδιά όλων των κοινωνικοοικονομικών επιπέδων, για το πώς θα μιλήσουν, θα ακούσουν και θα σκεφτούν. Εάν θέλουμε οι απόφοιτοι του γυμνασίου να είναι ικανοί να αναλύουν, να λύνουν προβλήματα και να ανακαλύπτουν νέες λύσεις, τότε οι ενήλικες θα πρέπει να αφιερώσουν χρόνο για να τους δείξουν πως. Και το καλύτερο θα ήταν αυτό να γίνει πριν τα νευρωνικά θεμέλια, για την προφορική έκφραση, τη διαρκή προσοχή και την αναλυτική σκέψη ολοκληρωυούν, διαφορετικά θα καταντήσουν να είναι σαν ξύσματα κάτω από τον πάγκο εργασίας της πλαστικότητας. Όπως φαίνεται, τα σχολεία θα πρέπει να αναλάβουν ένα μεγαλύτερο μερίδιο της ευθύνης. Οι μαθητές όλων των κοινωνικών στρωμάτων έρχονται πλέον με εγκεφάλους που δεν μπορούν να προσαρμοστούν στις διανοητικές απαιτήσεις, που οι δάσκαλοι παραδοσιακά, θεωρούσαν δεδομένες. Στο παρελθόν, η βαθιά απόδοση της γλώσσας και η ψυχική επιμονή είχαν ήδη συμπληρωθεί στα περισσότερα παιδιά από την εμπειρία στο σπίτι. Έτσι ένα εκπαιδευτικό, ερέθισμα δημιουργούσε τη ροή της μάθησης με σχετική ευκολία. Τώρα οι δάσκαλοι πρέπει να καλύψουν κενά προτού προσπαθήσουν να εκμαιεύσουν τις "δεξιότητες" από τους εγκεφάλους που στερούνται το βασικό γνωστικό και γλωσσικό υπόβαθρο.

Ενδιαφερόμαστε βαθιά για την "εξυπνάδα" των παιδιών μας, αλλά ο πολιτισμός μας στερείται της υπομονής για την μεθοδική και χρονοβόρα χειροτεχνία από την οποία η νοημοσύνη μας είναι φτιαγμένη. Η ηρεμία της παιδικής ηλικίας, έχει αντικατασταθεί από την επίθεση πολυμέσων και στιγμιαίας αισθητηριακής ικανοποίησης. Τα παιδιά έχουν δεσμευθεί από τα θορυβώδη προγράμματα των ενηλίκων και έχουν δεχτεί επίθεση από τις κοινωνικές ανησυχίες. Πολλά παιδιά έχουν στερηθεί το χρόνο του παιχνιδιού και την ευκαιρία να ακολουθήσουν τις διανοητικές προκλήσεις που αν και κρίνονται επιπόλαια από του ενηλίκους, είναι οι πραγματικοί λίθοι που θα χτίσουν το μυαλό των παιδιών. Κατά συνέπεια τα σχολεία αναγνωρίζοντας τις αναπτυξιακές ανάγκες των παιδιών πρέπει να τα καθοδηγούν σταθερά στην προσωπική ανάμειξη τους με σημαντικές δεξιότητες και ιδέες που θα τα προετοιμάσουν για το μέλλον.

ΤΙ ΔΕΝ ΛΕΙΤΟΥΡΓΕΙ

Τα σχολεία, οι παιδικοί σταθμοί, και τα κέντρα φύλαξης δεν μπορούν να επιβραδύνουν το ρυθμό της ενήλικης ζωής, να αλλάξουν τα ασταθή οικογενειακά σχέδια, ή να αποβάλουν τις επιρροές των τηλεοπτικών μέσων. Ούτε μπορούν να αγνοήσουν αυτές τις πραγματικότητες ή τις προκύπτουσες διαφορές ανάμεσα στους μαθητές. Τα σημερινά παιδιά δεν είναι λιγότερο ευφυή από εκείνα των προηγούμενων χρόνων. Απλά δεν εφαρμόζουν τα ίδια ακαδημαϊκά πρότυπα. Από πολλές απόψεις, τα παιδιά έρχονται πλέον στο σχολείο με περισσότερες δυνατότητες και ένα ευρύτερο εμπειρικό υπόβαθρο από τα παιδιά των προηγούμενων γενιών. Ο γρήγορος ρυθμός ζωής μπορεί να αποδειχθεί μέχρι ένα βαθμό προσαρμοστικός. Επίσης αυτή η επιφανειακή λάμψη της κουλτούρας έχει επιβαρύνει τις σημαντικές διανοητικές δεξιότητες και πολύ πιθανόν και την οργάνωση των εγκεφάλων των παιδιών.

Σχόλια για "την ικανότητα"

Ελπίζω να έγιναν κατανοητά τα σχόλια στα προηγούμενα κεφάλαια. Με το να λέμε απλώς "κάντε τα να μάθουν" σύντομα θα έρθουμε σε αντιπαράθεση με την πραγματική ικανότητα των εγκεφάλων να μάθουν με διαφορετικούς τρόπους και διαφορετικά προγράμματα. Παλιότερα, αυτοί που δεν καταλάβαιναν τους τρόπους, τα παρατούσαν και έπιαναν καλές δουλειές στα εργοστάσια, στα καταστήματα, ή στα αγροκτήματα. Τώρα αυτές οι επιλογές έχουν μειωθεί. Αν περιμένουμε ο καθένας να επιτύχει τα επίπεδα των ακαδημαϊκών ικανοτήτων, πρέπει να δεχτούμε την ανάγκη να διαφοροποιήσουμε την διδασκαλία για τους αρχάριους με διαφορετικούς τρόπους και χρονοδιαγράμματα για επιτυχία. Τέτοια ευαισθησία δεν υπονοεί ότι μερικοί είναι "κατώτεροι" ή ότι δεν μπορούν να μάθουν, απλά αναγνωρίζει ότι ακριβώς όπως όλοι οι ενήλικοι δεν μπορούν να αποδώσουν το ίδιο στην γλυπτική, τη δημοσιογραφία, το μπέιζμπολ ή την χειρουργική, έτσι και όλα τα παιδιά δεν μπορούν να μάθουν μαθηματικά ή αναρρίχηση με την ίδια ευκολία.

"Η ικανότητα" είναι έννοια παραπλανητική. Όταν τα παιδιά πρέπει να προσφύγουν στην απομνημόνευση "τεχνασμάτων" για να περάσουν τα τεστ (σε υλικό που δεν καταλαβαίνουν), σύντομα θα το "ξεχάσουν". Οι δυσκολίες αυξάνονται όταν τα παιδιά που στερούνται τις βασικές έννοιες της πρόσθεσης και της αφαίρεσης, πρέπει να λύσουν αλγεβρικούς τύπους ή χωρίς να κατανοούν αυτά που "διαβάζουν" αντιγράφουν λέξεις και "αναφορές" από τις εγκυκλοπαίδειες. Στην πραγματικότητα δεν έχουν πνευματική επαφή με το περιεχόμενο. Τα παιδιά που προέρχονται από διαφορετικά γλωσσικά και εκπαιδευτικά υπόβαθρα διατρέχουν ιδιαίτερο κίνδυνο σε αυτό το είδος της διδακτέας ύλης.

Τα επιφανειακά "πρότυπα" νοημοσύνης, τείνουν να τεμαχίσουν την εκμάθηση σε επουσιώδη κομμάτια. Ο Δρ Arthur Costa, σημειώνει θλιβερά ότι "βρίσκεται ανάμεσα σε τρεις βασικές κινήσεις, που τον πηγαίνουν πίσω" στη σταδιοδρομία του ως εκπαιδευτικό:

"Αυτό που είναι εκπαιδευτικά σημαντικό και δύσκολο να εκτιμηθεί έχει αντικατασταθεί από αυτό που είναι εκπαιδευτικά ασήμαντο και εύκολο να εκτιμηθεί. Οπότε τώρα πια, εκτιμάμε πόσο καλά έχουμε διδάξει, όχι αυτό που αξίζει να διδαχτεί"!

Το προσωπικό όραμα του Costa το οποίο είναι, ένα σχολείο που θα αντιπροσωπεύει το "σπίτι του μυαλού" είναι αξιοθρήνητα διαφορετικό από την τρέχουσα πραγματικότητα. Είναι πεπεισμένος ότι έχουμε ανάγκη από αυτήν την αλλαγή και ότι η εκπαίδευση για τους εργαζομένους του μέλλοντος πρέπει να εστιάσει γενικότερα στις δεξιότητες του μυαλού και της επίλυσης προβλημάτων μαζί με τις βασικές δεξιότητες. Οι άνθρωποι που βιώνουν μια εποχή γρήγορης μεταβαλλόμενης τεχνολογίας, θα πρέπει να συνεχίσουν να επιμορφώνονται, ακόμα και αφού αποφοιτήσουν. Δυστυχώς όμως οι προοπτικές στις Ηνωμένες Πολιτείες δεν είναι και τόσο λαμπερές.

"Αντιμετωπίζουμε μια κρίσιμη εποχή στην ιστορία. Για να επιζήσει το έθνος μας, θα πρέπει να συνειδητοποιήσουμε ότι αυτό που προκύπτει είναι το μικρότερο εργατικό δυναμικό που θα μπορούσαμε να έχουμε. Στην μακροχρόνια πορεία της χώρας μας υπήρξε μια μεγάλη πληθυσμιακή ύφεση και οι βιομηχανίες μας διαθέτουν πολύ μικρότερο δυναμικό. Το σύνολο των ανειδίκευτων και των ατόμων που έχουν παρατήσει το σχολείο, υπερτερεί. Ενώ, η βιομηχανία έχει άμεση ανάγκη από άτομα ικανά στην επίλυση προβλημάτων και στον συλλογισμό — από επιχειρηματίες και βιοτέχνες, από δημιουργικούς ανθρώπους των οποίων τα προϊόντα θα είναι άριστα και το μυαλό τους να τρέχει μπροστά, ώστε να μπορέσουμε να αντισταθούμε στον ανταγωνισμό των άλλων χωρών."

Εξαιτίας του συρρικνωμένου εργατικού δυναμικού, οι βιομηχανίες αναγκάζονται να προβούν σε περικοπές, συνεχίζει ο Costa.

"Για να αντεπεξέλθουν, αποκόβουν (ως διαχειριστές προβλημάτων) τα ενδιάμεσα στελέχη. Αυτό σημαίνει ότι οι χειρονάκτες θα πρέπει να σκεφτούν από μόνοι τους τι πρέπει να κάνουν, ώστε η βιομηχανία να μην χρειαστεί να μισθώσει άλλους για την διαχείριση των προβλημάτων της.
Είμαστε σε μια εποχή μεγάλου ανταγωνισμού για δημιουργικότητα και σκέψη —πρέπει να αναπτύξουμε αυτές τις δεξιότητες σε όλους τους μαθητές. Χρειαζόμαστε έναν ριζικό επαναπροσανατολισμό για το τι σημαίνει δημόσια εκπαίδευση."
Κανένας αρμόδιος κριτικός δεν αρνείται ότι οι σπουδαστές —και οι δάσκαλοί τους— πρέπει να θεωρηθούν υπεύθυνοι για αυτά που μαθαίνουν. Τα τεστ είναι σημαντικά, όχι μόνο για τον καθορισμό της σημασίας του υλικού που διδάσκεται, αλλά και

για την υπόδειξη των σωστών ειδών συλλογιστικών διαδικασιών στους μαθητές (π.χ., όχι απλώς πώς να απομνημονεύουν τα γεγονότα αλλά να τα συνδέουν με την υψηλότερου επιπέδου σκέψη). Στις χώρες όπου το σκεπτόμενο και το διανοητικό βάθος είναι εκτιμημένο, οι εξετάσεις αφορούν κυρίως την ικανότητα των μαθητών να παράγουν ιδέες, συνήθως εγγράφως, για το δεδομένο θέμα. Πρόσφατα, κάποιος παρατήρησε ότι οι Ευρωπαίοι εξετάζουν, ενώ Αμερικανοί απλώς τεστάρουν. Οι εξετάσεις, από αυτή την άποψη, απαιτούν από τους μαθητές να έχουν όχι μόνο την λεπτομερή κατανόηση των γεγονότων αλλά και έναν γενικότερο έλεγχο του θέματος και των σημαντικών ιδεών του, καθώς επίσης και τη δυνατότητα να τα εμπεδώνουν και να τα εκφράζουν. Επίσης σημαίνει, ότι κάποιος πρέπει να διαβάσει και να βαθμολογήσει τα τεστ.

Στις Ηνωμένες Πολιτείες, το περιεχόμενο όλων των μαθημάτων, από αγγλικά μέχρι άλγεβρα, πραγματοποιείται αυτόματα από μηχανές-αξιολόγησης ερωτήσεων πολλαπλών επιλογών. Γιατί να απορούμε μετά αν οι μαθητές δεν μπορούν να διαλογιστούν αποτελεσματικά —ή εάν μιμούνται τους υπερήλικές τους ψάχνοντας εύκολες λύσεις; Βέβαια, τι κάνω εάν έχω 150 μαθητές...

Αλλά οι Ιάπωνες φαίνεται πως κάνουν κάτι σωστά

Παρά την προφανή επιτυχία της ιαπωνικής δημόσιας εκπαίδευσης στην δημιουργία ενός υπάκουου και καλά εκπαιδευμένου εργατικού δυναμικού, που μιμείται ένα παρανοημένο πρότυπο του συστήματος αυτής της χώρας, αυτό δεν θα μπορούσε να λειτουργήσει στην Αμερική. Ούτε οι άκαμπτες παραδόσεις που χαρακτηρίζουν την Ιαπωνική δευτεροβάθμια εκπαίδευση μπορούν να μεταδώσουν την διανοητική ευελιξία και την καινοτομία που τόσο πολύ εκτιμούν οι Αμερικάνοι.

Η ιαπωνική και αμερικανική εκπαίδευση, βασίζονται σε διαφορετικές απόψεις όσον αφορά το άτομο και την κοινωνία. Έχουν επίσης διαφορετικές παραδόσεις σχετικά με το σκοπό της ίδιας της διδασκαλίας, ιδιαίτερα την ισορροπία μεταξύ της υπακοής και της αυθεντικής σκέψης. Αν και συγκριτικά, είναι σίγουρα ένα βήμα πιο κοντά στη σωστή κατεύθυνση, για την επίτευξη του σεβασμού (και τις προσδοκίες) στους δασκάλους και στο διανοητικό πνεύμα γενικότερα, οφείλουμε να αναγνωρίσουμε ότι η Ιαπωνική παιδαγωγική σχεδιάζεται για τα παιδιά που προέρχονται από μια πολύ διαφορετική παράδοση. Σε εκείνη την χώρα, οι μητέρες πιστεύουν ότι ο πρωταρχικός τους σκοπός είναι να παρέχουν στα παιδιά τους ένα περιβάλλον πλήρους εκπαίδευσης. Τα παιδιά είναι δεδομένο ότι θα ξεκινήσουν από το σπίτι για το σχολείο με ένα συνεχή χείμαρρο προσδοκιών και υποστήριξης όχι τόσο από την άποψη του περιεχομένου, όσο από την άποψη της νοοτροπίας και των διανοητικών συνηθειών που θα αποτελέσουν την σχολική επιτυχία. Επιπλέον, σύμφωνα με έναν προσεκτικό παρατηρητή, τα ιαπωνικά δημοτικά σχολεία (αντίθετα από εκείνα για τους μεγαλύτερους μαθητές) δεν κινούνται στα πλαίσια του μηχανικού επιπέδου και τις ρομποτικές εικόνες που φανταζόμαστε. Άντ' αυτού, οι καλά εκπαιδευμένοι δάσκαλοί (η συμμετοχή τους σε αυτό το ιδιαίτερα εκτιμημένο επάγγελμα, είναι μια ανταγωνιστική αποστολή στην οποία μόνο οι καλύτερο επιλέγονται) προγραμματίζουν την ενεργό, διερευνητική μάθηση και παίρνουν το χρόνο να θέσουν τις εννοιολογικές αρχές σε ισχύ. Ενώ τα παιδιά της δεύτερης τάξης στην Αμερική, μπορεί να χρειαστούν τριάντα λεπτά για δύο ή τρεις σελίδες πράξεων πρόσθεσης και αφαίρεσης, οι Ιάπωνες, της ίδιας τάξης, χρησιμοποιήσουν το ίδιο χρονικό διάστημα για την εξέταση δύο ή τριών προβλημάτων, που εστιάζουν στη διαδικασία του συλλογισμού η οποία είναι απαραίτητη για την επίλυσή τους.

Αγνοώντας την πραγματικότητα .. και χάνοντας το όραμα

Παρόλο που μπορούμε να πάρουμε μαθήματα από τους Ιάπωνες, τα σχολεία μας δεν θα μπορέσουν να πετύχουν παρά μόνο αν υποστηριχτούν αρκετά για να αντιμετωπίσουν την πραγματικότητα των παιδιών που προσπαθούν να διδάξουν. Δεν μπορούν να αλλάξουν την κοινωνία, αλλά μπορούν να σταθούν ισχυροί ως συνήγοροι, όχι ως εχθροί, της νοητικής ανάπτυξης. Τα παιδιά στην Αμερική, πρέπει να μάθουν να εργάζονται σκληρά, πολύ πιο σκληρά απ' όσο εργάζονται τώρα. Αλλά θα πρέπει να καλλιεργήσουν την ουσιαστική και σημαντική μάθηση με την οποία μπορούν να πετύχουν.

Το ισχυρό αντίδοτο στις ανησυχίες και στον τεμαχισμό που περιβάλλει τα παιδιά σήμερα, βρίσκεται στις αίθουσες που οι μαθητές συμμετέχουν στο περιεχόμενο χρησιμοποιώντας ουσιαστικές δεξιότητες και που δοκιμάζουν κάθε μέρα την ικανοποίηση της διανοητικής ολοκλήρωσης η οποία επέρχεται με την προσωπική προσπάθεια. Αν τα σχολεία κατευθύνουν τον προγραμματισμό τους προς αυτόν τον στόχο, οι πιθανότητές τους να υποστυλώσουν τα ετοιμόρροπα διανοητικά θεμέλια είναι πολύ μεγαλύτερες, εμποτίζοντας συγχρόνως τα παιδιά με τις αυτό-προστατευτικές ιδιότητες της κεκτημένης επιτυχίας.

Όλα αυτά μήπως είναι ανοησίες ενός οράματος; Πώς μπορούν τέτοιοι υψηλοί στόχοι να ολοκληρωθούν στον πρακτικό κόσμο μιας αίθουσας; Το πρώτο βήμα είναι να καταβληθούν οι προσπάθειες για να αρχίσουν τα παιδιά από εκεί που είναι. Άλλο είναι να γραφτούν οι συνήθειες του μυαλού, της προφορικής γλωσσικής χρήσης, της στοχαστικής εμπειρίας και οι σημαντικές ιδέες, στην διδακτέα ύλη μαζί με την ανάγνωση, την γραφή, τα μαθηματικά, την ιστορία και την φυσική. Αντί απλά να επιμένουμε ότι οι δάσκαλοι επισημαίνουν τα τρία R (Reading, wRiting, aRithmetic) με επιφανειακούς τρόπους εκχώρησης, πρέπει να ψάξουμε νέους τρόπους εμπλουτισμού των νέων εγκεφάλων με τα πραγματικά βασικά στοιχεία της γλώσσας και της σκέψης.

Δεν υποδεικνύω, σε κανένα κεφάλαιο, ούτε περιγράφω την δημιουργία ενός συνολικού νέου σχεδίου για την αναδόμηση της αμερικανικής εκπαίδευσης. Όπως πρέπει να έχει γίνει ήδη σαφές, οι κύριες προτάσεις μου αφορούν τη διδασκαλία και την μάθηση. Για να γεμίσουν οι εγκεφαλικές περιοχές των παιδιών με φαιά ουσία, οι διαρθρωτικές καθώς επίσης και οι διδακτικές αλλαγές είναι απαραίτητες. Επιτρέψτε μου να αναφέρω πρώτα, μερικές ιδέες που έχουν προταθεί ως μεταρρυθμίσεις, πρωτού προχωρήσω στην εκτίμηση μερικών νέων (ή αναζωπυρωμένων) ιδεών για αυτά που μπορεί να μοιραστούμε από την άποψη της διανοητικής επιτυχίας.

ΜΕΡΙΚΑ ΑΠΟ ΤΑ ΜΙΚΡΑ ΠΡΑΓΜΑΤΑ

Αλλάζοντας τη δομή των σχολείων: Είναι μόνο μέρος της λύσης

Η αυξημένη αναγνώριση, ότι τα σχολεία μας δεν είναι συγχρονισμένα με τα μεταβαλλόμενα κοινωνικά πρότυπα, έχει εμπνεύσει κάποιους να ξανασκεφτούν τον τρόπο που είναι δομημένα. Οι εναλλακτικές πιθανές λύσεις, τώρα, περιλαμβάνουν την προσθήκη κέντρων προσχολικής-ηλικίας στα δημόσια σχολεία, την προσαρμογή του σχολικού ημερολογίου και την διάρκεια της σχολικής ημέρας ανάλογα με τα προγράμματα των εργαζόμενων γονέων, και τέλος την άδεια των σπουδαστών να έχουν τον ίδιο δάσκαλο για περισσότερα από ένα έτη, όπως γίνεται σε μερικές ευρωπαϊκές χώρες, με την ελπίδα ότι θα ωφεληθούν από την στενή σχέση με έναν ενήλικα, κάτι που λείπει όλο και περισσότερο από το σπίτι. Αυτές οι προτάσεις έχουν και θετικά και αρνητικά στοιχεία. Εάν αυτά που παίρνουν τα παιδιά από το σχολείο είναι ατελέσφορα ή ακόμα και καταστρεπτικά, οποιαδήποτε προσθήκη από το ίδιο απλώς θα επιδεινώσει τα προβλήματα.

Ευρύτερες μορφές αναδόμησης, σύμφωνα με τις οποίες τα σχολεία θα συνεργάζονται στενά με άλλους κοινωνικούς φορείς, είναι επίσης μια από τις προτάσεις. Τέτοια ομαδική εργασία εμφανίζεται να είναι απαραίτητη εφόσον οι αυξημένες ανάγκες για συναισθηματική και κοινωνική υποστήριξη ακόμη και των μαθητών από τις μεσαίες τάξεις, στραγγίζουν τους εκπαιδευτικούς πόρους. Ο Allan Shedlin, διευθυντής του Κέντρου Δημοτικού Σχολείου της Νέας Υόρκης, αισθάνεται έντονα ότι τα σχολεία πρέπει να υπερασπίσουν έναν σημαντικότερο ρόλο, ως "τόπος υπεράσπισης" για όλα τα παιδιά. Ενώ κανένας δεν πιστεύει ότι θα αντεπεξέλθει σε αυτόν το ρόλο, οι περισσότεροι συμφωνούν ότι ο συντονισμός είναι απαραίτητος. Όσο εμείς κουβεντιάζουμε αυτή τη στιγμή, ο τεμαχισμός του σχολικού χρόνου, των δραστηριοτήτων, και του ανειδίκευτου προσωπικού απειλεί ήδη το βασικό τους ρόλο, ως ακαδημαϊκά ιδρύματα. Η ακαδημαϊκή μάθηση μπορεί επίσης να υποφέρει, από την στιγμή που τα σχολεία αναγκάζονται να προσθέσουν μαθήματα καριέρας, υγείας και διατροφής σε όλες τις τάξεις, καθώς επίσης και αναγκαία μέσα όπως η παροχή ομάδας συμβουλών για τα παιδιά με άστατο συναισθηματικό οικογενειακό περιβάλλον (π.χ., μια σειρά μαθημάτων για τα παιδιά χωρισμένων γονιών, με τίτλο "Who Gets Me for Christmas?"

Είναι πράγματι δύσκολο, ίσως και αδύνατο, να διδαχτούν σωστά οι μαθητές, όταν τα θρεπτικά ή συναισθηματικά ημερήσια δεδομένα τους αντικαθιστούν την διανοητική τους ενέργεια.

Αλλά η σημαντική υποχρέωση των δασκάλων απέναντι στις συναισθηματικές ανάγκες των μαθητών, είναι να δημιουργήσουν τάξεις και προγράμματα σπουδών όπου τα παιδιά θα είναι διανοητικά καθώς επίσης και σωματικά ασφαλή. Αυτό περιλαμβάνει τη διάρθρωση των ακαδημαϊκών απαιτήσεων, ώστε οι μαθητές να έχουν μια ρεαλιστική πιθανότητα στην επιτυχία, ενάντια στις άλλες συναισθηματικές πιέσεις. Η προσφορά εφικτών ακαδημαϊκών στόχων και η σωστή διδασκαλία για να επιτευχθούν, είναι ο αρχικός ρόλος της σχολικής κοινωνικής υπηρεσίας.

Αλλάζοντας τον τρόπο που διδάσκονται τα παιδιά

Μια ενδεχομένως ελπιδοφόρος τάση, εν προκειμένω είναι η ευρύτερη χρήση μεθόδων όπως η "εκμάθηση με συνεργασία", όπου περισσότερη έμφαση δίνεται στους τύπους συνεργασίας και επικοινωνίας που θα απαιτηθούν σε μια εποχή της "πληροφορικής". Η συνεργασία μαζί με τον ανταγωνισμό, μπορεί να επιφέρει διάφορα αποτελέσματα: (1) τάξεις πιο προσανατολισμένες στο πνευματικό επίπεδο (2) εξισορρόπηση των κοινωνικά απομονωμένων παιδιών που δεν έχουν ζήσει την ντεμοντέ εμπειρία του παιχνιδιού στην "γειτονιά" (3) η ανάπτυξη προφορικών γλωσσικών δεξιοτήτων διδάσκοντας τους τρόπους συζήτησης για αυτά που μαθαίνουν. Αυτού του είδους οι αλλαγές δεν θα σώσουν την ακαδημαϊκή εκμάθηση, εκτός κι αν οι διδακτικοί στόχοι διευρυνθούν για να ενισχύσουν τις δεξιότητες της γλώσσας και της σκέψης. Δεδομένου ότι οι εγκέφαλοι διαμορφώνονται μέσα στις αίθουσες καθώς επίσης και μέσα στο σπίτι, δεν μπορούμε να αντέξουμε να αγνοήσουμε αυτές τις αυξημένες ανάγκες κατά τη διάρκεια των ωρών που τα παιδιά ξοδεύουν στο σχολείο.

Πόσο καλοί είναι οι δάσκαλοι;

Ένα άλλο πρόβλημα είναι πώς να γεμίσουμε τις τάξεις με δασκάλους που μπορούν "όντως"να διαβάζουν, να γράφουν και να σκέπτονται. Παρόλο που καμία από τις καινοτομίες που μπορούμε να χρησιμοποιήσουμε, δεν έχει επαναστατική πρόθεση, όλοι απαιτούν καλούς δασκάλους των οποίων το μυαλό μπορεί να εμπιστευθεί ή τουλάχιστον να αναπτυχθεί. Δεν μπορούμε να εξαρτηθούμε από βιβλία και εργαλεία που επιλέγονται επειδή τα έχουν "υποδείξει οι δάσκαλοι" (μια αμφισβητήσιμη, αλλά πολύ κοινή "ιδιότητα"). Τέτοια ύλη, αναγκαστική, περιέχει ελάχιστο γράψιμο και συλλογισμό.

Είναι πέρα από τις ικανότητες αυτού του βιβλίου, να βρει μια ομάδα από αγγέλους που θα μπορούν ταυτόχρονα να ελέγχουν εικοσιπέντε ή τριάντα παιδιά (πολύ επιτυχώς, κάποιος το σύγκρινε με την προσπάθεια να κρατηθούν συγχρόνως τριάντα φελλοί κάτω από το νερό), να μεταδώσουν τις ουσιαστικές δεξιότητες σε μια γενιά απροετοίμαστων εγκεφάλων και να προκαλέσουν επίσης ανωτέρου επιπέδου συλλογισμό και αναλογισμό. Με βάση, τις σχολικές επισκέψεις μου σε πολλά μέρη της χώρας, θα πρότεινα, ότι πολλοί καλοί δάσκαλοι είναι ήδη σε δράση. Αλλά χρειάζονται ενθάρρυνση, ίσως κάποια πρόσθετη κατάρτιση στη γλωσσική ανάπτυξη και επικαιροποίηση των μεθόδων αλλά και πολλές φορές μικρότερες τάξεις προκειμένου να γίνει η εργασία που απαιτούμε από αυτούς.

Ακόμη (ίσως κυρίως) οι δάσκαλοι των δημοτικών σχολείων θα πρέπει να είναι καταρτισμένοι στις κλασικές σπουδές και τις επιστήμες καθώς επίσης και σε συγκεκριμένα εργαλεία του επαγγέλματός τους. Δεν μπορούν να επεκτείνουν μυαλά, ικανοποιώντας τις απαιτήσεις του επόμενου αιώνα όταν οι προοπτικές των ίδιων είναι συμπυκνωμένες από τις παιδαγωγικές αηδίες αντί του ουσιαστικού μαθήματος. Κατά την άποψή μου, όταν οποιοσδήποτε δάσκαλος απαιτεί από τους μαθητές του να διαβάσουν και να γράψουν, πρέπει πρώτα να αποδείξει την προσωπική του δυνατότητα να διαβάσει και να σκεφτεί έξυπνα, να γράψει με συνοχή και να παρέχει ικανοποιητικά πρότυπα προφορικού λόγου. Τα χρόνια του κολεγίου, δεν είναι πολύ αργά για να πραγματοποιηθούν οι αλλαγές στις συνήθειες ενός ανθρώπινου εγκεφάλου. Είναι βέβαιο πως αξίζει ιδιαίτερα τον χρόνο και την προσπάθεια που θα χρειαστεί για να παρακινήσουμε τη δυνατότητα της σκέψης σε κάθε έναν που εξουσιοδοτούμε να διδάξει τα παιδιά μας.

Ούτε οι καλύτεροι δάσκαλοι, εντούτοις, δεν μπορούν να πραγματοποιήσουν από μόνοι τους την εργασία ίδρυσης-οικοδόμησης. Πολλοί παραπονιούνται ότι πρέπει τώρα να διδάξουν τους γονείς καθώς επίσης και τα παιδιά. Ας κάνουμε μια παρένθεση για να εξετάσουμε εν συντομία, μερικά ζητήματα που περιβάλλουν αυτό το σημαντικό μέρος της ευθύνης.

Αλλαγή ισορροπίας μεταξύ του σχολείου και σπιτιού: Ποιος είναι υπεύθυνος;

Εάν τα σχολεία πρέπει να κάνουν σωστά την δουλειά τους, δεν μπορούν, με τους υπάρχοντες πόρους, καθώς επιφορτίζονται το μεγαλύτερο μέρος της προσωπικής, κοινωνικής και συναισθηματικής ανάπτυξης. Ακόμα οι διευθυντές των σχολείων και οι δάσκαλοι πιέζονται συνεχώς για να αναλάβουν την δουλειά που θεωρούν γονική. Μερικοί βεβαιώνουν αρκετά ορμητικά, ότι έχουν κουραστεί να ξοδεύουν τόσο πολύ χρόνο για να "μεταποιούν τους γονείς σε γονείς", ακόμη και οι εύποροι επαγγελματίες, χρήζουν ανάγκης υπενθύμισης απέναντι στις ευθύνες των παιδιών τους. "Αναγκάστηκα να στέλνω σημειώσεις στο σπίτι κάθε Παρασκευή, ζητώντας από τους γονείς να ελέγξουν τα βίαια τηλεοπτικά προγράμματα, που παρακολουθούσαν αυτά τα παιδιά", ένα χαρακτηριστικό σχόλιο από έναν νηπιαγωγό σε ένα προάστιο μεσαίας τάξης. "Δεν με πειράζει να στέλνω σημειώσεις για τη σχολική πρόοδο ενός παιδιού, αλλά θα πρέπει εγώ να τους πω, πώς να συμπεριφέρονται σαν γονείς;"

Η Mary Hatwood Futrell εκπροσωπώντας χιλιάδες δασκάλους εθνικά, δηλώνει "Μακάρι να μπορούσα να καθίσω με όλους τους γονείς στην Αμερική και να τους υπογραμμίσω πόσο σημαντικοί είναι για την εκπαίδευση των παιδιών τους". Ακόμη και η κάλυψη των βασικών συναισθηματικών αναγκών ενός παιδιού, είναι όλο και πιο δύσκολη για πολλές οικογένειες. Οι νεαροί που έχουν αντιμετωπίσει ασταθή οικογενειακά περιβάλλοντα (π.χ., διαζύγιο, ένας γονιός) έχουν τέτοιες ανάγκες που μπορεί να είναι δύσκολο να εκπληρωθούν. Όλα τα παιδιά χρειάζονται ρεαλιστικά και συνεπή πρότυπα για να μπορέσουν να πετύχουν στο σχολείο, αλλά η πίεση της σύγχρονης ζωής, εξαφανίζει πολύ εύκολα αυτή τη συνέπεια. Παρόλο που πολλοί γονείς εκφράζουν την ανησυχία τους για την πρόοδο των παιδιών τους, οι δάσκαλοι δυσκολεύονται να τους κάνουν να ακολουθήσουν τις ακαδημαϊκές απαιτήσεις στο σπίτι. Ένας από τους λόγους μπορεί να είναι ότι οι γονείς αισθάνονται αποξενωμένοι από το σχολείο.

Ο παιδοψυχίατρος, Δρ James Comer που εξιστορεί τα χρόνια της δικής του ωρίμανσης, στη δεκαετία του '40, συγκρίνει τις ανεπίσημες συναναστροφές της γειτονιάς ανάμεσα στους δασκάλους και στους γονείς, με το κατακερματισμένο περιβάλλον που πολώνει τώρα πια τους γονείς και το σχολείο. "Οι καλές σχέσεις των γονιών μου και των σχολικών μελών και η πιθανότητα μιας εβδομαδιαίας αναφοράς [είτε σε μια περιστασιακή συνομιλία στο κατάστημα είτε στο δρόμο] οτιδήποτε αντίθετο από τις εκφρασμένες απαιτήσεις το καθιστούσαν δύσκολο για μένα". Ο Comer υποστηρίζει ότι πάρα πολλά παιδιά σήμερα, αποστερούνται την "αίσθηση της εμπιστοσύνης για το που ανήκουν κοινωνικά" κάτι πολύ σημαντικό για την μάθηση.

Βοηθώντας τους γονείς να γίνουν γονείς

Οι ίδιοι οι γονείς είναι πιεσμένοι, εξαντλημένοι και αβέβαιοι για το πόσο πρέπει να παρεμβαίνουν στην δουλειά του σχολείου. Πολλοί παραπονιούνται ότι ο μοναδικός λόγος που είναι απαραίτητοι στα σχολεία είναι όταν το παιδί τους δημιουργήσει

404

κάποιο πρόβλημα. Η Δρ Futrell προτείνει ότι οι εκπαιδευτικοί πρέπει να πάρουν την πρωτοβουλία και να προσκαλέσουν τους γονείς στο σχολείο κάτω από τις θετικότερες περιστάσεις. Η επίπληξη των γονέων και η άρνηση της πραγματικότητας των διαφορετικών τρόπων ζωής δεν αλλάζουν τις κοινωνικές πραγματικότητες. Οι υπεύθυνοι που έχουν κατανοήσει τα γεγονότα και έχουν προβεί στο σχεδιασμό των ακαδημαϊκών και κοινωνικών σχολικών γεγονότων σε ώρες που βολεύουν τους γονείς που εργάζονται, ενθαρρύνοντάς τους να παρευρεθούν (π.χ., οικογενειακά βραδινά δείπνα, εκθέσεις βιβλίων, κ.λπ.) έχουν ανταμειφθεί από την μεγάλη ανταπόκριση των γονέων. Άλλοι πάλι, που είχαν την οικονομική δυνατότητα να μισθώσουν τοπικούς ψυχολόγους, για να προσφέρουν σύντομες σειρές μαθημάτων σχετικά με την εκπαίδευση των γονέων, έχουν επιφέρει επίσης θετικά αποτελέσματα.

Ο Διευθυντής ενός εθνικά αναγνωρισμένου δημοτικού σχολείου, στο αστικό Ανατολικό Κλυβελαντ πραγματοποιεί ο ίδιος, τακτικές συνεδριάσεις με τους γονείς για να συζητήσει τους πρακτικούς τρόπους με τους οποίους μπορούν να βοηθήσουν τα παιδιά τους καλύτερα στο σχολείο. Ισχυρίζεται ότι έχει επιτύχει άριστα αποτελέσματα με την χρήση μιας αυτοματοποιημένης συσκευής τους καλεί όλους, έχοντας ένα παιδί από την τάξη να υπενθυμίζει σε όλους την συνάντηση. Αναφέρει ότι από την στιγμή που η μηχανή άρχισε να καταγράφει τον αριθμό του τηλεφώνου που απέρριπτε το μήνυμά του, η συμμετοχή έχει βελτιωθεί ακόμη περισσότερο.

Απαιτούνται μεγαλύτερες προσπάθειες από αυτές που τα σχολεία μπορούν να παρέχουν, ώστε, να διδάξουν τους γονείς για τις ανάγκες των μικρών παιδιών. Ακόμη και οι οικογένειες μεσαίων τάξεων, μπορούν να ωφεληθούν από τέτοιες σειρές μαθημάτων όπως το πρόγραμμα του Δρ Burton White's "Missouri New Parents as Teachers Project (NPAT)". Δίνει έμφαση στη γλωσσική ανάπτυξη, στις κοινωνικές δυνατότητες, στους μικρούς και στους μεγάλους μυς, στο όραμα και στις ακουστικές δεξιότητες, για μια μεγάλη ομάδα παιδιών, από τη γέννηση μέχρι τα τρία πρώτα χρόνια ζωής τους. Το πρόγραμμα σπουδών του Δρ White, αφορά την επιτυχία των γονιών θέτοντας ως πρώτη προτεραιότητα "την ποιότητα και την ποσότητα της ενήλικης εισαγωγή πληροφοριών στο [ρεύμα] της εμπειρίας του παιδιού". Ο White υποστηρίζει ότι ένας γονιός ή ένας παππούς και μια γιαγιά, ουσιαστικά είναι σε εγρήγορση όλη την ώρα, κατά τη διάρκεια των πρώτων έξι ή οκτώ μηνών ζωής του παιδιού, ώστε να μπορέσουν να "αποκριθούν" γρήγορα στις ανάγκες του παιδιού ή στις προσπάθειές του να συναναστραφεί.

Τα παιδιά των οποίων οι γονείς, συμμετείχαν στο πρόγραμμα του White, σημειώνουν συνεπώς, σημαντικά υψηλότερα επίπεδα νοημοσύνης, επιτυχιών, ακουστικής κατανόησης και προφορικής ικανότητας συγκρίνοντάς τα με μια ομάδα παιδιών της οποίας οι γονείς δεν συμμετείχαν. Αν και κάποιοι άλλοι ειδικοί επιμένουν ότι ένα καλά εκπαιδευμένο υποκατάστατο του γονιού, μπορεί να παρέχει την εξίσου απαντητική προσοχή, η αρχική επιτυχία αυτού του προγράμματος φαίνεται να δίνει ρεαλιστικότερα επιχειρήματα για την πολιτική της γονικής-άδειας.

Ενώ η κοινωνία μας, γενικά, έχει ανάγκη από υπενθύμιση της κρίσιμης φύσης, των νηπιακών και βρεφικών χρόνων, μερικοί κριτικοί υποστηρίζουν ότι προγράμματα όπως του White, οδηγούν σε υπερβολική πίεση στις πρόωρες ακαδημαϊκές δεξιότητες ("υπέρ-μωρά"). Οι εκπαιδευτικοί των γονέων, θα πρέπει να είναι προσεκτικοί όταν υπονοούν στους γονείς, ιδιαίτερα τους μορφωμένους, αυτών της "γρήγορης επιτυχίας", ότι η κύρια εργασία τους είναι "να διδάξουν" το σχολείο στο σπίτι. Ακόμη και σε μια εποχή πληροφοριών, η οικογένεια πρέπει ακόμα να παρέχει τις προσωπικές οδηγίες, την αγάπη και την ασφάλεια. Οι ανήσυχοι γονείς θα πρέπει να είναι βέβαιοι, ότι συζητώντας με τα παιδιά και συμμετέχοντας μαζί τους σε παιχνίδια και άλλες δραστηριότητες εκτελούν τον πιο "εκπαιδευτικό" ρόλο. Ο εκπρόσωπος μιας σημαντικής διεθνής εκπαιδευτικής ένωσης, πρόσφατα ομολόγησε:

Εάν τα παιδιά πρέπει να γίνουν υπεύθυνα μέλη της κοινωνίας, θα πρέπει όχι απλώς να συμμετέχουν μαζί με τους ενηλίκους σε σημαντικούς και απαιτητικούς στόχους, αλλά και τα ίδια να αρχίσουν να συμμετέχουν σε τέτοιες δραστηριότητες από νωρίς στη ζωή. Πρέπει να αναμείξουμε τα παιδιά στην ανάληψη αληθινών ευθυνών που θα τους δώσουν την αίσθηση του σκοπού, της αξιοπρέπειας, και της αξίας.

Οι περισσότεροι γονείς έχουν ένα φυσικό ένστικτο "να ωθήσουν" την εκμάθηση των παιδιών τους, αλλά αυτοί που είναι βέβαιοι για τον εαυτόν τους και σίγουροι για την σχέση τους με το παιδί τους, τα καταφέρνουν καλύτερα. Οι γονείς χρειάζονται υποστηρικτικά συστήματα. Στο βαθμό που τα σχολεία θα πρέπει να αναλάβουν, αυτήν την πρόσθετη δουλειά υποστήριξής του, θα χρειαστούν πρόσθετους πόρους.

Όταν τα παιδιά μπαίνουν στο σχολείο, έχουμε μια πιθανότητα να αναδιαμορφώσουμε τα πρότυπα των πρώιμων εμπειριών. Ο εγκέφαλος συνεχίζει να αναπτύσσεται και να αλλάζει σε όλη τη διάρκεια των σχολικών χρόνων. Ακόμα κι αν η δουλειά έχει γίνει ελαφρώς τσαπατσούλικα, στα προσχολικά έτη, είναι πιθανό ότι μεγάλη ικανότητα εκμάθησης μπορεί να διασωθεί. Για να γίνει αυτό, απαιτείται από κάθε παιδί η ανάμειξή του στη σημαντική, εύκολη εμπειρία με τη γλώσσα, το άκουσμα, τη σκέψη, την επίλυση προβλημάτων, την φαντασία και την δημιουργία.

ΓΛΩΣΣΑ, ΑΚΡΟΑΣΗ, ΚΑΙ ΓΡΑΜΜΑΤΙΣΜΟΣ

Η βασική μόρφωση και πολλοί άλλοι τύποι επίλυσης προβλημάτων, απαιτούν πιο εκτεταμένη έκθεση στην σωστή χρήση της γλώσσας, από αυτή που τα περισσότερα παιδιά εκτίθονται σήμερα.

Εργαλεία γλωσσικής σημασίας

Ταξινομώντας τους ήχους

Όλοι ξέρουμε ότι αυτά τα παιδιά δεν μπορούν να ακούσουν, αλλά φαίνεται ότι θεωρούμε ότι είναι ακριβώς σαν και εμάς και οφείλουν να ακούνε, αντί να δημιουργούμε προγράμματα για να τους διδάξουμε πώς να το κάνουνε.

—Anna Jones, διευθύντρια του Charles River School, Μασαχουσέτη

Ένας λόγος για τις ανεπαρκείς δυνατότητες ανάγνωσης και ορθογραφίας των παιδιών, είναι ότι έρχονται στο σχολείο με τις επίσης ανεπαρκή δυνατότητα να ακούσουν τους ήχους στις λέξεις. Προτού η διδασκαλία της ανάγνωσης ξεκινήσει, οι δάσκαλοι θα πρέπει να είναι εκπαιδευμένοι να αντιλαμβάνονται το επίπεδο της "φωνολογικής συνειδητοποίησης" ενός παιδιού, να μπορούν να προσδιορίσουν, να αναφέρουν και να τοποθετήσουν διαδοχικά τους ήχους στις λέξεις. Χωρίς αυτές τις δεξιότητες, οι κοινές μορφές διδασκαλίας της "ακουστικής" είναι ανεπαρκείς και μπορούν ακόμη και να αποβούν καταστρεπτικές, όμως τα παιδιά δεν είναι απόλυτο ότι θα "αποκτήσουν" αυτές τις δεξιότητες χωρίς να προηγουμένως να υπάρξουν ορισμένοι τύποι ακουστικής εμπειρίας. Τα παιδιά που έχουν παραλείψει αυτήν την ακουστική διάκριση, κατά τη διάρκεια της ευαίσθητης περιόδου έχουν ανάγκη από συγκεντρωτική κατάρτιση αυτών των δεξιοτήτων. Αν και η έλλειψη της αρχικής εμπειρίας, μπορεί να αποτελέσει σε κενά, ένα καλό επιμορφωτικό πρόγραμμα, πιθανώς να μπορεί να αναπληρώσει κάποιο από το χαμένο έδαφος.

Οι δραστηριότητες στο σπίτι και στις αίθουσες οι οποίες προωθούν τους ατόφιους και διαδοχικούς ήχους, θα πρέπει να φέρουν ένα μεγάλο μέρος της προ αναγνωστικής κατάρτισης. Τέτοια απλά παιχνίδια όπως το "Pig Latin" ή οι ομοιοκαταληξίες δίνουν στα παιδιά την πιθανότητα να διαχειριστούν τους ήχους στην αρχή, στη μέση, και στο τέλος των λέξεων. Δυστυχώς, η διαρθρωτική προφορική κατάρτιση από μόνη της, δεν είναι το κύριο θέμα στα περισσότερα προγράμματα ανάγνωσης (που χρησιμοποιούν τα βιβλία ή και τα φύλλα εργασίας). Και όταν είναι, οι νέες μελέτες προτείνουν ότι μπορεί να είναι αποτελεσματικό. Σε ένα τέτοιο πρόγραμμα τα παιδιά της πρώτης τάξης δεν πήραν τα βιβλία ανάγνωσης μέχρι τον Ιανουάριο. Κάνοντας ασκήσεις για την συνειδητοποίηση των ατόφιων ήχων, με ένα τρόπο που σχεδίασε η Δρ Patricia Lindamood αυτοί οι μαθητές προσπέρασαν γρήγορα και πέρασαν τα παιδιά που συγκρίθηκαν μαζί τους, όταν πήραν τελικά τα βιβλία της ανάγνωσής. Σύμφωνα με τη Δρ Lindamood τα σχολεία στο Αίνταχο, στην Καλιφόρνια, στο Μίσιγκαν και στη Φλόριντα είχαν παρόμοια αποτελέσματα. Το πρόγραμμα του Μίσιγκαν μείωσε την εισαγωγή στις τάξεις της ειδικής-εκπαίδευσης από 60% έως 75%. Ακόμη και οι μαθητές υψηλού κινδύνου, από την πρώτη μέχρι την τρίτη τάξη πέτυχαν σημαντικά καλύτερα αποτελέσματα κατανόησης κειμένου και ορθογραφίας από μια αντίστοιχη ομάδα που ελεγχόταν. Η Δρ Lindamood προσθέτει, επ' ευκαιρία ότι περίπου το 20% των δασκάλων χρειάζονται θεραπευτική κατάρτιση στις ίδιες ακουστικές δεξιότητες."

Δύο ερευνητές στις Συρακούσες της Νέας Υόρκης, δοκίμασαν ένα πρόγραμμα επτά εβδομάδων, παρόμοιας κατάρτισης για τον "διαχωρισμό των φωνημάτων" σε μια ομάδα παιδιών που δεν ήξεραν να διαβάζουν. Έπειτα συγκρίθηκαν τα αποτελέσματά τους, σε ένα τεστ ανάγνωσης λέξεων με αντίστοιχες ομάδες παιδιών που έλαβαν την παραδοσιακή "ακουστική" εκπαίδευση ή και καμία ιδιαίτερη επέμβαση. Στο τέλος των επτά εβδομάδων τα παιδιά της ακουστικής εκπαιδευτικής ομάδας ξεπέρασαν σημαντικά, τις δύο άλλες. Οι συντάκτες αυτής της μελέτης, που δουλεύουν τους τρόπους με τους οποίους οι νηπιαγωγοί μπορούν να διδαχθούν την χρήση αυτών των τεχνικών, συστήνουν ότι η εκπαίδευση "για την στροφή της προσοχής του παιδιού στην εσωτερική ηχητική διάρθρωση της λέξης" περιλαμβάνεται στην αρχή κάθε αναγνωστικού προγράμματος. Εάν οι παραγωγοί της Σουσαμένιας Οδού, θέλουν πραγματικά να διδάξουν στα παιδιά τα θεμέλια της ανάγνωσης, πρέπει να βγάλουν όλες τις εικόνες από την οθόνη για λίγο και να αφήσουν τα παιδιά να ακούσουν τους ήχους. Οι δεξιότητες της φωνολογικής συνειδητοποίησης είναι η εισαγωγή στην ανάγνωση. Από την στιγμή που τα παιδιά σπάσουν "τον κώδικα", χρειάζονται άλλες γλωσσικές δεξιότητες που θα προωθήσουν την κατανόηση.

"Κάποιος πρέπει να διδάξει γραμματική σε αυτά τα παιδιά!"

Σε μια πρόσφατη πτήση, ένας συνεπιβάτης μου (υψηλής μόρφωσης), ισχυρίστηκε ότι "Το μόνο δύσκολο με αυτά τα παιδιά, είναι ότι κάποιος πρέπει να τους διδάξει γραμματική!". Έχει απόλυτο δίκιο, φυσικά. Η κατανόηση του συντακτικού ή της γραμματικής της γλώσσας, είναι σημαντική για την κατανόηση της ανάγνωσης της γραφής και για πολλούς τύπους συλλογισμού. Ωστόσο σήμερα, η διδασκαλία της γραμματικής, δεν είναι τόσο απλή όπως ήταν τότε που αυτό το άτομο πήγαινε σχολείο και οι δάσκαλοι και οι άνθρωποι στο ραδιόφωνο (και των πρώτων χρόνων της Τηλεόρασης) προσπαθούσαν να μιλάνε έξυπνα περιμένοντας από τα παιδιά να ακολουθήσουν το παράδειγμα. Κατά συντριπτικό αριθμό οι μαθητές, μεγαλώνουν με τα πρότυπα ενηλίκων και των τηλεοπτικών μέσων (η διάκριση δεν είναι ακούσια) που τους βυθίζουν σε λάθος τοποθετημένες ιδέες ("παγιδεύοντας το δολοφόνο, οι πυροβολισμοί ακούστηκαν έξω"), σύγχυση του θέματος και του αντικειμένου ("αυτός και εγώ συμφωνήσαν. ..), παραμορφωμένη χρονική ακολουθία ("είχε πήγε. ."), και σε περίπλοκες τροποποιήσεις ("οι γεύσεις είναι όπως θα έπρεπε"), έτσι ώστε η μακροχρόνια εργασία αναδιάρθρωσης να είναι απαραίτητη. Είναι άδικο να περιμένουμε από τους δασκάλους να χειριστούν μόνοι τους την "θεραπεία" των ζημιών της μετωπικής επίθεσης με τον κατάλληλο τρόπο ".
 Η απογοήτευση που προκύπτει από την τοποθέτηση της "γραμματικής" στα κεφάλια των παιδιών, έχει οδηγήσει στην κακή διδασκαλία της (η οποία παρεμπιπτόντως απλώς

διδάχθηκε, και δεν κατανοήθηκε). Οι περισσότεροι μαθητές βλέπουν αυτό το θέμα, σαν ένα μεγάλο, λιπαρό, πράσινο τέρας που περιμένει να τους καταβροχθίσει. Μισούν τόσο πολύ το μάθημα της γραμματικής που μια σίγουρη εγγύηση καλής συμπεριφοράς εκ μέρους τους, είναι να απειληθούν με ένα φύλλο εργασίας γραμματικής εάν δεν φερθούν καλά

Ο ανταγωνισμός που προστίθεται στην άγνοια, είναι δυσοίωνος για την επιβίωση της λογικής διάρθρωσης της γλώσσας. Όπως είναι φυσικό δεν μπορεί κανείς να κατηγορήσει την απέχθεια των παιδιών για κάτι που έχει διδαχθεί τόσο άσχημα. Επειδή οι προεφηβικοί εγκέφαλοι δεν τα καταφέρνουν καλά με τα πολύπλοκα συστήματα της γραμματικής, είναι προτιμότερο η γραμματική να μαθαίνεται αρχικά, μέσω της επαφής τους με την προφορική γλώσσα ή την ανάγνωση καλών βιβλίων.

Τα παιδιά αρχίζουν να μαθαίνουν τη γραμματική (σύνταξη)με φυσικό τρόπο, από τη στιγμή που γεννιούνται. Ακόμη και σε έναν γλωσσολογικά φτωχό πολιτισμό τα περισσότερα πεντάχρονα είναι σχεδόν ολοκληρωμένοι χρήστες των βασικών κανόνων της. Όπως έχουμε δει, βέβαια, ο εγκέφαλος δεν θα διευκρινίσει ούτε και θα επεκτείνει αυτές τις γνώσεις παρά μόνο αν ο πολιτισμός ακολουθήσει με τους κατάλληλους τύπους υποκίνησης.

Η σημαντική πραγματική εμπειρία, εντούτοις, είναι αρκετά διαφορετική από τη διδασκαλία και τη εξέταση των πολύπλοκων κανόνων, που έχει γίνει μια μάταιη κοινοτοπία στις αμερικανικές αίθουσες. Παραδείγματος χάριν, τα παιδιά στη βασική, ή ακόμα και στη δευτεροβάθμια εκπαίδευση, που μπορούν να μιλήσουν, να γράψουν, να διαβάσουν και να καταλάβουν "Το ηλιοβασίλεμα ήταν όμορφο", και που μπορούν να ξεχωρίσουν μια "ονομαστική λέξη" από μια "περιγραφική λέξη" δεν θα πρέπει να σπαταλούν πολύτιμο χρόνο, στην απομνημόνευση και στην εξέταση "ενός κατηγορηματικού επιθέτου που προηγείται πάντα από ένα συνδετικό ρήμα". Πρέπει, αντ' αυτού, να διαθέσουν πολύ χρόνο για να ακούσουν και να παράγουν —προφορικά και γραπτά —την αφθονία των

411

ουσιαστικών, των χρόνων των ρημάτων, την επέκταση των προτάσεων, τον συνδυασμό των προτάσεων, των εξαρτώμενων προτάσεων και όλων των άλλων πολύπλοκων στοιχείων, που θα τους απομακρύνει από το συντακτικό των τηλεοπτικών μέσων.

Τα πολύπλοκα συστήματα των κανόνων της γραμματικής και της χρήσης της, πρέπει να διδαχθούν όταν οι περισσότεροι μαθητές είναι ακόμα στο γυμνάσιο. Κατόπιν, όταν έχουν προετοιμαστεί προηγουμένως, ίσως να μπορούν και να απολαύσουν τις προκλήσεις αυτού του είδους πολύπλοκου συλλογισμού. Μόνο, βέβαια, αν τα κυκλώματα δεν είναι ήδη πάρα πολύ διαταραγμένα από την επιπόλαιη διδασκαλία των κανόνων.

Μια μαθήτρια της ένατης τάξης, που ήρθε πέρυσι ζητώντας μου βοήθεια με τη γραμματική, ήταν απολύτως μπερδεμένος για τα απλούστερα μέρη του λόγου. Παρόλο που ήταν ευφυής και θα μπορούσε, στην ηλικία που βρισκόταν να έχει κατανοήσει αυτό το θέμα σε μια εβδομάδα, είχε πέσει θύμα των χωρίς νόημα γραμματικών ασκήσεων της δεύτερης τάξης. Στην προσπάθεια μας λοιπόν, η Michelle και εγώ να βρούμε την απλή διαφορά μεταξύ των επιθέτων και των επιρρημάτων, πολλές στιγμές ευχήθηκα να μπορούσα να πάρω μια νευρολογική ηλεκτρική σκούπα και ρουφήξω όλες εκείνες τις μπερδεμένες συνάψεις που εμπόδιζαν τον σκοπό μας. Μας πήρε έξι μήνες να ξεφορτωθεί τα περιττά, αλλά τελικά μια ημέρα το φως ξεπρόβαλε. "Αυτό είναι εύκολο!" αναφώνησε. Είναι, όταν οι εγκέφαλοι προετοιμάζονται για την εκμάθηση και ο μαθητής έχει έναν λόγο να το χρησιμοποιήσει με τα πραγματικά λογοτεχνικά πρότυπα. Η εξοικείωση των παιδιών με την σωστή γλώσσα των βιβλίων και τις ταινίες, η διαμόρφωση τρόπων ομιλίας και γραφής, και η ελευθερία να απολαύσουν την ικανότητά τους να χρησιμοποιούν λέξεις για να χειρίζονται τις ιδέες, είναι σίγουροι τρόποι να ενσωματωθεί "η γραμματική" στους αναπτυσσόμενους εγκεφάλους. Η συνεργασία μαζί τους στο γράψιμό, είναι ιδιαίτερα σημαντική. Καμία ποσότητα φύλλων εργασίας ή εκμάθηση κανόνων δεν θα αναπληρώσει εντελώς τις ελλείψεις που έχουν προέλθει από την έλλειψη εμπειρίας της δομής των πραγματικών, σημαντικών προτάσεων.

Η Προφορική Παράδοση

Είναι αφροσύνη το να αγνοείς την σημασία της προφορικής εξιστόρησης, των παραμυθιών και της δημόσιας ομιλίας σε έναν κόσμο που επικοινωνεί όλο και περισσότερο, χωρίς την παρουσία του γραπτού λόγου. Αυτές οι δεξιότητες χτίζουν τη γλωσσική ικανότητα στη γραμματική, τη μνήμη, την προσοχή, και την απεικόνιση, μεταξύ πολλών άλλων ικανοτήτων. Εξίσου σημαντικά, μπορεί να χρησιμοποιηθούν για να αντλήσουν την αφθονία των πολιτιστικών παραδόσεων έξω από τη "επικρατούσα τάση" —και το ταλέντο πολλών παιδιών. Είναι αδικαιολόγητο να προτείνουμε ότι οι δάσκαλοι της βασικής εκπαίδευσης—και ίσως και οι άλλοι, —να πάρουν μια σειρά μαθημάτων εξιστόρησης; Πολλοί επιμένουν ότι αυτή η κατάρτιση έχει επιφέρει μεγάλη διαφορά στην αποτελεσματικότητά τους μέσα στην τάξη.

Τι συμβαίνει με την Απομνημόνευση;

Προσωπικά πιστεύω, αν και δεν μπορώ να αναφέρω καμία έρευνα εγκεφάλου για να το αποδείξω, ότι η βοήθεια των μαθητών σε όλα τα επίπεδα, να απομνημονεύσουν μερικά κομμάτια καλών γραπτών —αφηγηματικών, εκθέσει και ποιήματα —σε συχνή βάση, θα παρείχε την καταλληλότερη πρακτική για τη γλώσσα, την ακουστική και την προσοχή. Δεν εννοώ την μηχανική αποστήθιση της ύλης, απλά λίγος χρόνος κάθε εβδομάδα για να δοξάσουν τους ήχους της εγγράμματης σκέψης. Η απομνημόνευση, μπορεί να πάρει την μορφή άσκησης, έτσι ώστε να μην καταναλώνεται ο περισσότερος χρόνος της τάξης.

Μαθαίνοντας τους μαθητές να ακούνε

Συγχρόνως, τα σχολεία θα πρέπει να αναλάβουν να μάθουν στα παιδιά πώς να ακούνε αποτελεσματικά, επειδή κανένας άλλος δεν φαίνεται να το κάνει. Οι δάσκαλοι δεν μπορούν να υποκριθούν ότι μαθητές τους παρακολουθούν αυτά που

413

ακούνε, επειδή οι περισσότεροι δεν το κάνουν. Μόνο αν θέλουμε να βάλουμε ένα τρισδιάστατο, ζωηρόχρωμο σόου με σκύλους και αλογάκια κάθε φορά που διδάσκουμε ένα μάθημα, θα μπορέσει να ξεκινήσει η ακουστική εκπαίδευση.

Η διδασκαλία της ακουστικής στα παιδιά, πιθανόν να καταναλώσει ένα μεγάλο κομμάτι χρόνου από το μάθημα, αλλά θα είναι χρόνος που θα έχει ξοδευτεί σωστά. Η σωστή διδασκαλία οποιασδήποτε βασικής διαδικασίας εκμάθησης και σκέψης επιβραδύνει την δογματική μας εξέλιξή μέσω του περιεχομένου. Άραγε πόσος χρόνος καταναλώνεται με την επανάληψη των οδηγιών, την εξέταση των μαθητών που δεν έκαναν την εργασία επειδή "δεν άκουσαν" την ανάθεση της και την ύλη που δεν μαθεύτηκε επειδή δεν κατάλαβαν αυτά που άκουσαν είτε από το δάσκαλο είτε από το συγγραφέα που μιλούσε σε αυτούς μέσω του βιβλίου;

Πρόσφατα ένα άρθρο, κάποιας εκπαιδευτικής εφημερίδας, υποστήριζε την σύνθετη διδασκαλία των ακουσμάτων ως νέο μέρος του εκπαιδευτικού προγράμματος, την διδασκαλία των παιδιών "για να συμμετέχουν σε σύνθετες εμπειρίες που τους αναγκάζουν να ρωτήσουν, να ταξινομήσουν, να οργανώσουν, να αξιολογήσουν και να επιλέξουν," ώστε να μπορέσουν να γίνουν "έμπειροι και λογικοί καταναλωτές των ακουστικών πληροφοριών."

Τα προγράμματα έχουν ως σκοπό να βελτιώσουν τις ακουστικές δεξιότητες, παρόλο που πολλά από αυτά στόχευαν αρχικά τα παιδιά με μαθησιακές δυσκολίες, τώρα πια είναι κατάλληλα σχεδόν για όλους. Αντί να προστεθούν ακόμα περισσότερα φύλλα εργασίας, γιατί να μην χρησιμοποιηθούν καθημερινά μαθήματα που θα εκπληρώσουν αποτελεσματικότερα τον ίδιο σκοπό; Οι δάσκαλοι μου λένε συνεχώς, ότι πρέπει να επαναλάβουν όλες τις οδηγίες, τουλάχιστον τρεις φορές. Συγκεκριμένα μια δασκάλα μου ανέφερε ότι κατέληξε να δίνει ξεχωριστά οδηγίες στον καθένα μέσα στην τάξη. Και αναρωτιόμαστε γιατί οι μαθητές δεν ακούνε; Οι δάσκαλοι πρέπει να ενωθούν και να συμφωνήσουν ότι πρέπει να αρχίζουν από τις πιο μικρές τάξεις κάνοντας την διδασκαλία της προφορικής γλώσσας μια προτεραιότητα. Παραδείγματα:

"Τώρα θα δώσω δύο οδηγίες. Θέλω να ακούσετε προσεκτικά και έπειτα θα ζητήσω ένας από σας να επαναλάβει προτού να συνεχίσουμε."

"Θα ξεκινήσω με μια τρίλεπτη διάλεξη για το θέμα που θα μελετήσουμε σήμερα στο μάθημα της φυσικής. Ακούστε προσεκτικά και έπειτα γράψτε μια περίληψη αυτών που θυμάστε. Δεν θα επαναλάβω τίποτα. Μπορείτε να διαβάσετε τις περιλήψεις σας δυνατά και να συγκρίνετε τι θυμηθήκατε. "

"Σήμερα θα παίξουμε ένα παιχνίδι, στο οποίο εργάζεστε σε ομάδες για να δώσετε μεταξύ σας οδηγίες και να δείτε εάν το άλλο πρόσωπο μπορεί να ακούσει αρκετά προσεκτικά για να τις ακολουθήσει."

Οι μορφές εκμάθησης κάποιων παιδιών, καθιστούν την επεξεργασία των πληροφοριών, μέσω των ακουστικών καναλιών, δυσκολότερη, η έρευνα όμως έχει δείξει ότι αυτά τα παιδιά, ειδικά, έχουν ανάγκη από αυτές τις δεξιότητες. Οι ενήλικοι που είναι ευαίσθητοι στις μεμονωμένες διαφορές, δεν προσβάλουν τους νεαρούς με τη δυσκολία, αλλά συνεχίζουν να δουλεύουν προς τα υψηλά πρότυπα της προσοχής.

Ιδιαίτερα σημαντικό για τους σημερινούς μαθητές είναι να τους δώσουμε την δυνατότητα να μιλήσουν και να ακούσουν αποτελεσματικά, ο ένας τον άλλον. Με την περιττή τηλεοπτική παρακολούθηση, πολλοί νεαροί στερούνται των δεξιοτήτων της θετικής συναναστροφής με τους συνομήλικους τους. Δυστυχώς, οι περισσότεροι δάσκαλοι, δεν κάνουν πολλά για να τους βοηθήσουν να μιλάνε ή να ακούνε. Το μπαλάκι της συνομιλίας, μέσα στην τάξη, πάει από το δάσκαλο στο μαθητή, έπειτα πίσω στο δάσκαλο και πάλι πίσω σε έναν άλλο μαθητή.

Δάσκαλος: "John, ποίος ήταν ο κύριος χαρακτήρας αυτής της ιστορίας;"

John: "Ο Samuel Adams"

Δάσκαλος: "Σωστά. Ayesha, πότε είχε γεννηθεί ο Samuel Adams;" κλπ

Εν τω μεταξύ, η υπόλοιπη τάξη είναι ελεύθερη να αφαιρεθεί ώσπου να ακούσουν τα ονόματά τους. Οι εναλλακτική εδώ είναι, επερωτήσεις που θα συμμετέχουν όλοι οι μαθητές, συζητώντας ανά ομάδες όπου η καθεμία θα υποβάλλει και θα απαντά στις ερωτήσεις και θα συζητά τις απόψεις και τις ιδέες με ένα διαρθρωτικό τρόπο.

Δάσκαλος: "Θέλω κάθε ένας από σας να συνεργαστεί με κάποιον άλλον και μέσα σε δεκαπέντε λεπτά να απαριθμήσει όλα τα γεγονότα του κειμένου, που αφορούν τον Samuel Adams. Κατόπιν θα συγκρίνουμε αυτά που έχει βρει ο καθένας και θα ταξινομήσουμε τις σημαντικές ιδέες και τις λεπτομέρειες. Μετά θα σας δείξω ένα παράδειγμα για το πώς κάνουν μια περίληψη, ώστε να μπορέσετε να σχεδιάσετε την μονοσέλιδη βιογραφία που έχετε για εργασία." (Αυτός ο δάσκαλος παραπέμπει, το μάθημα στις δεξιότητες κατηγοριοποίησης, αφού οι μαθητές του καθορίζουν τις κύριες και δευτερεύουσες κατηγορίες του θέματος.)

Με ένα τέτοιο είδος ελευθερίας, οι μαθητές θα αρχίσουν να ξεφεύγουν από το περιβάλλον της τάξης; Όχι αν οι δάσκαλοι έχουν εκπαιδευτεί να διατηρούν σταθερά τους κανόνες και την δομή των τάξεων και αν αφιερώσουν λίγο χρόνο για να διδάξουν τους κανόνες της εποικοδομητικής συναναστροφής. Ακόμη και τα μικρά παιδιά, θα μπορούσαν να γίνουν πολύ ενεργά και παραγωγικά αν ασχολούνταν με αυτόν τον τύπο μαθήματος. Τα επαγγελματικά περιοδικά και τα εμπορικά βιβλία προβάλλουν όλο και περισσότερο, τέτοιες ιδέες. Παράδοξα, οι μαθητές των οποίων τα σχολεία λειτουργούν με πιο αυστηρή πειθαρχία, είναι πιθανό να παρουσιάσουν μεγαλύτερη δυσκολία στην αυτοπειθαρχία που είναι απαραίτητη για αυτόν τον τύπο συναναστροφής, έτσι βοηθά όταν οι δάσκαλοι από τις πρώτες τάξεις κιόλας, εκπαιδεύονται να κάνουν την συμμετοχή των μαθητών, εποικοδομητική και ενεργή και όχι ρομποτική (κάτι αναπόφευκτο για τα δεδομένα των σύγχρονων τάξεων).

Εάν οι γονείς θέλουν να βοηθήσουν, πρέπει καταρχήν να επιμείνουν στο προσεκτικό άκουσμα στο σπίτι. Μπορούν επίσης να παραβλέψουν τον μύθο ότι τα παιδιά μαθαίνουν καλύτερα όταν αυτοί παραμένουν σιωπηλοί —και να υποστηρίξουν τους δασκάλους που ενθαρρύνουν την δραστήρια, αλλά αυτοελεγχόμενη, συμμετοχή.

Παλεύοντας με το "Εεε. .. Όπως, .. Ξέρετε "

Το βρίσκω ειρωνικό, οι "επικοινωνίες" όπως αποκαλούνται, να είναι μια από τις δημοφιλέστερες ειδικεύσεις των κολεγίων. Τον περασμένο χειμώνα, στη γαμήλια υποδοχή μιας νεαρής φίλης μου, συνέπεσα σε μια συνομιλία με μια από τις παράνυφους,, μια ευχάριστη νέα κυρία η οποία με πληροφόρησε ότι ειδικεύεται στις επικοινωνίες.

"Α, αυτό είναι πολύ ενδιαφέρον," απάντησα. "Ποτέ δεν κατάλαβα τι ακριβώς είναι η ειδίκευση στις επικοινωνίες. Τι μαθαίνεται περίπου;"

Δεδομένου ότι δεν είχα μαζί μου το μαγνητοφωνάκι μου, μπορώ μόνο να προσπαθήσω να αναπαραστήσω την ουσία της απάντησής της:

"Λοιπόν, είναι... ναι...μαθαίνουμε για.., ξέρεις [τα χέρια ψάχνουν στον αέρα για τις λέξεις], ναι, για το πώς να επικοινωνήσετε. Είναι κάτι που οι σύγχρονοι άνθρωποι πρέπει να γνωρίζουν — ξέρετε, όπως για την Τηλεόραση και διάφορα άλλα."

Πώς μπορούμε να διδάξουμε τους μαθητές να εκφράζουν τις ιδέες τους αποτελεσματικά; Η Δρ Courtney Cazden του Χάρβαρντ αισθάνεται, ότι όλοι οι μαθητές πρέπει να ενθαρρύνονται να συζητούν στο σχολείο επειδή δεν συνηθίζουν να μιλούν έξω από αυτό για σχολικά θέματα. Ακόμα και όταν το κάνουν, χρησιμοποιούν τη γλώσσα του πολιτισμού των συνομήλικων τους, αντί για "τις μορφές ακαδημαϊκής ομιλίας —τους ειδικούς τρόπους που αναμένονται στο σχολείο."

Βάζοντας τους μαθητές να κάτσουν σε μια κυκλική διάταξη, ώστε να μπορούν να διατηρήσουν επαφή με τα μάτια ο ένας του άλλου, βοηθάει αρκετά. Μπορούν και στο σχολείο και στο σπίτι, να ενθαρρυνθούν να δοκιμάσουν τη "διερευνητική συζήτηση" καθώς θα προσπαθούν να τακτοποιήσουν τις σκέψεις τους.

Οι δάσκαλοι και οι γονείς μπορούν να βοηθήσουν τα παιδιά να διευκρινίσουν τη σκέψη τους κάνοντάς τους ερωτήσεις:

• Τι εννοείς;
• Πώς το έκανες αυτό;
• Γιατί το λες αυτό;

• Πώς ταιριάζει αυτό με αυτό που είπες πριν;
• Δεν το κατάλαβα αυτό, θα μπορούσες να μου το εξηγήσεις με έναν άλλο τρόπο;
• Θα μπορούσες να μου δώσεις ένα παράδειγμα;

Η Cazden , υπογραμμίζει επίσης τη σημασία του "χρόνου αναμονής", τουλάχιστον τριών δευτερολέπτων αφότου υποβάλλει ο δάσκαλος ή ο γονέας μια ερώτηση. Αυτή η μικρή διακοπή δίνει στο παιδί την δυνατότητα να διατυπώσει μια ιδέα και τις λέξεις με τις οποίες θα την εκφράσει. Οι περισσότεροι ενήλικοι συνηθίζουν να περιμένουν μόνο ένα δευτερόλεπτο περίπου, μετά από την υποβολή της ερώτησης. Λίγα παιδιά μπορούν να τακτοποιήσουν τις σκέψεις τους και να τις συνδυάσουν με τις λέξεις σε τόσο σύντομο χρόνο.

Μια δασκάλα, μέσης εκπαίδευσης στο ΝιουΧάμσαιρ, που θεωρεί τους σπουδαστές της, ρυθμισμένους στη "γλωσσική παθητικότητα", γράφει:

Ως εκπαιδευτικός φιλολογίας, έχω καταπιαστεί όχι μόνο με το ακόνισμα των κοινών δεξιοτήτων της ομιλίας, αλλά, με κάτι ακόμα πιο προκλητικό και δύσκολο, να χτίσω την συνείδηση των απαιτήσεων της σαφούς λεκτικής επικοινωνίας των πιο στοιχειωδών διαπροσωπικών επιπέδων. Η στρατηγική μου είναι να εξισορροπήσω την κοινωνικοπολιτιστική συγχώρεση της παθητικότητας, απαιτώντας την εκτενή και ακριβή λεκτική έκφραση. Οι σπουδαστές έχουν τις ευκαιρίες να δοκιμάσουν ποικίλες χρήσεις της προφορικής γλώσσας και να αισθανθούν την ικανοποίηση που προκύπτει από την σωστή μετάδοση της ακριβής έννοιάς σε κάποιον.

Επιτιθέμενη στο πρόβλημα "με έναν συνδυασμό προφορικής διαμόρφωσης" είναι προσεκτική στην χρήση του λεξιλογίου της και ενθαρρύνει αρκετές συζητήσεις με τον καθένα. Όταν οι μαθητές χρησιμοποιούν τους ασαφείς όρους και τα λαϊκά ιδιώματα, τους βοηθά διακριτικά να βρουν πιο κατάλληλες λέξεις. Οι συζητήσεις διεξάγονται μόνο με πλήρεις προτάσεις, ένας κανόνας που επιβάλλεται από την πρώτη ημέρα του σχολείου το Σεπτέμβριο. Συχνά, ιδιαίτερα στην αρχή, είναι απαραίτητο να τους υποδείξει πώς.

Δάσκαλος: "Πώς αισθάνεται η Judy σε αυτό το κομμάτι της ιστορίας;"

Σπουδαστής: "Λυπημένη,"

Δάσκαλος: "Χρησιμοποίησε σε παρακαλώ μια πλήρης πρόταση. Η Judy αισθάνεται...

"Μέχρι το τέλος του πρώτου τριμήνου," υποβάλλει αναφορά, "αυτή η παρακίνηση είναι σπάνια, αλλά απαραίτητη και εργαζόμαστε ήδη στην επέκταση του βάθους των απαντήσεων, ώστε να περιληφθούν οι αιτίες και τα επιχειρήματα." Το λεξιλόγιο και η κατανόηση αυξάνονται, καθώς τα λογοπαίγνια και τα παιχνίδια με τις λέξεις τα απολαμβάνουν οι μαθητές και καθώς οι έννοιες των λέξεων εξετάζονται και συζητιούνται.

Ποια ρήματα δηλώνουν "κίνηση";

Γιατί "ένας βρώμικος ηλικιωμένος" είναι τρομακτικός αλλά ένας "λερωμένος ηλικιωμένος κύριος" αξιολύπητος;

Πολλοί άλλοι δάσκαλοι, συμπεριλαμβανομένου εμού, έχουν παρατηρήσει παρόμοια ανανέωση στις γλωσσικές δεξιότητες, στο ενδιαφέρον και στη κατανόηση των γλωσσολογικά παθητικών μαθητών. Οι νεαροί με τα σχετικά πλήρη γλωσσικά υπόβαθρα, μπορούν να κατακτήσουν τις δεξιότητες γρηγορότερα, αλλά η επιμονή θα πρέπει να διαρκέσει αρκετά σχεδόν για όλους.

Παρόλο που είναι ενθαρρυντικό να γνωρίζουμε ότι αυτή η εξέλιξη είναι πιθανή ακόμα και στα μεσαία σχολικά έτη, θα πρέπει να νιώθουμε ντροπή που ένας δάσκαλος θα πρέπει να αρχίσει τη διαδικασία σε αυτό το επίπεδο. Τα παιδιά πηγαίνουν σχολείο, από την στιγμή που γίνουν πέντε ετών (ή νεώτερα), όταν οι γλωσσικοί τομείς του εγκεφάλου είναι ακόμα αρκετά πλαστικοί. Οι μαθησιακές προτεραιότητες —από τα προσχολικά έτη θα πρέπει να περιλαμβάνουν την παράθεση προτύπων και την αποτελεσματική χρήση της προφορικής γλώσσας. Το δείχνω-και-λέω δεν είναι μια αποτυχημένη απόπειρα; Αν χρησιμοποιηθεί σωστά, είναι μια από τις πολλές ευκαιρίες να αναπτυχθεί η προφορική γλώσσα, το άκουσμα και η δεξιότητα των ερωτήσεων. Αλλά οι ίδιοι οι δάσκαλοι, μπορεί να χρειάζονται πρόσθετη κατάρτιση για το πώς θα χτίσουν τις γλωσσικές δεξιότητες των νεαρών και πρέπει επίσης να γνωρίζουν τα θέματα σε ικανοποιητικό βαθμό ώστε να έχουν κάτι σημαντικό να πουν. Αυτοί που ωθούνται από τη διοικητική εξουσία, μέσω μιας διδακτικής ύλης που αφθονεί από τον τύπο εκμάθησης .....«συμπληρώστε τα κενά»...., δεν είναι σε θέση να εξελιχθούν.

Ο γραπτός λόγος στηρίζεται στην προφορική έκφραση. Η πρακτική του γραπτού λόγου, προσφέρει μια χρυσή ευκαιρία να χτιστούν οι εκφραστικές γλωσσικές δεξιότητες και αντίστροφα. Αν και δεν είναι όλοι οι μαθητές σε θέση να μιλήσουν αμέσως, μπορούν όλοι να γράψουν. Όταν ένας δάσκαλος υποβάλλει μια ερώτηση, αντί να καλέσει έναν μαθητή μεμονωμένα να απαντήσει, μπορεί να ζητήσει από τον καθένα να γράψει μια σχετική πρόταση με το θέμα και έπειτα να μοιραστεί μερικά παραδείγματα. Αυτό ο απλός τρόπος, αναγκάζει αμέσως όλους τους εγκεφάλους της τάξης να ασχοληθούν με το θέμα, παρέχει την πολύτιμη πρακτική καθώς επίσης έναν καλό δείκτη της κατανόησης του μαθητή. Ακόμη και στο μάθημα των μαθηματικών, οι δάσκαλοι έχουν μείνει έκπληκτοι με την βελτίωση της κατανόησης και της μνήμης των μαθητών, όταν τους ζητιέται τακτικά να γράφουν για αυτά που μαθαίνουν.

Τρόποι Αμφισβήτησης

Θέτοντας τους μαθητές στην αναζήτηση μόνο μιας σωστής απάντησης, παρά για το ενδιαφέρον της ερώτησης, τους καταδικάζουμε να ζήσουν μέσα στις ανακαλύψεις άλλων ατόμων.

- Priscilla Vail

Οι μαθητές-και οι δάσκαλοι τους-πρέπει να μάθουν καλύτερους τρόπους να εκφράζουν ερωτήσεις. Πολλά παιδιά σήμερα, έρχονται στο σχολείο έχοντας στερηθεί την εμπειρία των ερωτήσεων τύπου (ποιος, που, πότε), τις σχετικές δεξιότητες συλλογισμού και τις στοχαστικές συνήθειες της έρευνας γενικά.

Δυστυχώς, όταν οι εκπαιδευτικοί στόχοι έχουν καθοριστεί τόσο στενά, αυτές οι δυνατότητες συνεχίζουν να παραμελούνται δεδομένου ότι οι ενδιαφέρουσες ερωτήσεις, αντιπροσωπεύουν περισσότερο μια απειλή παρά μια πρόκληση.

Ο τύπος των ερωτήσεων που κάνει ένας δάσκαλος, καθορίζει το διανοητικός τόνος της τάξης. Μελέτες έχουν δείξει ότι η εκπαίδευση των δασκάλων σε συγκεκριμένες τεχνικές επερωτήσεων, μπορεί να βελτιώσει την κατανόηση των μαθητών, μεταξύ πολλών άλλων δεξιοτήτων, παρακινώντας την σκέψης τους από την κυριολεκτική επανάληψη των γεγονότων στα επίπεδα της κατανόησης, της εφαρμογής και του επαγωγικού συλλογισμού. Εδώ βρίσκονται μερικά δείγματα, ιδιαίτερων τύπων ερωτήσεων:

Γεγονός: "Τι έκανε ο Goldilocks όταν έφτασε στο σπίτι των τριών αρκούδων;"
Κατανόηση: "Γιατί στον Goldilocks άρεσε η καρέκλα της μικρής αρκούδας καλύτερα;"

Το πιστεύετε ή όχι, σχεδόν το 90% των ερωτήσεων όλων των δασκάλων, προέρχονται από αυτές τις δύο κατηγορίες, οι οποίες απαιτούν ελάχιστο, έως καθόλου, συλλογισμό. Δεν υπάρχει καμία απορία γιατί ο μαθητής είναι τόσο ανεπαρκής σε αυτές τις δεξιότητες! Σκεφτείτε τα παρακάτω:

Εφαρμογή: "Εάν ο Goldilocks είχε μπει στο σπίτι σας, ποια πράγματα θα μπορούσε να έχει χρησιμοποιήσει;"
Ανάλυση: "Πώς μπορούμε να πούμε ποια πράγματα ανήκουν σε κάθε αρκούδα;"
Σύνθεση: "Πώς θα ήταν η ιστορία αν ο Goldilocks είχε επισκεφτεί τους τρεις αστροναύτες;"
Αξιολόγηση: "Πιστεύετε ότι ο Goldilocks είχε το δικαίωμα να κάνει αυτό που έκανε; Γιατί;"

Η ιδέα των ερωτήσεων, ακόμη και της ελευθερίας, των παιδιών να επεκτείνουν τη σκέψη τους με αυτούς τους τρόπους, είναι ανησυχητική για μερικούς ενηλίκους, οι οποίοι επιθυμούν να τα βλέπουν στην σειρά και να συμπληρώνουν τα κενά στα οποία αντιστοιχεί πάντα μόνο μια σωστή απάντηση. Όλως παραδόξως, οι ίδιοι άνθρωποι παραπονιούνται ότι οι μαθητές δεν μπορούν να καταλάβουν την ιστορία, τη γεωμετρία, ή τον Shakespeare. Κατηγορούν επίσης τα παιδιά όταν επαναστατούν, γίνονται "υπερενεργητικά," ή απομακρύνονται εντελώς από την εκπαιδευτική διαδικασία. Τα παιδιά πρέπει, βέβαια, να κυριαρχήσουν πραγματικά τα "βασικά," αλλά οι πιεστικές ερωτήσεις του αυριανού κόσμου, δεν θα διατυπωθούν σε κυριολεκτικό επίπεδο. Μέχρι στιγμής, περίπου εξήντα τρεις αιτήσεις διπλώματος ευρεσιτεχνίας έχουν κατατεθεί για τις νέες ποικιλίες ζώων που έχουν κατασκευαστεί γενετικά από τους επιστήμονες του είδους μας! Προτού εγκριθούν, ελπίζω, ότι έστω και ένας θα ξέρει πώς να υποβάλει τα σωστά είδη ερωτήσεων!

Πού θα βρούμε το χρόνο να εφαρμόσουμε όλες αυτές τις ιδέες; Κατ' αρχάς, θα πρέπει να θυσιάσουμε την εκμάθηση κάποιων "δεδομένων" που έχουμε λατρέψει στο παρελθόν και που οι υπολογιστές θα χειρίζονται σίγουρα στην πραγματικότητα του μέλλοντος. Δεύτερον, πρέπει να ερευνήσουμε τους τρόπους να κατακτήσουμε και να επεκτείνουμε τις βασικές δεξιότητες του συλλογισμού, όλες μαζί συγχρόνως. Αυτή η προσέγγιση διεγείρει πολλούς εκπαιδευτικούς για μερικές νέες και παλαιές ιδέες που αποκαλούνται " Ολιστική προσέγγιση της γλώσσας."

ΟΛΙΣΤΙΚΗ ΓΛΩΣΣΙΚΗ ΜΑΘΗΣΗ ΓΙΑ ΟΛΟΚΛΗΡΟ ΤΟΝ ΕΓΚΕΦΑΛΟ

Η ιδέα της ανάμειξης του μαθητή, στη διαδικασία των επερωτήσεων, προσωπικά, είναι μια πτυχή του επαναστατικού όρου "άρτια γλώσσα", ο οποίος προκαλεί την αναθεώρηση του τρόπου που έχουμε διδάξει (ή ακριβέστερα έχουμε αποτύχει να διδάξουμε) τα παιδιά να διαβάζουν, να γράφουν και να σκέφτονται. " Το κίνημα της άρτιας γλώσσας", όπως υπονοεί ο ίδιος ο όρος, για τους υπερασπιστές του, οι οποίοι το προάγουν με γνήσιο ιεραποστολικό ζήλο, είναι ένα σχήμα διδασκαλίας που προέρχεται από την έρευνα για τον τρόπο που τα παιδιά μαθαίνουν φυσικά τη γλώσσα. Υιοθετήθηκε μερικά χρόνια πριν, στις Ηνωμένες Πολιτείες, από κάποιες σχολικές περιοχές, και τώρα υπόσχεται να επιφέρει σημαντικά εκπαιδευτικά αποτελέσματα, καθώς διαδίδεται η χρήση του.

Όπως με κάθε καινούρια τάση, μερικές από τις εφαρμογές της είναι περισσότερο αποτελεσματικές από κάποιες άλλες. Οι ισχυρότεροι υπερασπιστές αυτής της τάσης, είναι δάσκαλοι που έχουν επενδύσει χρόνο και προσπάθεια για να χρησιμοποιήσουν τα ιδανικά της σωστά. Επαναφέρουν τους μαθητές "υπερβολικά ενεργά" στην ανάγνωση και την ποιοτική λογοτεχνία. Ένα χαρακτηριστικό σχόλιο από δασκάλους είναι, "δεν θα το πίστευα ποτέ, αλλά αγαπούν το γράψιμο!".

Ποια είναι η μαγική φόρμουλα; Το νόημα της "άρτιας γλώσσας" είναι τριπλάσιο. Κατ' αρχάς, σύμφωνα με την τρέχουσα έρευνα στη γνωστική ψυχολογία, ο μαθητής αντιμετωπίζεται ως ενεργός "κατασκευαστής της γνώσης," όχι απλώς ένας ενεργός δέκτης πληροφοριών. Δεύτερον, η ανάγνωση, το γράψιμο, η ομιλία και το άκουσμα διδάσκονται ως ενιαίες ασκήσεις και όχι ξεχωριστές. Τρίτον, το υλικό που χρησιμοποιείται για την ανάγνωση, και επιπλέον ως βάση για πολλές δραστηριότητες του γραψίματος, περιλαμβάνει επιλεκτική παιδική λογοτεχνία και παραδείγματα σωστής γλώσσας με ποικίλες αφηγηματικές και επεξηγηματικές μορφές.

Η γνώση δεν μεταδίδεται· οικοδομείται από τους μαθητές

Η έρευνα για την εκμάθηση έχει καταδείξει ότι οι μαθητές καταλαβαίνουν καλύτερα, θυμούνται τις ιδέες αποτελεσματικότερα και σκέφτονται πιο αποφασιστικά όταν αισθάνονται την προσωπική ευθύνη της κατανόησης αυτών που μαθαίνουν, αντί να περιμένουν από έναν δάσκαλο να τους το διορύσσει. Πολλά άτομα πιστεύουν ότι αυτές οι ιδέες υπόσχονται λαγούς με πετραχήλια στον κόσμο της εκπαίδευσης, αλλά κάθε δάσκαλος που τις έχει εφαρμόσει, γνωρίζει ότι και οι δύο τρόποι, είναι αληθινοί. Πολλοί μου έχουν ομολογήσει την ικανοποίησή τους, όταν ανακαλύπτουν ότι οι μαθητές που εργάζονται για να βρουν τις απαντήσεις στις ερωτήσεις που είναι σημαντικές για αυτούς, τα καταφέρνουν καλύτερα. Όταν το θέμα είναι δομημένο σωστά, οι μαθητές παρουσιάζουν λιγότερα προβλήματα πειθαρχίας.

Αυτή το συμπέρασμα έχει άμεση σχέση με την εκμάθηση της ανάγνωσης. Η παθητική και ίσως νεκρωτική για το μυαλό φύση της διδασκαλίας της ανάγνωσης, δικαίως έχει λάβει ένα μερίδιο ευθύνης για την νέα γενεά των αλλοτριωμένων αναγνωστών μας. Στο παρελθόν, αναλωνόμαστε στο μούδιασμα των εγκεφάλων των παιδιών, για αρκετές ώρες την ημέρα, επειδή τα περισσότερα από αυτά ερχόντουσαν στο σχολείο εμποτισμένα με την ιδέα ότι η ανάγνωση και το γράψιμο, ήταν κάτι τρομακτικά σημαντικό που έπρεπε να μάθουν. Είχαν καταλάβει ότι οι δεξιότητες της βασικής εκπαίδευσης, απαιτούνταν για την επιτυχία στη ζωή και πολλά από αυτά διάβαζαν στο σπίτι — ακόμα κι αν τα αγαπημένα τους ήταν τα κωμικά βιβλία. Επίσης έχοντας μάθει ότι η σκληρή δουλειά και η πλήξη είναι ανέφικτοι συνδυασμοί στο δρόμο για την επιτυχία, αυτά —και οι γονείς τους —ήταν έτοιμοι να ανεχθούν ένας είδος κακής εκπαίδευσης σε όλη την πορεία τους.

Η σύγχρονη γενιά του μυαλού των δύο-λεπτών (μην κατηγορείτε τα παιδιά για αυτό, εμείς το δημιουργήσαμε) είναι απειθάρχητη στην επιμονή ή τον συλλογισμό, όταν δεν συμπαθεί κάτι, αλλάζει κανάλι ή πείθει τον μπαμπά να μηνύσει το σχολείο. Αξιολογώντας δημοφιλή "επιτυχημένα" πρότυπα, δεν εκπλήσσομαι που η ανάγνωση, η γραφή και η προφορική έκφραση δεν έχουν πλέον το κύρος που είχαν κάποτε. Εάν τα σχολεία μοιράζουν σκουπίδια στο όνομα της διαπαιδαγώγησης της ανάγνωσης, οι σημερινοί νέοι καταναλωτές απλά δεν θα το δεχτούν.

Η έρευνα έχει δείξει ότι οι καλοί αναγνώστες, ακολουθούν ενεργά το νόημα, δημιουργώντας έναν ενεργό διανοητικό διάλογο με τον συγγραφέα.

"Τι θέλει να πει εδώ;" "Τι θα συμβεί έπειτα;" "Πώς συνδέεται με αυτό που ξέρω ήδη. .. ;" Για να είναι το παιδί καλός αναγνώστης, δεν πρέπει να συνηθίσει να αποσυντονίζεται, ούτε από τον συλλογισμό του συγγραφέα ούτε από τον δικό του. Οι αδύνατοι αναγνώστες, αφ' ετέρου, φέρονται σαν να περιμένουν από το κείμενο να τους δώσει το μήνυμα, το οποίο συνήθως δεν γίνεται. Πολλοί αδύνατοι αναγνώστες, είναι πιθανό να μην συνειδητοποιήσουν ότι δεν έχουν καταλάβει κάτι. Για αυτό το λόγο η σωστή διδασκαλία, χρησιμοποιεί υλικό που οι μαθητές μπορούν να καταλάβουν (με κάποια διανοητική προσπάθεια) και συγχρόνως τους κρατά ενήμερους για την έννοια αυτού που διαβάζουν. Όταν το υλικό παρουσιάζει κάποιο πραγματικό ενδιαφέρον για αυτούς, οι πιθανότητες για έναν επιτυχή αγώνα αυξάνονται.

Στις περισσότερες τάξεις της Αμερικής, στα παιδιά αναθέτεται ένα "βασικό" κείμενο ανάγνωσης, χωρίζονται σε "ομάδες ανάγνωσης" όπου διαβάζουν μεγαλοφώνως και στη συνέχεια επιστρέφουν στα θρανία τους για να γράψουν τις απαντήσεις των ερωτήσεων και να συμπληρώσουν τα φύλλα εργασίας ή τα τετράδια. Όταν οι μαθητές μεγαλώνουν, το μεγαλύτερο μέρος της ανάγνωσης γίνεται σιωπηλά, και μερικές φορές τα "εμπορικά βιβλία" (παιδικά μυθιστορήματα, βιογραφίες, κ.λπ..) συμπληρώνουν τα βασικά. Ο χρόνος της "ανάγνωσης" είναι προσεκτικά χωρισμένος και για άλλα θέματα, και καθώς αυτή η άσκηση επαναλαμβάνεται για κάθε μια από τις ομάδες στην τάξη, οι περισσότεροι δάσκαλοι δεν έχουν χρόνο για εκτεταμένη συζήτηση. Η παρατηρητική έρευνα στις τάξεις, έχει φέρει στην επιφάνεια, το θλιβερό γεγονός ότι σχεδόν όλο το μάθημα της ανάγνωσης εστιάζει στις χαμηλού επιπέδου δεξιότητες. Ελάχιστος είναι ο χρόνος που αφιερώνεται στην συζήτηση και την βοήθεια των μαθητών να κατανοήσουν αυτό που έχουν διαβάσει.

Σε πολλές τάξεις, ιδιαίτερα τις μεγάλες, ο δάσκαλος έχει πολύ λίγες ευκαιρίες να καλύψει τις ιδιαίτερες ανάγκες των μαθητών. Έχω βρεθεί σε πολλά ιδιωτικά καθώς επίσης και δημόσια σχολεία, όπου οι μαθητές παιδευόντουσαν με τα κείμενα της ανάγνωσης τα οποία δεν μπορούσαν να καταλάβουν και σε σχολεία που δεν υπήρχε καμία σημαντική συζήτηση. Το αναπόφευκτο αποτέλεσμα είναι η συνήθεια "της ανάγνωσης" χωρίς κατανόηση.

Οι δυνατότητες ανάγνωσης των μαθητών, σε όλες τις φυσιολογικές τάξεις, συνήθως επεκτείνονται τουλάχιστον για τέσσερα χρόνια μέχρι τη δεύτερη τάξη και μπορεί να επεκταθούν και για δέκα ή περισσότερα μέχρι την δευτεροβάθμια εκπαίδευση (π.χ., σε μια έκτη τάξη, μερικοί σπουδαστές διαβάζουν σαν τα παιδιά της δευτέρας τάξης και μερικά σαν του απόφοιτους του γυμνασίου) αν το υλικό ποικίλει, οι μισοί μαθητές, σχεδόν πάντα μπερδεύονται και οι άλλοι βαριούνται.

Ακόμα κι αν όλοι οι μαθητές μιας τάξης, είναι ικανοί να διαβάσουν και να κατανοήσουν το θέμα, θα πρέπει ακόμα, να είναι όλοι ικανοί να αποκριθούν ενεργά για να γίνουν πραγματικοί αναγνώστες. Στην έκτη τάξη μιας προαστιακής γειτονιάς, είδα ένα καλό παράδειγμα για το πώς να κάνεις τα παιδιά να βαριούνται όλη τη διαδικασία του μαθήματος. Ένδεκα σπουδαστές (η "καλύτερη ομάδα") κάθισαν σε ένα μεγάλο τραπέζι, για να διαβάσουν μεγαλόφωνα στη σειρά, από ένα παιδικό κλασικό το Johnny Trenwine, για τις περιπέτειες ενός αγοριού κατά τη διάρκεια της Επανάστασης. Κάθε φορά που ο κάθε μαθητής, τελείωνε μια παράγραφο, ο δάσκαλος έλεγε, "ωραία" ή υπέβαλε μια ερώτηση που θα μπορούσε να απαντηθεί σε μια λέξη ή σε μια φράση. Η σειρά έπειτα προχωρούσε στον επόμενο αναγνώστη. Αυτά τα παιδιά ήταν, στην πραγματικότητα, ικανοί προφορικοί αναγνώστες, σκοντάφτοντας σπάνια σε μια λέξη, αλλά το ενδιαφέρον τους για το κείμενο ήταν λιγότερο από συντριπτικό. Όταν διάβαζε ένα παιδί, τα άλλα καθόντουσαν παθητικά, με μάτια πλάνα ή στα πρόσωπά τους ζωγραφιζόταν η βαρεμάρα, που είναι το δυνατό σημείο της προ-εφηβείας. Όταν το κουδούνι χτυπούσε, ο δάσκαλος μοίραζε έναν πολυγραφημένο κατάλογο ερωτήσεων σχετικά με την εργασία.

Καθώς οι σπουδαστές δραπέτευσαν με ευγνωμοσύνη στο διάδρομο, στρίμωξα αρκετούς.

"Σας αρέσει αυτό το βιβλίο;"

Ώμοι που απαξιούν. "Ε ναι, καλό είναι " ήταν η θετικότερη άποψη που εκφράστηκε.

Η άρτια-γλωσσική διδασκαλία προσπαθεί να αντιμετωπίσει αυτές τις τάσεις, με την απόσπαση μιας ενεργούς απάντησης από κάθε παιδί. Η ποιοτική παιδική λογοτεχνία χρησιμοποιείται, με την μόνη διαφορά ότι το μάθημα στοχεύει στην κατανόηση, στη συζήτηση και στην ανάλυση, και προφορικώς και γραπτώς. "Οι δεξιότητες" διδάσκονται στα πλαίσια του σημαντικού πεζού λόγου. Μερικές φορές κάθε μαθητής επιλέγει το βιβλίο του, για το οποίο έπειτα είναι υπεύθυνος, άλλες φορές, οι ομάδες των μαθητών διαβάζουν και συζητούν το ίδιο βιβλίο. Στον παιδικό σταθμό, οι δάσκαλοι και τα παιδιά διαβάζουν και ξαναδιαβάζουν τις απλές ιστορίες μεγαλόφωνα, εξοικειώνοντας έτσι τους μαθητές με τους ήχους και τις έννοιες των λέξεων και τους τύπους των προτάσεων. Αργότερα, καθώς οι γλωσσικές δεξιότητες και το λεξιλόγιο των κειμένων αυξάνονται, εστιάζεται η προσοχή στην ανεξάρτητη σιωπηλή ανάγνωση, συνήθως από τη δεύτερη τάξη. Τα ομαδικά μαθήματα, είναι συνήθως μια αφορμή για την διδασκαλία της ακουστικής, τους μηχανισμούς της ανάγνωσης, και τις δεξιότητες κατανόησης στα πλαίσια της ιστορίας που έχει διαβαστεί. ("Μπορεί κάποιος να μου πει ποιος είναι ο πρώτος ήχος της λέξης γλιστερός; Πόσες συλλαβές; Ποια γράμματα χρησιμοποιούνται για την προφορά αυτού του ήχου;" "Πως λέγεται αυτό το σημείο στίξης;
Γιατί αυτή η πρόταση χρειάζεται ερωτηματικό αντί για κενό; "Ποιος μπορεί να πει τις ακριβείς λέξεις που είναι μέσα στα εισαγωγικά;" "Ποιον εννοεί η λέξη εσύ σε αυτήν την πρόταση;" "Ποια πιστεύετε ότι είναι η κύρια ιδέα αυτού του κεφαλαίου;")
Στα προγράμματα της άρτιας γλώσσας, μέρος του χρόνου που θα είχε δοθεί στα φύλλα εργασίας και τις ασκήσεις αφιερώνεται στην ανεξάρτητη ανάγνωση, και επειδή όλη η "φιλολογική εκπαίδευση" είναι ενιαία, περισσότερος χρόνος είναι διαθέσιμος. Οι δάσκαλοι και οι θεωρητικοί συμφωνούν ότι τα παιδιά μαθαίνουν να διαβάζουν κυρίως με αυτόν τον τρόπο. Μια και δεν το κάνουν στο σπίτι, πρέπει να έχουν το χρόνο να διαβάσουν στο σχολείο. Οι μαθητές διασκεδάζουν επιλέγοντας βιβλία από μια μεγάλη βιβλιοθήκη της τάξης (οι δάσκαλοι έχουν

την ευθύνη να καθοδηγήσουν τους μαθητές σε υλικό που δεν θα τους προκαλέσει μπέρδεμα). Συζητούν σθεναρά τα βιβλία ο ένας με τον άλλον καθώς επίσης και με το δάσκαλο (οι νεαροί αναγνώστες συζητούν για τις εκβάσεις της πλοκής και τις απόψεις του συγγραφέα). Αναπόφευκτα, ανταλλάσσουν κριτικές για τα βιβλία, ακόμα και όταν δεν το έχουν σαν εργασία. ("Πρέπει να τη διαβάσεις αυτήν την ιστορία μυστηρίου, είναι φοβερή! Το φάντασμα ζει σε αυτό το παράξενο παλαιό σπίτι. ..")

Μερικοί πεπειραμένοι δάσκαλοι, προτιμούν να κρατήσουν τα σύνθετα μαθήματα ενός "βασικού" κειμένου και να συμπληρώσουν με τις λογοτεχνικά-βασισμένες ενότητες μελέτης, η διδασκαλία εστιάζει κυρίως στην κατανόηση του μαθητή και στο χτίσιμο των γλωσσικών δεξιοτήτων σε μια σχετική μορφή. Σε ένα πρόγραμμα σπουδών με άξονα την "άρτια γλώσσα", το γράψιμο είναι ένας ακρογωνιαίος λίθος, και η ενεργή σκέψη και το ενδιαφέρον του παιδιού πρέπει να διδαχθούν. Τα παιδιά ενθαρρύνονται να γράψουν στον παιδικό σταθμό, μέσω συγκεκριμένων τεχνικών που προσαρμόζονται στα μικρά παιδιά. Στις μεγαλύτερες τάξεις, μια ποικιλία από μεθόδους, συμπεριλαμβανομένης της επεξεργασίας κειμένου σε υπολογιστή, είναι αυτήν την περίοδο, είναι η εκμάθηση των μηχανισμών, του περιεχομένου και του ύφους.

Συνδέοντας Ανάγνωση, Γραφή, Ακρόαση και Ομιλία

Το μάθημα που συνδέει, αντί να χωρίζει, τη σύνθεση της εκμάθησης των γλωσσών, είναι ένα φυσικό μέσο για την κάλυψη των κενών στα γλωσσικά υπόβαθρα των παιδιών. Μπορεί επίσης να είναι αποτελεσματικό μέσο για την σκέψη τους, τις διανοητικές συνδέσεις, και την σαφή έκφρασή τους. Για κάποιο λόγο, το μάθημα της τάξης συνηθίζει να διαχωρίζει το "χρόνο ανάγνωσης" από το "χρόνο γραφής" και το "χρόνο ορθογραφίας." Σε πολλά σχολεία, "τα αγγλικά" και "η ανάγνωση" θεωρούνται ως δυο τελείως διαφορετικά θέματα, με διαφορετικά βιβλία (οι εκδότες το λατρεύουν αυτό, βέβαια), διαφορετικούς τρόπους μαθήματος και διαφορετικούς δασκάλους.

Ένα από τα μεγαλύτερα χάσματα στην εμπειρία των παιδιών, αυτές τις μέρες, είναι η σύνδεση όλων των κομματιών των πληροφοριών που έχουν συγκεντρώσει, οι δάσκαλοι είναι απογοητευμένοι επειδή οι μαθητές τους δυσκολεύονται να συνδέσουν τις ιδέες με νόημα. Το τεμαχισμένο πρόγραμμα μαθημάτων, δεν βοηθά στην διόρθωση της κατάστασης. Όταν τα μεγαλύτερα εμπόδια του χρόνου του μαθήματος, αφιερώνονται στις δεξιότητες σύνδεσης, τα παιδιά καλούνται να γράψουν για αυτό που διαβάζουν, να διαβάσουν αυτό που έχουν γράψει και να μιλήσουν και για τα δύο, και να μάθουν να ακούνε αυτά που λένε οι άλλοι.

Στα μαθήματα της "άρτιας γλώσσας" το συνηθέστερο αναφερθέν γραπτό πρόγραμμα, είναι η "διαδικασία της γραφής", στην οποία τα παιδιά συνεργάζονται με τους συμμαθητές και το δάσκαλο για να σχεδιάσουν, να αναπαραστήσουν, να αναθεωρήσουν και να διορθώσουν το γράψιμό τους. Έχει προκαλέσει νέο ενδιαφέρον στο γράψιμο — καθώς επίσης και στον εκλεπτυσμό της γλώσσας —όπου έχει εφαρμοστεί σωστά. Δεδομένου ότι το εκτενές προσωπικό γράψιμο, βελτιώνει τις δυνατότητες ανάγνωσης, διπλή αξία κερδίζεται από το χρόνο που ξοδεύεται.

Πρόσφατα, αφιέρωσα κάποιο χρόνο, παρατηρώντας μια τέταρτη τάξη, όπου ο δάσκαλος δοκίμαζε μερικές από αυτές τις ιδέες. Δεδομένου ότι η "άρτια γλώσσα" είναι κάτι σαν νοοτροπία παρά μια απλή διαδικασία, κάθε δάσκαλος χρησιμοποιεί τις βασικές έννοιες σύμφωνα με τους σχολικούς εκπαιδευτικούς στόχους. Αυτή η τάξη συμμετείχε σε μια μονάδα μελέτης για την Αίγυπτο. Εκτός από την ανάγνωση, τις πολλές πηγές, τη συζήτηση, την δημιουργία εργασιών και τη συνεργασία για τις απλές ερευνητικές αναφορές, οι σπουδαστές διάβαζαν επίσης παιδικά βιβλία σχετικά με την μελέτη. Μια ομάδα παρακολουθούσε ανυπόμονα μια ιστορία με κάποια παιδιά της έκτης τάξης που είχαν μπλεχτεί σε ένα αιγυπτιακό μυστήριο, δύο άλλες ομάδες είχαν να αντιμετωπίσουν βιβλία διαφορετικού επιπέδου δυσκολίας. Η ανάθεση της εργασίας κάθε ομάδας, αποτελούνταν από την ανάγνωση ενός ή δύο κεφαλαίων και από το γράψιμο μιας "πρόχειρης εφημερίδας" στο οποίο θα συνόψιζαν το κείμενο της ημέρας και θα συνέχιζαν έπειτα με έναν διάλογο με το συγγραφέα για τα σημεία με ιδιαίτερο ενδιαφέρον.

Ο δάσκαλος που συναντήθηκε και άκουσε κάθε ομάδα, τους διάβασε και συζήτησε τις καταχωρήσεις των άρθρων τους. Εν τω μεταξύ, οι άλλες δύο ομάδες διαβάζουν σιωπηλά. Στις συζητήσεις, που διατηρήθηκαν επιδέξια από το δάσκαλο, το ενδιαφέρον ήταν υψηλό, κάθε παιδί είχε διαφορετικές απόψεις και διαφορετικά σχόλια. Βρέθηκα έκπληκτος από το βάθος της κατανόησης που παρουσίασαν αυτοί οι νεαροί μαθητές. Παρουσίασαν τις απόψεις τους, για τους χαρακτήρες, τα κίνητρα, τις εκβάσεις της πλοκής, κ.λπ. Σποραδικά, θα προκαλούταν κάποιου η ιδέα, και οι σελίδες θα γύρναγαν γρήγορα. "Λέει εδώ..." "Ναι, αλλά στη σελίδα εικοσιτέσσερα λέει επίσης..." (παρατηρώντας αυτό, αναλογίστηκα θλιμμένα, τις δικές μου προσπάθειές, να κάνω τα παιδιά της όγδοης τάξης να χρησιμοποιήσουν στοιχεία από ένα κείμενο για να μπορέσουν να υποστηρίξουν ένα επιχείρημα!) Η πειθαρχία δεν ήταν πρόβλημα, δεδομένου ότι τα παιδιά ήξεραν ότι για να συνέχιζαν αυτήν την δραστηριότητα, την οποία απολάμβαναν, έπρεπε να φερθούν σωστά. Όταν ένα παιδί άρχισε να διακόπτει, οι συμμαθητές του τον σιωπούσαν.

Σαφώς, αυτός ήταν ένας δάσκαλος που έκανε σωστά την δουλειά του. Για να εφαρμοστεί η φιλοσοφία που εστιάζει στη διαδικασία και στο προϊόν καθώς και στην κατεύθυνση της εκμάθησης από τον δάσκαλο και τον σπουδαστή θα πρέπει να προηγηθεί η σωστή κατάρτιση των δασκάλων.

Αξιοποιώντας πραγματικά βιβλία και πραγματική γλώσσα

Η φιλοσοφία της "άρτιας γλώσσας" υπονοεί επίσης τη χρήση των σωστών προτύπων της γραπτής γλώσσας, από τις αρχές των σχολικών χρόνων. Απορρίπτει πολλά "κονσερβοποιημένα" βιβλία που έχουν εκδοθεί. Τα παιδιά, όντως, παρακινούνται περισσότερο από τα πραγματικά βιβλία απ' ό,τι από τα λογοτεχνικά βιβλία, όπως φαίνεται από την επιτυχία των προγραμμάτων που προσπαθούν να στρέψουν τους αποξενωμένους μαθητές προς την ανάγνωση. (Το ενδιαφέρον για την "άρτια τη γλώσσα", όλος τυχαίως, μπορεί να θεωρηθεί υπεύθυνη για ένα μέρος της πρόσφατα ανεπτυγμένης αγοράς παιδικών μυθιστορημάτων.) Η ποιοτική λογοτεχνία προετοιμάζει τους εγκεφάλους των μαθητών για τη γλώσσα και τις ιδέες που θα απαιτηθούν στις πιο μεγάλες τάξεις.

Ακόμα κι αν δεν επιλέξουν να ακολουθήσουν τις περισσότερες ιδέες της "άρτιας γλώσσας", οι δάσκαλοι θα πρέπει να διαβάζουν μεγαλόφωνα στους σπουδαστές τους από "ποιοτικά" βιβλία κάθε μέρα ακόμη και κατά την διάρκεια των χρόνων του γυμνασίου και του λυκείου.

Ολιστική προσέγγιση της γλώσσας και κίνητρο

Οι περισσότεροι από τους δασκάλους στην έρευνά μου, ομολόγησαν ότι το ενδιαφέρον και η κατανόηση των μαθητών για την ανάγνωση είχε βελτιωθεί αντί να μειωθεί επειδή όλοι χρησιμοποιούσαν ένα είδος αναγνωστικού προγράμματος με βάση την λογοτεχνία. Τα σχόλια που ακολουθούν προτείνουν ότι υπάρχει ακόμα ελπίδα για το γραπτό λόγο:

Διδάσκω ανάγνωση με την χρήση μυθιστορημάτων καθώς επίσης και του βασικού αναγνώστη.

Η κατανόηση κειμένων είναι πολύ καλύτερη από τότε που άρχισα να διδάσκω (τριάντα τρία έτη πριν). Τα παιδιά έχουν ένα καλύτερο υπόβαθρο και μια αποθήκη πληροφοριών που χρησιμοποιούν στο γραπτό υλικό.

Παρουσιάζουν επίσης μεγαλύτερο ενδιαφέρον για την ανάγνωση. Στο γράψιμο μοιράζονται σκέψεις που τα παιδιά τριάντα χρόνια πριν δεν θα μπορούσαν να μοιραστούν ποτέ.

—Δάσκαλος τρίτης τάξης, Τενεσυ

Αυτή η κυρία επίσης πρόσθεσε ότι έχει αλλάξει πολλές από τις μεθόδους διδασκαλίας της για να προσαρμόσει την μικρή έκταση της προσοχής: προσθέτοντας μεγαλύτερη ποικιλία και πρόκληση, που επιτρέπουν στους μαθητές να κινηθούν περισσότερο μέσα στην αίθουσα, καθώς επίσης πολλές γραπτές δραστηριότητες, και χρησιμοποιώντας περισσότερα παιχνίδια για να μεταβιβάσει τις πληροφορίες.

Στην περιοχή μας, οι δεξιότητες κατανόησης κειμένου παραμένουν ισχυρές. Τα παιδιά μας είναι άπληστοι αναγνώστες. Υπάρχουν διαστήματα όπως, "Παρατήστε τα όλα και διαβάστε" που τιμώνται ιδιαίτερα στο σχολείο μας. Οι μαθητές μου έχουν πρόβλημα να μιλήσουν με πλήρεις προτάσεις, αλλά έχουν γίνει πιο εκφραστικοί δεδομένου ότι αρχίσαμε τη διαδικασία του γραψίματος.

Ήμουν ένας δάσκαλος κατευθυνόμενος σχετικά με το σχεδιασμό του μαθήματος, τώρα έδωσα στους μαθητές μου περισσότερες πληροφορίες και προσπαθώ να προετοιμάζομαι για τις διαφορετικές μορφές εκμάθησής τους.

—Δάσκαλος Πέμπτης Τάξης, Κοννέκτικατ

Κακές χρήσεις της Ολιστικής προσέγγισης της γλώσσας

Όσο αξιόλογοι και αν είναι οι στόχοι της, αυτές οι ιδέες έχουν μερικούς συνεπαγόμενους κινδύνους. Τοποθετεί μεγάλη ευθύνη στα χέρια των δασκάλων, οι οποίοι μπορεί ή μπορεί να μην είναι πρόθυμοι να επενδύσουν την προσπάθεια τους και να κάνουν την σωστή δουλειά. Η ρίψη της ευθύνης στους δασκάλους ή στους μαθητές, για τις σημαντικές βασικές δεξιότητες είναι μια σχετική ανησυχία. Κάποια παιδιά, εάν όχι όλα, δεν θα αποκτήσουν τις σωστές λεκτικές δεξιότητες, παρά μόνο αν διδαχτούν αμεσότερα. Είναι πιθανό τα παιδιά να μπορέσουν να μάθουν να διαβάζουν αρχικά "από τη όψη", αλλά να έχουν δυσκολία με την ακριβή ορθογραφία ή την ανάγνωση των μεγάλων, άγνωστων λέξεων.

Τα παιδιά που έχουν μια κληρονομημένη τάση στα προβλήματα της ανάγνωσης και της ορθογραφίας ("δυσλεξία"), είναι τα πλέον πιθανά θύματα ενός συστήματος που εκλείπει της οργανωμένης διδασκαλίας των κανόνων της ορθογραφίας. Για αυτόν τον λόγο, πολλοί ειδικοί συστήνουν μια προσέγγιση που συνδυάζει την αποδεδειγμένη δυνατότητα της άρτιας γλώσσας με την σωστή, συστηματική εκμάθηση των ήχων και των τύπων της ορθογραφίας. Σε μια γενιά, με γενικά την αδυναμία στις ακουστικές δεξιότητες, αυτό είναι αναμφίβολα μια λογική σειρά μαθημάτων —εφ' όσον η ακουστική ακολουθία δεν επιτρέπεται να ταλαντεύσει την λογοτεχνική συνέχεια.

Ίσως η μεγαλύτερη πρόκληση της "άρτιας γλώσσας" και στην ουσία, όλης της διδασκαλίας που εστιάζει στη διαδικασία καθώς επίσης και στα επίκτητα προϊόντα της γνώσης, είναι η ανάγκη των ενηλίκων να εμπιστευθούν τη βασική επιθυμία του παιδιού να μάθει —μέσω μιας αυστηρά-προγραμματισμένης διάρθρωσης. Οι νευροανατομιστές που μελετούν τον αναπτυσσόμενο εγκέφαλο, επιβεβαιώνουν δύο γεγονότα που φαίνονται σε αυτό το σημείο. Κατ' αρχάς, ο εγκέφαλος φαίνεται να έχει ένα βασικό ένστικτο, να επιδιώκει τον κατάλληλο τύπο εκμάθησης για το στάδιο της ανάπτυξής του. Δεύτερον, η περιέργεια και η προσωπική συμμετοχή μπορεί να φανούν καταλυτικές για την αύξηση και του μεγέθους και της δύναμης των μηχανισμών της σκέψης. Τα ζώα που παρατηρούν απλώς των άλλων τις διανοητικές προκλήσεις, καταλήγουν με μικρότερους εγκεφάλους.

ΔΙΑΛΟΓΟΣ ΚΑΙ ΔΙΑΦΟΡΑ

Οι τύποι της ομιλίας που ενστερνίζονται από τα παιδιά που προέρχονται από διαφορετικό περιβάλλον, μπορούν να επηρεάσουν τους τύπους της σκέψης και την σχολική επιτυχία. Εκείνα που έχουν απορροφήσει τις προφορικές αναλυτικές συνήθειες της σκέψης είναι συχνά πιο επιτυχημένα στο σχολείο, τουλάχιστον στις πρώτες τάξεις, από εκείνα που στηρίζονται περισσότερο στις οπτικές ολιστικές προσεγγίσεις. Παρόλο που το πρόβλημα είναι μεγάλο για τα παιδιά των οποίων τα γλωσσικά υπόβαθρα, δεν τονίζουν το συλλογισμό σχολικού τύπου, τα παιδιά που προέρχονται από τα "παραδοσιακά" υπόβαθρα, είναι επίσης πιθανό να έχουν γλωσσικά ελλείμματα.

Είναι ένα τραγικό λάθος να πιστεύουμε, ότι αυτοί οι μαθητές δεν μπορούν να σκεφτούν αποτελεσματικά ή ότι δεν μπορούν να διδαχθούν για να χρησιμοποιήσουν τις λεκτικές αναλυτικές μεθόδους που θα τους βοηθήσουν να αντεπεξέλθουν στις ακαδημαϊκές απαιτήσεις. Επιπλέον, οι μαθητές που χρησιμοποιούν τις πιο ολιστικές δεξιότητες της γλώσσας, είναι συχνά πιο κοντά στην ποίηση, ή στην υποκριτική —στις οποίες οι μαθητές που σκέφτονται πιο γραμμικά χρειάζονται πιθανώς έκθεση.

Πολλά παιδιά που έχουν εκπαιδευτεί "διαφορετικά" είναι έξυπνα και ενδεχομένως ταλαντούχα. Λίγοι είναι, οι "ανεπίδεκτοι μαθήσεως" αλλά είναι αποδεδειγμένο ότι βυθίζοντάς τους απότομα στα ψυχρά, αναλυτικά ύδατα της επικρατέστερης εκπαιδευτικής πρακτικής, είναι συνταγή για να αποτύχουν, να απογοητευτούν και πολύ πιθανά να εγκαταλείψουν.

Τα σχολεία φαίνεται να έχουν τρεις επιλογές:

1. Να διατηρήσουν τα παραδοσιακά "πρότυπα" και να συνεχίσουν να γεμίζουν τα παιδιά με αυτά. Να αφήσουν τις φυλακές και την κοινωνική πρόνοια να χειριστεί την υπερχείλιση.
2. Να απορρίψουν τα πρότυπα.
3. Να διατηρήσουν τους στόχους που αντιπροσωπεύονται από τα πρότυπα, αλλά να προετοιμάσουν τους μαθητές αποτελεσματικότερα. Να επεκτείνουν το πρόγραμμα των προσδοκιών και των μεθόδων διδασκαλίας για να διακρίνουν τις κρυφές δυνατότητες των παιδιών.

Οι πρώτες δύο εναλλακτικές λύσεις δεν θα πρέπει να υπολογίζονται καν. Αφηνόμαστε στην τρίτη.

Συνταγές για τους γλωσσικά διαφορετικούς

Προφανώς, οι διαφορές των παιδιών σε πολιτιστικό και γλωσσολογικό επίπεδο, απαιτούν ειδική προσέγγιση. Τα πρότυπα προγράμματα που μέχρι τώρα έχουν επιφέρει τα καλύτερα αποτελέσματα, έχουν προσπαθήσει να λάβουν υπόψη και τον "τύπο" σκέψης των παιδιών και το πολιτιστικό τους υπόβαθρο. Ως επακόλουθο στις μελέτες της Δρ Shirley Brice Heath στην Απαλάχια, ήταν η πρόσκληση των γονέων και των δασκάλων να τους βοηθήσει στην επινόηση μεθόδων που θα δώσουν στα "λιγότερο ευφυή" παιδιά μεγαλύτερες πιθανότητες στη σχολική επιτυχία. Αφού χρησιμοποίησε την έρευνά της για να βοηθήσει τους δασκάλους να καταλάβουν τα κοινωνικά και γλωσσικά υπόβαθρα των μαθητών τους, άλλαξαν επιτυχώς μερικές από τις μεθόδους τους. Κατ' αρχάς, συνέδεσαν το περιεχόμενο των μαθημάτων με υλικό γνωστό στα παιδιά (π.χ., την μελέτη "της κοινότητας" χρησιμοποιώντας φωτογραφίες της πόλης τους). Αφετέρου, κινήθηκαν προσεκτικά για να τους βοηθήσουν να επεκτείνουν τη γλώσσα τους ώστε να μπορούν να χειρίζονται ερωταποκρίσεις σχολικού τύπου.

Τα παιδιά αποκρίθηκαν με ενθουσιασμό στα μαθήματα και τις ταινίες οι οποίες σεβάστηκαν τους συνηθισμένους τρόπους των παιδιών, διαμορφώνοντας άλλους τρόπους απαντήσεων.

Ο Δρ Roland G. Tharp του πανεπιστήμιου της Χαβάης αναφέρει τα εντυπωσιακά αποτελέσματα δύο προγραμμάτων που αφορούν τα πολιτιστικά και γλωσσολογικά διαφορετικά παιδιά. Το πρώτο από αυτά, το Kamehameha Early Education Program (KEEP), αναπτύχθηκε μέσα σε είκοσι χρόνια ως πρότυπο ενός "πολιτιστικά συμβατού προγράμματος γλωσσικών τεχνών για τον παιδικό σταθμό, με παιδιά της τρίτης τάξης από την Χαβάη." Οι τάξεις του (KEEP) εξυπηρετούν τώρα πάνω από δύο χιλιάδες παιδιά κάθε χρόνο.

Παραδοσιακά, στα σχολεία της Χαβάης, τα παιδιά ήταν μεταξύ των μειονοτήτων στις Ηνωμένες Πολιτείες, με τα χαμηλότερα-επιτεύγματα , λέει ο Δρ Tharp, αλλά στο πρόγραμμα (KEEP) πλησιάζουν τον εθνικό μέσο όρο στα κλασικά τεστ επίτευξης. Ίσως ακόμα σημαντικότερο, είναι ότι δίνουν μεγαλύτερη προσοχή, λειτουργούν πιο επιμελώς και έχουν μια θετικότερη σχέση με το σχολείο.

Η μαγική φόρμουλα για αυτήν την καλά τεκμηριωμένη επιτυχία, είναι μια τριπλή προσέγγιση: πρώτον, με τις δραστηριότητες της γλωσσικής ανάπτυξης που εστιάζουν στη λεκτική αναλυτική επίλυση προβλημάτων, δεύτερον, με τις "συνοψισμένες οδηγίες" με τις οποίες οι δάσκαλοι προσπαθούν να συσχετίσουν όλη την διαδικασία της εκμάθησης με κάτι που είναι σημαντικό για το παιδί, και τρίτον, με την αναθεώρηση της οργάνωσης της τάξης και με την συναναστροφή μαθητή-δασκάλου, ώστε να υπολογιστούν οι συνήθειες του πολιτισμού του κάθε παιδιού. Παραδείγματος χάριν, επειδή η αξία της συνεργασίας και οι στενές κοινωνικές επαφές παίζουν σημαντικό ρόλο στον πολιτισμό της Χαβάης, τα μαθήματα ΚΕΕΡ είναι δομημένα έτσι ώστε τα παιδιά να εργάζονται τις περισσότερες φορές σε μικρές ομάδες, που βοηθούν και που μιλούν η μια με την άλλη. Ο δάσκαλος συμμετέχει με "έντονη καθοδηγητική συνομιλία" με κάθε ομάδα προτού προχωρήσει σε μια άλλη, εν τω μεταξύ, τα άλλα παιδιά δουλεύουν μια μικρή εργασία που τους έχει ανατεθεί.

Ένα δεύτερο πρόγραμμα ΚΕΕΡ που περιγράφεται από τον Δρ Tharp, ήταν σε ισχύ για έξι χρόνια σε ένα καταυλισμό στο Navajo της Αριζόνα. Είχε παρουσιάσει ξεχωριστή επιτυχία, στις επιτεύξεις των παιδιών, των οποίων οι προοπτικές για σχολική επιτυχία δεν ήταν και πολύ ξεκάθαρες στο παρελθόν. Οι ερευνητές, ανακάλυψαν σύντομα ότι ο αρχικός τύπος του ΚΕΕΡ δεν ήταν αποτελεσματικός για αυτά τα παιδιά του εγγενή αμερικανικού πολιτισμού, όπου η ατομικότητα και η αυτάρκεια εκτιμούνται ιδιαίτερα και πού οι ενήλικοι φέρονται στα παιδιά με πλήρη σεβασμό. Σε αυτά τα σχολεία, τα παιδιά επιτρέπεται να δουλεύουν μόνα ή σε πολύ μικρές ομάδες, έχοντας τον δάσκαλο να κινείται από παιδί σε παιδί για "μεγάλες, σχεδόν μεμονωμένες συζητήσεις." Λόγω της έρευνας που προτείνει ότι οι εγγενείς Αμερικανοί, στο σύνολο, είναι καλύτεροι στις οπτικές ολιστικές δεξιότητες, σε αντιδιαστολή με τις λεκτικές- αναλυτικές- διαδοχικές δεξιότητες, η τάξη των Navajo χρησιμοποιεί περισσότερο την "παρατηρητική εκμάθηση". Οι δάσκαλοι εκπαιδεύονται για να παρουσιάσουν το μάθημα με τα πιο ολιστικά, οπτικά πλαίσια και να αφήσουν τα παιδιά να το δοκιμάσουν μόνα τους. Ο Tharp υποστηρίζει ότι οι "διαδοχικές" ή οι γραμμικές δυνατότητες μπορούν να ενισχυθούν από τέτοιες προσεγγίσεις.

Ο ίδιος ισχυρίζεται ότι οι μειονότητες δεν είναι οι μόνοι σπουδαστές που χρειάζονται πιο διευρυμένες προσεγγίσεις, επειδή η συμβατική εκπαίδευση αποτυγχάνει επίσης να ικανοποιήσει πολλά από τα μέλη της πλειοψηφίας του πολιτισμού. Προτείνει ότι όλοι οι μαθητές στη Βόρεια Αμερική, χρειάζονται νέες μεθόδους διδασκαλίας, συμπεριλαμβανομένων "διάφορες ασχολίες, δραστηριότητες γλωσσικής ανάπτυξης, ποικίλες μορφές υποκίνησης κατά την διάρκεια του μαθήματος, αποκριτικές εκπαιδευτικές συνομιλίες, δραστηριότητες συνεργασίας και ομαδικότητας, τέλος την ευαισθησία του σεβασμού και της προσαρμογής στις γνώσεις, τις εμπειρίες, τις αξίες και τις προτιμήσεις των μαθητών."

Διάλογος κατά της Παραβατικότητας

Ανάμεσα στις τάξεις ενός μεγάλου αστικού γυμνασίου στο Μανχάταν, μια κοπέλα μπαίνει στη μέση μιας παρέας τεσσάρων συμμαθητών της που κάθονται σε μια σκάλα. Μετριάζει τον θυμό, και ξαφνικά, τα μαχαίρια πέφτουν. Μαζεύονται κι άλλοι μαθητές και ο κοσμήτορας καλείται. Ποιος φταίει; Τι μπορεί να γίνει για να προληφθούν τα αντίποινα των συμμοριών;

Κανονικά, αυτό που πρέπει να προκύψει από ένα τέτοιο γεγονός είναι η αποβολή ή η δράση της αστυνομίας. Σε αυτό το σχολείο, ο κοσμήτορας έχει μια εναλλακτική λύση. Καλεί μια ομάδα μεσολάβησης μαθητών, της οποίας τα μέλη έχουν υποβληθεί σε ένα εκπαιδευτικό εικοσιτετράωρο μάθημα, για το πώς να ακούνε, να διατυπώνουν ερωτήσεις και να μπορούν να αντιλέγουν το ένα με το άλλο για να επιτύχουν τη συμφωνία με μια δομημένη σειρά. Αφού επιλεγεί ένας μεσολαβητής, ο αντίλογός του έρχεται να συναντήσει της κοπέλας αναφέροντας τις διαμαρτυρίες τους, υπογράφουν μια συμφωνία δηλώνοντας ότι το θέμα τακτοποιήθηκε.

Παρόμοια προγράμματα διαδίδονται γρήγορα σε μεγάλες μητροπολιτικές περιοχές. Η πόλη της Νέας Υόρκης έχει στο ενεργητικό τις 95% μεσολαβητικές συμφωνίες οι οποίες κυρίως αφορούν, την αποφυγή αποβολής με αιτία την διαμάχη. Λόγω τις λιγότερο βίαιης ατμόσφαιρας, η συμμετοχή των άλλων μαθητών έχει αυξηθεί.

Στο Σικάγο, η "επίλυση συγκρούσεων" έχει γίνει ένα υποχρεωτικό μέρος της ύλης για τα παιδιά της ένατης και δέκατης τάξης και στα εξήντα επτά γυμνάσια. Ένα παρόμοιο πρόγραμμα που αναπτύσσεται στο Σαν Φρανσίσκο

έχει διαδοθεί στα δημοτικά σχολεία σε περισσότερες από τριάντα πολιτείες. Επευφημούμενη από τους εκπαιδευτικούς που την έχουν δοκιμάσει, αυτή η τεχνική καλύπτει περισσότερο τα προβλήματα πειθαρχίας και δεν τα περιορίζει απλώς. Διδάσκει στα παιδιά την αξία της χρήσης της γλώσσας και της ακουστικής, στην συμπεριφορά. Από την άποψη του εγκεφάλου, δεν είναι περίεργο που αυτή η τεχνική είναι τόσο αποτελεσματική, καθώς αυτή είναι το κύριο μέσο που τα προμετωπιαία κέντρα δραστηριοποιούνται.

Ένα άλλο πρόγραμμα με τίτλο "απεριόριστα ταλέντα" αξιώνει παρόμοια επιτυχία, στη διδασκαλία των πιο μικρών παιδιών για την αξία της ομιλίας δια μέσου των προβλημάτων και του προγραμματισμού. Για παράδειγμα, σε μια τάξη νηπιαγωγείου, τα παιδιά συμμετείχαν ανυπόμονα στον προγραμματισμό ενός πάρτι.

"Πρώτα είπαμε τα σχέδιά μας," εξηγεί πρόθυμο έναν πεντάχρονο, δείχνοντας έναν πίνακα στον οποίο ο δάσκαλος έχει απαριθμήσει τα τέσσερα μέρη του σχεδίου. "Έπειτα σκεφτήκαμε όλα τα πράγματα που θα χρειαζόμασταν και τα βάλαμε σε έναν κατάλογο. Κατόπιν έπρεπε να σκεφτούμε αυτά που επρόκειτο να κάνουμε και να καταγράψουμε τα βήματα του σχεδίου μας. Και τέλος, έπρεπε να σκεφτούμε τα πράγματα που θα μπορούσαν να χαλάσουν το σχέδιό μας, όπως αν κάποια άτομα δεν συμπεριφερθούν σωστά.

Οι οργανωμένες επεκτάσεις, παρόμοιων ιδεών στις προαστιακές καθώς επίσης και αστικές τάξεις παρουσιάζουν στους μαθητές πώς να χρησιμοποιούν προφορικές μεθόδους για να παράγουν ιδέες, να λάβουν αποφάσεις, να σχεδιάσουν, να προβλέψουν και να επικοινωνήσουν. Οι χορηγοί υποστηρίζουν ότι τέτοια προγράμματα, μπορούν όχι μόνο να βελτιώσουν τη συμπεριφορά των μαθητών αλλά και να ενσωματώσουν τις προφορικές και συλλογιστικές δεξιότητες, στο ακαδημαϊκό πρόγραμμα σπουδών. Κάποιοι είναι πεπεισμένοι ότι η άσκηση

438

των τεχνικών αυξάνει σημαντικά τις δυνατότητες συλλογισμού υψηλότερου βαθμού δυσκολίας.

Δωδεκάδες παρόμοια προγράμματα συζητούνται. Αν και όλοι συμφωνούν ότι τα παιδιά πρέπει να μάθουν να σκέφτονται καλύτερα, οι εκπαιδευτικοί διαφωνούν για το πώς και αν αυτός ο στόχος μπορεί να πραγματοποιηθεί. Ας συνεχίσουμε να ψάχνουμε μερικές εναλλακτικές λύσεις.

Κεφάλαιο 14

Μαθαίνοντας τη νέα γενιά να σκέφτεται: Πρότυπα ανθρώπων και υπολογιστών στο σχολείο και στο σπίτι

ΜΠΟΡΟΥΜΕ ΝΑ ΜΑΘΟΥΜΕ ΤΑ ΠΑΙΔΙΑ ΝΑ ΣΚΕΦΤΟΝΤΑΙ;

"Η διδασκαλία της ικανότητας της σκέψης " μια άλλη "τάση" που αυτήν την περίοδο απασχολεί το εκπαιδευτικό σύστημα, είναι μια απάντηση στην μεγάλη αγωνία γιατί ο Johnny δεν μπορεί να σκεφτεί καλύτερα από τον τρόπο που διαβάζει. Τα προγράμματα που έχουν σαν σκοπό να διδάξουν την ικανότητα της σκέψης, πουλάνε όπως οι τηγανίτες στις διασκέψεις και στα σεμινάρια των δασκάλων. Ωστόσο οι κριτικοί επισημαίνουν, περιφρονητικά, ότι είναι μια αντίφαση σε σχέση με τον εφησυχασμό μας στο σύνολο των εγχειριδίων, των ασκήσεων στους υπολογιστές και στα φύλλα εργασίας, με το οποίο πιστεύουμε ότι οι μαθητές μαθαίνουν να χρησιμοποιούν-τις ανώτερες γνωστικές ικανότητες. Σε αυτήν την ερώτηση βρίσκεται η ουσία του προβλήματος: Οι λεγόμενες "ικανότητες του συλλογισμού" διδάσκονται καλύτερα με την παραχώρηση ενός ειδικού χρόνου για τη πνευματική και σωματική αγωγή ελπίζοντας ότι έπειτα θα μεταφερθούν σε άλλα είδη εκμάθησης; Η μήπως οι "ικανότητες του συλλογισμού" εξυπηρετούνται καλύτερα από τη διδασκαλία όλων των θεμάτων, με τέτοιο τρόπο που κατευθύνουν τους σπουδαστές προς τον υψηλότερου επιπέδου συλλογισμό, από την άποψη των θεμάτων και των προβλημάτων που παρουσιάζονται; Η γενικότερη επικρατούσα άποψη (εκτός από τους παραγωγούς των προγραμμάτων με σκοπό την επέκταση των "ικανοτήτων του συλλογισμού") είναι ότι η εμμονή και η ευελιξία στην επίλυση των προβλημάτων πρέπει να ενσωματωθούν στους γενικότερους στόχους της διδασκαλίας, να διαμορφωθούν και να υποστηριχθούν με πειθαρχία —υπό τον όρο φυσικά, ότι η ικανότητα συλλογισμού του δασκάλου είναι η κατάλληλη για την επίτευξη του στόχου. Μερικοί εκπαιδευτικοί ελπίζουν στα προγράμματα υπολογιστών τα οποία επεκτείνουν και μπορούν να προκαλέσουν τις δεξιότητες του συλλογισμού.

Η "κρίσιμη σκέψη," που είναι ο πρωταρχικός στόχος όλων αυτών των προγραμμάτων, είναι δύσκολο να διευκρινιστεί. Πώς μπορεί να μετρηθεί; Πώς αναπτύσσεται; Τα "Γρήγορα πακέτα των μαθημάτων, δεν δημιουργούν απαραιτήτως, καλούς και σημαντικούς σκεπτικιστές" αναφέρει η Δρ Marilyn Wilson του κρατικού πανεπιστημίου του Μίσιγκαν σε ένα πρόσφατο άρθρο, το οποίο με τη σειρά του δημιουργεί διάφορα σημαντικά ερωτήματα. Η σωστή σκέψη βρίσκεται εκτός της παραδοσιακής διάρθρωσης του μαθήματος; Είναι η κοινωνία έτοιμη για τους σοβαρά σκεπτόμενους μαθητές;

Πολλοί εκπαιδευτικοί προβληματίζονται, με την ιδέα της ανατροπής των παραδοσιακών τρόπων διδασκαλίας και της ενθάρρυνσης της διανοητικής αυτονομίας στους μαθητές τους. Επίσης η πραγματικά σημαντική σκέψη δεν μπορεί απλά να προστεθεί στην ύλη, όπως τα μαθήματα της οδήγησης.

Ένα επιφανειακό "διόρθωμα"

Πριν από λίγο καιρό, απογοητεύτηκα όταν έκανα την προσπάθεια να κάνω μια επιφανειακή "επιδιόρθωση" στη σκέψη των μαθητών. Καθοδηγούσα μια δωρεάν σειρά μαθημάτων, για τη διδασκαλία της ανάγνωσης. Οι μαθητές μου, ήταν δάσκαλοι σε κεντρικά γυμνάσια της πόλης, οι οποίοι, με εθνική ανακοίνωση έπρεπε να διδάξουν ένα πρόγραμμα "ικανότητας συλλογισμού". Από το πρώτο βράδυ, κατέστησαν τις απόψεις τους σαφείς, μέσα στην τάξη. Πίστευαν ότι αυτό το πρόγραμμα ήταν απαίσιο. Ήταν όντως, ομολόγησαν, ότι πολλοί από τους μαθητές τους ήταν εξαιρετικά αδύνατοι αναγνώστες, με επίπεδο κατανόησης πολύ χαμηλότερο από της τάξης τους, αλλά οι δάσκαλοι ήταν αναγκασμένοι να ξοδέψουν το χρόνο του μαθήματος στην διδασκαλία της "ικανότητας συλλογισμού". Το κυριότερο παράπονο τους, ήταν ότι το πρόγραμμα αποτελούταν από μια εκτενή (και ακριβή) σειρά βιβλίων με ασκήσεις και φύλλων εργασίας, που οι σπουδαστές συχνά, δεν καταλάβαιναν —αλλά έπρεπε να καλύψουν.

Ήμουν δύσπιστος. Γιατί να είναι τόσο δύσκολο να διδάξεις στους αδύνατους μαθητές να συλλογιστούν αποτελεσματικότερα κατά την διάρκεια της ανάγνωσης; Μόλις υπέβαλα την ερώτηση, πολιορκήθηκα από προσκλήσεις να επισκεφτώ τις τάξεις τους. "Ελάτε και θα δείτε μόνη σας," είπαν.

Άρχισα με έναν δάσκαλο που ήταν σαφώς ο πιο ενεργός, ανήσυχος, και σκεπτόμενος της ομάδας. Φθάνοντας στο γυμνάσιο όπου δίδασκε, συνοδεύθηκα από έναν φρουρό στην αίθουσά της, όπου ήταν έτοιμη να ξεκινήσει την το πρώτο μάθημα της ημέρας. Οι είκοσι οχτώ μαθητές της, ήταν αυτοί που στατιστικά είχαν επιβιώσει σε ένα σύστημα όπου πάνω από τους μισούς συμμαθητές τους, είχαν παρατήσει ήδη το σχολείο. Όταν χτύπησε το κουδούνι, πήρε ένα μεγάλο κλειδί από τη ζώνη της και κλείδωσε την πόρτα της τάξης της- μια κλασική κίνηση. Παρατήρησα ότι ταλάντευσε ένα μπαστούνι που έμοιαζε με ένα μικρό αστυνομικό λοστό (κλασική κίνηση κατά τη διάρκεια του μαθήματος) αν και δεν υπήρξε ποτέ λόγος να χρησιμοποιηθεί. Οι μαθητές της ήταν ευγενικοί, φιλικοί και η αγάπη και ο σεβασμός τους μετατρέπονταν προφανώς σε είδος. Τα φύλλα εργασίας της ημέρας διανεμήθηκαν. Κάθε μέρα έφερνε ένα νέο μάθημα, είτε οι μαθητές είχαν καταλάβει ή όχι το προηγούμενο. Αυτό το μάθημα αποτελούνταν από έναν μακρύ κατάλογο σύνθετων αναλογιών που οι πολύπλοκες λεξικές δεξιότητες κατηγοριοποίησης ήταν απαραίτητες. Οι αναλογίες είχαν χρησιμοποιηθεί και στο γυμνάσιο και στο κολέγιο. Η δασκάλα έδειξε την επίλυση δύο προβλημάτων στον πίνακα, κατόπιν οι μαθητές άρχισαν να εργάζονται. Την ακολούθησα καθώς περνούσε ανάμεσα στα θρανία, προσπαθώντας να απαντήσει μεμονωμένα σε κάθε ερώτηση. Έγινε σύντομα σαφές ότι τα περισσότερα από τα παιδιά, των οποίων οι εξετασμένες δυνατότητες ανάγνωσης κυμάνθηκαν κυρίως μεταξύ της τρίτης - και όγδοης τάξης, δεν μπορούσαν να καταλάβουν καθόλου αυτήν την εργασία. Πράγματι, καθώς σκέφτηκα μερικά από τα προβλήματα, κατάλαβα ότι θα αποτελούσαν προκλητική εργασία για μια ομάδα τελειόφοιτων μαθητών.

Από όλη την τάξη, οκτώ ή δέκα ευγενικές ψυχές ενέμειναν στην προσπάθεια να βγάλουν κάποιο νόημα από αυτή την εργασία (οι υπόλοιποι απλώς συμπλήρωσαν τα κενά με οποιαδήποτε λέξη και έπειτα κοίταζαν επίμονα έξω από το παράθυρο ή έκαναν γκριμάτσες με τα πρόσωπα τους ο ένας στον άλλο). Μερικοί από τους συλλογισμούς τους, ήταν εξαιρετικά περίπλοκοι αν και δεν είχε απαιτηθεί από την άσκηση. Ένα αγόρι συνέχισε να λέει, "ξέρω ότι υπάρχει μια παγίδα, αν μπορούσα να τη βρω." Δεν θα μπορούσα να του εξηγήσω ότι η "παγίδα" είχε ήδη μπει—από τους υπεύθυνους που πίστεψαν ότι θα μπορούσαν να "αναγκάσουν" ορισμένους τύπους συλλογισμού να προκύψουν από ένα διάταγμα. Σύντομα το κουδούνι χτύπησε, η δασκάλα, ξεκλείδωσε την πόρτα της τάξης και οι μαθητές έφυγαν, πεπεισμένη άλλη μια φορά από το στοργικό σχολικό σύστημα, ότι η εκμάθηση ήταν ένα μυστήριο και όλοι ήταν ανεπαρκείς. Έπιασα να τους θαυμάζω που επέμειναν εκεί μέσα για τόσο πολύ καιρό. Φυσικά οι δημιουργοί αυτού του προγράμματος, δεν σκόπευαν να εφαρμοστεί με αυτόν τον τρόπο. Φυσικά η διοίκηση αυτής της σχολικής περιοχής σκέφτηκε ότι θα βοηθούσε τους μαθητές να μάθουν καλύτερα. Φυσικά η δασκάλα θα προτιμούσε να προκαλέσει το ενδιαφέρον των μαθητών της και τις γνήσιες δεξιότητες σκέψης τους με μερικά από τα πολλά ποιοτικά βιβλία που θα ήταν αναγνώσιμα, προσιτά, και σημαντικά για αυτούς. Φυσικά, σε ένα διαφορετικό περιβάλλον, τέτοιες ασκήσεις θα μπορούσαν να είναι χρήσιμες, ίσως και ευχάριστες. Αλλά προσπαθώντας να διδάξουμε την τέχνη του συλλογισμού ή της επίλυσης προβλημάτων, σαν να ήταν ένα μέρος από μια σαράνταλεπτη χρονική περίοδο, σαφώς δεν είναι η απάντηση. Το πιο απογοητευτικό πράγμα για μένα είναι να ξέρω ότι, με το χρόνο και την σωστή διδασκαλία, πολλοί —εάν όχι οι περισσότεροι —από αυτούς τους μαθητές θα μπορούσαν να μάθουν με επιτυχία και να γίνουν παραγωγικοί για τους εαυτούς τους και για την κοινωνία τους.

444

"ΛΟΓΙΣΜΙΚΟ ΝΟΗΜΟΣΥΝΗΣ "

Ο Δρ David Perkins του Χάρβαρντ, πιστεύει, ότι πρέπει να έχουμε μια πολύ ευρύτερη άποψη για τον συλλογισμό των παιδιών. Περιγράφοντας "μια νέα επιστήμη της αφομοιώσιμης νοημοσύνης," ο Perkins υποστηρίζει ότι τα παιδιά και οι νέοι χρειάζονται βοήθεια για να χτίσουν το εύκαμπτο "λογισμικό νοημοσύνης" : δυνατότητες να οργανώσουν και να αναδιοργανώσουν τους τρόπους σκέψης τους. Προτείνει την προσωπική πρόκληση στο σχολείο και στο σπίτι όταν είναι δυνατό, τις διανοητικές προκλήσεις όπως την λήψη αποφάσεων ή την εφευρετική σκέψη για τις ανοιχτές ερωτήσεις ("τι κοινά έχουν τα αυτοκίνητα με τα βιβλία;" "Τι κοινά έχουν οι κανόνες για την κοινωνία με τους κανόνες των κλασμάτων;"). Σαφώς, το επίπεδο των προκλήσεων θα πρέπει να ταιριάζει στους μαθητές, οι οποίοι θα χρειαστούν καθοδήγηση στην ανάπτυξη και την διευκρίνιση των ιδεών τους, για τις πιο περίπλοκες ερωτήσεις.

Είναι δυνατό κάποιοι μαθητές να συλλογίζονται αποτελεσματικότερα από κάποιους άλλους; Κάθε εγκέφαλος έχει μια ξεχωριστή νευρολογική βάση σε σχέση με την αποδοτικότητα και την αποτελεσματικότητα, αλλά τα ανθρώπινα όντα "δεν περιορίζονται από τη νευρολογία." Το "τριαρχικό" του μοντέλο νοημοσύνης, αρχίζει με τα εγγενή φυσικά θεμέλια του νευρικού συστήματος, αλλά περιλαμβάνει και δύο άλλα στρώματα: τέλεια γνώση της ύλης (π.χ., πώς να κάνει πολλαπλασιασμούς, πώς να παίζει σκάκι, πώς να φτιάχνει μπισκότα) και η ανάπτυξη των τρόπων της σκέψης. Παρόλο που το μεγαλύτερο μέρος της τρέχουσας διδασκαλίας επικεντρώνεται στο περιεχόμενο (κυρίως "χαμηλού-επιπέδου," προσθέτει ο Perkins), οι τρόποι της σκέψης είναι, ίσως, το σημαντικότερο από όλα. Οι μαθητές πρέπει να καθοδηγηθούν για το πώς θα χρησιμοποιήσουν τη σκέψη τους με ευρύτερους και πιο ευέλικτους τρόπους.

"Μην νομίζετε ότι με το να αναγκάσουμε τα παιδιά να σκεφτούν περισσότερο, θα γίνουν καλύτερα σε αυτό," μας προειδοποιεί. Χρειάζονται ιδιαίτερη εξοικείωση με τα "μετά-γνωστικά" πρότυπα, τα οποία τους επιτρέπουν να χρησιμοποιήσουν τις προφορικές δεξιότητες για να ερμηνεύσουν και να προγραμματίσουν, για πετύχουν έτσι την εμπειρία. Αυτές οι δεξιότητες είναι οι βάσεις για ένα σωστό "λογισμικό νοημοσύνης".

Άλλη μια σημαντική παρότρυνση των εκπαιδευτικών με διευρυμένες απόψεις, είναι η προετοιμασία των μαθητών να σκεφτούν και να συλλογιστούν αποτελεσματικά για τον αυριανό κόσμο. Ο Grant Wiggins,του Coalition of Essential Schools, συμφωνεί ότι πρέπει να σταματήσουμε να εστιάζουμε στους περιορισμένους στόχους "της ύλης" και να αρχίσουμε να δουλεύουμε στο μυαλό μας την εκπαίδευση από την άποψη των "διανοητικών συνηθειών".

"Δεν διδάσκουμε στα παιδιά τις ευφυείς μεθόδους νοημοσύνης, απλά τις υποθέτουμε —αλλά ούτε τα παιδιά των καλύτερων σχολείων δεν τις έχουν" μου είπε. Οι μαθητές συνήθως, ξεχνούν πολύ σύντομα τα τρία τέταρτα αυτών που διδάσκονται και εξετάζονται. Η προσεκτική ανάγνωση, ο μαθηματικός συλλογισμός, η ικανότητα να κρατούν σημειώσεις, η κατανόηση των πολύπλοκων εννοιών, όπως η ειρωνεία ή η αδράνεια —όλες είναι συνήθειες, αναφέρει, οι οποίες απαιτούν εκτεταμένη πρακτική σε όλα τα σχολικά χρόνια. Αυτές οι δεξιότητες είναι αυτές που ενστερνιζόμαστε, χρησιμοποιούμε και θα χρειαστούμε όλο και περισσότερο στο μέλλον.

Σε μια εποχή που τα περισσότερα παιδιά έρχονται στο σχολείο, με λιγότερες ουσιαστικές συνήθειες του μυαλού με τις οποίες θα μπορέσουν να χειριστούν τις "ευφυείς μεθόδους", τα σχολεία πρέπει να επαναπροσδιορίσουν τις προτεραιότητές τους για να τις συμπεριλάβουν κι αυτές. Οι συνήθειες του μυαλού, εντούτοις, δεν πρέπει να διαχωριστούν από την σημαντική ύλη. Η πρόκληση —που πολλές φορές δεν ικανοποιείται —είναι να εμποτιστούν οι διανοητικές συνήθειες στη διδασκαλία της ανάγνωσης, του γραψίματος, της φυσικής, της ιστορίας και των μαθηματικών.

Τα μέλη της επιτροπής μιας Εθνικής Ακαδημίας Επιστημών, δήλωσαν πρόσφατα ότι η τρέχουσα διδασκαλία είναι αναχρονιστική στην εποχή των πληροφοριών που ζούμε. Η προετοιμασία των παιδιών μόνο με "γεγονότα" και η παράλειψη της εστίασης στην κατανόηση, είναι ένα πρόβλημα που επιδεινώνεται με την χρήση των κλασικών τεστ, επισημαίνουν. Αναφέροντας την διδασκαλία της βιολογίας ως παράδειγμα μιας "απαρχαιωμένης αποτυχίας", που προωθεί την αποστήθιση χωρίς κατανόηση, αυτή η ομάδα ξαναγράφει όλη την ύλη της φυσικής για να περιλάβει περισσότερη εργαστηριακή εργασία (παρεμπιπτόντως ακόμα μια ευκαιρία για "συναφή εκμάθηση") και εξερεύνηση σημαντικών ιδεών. Οι εξισώσεις των υπολογιστών, με τις οποίες οι μαθητές παίρνουν προσωπικά την εμπειρία, λύνοντας πραγματικά επιστημονικά προβλήματα, μπορούν τελικά να αποτελούν ένα μέσο για αυτόν τον στόχο.

Συνοχή και Νόημα για το Μυαλό διάρκειας Δυο λεπτών

Για να αναπτύξουν τη μεθοδική σκέψη, τα θύματα των δίλεπτων επεισοδίων, χρειάζονται βοήθεια να συνδέσουν μεταξύ τους τις ιδέες. Η ύλη τους θα πρέπει να τονίζεται από την συνοχή παρά τον τεμαχισμό, όχι μόνο σε κάθε επιστήμη, αλλά και πέρα από αυτές (π.χ. .. Με ποιο τρόπο η μελέτη της ιστορίας σχετίζεται με τις ιδέες των αγγλικών, της τέχνης, της φυσικής, ή της μουσικής;). Στο σπίτι, οι γονείς θα πρέπει να έχουν αυτήν την αρχή υπόψη (π.χ., " πρόσεξες τις τίγρεις που είδαμε στο ζωολογικό κήπο, έμοιαζαν πολύ με το γατάκι σου;" "Πιστεύεις ότι σε αυτή την ιστορία υπάρχει κάτι ίδιο με αυτήν που διαβάσαμε την προηγούμενη εβδομάδα;"). Αλλά πολλές οικογένειες δεν θέλουν —ή δεν μπορούν —να αφιερώσουν το χρόνο για να διαμορφώσουν αυτόν τον τύπο συλλογισμού.
Παλαιότερα, επισημαίνει ο Δρ Eliot Eisner, καθηγητής του Στανφορντ, υπήρχαν πολλές πηγές, έξω από το σχολείο στην ζωή των παιδιών, που παρείχαν συνοχή και νόημα. Δεν ισχύει πλέον το ίδιο, αφού για πολλούς μαθητές τα σχολεία είναι η μοναδική πηγή που μπορούν να αποκτήσουν "συνδετική εμπειρία." Επίσης, οι περισσότεροι μαθητές του γυμνασίου στους οποίους πήρε συνέντευξη, ομολόγησαν ότι δεν περιμένουν να συναντήσουν τις συνδέσεις, μεταξύ δύο ή

περισσότερων θεμάτων". Δεν πρέπει να σταθούμε στα προγράμματα, τις μεθόδους και τα κίνητρα που αναπαράγουν τη βραχυπρόθεσμη συμμόρφωση και τη βραχυπρόθεσμη μνήμη," επιμένει ο Δρ Eisner.

Ένας τρόπος με τον οποίο πολλοί δάσκαλοι έχουν αρχίσει ήδη, να παρουσιάζουν στους μαθητές τους, τις συνδέσεις και την ανάπτυξη "ευφυών μεθόδων", είναι με την ανάμειξη περισσότερων "εμπράγματων" δραστηριοτήτων. Σε μια γενιά με την σύντομη έκταση ακουστικής προσοχής, οι περισσότεροι επιτυχημένοι δάσκαλοι, τονίζουν την ανάγκη περισσότερων οπτικών παρουσιάσεων που θα συνοδεύονται από "τη συζήτηση". Τα προγράμματα και η επίλυση προβλημάτων στα οποία εξασκούνται τα παιδιά, μόνα τους ή σε ομάδες, με υλικά που μπορούν να δουν και να χειριστούν είναι ιδιαίτερα αποτελεσματικά, στα μαθηματικά και την φυσική, αλλά άλλες "εμπράγματες" δραστηριότητες όπως οι δραματοποιήσεις και οι συζητήσεις μπορούν να καταστήσουν την εκμάθηση πραγματική, διατηρώντας ένα υψηλό επίπεδο διανοητικής ομιλίας στα αγγλικά, την ιστορία, και τα μαθήματα ξένων γλωσσών. Ενώ αυτός ο τύπος εκμάθησης έχει επικυρωθεί εδώ και καιρό για τα πιο μικρά παιδιά, οι εκπαιδευτικοί παραβλέπουν το γεγονός ότι ακόμη και οι ενήλικοι για να μάθουν κάτι, για πρώτη φορά μπορεί να χρειαστεί να κάνουν κάτι, παρά απλά να ακούσουν για αυτό. Οι γονείς συχνά θεωρούν ότι τα προγράμματα είναι απλώς "πολύ δουλειά" αλλά, θα πρέπει να αναγνωρίσουν την αξία τους και να ενθαρρύνουν το παιδί τους να εργαστεί μέσω του προβλήματος, ακόμα κι αν τα αποτελέσματα δεν είναι τέλεια! Ένα από τα σημαντικότερα πράγματα που όλοι οι γονείς μπορούν να κάνουν, ακόμα κι αν είναι οι ίδιοι πολυάσχολοι, είναι να συνειδητοποιήσουν ότι τα σχολεία (ή τα παιδιά) δεν πρέπει να κρίνονται μόνο βάσει του αριθμού των συμπληρωμένων φύλλων εργασίας, που φέρνουν στο σπίτι. Ίσως και τα πιο σπουδαία μυαλά να χρειάζονται ενθάρρυνση να "ασχοληθούν" με τις πραγματικές προκλήσεις και με τις σπουδαίες ιδέες. Κανένας δεν έχει τακτικές και καθαρές άκρες.

Μεταγνωσία: Η τέχνη της γνώσης του μυαλού σας

Ο ανθρώπινος εγκέφαλος είναι μοναδικός στην ικανότητά του να απεικονίζει τη σκέψη του. Τα σπίτια, όπου τα παιδιά δεν ξοδεύουν πολύ χρόνο με σκεπτόμενους ενηλίκους και τα σχολεία όπου "εκπαιδεύονται", διδάσκουν κυρίως την απομνημόνευση των δεδομένων παραμελώντας αυτό το μοναδικό πλεονέκτημα. Επίσης θέτουν τα παιδιά σε κίνδυνο για προβλήματα προσοχής. Η λέξη κλειδί, για την μεταγνωσία είναι οι μέθοδοι, οι διανοητικές διαδικασίες τις οποίες οι μαθητές μπορούν να συντάξουν σκόπιμα οι ίδιοι, για να μάθουν ή να καταλάβουν καλύτερα οτιδήποτε καινούριο. Παραδείγματα της ατελέσφορης χρήσης των μεθόδων, μπορούν να φανούν σε κάθε τάξη: παιδιά που ανταγωνίζονται στα τεστ μαθηματικών χωρίς να αναλογίζονται εάν οι απαντήσεις τους είναι λάθος ή σωστές, αναγνώστες που αποτυπώνουν τις λέξεις με τα μάτια τους αλλά ποτέ δεν αναρωτιούνται αν ο εγκέφαλός τους καταλαβαίνει, μαθητές καλλιτεχνικών που ξεκινούν να ζωγραφίσουν προτού σκεφτούν τον χώρο που υπάρχει στο χαρτί, λύτες προβλημάτων που εγκαταλείπουν μετά την πρώτη αποτυχημένη λύση.

Τα προγράμματα που αναπτύσσονται για τους γονείς και τους δασκάλους όσον αφορά την "εκπαίδευση των μεθόδων", αρχικά περιλαμβάνουν την εφαρμογή της εσωτερικής ομιλίας του παιδιού που εξυπηρετεί τη σκεπτόμενη διανοητική επεξεργασία. Παραδείγματος χάριν, ένα χαρακτηριστικό επιμορφωτικό πρόγραμμα διδάσκει στα παιδιά, πρώτα "να μιλάνε μεγαλοφώνως," έπειτα "να ψιθυρίζουν" και τέλος "να ψιθυρίζουν μέσα στο κεφάλι τους" σε μια προσπάθεια να χτιστεί εκείνη η εσωτερική φωνή που τόσο συχνά λείπει στα σημερινά οχλαγωγικά περιβάλλοντα. Όταν έρθουν αντιμέτωπα με ένα πρόβλημα, θα πρέπει να διδαχθούν τα ακόλουθα τέσσερα - ή πέντε βήματα όπως τα παρακάτω:

1. Σταματάω. Σκέφτομαι. Ποιος είναι ο στόχος μου; (προσδιορισμός του προβλήματος με λέξεις)

2. Ποιο είναι το σχέδιό μου; (συζήτηση για τα πιθανά βήματα της λύσης)
3. Πώς θα έπρεπε να αρχίσω; (ανάλυση του πρώτου βήματος)
4. Πώς θα το πετύχω; (επιμονή στο στόχο)
5. Σταματάω. Ξανακοιτάω. Πώς το κατάφερα; (ανάλυση του αποτελέσματος)

Η πρακτική αυτών των βημάτων, είναι εκπληκτικά αποτελεσματική στην αντιμετώπιση των προβλημάτων προσοχής, ρυθμίζοντας την συμπεριφορά των παιδιών αποτελεσματικότερα. Παρόμοιες τεχνικές έχουν εφαρμοστεί και για την κατανόηση ανάγνωσης ("το έχω καταλάβει αυτό; Γιατί δεν το κατάλαβα;") και έχουν παρουσιάσει επίσης καλά αποτελέσματα. Είναι σημαντικό να σημειωθεί ότι όλες αυτές οι επιτυχίες προκύπτουν από τη χρησιμοποίηση της γλώσσας για την καθοδήγηση της σκέψης και τις παρορμήσεις. Η έρευνα δείχνει ότι ακόμη και μερικοί μαθητές με τα λεγόμενα "προβλήματα μνήμης" έχουν μια βασική δυσκολία στη διαχείριση της σκέψης τους.
Ο ισραηλινός Δρ Reuven Feuerstein, ίσως ο πιο αισιόδοξός από μας σε σχέση με την διαμόρφωση της ανθρώπινης νοημοσύνης (η "κληρονομικότητα" είναι η αγαπημένη του), είναι πεπεισμένος ότι ο ίδιος ο εγκέφαλος μπορεί να βελτιωθεί από τη "μεταγνωσιολογική μέθοδο εκπαίδευσης" που καθιστά τα ανθρώπινα όντα ανθεκτικότερα και προσαρμόσιμα στις μεταβαλλόμενες περιστάσεις. "Ο εγκέφαλος μπορεί να τροποποιηθεί ή να αλλάξει με έναν δομημένο τρόπο που επιτρέπει στα άτομα διαιωνιστούν," εξηγεί. Τα "ανθρώπινα όντα είναι μοναδικά στην ικανότητά τους να διαφοροποιηθούν. Αυτό το αποκαλώ "αυτοπλαστικότητα". Αλλά ακόμη και προτού φτάσουν στο σχολείο, θα πρέπει οι ενήλικοι να εγκαταστήσουν το νόημα στα παιδιά τους διαφορετικά θα ψάχνουν πάντα για αυτό" δηλώνει κατηγορηματικά.
Η έλλειψη αυτού του είδους της εμπειρίας, που την αποκαλεί "ενδιάμεση εκμάθηση" ο Feuerstein θεωρεί, ότι τα παιδιά δεν αναπτύσσουν τις επαρκείς δεξιότητες σκέψης. Ως παράδειγμα της απουσίας της ενδιάμεσης εκμάθησης, περιγράφει έναν γονέα που βάζει τα παιχνίδια γύρω από ένα δωμάτιο και

450

περιμένει το παιδί να παίξει. Στην ενδιάμεση εκμάθηση, ο γονέας θα τοποθετούσε ένα παιχνίδι με κατασκευές μπροστά από ένα παιδί και θα καθόταν κοντά του για να του δείξει διάφορους τρόπους να το χρησιμοποιήσει, να εξηγήσει κάθε εναλλακτική λύση και να επιτρέψει στο παιδί να πειραματιστεί έχοντας την αίσθηση της υποστήριξης του ενηλίκου.

Αν και ο Feuerstein θεωρεί τους γονείς, κατά ένα μεγάλο μέρος, αρμόδιους για αυτό το είδος κατάρτισης στα πρώτα έτη, υποστηρίζει επίσης ότι οι δάσκαλοι θα πρέπει να βοηθήσουν να αποδοθεί το νόημα στο παιδί. Αντί απλά να δώσει σε ένα παιδί ένα βιβλίο διαβασμένος, παραδείγματος χάριν, έναν μεσολαβώντας δάσκαλο να βοηθήσει το σπουδαστή να κάνει μερικές προβλέψεις για την πλοκή, να διευκρινίσουν την έννοια ορισμένων λέξεων λεξιλογίου, και ελέγχει έξω την οικειότητα με τις απαραίτητες βασικές πληροφορίες. Το κόλπο είναι να περιοριστεί η βοήθεια αυστηρά μέσα στα πλαίσια αυτού που χρειάζεται για να πετύχει, το παιδί και ο εγκέφαλος του γονέα δεν πρέπει να προσφέρει παραπάνω βοήθεια ώστε να αποφευχθεί η υπερβολική εξάρτηση του παιδιού από αυτόν.

Παρόλο που ο Feuerstein, πιστεύει ακράδαντα στην ανθρώπινη μεσολάβηση, κάποιοι άλλοι έχουν προτείνει ότι οι υπολογιστές που μπορούν να ανταποκριθούν άμεσα στις ανάγκες κάθε παιδιού και με ένα επίπεδο ικανότητας να είναι σε θέση να επιτελέσουν μέρος αυτής της εργασίας. Μέχρι τώρα, τέτοια ηλεκτρονικά βοηθήματα έχουν χρησιμοποιηθεί κυρίως για να εξασκήσουν μια συγκεκριμένη ύλη (π.χ., πίνακες πολλαπλασιασμού, ορθογραφία, λεξιλόγιο ξένης γλώσσας), αλλά τα νέα προγράμματα αναπτύσσονται συνεχώς.

Εν τω μεταξύ, αυτή η έρευνα έχει ανακαλύψει βαθιές συνέπειες στην ύλη των πρόωρων προγραμμάτων παιδικής ηλικίας, ειδικά για τα παιδιά που στερούνται την ενήλικη μεσολάβηση στις ζωές τους. Στην πραγματικότητα, προκύπτει ένα σημαντικό μήνυμα για τους πολιτικούς που σχεδιάζουν την εκπαίδευση. Τώρα που τόσα πολλά παιδιά στερούνται αυτά τα πρότυπα, η βοήθεια της δόμησης του νοήματος στα παιδιά, θα πρέπει να γίνει μια προτεραιότητα για τα σχολεία.

Ο Feuerstein, μιλώντας σε μια ομάδα δασκάλων πριν από λίγο καιρό, τους προκάλεσε να επαναπροσδιορίσουν τους κατάλληλους στόχους για την εκπαίδευση.

"Θα έπρεπε να υπάρχουν περισσότερα τεστ για τα δεδομένα και τις μονάδες; Επιτρέψτε μου να σας υπενθυμίσω ότι πολλά από τα πράγματα που διδάσκετε σήμερα θα είναι σύντομα ξεπερασμένα! Μόνο οι εγκέφαλοι που μπορούν να προσαρμοστούν και να διαμορφωθούν θα εξασφαλίσουν τη συνέχεια του πολιτισμού μας.

ΤΙ ΣΥΜΒΑΙΝΕΙ ΜΕ ΤΗ ΔΗΜΙΟΥΡΓΙΚΟΤΗΤΑ ΚΑΙ ΤΗ ΦΑΝΤΑΣΙΑ;

Η φιλοσοφία "της επιβολής" του νοήματος, του Feuerstein, μέσα από την βοήθεια που παρέχεται στο παιδί για να κατανοήσει, είναι πολύ διαφορετική από την επιβολή ενός καταλόγου με "δεξιότητες συλλογισμού" σε ένα ήδη περιορισμένο πρόγραμμα σπουδών. Προσπαθώντας να αναλύσει υπερβολικά αυτό "που σκέφτεται," στην πραγματικότητα, μπορεί να οδηγηθεί στην θυσία της έμφυτης δημιουργικότητάς του.

Ο ποιοτικός συλλογισμός, απαιτεί ποιοτικές αναλυτικές δεξιότητες, βέβαια εξαρτάται και από την φαντασία. Και τα δύο μισά του εγκεφάλου, όχι απλά το γραμμικό, αναλυτικό-λεκτικό αριστερό ημισφαίριο, συμβάλλουν σε αυτό. Το δεξί ημισφαίριο που είναι και το πιο οπτικό και διαισθητικό, παρέχει ένα μεγάλο μέρος της έμπνευσης, ενώ το αριστερό εκτελεί έναν ρόλο με καθήκοντα χρονομέτρου και ρεαλισμού.

Καθώς οι προφορικές μέθοδοι μεσολάβησης, είναι σαφώς αποτελεσματικές για τη σκέψη, δεν πρέπει να δεσμεύσουν τις ευκαιρίες των παιδιών να εξασκήσουν την ατελείωτη σκέψη, την τέχνη, και την μη προφορική επίλυση προβλημάτων.

Κάποιοι παρατηρητές, που ανησυχούν για την πτώση της δημιουργικής σκέψης, καθώς επίσης και της φαντασίας, έχουν υπερασπιστεί αυτές τις μεθόδους διδασκαλίας και την εμπειρία μέσα στις τάξεις με σκοπό να υποκινήσουν το δεξί ημισφαίριο. Παρά το γεγονός ότι μερικές από αυτές τις αποκαλούμενες δραστηριότητες του " δεξιού μέρους του εγκεφάλου" είναι διασκεδαστικές, η συγκεκριμένη νευρολογική αξία τους αντιμετωπίζεται από τους επιστήμονες με ιδιαίτερο σκεπτικισμό. Επιπλέον, είναι όλο και περισσότερο σαφές ότι η απαραποίητη δημιουργική φαντασία πηγάζει από πολύ βαθύτερες αναπτυξιακές ρίζες —που μπορούν εύκολα να αλλάξουν και στα σπίτια και στα σχολεία.

Παιδιά Χωρίς Δικά Τους Οράματα

Τα παιδιά που μεγαλώνουν παρακολουθώντας υπερβολικά Τηλεόραση, ή που έχουν στερηθεί το χρόνο να καθίσουν και να ονειρευτούν, μεγαλώνουν με φτωχότερη φαντασία; Είναι η έλλειψη φαντασίας μια από τις αιτίες, για την αδιαφορία απέναντι στην επίλυση προβλημάτων για τους σημερινούς μαθητές; Μια από τις πιο ανησυχητικές αναφορές των νηπιαγωγών, είναι ότι τα σημερινά παιδιά δεν κατασκευάζουν δικά τους "σενάρια" για παιχνίδι. Αντί να δημιουργήσουν αυθόρμητα, ατελείωτα σκηνικά και ζωηρές δραστηριότητες ("εσύ θα κάνεις τον μπαμπά και εγώ θα κάνω την μαμά" "θα είσαι ένας κακός και εγώ θα είμαι ο ήρωας"), αυτοί αντιγράφουν αυτούς που έχουν δει ήδη, ακόμη και τον διάλογο ("θα είσαι ο Μπιλ Κοσμπυ στο επεισόδιο που..." "να κάνουμε τους Αδερφούς Mario όταν κυνηγούν τους . ..").

Στην έρευνά μου, οι δάσκαλοι διαχώρισαν την θέση τους περισσότερο από κάθε άλλο ζήτημα, όταν τους ρώτησα κατά πόσο τα οπτικά προϊόντα φαντασίας και η φαντασία των μαθητών είχαν αλλάξει. Ενώ περίπου οι μισοί δήλωσαν κατηγορηματικά ότι τα σημερινά παιδιά στερούνται φαντασίας, κάποιοι άλλοι απάντησαν ανάμεικτα. Προς έκπληξή μου (και απογοήτευση) αυτό το κομμάτι ήταν το μόνο που έμεινε αναπάντητο ή απαντήθηκε ειλικρινά με ένα απλό "δεν ξέρω" (ή δεν με νοιάζει;). Άλλοι παραδέχτηκαν ότι το επίπεδο της φαντασίας και της δημιουργικής σκέψης των μαθητών τους, εξαρτήθηκε πολύ από τις τοποθετήσεις και την ικανότητά τους ως δάσκαλοι. Μερικά παραδείγματα:

Η Τηλεόραση και οι υπολογιστές φαίνονται να θολώνουν τις διακρίσεις μεταξύ πραγματικού και φανταστικού. Απεικονίζουν μεν (με τύχη;) αλλά είναι δύσκολο να καθοριστούν ακριβώς οι εικόνες (π.χ., στη γεωμετρία και στους χάρτες).

—Εκπαιδευτικός υπολογιστών, Μασαχουσέτη

Εξίσου έξυπνα και διαισθητικά όπως πάντα. (Όταν τους επιτρέπεται να είναι) Έχω ενσωματώσει στην ύλη, τις τέχνες, την παροχή κιναισθητικής συμμετοχής, ασκήσεις χαλάρωσης, και χρησιμοποιώ την μέθοδο της συνεργασίας σε ομάδες με σκοπό τη διδασκαλία των κοινωνικών δεξιοτήτων και τον καθορισμό των μορφών εκμάθησης.

Το αποτέλεσμα είναι η ανανέωση του ενθουσιασμού για τη διδασκαλία και για εμένα, και η μεγαλύτερη συνοχή ανάμεσα στους μαθητές μου. Γίνεται ξανά διασκεδαστικό!!! πάλι.

—Δάσκαλος πέμπτης τάξης, Όρεγκον

Η φαντασία εξαφανίζεται με την δομή της σημερινής παιδικής ηλικίας. Οι γονείς προγραμματίζουν συνολικά την ημέρα των παιδιών, αφήνοντας ελάχιστο ελεύθερο χρόνο για να παίξει μόνο του ή με άλλα παιδιά. Ο ελεύθερος χρόνος είναι κάτι από το παρελθόν.

—Στοιχειώδης-σχολικός δάσκαλος, Ουισκόνσιν

Διαπιστώνω ότι τα παιδιά μου έχουν ακόμα θαυμάσια φαντασία!

—Δάσκαλος τρίτος-βαθμού, Τέξας

Είναι πολύ ανήσυχοι και η έκταση προσοχής τους είναι σύντομη, αλλά στις τέχνες, όταν μπορείτε να καθιερώσετε μια ατμόσφαιρα μέσα στην τάξη που να τους κρατά μέσα, όλη η αφθονία είναι ακόμα εκεί, στην φαντασία. Όχι, στις τέχνες δεν πιστεύω ότι είναι πάντα πάρα πολύ αργά.

—Διευθυντής, προγράμματος ένωσης τεχνών, Μινεσότα

Πολλά βιβλία έχουν γραφτεί για να βοηθήσουν το πάντρεμα της δημιουργικής σκέψης των δασκάλων με την απέραντη επίλυση προβλημάτων στην καθημερινή διδασκαλία της ύλης. Αρκεί να πούμε εδώ ότι εάν επιθυμούμε να ακμάσουμε τεχνολογικά καθώς επίσης και αισθητικά, ίσως είναι καιρός να αναθεωρήσουμε τις προτεραιότητες της δημιουργικότητας και της φαντασίας ως "ευθύνη του δασκάλου τέχνης (ή μουσικής)". Η ώριμη δημιουργικότητα προέρχεται από ένα μυαλό ερευνητικό με σταθερά θεμέλια στους κύριους διανοητικούς, πνευματικούς, καλλιτεχνικούς, ή αισθητικούς τομείς των ανθρώπινων επιτευγμάτων, όχι από την "κατάρτιση του δεξιού μέρους του εγκεφάλου" με τεχνάσματα. Οι συνήθειες του μυαλού που επιτρέπουν μια δραστήρια ανταλλαγή μεταξύ του μαθητή και των μεγάλων φιλοσόφων, καλλιτεχνών και τεχνικών του παρελθόντος και του παρόντος, είναι η καταλληλότερη, και ίσως, οι πιο κομψή ενδυμασία, για το σημαντικό περιεχόμενο των παγκόσμιων πολιτισμών.

Εάν ενθαρρύνουμε τους δασκάλους μας να είναι σκεπτόμενοι, ενημερωμένοι και ερευνητικοί οι ίδιοι, μπορούμε να περιμένουμε σαν αποτέλεσμα να εμποτίσουν ολόκληρο το πρόγραμμα των μαθημάτων, με δημιουργική καθώς επίσης και σημαντική σκέψη. Διαφορετικά, θα αναγκαστούμε να αφήσουμε τα παιδιά μας —που τώρα, περισσότερο από ποτέ πριν, χρειάζονται σωστά πρότυπα επινοητικής διανοητικής διεξαγωγής —στις μηχανές ή στις εξαρτήσεις και στα τετράδια ασκήσεων που "εγκρίνονται από τους δασκάλους". Γιατί να σπαταλήσουμε χρόνο σε δραστηριότητες όπως "γράψτε μια έκθεση από την άποψη της γόμας σας" αφήνοντας άθικτες τις σημαντικές διανοητικές προκλήσεις του κόσμου ενός παιδιού; Αυτό είναι περίπου τόσο ανόητο όσο να διδάσκουμε τα παιδιά "να σκέφτονται" ρίχνοντας τους "γεγονότα" σε μια διανοητική άβυσσο στο όνομα της αποκαλούμενης "πολιτιστικής βασικής εκπαίδευσης".

"ΠΟΛΙΤΙΣΤΙΚΗ ΒΑΣΙΚΗ ΕΚΠΑΊΔΕΥΣΗ"

Το 1987 ο Δρ E. D. Hirsch δημοσίευσε ένα βιβλίο με τίτλο Cultural Literacy: What Every American Needs to Know, αυτό προκάλεσε την απορία πολλών γονέων για το αν θα πρέπει να πιέζουν τα παιδιά τους στο σχολείο, επιμένοντας να απομνημονεύσουν πολλούς όρους, ονόματα, και ημερομηνίες. Υποστηρίζοντας ότι ένας από τους σημαντικότερους λόγους για την καθυστέρηση των επιτευγμάτων των μαθητών, είναι ότι στερούνται έναν βασικό πυρήνα της γνώσης, που τους βοηθάει να καταλάβουν αυτό που διαβάζουν, ο Hirsch και ένας συνάδελφος του ο Δρ Joseph Kett, ανέπτυξαν έναν κατάλογο με όλα αυτά που ένα μορφωμένο άτομο θα πρέπει να γνωρίζει. Δεν συμφωνώ ότι οι εγκέφαλοι πολλών πολιτών, έχουν βοηθηθεί από τις βασικές γνώσεις που στηρίζεται ο πολιτισμός μας, αλλά θα διατηρήσω σοβαρά τις επιφυλάξεις μου, για τις συνέπειες που έχουν προέλθει, από αυτήν την αμφισβητήσιμη επιφανειακή φιλοσοφία.

Μόνο οι εκπαιδευτικοί που ξοδεύουν το χρόνο τους, με πραγματικά παιδιά μέσα σε πραγματικές τάξεις, γνωρίζουν πολύ έντονα ότι το να περάσεις κάτι μπροστά από (ή ακόμα και προσωρινά) τα μάτια των παιδιών, στο όνομα της διδασκαλίας, δεν εγγυάται τίποτα στο όνομα της εκμάθησης. Δυστυχώς, ο μόνος λόγος ύπαρξης ενός τέτοιου "καταλόγου" είναι η πρόσκληση στην απλή λογική. Παρόλο που η βιαστική επαφή με διάφορα κομμάτια εκμάθησης, είναι το ακριβώς αντίθετο της πρόθεσης των συγγραφέων, η τρέχουσα νοοτροπία υπεραπλούστευσης της χώρας μας (που εμπνέεται, όπως έχουμε δει, από το νόμιμο πανικό της κατάστασης της εκμάθησης) την έχει ερμηνεύσει ως εξής: η απλή κατανόηση και το διάβασμα "της απομνημόνευσής" των γεγονότων χρειάζεται ένα μόνιμο διανοητικό χώρο.

Ειρωνικά, ο Δρ Kett μου είπε, ότι μια σημαντική αλλαγή που έχει σημειώσει ότι στα γραπτά των νέων μαθητών του στο πανεπιστήμιο της Βιρτζίνια, είναι η "έλλειψη συνοχής".

"Αυτά τα παιδιά είναι έξυπνα," είπε. "Αυτό είναι ένα σεμινάριο, το οποίο ξέρουν ότι είναι δύσκολο, αλλά τα γραπτά τους είναι πιο μπερδεμένα από αυτά που συνήθως έπαιρνα από προηγούμενους μαθητές. Απαριθμούν τα γεγονότα αντί να τα συνοψίζουν. Δυσκολεύονται να διαχωρίσουν τις σκέψεις τους και δεν υπάρχει καμία διαμόρφωση μεταξύ των παραγράφων.

"Ποιος πρέπει να διδάξει "την πολιτιστική βασική εκπαίδευση ";

Η πραγματική προσέγγιση στις σπουδαίες έννοιες, οποιασδήποτε πολιτιστικής κληρονομιάς, προέρχεται από την εκτεταμένη, προσωπική και ουσιαστική επαφή. Στο παρελθόν, αυτή η επαφή προερχόταν κυρίως από τις συνομιλίες με ενηλίκους και από δύο άλλες πηγές: τα βιβλία, τα οποία διαβάζονταν μεγαλόφωνα στο σπίτι, μελετούνταν για την προσωπική ευχαρίστηση, ή διαβάζονταν ως μέρος της σχολικής εργασίας και από τα μαθήματα που γινόντουσαν κατανοητά και εμπεδωνόντουσαν. Σήμερα, αυτές οι μέθοδοι μετάδοσης, είναι λίγες στον αριθμό. Πολλοί μαθητές δεν διαβάζουν αυτά που θα έπρεπε, πολύ λιγότεροι διαβάζουν για ευχαρίστηση, και τέλος ελάχιστοι δάσκαλοι απαιτούν πλέον την έκθεση λογοτεχνικών κειμένων. Συχνά δεν τους δίνεται (ή δεν διαθέτουν) αρκετό χρόνο για να καλύψουν ένα θέμα σε βάθος. Ουσιαστικά, υπάρχουν περισσότερα πράγματα να μάθουν από όσα επιτρέπει ο διαθέσιμος χρόνος. Χωρίς να συνδέονται μεταξύ τους οι έννοιες, τα στοιχεία ενός καταλόγου δεν μένουν εύκολα στη μνήμη.

Ίσως η σημαντικότερη παρατήρηση του Δρ Hirsch , είναι ότι η ανάγνωση που μαθαίνουν τα παιδιά στο σχολείο, είναι ένα σημαντικό μέσο για την πολιτιστική μετάδοση. Είναι αδικαιολόγητο για τους νεαρούς, να διαβάζουν παπαγαλία όταν η έρευνα έχει καταδείξει σαφώς ότι ακόμη και τα παιδιά της πρώτης τάξης, απολαμβάνουν, θυμούνται, και καταλαβαίνουν την ποιοτική λογοτεχνία καλύτερα. Εάν δεσμεύσουμε τα μυαλά των παιδιών, κατά τα λεγόμενα της Δρ Lillian Katz, με την εμπέδωση της διδασκαλίας της ανάγνωσης, με τις εκβαθυμένες μελέτες των ιστορικών περιόδων, των επιστημονικών ιδεών, κ.λπ., θα μάθουν και θα θυμηθούν ακόμη καλύτερα.

Άλλη μια παρατήρηση: Αν προσέξει κάποιος τα παιδιά από άποψη πολιτιστική είναι πολύ μορφωμένα, με την μόνη διαφορά ότι είναι για έναν πολύ διαφορετικό πολιτισμό; Αν φτιάξουμε μια λίστα με ερωτήσεις σχετικά με οποιαδήποτε λεπτομέρεια από τις τηλεοπτικές σειρές Roseanne, Family Ties, Sesame Street κ.λπ. τα παιδιά θα φανούν πόσο πραγματικά έξυπνα είναι. Το πρόβλημα είναι ότι τα παιδιά μας, μας διαψεύδουν μπροστά στα μάτια μας και δεν μας αρέσει αυτό που βλέπουμε. Τους έχουμε παρουσιάσει αυτό που πραγματικά εκτιμάμε στην κοινωνία μας και αυτοί οι μικροί πολιτιστικοί μαθητευόμενοι το έχουν εμπεδώσει με μεγάλη προθυμία.

Εάν θέλουμε σοβαρά να τους προετοιμάσουμε με βασικές γνώσεις για να μπορέσουν να συλλέξουν τους διανοητικούς καρπούς των παγκόσμιων πολιτισμών, αυτό που πρέπει να αλλάξει είναι το περιεχόμενο των τηλεοπτικών παιδικών προγραμμάτων και να χρησιμοποιηθεί το βίντεο εποικοδομητικά. Κατά την άποψή μου, αυτό είναι μια πολύ σημαντική ευθύνη και των εκπαιδευτικών αλλά και των υπεύθυνων για τα εμπορικά προγράμματα. Διαφορετικά, σύντομα θα αναγκαστούμε να διορθώσουμε την πανεπιστημιακή ύλη για να περιλάβουμε, τις εκβαθυμένες μελέτες της ομιλίας των ζώων και των παλιάτσων.

Τα σχολεία δεν μπορούν να καλύψουν τα κενά των παιδιών απλώς με το κάλυμμα της "πολιτιστικής βασικής εκπαίδευσης" το οποίο ο ίδιος ο πολιτισμός αποκηρύσσει. Ούτε μπορούν να εξισορροπήσουν εντελώς τις ισχυρές επιπτώσεις των προγραμμάτων της Τηλεόρασης, που λειτουργούν άμεσα μαζί με τις προσπάθειές μας να διδάξουμε τα παιδιά να σκέφτονται.

ΔΙΔΑΣΚΟΝΤΑΣ ΤΗΝ ΣΗΜΑΝΤΙΚΗ ΣΚΕΨΗ —ΗΛΕΚΤΡΟΝΙΚΑ

Αυτό το δίλημμα τέθηκε σε ισχυρά, όταν πρόσφατο ένθετο των New York Times "Education Life" παρέθεσε αυτές τις δύο αναφορές:

1. Μια μεγάλη ασφαλιστική εταιρεία, διαφημίζει τα προσόντα που απαιτεί για να εργαστεί κάποιος σε αυτήν, στην Ιρλανδία

"όπου η πλειοψηφία των μορφωμένων διοικητικών υπαλλήλων" είναι πρόθυμο να τις επεξεργαστεί. Ο λόγος; Το αμερικανικό εργατικό δυναμικό στερείται τις εκπαιδευτικές δεξιότητες καθώς επίσης και τα κίνητρα.

2. Λόγω των φτωχών συνηθειών διατροφής των αμερικανών μαθητών, η κυβέρνηση έχει θέσει έναν νέο στόχο, να κάνει τη διατροφή απαραίτητη στο σχολικό πρόγραμμα και στις πενήντα πολιτείες.

Οι άνθρωποι φαίνονται πολύ χαρούμενοι, να κατηγορούν τα σχολεία για το γεγονός ότι το εργατικό δυναμικό της χώρας μας είναι σε αυτήν την κατάσταση. Ωστόσο, την ίδια στιγμή, επιμένουν ότι οι εκπαιδευτικές ώρες πρέπει να αυξηθούν, για να ανατρέψουν τα αποτελέσματα των τηλεοπτικών διαφημίσεων που ως τώρα έχουν διαμορφώσει τις φτωχές διατροφικές συνήθειες των παιδιών. Τι παραλογισμός! Η αρχική ιδέα ήταν ότι η κρίσιμη σκέψη πρέπει να εφαρμοστεί στο περιεχόμενο της Τηλεόρασης, αλλά αφού δεν μπορούν να το κάνουν οι ενήλικοι γιατί να μπορούν τα παιδιά; Επιπλέον, πώς μπορούμε να κατακρίνουμε τα παιδιά για την έλλειψη "ευθύνης", ενώ την ίδια στιγμή φορτώνουμε όλη την δική μας στα σχολεία; Δεν υπάρχει αμφιβολία πολλά παιδιά περιμένουν να αντλήσουν την εκμάθηση τους χωρίς καμία αμοιβαία υποχρέωση.

Λίγοι αμφισβητούν την αναποτελεσματικότητα του αμερικανικού προγραμματισμού για τα παιδιά. Ο Edward Palmer στο βιβλίο του Television and America's Children: A Crisis of Neglect, καταγράφει λεπτομερώς τις ανεπάρκειες αυτού του προγραμματισμού. Ακόμα βέβαια δεν έχει γίνει καμία σημαντική προσπάθεια για να γίνουν τα παιδιά θεατές με σημαντική κρίση. Θα αρκεστώ εδώ να επαναλάβω ότι ο εγκέφαλος τείνει να σημαδευτεί βαθιά από την επαναλαμβανόμενη εμπειρία, ιδιαίτερα στα πρώτα έτη. Εάν είναι οι δάσκαλοι αυτοί που θα πρέπει να αντιστρέψουν την νοοτροπία και τις αξίες που εμφυσούνται προσεκτικά από τα τηλεοπτικά μέσα, δεν έχουν αρκετό χρόνο για να αποτρέψουν τα διανοητικά θύματά τους.

Μολαταύτα, η αλήθεια για την επίδραση της Τηλεόρασης στις ζωές της σύγχρονης γενιάς είναι αναμφισβήτητη. Τα σχολεία θα πρέπει να αναλάβουν έναν θετικότερο και πιο εκπαιδευτικό ρόλο στην καθοδήγηση των παιδιών, που είναι από τη φύση τους τρωτά "οπτικώς", με την ανάλυση και την αξιολόγηση της ύλης. "Οι ικανότητες των νέων ηλεκτρονικών δασκάλων μας είναι τρομερές," δηλώνει ο Ernest Boyer στην εισαγωγή του βιβλίο του Palmer. "Οι εκπαιδευτικοί θα ήταν αφελείς να αγνοήσουν αυτές τις επιρροές, οι οποίες έχουν γίνει, στην πραγματικότητα, ένα νέο εκπαιδευτικό πρόγραμμα".

Η Patricia Greenfield στο βιβλίο της, *Mind and Media*, επισημαίνει ότι εκτός από τη γραπτή εκπαίδευση, η οπτική εκπαίδευση είναι πλέον απαραίτητη να διδαχθεί. Προτείνει τα ειδικά προγράμματα για να μετατρέψει τα παιδιά από παθητικούς σε ενεργητικούς καταναλωτές όλων των ειδών οπτικού υλικού. Η χρήση των προγραμμάτων για την διδασκαλία της τεχνικής των ερωτήσεων, η μελέτη του σκοπού των συσκευών, η ανάλυση της δομής της πλοκής και η σύγκρισή της με εκείνες της λογοτεχνίας και τέλος η καθοδήγηση σημαντικών καλλιτεχνικών συζητήσεων, είναι ιδέες που πρέπει να εφαρμοστούν στα σπίτια καθώς επίσης και στα σχολεία. Η παραγωγή ταινιών στην τάξη, με την οποία τα παιδιά προγραμματίζουν, γράφουν σενάρια, και αναλύουν, μπορεί να τα βοηθήσει αργότερα ελέγχουν τα μέσα αντί να γίνεται το αντίθετο.

Ο Greenfield υποστηρίζει επίσης τις αποτελεσματικότερες χρήσεις της Τηλεόρασης για να μειώσει τα εκπαιδευτικά χάσματα μεταξύ των ευνοημένων και των παιδιών που προέρχονται από μειονεκτικό περιβάλλον, αναφέροντας επιτυχημένα πειράματα με το βίντεο, από τις τριτοκοσμικές χώρες με σκοπό να κάνει τα παιδιά να συμμετέχουν διαλογικά στην εκμάθηση. Στην Νιγηρία, για παράδειγμα, τα παιδιά διδάχθηκαν επιτυχώς γαλλικά με το πρόγραμμα που περιείχε διαλογική γλωσσική εκμάθηση. Καθώς συμμετείχαν σε σύνθετες ασκήσεις πρώτων βοηθειών, έγιναν "ηθοποιοί και όχι θεατές" και η εκμάθηση προχώρησε γρήγορα.

Ένα νέο πρόγραμμα σπουδών

Ο ψυχολόγος Δρ Michael Posner, θεωρεί ότι τα σχολεία ίσως να πρέπει να αλλάξουν ακόμη και τους πιο βασικούς τρόπους, σε απάντηση μιας ηλεκτρονικής εποχής. Τα παιδιά σύντομα αντιλαμβάνονται, προτείνει, ότι ένα σχολείο με ένα αυστηρό πρόγραμμα είναι πολύ διαφορετικά από ένα εύκαμπτο περιβάλλον στον πραγματικό κόσμο της εργασίας. Τα παιδιά παρατηρούν τους ενηλίκους να παρακολουθούν περισσότερο Τηλεόραση και να τις οθόνες των υπολογιστών τους, απ' ό,τι να διαβάζουν και να γράφουν. "Αλλά ακόμα φερόμαστε λες και οι μοναδικές σημαντικές δεξιότητες είναι το διάβασμα και η γραφή", επισημαίνει.

Ένα άρθρο που συντάχθηκε από έναν Φιλόλογο και δημοσιεύτηκε από το Εθνικό Συμβούλιο Δασκάλων των Αγγλικών ανέφερε "Παραμένουμε παθιασμένα μυωπικοί με τα λογοτεχνικά δοκίμια, ενώ οι μαθητές μας ζουν σε έναν κόσμο που η υψηλή τεχνολογία και η ηλεκτρονική οπτική και ακουστική αυξάνονται ολοένα και περισσότερο". Αντί να αποφεύγουν το ζήτημα για το πώς η "εκπαίδευση των υπολογιστών" ή η "οπτική εκπαίδευση" συνδέεται με την κρίσιμη σκέψη και την εκμάθηση, οι εκπαιδευτικοί πρέπει να διευρύνουν την έρευνά τους και να περιλάβουν τις εποικοδομητικές τους χρήσεις.

Ο ΑΥΤΟΜΑΤΟΠΟΙΗΜΕΝΟΣ ΕΓΚΕΦΑΛΟΣ

Καθώς ξεκινάμε να εξετάζουμε τους μελλοντικούς ορισμούς "της σκέψης," κινούμαστε σε μια περιοχή όπου υπάρχουν συνταρακτικές ερωτήσεις και καμία απάντηση. Μια από τις σημαντικότερες είναι, πόσο προσαρμόσιμοι θα αποδειχθούν να είναι οι "νέοι εγκέφαλοι" των παιδιών μας, σε έναν εξελισσόμενο πολιτισμό που αντιπροσωπεύεται από γνώσεις εκτός του γραπτού λόγου.

Αν ρωτήσουμε "τους ειδικούς" τι πιστεύουν για την επίδραση των υπολογιστών στους εγκεφάλους των παιδιών θα συμπεράνουμε ότι δεν υπάρχει σύμπνοια στις απόψεις τους.

1. "Ένας υπολογιστής είναι απλώς μια καρικατούρα του αριστερού ημισφαιρίου, ακριβώς όπως τα τηλεοπτικά παιχνίδια είναι μια καρικατούρα του δεξιού. Πιστεύω ότι η εργασία με τους υπολογιστές θα κάνει σίγουρα τα παιδιά να λειτουργούν περισσότερο με το αριστερό τμήμα του εγκεφάλου".
2. "Οι υπολογιστές μπορούν να κάνουν όλη την λεπτομερή εργασία, αλλά οι άνθρωποι πρέπει να "ελέγχουν" αυτό που θέλουν από την μηχανή να κάνει. Και πρέπει "να βρουν" και να προγραμματίσουν μια πολιτική εφ' όλης της ύλης. Όταν τα παιδιά αποδεσμεύονται από τις λεπτομέρειες, πιστεύω ότι η εργασία με τους υπολογιστές μπορεί να επιτρέψει σε αυτά να λειτουργήσουν περισσότερο με το δεξί μέρος του εγκεφάλου!"

Η απάντηση που με ικανοποίησε περισσότερο, προτάθηκε από την Δρ Jeannine Herron, διευθύντρια των Υπηρεσιών Νευροψυχολογίας της Καλιφόρνια, η οποία εργάζεται στην ανάπτυξη του λογισμικού των υπολογιστών ως εκπαιδευτικό εργαλείο.
"Πιστεύω ότι οι υπολογιστές θα μας επιτρέψουν να επεκτείνουμε τα σφαιρικά και γραμμικά όρια. Όταν θέλουν τη λεπτομέρεια, μπορούν να πετύχουν εξαιρετική λεπτομέρεια, αλλά μπορούν επίσης να πετύχουν μια ευρύτερη, σφαιρική άποψη. Ένα παιδί που κοιτάξει βιαστικά τις φωτογραφίες από την εποχή σπουδαίων κυπέλλων, είναι βέβαιο ότι θα πάρει μια γενική εικόνα της συγκεκριμένης ιστορικής περιόδου. Αλλά δεν νομίζω ότι θα είμαστε σε θέση να χτίσουμε τους συνδέσμους μεταξύ εκείνων των δύο ειδών συστημάτων εκτός αν η εμπειρία είναι σημαντική για το παιδί. "
Προκειμένου να καταλάβουμε τις επιδράσεις των υπολογιστών στον συλλογισμό του χρήστη, θα πρέπει να αρχίσουμε με τη διαφοροποίηση της τεχνητής και "πραγματικής" νοημοσύνης.

Διαδοχική και Παράλληλη Επεξεργασία

 Οι φυσιολογικοί ανθρώπινοι εγκέφαλοι, έχουν στη διάθεσή τους δύο συμπληρωματικές μεθόδους επεξεργασίας πληροφοριών: την διαδοχική και την ταυτόχρονη (συχνά αποκαλούμενη παράλληλη). Η διαδοχική επεξεργασία προχωράει ένα βήμα κάθε φορά αν Α, τότε β, οπότε γ, κ.λπ.. ("Εάν ο ύποπτος μπήκε στο γραφείο στις 2:30, η γραμματέας θα είχε επιστρέψει από το διάλειμμά της, και επομένως θα τον είχε δει." "Αν χ = 3 και ψ = 5, τότε Χ + Ψ == 8") και συνδέεται αρχικά με το αριστερό ημισφαίριο.

Ο αντίθετος —αλλά, για μας, ο περίπλοκος τρόπος λύσης των προβλημάτων καλείται παράλληλη, ή ταυτόχρονη επεξεργασία, επειδή γίνονται πολλοί συσχετισμοί ταυτόχρονα. Αυτό το είδος του συλλογισμού έχει συγκριθεί με έναν "κυματισμό", στον οποίο το Α εξάγει ένα ευρύ δίκτυο συνδέσεων με άλλα σύνολα συσχετισμών και ιδεών, που αντιπροσωπεύονται συχνά με εικόνες. Οι σύνδεσμοι είναι εύκολο είτε να μαθευτούν είτε να αποκτηθούν αυθόρμητα και μοναδικά, όπως στην διαδικασία του πρώτου συναισθήματος, έπειτα της "παρατήρησης" και τέλος αρθρώνοντας μια μεταφορά. Οι καλλιτέχνες, οι εφευρέτες, οι συγγραφείς, και άλλοι δημιουργικοί σκεπτόμενοι, εξαρτώνται υπερβολικά από την ταυτόχρονη επεξεργασία, η οποία συνδέεται συχνότερα με το δεξί ημισφαίριο. Φυσικά, στο σημείο όπου γίνεται απαραίτητο να αρθρωθεί η εικόνα, η υπόθεση, ή η γενικές αρχές σε μια γραφομηχανή, έναν καμβά, σε ένα μουσικό αποτέλεσμα ή σε ένα χαρτί για γραφικές παραστάσεις, οι διαδοχικές δεξιότητες αναλαμβάνουν και δείχνουν την αξία τους.

Ο ανθρώπινος εγκέφαλος συνδυάζει συνεχώς την ταυτόχρονη και την διαδοχική επεξεργασία, αν και, όπως με "τους τύπους" της εκμάθησης, η διαφορετικότητα των ατόμων μπορεί να ευνοήσει την μια μορφή περισσότερο από την άλλη. Ο τρόπος με τον οποίο ο εγκέφαλος είναι εκπαιδευμένος, καθορίζει την ισορροπία. Οι απαιτήσεις του στόχου, επίσης μπορούν να ωθήσουν τον εγκέφαλο σε έναν από τους δύο τρόπους.

Η "τεχνητή νοημοσύνη" (ΑΙ) των περισσότερων σύγχρονων υπολογιστών, αντιπροσωπεύει τη διαδοχική επεξεργασία που αντιστοιχεί στην μία άκρη. Η παραδοσιακή ΑΙ ασχολείται μόνο με ένα κομμάτι των δεδομένων κάθε φορά και οι υπολογιστές ενεργούν με δυσκολία όταν τα δεδομένα και οι οδηγίες δεν φθάνουν με την σωστή σειρά, όπως μπορεί να μας το επιβεβαιώσει ο καθένας που έχει αποκριθεί στην αυτόματη φωνή - "λάθος σύνταξη". Έως ότου τα νέα πρωτότυπα της τεχνητής νοημοσύνης να διαδοθούν (κάποια που χρησιμοποιούν την παράλληλη επεξεργασία διατίθενται ακόμη και τώρα), οι υπολογιστές λειτουργούν με μια νοοτροπία που κάνει ακόμη και τον πιο πεζό ανθρώπινο αριθμό-θραύστη να μοιάζει με μια δημιουργική μεγαλοφυΐα. Ο λόγος, φυσικά, είναι ότι ο άνθρωπος έχει δύο ημισφαίρια, που προστατεύονται από μερικά μαλακά συναισθηματικά κέντρα. Η μηχανή έχει, στην ουσία, μόνο το μέρος του αριστερού ημισφαιρίου και κανένα είδος συναισθήματος.

Το βρίσκω ενδιαφέρον να πιθανολογώ (αφού δεν υπάρχουν αρκετές έρευνες διαθέσιμες) για αυτά τα φυσικά αποτελέσματα των αλληλεπιδράσεων μεταξύ του ανθρώπινου εγκεφάλου και του εγκεφάλου αυτής της μηχανής. Τώρα, όταν τα παιδιά ανταποκρίνονται στην ΑΙ, συμμετέχουν συνήθως σε έναν από τους ακόλουθους τύπους εφαρμογών:

1. Προγράμματα ασκήσεων και πρακτικής (π.χ., παιχνίδια για να μάθει τους πίνακες πολλαπλασιασμού, να εξασκείται στην ορθογραφία, να τοποθετεί τα κεφάλαια γράμματα των Πολιτειών πάνω στον χάρτη).
2. Να προγραμματίζει (π.χ., να δίνει μια σειρά εντολών στην μηχανή για να την κάνει να ζωγραφίσει ένα τετράγωνο ή να υπολογίσει την απόσταση σε μίλια. Αυτά θα πρέπει να παρουσιαστούν στη μηχανή, στη γλώσσα της και ένα βήμα κάθε φορά).
3. Να δουλεύει τις βάσεις δεδομένων (π.χ., από έναν κατάλογο να επιλέγει περιλήψεις όλων των σχετικών άρθρων με τους παπαγάλους, που έχουν δημοσιευτεί από το 1973 δημιουργώντας μια βάση δεδομένων στην οποία όλα τα τοπικά πουλιά από την περιοχή τους είναι απαριθμημένα και

ταξινομημένα σύμφωνα με τον τύπο του ράμφους, των φτερών, του χρώματος, κ.λπ..)

4. Εξομοίωση (π.χ. .. Είστε ο πρώτος που ξεκινά για το Μονοπάτι του Όρεγκον. Σας δίνονται χρήματα και πρέπει να επιλέξετε από μια "λίστα " τις προμήθειές σας καθώς το ταξίδι προχωρεί, υποβάλλεστε σε διάφορες δυσκολίες και πρέπει να λάβετε αποφάσεις κατά μήκος του μονοπατιού. Μπορεί να τα καταφέρεται μπορεί και όχι στο Όρεγκον. Υποτίθεται ότι θα μάθετε κάποια ιστορία και μερικές δεξιότητες λήψης αποφάσεων από την όλη διαδικασία. Τα τηλεοπτικά παιχνίδια είναι επίσης εξομοιώσεις.)

5. Επεξεργασία κειμένου (π.χ., ο υπολογιστής ως προηγμένη μορφή μνήμης).

Αυτές οι διαφορετικές χρήσεις απαιτούν πολύ διαφορετικούς τύπους διανοητικών επεξεργασιών, οι επιπτώσεις των οποίων μόλις που έχουν εξακριβωθεί. Σε αυτό το σημείο θα εστιάσω απλώς σε μερικά από τα πιο σχετικά ζητήματα, της ανάπτυξης των δεξιοτήτων σκέψης.

Εκμάθηση ομιλίας με τις μηχανές: Επακριβώς!

Το να διδάξεις τα παιδιά να προγραμματίσουν έναν σύγχρονο υπολογιστή, ουσιαστικά απαιτεί τον ακριβή, αναλυτικό-διαδοχικό συλλογισμό (π.χ. .. Εάν... έπειτα .....!). Έχω δει πολλούς νεαρούς των οποίων τα μυαλά δεν να λειτουργούν φυσικά με αυτόν τον τρόπο (και ειδικά τα μικρά παιδιά) να απογοητεύονται εξαιρετικά επειδή ακριβώς δεν μπορούν να "να κάνουν κάποιον να καταλάβει" με την αφήγηση τους, "Ξέρεις..." Την ακρίβεια της γλώσσας απαιτούν επίσης κι άλλες χρήσεις του υπολογιστή. Ο Δρ. Judah Schwartz του τμήματος εκπαίδευσης του ΜΙΤ, επισημαίνει ότι κάνοντας τον υπολογιστή να λειτουργήσει κατάλληλα με τις βάσεις δεδομένων, δεν σημαίνει ότι δέχεται την "ασυνάρτητη" κατανόηση των λέξεων όπως και, ή, όχι. Προσπαθήστε να καταλάβετε το παρακάτω:

Έχω προσέξει τους νεαρούς να μην κατανοούν γιατί τα δεδομένα που βασίζονται στους προέδρους των Ηνωμένων Πολιτειών, όταν τους ρωτήσουν για τον αριθμό Προέδρων που έχουν γεννηθεί στη Μασαχουσέτη και το Βερμόντ, επιμένουν να ισχυρίζονται ότι κανένας Πρόεδρος δεν γεννήθηκε στη Μασαχουσέτη και το Βερμόντ [εάν δεν το καταλάβατε με την πρώτη, ούτε εγώ!]. Σαφώς το πρόβλημα δεν έχει καμία σχέση με την τεχνολογία. Μάλλον πρέπει να εκπαιδεύσουμε τους ανθρώπους να χρησιμοποιούν τη γλώσσα με πολύ μεγαλύτερη ακρίβεια.

Ο Schwartz υπογραμμίζει ότι η ανάλογη "αναλυτική βαρβαρότητα" προκαλεί το μεγαλύτερο μέρος του προβλήματος, των ατόμων με τους λογιστικούς υπολογισμούς (όπου μπορούν να προσπαθήσουν να προσθέσουν τους μήνες με τα δολάρια, κ.λπ.). Απλώς οι υπολογιστές δεν δέχονται την σαχλή γλώσσα ή τη σαχλή σκέψη, τουλάχιστον σύμφωνα με τον προγραμματισμό της μηχανής.

Η εργασία με τους υπολογιστές θα διδάξει στα παιδιά τις σωστότερες συνήθειες της λογικής σκέψης; Ως εδώ, η έρευνα εμφανίζει αντιφατικές απόψεις. Από την μια, ο προγραμματισμός ενός υπολογιστή απαιτεί από τον μαθητή να είναι σε θέση να σπάσει ένα πρόβλημα κάτω σε λογικές, διαδοχικές μονάδες και έπειτα απλώς να δώσει αυτές τις πληροφορίες στη μηχανή. Αρχίζουμε να μαθαίνουμε, εντούτοις, ότι οι σπουδαστές των οποίων οι εγκέφαλοι δεν λειτουργούν με αυτόν τον τρόπο, αποφεύγουν να προγραμματίζονται με τον ίδιο τρόπο που σκέφτονται άνθρωποι που στερούνται τη δυνατότητα σχεδιασμού και αποφεύγουν τα μαθήματα καλλιτεχνικών.

"Παρακολουθώντας τους μαθητές να προσπαθούν να προγραμματίσουν, μαθαίνω πολλά για τον τρόπο που σκέφτονται, αλλά δεν πιστεύω ότι τους βελτιώνει σαν σκεπτόμενα άτομα —τουλάχιστον όχι με τον τρόπο που το διδάσκουμε τώρα", μου είπε ένας έμπειρος δάσκαλος.

Από την άλλη, ο προγραμματισμός υπολογιστών μπορεί να ενθαρρύνει εκείνους που ήδη είναι αφοσιωμένοι στις λεπτομέρειες να αφοσιωθούν ακόμη περισσότερο. Μερικοί θεωρητικοί φοβούνται ότι τέτοια υπερβολική επαφή με την τεχνητή νοημοσύνη, θα ενισχύσει στον πολιτισμό μας, το ρόλο της γραμμικότητας, της λογικής και τον συλλογισμό βασισμένο σε κανόνες, σε σημείο να κινδυνεύουμε να υποχωρήσουμε στην "ισοπεδωτική, μηχανική όψη της ανθρώπινης φύσης." Οι περισσότεροι συμφωνούν ότι οι υπολογιστές είναι ένα εργαλείο με σχεδόν απεριόριστη δυνατότητα, αλλά μέχρι να μπορέσουν να συμμετέχουν στην παράλληλη καθώς επίσης και στην ταυτόχρονη επεξεργασία, όχι μόνο θα είναι μια φτωχή αντιστοιχία, αλλά και ένα φτωχό πρότυπο για τις περισσότερες μορφές του ανθρώπινου συλλογισμού.

Σε αυτό το σημείο, οι υπολογιστές μπορούν να εκτελέσουν πολλές λειτουργίες ως αποθήκη του εγκεφάλου. Εν τούτοις, ακόμα εξαρτώνται από τις εκτελεστικές και γενικότερες δυνατότητες συλλογισμού του ανθρώπινου εγκεφάλου. Αποτολμώ να πω ότι θα είναι πάρει πολύ χρόνο, αν ποτέ, πριν ο προμετωπιαίος, η συναισθηματικότητα και τα κινητήρια κέντρα μπορούν να συνδεθούν με έναν σκληρό δίσκο. Κατά συνέπεια μπορεί να είναι ιδιαίτερα σημαντικό να γίνει σαφές ότι τα παιδιά μας διατηρούν αυτές τις ικανότητες από μόνοι τους.

Ο Υπολογιστής ως γραμματέας

Τα παιδιά που μαθαίνουν να χρησιμοποιούν τα προγράμματα επεξεργασίας κειμένου γίνονται ποιο εύγλωττοι συγγραφείς και είναι προθυμότεροι να αναθεωρήσουν αυτά που γράφουν. Πολλά που έχουν πρόβλημα με τις μηχανικές πτυχές της γραφής και της ορθογραφίας, βρέθηκαν να μπορούν να εκφράζουν τις ιδέες τους επιτυχώς για πρώτη φορά. Τα προγράμματα επεξεργασίας κειμένου είναι, χωρίς αμφιβολία, μια από τις πιο συνηθισμένες, χρησιμοποιημένες και εκτιμημένες χρήσεις υπολογιστών μέσα στην τάξη.

467

Σαν φανατική οπαδός του ηλεκτρονικού μου γραμματέα, πρέπει να αναγνωρίσω ότι το γράψιμο σε μια οθόνη αλλάζει, όχι μόνο την ίδια την εμπειρία, αλλά και την προκύπτουσα πεζογραφία. Εκτός από τον κίνδυνο της απεραντολογίας, πολλοί συγγραφείς αισθάνονται ότι τείνουν να χάσουν την αίσθηση της "τέλειας μορφής" του κομματιού και να το βρουν απαραίτητο να ανατρέξουν συχνά στο "αντίγραφο σε χαρτί" (έντυπα εγγράφου) για να καταλάβουν τη γραμμή του συλλογισμού τους και να δουν ταιριάζουν τα κομμάτια μεταξύ τους. Ίσως αυτό είναι επειδή προγραμματίσαμε αρχικά τους εγκεφάλους μας να διαβάζουν και να γράφουν σε χαρτί, ίσως είναι ένα έμφυτο πρόβλημα στην τεχνολογία.

Μια διακεκριμένη δασκάλα Αγγλικών, σχολίασε ότι δεν έχει κανένα πρόβλημα να πει ποιες από τις εκθέσεις των μαθητών της ξεκίνησαν στον υπολογιστή. "Δεν συνδέουν τις ιδέες απλώς γράφουν ένα πράγμα και έπειτα γράφουν ένα άλλο και δεν φαίνεται να κατανοούν ή να αναπτύσσουν τους συσχετισμούς μεταξύ τους."

Στα σίγουρα, πρέπει να ενθαρρύνουμε τους μαθητές να χρησιμοποιήσουν τον υπολογιστή ως εργαλείο, αλλά και να τους διδάξουμε να μεγαλώνουν παραπέρα από την αναπόφευκτη γραμμικότητά τους και να χρησιμοποιούν τις ικανότητες της παράλληλης επεξεργασίας των ανθρώπινων εγκεφάλων τους.

Η Ηλεκτρονική ZPD (Ζώνη Κεντρικής Ανάπτυξης)

Οι υπολογιστές αποτελούν τους σωστούς "προγυμναστές" για συγκεκριμένα είδη δεξιοτήτων επειδή μπορούν να προγραμματιστούν να λειτουργήσουν απευθείας στη "ζώνη της κεντρικής ανάπτυξης" που περιγράφεται νωρίτερα. Οι μαθητές ήδη παρουσιάζουν επιτυχία, καθώς εργάζονται ο καθένας ξεχωριστά με την μηχανή "δάσκαλο", για να τελειοποιήσουν της συνηθισμένες δεξιότητες. Πρέπει να αναφερθεί, εντούτοις, ότι η επαφή   με οποιοδήποτε είδος λογισμικού υπολογιστών μειώνεται πραγματικά εάν συσχετιστεί με τη νοημοσύνη του προσώπου που προγραμμάτισε το λογισμικό. Φυσικά, μερικοί είναι καλύτεροι από κάποιους άλλους.

Με την τελειοποίηση των μηχανών που μπορεί να επεξεργαστεί την ανθρώπινη ομιλία και "το άκουσμα", τα παιδιά κάποια μέρα ίσως να μπορέσουν να έχουν προσωπικούς δασκάλους, για την προφορική γλώσσα. (Αλλά τι γίνεται με τη μελωδία, την χροιά και την "γλώσσα του σώματος";) Οι "ελεγκτές" της ορθογραφίας που αυτή την στιγμή ενεργούν απλώς σαν διορθωτικές συσκευές, ίσως κάποτε να μπορούν να παρατηρούν τους τύπους των λαθών, να εντοπίζουν τον είδος της βοήθειας που χρειάζεται κάποιος αδύνατος ορθογράφος και να φτιάχνουν ασκήσεις για την παράδοση ιδιαίτερων μαθημάτων πάνω στους κανόνες της ορθογραφίας που απαιτούνται από το συγκεκριμένο άτομο. Οι μηχανές "ανάγνωσης" της γραμματικής, μπορεί τελικά να είναι σε θέση να επεκτείνουν την εκμάθηση της, καθώς επίσης και να διορθώσουν και να αναδιαμορφώσουν τη χρήση της. Αυτές που μέχρι τώρα είναι διαθέσιμες για τα γραπτά κείμενα, δυστυχώς, είναι εξαιρετικά σχολαστικές και μπορούν πραγματικά να γδύσουν ένα γραπτό από άποψη ύφους και σύνθεσης, οι λεπτές διαφορές δεν είναι το φόρτε της νοημοσύνης των μηχανών.

Οι δυνατότητες είναι απεριόριστες, αλλά πρέπει να διαχωριστούν σοφά και να ελεγχθούν. Ακόμη και τα παιχνίδια προσομοίωσης που είναι προφανώς αρκετά εκπαιδευτικά (π.χ., "Το μονοπάτι του Όρεγκον") απαιτούν έναν καλό δάσκαλο. Διαφορετικά, συχνά αντιμετωπίζονται από τους νεαρούς, απλά ως τυχερό παιχνίδι, με ανεπαρκή προσοχή στο εκπαιδευτικό κομμάτι.

Τα προγράμματα που μαθαίνουν στα παιδιά —ή ακόμα και στους τελειόφοιτους —να σκέφτονται λογικά έχουν κερδίσει ανάμεικτες κριτικές. Αν και θα παρατηρήσουμε μεγάλη προσοχή σε αυτήν την σημαντική πιθανή εφαρμογή, τα προγράμματα που διατίθενται αυτήν την στιγμή δεν είναι σε θέση να μετατρέψουν τον "συγχυσμένο" συλλογισμό των ατόμων σε υψηλής ποιότητα συλλογισμό. Επίσης δεν υπάρχει κανένας ακόμα που να έχει υποδείξει ακριβώς τι είδους σφαιρικής, "γενικής εικόνας" δεξιότητες υπολογιστών μπορούν να προκαλέσουν. Η "ιδέα" για τον τρόπο που τα βήματα μπορούν να ταιριάξουν για να αποδώσουν το επιθυμητό αποτέλεσμα, κατά την διάρκεια της γραφής ενός προγράμματος, η απόφαση για το ποιος συνδυασμός στατιστικών προγραμμάτων να χρησιμοποιηθεί για να αναλύσει ένα ποικίλο σύνολο δεδομένων ή ανακάλυψη απόλυτων σχέσεων μεταξύ των στοιχείων σε μια βάση δεδομένων, είναι πτυχές αυτής της δυνατότητας. Υπάρχουν κάποιες αποδείξεις ότι η εκτενής εργασία με τα προγράμματα που συνδέουν την οπτικό-χωρική δραστηριότητα της οθόνης με τις φυσικές κινήσεις του παιδιού στο χώρο (π.χ., LOGO) μπορεί να βελτιώσει τουλάχιστον μερικούς τύπους οπτικό-χωρικού συλλογισμού.

Η υποστήριξη του υπολογιστή προσφέρει, θαυμάσιες δυνατότητες για τα άτομα με ειδικές ανάγκες. Μπορεί να βοηθήσει τα παιδιά που έχουν ορθοπεδικές αναπηρίες η δυσκολίες με την εκμάθηση να εκφράζουν τη νοημοσύνη τους με τρόπους που μέχρι τώρα δεν ήταν διαθέσιμοι. Μπορεί επίσης να επιτρέψει τη δυνατότητα για εντατικότερη, πιο προσωπική εργασία με τα παιδιά που μειονεκτούν, και που δυστυχώς, τοποθετούνται σε τάξεις που οι δάσκαλοι δεν είναι αρκετοί για να ικανοποιήσουν τις ιδιαίτερες μαθησιακές τους ανάγκες. Το προγράμματα που σκοπεύουν να δεσμεύσουν την προσοχή των μαθητών, έχουν αποδειχθεί ελκυστικά ακόμη και σε παιδιά που αντιμετωπίζουν με δυσπιστία τη σχολική εκμάθηση. Ένας παρατηρητής ωστόσο, προειδοποιεί, ότι η εμπιστοσύνη που κερδίζει ένα λογισμικό δεν θα μπορέσει ποτέ, να αντικαταστήσει εντελώς, τις γνώσεις που μπορούν τα παιδιά να αποκομίσουν από έναν καλό δάσκαλο.

"Στην τελική, οι φτωχοί θα αλυσοδεθούν γύρω από τον υπολογιστή, οι πλούσιοι θα προσλάβουν δασκάλους."

Όπως πάντα, προκύπτει το πρόβλημα "της μετάδοσης". Είναι δυνατόν η ανάγνωση από μια οθόνη ή ο χειρισμός σε ένα πληκτρολόγιο να βελτιώσει την ικανότητα και την ικανοποίηση στην πραγματική ανάγνωση και γραφή; Ή μπορούν οι αναλογίες των μηχανών να γίνουν οι "πραγματικές" επεξεργασίες; Με τα μέχρι τώρα ηλεκτρονικά βιβλία διαθέσιμα, ίσως να είναι δύσκολο να πει κανείς..

Για τα μικρά παιδιά: Τεχνητή ή Πραγματική Νοημοσύνη;

Δειπνώντας πριν από λίγο καιρό με έναν επιστήμονα που εξετάζει τις λειτουργίες του εγκεφάλου, απόλαυσα να ακούω για τις διανοητικές ικανότητες της τρίχρονης κόρης του, σαφώς την πρόσεχε σαν τα μάτια του. Απόλαυσα τις ιστορίες του, μέχρι που φτάσαμε στους δεινοσαύρους.

"Μπορεί να αναγνωρίσει τα ονόματα τους όταν τα βλέπει στην οθόνη του υπολογιστή: Τυρανόσαυρος, Rex, Βροντόσαυρος και να τους ταιριάζει με εικόνες!" μου είπε καμαρώνοντας. "Το πρόγραμμα που της πήραμε, διδάσκει ακόμη και τι τρώει ο καθένας και ποιοι μπορούν να πετάξουν και όλα τα σχετικά. Είναι καταπληκτικό!"

Δεν είπα τι ήταν πραγματικά στο μυαλό μου σε εκείνο το σημείο. .. κάτι όπως, "είμαι βέβαιη ότι θα είναι πραγματικά χρήσιμο για την πρώτη της επαφή με τα μαθήματα της παλαιοντολογίας". Σαν ένας από αυτούς που δεν έχουν το θάρρος να πουν ότι περνούν τις ημέρες τους κατευθύνοντας τους εγκεφάλους άλλων ανθρώπων, είπα μόνο,

"Και πόσο καιρό της πήρε για να τα μάθει όλα αυτά;"

"Α, αγαπά τον υπολογιστή της. Ξοδεύει πολύ χρόνο σε αυτόν. Όταν η σύζυγός μου και εγώ είμαστε πολύ απασχολημένοι, προτιμάμε να την βλέπουμε εκεί παρά να παρακολουθεί Τηλεόραση. Τουλάχιστον ξέρουμε ότι κάνει κάτι εκπαιδευτικό".

"Η κορούλα σας παίζει πάντα μόνη της ή και με άλλα μικρά κοριτσάκια;"

"Α, βέβαια καμιά φορά και με άλλα." Σκέφτηκε για μια στιγμή. "Αλλά αγαπά πραγματικά τον υπολογιστή! Δεν είναι θαυμάσιο πόσα μπορούν να μάθουν σε αυτήν την ηλικία;"

"Τι πιστεύεται ότι κάνει ο υπολογιστής στον εγκέφαλό της;" Ρώτησα.

Σταμάτησε. "Ξέρετε", είπε αργά "δεν το έχω σκεφτεί ποτέ αυτό. Πραγματικά δεν έχω ιδέα."

Πολλοί γονείς με πολύ λιγότερη επιστημονική εμβάθυνση, από αυτό το άτομο, επίσης δεν έχουν ιδέα για το τι μπορεί η πρόωρη χρήση των υπολογιστών, να κάνει στους εγκεφάλους των παιδιών. Τα μακροπρόθεσμα νευρολογικά αποτελέσματα αυτού του τύπου εμπειρίας είναι άγνωστα —και, πολύ πιθανός, μη αναγνωρίσιμα. Ξέρουμε ότι η αντικατάσταση της πραγματικής κοινωνικής ζωής και του παιχνιδιού της φαντασίας, είναι ένα μεγάλο λάθος. Επίσης, πολλοί ενήλικοι δικαιολογημένα θεωρούν ότι όταν ένα παιδί φαίνεται να έχει κατακτήσει απόλυτα κάτι το οποίο στους ίδιους φαντάζει περίπλοκο, αυτό το παιδί είναι πραγματικά έξυπνο. Αλλά είναι όντως αυτό;

Πολλές αυθεντίες στην ανάπτυξη των παιδιών, αναρωτιούνται, για το αν θα πρέπει να ξοδευτεί καθόλου χρόνος από τα παιδιά της προσχολική ηλικίας, μπροστά σε μια οθόνη υπολογιστή. Τα "μικρά παιδιά που θα μεγαλώσουν σε έναν κόσμο υψηλής τεχνολογίας, έχουν την ανάγκη από ένα περιβάλλον ελάχιστης-τεχνολογίας και αρκετής-αφής," επιμένει η Δρ Lillian Katz. Η αρχή της παιδικής ηλικίας, είναι ένας ειδικός χρόνος για την ανάπτυξη των ειδικών συστημάτων του εγκεφάλου, που θα υποστηρίξουν πολλά διαφορετικά είδη εκμάθησης. Ακόμη και τα εκτελεστικά κέντρα αρχίζουν ήδη να αναπτύσσονται από την ηλικία των δύο ετών. Ενώ πολλά προγράμματα που πωλούνται για παιδιά, μπορούν να φανούν χρήσιμα εγκαθιστώντας συγκεκριμένα είδη εκμάθησης σε μεγαλύτερους σε ηλικία εγκεφάλους, η έρευνα δεν έχει υποστηρίξει ακόμα την αξία τους για τα παιδιά προσχολικής ηλικίας.

Τι κακό υπάρχει στο να δώσουμε στα παιδιά ένα χέρι βοηθείας για τα ενδιαφέροντα γεγονότα της πολιτιστικής βάσης δεδομένων μας; Καταρχήν, πολλά προγράμματα αυτού του είδους, χρησιμοποιούν τους σχετικούς συνδυασμούς εκμάθησης (π.χ., ο συνδυασμός ονομάτων, γραμμάτων, ή αριθμών με εικόνες), η οποία δεν είναι μια υψηλού επιπέδου ικανότητα και δεν χτίζει εκτεταμένες νευρικές συνδέσεις. Για μερικά παιδιά, η ανησυχητική απομνημόνευση ορισμένων κομματιών από τις πληροφορίες, μπορεί να προμηνύει μια σοβαρή μαθησιακή δυσλειτουργία. Ακόμα και όταν τα προγράμματα επιτάσσουν τις πιο σύνθετες δεξιότητες (π.χ., ταξινόμηση των ιδιοτήτων των δεινοσαύρων), τροφοδοτούν τον εγκέφαλο με υποκατάστατες εμπειρίες (π.χ., λέξεις και εικόνες στην οθόνη ενός υπολογιστή) αντί για πραγματικές (π.χ., ερευνώντας την συμπεριφορά των

472

πραγματικών γατιών, χρυσόψαρων, μυρμηγκιών κλπ) ή αισθητηριακές, (π.χ., κούκλες, ζωάκια, η κατασκευή δεινοσαύρων από πυλό, εάν το παιδί ενδιαφέρεται πραγματικά για τους δεινοσαύρους) η οποία θα μπορούσε να τοποθετήσει τεχνητούς περιορισμούς στις φυσικές αναπτυξιακές του ανάγκες. Η κύρια εργασία του προσχολικού εγκεφάλου, είναι να αφομοιώσει τις αρχές με τις οποίες λειτουργεί ο πραγματικός κόσμος, για να οργανώσει και να εμπεδώσει τις αισθητήριες πληροφορίες της κίνησης των σωμάτων, της "αφής" και της "αίσθησης". Χρειάζεται μεγαλύτερη έμφαση στην θεμελίωση των συστημάτων ελέγχου της προσοχής και του κινήτρου απ' ό,τι το παραγέμισμα της αποθήκης των δεδομένων που τον κάνει να φαίνεται "έξυπνος" στους ενηλίκους.

Η ανάγκη του παιδιού να ξεκινήσει και να αισθανθεί "υπεύθυνο" για την εκμάθηση του εγκεφάλου του, είναι ένα άλλο ζήτημα που πρέπει να εξετάσουμε. Τα εμπορικά προγράμματα υπολογιστών, έχουν ως σκοπό να προσελκύσουν και να διατηρήσουν την προσοχή, αλλά ο προγραμματισμός ενός νεαρού και η προσδοκία να λαμβάνει τις πληροφορίες χωρίς την ανεξάρτητη διανοητική διερεύνηση και οργάνωση μπορεί να είναι ένα σοβαρό λάθος που δεν θα γίνει προφανές έως ότου να βρεθεί στην ανάγκη να οργανώσει μια εργασία ή να πάρει μια πρωτοβουλία γύρω από αυτή. Οι πιο κοινές δραστηριότητες, όπως ο τρόπος που θα τοποθετηθούν δύο πίνακες μαζί, η οργάνωση ενός παιχνιδιού, ή η δημιουργία ενός κουκλόσπιτου από ένα κουτί παπουτσιών, μπορούν πραγματικά να αποτελέσουν μια καλύτερη βάση για την πραγματική νοημοσύνη.

Το τελευταίο πράγμα που έχουν ανάγκη τα σημερινά παιδιά, είναι πολλά κομμάτια εκμάθησης χωρίς υποστηρικτικά εμπειρικά πλαίσια ώστε να επιβεβαιωθούν. Στον αυριανό κόσμο της στιγμιαίας πρόσβασης πληροφοριών, οι δραστηριότητες όπως η απομνημόνευση ονομάτων και χαρακτηριστικών των δεινοσαύρων, θα μπορούσαν να είναι τόσο αναχρονιστικές όσο τα εν λόγω πλάσματα. Επιπλέον, τα παιδιά που επικεντρώνονται να πάρουν τη σωστή απάντηση αντί να δημιουργήσουν τον ανεξάρτητο συλλογισμό και να υποβάλουν τις σωστές ερωτήσεις, αντικαθιστώντας την ώρα του παιχνιδιού με τον υπολογιστή έχουν αποτύχει να αναπτύξουν την δομή "μεγάλων εικόνων" από την αυτό επιδιωκόμενη εμπειρία, μπορεί να γίνουν δεινόσαυροι τα ίδια.

ΚΟΙΤΑΖΟΝΤΑΣ ΣΤΟ ΜΕΛΛΟΝ

Οι υπολογιστές, προσφέρουν εξαιρετική δυνατότητα ως εξαρτήματα του εγκεφάλου, προετοιμάζουν ορισμένους τύπους δεξιοτήτων, και κινήτρων. Το μέγιστο προτέρημά τους ίσως τελικά να βρίσκεται στους περιορισμούς τους —που θα αναγκάσουν τον ανθρώπινο εγκέφαλο να σταθεί και να αναλογιστεί τα ζητήματα πίσω από τα δεδομένα —αν έχει αναπτύξει αυτή την δυνατότητα.

Κεφάλαιο 15

Επεκτείνοτας τα Μυαλά

Όταν η αλλαγή πολιτισμών και οι νέοι πολιτιστικοί στόχοι προκαλούν νέες απαιτήσεις για τη γνωστική ικανότητα, η ανθρώπινη πλαστικότητα το καθιστά δυνατόν για τις νέες εκβάσεις να επιτευχθούν.

—JOHN U. OGBU

Η τεχνολογία ήρθε για να μείνει. Πρέπει να είμαστε σίγουροι ότι το κάνουμε σωστά—ότι κι αν σημαίνει αυτό. Εκεί μέσα βρίσκεται το όραμα —και η πρόκληση.

—GARY PETERSON, SUPERINTENDENT,

LEARNERS' MODEL TECHNOLOGY

Σε μια μεγάλη τάξη, οι ομάδες των δασκάλων συγκεντρώνονται γύρω από τις οθόνες των υπολογιστών. Η ηλεκτροφόρα έντασή τους, διαψεύδει τη θερινή θερμότητα που ζορίζει το κλιματιζόμενο κτήριο, ένας σύγχρονος αναχρονισμός σε μια ήρεμη, πανεπιστημιούπολη της οποίας οι παραδόσεις αγγίζουν τα πρότυπα του προηγούμενου αιώνα. Αλλά κανένας δεν κοιτά έξω από το παράθυρο, το πράσινο γρασίδι, τα άσπρα κτήρια και απολαμβάνοντας τους σχηματισμούς των δέντρων. Καθώς ο εκπαιδευτικός τους περπατά στο κέντρο του δωματίου, κάποιοι παραμένουν απορροφημένοι, άλλοι φέρουν μια έκφραση που ο καλύτερος τρόπος για να περιγραφεί είναι ότι φαίνονται ζαλισμένοι.

"Λοιπόν," λέει. "'Ηρθατε σε αυτό το εργαστήριο να μάθετε τις νέες μεθόδους διδασκαλίας των μαθηματικών και μόλις σας παρουσίασα ένα πρόγραμμα σαράντα πέντε δολαρίων, που μπορεί να κάνει όλες τις πράξεις της άλγεβρας, με ακρίβεια και ανάλυση. Σήμερα θα σας δείξω έναν υπολογιστή τσέπης που σύντομα θα είναι διαθέσιμος να αποδώσει μια γραφική παράσταση και να κάνει τη γεωμετρία. Πολλοί από σας ξοδεύουν περίπου το ογδόντα τοις εκατό από τον χρόνο του μαθήματος για να διδάξουν στα παιδιά αυτούς τους υπολογισμούς που τώρα πια ένα πρόγραμμα μπορεί να εκτελέσει σχεδόν αμέσως. Λοιπόν, έχω μόνο μια ερώτηση. Τι σκοπεύετε να κάνετε για το υπόλοιπο της ζωής σας;"

"Να παραιτηθώ"! απαντά κάποιος, με εμφανή την επιθυμία να επιστρέψει στον ύπνο του.

"Περιμένετε! Αυτό είναι συναρπαστικό!" αναφωνεί κάποιος άλλος. "Σκεφτείτε τα προβλήματα που θα είμαστε σε θέση να διαχειριστούμε. Θα πρέπει να διδάξουμε στα παιδιά πως να καταλάβουν τις ερωτήσεις. Ακόμα κι αν οι μηχανές ξέρουν *πώς*, κάποιος θα πρέπει να γνωρίζει το *γιατί*. Οι μαθητές δεν θα μπορούν να εγκαθιστούν τα σωστά στοιχεία και να γνωρίζουν ποιες διαδικασίες πρέπει να χρησιμοποιήσουν, παρά μ αν καταλάβουν το πρόβλημα".

Καθώς η ομάδα διακόπτει για το μεσημεριανό γεύμα, πλησιάζω τον εισηγητή, Lew Romagnano, για να τον ευχαριστήσω που μου επέτρεψε να καθίσω μέσα σε αυτήν την εντυπωσιακή επίδειξη.

"Τι είδους αντίκτυπο πιστεύεται ότι θα έχουν οι υπολογιστές στον ανθρώπινο εγκέφαλο;" Τον ρωτώ.

"Ποιος ξέρει. Εσείς είστε το πρόσωπο που ασχολείται με τον εγκέφαλο, όχι εγώ! Πιθανώς οι εγκέφαλοι να μεγαλώσουν περισσότερο επειδή δεν θα έχουμε όλες αυτούς τους ανόητους υπολογισμούς, για να ανησυχήσουμε άλλο. Σοβαρά, μιλάτε για τον πραγματικό μαθηματικό συλλογισμό —τρόπους που μπορείτε να δείτε —χωρίς να κάνετε με τις ώρες αριθμητική. Αν δεν χρειαζόταν "να διδάξουμε το μακροχρόνιο κομμάτι της διαίρεσης για έξι μήνες στην πέμπτη τάξη, σκεφτείτε τι άλλο θα μπορούσαμε να διδάξουμε —πιθανότητες, στατιστική, γεωμετρία, μαθηματικό συλλογισμό. Είναι βέβαιο ότι θα έχει κάποιο είδος επίδρασης στον εγκέφαλο.

ΜΥΑΛΑ ΣΕ ΜΙΑ "ΕΠΟΧΗ ΠΛΗΡΟΦΟΡΙΩΝ"

Ξεκινώντας να γράφω αυτό το βιβλίο, όταν ακόμη βρισκόταν υπό μορφή αρχείου, σκεφτόμουν σαν τίτλο το "Future Minds". Προσπάθησα να ανακαλύψω τι μπορεί να συμβεί σε έναν ανθρώπινο εγκέφαλο όταν δέχεται τις μηχανές ως διανοητικούς του φίλους, αλλά δεν βρήκα καμία απάντηση. Σαφείς επίσης δεν είναι ούτε οι διαστάσεις της ερώτησης σε σχέση με την πραγματικότητα. Η πρώτη ερώτηση είναι αναμφίβολα, ποιες θα είναι οι νέες αξιώσεις που θα τοποθετηθούν στο ανθρώπινο μυαλό στο όνομα της "εποχής των πληροφοριών."

Με την αύξηση της νέας τεχνολογίας, οι κατοχικές απαιτήσεις του ανθρώπινου εγκεφάλου μετατοπίζονται από την άμεση διαχείριση του φυσικού κόσμου (π.χ., η συναρμολόγηση, η οδήγηση ενός τρακτέρ, η έρευνα μιας βιβλιοθήκης για άρθρα, τα πειράματα σε ένα εργαστήριο) στη διαχείριση των μηχανών που εκτελούν αυτές τις λειτουργίες. Οι μηχανές, στη συνέχεια, δουλεύουν σκληρά και αμέσως διαβιβάζουν τις ψυχρές ποσότητες των στοιχείων. Το ποσό των διαθέσιμων πληροφοριών διπλασιάζεται κάθε δύο χρόνια. Ένας εκπληκτικός προάγγελος των μελλοντικών δυνατοτήτων, αλλά μια ανησυχητική υπενθύμιση ότι πλέον χρειαζόμαστε τις μηχανές για να διαχειριστούμε τη γνώση μας καθώς επίσης και το εμπόριό μας.

Υπολογίζεται ότι το 40% των νέων επενδύσεων, οι εγκαταστάσεις και ο εξοπλισμός είναι ηλεκτρονικά σχεδιασμένος. Ο πολλαπλασιασμός των υπολογιστών, του βίντεο, των μηχανών τηλεπικοινωνίας, των αντιγραφικών και του Fax, και διάφορων εναλλαγών μεταξύ τους, συμπυκνώνει και επιταχύνει το ρυθμό της ανθρώπινης ομιλίας.

Αυτές οι αλλαγές προκαλούν αναπόφευκτα τις θεμελιώδεις εναλλαγές της διανοητικής δραστηριότητας. Οι μηχανές γίνονται οι επεκτάσεις των εγκεφάλων μας. Η σκέψη αναφέρεται ως "επεξεργασία πληροφοριών". Η εργασία απαιτεί όλο και περισσότερο την δυνατότητα της πρόσβασης, της διαχείρισης και την χρήση των δεδομένων. Έχουμε την υποχρέωση, να προετοιμάζουμε τον εργαζόμενο του μέλλοντος, να ενεργεί ως αυτόνομος διαχειριστής των πληροφοριών και των τεχνολογικών εργαλείων από τα οποία περιβάλλεται: τράπεζες μνήμης υπολογιστών και βάσεις δεδομένων, ηλεκτρονικές βιβλιοθήκες, ηλεκτρονικές εγκυκλοπαίδειες, κ.λπ. Εν τω μεταξύ, με την στιγμιαία μετάδοση της γραπτής καθώς επίσης και της προφορικής επικοινωνίας σε όλο τον κόσμο, η ανθρώπινη "καμπύλη της υπομονής" αμφιταλαντεύεται αισθητά.

Αλλά κάποιος πρέπει "να βρει τους τρόπους", να κατανοήσει το σκοπό και το σχέδιο αυτού του φρενιτιώδες εργοστάσιου γεγονότων. Κάποιος άλλος επίσης ίσως να ελπίζει ότι οι άνθρωποι θα διατηρήσουν αρκετό έλεγχο για να αναλογιστούν που μας πηγαίνει όλο αυτό και γιατί.

Οι λεπτές ανάγκες σε αυτό που ο ανθρώπινος εγκέφαλος υπόκεινται να κάνει θα τον αναγκάσουν τελικά να τροποποιηθεί για τις νέες χρήσεις. τουλάχιστον για εκείνους που είναι είτε νέοι είτε αρκετά παρακινημένοι. Οι υποθέσεις σχετικά με το ποιες είναι οι επιπτώσεις, αφθονούν, αλλά εάν περιοριζόμουν στις αποδείξεις που διαφαίνονται σε αυτό το κεφάλαιο σχετικά με την βασική επίδραση της τεχνολογίας στους εγκεφάλους, θα τελείωναν εδώ.

Εντούτοις, δεδομένου ότι οι παράγοντες των ηλεκτρονικών, παρατίθενται για να εξακριβώσουν τις απαιτήσεις των εγκεφάλων των σημερινών παιδιών, πιστεύω ότι πρέπει να προσπαθήσουμε να βρούμε μερικές ερωτήσεις παραπάνω να υποβάλουμε προτού συμφωνήσουμε. Έχουμε διαπιστώσει ήδη εμφανείς αλλαγές στις συνήθειες του μυαλού των παιδιών: μειωμένη λεκτική ικανότητα, αλλαγή τύπου προσοχής, μια λιγότερο στοχαστική προσέγγιση στην επίλυση προβλημάτων. Πώς μπορεί να ταιριάξουν με τις υποθέσεις μας για το μέλλον; Θα πιαστούν οι ανθρώπινοι εγκέφαλοι στον εμπειρικό τεμαχισμό της τεχνολογίας των μηχανών, ή θα αποκτήσουν ευρύτερες δυνατότητες να στέκονται και να κατανοούν τι συμβαίνει;

ΕΞΕΛΙΣΣΟΜΕΝΟΙ ΕΓΚΕΦΑΛΟΙ;

Μια από τις ερωτήσεις που δέχομαι συχνά μετά από την παρουσίαση των ιδεών που εκτίθενται στο βιβλίο, είναι εάν οι αλλαγές που παρατηρούνται με τόση συνέπεια στους μαθητές μπορούν να αντιπροσωπεύσουν κάποιο είδος εξελικτικής κατεύθυνσης. Είναι δυνατό, η βασική εκπαίδευση του γραπτών και η διαδικασία του εκτεταμένου διανοητικού συλλογισμού να αποτελούν εξελικτικοί σταθμοί για τους τρόπους που ένα γένος μεγαλώνει και καλυτερεύει; Όπως είδαμε στο κεφάλαιο 3, οι επιστήμονες της νευρολογίας έχουν προτείνει ότι οι εσωτερικές εργασίες του εγκεφάλου, προσαρμόζονται σε ένα νέο περιβάλλοντα μέσω ενός Δαρβινικού μοντέλου ανταγωνιστικής επιλογής.

Οι επιστήμονες συμφωνούν ότι οι κληρονομικές αλλαγές των γνωστικών δυνατοτήτων είναι πιθανώς μέρος μιας εξελικτικής διαδικασίας. Ο αξιοσημείωτος εξελικτικός βιολόγος και αυθεντία στην θεωρία του Δαρβίνου, Δρ Steven Jay Gould, θεωρεί ότι τέτοιες αλλαγές συνδέονται αρχικά με μια δυναμική διαδικασία της πολιτιστικής εξέλιξης. Ο Gould θεωρεί ότι οι γενετικές αλλαγές, υπό την ακριβή έννοια του Δαρβίνου, παρατηρούνται πολύ αργοπορημένα, αν και δεν εμφανίζονται απαραίτητα κατά τη διάρκεια της μεγάλης πορείας της ανθρώπινης διανοητικής ανάπτυξης.

Βέβαια, οι περισσότεροι γενετησιολόγοι, δεν πιστεύουν ότι απλά χρησιμοποιώντας τα σωματικά όργανα κάποιου με διαφορετικό τρόπο, μπορεί να προκληθούν κληρονομήσιμες αλλαγές στα βασικά γονίδια. Εάν κάποιοι κινητικοί νευρώνες στον εγκέφαλο ενός πιθήκου εξασθενίσουν, επειδή έχασε δύο δάχτυλα, δεν σημαίνει ότι ο απόγονός του θα γεννηθεί χωρίς τα δύο δάχτυλα ή με την έλλειψη των συγκεκριμένων νευρώνων.

Ωστόσο για τους ανθρώπους, η αποκαλούμενη "κληρονομικότητα" των διανοητικών γνωρισμάτων και των συνηθειών είναι δυνατή, επειδή συμβαίνει διαφορετικά, λέει ο Gould.

Ακόμη και ο Δαρβίνος θεωρούσε ότι η "πολιτιστική εξέλιξη", που εμφανίζεται μόνο στις ανθρώπινες κοινωνίες, προκαλεί αλλαγές στη γνώση και στη συμπεριφορά οι οποίες έπειτα μπορούν να διαβιβαστούν στις γενεές. Ο Gould το εξηγεί:
Η ανθρώπινη μοναδικότητα διανέμεται πρώτιστα στους εγκεφάλους μας. Εκφράζεται στον πολιτισμό που χτίζεται με βάση τη νοημοσύνη μας και τη δύναμη που μας δίνει για να χειριστούμε τον κόσμο. Η πολιτιστική εξέλιξη (ενώ η βιολογική εξέλιξη όχι) μπορεί να εξελιχτεί γρήγορα επειδή λειτουργεί με τον τρόπο του "Λαμαρκιανισμού" από την κληρονομικότητα των επίκτητων χαρακτηριστικών. Οτιδήποτε μαθαίνει μια γενιά, μπορεί να το μεταφέρει στην επόμενη με το γράψιμο, την διαπαιδαγώγηση, την εμφύσηση, την θρησκεία, την παράδοση, και έναν πλήθος μεθόδων που οι άνθρωποι έχουν αναπτύξει για να επιβεβαιώσουν τη συνοχή του πολιτισμού.

Η πολιτιστική εξέλιξη δεν είναι μόνο γρήγορη, λέει, αλλά και εύκολα αναστρέψιμη από γενιά σε γενιά, επειδή δεν κωδικοποιείται στα γονίδια. Άλλοι επιστήμονες συμφωνούν ότι η ανθρώπινη φαιά ουσία είναι σε θέση να αντιμετωπίσει τις ευρέως ποικίλες πολιτιστικές αξιώσεις και με αυτόν τον τρόπο μπορεί να αλλάζει πολύ γρήγορα. Κάθε νέα γενιά ανθρώπινων εγκεφάλων, φαίνεται να έχει τη δυνατότητα να αναπτύξει νέους τύπους νευρικών δικτύων ή να βρει νέους συνδυασμούς για τους παλιούς που δεν έχουν μεταλλαχθεί εντελώς.
Ένας άλλος εμπειρογνώμονας μου είπε ότι εξηγεί την διανοητική ευελιξία του είδους μας, σαν ένα κοκτέιλ μαρτίνι. Τα (γενετικά) συστατικά είναι πάντα τα ίδια (τζιν και βερμούτ) αλλά κατά τη διάρκεια της βραδιάς η οικοδέσποινα μπορεί να προσθέσει λίγο περισσότερο από το ένα ή το άλλο αλλάζοντας το μίγμα ελαφρώς, αν και θα παραμείνει μαρτίνι. Η γενετική βάση του ανθρώπινου εγκεφάλου μπορεί να είναι ομοίως σταθερή, αλλά τα συστατικά της μπορεί αναμειχθούν και να ταιριάξουν διαφορετικά κατά τη διάρκεια της διαδικασίας της προσαρμογής.
Μερικοί επιστήμονες υποστηρίζουν ότι ένας λόγος που η κληρονομικές μορφές της νοημοσύνης ή της συμπεριφοράς μπορεί να αλλάξουν, είναι ότι τα γονίδια μπορούν είτε να

λειτουργήσουν είτε όχι σε διαφορετικό βαθμό από την περιβαλλοντική απαίτηση. Σαν είδος, έχουμε ταλέντα που πιθανώς δεν έχουμε χρησιμοποιήσει ακόμη. Σύμφωνα με τον Gould, οι ανθρώπινοι εγκέφαλοι είναι "πολύ σύνθετοι υπολογιστές" που μπορούν να εκτελέσουν μια ευρεία ποικιλία στόχων εκτός από αυτούς που εξελίχθηκαν για να εκτελέσουν αρχικά:

Δεν αμφιβάλλω ότι η φυσική επιλογή ενέργησε για την οικοδόμηση του μεγάλου μεγέθους των εγκεφάλων μας —και είμαι εξίσου βέβαιος ότι οι εγκέφαλοί μας μεγάλωσαν για να προσαρμοστούν στους καθορισμένους ρόλους. .. [Αυτοί οι σύνθετος εγκέφαλοι] υπολογιστές χτίστηκαν για πολλούς λόγους, αλλά κατέχουν μια σχεδόν τρομακτική σειρά από πρόσθετες δυνατότητες.

Ο Gould προσθέτει, ότι η εξελικτική προδιαγραφή, μπορεί να εκφυλιστεί καθώς επίσης και να βελτιωθεί. Προφανώς, όπως μια άλλη αυθεντία θεωρεί, η σύγχρονη κατάστασή μας αντιπροσωπεύει "όχι ένα τέλειο πακέτο, αλλά ένα πακέτο από παραχωρήσεις". Θα συνεχίσουμε "να βελτιωνόμαστε"; Με τι κριτήρια μπορούμε να κρίνουμε;
Ο Δρ Jerome Bruner πρόσφερε στις ερωτήσεις μου στοχαστικά σχόλια, για τους μεταβαλλόμενους εγκεφάλους σε αυτήν την εποχή της τεχνολογίας. "Το μόνο πράγμα που μπορώ να πω με ένα βαθμό βεβαιότητας", έγραψε "είναι ότι η εξέλιξη της ανθρώπινης λειτουργίας του εγκεφάλου, έχει αλλάξει κυρίως σε απάντηση της σχέσης των ανθρώπινων όντων με τα διαφορετικά συστήματα εργαλείων. Φαίνεται σαν η τεχνολογία και η ανάπτυξή της να οδηγούν σε μια νέα βάση επιλογών.... σίγουρα θα πρέπει να υπάρχουν ποικίλες αλλαγές σε εξέλιξη, οι οποίες προέκυψαν από τα συστήματα γραφής, ακόμα κι αν αυτά εισήχθησαν αμέσως μετά τον εξελικτικό χρόνο. Μας συμβουλεύει ότι πρέπει πρώτα να ανησυχήσουμε για τα πιο πρακτικά ζητήματα. "Το θέμα είναι ότι χρειαζόμαστε μια πολύ

ευρύτερη διαρρύθμιση των υψηλών δεξιοτήτων από ότι είχε χρειαστεί μέχρι τώρα, για να διευθύνουμε αυτόν τον πολιτισμό. Η αποτυχία να παραγάγουμε αυτήν την διαρρύθμιση είναι η αιτία της σοβαρής αλλοτρίωσης. Εάν δημιουργήσουμε μια κοινωνία δύο τάξεων, σημαίνει ουσιαστικά, ότι πρέπει να χωρίσουμε την συνολική πίεση της εξέλιξης σε δύο ομάδες, λειτουργώντας —η μια για την ελίτ ομάδα που θα απαιτεί την επιτάχυνση της δυνατότητας και η άλλη για τον μειονεκτικό πληθυσμό, όπου καμία τέτοια πίεση δεν λειτουργεί.

"Δείτε τι μπορείτε να συμπεράνετε από αυτό", ολοκλήρωσε.

Ποια είδη νοημοσύνης θα είναι πλέον ικανά, να παραγάγουν αυτές τις νέες μορφές των "υψηλών δεξιοτήτων"; Αυτή πρέπει να είναι η επόμενη ερώτηση.

ΚΑΙΝΟΥΡΙΕΣ ΕΥΦΥΪΕΣ

Οι γνωστικές δεξιότητες που απαιτούνται από τη νέα τεχνολογία των υπολογιστών, απαιτούν τους ακριβείς ορισμούς, τη γραμμική σκέψη, τους ακριβείς κανόνες και τους αλγορίθμους για την σκέψη και την πράξη.

—Επιτροπή της αλληλογραφίας στο μέλλον

Δημόσια Εκπαίδευση

Θα αναγκαστούμε να εξωτερικεύσουμε αυτό το γραμμικό τύπο της σκέψης. Υποθέτω ότι η σημαντική αλλαγή είναι ο μόνος τρόπος με τον οποίο θα μπορέσουμε να αποσπάσουμε την σαφήνεια από το συμβατικό μυαλό και να μπορέσουμε να συλλογιστούμε τα γενικά συστήματα εγκαίρως, ώστε να επιτύχουμε την διατήρηση του είδους μας. Λίγο πολύ, προς το παρόν, έχουμε εξαντλήσει την επιστημονική μέθοδο. Έχουμε αντικειμενοποιήσει την ζωή μας όσο μπορούσαμε και δυστυχώς αυτό το γεγονός δεν έχει λειτουργήσει θετικά. Μέχρι τώρα πηγαίνατε μόνο με το δεξί πόδι, τώρα είναι καιρός να προχωρήσετε λίγο και το αριστερό.

—Ο Δρ Dee Coulter, ίδρυμα Ναροπα

482

Προφανώς, καμία σύμπνοια δεν υπάρχει στην φύση των "νέων μυαλών". Πολλοί υποστηρίζουν ότι οι διανοητικές ικανότητες του μέλλοντος θα πρέπει να περιλαμβάνουν διευρυμένες προοπτικές, μια ευρύτερη γκάμα διανοητικών δεξιοτήτων και απέραντη φαντασία για να μπορέσουν να βρουν τις λύσεις στα παγκόσμια σημαντικά προβλήματα. Απ' την άλλη, μερικοί θεωρούν ότι πρέπει να προσαρμόσουμε τις ανθρώπινες νοοτροπίες μας με βάση τις μηχανές.

Μια ανησυχία προκύπτει, σχετική με τα είδη της νοημοσύνης που θα πρέπει να ενθαρρύνουμε στα παιδιά, τα οποία θα ζήσουν σε έναν κόσμο όπου οι μηχανές πράττουν το μεγαλύτερο μέρος της διανοητικής εργασίας. Τι θα πρέπει να διδάσκουμε, αφού ο ανθρώπινος εγκέφαλος σύντομα θα απαλλαχθεί από την ευθύνη των αριθμητικών προβλημάτων, της ορθογραφίας, το γράψιμο με το χέρι και την απομνημόνευση των δεδομένων; Κάποια στιγμή στο εγγύς μέλλον, κάθε μαθητής (τουλάχιστον σε περιοχές όπου διατίθεται χρηματοδότηση) θα μπορεί να εργαστεί σε έναν υπολογιστή, όπου όλες αυτές οι διαδικασίες θα εκτελούνται από ένα μηχάνημα. Οι αυτοματοποιημένες βάσεις δεδομένων θα έχουν άμεση πρόσβαση σε οποιοδήποτε είδος πληροφορίας, θα την ταξινομούν και θα την συνοψίζουν. Τα προγράμματα επεξεργασίας κειμένου, με την βοήθεια της ορθογραφίας, της γραμματικής, και του ελέγχου στίξης, καθώς και τα προγράμματα με σκοπό να βοηθήσουν τον συγγραφέα να οργανώσει τις ιδέες του, θα επιτρέψουν την γρήγορη σύνταξη των εκθέσεων και την γρήγορη λήψη των σημειώσεων.

Σε κάποιο σημείο, αυτός ο εξοπλισμός μπορεί να γίνει της τσέπης —μια φορητή, μόνιμη προσθήκη στα συστήματα μνήμης του εγκεφάλου. Μετά από αυτό τι θα έχει μείνει σημαντικό να μάθουν; Πιθανώς όχι τα ονόματα και οι ημερομηνίες των βασιλιάδων της Αγγλίας ή ο τύπος για το εμβαδόν ενός παραλληλογράμμου.

Αναλαμπές της ηλεκτρονικής εκμάθησης

Μερικές από τις εφαρμογές είναι ήδη διαθέσιμες ενώ κάποιες άλλες βρίσκονται στα σχέδια για την μελλοντική εκμάθηση. Για παράδειγμα, όταν ένας μαθητής θέλει να μάθει για τη γαλλική επανάσταση, εδώ βρίσκεται ένα όχι και τόσο φανταστικό σενάριο: Ένα πρόγραμμα θα προβάλλεται στην οθόνη του μαθητή και είτε γραπτώς είτε αφηγηματικώς θα εξιστορεί εν περίληψη τα γεγονότα, ευρετήρια και περιλήψεις της σχετικής ιστορικής έρευνας, μια ζωντανή επίκαιρη σειρά από βασικά γεγονότα με οπτική πραγματοποίηση των σημαντικότερων σκηνών, μελοποιούν τα κείμενα της περιόδου. Θα μπορεί να επιλέξει να εξασκηθεί με τις λέξεις του "La Marseillaise" ή με μερικούς χρόνους γαλλικών ρημάτων ή θα μπορεί να επιλέξει ένα πρόγραμμα που θα της επιτρέπει να περιπλανηθεί στο μουσείο του Λούβρου, κοιτάζοντας βιαστικά τα σχετικά έργα της ζωγραφικής. Θα είναι ακόμη δυνατόν να συμμετέχει σε μια εικονική συνέντευξη με τον Marat ή να επισκεφτεί τους φυλακισμένους στην Βαστίλη στα γαλλικά με αγγλική μετάφραση, ή αντίστροφα. Θα μπορεί έπειτα να επιλέξει να τελειοποιήσει το λεξιλόγιο της και την ορθογραφία της στα γαλλικά παίζοντας ένα παιχνίδι, κάθε φορά που θα δίνει μια σωστή απάντηση θα σώζει έναν αριστοκράτη από τη λαιμητόμο. Έπειτα θα επισκεφτεί μια γαλλική υπαίθρια αγορά για να χρησιμοποιήσει σε μια συνομιλία τις λέξεις που έμαθε πριν λίγο, σε ένα βίντεο διαλόγου που θα ελέγξει επίσης την προφορά της και τους ιδιωματισμούς της (οι υπολογιστές που μπορούν να ακούσουν και "να καταλάβουν" ακριβώς τις φωνές των παιδιών δεν είναι ακόμα διαθέσιμοι, αλλά υπάρχει κάθε λόγος να πιστεύουμε ότι θα είναι σε πολύ λίγο καιρό). Ή μπορεί να συμμετάσχει σε μια "προσομοίωση" στην οποία θα αναλάβει τον ρόλο του καθοδηγητή σε κάθε πλευρά της συζήτησης ή θα βρεθεί μέσα στον προγραμματισμό των συνόδων όπου θα λάβει τις αποφάσεις για τις κρισιμότερες βασικές καμπές της επανάστασης και έτσι θα μάθει τις ιστορικές συνέπειες των επιλογών της.

Αυτές οι δραστηριότητες, που τα πρωτότυπα για τις περισσότερες είναι ήδη διαθέσιμα, μειώνουν εγγυημένα τις δυνατότητες της επόμενης δεκαετίας. Καθορίζοντας τα "βασικά", τα οποία τα παιδιά θα πρέπει ακόμα να εμπεδώσουν σε έναν τέτοιο κόσμο, προσφέρεται μια πολύ καλή συζήτηση μεταξύ οποιασδήποτε ομάδας εκπαιδευτικών. Η μεγιστοποίηση της αποτελεσματικότητας αυτής της τεχνολογίας, ίσως να απαιτεί την καλά-αιτιολογημένη αναθεώρηση μερικών ιδεών που για πολύ καιρό είχαν λατρευτεί, σχετικά με το ποιος θα διδάσκει τι σε ποιον, πότε, και πώς.

Η τεχνολογία θα επιτρέψει ριζικές αλλαγές στους τρόπους διδασκαλίας. Το ερώτημα για το αν τα παιδιά θα χρειάζονται ακόμα τις τάξεις και τους δασκάλους με ανθρώπινη μορφή στη νέα εποχή της στιγμιαίας επικοινωνίας είναι επίσης ένα συμπαθητικό θέμα προς συζήτηση. Με τον εξοπλισμό που έχει αναπτυχθεί από την ΙΒΜ, οι μαθητές ακόμη και τώρα μπορούν να καθίσουν στο σπίτι ή σε διαφορετικά μέρη της χώρας (κόσμου;) με τις αυτοματοποιημένες οθόνες μέσω των οποίων επικοινωνούν στιγμιαία με τους συμμαθητές τους και τον εκπαιδευτικό. Ο δάσκαλος μπορεί να υποβάλει μια ερώτηση και να δει άμεσα την απάντηση του κάθε μαθητή στην οθόνη του, έτσι ξέρει αμέσως ποιος καταλαβαίνει και ποιος δεν καταλαβαίνει. Φυσικά, τέτοιες ερωτήσεις τείνουν, τουλάχιστον μέχρι τώρα, να είναι πολλαπλής επιλογής. Η προφορική γλώσσα θα είναι ακόμα απαραίτητη αφού θα ξοδεύουμε το μεγαλύτερο μέρος του χρόνου μας στα πληκτρολόγια ή στο πάτημα των κουμπιών; Ποια νέα είδη αντιληπτικών ή διανοητικών δεξιοτήτων θα απαιτηθούν; Και τι θα συμβεί σε κάποια από τα παλαιά από τα οποία τα περισσότερα είναι διαπροσωπικής συναισθηματικής ανάπτυξης καθώς ο εγκέφαλος αφιερώνει το χρόνο και τη συνδεσιμότητα του σε διαφορετικές προκλήσεις;

Πρόοδος των "βασικών": Τι θα γίνουν;

Η εποχή των υπολογιστών μπορεί να προωθήσει επίσης, διαφορετικούς τύπους εκμάθησης των δυνατοτήτων από αυτές που εκτιμούνται και που ανταμείβονται παραδοσιακά. Ίσως η δυνατότητα της αποστήθισης, της ορθογραφίας, ή την ποιοτικής γραφής να μην φαίνεται τόσο σημαντική πλέον. Μερικοί άνθρωποι πιστεύουν ότι θα πρέπει να δοθεί έμφαση σε αυτές τις βασικές ασκήσεις, επειδή ενισχύουν τους εγκεφάλους των παιδιών για άλλους τύπους σκέψης, αλλά οι ψυχολόγοι δεν είναι σίγουροι για τη δυνατότητα γενίκευσης των συγκεκριμένων τύπων "διανοητικών ασκήσεων". Ίσως να είναι καλύτερα, λένε, να ασχοληθούμε με την ικανότητα του γενικού συλλογισμού, ώστε το παιδί να είναι σε θέση να μάθει όλους τους τύπους νέων δεξιοτήτων, δεδομένου ότι πολλές (ίσως και οι περισσότερες) ασχολίες με τις οποίες θα ακολουθήσουν δεν έχουν επινοηθεί ακόμη. Είναι σαφές ότι το παιδί πρέπει να διδαχτεί την συνήθεια της διανοητικής αυτό-πειθαρχίας, αλλά κανένας δεν έχει καθιερώσει τον καλύτερο τρόπο για να το κάνει Οι προφορικές γλωσσικές δεξιότητες θα είναι ακόμα απαραίτητες για τα παιδιά; Πολύ πιθανόν, και για την προσωπική επικοινωνία και ως βάση για την ανάγνωση και την γραφή —ακόμα κι αν συνδέεται με την οθόνη ενός υπολογιστή. Μια πρόσφατη αναφορά της κυβέρνησης με τίτλο "Technology and the American Transition" αναγνώρισε ότι όλοι οι εργαζόμενοι θα χρειάζονταν μεγαλύτερη διανοητική ευελιξία από όσή διέθεταν προηγουμένως. Ακόμα η "πολυποίκιλη" νοοτροπία που θα ευημερήσει στο νέο εργατικό δυναμικό θα πρέπει να κατέχει τις περίπλοκες λεκτικές δεξιότητες. "Τα ταλέντα που απαιτούνται δεν είναι ούτε έξυπνα χέρια ούτε μια δυνατή πλάτη," ολοκληρώνει η αναφορά, "αλλά η δυνατότητα να γίνουν κατανοητές οι οδηγίες και τα κακώς γραμμένα εγχειρίδια, η υποβολή ερωτήσεων, η αφομοιώσει άγνωστων πληροφοριών και η εργασία με άγνωστες ομάδες".

Συνολικά, τα περισσότερα σκεπτόμενα άτομα που έχουν εξετάσει τι δεξιότητες θα απαιτηθούν —και θα ενισχυθούν — στους μελλοντικούς εγκεφάλους συμφωνούν ότι οι υψηλότερου επιπέδου δυνατότητες θα είναι απαραίτητες από τον καθένα. Ωστόσο, σύμφωνα με την Priscilla Vail, ο κοινός ορισμός αυτών που θα αποτελούν τις "υψηλότερου επιπέδου" δεξιότητες μπορεί επίσης να αλλάξει. Επισημαίνει ότι το μορφωμένο άτομο ήταν αυτό που θα μπορούσε να βρει τις πληροφορίες. Τώρα, με μια πλημμύρα από διαθέσιμα στοιχεία, το εκπαιδευμένο μυαλό δεν είναι αυτό που μπορεί να κατανοήσει τα γεγονότα, αλλά αυτό που θα είναι ικανό να ρωτήσει μια "ιδιαίτερη ερώτηση".

"Αυτοί που έχουν κρατήσει ζωντανή τη ικανότητά τους να παίζουν με σχέδια, για να πειραματιστούν —θα είναι αυτοί που θα μπορούν να χρησιμοποιήσουν αυτά που η τεχνολογία προσφέρει. Εκείνοι που θα συγκεντρωθούν περισσότερο στις σωστές απαντήσεις για να κερδίσουν ένα υψηλότερο αποτέλεσμα θα αποδειχθούν άχρηστοι!"

Ο Δρ.Howard Gardner μας υπενθυμίζει ότι η νοημοσύνη ενός ατόμου καθορίζεται ανάλογα με την ικανότητα του να λύσει τα προβλήματα ή να δημιουργήσει τα προϊόντα που εκτιμούνται από τον πολιτισμό οποιαδήποτε στιγμή. Τα εγκεφαλικά συστήματα που αφορούν τους διαφορετικούς τύπους νοημοσύνης, είναι ιδιαίτερα ξεχωριστά. η βελτίωση ενός δεν σημαίνει ότι θα βελτιωθούν και τα άλλα (π.χ., παίζοντας τηλεοπτικά παιχνίδια δεν σημαίνει ότι τα παιδιά θα γίνουν γρηγορότεροι αναγνώστες, η εκμάθηση της οργάνωσης ενός προγράμματος δεν σημαίνει ότι θα βελτιωθούν και οι δεξιότητές τους στο συμμάζεμα των δωματίων τους). Επιπλέον, όταν αφιερώνονται ο χρόνος και η εξάσκηση σε ένα σύνολο δεξιοτήτων, ο χώρος για τα άλλα είναι πιθανόν να καταληφθεί. Φαίνεται ότι τα μυαλά που θα εκτιμηθούν στο μέλλον, θα πρέπει να διαθέτουν έναν συνδυασμό της "μεγάλης εικόνας" του συλλογισμού και της αναλυτικής οξύτητα. Θα πρέπει να είναι σε θέση "να βλέπουν" τα σχέδια, αλλά και να επικοινωνούν και να ερμηνεύουν τη γλώσσα ακριβώς. Ωστόσο κάποιοι θεωρούν ότι αυτοί οι δύο τύποι δυνατοτήτων είναι σε πλήρη διαφωνία ο ένας με τον άλλον.

ΔΙΠΛΕΣ ΔΥΝΑΤΟΤΗΤΕΣ ΓΙΑ ΤΟ ΕΝΙΑΙΟ ΜΥΑΛΟ

Είναι αρκετά πιθανόν ότι η γραμμική σκέψη, σε αντιδιαστολή με τον φανταστικό συλλογισμό, είναι μια από τις αδυναμίες μας στην προσπάθεια να λυθούν [πολλά από τα δικά μας] πιεστικά παγκόσμια προβλήματα. Ο τρόπος σκέψης που χρειαζόμαστε. ..

487

πρέπει να μας βοηθήσει να απεικονίσουμε τις συνδέσεις σε όλα τα μέρη του προβλήματος. Σε αυτό ακριβώς το σημείο είναι που η φαντασία είναι ένα ισχυρό εργαλείο της σκέψης, καθώς ήταν και για τους επιστήμονες, και για τον Αϊνστάιν.

—Mary Alice White, Κολέγιο δασκάλων, Κολούμπια

Γενικά η αξιόλογη χρήση των δεδομένων απαιτεί μια προσεκτική, παρά μια μπερδεμένη κατανόηση... των λέξεων. Πρέπει να εκπαιδεύσουμε τους ανθρώπους να χρησιμοποιούν τη γλώσσα με πολύ μεγαλύτερη ακρίβεια από ότι έχουν συνηθίσει μέχρι σήμερα.

-—Judah L. Schwartz, MIT

Οπτική Εκπαίδευση

Ένας μαθητής της έκτης τάξης, περπατά νευρικά μπροστά από την τάξη στην οποία θα παρουσιάσει έρευνα του που έχει σχέση με διάφορους τύπους αεροσκαφών. Βάζοντας μια βιντεοκασέτα στο βίντεο, πιέζει ένα κουμπί και η παρουσίαση αρχίζει. Μια σειρά αποσπασμάτων από ταινίες επεξηγεί τις σκηνές της αεροπορίας. Καθώς παρουσιάζεται κάθε τύπος αεροπλάνου, ο μαθητής διαβάζει μια συνοπτική πρόταση σαν εισαγωγή για την εικόνα, έπειτα παραμένει σιωπηλός, αφού οι συμμαθητές του προσέχουν το υπόλοιπο των αποσπασμάτων. Στο τέλος της παρουσίασης, ένα αεροπλάνο εκρήγνυται στον αέρα. Το κοινό ζητωκραυγάζει. Ο δάσκαλος επαινεί τον "μαθητή" για την δημιουργικότητά του.

Αυτό το "μάθημα παρουσίασης" των χρήσεων του βίντεο μέσα στην τάξη, αποσπά ανάμεικτες απαντήσεις από τους σχολικούς παράγοντες που έχουν προσκληθεί να την δουν. Μερικοί είναι ευχαριστημένοι. "Το αγόρι έδειξε πολλή φαντασία." "ατελείωτες δυνατότητες" "Κοίτα πόσο προσεκτικά παρακολουθούσαν τα παιδιά. .. σπάνια προσέχουν τόσο πολύ!"

Κάποιοι άλλοι είναι πιο προβληματισμένοι, ιδιαίτερα για την απουσία της εκτενέστερης αφήγησης. Οι εικόνες, όντως, λένε την ιστορία, αλλά τι συνέβη με την ανάγνωση, την γραφή και τον διαλογισμό; Η συνεπαρμένη προσοχή των συμμαθητών του παιδιού είναι άξια απορίας. Η ανταπόκρισή τους απέναντι στην οθόνη είναι σκόπιμη —και όχι επιπόλαιη; Αυτή θα είναι η σκιά του μέλλοντος; Θα έπρεπε να ανησυχούμε; Τα αποσπάσματα μιας "τηλεοπτικής εγκυκλοπαίδειας" όπως παρουσιάζονται: σε μια "καταχώρηση" ένας σύγχρονος δημαγωγός φαίνεται να παραδίδει το απόσπασμα ενός συγκινητικού λόγου. Αυτό το άτομο είναι ένας παρακινητής και η εκφώνησή του επωφελείται από τη γλώσσα του σώματος. Οι απόψεις του είναι αντιφατικές. Δεν υπάρχει καμία ανάλυση που να συνοδεύει αυτήν την "καταχώρηση". Τελικά οι εγκυκλοπαίδειες είναι, μετάφραση των γεγονότων. Αυτή η ταινία είναι ένα ακριβές αρχείο αυτών που έχουν συμβεί αλλά είναι η "πραγματικότητα"; Ποιος μπορεί να εγγυηθεί ότι οι μαθητές θα έχουν επαφή και με αντίθετες απόψεις; Ποιος θα τους παρουσιάσει πώς να υποβάλουν επιλεκτικές ερωτήσεις;

Το βίντεο είναι πειστικό. Για τους ανώριμους θεατές πολλές φορές και για τους ώριμους προκαλεί την συγκίνηση και την διάθεση ευκολότερα από ότι ο γραπτός λόγος. Τα οπτικά μέσα συχνά κατηγορούνται ότι είναι ψευδαισθητικά. Η αμεσότητά τους μπορεί να προκαταλάβει την στοχαστική ανάλυση, τουλάχιστον στα άτομα που δεν είναι εκπαιδευμένα σε σημαντική αναζήτηση. Μια σειρά από εικόνες, επίσης προσφέρει την εξιστόρηση μιας τεμαχισμένης ιστορία σε αντίθεση με ένα κείμενο που οι ιδέες είναι συνδεδεμένες και ακολουθούν η μια την άλλη. Ορισμένοι τύποι οπτικών πληροφοριών (π.χ., Τηλεόραση) είναι δυνατό να απαιτούν λιγότερη προσπάθεια για επεξεργασία από ότι ένα γραπτό. Επίσης τα οπτικά μέσα είναι αποτελεσματικοί μεταφορείς κάποιων πτυχών εμπειρίας. Βλέποντας αποσπάσματα από έναν πόλεμο μπορεί να ενισχυθεί και να προστεθεί η προοπτική της ανάγνωσης ενός ιστορικού βιβλίου. Οι οπτικές εικόνες ενθαρρύνουν τη διαισθητική ανταπόκριση. Οι τηλεοπτικές παρουσιάσεις επίσης, έχουν απεριόριστα όρια χρόνου και χώρου, είναι απαλλαγμένα από την αφηγηματική χρονολόγηση του κειμένου. Επιπλέον, οι περισσότεροι εγκέφαλοι συνηθίζουν να διατηρούν ζωηρόχρωμες οπτικές εικόνες ευκολότερα από αυτά που έχουν ακούσει ή έχουν δει σε ένα γραπτό κείμενο.

Φυσικά η σημαντικότερη ερώτηση, είναι εάν η αποκαλούμενη "οπτική εκπαίδευση" θα μπορούσε να αντικαταστήσει την γραπτή ύλη. Άραγε τα εγχειρίδια οδηγιών του μέλλοντος θα στηρίζονται στις εικόνες και τα διαγράμματα αντί στις λέξεις; Άραγε η ολιστική συναισθηματική απόκριση θα διαγράψει την ακριβέστερη λεκτική αναλυτική μορφή του συλλογισμού; Ο ανθρώπινος συλλογισμός θα ανέβει πραγματικά στα πιο υψηλά επίπεδα, αφού δεν θα επιβαρυνόμαστε από τους περιορισμούς της δομής σύνταξης και της παραγράφου; Είμαστε στο χείλος μιας σημαντικής αλλαγής του τρόπου που ο ανθρώπινος εγκέφαλος εξετάζει τις πληροφορίες; Εν τέλει, τα ανθρώπινα όντα έχουν λάβει πληροφορίες από την οπτική και την διαπροσωπική επικοινωνία για πάνω από δέκα χιλιάδες έτη, η γραπτή ύλη ήταν διαθέσιμη μόνο τα τελευταία πεντακόσια χρόνια.

Συλλογισμός Χωρίς Γλώσσα

Μήπως θα έπρεπε να θεωρούμε τα ροκ βίντεο που αντικαθιστούν τον Σαίξπηρ ως εξελικτική πρόοδο; Τοποθετεί η γλώσσα τεχνητούς περιορισμούς στις ιδέες που μπορούν να ελευθερωθούν με το μη λεκτικό συλλογισμό; Είναι πιθανή η σκέψη χωρίς την χρήση ενός συστήματος συμβόλων; Στο Dancing Wu Li Masters, ο Gary Zukav εξηγεί ότι η πραγματικότητα τεμαχίζεται με την χρήση των συμβόλων και κυρίως με των λέξεων. Για παράδειγμα χρησιμοποιεί την ευτυχία, μια σφαιρική κατάσταση της ύπαρξης που δεν μπορεί συνοψιστεί με ένα σύμβολο. Τοποθετώντας μια λέξη σε αυτήν την απερίγραπτη κατάσταση, την μετατρέπει σε μια αφαίρεση, μια έννοια, παρά μια πραγματική εμπειρία. "Τα σύμβολα και η εμπειρία δεν ακολουθούν τους ίδιους κανόνες", επισημαίνει ο Zukav. Η "δυσδιάκριτη πραγματικότητα είναι απερίγραπτη". Ο στόχος της "καθαρής συνείδησης" που επιδιώκεται από τις ανατολικές θρησκείες είναι πιθανώς ένα παράδειγμα της υπέρβασης της ανάγκης να διαστρεβλωθεί η κατανόηση στην προσπάθεια να μεταδοθεί.

Το κύριο σημείο του Zukav είναι ότι οι ολιστικές προσεγγίσεις της πραγματικότητας, που αφορούν το δεξί ημισφαίριο του εγκεφάλου, αντιπροσωπεύουν ακριβέστερα τις αρχές του φυσικού κόσμου, που εξηγούνται στη φυσική και τα μαθηματικά. Ισχυρίζεται ότι στην πραγματικότητά διαστρεβλώνονται καθώς υποκύπτουν στα σύμβολα. Αν και δεν λύνει το πρόβλημα για το πώς να μεταδώσει τις ιδέες "που η ποιητική διαίσθηση μπορεί να κατανοήσει, αλλά που ο νους δεν μπορεί να πιάσει πλήρως", συστήνει την διεύρυνσή μας στις "ανώτερες διαστάσεις της ανθρώπινης εμπειρίας".

Η αποκαλούμενη "μη προφορική σκέψη", ελεύθερη από τους περιορισμούς της γλώσσας, είναι ένας αναγνωρισμένος φορέας για τους καλλιτέχνες, μουσικούς, εφευρέτες, μηχανικούς, μαθηματικούς και αθλητές. Η μη προφορική σκέψη δεν είναι πάντα ένα ποιητικό και δυσδιάκριτο σύνολο, αλλά μπορεί να αφορά και πιο εγκόσμια θέματα, προχωρώντας με διαδοχή (π.χ., απεικονίζοντας στο μυαλό κάποιου τα βήματα της συναρμολόγησης μιας μηχανής ή τις κινήσεις του σώματος σε ένα παιχνίδι τένις). Οι λεκτικές περιγραφές δεν μπορούν να αναγκάσουν μεγάλη σημαντική εμπειρία. Ωστόσο στα σχολεία, κατά παράδοση, οι αισθήσεις έπαιζαν ασήμαντο ρόλο μετά από τον παιδικό σταθμό.

"Ακόμη και στην σχολή μηχανολογίας, τα μαθήματα της "οπτικής σκέψη" θεωρούνται παράλογα" λέει ένας κριτικός που θεωρεί ότι η υπερβολική έμφαση στη λεκτική εκμάθηση τοποθετεί εννοιολογικά όρια στην ευρηματικότητα. Με την παραμέληση τέτοιου είδους σπουδών όπως το μηχανικό σχέδιο για όλους τους μαθητές, επιμένει, αποκόβουμε μια μεγάλη μερίδα σημαντικής και έγκυρης μορφής συλλογισμού.

Μπορούν οι υπολογιστές να οδηγήσουν τους ανθρώπους στο μη λεκτικό συλλογισμό; Ο Δρ Ralph Grubb της IBM υπερασπίζει αυτήν την ιδέα με ιδιαίτερο ενθουσιασμό. Ισχυρίζεται δε ότι, οι αυτόματες εξισώσεις των μαθηματικών, της μηχανικής, των αρχιτεκτονικών και των επιστημονικών προβλημάτων θα μας βοηθήσουν να αποφύγουμε "την τυραννία των κειμένων" και να προχωρήσουμε σε έναν πιο οπτικό συλλογισμό. Παραδείγματος χάριν, οι υπολογιστές μπορούν πλέον να παράγουν τρισδιάστατες μακέτες επιστημονικών δεδομένων, γραφικών παραστάσεων ή απεικονίσεις που επιτρέπουν σε έναν διευθυντή "να ελέγξει" όλες τις πτυχές μιας σύνθετης οικονομικής κατάστασης, ή απεικονίσεις που επιτρέπουν σε έναν αρχιτέκτονα να έχει έναν οπτικό "περίπατο" στο κτήριο που σχεδιάζει. Αν και, αρχικά, μερικές από αυτές τις απεικονίσεις ήταν στο σύνολό τους μπερδεμένες, αποτελούν πλέον αναμφίβολα τον τρόπο μέσω του οποίου πολλές πληροφορίες θα αντιπροσωπευθούν στο μέλλον. Οι "οπτικές μεταφορές θα αφαιρέσουν την άχρηστη πολυπλοκότητα και θα προβούν κατευθείαν στην ιδέα," είπε. "Εκτός από τις προοπτικές, το κλειδί είναι η ευελιξία που θα πρέπει να είμαστε σε θέση να διαθέτουμε".

Καθώς μιλούσα με το Δρ Grubb, παρατήρησα ότι όλα τα παραδείγματά του περιείχαν, μαθηματικούς, μηχανικούς ή καλλιτεχνικούς τομείς. Θα μπορούσαν οι μη λεκτικές μεταφορές να εκπροσωπούν τον τομέα της ιστορίας; Η γλώσσα του σώματος αποτελεί καλό κριτήριο για την κρίση ενός πολιτικού υποψηφίου; Ίσως πρέπει να σιγουρευτούμε για το αν η "τυραννία του κειμένου" απλώς θα συμπληρωθεί αντί να αντικατασταθεί.

Οπωσδήποτε η σκέψη θα πρέπει να προχωρήσει πέρα από τις λέξεις. Τα περισσότερα άτομα που έχουν μελετήσει αυτήν την ερώτηση, επιμένουν ότι η γραπτή γλώσσα και τα συστήματα των συμβόλων (π.χ., μαθηματικά) πρέπει να παραμείνουν το βασικό μέσο οργάνωσης του περίπλοκου συλλογισμού (στο μέλλον καθώς επίσης και στο παρόν) και της μετάδοσης ορισμένων τύπων πληροφοριών. Ενώ οι μαθηματικές ιδέες μπορούν να κατανοηθούν καλύτερα με ολιστικό τρόπο, η διαδικασία του συλλογισμού διαμέσου ενός προβλήματος, αποτυπώνοντάς τον βαθμιαία σε χαρτί παρέχει πρόσθετα πλεονεκτήματα εκ των οποίων τα περισσότερα από αυτά αποτελούν την δυνατότητα διαβίβασης των διαδικασιών σε κάποιον άλλον.

Δεδομένου ότι μεγάλο μέρος του μη προφορικού συλλογισμού εξαρτάται από τα οπτικά γλωσσολογικά στοιχεία, πολλοί άνθρωποι αναρωτιούνται τι θα προσέφερε η μεγαλύτερη επαφή του βίντεο στις ικανότητες των παιδιών να αποκτήσουν αυτές τις "ανώτερες διαστάσεις της ανθρώπινης εμπειρίας". Αν και δεν έχω ακούσει κανέναν να προτείνει ότι η Τηλεόραση έχει βελτιώσει την πνευματική φύση των παιδιών, μια αξιοσημείωτη δασκάλα του δράματος, είπε ότι βλέπει τα παιδιά της τηλεοπτικής γενιάς, ικανότερα να χειριστούν μια "πολλαπλή εικόνα η οποία ασχολείται λιγότερο με την αφηγηματική χρονολογία". "Η κάμερα είναι ένας οραματιστής" επισήμανε, η οποία ενθαρρύνει την φαντασία τους. Άλλοι δάσκαλοι ισχυρίζονται ακριβώς το αντίθετο. "Έχουν χάσει τη δυνατότητα να απεικονίζουν όλες τις εικόνες τους, έχουν δημιουργηθεί από κάποιον άλλον με αποτέλεσμα η σκέψη τους να είναι περιορισμένη".

Κατά αρκετά περίεργο τρόπο, η οπτική υποκίνηση δεν είναι η κύρια οδός πρόσβασης στο μη λεκτικό συλλογισμό. Οι κινήσεις του σώματος, η δυνατότητα του αγγίγματος, της αίσθησης, του χειρισμού και η δημιουργία της αισθητήριας συνειδητοποίησης των σχέσεων του φυσικού κόσμου, είναι τα κύρια θεμέλιά του. Μια σοβαρή ερώτηση είναι εάν τα παιδιά που στερούνται το αυθόρμητο φυσικό παιχνίδι και τον χρόνο να πειραματιστούν με όλου της φύσης τους αυθεντικούς πλάστες του συλλογισμού (π.χ., άμμο, νερό, εμπόδια, μεζούρες της μαμάς, σκαρφάλωμα στα δέντρα, παιχνίδι με τα βοτσαλάκια, εξερεύνηση ενός κοχυλιού ή ενός φύλλου από Οξιά κ.λπ..) θα βραχυκυκλωθεί στον πειραματισμό με το μη λεκτικό συλλογισμό. Τα παιδιά που μένουν σπάνια μόνα τους, είναι πιθανόν να παραλείψουν κάποιες σημαντικές εξερευνήσεις με το "μάτι του μυαλού". Ο φρενιτικός τρόπος ζωής δεν διευκολύνει την φαντασία τους και τον συλλογισμό τους περισσότερο από ότι οι ασκήσεις αερόμπικ για μικρά παιδιά παροτρύνουν τον χειρισμό των μυστηρίων της ζωής. Η ανάρμοστη γλωσσική χρήση είναι ένα σοβαρό πρόβλημα, αλλά και οι ανάρμοστες ιδέες επίσης, είναι μια ακόμα μεγαλύτερη καταστροφή.

Αλφάβητα και Μεταβαλλόμενοι Εγκέφαλοι

Εάν (ή αφού..;) μετατοπίζουμε τους σημαντικούς τρόπους επικοινωνίας μας από τα βιβλία στο βίντεο, τα χειρόγραφα στους επεξεργαστές λέξεων των υπολογιστών, τι μπορεί να συμβαίνει στην εξέλιξη του εγκεφάλου; Τέτοιες αλλαγές, μαζί με τις αλλαγές στους σχετικούς τύπους της σκέψης, έχουν και προϊστορικό και ιστορικό προηγούμενο. Γενικά θεωρείται ότι όταν οι άνθρωποι έμαθαν να συνομιλούν, δεν άλλαξαν μόνο οι συνήθειες αλλά και οι εγκέφαλοι. Η ανάπτυξη της γραπτής γλώσσας επίσης, θεωρείται ότι είχε γνωστικές συνέπειες ή τουλάχιστον επακόλουθα. Δεν αλλάζει την σκέψη μόνο η βασική εκπαίδευση, αλλά και ο ίδιος ο εγκέφαλος ο οποίος είναι τόσο ευαίσθητος στην εισαγωγή πληροφοριών μαθαίνει να επεξεργάζεται τις διαφορετικές μορφές του αλφάβητου τα οποία μπορεί να έχουν διαφορετικά αποτελέσματα.

Ειδικά το δυτικό αλφάβητο, έχει συνδεθεί με (ή κατηγορηθεί) με τη μορφή της επιστημονικής μας σκέψης και το σύστημα της επίσημης λογικής μας. Ο Robert Logan στο βιβλίο του *The Alphabet Effect*, επισημαίνει ότι τα ανατολικά αλφάβητα όπως τα κινεζικά ιδεογράμματα ("γραφή με εικόνες") και τα πιο γραμμικά, αλφαβητικά-φωνητικά μέσα της Δύσης, παρουσιάζουν διαφορές που όπως ο ίδιος πιστεύει σχετίζονται με τον τρόπο σκέψης του "δεξιού εγκεφάλου" και του "αριστερού εγκεφάλου". Ο Logan προτείνει ότι ενώ τα αλφαβητικά συστήματα δεν μπορούν να προκαλέσουν κοινωνικές αλλαγές, η χρήση τους ενθαρρύνει τους διαφορετικούς τύπους πολιτιστικών και ίσως νευρικών προτύπων.

Κατά τη διάρκεια του Μεσαίωνα της δύσης, όπου η ανάγνωση και η γραφή ήταν περιορισμένα, πραγματοποιήθηκαν πολλές σημαντικές εξελίξεις στις εφευρέσεις και τις πρακτικές τεχνολογίες. Ο Logan υπονοεί ότι η απελευθέρωση από το γραπτό αλφάβητο, ίσως να επέτρεψε την μεγαλύτερη πρόοδο στους τομείς των πρακτικών τεχνών, των μηχανικών και γεωργικών εφευρέσεων, καθώς και την καθιέρωση του πλαισίου της Δυτικής δημοκρατίας στον Χάρτη των Δικαιωμάτων. Αυτά, προτείνει, συσχετίζονται περισσότερο με τις ολιστικές λειτουργίες του εγκεφάλου που ελευθερώθηκαν από τις ελαττωμένες απαιτήσεις για να επεξεργαστεί η τυπωμένη λέξη.

Μετά από την εφεύρεση της τυπογραφίας, η ακαδημαϊκή εκμάθηση αναβίωσε και μια νέα τρέλα με τον αντικειμενικό εμπειρισμό της επιστημονικής μεθόδου, έλαβε μέρος. Όπως είδαμε παραπάνω, μερικοί τολμούν να εξετάσουν την διαρκή χρησιμότητα αυτού του σταδίου της προόδου. Μήπως είναι καιρός για άλλη μια αλλαγή;

Κάποια συγκεκριμένα χαρακτηριστικά γνωρίσματα των αλφάβητων, ίσως να είναι αρμόδια για τις διαφορές των τρόπων με τις οποίες ο εγκέφαλος τα επεξεργάζεται. Ο Δρ Derrick de Kerckhove του προγράμματος McLuhan του πολιτισμού και της τεχνολογίας του πανεπιστημίου του Τορόντο, έχει αποδείξει ότι τα ινδοευρωπαϊκά αλφάβητα (όπως το δικό μας), "έχουν προωθήσει και έχουν ενισχύσει την στήριξή τους στις μεθόδους του αριστερού-ημισφαιρίου για άλλες πτυχές ψυχολογικής και κοινωνικής επεξεργασίας των πληροφοριών". Τα σχετικά τους γνωρίσματα, περιλαμβάνουν την γραφή της τυπωμένης ύλης από τα αριστερά προς τα δεξιά, την ακριβή διαφοροποίηση των προτύπων των φωνηέντων, τα οποία ανοίγουν τις ακουστικές περιοχές του αριστερού-ημισφαιρίου και την γραμμική διάταξη των ήχων (ομιλία). Ο De Kerckhove προτείνει ότι αυτές οι μορφές είναι πολύ πιθανό να έχουν την "επίδραση της αναδιάταξης" της διανοητικής οργάνωσης καθώς και της δομής του εγκεφάλου.

Ο De Kerckhove, που εργάζεται στο ίδρυμα του McLuhan του Οντάριο στον Καναδά, επισημαίνει ότι οι πιο περίπλοκοι τρόποι της σκέψης μας (οι οποίοι όπως πιστεύει δεν επέρχονται με "φυσικό" τρόπο στον ανθρώπινο εγκέφαλο) πιθανόν να επιβλήθηκαν, τουλάχιστον εν μέρει, από αυτό το ιδιαίτερο σύστημα.

Η ακριβής απόδοση της γλώσσας του συγγραφέα, η οποία παρέχεται από το αλφάβητό μας (σε αντίθεση με τα περισσότερα ανοικτά-συστήματα συμβόλων όπως τα εικονογραφημένα χειρόγραφα, τα οποία επιτρέπουν ένα ευρύτερο φάσμα προσωπικής ερμηνείας αυτών που ειπώθηκαν) αποδεσμεύει τον αναγνώστη από τις προσωπικές του συνδέσεις και ερμηνείες και του επιτρέπει να προσεγγίσει την πιο περίπλοκη λογική που βρίσκεται πίσω από τη σκέψη του συγγραφέα.

Εφόσον τέτοιες λεπτές διαφορές μεταξύ των συστημάτων γραφής είναι σε θέση να αλλάξουν τη σκέψη και ίσως και τη σχετική δομή του εγκεφάλου, είναι εμφανές ότι μια σημαντική μετατόπιση της "αναλογίας της λογικής" (Κατά τα λεγόμενα του McLuhan) από την τυπωμένη ύλη στην οπτική επεξεργασία, θα μπορούσε να έχει ακόμη πιο δραματικά αποτελέσματα.

Μερικοί παρατηρητές βρίσκουν αυτήν την πιθανότητα ενοχλητική. Εάν το έντυπο υλικό ποδοπατηθεί από τις οπλές της νέας τεχνολογίας, τι θα συμβεί στη σκέψη μας; Θα χάσουμε την ακρίβεια της σκέψης μαζί με την ακρίβεια της έκφρασης; Η δυνατότητά μας να επικοινωνούμε πρόσωπο με πρόσωπο θα περιοριστεί; Αυτό που θα συμβεί στην πειθαρχημένη αναλυτική και επαγωγική σκέψη πως εξυπηρετεί την δημιουργική διαίσθηση; Εφόσον η γνήσια προφορική σκέψη μπορεί, πράγματι, να "αποστειρωθεί", η σημαντική συνεργασία του υψηλότερου επιπέδου συλλογισμού και δημιουργικότητας είναι αναμφίβολη.

. . καθώς τα μη γλωσσικά συστήματα των συμβόλων, όπως εκείνα των μαθηματικών και των καλλιτεχνικών είναι περίπλοκα, είναι εξαιρετικά περιοριστικά. Η γλώσσα, αντίθετα, είναι στην ουσία ένα απεριόριστο σύστημα συμβόλων...αναγκαία προϋπόθεση για τον πολιτισμό. Συνολικά, δεν σκεφτόμαστε πάντα με λέξεις, αλλά δεν μπορούμε να σκεφτούμε πολύ χωρίς αυτές.

Η Δρ Diane Ravitch, αξιοσημείωτη ερευνήτρια και θεωρητική εκπαιδευτικός, ανησυχεί για τις τρέχουσες τοποθετήσεις που υπονοούν "ότι αν απομακρυνθούμε από τη γλώσσα, θα ήμασταν όλοι πιο φυσικοί, πιο αυθόρμητοι, και πιο χαρούμενοι. Κατόπιν θα μπορούμε να διαβάζουμε την γλώσσα του σώματος, ο ένας του άλλου, αντί να πρέπει να επικοινωνήσουμε μέσω γραπτών μέσων.

"Εχθροί της εκπαίδευσης των γραπτών" προειδοποιεί, είναι όλοι αυτοί που είναι έτοιμοι να πουν "Ωραία δικέ μου, αυτό είναι που συμβαίνει, ας πάμε με το ρεύμα". Αλλά το να πιστεύουμε τυφλά, ότι η αλλαγή σημαίνει οπωσδήποτε την πρόοδο είναι εξίσου ανόητο με το να αρνούμαστε απόλυτα τις νέες ιδέες. Να παραμερίζουμε την ακρίβεια της γλώσσας είναι ιδιαίτερα επικίνδυνο σε μία εποχή που η ισορροπία είναι απαραίτητη. Το γραπτό και τα οπτικό υλικό μπορεί και πρέπει να αλληλοσυμπληρώνονται, οι οπτικές απεικονίσεις ανοίγουν τον δρόμο σε νέους τρόπους κατανόησης, αλλά το έντυπο υλικό είναι ακόμα απαραίτητο για την στοχαστική ανάλυση.

Αυτός ο ορισμός, πολύ πιθανόν να υποθέτει μεγαλύτερη επείγουσα ανάγκη, δεδομένου ότι η εποχή των υπολογιστών, αναγκάζει την πιο αναλυτική ακρίβεια ενώ την ίδια στιγμή απαιτεί την απεικόνιση των νέων τεχνολογικών εφαρμογών. Στην πραγματικότητα η ένταση μεταξύ του οπτικού και του λεκτικού συλλογισμού, είναι ένας μεγάλος πυρήνας του παραδόξου της εποχής των πληροφοριών. Τα παιδιά μας θα χρειαστούν και τα δύο.

Η ΠΡΟΚΛΗΣΗ: ΔΙΕΥΡΥΝΟΝΤΑΣ ΜΥΑΛΑ

Η τεχνολογία δεν έχει φθάσει ακόμα στο σημείο που μπορεί να καθοδηγήσει τη διανοητική ανάπτυξη των παιδιών μας (θα μπορέσει ποτέ; Το μόνο σίγουρο είναι πως το οφείλει). Ούτε και τα παιδιά μπορούν, χωρίς σωστά πρότυπα, να διαμορφώσουν τους ίδιους τους εγκεφάλους τους, γύρω από τις διανοητικές συμπεριφορές, ώστε να μπορέσουν να δημιουργήσουν άξιους συνεργάτες είτε των μηχανών είτε των ίδιων των μυαλών τους σε έναν γρήγορα μεταβαλλόμενο κόσμο. Οι ενήλικοι μέσα σε μια κοινωνία έχουν ευθύνη απέναντι στα παιδιά —σε όλα τα παιδιά —να μεταδώσουν την συμπεριφορά της διανοητικής πειθαρχίας και των ξεχωριστών δεξιοτήτων που έχουν αναπτυχθεί μέσα από τους αιώνες της πολιτιστικής εξέλιξης. Είναι ανόητο να στέλνουμε τις ακατέργαστες διάνοιες να καταπιαστούν με κάτι νέο, χωρίς να έχουν εξοπλιστεί προηγουμένως με αυτό που έχει αποδειχθεί από παλιά σημαντικό.

Μια συνετή κοινωνία ελέγχει τις αποκλίσεις της, με την "εξέλιξη" του προγραμματισμού για την νεολαία της. Οι αναπόδεικτες τεχνολογίες και οι διαφοροποιημένοι τρόποι ζωής, μπορούν να προσφέρουν την πραγματοποίηση των οραμάτων, αλλά μπορούν επίσης να φανούν καταστρεπτικοί για την ανάπτυξη του νέου πλαστικού εγκεφάλου. Ο εγκεφαλικός φλοιός είναι ένας θαυμάσιος αποθηκευτικός μηχανισμός που μπορεί να αντισταθεί αρκετά καλά σε ένα καλοπροαίρετο κακοτέχνημα. Ακόμα εκρέει το συμπέρασμα ότι τα βασικά νευρικά υποστρώματα του συλλογισμού είναι πιθανό να κινδυνέψουν σε παιδιά που στερούνται την κατάλληλη φυσική, διανοητική, ή συναισθηματική ανατροφή. Η παιδική ηλικία και ο εγκέφαλος έχουν τους δικούς τους κανόνες. Και οι χαμένες ευκαιρίες ίσως να είναι δύσκολο να επανακτηθούν, στην πορεία της ανάπτυξης. Ο αναπτυσσόμενος εγκέφαλος είναι τρωτός απέναντι στην κοινωνική και προσωπική παραμέληση. Τα άμεσα αποτελέσματα της οικολογικής αφροσύνης και του λάθος κατευθυνόμενου κοινωνικού προγραμματισμού επεκτείνουν ούτως ή άλλως την διάσταση των φυσικά διακυβευμένων εγκεφάλων. Οι πιο λεπτές επιρροές της Τηλεόρασης και της σκοπιμότητας των ενηλίκων, διαφαίνονται από την διάβρωση της ακαδημαϊκής και προσωπικής ανάπτυξης των παιδιών από όλα τα κοινωνικά στρώματα. Οι ανάγκες τους πιέζουν υπερβολικά τα μελλοντικά μας οράματά.

Καθώς "η πρόοδος" θα πρέπει να αξιολογηθεί με σύνεση, τα νέα επιτεύγματα απαιτούνται και είναι αναπόφευκτα. Οι γονείς και οι δάσκαλοι θα πρέπει να διευρύνουν, ίσως και να επαναπροσδιορίσουν τις παραδοσιακές παραμέτρους της νοημοσύνης και της εκμάθησης, όχι μόνο εξαιτίας των διαφορετικών προτεραιοτήτων που ορίζουν οι μελλοντικές τεχνολογίες αλλά και εξαιτίας της παρούσας πραγματικότητας. Αυτό το βιβλίο απεικονίζει την αυξανόμενη κρίση στην ακαδημαϊκή εκμάθηση, που στο μεγαλύτερο μέρος της οφείλεται στην αποξένωση της παιδικής πραγματικότητας και των διανοητικών συνηθειών που κινδυνεύουν αυτήν από τον παραδοσιακό πολιτισμό του ακαδημαϊκού κόσμου.

Οι δεξιότητες των νέων εγκεφάλων έχουν διαμορφωθεί ακατάλληλα για την εκμάθηση. Μόνο με το να θρηνούμαι για αυτό το γεγονός, δεν αλλάζει την πραγματικότητα ούτε επαναδομεί τους εγκεφάλους. Και φυσικά ούτε πνίγοντας την νεολαία μας με περισσότερη διδασκαλία την βοηθάει να μάθει να σκέφτεται.

Η αποκατάσταση του χάσματος ανάμεσα στις δύστροπες συνάψεις και τις διανοητικές προσταγές δεν θα είναι εύκολο. Και σίγουρα δεν πρόκειται να επιτευχθεί από τις χαμηλού επιπέδου επιδιώξεις, όπως την αποστήθιση των πληροφοριών, η οποία τώρα πια μπορεί να ολοκληρωθεί πολύ αποτελεσματικότερα ακόμη και από τον πιο απλό υπολογιστή. Οι ανθρώπινοι εγκέφαλοι δεν είναι απλώς ικανοί να αποκτούν γνώσεις. Έχουν την δυνατότητα της φρόνησης. Η φρόνηση όμως "έχει το δικό της πρόγραμμα : την συνομιλία, την σκέψη, την φαντασία, εναίσθηση, συλλογισμό. Οι νέοι οι οποίοι στερούνται αυτών των "βασικών" στοιχείων και δεν μπορούν να αναλογιστούν τι έχουν μάθει, δεν έχουν εξοπλιστεί σωστά ώστε να διευθύνουν των ανθρώπινο οργανισμό σε καμία περίοδο.

Το τελευταίο μάθημα της πλαστικότητας είναι ότι ένας ανθρώπινος εγκέφαλος, ο οποίος έχει εφοδιαστεί με όλα τα σωστά θεμέλια, είναι ικανός να προσαρμόζεται και να επεκτείνεται σε όλη την διάρκεια της ζωής του ατόμου. Η απέραντη δυνατότητά των συνάψεών του εγκεφάλου κατά την γέννηση, μπορεί να τον προσαρμόσει γύρω από αυτό που θεωρείται σημαντικό για τις "παλιές" δεξιότητες και συγχρόνως να υπάρχει χώρος και για τις νέες δεξιότητες που απαιτούνται από έναν καινούριο αιώνα. Ένα σωστά καλλιεργημένο μυαλό, που να γνωρίζει τα βασικά στοιχεία της φρόνησης καθώς επίσης και της γνώσης, θα συνεχίσει να αναπτύσσεται, να μαθαίνει, να αναπτύσσεται όσο θα αποκρίνεται στην πρόκληση της περιέργειας. Ίσως να είναι αυτή η ιδιότητα, που θα πρέπει να προσπαθήσουμε να διατηρήσουν όλα τα παιδιά. Αυτό, υποστηριζόμενο από τη γλώσσα, την σκέψη και την φαντασία, τα μελλοντικά μυαλά θα διαμορφωθούν γύρω από τις νέες προκλήσεις όποιες κι αν είναι αυτές. Αλλά εάν συνεχίσουμε να παραμελούμε αυτά τα θεμέλια είτε την περιέργεια που τους θέτει σε κίνηση, πραγματικά θα κινδυνεύσουμε όλοι.

ΜΕΡΟΣ ΕΚΤΟ

ΑΝΑΚΤΩΝΤΑΣ ΤΟ ΜΥΑΛΟ ΜΕΣΩ ΤΗΣ ΤΕΧΝΟΛΟΓΙΑΣ ΜΕ ΝΟΗΜΑ

Κεφάλαιο 16

Μαθήματα από το πείραμα CYBER Kids

ΑΝΤΙΜΕΤΩΠΟΣ ΜΕ ΤΟ ΕΡΩΤΗΜΑ ΤΗΣ JANE HEALY

Όταν διάβασα για πρώτη φορά το Endangered Minds στις αρχές της δεκαετίας του 1990, ένιωσα πως η Jane Healy είχε κατορθώσει να εκφράσει με λόγια αυτό που η ομάδα μου στην Αριζόνα, και αργότερα στην Κύπρο, άρχιζε να διαισθάνεται, εργαζόμενη στο σταυροδρόμι της εκπαίδευσης, της νευροεπιστήμης, της κυβερνητικής και της τεχνολογίας. Η γραφή της ήταν θαρραλέα: ποιητική, αλλά ταυτόχρονα βαθιά γειωμένη στη φυσιολογία του αναπτυσσόμενου εγκεφάλου.

Γι' αυτό και ο ενθουσιασμός μου, όταν μου δόθηκε η ευκαιρία να την ακούσω σε ένα συνέδριο στις Ηνωμένες Πολιτείες στις αρχές της δεκαετίας του 2000, ήταν τεράστιος. Θυμάμαι ότι επικοινώνησα μαζί της λίγο αργότερα. Της συστήθηκα και της μίλησα συνοπτικά για το έργο μου. Η θερμή της ανταπόκριση, το γνήσιο ενδιαφέρον της να μάθει για τη δική μας δουλειά και ο ανθρώπινος χαρακτήρας της, με ενθάρρυναν να κάνω ένα τολμηρό βήμα: της ζήτησα την άδεια να μεταφράσω δύο από τα βιβλία της στα Ελληνικά, εμπλουτίζοντάς τα με ένα καταληκτικό κεφάλαιο που θα παρουσίαζε πώς παραδείγματα από το CYBER Kids, μια διεθνή αλυσίδα κέντρων εκμάθησης υπολογιστών, δείχνουν ότι οι πρώτες εμπειρίες των παιδιών με τους υπολογιστές μπορούν να θεμελιώσουν μια στάση ζωής: όχι "το μηχάνημα ως υπηρέτη που μου επιτρέπει να παίζω βιντεοπαιχνίδια ή να κάνει πράγματα για μένα", αλλά το εργαλείο ως συνεργάτη που με βοηθά να υλοποιήσω τις φανταστικές μου ιδέες και με ενδυναμώνει να υπηρετήσω το κοινό καλό.

Μέχρι το 2004, οι εκπρόσωποί της επέτρεψαν την υπογραφή των συμβολαίων για τις μεταφρασμένες εκδόσεις. Δεν συναντηθήκαμε ξανά από κοντά, όμως η ζεστή, ακριβής γλώσσα που χρησιμοποιούσε, και το γενναιόδωρο πνεύμα της παρέμειναν ζωντανά στη μνήμη μου. Οι συνομιλίες μας επιβεβαίωσαν ότι παρατηρούσαμε το ίδιο τοπίο από διαφορετικές οπτικές γωνίες: εκείνη, ως νευροψυχολόγος και παιδαγωγός, προειδοποιούσε ότι ο σύγχρονος τρόπος ζωής αναδιαμορφώνει τους παιδικούς εγκεφάλους με ανησυχητικούς τρόπους· εγώ, ως νευροεπιστήμονας, κυβερνητιστής (cyberneticist) και επιχειρηματίας της πληροφορικής, πίστευα ότι οι ίδιες δυνάμεις, αν προσεγγιστούν συνειδητά και ηθικά, μπορούν να αφυπνίσουν μια νέα μορφή νοημοσύνης και δημιουργικότητας.

Η φράση της "endangered minds" — ΜΥΑΛΑ ΠΟΥ ΚΙΝΔΥΝΕΥΟΥΝ— δεν λειτούργησε για μένα ως προφητεία παρακμής, αλλά ως πρόκληση: αν ο νους κινδυνεύει, τότε η εκπαίδευση οφείλει να εξελιχθεί για να τον προστατεύσει και να τον ανανεώσει. Εκείνη την περίοδο, το δικό μας εθνικό πείραμα, το CYBER Kids, είχε ήδη ολοκληρώσει τον δεκαετή κύκλο του και βρισκόμασταν στη φάση του αναστοχασμού των παρεμβάσεών μας και των ανακαλύψεών μας, προσπαθώντας να απαντήσουμε στην πράξη ακριβώς στα ερωτήματα που η Healy έθετε θεωρητικά.

Ο ΚΟΣΜΟΣ ΠΟΥ ΚΛΗΡΟΝΟΜΗΣΑΜΕ

Το τέλος του εικοστού αιώνα σημαδεύτηκε από μια έκρηξη τεχνολογιών που υπόσχονταν να επαναστατικοποιήσουν την εκπαίδευση. Κι όμως, σε πολλές σχολικές αίθουσες, οι υπολογιστές χρησιμοποιούνταν για να κάνουν ό,τι έκανε η κιμωλία και το χαρτί πριν — απλώς πιο γρήγορα. Τα παιδιά εκτίθεντο όλο και περισσότερο στην τηλεόραση και στα πρώιμα βιντεοπαιχνίδια, που επιβράβευαν την ταχύτητα αντί της σκέψης, την επανάληψη αντί της δημιουργικότητας, την εικόνα αντί της ιδέας. Το κυρίαρχο αφήγημα στην εκπαιδευτική τεχνολογία ήταν αυτό της άκριτης αισιοδοξίας: περισσότερες οθόνες, περισσότερο λογισμικό, περισσότερο "διαδραστικό" περιεχόμενο θα οδηγούσαν αυτομάτως σε περισσότερη μάθηση.

Η Healy, όμως, τόλμησε να θέσει ένα διαφορετικό ερώτημα: τι είδους εγκέφαλο καλλιεργούμε; Υποστήριξε ότι η νευρωνική πλαστικότητα, η θαυμαστή ικανότητα του εγκεφάλου να προσαρμόζεται, αποτελεί ταυτόχρονα και την ευαλωτότητά του. Τα μυαλά των παιδιών, διαμορφωμένα από περιβάλλοντα αστραπών εικόνων και αποσπασματικής προσοχής, άρχισαν να "καλωδιώνονται" με τρόπο που ευνοεί την επιφανειακή εμπλοκή. Το αποτέλεσμα, προειδοποιούσε, ήταν μια γενιά λιγότερο ικανή για παρατεταμένη σκέψη, βαθιά γλωσσική επεξεργασία και αναστοχαστική επίλυση προβλημάτων.

Διαβάζοντας αυτά τα λόγια, δεν μπορούσα παρά να θυμηθώ τις δικές μας αίθουσες διδασκαλίας, γεμάτες περίεργα, ανήσυχα παιδιά που εξερευνούσαν τον νέο κόσμο των υπολογιστών. Μπορούσα να φανταστώ πόσο εύκολα η τεχνολογία θα μπορούσε να τα μαγέψει και να τα αποσπάσει, πόσο γρήγορα θα μπορούσε να τα μετατρέψει από δημιουργούς σε καταναλωτές. Κι όμως, ήξερα ότι με ένα καινοτόμο πρόγραμμα σπουδών, το ίδιο μηχάνημα μπορούσε να αφυπνίσει τον εγκέφαλο, να εμπλέξει τα παιδιά σε παρατεταμένη σκέψη, να διευκολύνει τη συνεργασία και τη διαβούλευση. Το μόνο που απαιτούνταν ήταν να σχεδιαστεί διαφορετικά η εμπειρία.

Η ΓΕΝΝΗΣΗ ΕΝΟΣ "ΚΕΡΔΟΦΟΡΟΥ ΟΝΕΙΡΟΥ"

Το 1992, μαζί με μια μικρή ομάδα φίλων, ξεκινήσαμε αυτό που, μισοαστεία μισοσοβαρά, αποκαλούσαμε "κερδοφόρο όνειρο". Οραματιστήκαμε ένα δίκτυο κέντρων εκμάθησης υπολογιστών που δεν θα δίδασκαν απλώς στα παιδιά πώς να χρησιμοποιούν υπολογιστές, αλλά θα τα βοηθούσαν *να σκέφτονται με την τεχνολογία και όχι μέσω αυτής*. Το ονομάσαμε CYBER Kids, ένα όνομα που αποτύπωνε τόσο το πνεύμα της εποχής όσο και την πεποίθησή μας ότι η ψηφιακή εποχή μπορούσε να ανήκει στα παιδιά, εφόσον καθοδηγούνται με σοφία και φροντίδα.

Η διακήρυξη του οράματός μας ήταν φαινομενικά απλή: να επαναπροσδιορίσουμε τα εργαλεία, τις μεθόδους και τον σκοπό της εκπαίδευσης, υπό το φως των σχετικών κοινωνικών αλλαγών[16]. Κάθε λέξη είχε βαρύτητα. Το "επαναπροσδιορίσουμε" δήλωνε την άρνησή μας να περιοριστούμε σε έναν απλό εκσυγχρονισμό παλιών παιδαγωγικών. Τα "εργαλεία" αναγνώριζαν τον αυξανόμενο ρόλο των υπολογιστών, επιμένοντας όμως ότι πρέπει να υπηρετούν την ανθρώπινη ανάπτυξη. Οι "μέθοδοι" υπογράμμιζαν την ανάγκη για νέους τρόπους μάθησης, θεμελιωμένους στη συμμετοχή, την εμπειρία, και την αναζήτηση. Και ο "σκοπός" μας θύμιζε ότι η εκπαίδευση, στην καρδιά της, οφείλει να καλλιεργεί χαρούμενους, στοχαστικούς και συμπονετικούς πολίτες.

Μέσα σε λίγα χρόνια, είκοσι έξι κέντρα εκμάθησης άνοιξαν σε ολόκληρη την Κύπρο. Χιλιάδες παιδιά πέρασαν από τις αίθουσές τους, μαζί με εκατοντάδες νέους εκπαιδευτικούς που εκπαιδεύσαμε ώστε να λειτουργούν όχι ως δάσκαλοι-μεταδότες γνώσης, αλλά ως διευκολυντές της εξερεύνησης. Στα τέλη της δεκαετίας του 1990, περίπου ένα στα πέντε παιδιά ηλικίας έξι έως δεκαπέντε ετών στην Κύπρο είχε συμμετάσχει στο πρόγραμμα. Αυτή η κλίμακα μάς επέτρεψε να παρατηρήσουμε, με την πάροδο του χρόνου, τις γνωστικές και συναισθηματικές επιδράσεις της μάθησης με τεχνολογία όταν αυτή εισάγεται με φροντίδα.

Το πείραμα CYBER Kids αποτέλεσε, με τον τρόπο του, μια ζωντανή απάντηση στο Endangered Minds. Βασίστηκε στην πεποίθηση ότι ο στόχος δεν είναι να κρατήσουμε τα παιδιά μακριά από την τεχνολογία, αλλά να καθοδηγήσουμε τις πρώτες τους εμπειρίες ώστε να βλέπουν τους υπολογιστές όχι ως κονσόλες παιχνιδιών ή ηλεκτρονικούς υπηρέτες, αλλά ως δημιουργικούς συνοδοιπόρους. Συνήθιζα να λέω στους γονείς ότι οι πρώτες δέκα ώρες που περνά ένα παιδί μπροστά σε έναν υπολογιστή ενδέχεται να διαμορφώσουν τον τρόπο με τον οποίο θα αντιλαμβάνεται την τεχνολογία για όλη του τη ζωή.

---

[16] *To re-define the tools, methods, and purpose of education, in light of relevant social change.*

ΤΟ ΔΙΚΟΠΟ ΜΑΧΑΙΡΙ ΤΗΣ ΠΛΑΣΤΙΚΟΤΗΤΑΣ

Η Jane Healy περιέγραφε συχνά τη νευροπλαστικότητα ως ένα δίκοπο μαχαίρι: ό,τι κάνουμε επανειλημμένα, γινόμαστε. Αν ένα παιδί περνά ώρες απορροφώντας παθητικά εικόνες, τα νευρωνικά κυκλώματα που σχετίζονται με τη διαρκή προσοχή και τη φαντασία εξασθενούν. Αν, αντίθετα, το ίδιο παιδί εμπλέκεται στη δημιουργία, στον διάλογο και στον στοχασμό, τα ίδια αυτά κυκλώματα ενισχύονται. Αυτή η υπόθεση της Healy αποτέλεσε τη βιολογική και κυβερνητική βάση της προσέγγισης των CYBER Kids.

Οργανώσαμε το αναλυτικό μας πρόγραμμα σε ενότητες, τις οποίες ονομάσαμε KnowledgePackets™. Κάθε "πακέτο" είχε σχεδιαστεί ώστε να υπηρετεί όχι μόνο έναν τεχνολογικό στόχο (π.χ. την εκμάθηση μιας συγκεκριμένης λειτουργίας ενός επεξεργαστή κειμένου, μιας εντολής σε μια γλώσσα προγραμματισμού ή ενός εργαλείου σε πρόγραμμα σχεδίασης), αλλά και έναν αναπτυξιακό στόχο (π.χ. ενίσχυση της μνήμης, του σχεδιασμού -planning, ή της χωρικής συλλογιστικής -spatial reasoning), καθώς και έναν κοινωνικό στόχο (π.χ. συνεργασία, ενσυναίσθηση, κοινωνική συνείδηση).

Σε κάθε δίωρη συνεδρία, ο νους του παιδιού καλούνταν να κινηθεί ανάμεσα στους τεχνικούς, γνωστικούς και κοινωνικούς τομείς, δημιουργώντας έναν συνεκτικό ιστό νοήματος.

Αντί να "προστατεύσουμε" τον αναπτυσσόμενο εγκέφαλο από την τεχνολογία, επιχειρήσαμε να διαμορφώσουμε τον διάλογό του μαζί της, διασφαλίζοντας ότι κάθε κλικ ενίσχυε την προσοχή, την περιέργεια και τον σκοπό.

Παρατηρήσαμε από νωρίς ότι τα παιδιά που κατασκεύαζαν πράγματα — κινούμενες ιστορίες, απλά παιχνίδια, αφίσες για κοινωνικά έργα — ανέπτυσσαν μια εντελώς διαφορετική σχέση με τον υπολογιστή. Έβλεπαν την οθόνη ως καμβά, όχι ως τηλεόραση. Μάθαιναν να περιμένουν, να διορθώνουν λάθη

507

(debug), να προγραμματίζουν εκ των προτέρων. Με νευροεπιστημονικούς όρους, ασκούσαν τις "εκτελεστικές λειτουργίες" (executive functions) τους — ακριβώς εκείνες τις ικανότητες που η Healy φοβόταν ότι λιμοκτονούσαν λόγω παθητικής χρήσης των ηλεκτρονικών μέσων.

Κάθε συνεδρία κατέληγε σε ένα "τελειωμένο" προϊόν, το οποίο έπρεπε να εκτυπωθεί. Επιμέναμε ότι η οπτικοποίηση του προϊόντος της εργασίας κάποιου ενισχύει την αυτοπεποίθηση, δημιουργεί αίσθηση ολοκλήρωσης και υπηρετεί έναν ανώτερο σκοπό: την προετοιμασία πολιτών που φέρνουν εις πέρας έργα — όχι απλώς ανθρώπων που μιλούν θεωρητικά για ένα προιόν.

ΑΠΟ ΤΙΣ ΜΗΧΑΝΕΣ ΣΤΟΝ ΝΟΥ

Η παραδοσιακή εκπαίδευση αντιμετώπιζε για δεκαετίες τη γνώση ως κάτι που "μεταφέρεται" από τον δάσκαλο στον μαθητή, όπως τα δεδομένα από μια συσκευή σε μια άλλη. Όμως, όπως μας υπενθύμιζε η Healy, ο ανθρώπινος εγκέφαλος δεν είναι αποθηκευτικός χώρος· είναι ένα ζωντανό σύστημα που οικοδομεί νόημα μέσα από την αλληλεπίδραση. Αυτή η διαπίστωση ταυτιζόταν απόλυτα με τη κονστρουκτιβιστική φιλοσοφία που ενέπνευσε το έργο μας.

Στο περιβάλλον των CYBER Kids, η μάθηση νοούνταν ως κατασκευή, τόσο γνωστική όσο και κοινωνική. Το παιδί δεν ήταν αποδέκτης αλλά δημιουργός. Οι εκπαιδευτικοί λειτουργούσαν ως μέντορες, θέτοντας ερωτήματα αντί να δίνουν απαντήσεις, ενθαρρύνοντας την αυτοεξερεύνηση αντί να δείχνουν "ποιο κουμπί να πατήσει".

Τα μαθήματα ξεκινούσαν με προβλήματα που είχαν νόημα: τον σχεδιασμό μιας εικονικής πόλης, την προσομοίωση του ηλιακού συστήματος ή τη δημιουργία μιας πολυμεσικής ιστορίας για την ειρήνη. Τα έργα δεν ήταν προκαθορισμένα. Οι μέντορες εκπαιδεύονταν ώστε να εμπνέουν τα παιδιά να συλλάβουν μια δική τους ιδέα πρότζεκτ ή να επιλέξουν ανάμεσα σε εναλλακτικές.

Μέσα από τα έργα, τα παιδιά εξασκούσαν ολόκληρο τον κύκλο της σκέψης: φαντασία, σχεδιασμό, διαβούλευση, πειραματισμό, υλοποίηση, παράδοση, αξιολόγηση και δημοσίευση. Επιτυχημένα έργα μπορούσαν να παρουσιαστούν στις ετήσιες Εκθέσεις Ηλεκτρονικής Τέχνης[17] ή στις Εκθέσεις Καινοτομίας–Τεχνολογίας–Κοινωνικής Προόδου[18].

Αυτό που μας γοήτευε περισσότερο ήταν το πόσο φυσικά αυτές οι διαδικασίες αντανακλούσαν τη νευρωνική ανάπτυξη. Ο ίδιος ο εγκέφαλος μαθαίνει διαμορφώνοντας υποθέσεις, δοκιμάζοντάς τες, λαμβάνοντας ανατροφοδότηση και αναδιοργανώνοντας τις συνδέσεις του. Ένα καλά σχεδιασμένο μαθησιακό περιβάλλον αποτελεί, στην ουσία, ένα μακροσκοπικό ανάλογο της προσαρμοστικής νοημοσύνης του εγκεφάλου.

Όταν η τεχνολογία χρησιμοποιείται για να εξωτερικεύσει τη σκέψη, να καταστήσει τις ιδέες ορατές, ελέγξιμες και κοινοποιήσιμες, γίνεται σύμμαχος της ανθρώπινης εξέλιξης και όχι απειλή. Αυτό, πιστεύω, ήταν πάντα το βαθύτερο μήνυμα πίσω από τις προειδοποιήσεις της Healy: το πρόβλημα δεν είναι ο υπολογιστής, αλλά η απουσία στοχαστικού πλαισίου.

ΣΥΣΤΗΜΙΚΗ ΣΚΕΨΗ ΚΑΙ Η ΟΙΚΟΛΟΓΙΑ ΤΗΣ ΜΑΘΗΣΗΣ

Στις αρχές της δεκαετίας του 2000, η εστίασή μας επεκτάθηκε από την τάξη σε αυτό που ονομάσαμε "διευρυμένο μαθησιακό σύστημα" — το δίκτυο των αλληλοσυνδεόμενων στοιχείων που στηρίζουν την ανθρώπινη μάθηση. Σε αυτά περιλαμβάνονταν οι ανθρώπινοι παράγοντες (μαθητές, εκπαιδευτικοί, γονείς, και η κοινωνία), τα τεχνολογικά εργαλεία, το περιεχόμενο και οι παιδαγωγικές μέθοδοι. Σύντομα συνειδητοποιήσαμε ότι η

---

[17] https://www.cyber-kids.net/index.php?title=Electronic_Art_Fair

[18] https://futureworlds.eu/wiki/Innovation-Technology-Social_Pro-gress_Fair

επιτυχία εξαρτάται από τη διατήρηση μιας υγιούς ισορροπίας μεταξύ όλων αυτών.

Αν ένα στοιχείο κυριαρχούσε, για παράδειγμα, η τεχνολογία, το σύστημα έχανε την αρμονία του. Τα παιδιά ενθουσιάζονταν αλλά γίνονταν επιφανειακοί μαθητές. Αν ένα άλλο στοιχείο παραμελούνταν, όπως η επιμόρφωση των εκπαιδευτικών, η ανθρώπινη καθοδήγηση που προσδίδει στην τεχνολογία τον ηθικό και γνωστικό της προσανατολισμό εξαφανιζόταν. Και αν οι γονείς και ο περίγυρος δεν εμπλέκονταν, η κοινωνική συνάφεια της εκπαίδευσης χανόταν. Ο σκοπός εξατμιζόταν.

Υπό αυτή την έννοια, τα CYBER Kids λειτούργησαν ως μικρόκοσμος αυτού που η Healy ζητούσε σε παγκόσμιο επίπεδο: έναν αναστοχασμό της εκπαίδευσης που σέβεται την πολυπλοκότητα του εγκεφάλου και το οικοσύστημα επιρροών που τον διαμορφώνει.

Τα κέντρα μας συχνά έμοιαζαν με εργαστήρια κοινωνικής αλλαγής. Βλέπαμε πώς η ενδυνάμωση των νέων να κατακτούν την τεχνολογία μπορούσε ταυτόχρονα να προάγει πολιτειακές αξίες. Σε ένα μικρό, διχασμένο νησί όπως η Κύπρος, όπου τα σύνορα και η ιστορία είχαν επί μακρόν χωρίσει κοινότητες, μια γενιά παιδιών που μάθαινε να προγραμματίζει και να δημιουργεί μαζί αποτελούσε από μόνη της ένα μάθημα ειρήνης.

ΚΑΒΑΛΩΝΤΑΣ ΤΟ ΚΥΜΑ ΜΕ ΥΠΕΥΘΥΝΟΤΗΤΑ

Ο τόνος της Healy ήταν συχνά προειδοποιητικός· ο δικός μου υπήρξε ανέκαθεν πιο διαλεκτικός. Εκεί όπου εκείνη έβλεπε κίνδυνο, εγώ έβλεπα ευκαιρία — αλλά μόνο αν αυτή προσεγγιζόταν με επίγνωση. Συνήθιζα να λέω σε γονείς και εκπαιδευτικούς: η τεχνολογία είναι κύμα. Δεν μπορούμε να το σταματήσουμε, αλλά μπορούμε να μάθουμε στα παιδιά μας να το καβαλούν με ισορροπία και χάρη.

Το να καβαλάς το κύμα σημαίνει να είσαι αρκετά γενναίος ώστε να εξερευνάς, αλλά και αρκετά σοφός ώστε να γνωρίζεις τα ρεύματα. Σημαίνει να αντιμετωπίζεις τους υπολογιστές όχι ως μαγικές συσκευές που λύνουν προβλήματα για εμάς, αλλά ως εργαλεία που μας βοηθούν να υλοποιήσουμε τις ιδέες μας. Αυτή η διάκριση είναι καθοριστική.

Όταν ένα παιδί βιώνει την τεχνολογία ως συνεργάτη στη δημιουργία — γράφοντας μια ιστορία, συνθέτοντας μια μελωδία, σχεδιάζοντας μια προσομοίωση — μαθαίνει ότι η νοημοσύνη δεν βρίσκεται στη μηχανή, αλλά στον διάλογο ανάμεσα στον νου και το εργαλείο. Όταν όμως τη βιώνει ως παθητικό διασκεδαστή ή υπάκουο υπηρέτη, εσωτερικεύει μια στρεβλή ιεραρχία: ότι η μηχανή είναι η πηγή των λύσεων και ο άνθρωπος απλώς ο χειριστής.

Οι πρώτες συναντήσεις ανάμεσα στο παιδί και τον υπολογιστή είναι διαμορφωτικές. Καθορίζουν τον συναισθηματικό τόνο μιας σχέσης που θα διαρκέσει μια ζωή. Στα κέντρα μας επιμείναμε η πρώτη εμπειρία κάθε παιδιού να είναι δημιουργική, συνεργατική και ουσιαστική. Αυτή η μία και μοναδική αρχή, πιστεύω, έκανε τη διαφορά μεταξύ της τεχνολογίας που περιορίζει τα μυαλά και της τεχνολογίας που τα διευρύνει..

ΤΕΚΜΗΡΙΑ ΑΠΟ ΤΟ ΠΕΔΙΟ

Με την πάροδο των χρόνων, παρατηρήσαμε μετρήσιμες αλλαγές στον τρόπο με τον οποίο τα παιδιά προσέγγιζαν τη μάθηση. Όσα συμμετείχαν σε ολόκληρο το πρόγραμμα επέδειξαν μεγαλύτερη επιμονή, περιέργεια και ικανότητα ομαδικής εργασίας. Το αναλυτικό μας πρόγραμμα περιλάμβανε επίπεδα Minors, Juniors και Seniors.

Τα παιδιά ηλικίας 4–7 ετών εντάσσονταν στα Minors, με έμφαση στην ανάπτυξη νευροψυχολογικών δεξιοτήτων, στη διέγερση της φαντασίας και της δημιουργικότητας, και στη χαρά της δημιουργίας. Τα επίπεδα Juniors ήταν πιο δομημένα και κάλυπταν όλο το φάσμα τεχνικών και αναπτυξιακών δεξιοτήτων, με έμφαση στην επίλυση προβλημάτων και στην ανακάλυψη ταλέντων. Αξίζει να σημειωθεί ότι ακόμη και το (νέο) λογότυπο των CYBER Kids σχεδιάστηκε από έναν 9χρονο μαθητή του Junior A.

Οι εκπαιδευτικοί που δίδασκαν στα επίπεδα Seniors A/B — τα οποία έδιναν προτεραιότητα σε συνεργατικά, μεγάλης κλίμακας έργα — ανέφεραν αισθητή βελτίωση στην ομαδική εργασία και σημαντική ενίσχυση της γλωσσικής έκφρασης: τα παιδιά μιλούσαν με μεγαλύτερη ακρίβεια για τα έργα τους, έθεταν καλύτερα ερωτήματα και στοχάζονταν βαθύτερα πάνω στις ίδιες τους τις διαδικασίες σκέψης.

Οι γονείς συχνά παρατηρούσαν αλλαγές και στο σπίτι: τα παιδιά χρησιμοποιούσαν τον υπολογιστή λιγότερο ως παιχνίδι και περισσότερο ως εργαλείο εξερεύνησης. Κάποια δημιουργούσαν ιστοσελίδες για τα κατοικίδιά τους· άλλα σχεδίαζαν ψηφιακές κάρτες για συγγενείς στο εξωτερικό ή ακόμη και ολόκληρη την εταιρική ταυτότητα μιας οικογενειακής επιχείρησης — μερικές φορές κερδίζοντας και λίγα χρήματα. Οι Seniors συνεργάζονταν με προγραμματιστές της θυγατρικής μας εταιρείας (The Multimedia Factory) για τη συν-παραγωγή εκπαιδευτικών εφαρμογών[19]. Το όριο ανάμεσα στο παιχνίδι και τη μάθηση θόλωνε με τον πιο υγιή τρόπο.

Μια από τις πιο συγκινητικές στιγμές για μένα ήταν όταν ένα δεκάχρονο κορίτσι, παρουσιάζοντας το έργο της για τη θαλάσσια ζωή στην Έκθεση Καινοτομίας–Τεχνολογίας–Κοινωνικής Προόδου, είπε: "Νομίζω ότι οι υπολογιστές με βοηθούν να δημιουργώ, γιατί με βοηθούν να εκφράσω αυτό που σκέφτομαι". Σε αυτή τη φράση συμπυκνώνεται η ουσία της αποστολής μας: να καταστήσουμε τη σκέψη ορατή, να δώσουμε μορφή στη φαντασία.

Από νευροεπιστημονική σκοπιά, τέτοιες εμπειρίες ενεργοποιούν πολλαπλά δίκτυα — γλώσσας, κινητικού σχεδιασμού, συναισθηματικής ρύθμισης — δημιουργώντας το είδος της ολοκληρωμένης μάθησης που η Healy υποστήριζε. Από κοινωνική σκοπιά, καλλιεργούν την ενσυναίσθηση και τη

---

[19] https://www.cyber-kids.net/index.php?title=The_Multime-dia_Factory

συνεργασία. Από παιδαγωγική σκοπιά, γεννούν ενθουσιασμό και χαρά.

Η εμπειρία μας έδειξε ότι όταν η τεχνολογία εισάγεται ως εργαλείο δημιουργίας και όχι κατανάλωσης, ενισχύει ακριβώς εκείνα τα νευρωνικά συστήματα που η Healy φοβόταν ότι εξασθενούν.

Η ΚΛΗΡΟΝΟΜΙΑ ΤΩΝ CYBER KIDS

Μέχρι το 2000, σχεδόν μια δεκαετία μετά το άνοιγμα του πρώτου κέντρου, τα CYBER Kids είχαν εξελιχθεί σε ένα ώριμο οικοσύστημα μάθησης, έρευνας και κοινωνικής επιχειρηματικότητας. Συνεργάστηκαν με δέκα άλλες εταιρείες πληροφορικής με στόχο την εισαγωγή τους στο χρηματιστήριο της Κύπρου. Μέχρι τότε είχαν ξεκινήσει παραρτήματα CYBER Kids στην Ελλάδα, το Ισραήλ, τον Λίβανο, την Ιορδανία, ακόμη και στις ΗΠΑ και την Ινδία.

Το σημαντικότερο όμως είναι ότι απέδειξαν πως η τεχνολογία μπορεί να συνυπάρξει, και να ενισχύσει, τις ουσιώδεις αρετές της παιδικής ηλικίας: την περιέργεια, την ενσυναίσθηση και το παιχνίδι.

Μια σειρά ατυχών γεγονότων οδήγησε στη κατάρρευση του Κυπριακού χρηματιστηρίου και τα CYBER Kids διέκοψαν τη λειτουργία τους γύρω στο 2004, την περίοδο δηλαδή που γράφω αυτό το κεφάλαιο.

Παρόλα αυτά, κοιτάζοντας πίσω, βλέπω τα CYBER Kids όχι μόνο ως ένα εκπαιδευτικό πρόγραμμα, αλλά ως ένα κοινωνικό κίνημα που αμφισβήτησε το ψευδές δίπολο ανάμεσα στο ψηφιακό και το ανθρώπινο, και που, χρόνια πριν, το υπερέβη, εισάγοντας στη χώρα μου τεχνολογικές δεξιότητες και τρόπους σκέψης σε σχεδόν 20% των παιδιών της.

Το πείραμα που σχεδίασε και υλοποίησε η μικρή μας ομάδα πρωτοπόρων ήταν επιτυχές. Μας δίδαξε ότι οι συναντήσεις των παιδιών με την τεχνολογία μπορούν είτε να περιορίσουν είτε να διευρύνουν τον τρόπο που βλέπουν τον κόσμο. Η διαφορά έγκειται στην πρόθεση, στον σχεδιασμό και στο πλαίσιο.

ΑΠΟ ΤΑ "ΕΝ ΚΙΝΔΥΝΩ" ΣΤΑ ΕΝΔΥΝΑΜΩΜΕΝΑ ΜΥΑΛΑ

Η Healy είχε δίκιο να προειδοποιεί ότι τα μυαλά μπορούν να εκτεθούν σε κίνδυνο. Μας υπενθύμισε όμως και κάτι εξίσου σημαντικό: ο εγκέφαλος είναι ικανός για ανανέωση. Η ίδια νευροπλαστικότητα που επιτρέπει την αρνητική προσαρμογή επιτρέπει και την ίαση και την ανάπτυξη.

Το καθήκον μας ως εκπαιδευτικών είναι να διασφαλίσουμε ότι κάθε αλληλεπίδραση, με έναν δάσκαλο, μια οθόνη ή έναν συνομήλικο, τροφοδοτεί τα κυκλώματα του στοχασμού, της γλώσσας και της αγάπης.

Σήμερα, καθώς παρατηρώ μια γενιά νεαρών ενηλίκων που υπήρξαν κάποτε CYBER Kids, με εντυπωσιάζει το πόσο φυσικά κινούνται μέσα στην πολυπλοκότητα. Πολλοί έγιναν σχεδιαστές, επιστήμονες, εκπαιδευτικοί, κοινωνικοί επιχειρηματίες. Μεγάλωσαν αντιμετωπίζοντας την τεχνολογία ως προέκταση του εαυτού τους, όχι ως υποκατάστατο της σκέψης. Ενσαρκώνουν την αρχή ότι η δημιουργικότητα και η συνείδηση μπορούν να εξελίσσονται μαζί.

Η ιστορία των CYBER Kids αποτελεί, με πολλούς τρόπους, έναν διάλογο με το Endangered Minds της Jane Healy. Το έργο της έδωσε φωνή στους φόβους μιας εποχής· το δικό μας προσπάθησε να προσφέρει τεκμήρια ελπίδας. Μοιραστήκαμε την ίδια βασική παραδοχή — ότι ο εγκέφαλος διαμορφώνεται από την εμπειρία — αλλά καταλήξαμε σε διαφορετικά συμπεράσματα: εκείνη κάλεσε σε εγκράτεια, εγώ κάλεσα σε μετασχηματισμό.

Η διαλεκτική ανάμεσα σε αυτές τις δύο θέσεις θα συνεχιστεί. Ανάμεσα στον συναγερμό και την αισιοδοξία βρίσκεται το πεδίο της ευθύνης. Εκεί οφείλουν να στέκονται οι εκπαιδευτικοί.

Σε όσους ακόμη φοβούνται ότι η τεχνολογία διαβρώνει την ανθρώπινη υπόστασή μας, απαντώ: *το αντίδοτο δεν είναι η* απαγόρευση, αλλά η παρουσία. Να είστε εκεί όταν το παιδί αγγίζει για πρώτη φορά το πληκτρολόγιο. Καθοδηγήστε την περιέργειά του. Βοηθήστε το να συνδέσει όσα συμβαίνουν στην οθόνη με όσα συμβαίνουν στον νου και στην καρδιά του. Δείξτε του ότι πίσω από κάθε αλγόριθμο υπάρχει μια ανθρώπινη πρόθεση, και ότι η τεχνολογία, όπως και η γλώσσα, είναι τόσο ευφυής όσο το πνεύμα που την εμψυχώνει.

Τελικά, η πρόκληση δεν είναι να προστατεύσουμε τα παιδιά από την τεχνολογία, αλλά να τα προετοιμάσουμε να κατοικήσουν μέσα σε αυτήν με σοφία. Αν το πετύχουμε, τα μυαλά του μέλλοντος δεν θα είναι "εν κινδύνω" — θα είναι ενδυναμωμένα.

ΕΠΙΛΟΓΟΣ: ΜΙΑ ΣΥΝΟΜΙΛΙΑ ΜΕΣΑ ΣΤΟΝ ΧΡΟΝΟ

Κάποιες φορές φαντάζομαι το επόμενο τηλεφώνημά μου με την Jane Healy. Θα της πω πώς τα λόγια της ενέπνευσαν μια γενιά εκπαιδευτικών να επανεξετάσουν τον ρόλο της τεχνολογίας, πώς χιλιάδες παιδιά μεγάλωσαν δημιουργώντας αντί να καταναλώνουν, καινοτομώντας αντί να αντιγράφουν. Θα την ευχαριστούσα που έδωσε επιστημονική εγκυρότητα στη διαίσθησή μας ότι οι εγκέφαλοι δεν είναι στατικοί αλλά ζωντανά συστήματα με πολλές δυνατότητες.

Και νομίζω ότι θα χαμογελάσει και θα ανταποκριθεί, όπως είχε πει και παλαιότερα:

"Τότε, ίσως τελικά να είχαμε και οι δύο δίκιο".

Ίσως πράγματι η αληθινή κληρονομιά του Endangered Minds να μην είναι μια προειδοποίηση, αλλά μια πρόσκληση στη συνείδηση, μια υπενθύμιση ότι κάθε εκπαιδευτική επιλογή, κάθε εικονοστοιχείο και κάθε λέξη διαμορφώνουν την αρχιτεκτονική του νου.

Το πείραμα των CYBER Kids ήταν ο δικός μας τρόπος να απαντήσουμε σε αυτή την πρόσκληση· να αποδείξουμε ότι με όραμα, ενσυναίσθηση και θάρρος, η τεχνολογία μπορεί να γίνει όχι ο εχθρός της σκέψης, αλλά ο πιο πιστός της σύμμαχος.